北安年鉴

2023

BEIAN NIANJIAN

中共北安市委史志研究室　编

方志出版社
Publishing House of Local Records

图书在版编目(CIP)数据

北安年鉴.2023/中共北安市委史志研究室编.—
北京：方志出版社,2023.11
ISBN 978-7-5144-5881-7

Ⅰ.①北… Ⅱ.①中… Ⅲ.①北安-2023-年鉴
Ⅳ. ①Z523.54

中国国家版本馆CIP数据核字(2023)第222899号

责任编辑：程 倩
责任校对：张玉霞
责任印制：梅中英
出 版 者：方志出版社
地 址：北京市朝阳区潘家园东里 9 号（国家方志馆4层）
邮 编：100021
网 址：http://www.zgfzcb.cn
发 行：方志出版社图书营销中心（010-67110500）
印 刷：黑龙江省纸慧印印务有限公司
开 本：889毫米×1194毫米 1/16
印 张：17.5
字 数：838千字
版 次：2023年11月第1版
印 次：2023年11月第1次印刷
定 价：280.00元

《北安年鉴（2023）》编纂委员会

主　　任　李　华　孟凡晶

副 主 任　张　文　张明宇

委　　员　陈　义　王伟宁　王秀丽　朱兴成

李卫桥　杨树光　张立兴　闵　楠

苑玉君　徐晓辉　韩殿双

《北安年鉴（2023）》编辑部

主　　编　王秀丽

副 主 编　陈明颜　徐国夫

执行主编　闫　岩

责任编辑　田小雪　赵丽杰　陈国保　王大中　吴　桐

特邀摄影　文　明　李新鹏　杨　勇　陈　革　陈新元

蔡凤岐

编 辑 说 明

一、《北安年鉴》是中共北安市委主办、中共北安市委史志研究室编纂的年度资料性文献，2012年创刊，每年出版1卷，本卷为第12卷。

二、《北安年鉴（2023）》以马克思列宁主义、毛泽东思想、邓小平理论、“三个代表”重要思想、科学发展观、习近平新时代中国特色社会主义思想为指导，坚持辩证唯物主义和历史唯物主义的立场、观点和方法，围绕中共北安市委、北安市人民政府的决策部署，全面、客观、系统地记载北安市自然、政治、经济、文化、社会和生态建设等方面概貌和发展情况。记述时限为2022年1月1日至12月31日。

三、本卷年鉴采用分类编辑法，设类目、分目、条目3个层次，部分分目下设次分目，条目为记述基本层次。本卷年鉴框架结构进行重新调整，卷首设置地图，正文设有特载、大事记、概览、中国共产党北安市委员会、北安市人民代表大会、北安市人民政府、中国人民政治协商会议北安市委员会、中共北安市纪律检查委员会北安市监察委员会、群众团体、法治、军事、经济管理、农业、工业、商贸服务业、信息服务、金融、交通运输、城乡建设、生态环境、科学技术、教育、文化、卫生健康、体育、社会生活、应急管理、乡镇场、人物·荣誉和附录。正文前分设“年度要闻”“业兴北安”“民富北安”“景美北安”和“人和北安”5个彩页专题。

四、《北安年鉴（2023）》数字用法、标点符号、计量单位遵循国家标准和出版规定。数字用法以《出版物上数字用法》（GB/T 15835—2011）为准，标点符号使用以《标点符号用法》（GB/T 15834—2011）为准。计量单位采用1993年12月发布的《量和单位》系列标准。

五、由于统计数据的来源、口径、方式、时间的不同，所载数据存在不一致，请读者以统计局提供的统计资料为准。

二〇二二年北安市发展数字

- 地区生产总值135.1亿元，同比增长3.7%
- 第一产业增加值38.6亿元，同比增长0.6%
- 第二产业增加值16.7亿元，同比下降 0.3%
- 第三产业增加值79.8亿元，同比增长6.1%
- 一般公共预算收入完成6.4亿元，同比增长 5.6%
- 一般公共预算支出完成49.4 亿元，同比增长 8.0%
- 农林牧渔业总产值实现69.8亿元，同比增长1.1%
- 粮食作物播种面积33.75万公顷，总产量11.5亿公斤
- 城镇居民人均可支配收入实现 32931 元，同比增长 3.3%
- 农村居民人均可支配收入实现 20291 元，同比增长3.6%
- 实施省市“百大项目”22个，提前超额完成年度建设目标
- 产业项目开（复）工15个，完成投资10.9亿元
- 接待游客174. 1 万人次，旅游收入实现 6.76 亿元
- 金融机构各项存款余额296.4 亿元
- 金融机构各项贷款余额152.2 亿元
- 公路客运量127 万人，货运量129 万吨
- 铁路客运量22.82万人，货运量278.97万吨
- 邮电业务总收入2.06亿元
- 招商引资项目45个，总投资252.27亿元
- 年末全市总人口40.2万人

◇12月26日，中国共产党北安市第十八届委员会第四次全体会议召开　　（市融媒体中心/供图）

年度要闻

◇12月27日，中国人民政治协商会议黑龙江省北安市第十六届委员会第二次会议召开

（市融媒体中心/供图）

◇12月28日，北安市第十八届人民代表大会第二次会议召开　　（市融媒体中心/供图）

◇ 6月29日，北安市“七一”庆祝大会召开 （市融媒体中心/供图）

◇ 7月7日，黑龙江省第四批中共党史教育基地、黑河市第二批中共党史教育基地揭牌仪式在北安市庆华军工遗址博物馆举行 （市融媒体中心/供图）

◇ 7月10日，黑河市第四届中俄老年文化艺术节暨放歌新时代在北安专场演出
（市老干部服务中心/供图）

◇ 7月24日，延安市宝塔区与北安市共同举办“从延安到北安”“七个一”工程系列活动启动仪式 （市委宣传部/供图）

◇12月30日，黑龙江省“百大项目”北安市第一人民医院新建门诊住院综合楼落成典礼仪式举行 （市第一人民医院/供图）

◇ 6月22日，北安市政府与黑龙江省交投峰悦投资公司项目对接座谈会召开　（市融媒体中心/供图）

◇7月31日，北安市政府与象屿集团交流座谈会举行　（市融媒体中心/供图）

◇ 9月1日，北安市二井镇与长水河农场有限公司开展垦地党建引领区村共建共联签约仪式举行

（二井镇 /供图）

◇12月9日，北安市政府与九三粮油工业集团北安产业园区综合建设项目对接会举行 （市融媒体中心/供图）

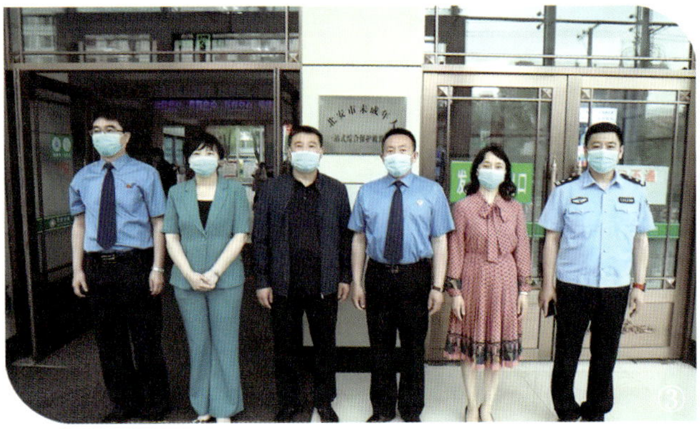

① 2月9日，市公安局、市检察院联合设立侦查监督与协作配合办公室（市公安局/供图）

② 6月21日，北安市与黑龙江农业职业工程学院召开“市校合作”对接会议，围绕农业产业发展、乡村人才振兴、高素质农民培训等合作项目进行深度对接（市职教中心/供图）

③ 6月24日，北安市未成年人“一站式”综合保护救助中心在北安市第一人民医院成立（市妇联/供图）

④ 7月12日，北安市庆华科技开发有限公司获得第十一届黑龙江省创新创业大赛黑河地区三等奖（市经济开发区/供图）

⑤ 7月24日，黑龙江省第三医院瑜璟院区开业典礼与北安市残疾人康复中心揭牌仪式（省第三医院/供图）

⑥ 7月30日，黑龙江省卫生健康委员会、黑龙江省VTE防治联盟授予北安市第一人民医院为“黑龙江省VTE防治联盟成员单位”揭牌（市第一人民医院/供图）

◇2月5日，在北京冬奥会上，北安籍国家短道速滑队运动员曲春雨（右一）和队友们最终以2分37秒348的成绩获得短道速滑2000米混合团体接力赛冠军，为中国体育代表团收获北京冬奥会的首枚金牌 （市体育中心/供图）

① 12月12日，黑龙江飞鹤乳业有限公司董事长冷友斌（黑龙江北安市籍）当选中华全国工商业联合会第十三届执行委员会副主席，是本届全国工商联副主席中唯一一名黑龙江企业家

② 北安木雕传承人李宝峰参展的木雕作品《莲下悟心》在第二届中国艺术美术博览会上获“第二届百鹤杯工艺美术设计创新大赛百鹤新锐奖”

③ 北安“程氏剪纸”非遗传承人吴明君的作品《葵花朵朵向太阳，百姓心系共产党》在“中国 渭南‘歌唱新生活 喜迎二十大’全国剪纸邀请展”获得银奖，也是黑龙江省唯一获得银奖的作品

◇上海电气风电设备黑龙江有限公司生产车间

◇北安象屿金谷生化科技有限公司

业兴北安

（市融媒体中心/供图）

◇黑龙江省东方华骏专用车制造有限公司　　（市经济开发区/供图）

◇北安完达山乳品有限公司　　（市融媒体中心/供图）

（汪　涵/摄）

◇宏维农业物产有限公司厂区　　（汪　涵/摄）

◇北大荒亲民有机食品有限公司红星农场生产基地 （北大荒亲民有机食品有限公司/供图）

◇九三食品（北安）有限公司 （王 强/供图）

◇北安宜品努卡乳业有限公司　（郝志亮/供图）

◇北安华升食品有限公司　（杨　爽/供图）

◇主星乡水稻田基地

◇通北镇对俄罗斯出口基地

（市融媒体中心/供图

（市融媒体中心/供图）

◇海星镇兰光村高粱高产试验田

（海星镇/供图）

◇城郊乡新华村果蔬基地

◇东胜乡万亩蟹稻基地

（陈　革/摄）

（城郊乡/供图）

◇二井镇马铃薯生产基地

（二井镇/供图）

◇建设农场有限公司使用农用飞机进行大豆喷施叶面肥作业　（付维秋/供图）

◇赵光农场有限公司无人驾驶机车群喷药作业 （任忠良/摄）

◇乌裕尔河畔的畜牧业

◇海星镇兴隆村肉羊养殖场 （海星镇/供图）

◇杨家乡民主村蛋鸡养殖场

（市融媒体中心/供图）

（杨家乡/供图）

◇家禽规模化养殖 （市融媒体中心/供图）

◇大润发超市　（市融媒体中心/供图）

◇北方商城　（文　明/摄）

◇德隆购物中心

◇东北亚商厦

（市融媒体中心/供图）

◇美凯龙家居生活广场　　（杨　勇/摄）

◇南京路地下商业街　　（文　明/摄）

（蔡凤岐/摄）

◇黑龙江省委办公旧址 （高富贵/摄）

◇北安市庆华军工遗址博物馆 （军工遗址博物馆/供图）

◇北安市文化艺术基地　　（市融媒体中心/供图）

◇北安木雕艺术馆　　（李宝峰/摄）

◇北安市第一中学　　（第一中学/供图）

①

②

③

① 2021—2022年度黑龙江省冰球锦标赛（市融媒体中心/供图）

② 2022年黑河市首届“奔跑吧 少年”首届冰球比赛颁奖（市融媒体中心/供图）

③ 少年冰球队（高富贵/摄）

④ 速滑队（陈　革/摄）

④

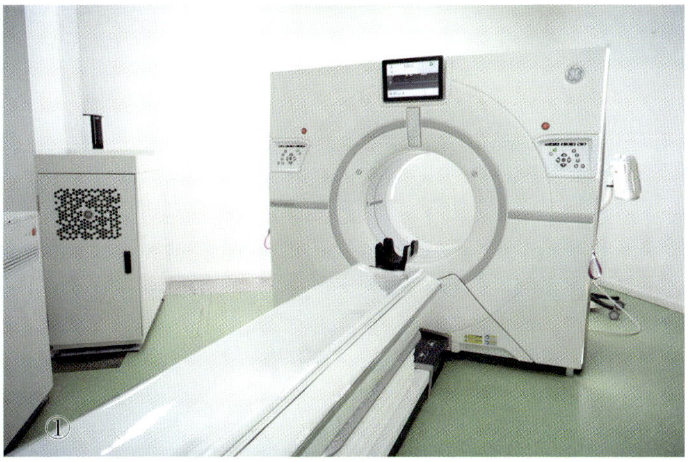

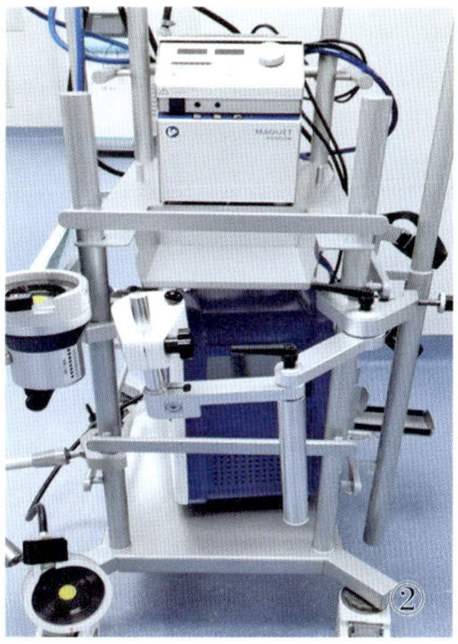

① 6月20日，北大荒集团北安医院引进超高端能谱CT仪器

② 市第一人民医院引进全区首家体外膜肺氧合急救设备

③ 竣工的市第一人民医院

④ 北安市中医医院

◇通北镇全镇　　（通北镇/供图）

◇赵光镇东丰农民社区　　（赵光镇/供图）

民富北安

◇交通纵横的北安市　　（高　鑫/供图）

◇主星乡朝鲜族特色民居　　（主星乡/供图）

◇庆华新区　（市融媒体中心/供图）

◇绿海二期小区　（李新鹏/摄）

◇兰樾府小区　（李新鹏/摄）

◇铁西新区

（汪　涵/摄）

◇人民公园荷花池　　（蔡凤岐/摄）

◇祥和公园　　（杨　勇/摄）

景美北安

◇迎春冰棱花　（蔡凤岐/摄）

◇东方白鹳　（蔡凤岐/摄）

◇红豆霜天　（刘　婕/摄）

◇野鸭子　（蔡凤岐/摄）

◇北安市的清晨

◇夕阳下的市区

◇改造后的步行街　　（文　明/摄）

（白晓明/摄）

◇人民公园雪景　　（蔡凤岐/摄）

（陈新元/摄）

◇5月4日，在建团百年之际，省三院团委组织医护青年向团旗宣誓 （省三院/供图）

◇6月28日，庆华街道党工委组织参观庆华军工博物馆 （庆华办/供图）

◇8月3日，北安市“喜迎二十大 奋进新征程”能力作风建设知识竞赛决赛举行 （市融媒体中心/供图）

◇6月27日，市审计局干部参加“提能力 转作风 铸铁军 迎盛会”黑河市审计系统岗位练兵比武竞赛 （市审计局/供图）

◇7月1日，市妇联党支部、市直机关工委机关党支部、团市委党支部联合开展“丹心铸魂 颂歌向党”“七·一”主题党日活动 （市妇联/供图）

◇政府办全体党员主题党日活动 （市融媒体中心/供图）

人和北安

◇9月28日，消防救援大队举行党的二十大安全保卫誓师大会 （消防救援大队/供图）

◇9月30日，北安市委办公室（市档案局）、市档案馆共同举办“喜迎二十大·档案颂辉煌”主题档案展 （市档案馆/供图）

◇1月13日，黑河市委副书记、市长赵荣国（后排左三）到北安市就疫情防控等工作进行调研
（市融媒体中心/供图）

◇春节期间，北安市委书记冯云（右一）到完达山乳业视察指导工作　（市融媒体中心/供图）

◇10月，北安市委副书记、市长李华（左二）深入一线指挥调度，确保疫情期间物资供应有保障
（市融媒体中心/供图）

◇9月20日，市疾病预防控制中心在大润发超市物表采样
（市融媒体中心/供图）

◇10月初，北安市为黑河市爱辉区捐赠生活物资
（市融媒体中心/供图）

◇10月12日，北安市第一人民医院支援大庆市、黑河市抗疫医疗队凯旋　　（市第一人民医院/供图）

◇北安市市民大厦　　（文　明/摄）

◇北安市图书馆　　（杨　勇/摄）

◇北安市科技馆内景　　（科技馆/供图）

◇北安市冰球馆　　（市融媒体中心/供图）

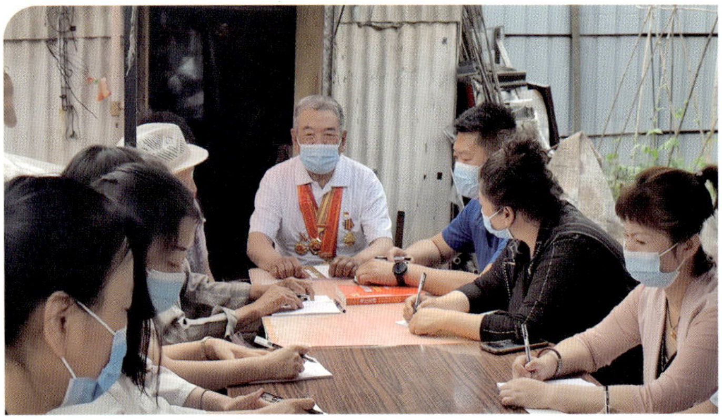

◇6月27日，铁南办事处邀请尚玉山到党员家讲党课
（市铁南办/供图）

◇风雪中的外卖小哥（文　明/摄）

◇北安市瑜璟养老院书法室（养老院/供图）

◇共享电动小黄车上线（杨　勇/摄）

◇健康主题公园（市融媒体中心/供图）

◇瑜璟悦府康养中心 （王　媛/供图）

◇赵光养老护理分中心 （赵光养老护理分中心/供图）

弘扬时代新风 共创美好北安

（杨　勇/摄）

目 录

特 载

大事记

概 览

中国共产党北安市委员会

北安市人民代表大会

北安市人民政府

中国人民政治协商会议北安市委员会

中共北安市纪律检查委员会 北安市监察委员会

群众团体

法　治

军　事

经济管理

农　业

工　业

商贸服务业

信息服务

金　融

交通运输

城乡建设

生态环境

科学技术

教 育

文　化

卫生健康

体　育

社会生活

应急管理

乡镇场

人物·荣誉

附　录

索　引

躬身践行党的二十大精神
奋力谱写中国式现代化北安新篇章

——在市委十八届四次全委（扩大）会议上的工作报告

冯　云

（2022年12月26日）

这次会议的主要任务是，坚持以习近平新时代中国特色社会主义思想为指引，全面贯彻落实中央、省黑河市委决策部署，总结2022年工作，安排部署2023年任务，躬身践行党的二十大精神，奋力谱写中国式现代化北安新篇章。

一、坚定信心、迎难而上，以奋楫争先的信心勇气铸就高质量发展的时代新章。

一年来，全市上下坚决贯彻落实"疫情要防住、经济要稳住、发展要安全"重要部署，围绕"四新北安"建设目标，全力稳经济、促发展、保安全、惠民生、战疫情、强党建，全年获国家级、省级荣誉42项，其中国家级10项。经济延续恢复态势，预计全年地区生产总值增长5.5%。规上工业增加值、固定资产投资、一般公共预算收入、城乡居民人均可支配收入同比分别增长2%、7%、8%、5.5%，社会消费品零售总额同比下降17.3%。

我们危中寻机，经济之势稳中向好。聚焦省"4567"现代产业体系发展方向，成立13个产业链专班精准招商、延链补链。全年签约项目45个，超亿元项目占比42%。实施省市百大项目22个，提前超额完成年度建设目标。象屿生化100万吨扩能改造、北大荒赵光九三大豆仓储扩容等7个项目当年开工、当年投产；上海电气北安100兆瓦风电平价上网、宜品绵绵飏农牧场等5个项目顺利完工、投产运行；飞鹤乳制品全产业链、乌裕尔大街城市更新等22个项目落地开工、完成年度建设计划，一批打基础、利长远的项目相继开工建设、投产达效，支撑作用显著提升。新增规上企业4户、限上企业10户。向上争取项目和资金创历史新高。全力助企纾困，实施市级领导包联企业、"民营经济38条"和板块联动促消费系列稳经济举措；兑现扶持资金6784万元，减税降费1.06亿元，惠及6615户市场主体；开展2次促消费活动，拉动消费1.13亿元，有效激发市场活力、提振市场信心。

我们统筹兼顾，振兴之路行稳致远。围绕"四个农业"建设目标，坚持农业农村优先发展。高质量完成稳粮扩豆政治任务，超额完成大豆种植25万亩，预计粮食总产实现25亿斤。争取国家、省市试验示范项目22项，高标准打造农业科技示范园区（基地）36处。深化企地合作，实施全程托管30万亩，"赵光模式”两次登上央视新闻。我市成功入列国家级大豆、乳品产业集群。荣获国家级农村集体产权制度改革工作先进集体。城郊乡获批国家级农业产业强镇。严格落实“四个不摘”要求，加强防返贫致贫动态监测，拓展“两不愁三保障”成果。脱贫人口人均收入突破1.47万元，同比增长19.6%。成功通过省级脱贫攻坚成果实地考核验收。

我们解放思想，改革之效日益彰显。聚焦26项改革要点，细化92项改革任务，任务完成率88%。成功争取国家、省黑河市改革试点6个。教育、卫生、人才、文化、民宗等改革经验先后在中央、省黑河主流媒体宣传推广。全面落实党组织领导下的行政负责制，完成国企、公立医院领导体制改革任务。市校合作成果丰硕，转化奶制品特医粉、玉米生物发酵等科技成果14项。推动企业创新发展，投入研发、技改经费超亿元，实施数字化、绿色化技术改造8项，认定科技型中小企业25户，高新技术企业2户，“专精特新”中小企业11户。深化“放管服”改革，全面优化185项重点任务，所有指标均达省黑河市标准。政务服务基本实现只进“一扇门”，网上服务事项可办率100%。企业开办由3天缩短至2小时。不动产一般登记1个工作日内完成。率先在黑河市开展个人诚信积分应用，综合信用指数排名进入全国县域百强，全省列第2位。

我们以民为本，社会之基日渐夯实。持续增加民生投入。实施惠民实事17件，民生支出占财政支出89%。妥善安排重点群体就业，东北亚社区成为全国首批充分就业示范社区。发放低保、优抚、房屋租赁等民生资金1.12亿元，有效改善弱势群体生活质量。持续办好人民满意教育。巩固“双减”成果，5+2课后服务实现全覆盖。升级改造办学条件，建成职业教育综合培训基地。普惠性幼儿园覆盖率同比提高5.5个百分点。高中教育质量保持黑河市域前列，区域教育中心地位得到有效巩固。我市培养输送运动员曲春雨获北京冬奥会金牌，实现北安籍运动员奥运奖牌和金牌零的突破。持续提升公共卫生服务水平。成立“五大中心”，打造22个特色专科。市第一人民医院新综合楼投入使用，医疗物资储备中心顺利建成。强化医共体建设，建立全生命周期健康服务体系，促进医疗资源均衡配置，基层医疗服务能力得到进一步提升。持续改善城乡环境。投资1.69亿元，进一步完善城乡路网。改造老旧小区178栋72万平方米，惠及居民9000余户。投资3.59亿元，实施通北镇引水、净水厂升级改造工程。打造乡村振兴百里示范带，13个村屯面貌实现整体提升。持续维护社会和谐稳定。全覆盖式开展“安全生产三年专项整治”“百日护航”等专项行动，安全生产形势总体平稳。连续32年未发生森林重特大火情。强化社会面防控，刑事犯罪同比下降29%，群众安全感显著提升。

我们众志成城，抗疫之战尽显担当。全面落实防控方案要求，调整优化指挥体系，完善机制、优化流程，持续提升工作效能。做实基础工作，建强基层堡垒，党员干部下沉防控一线。强化社会宣传，群众“自我健康第一责任人”意识不断增强。迅速恢复正常生产生活秩序，取得零外溢、无死亡战果。根据国家二十条及新十条防疫政策，第一时间研究落实举措，调整工作重心，推动防疫科学化、精准化。

我们从“心”出发，党建之力不断汇聚。以“党旗耀边疆”主题活动为引领，深化拓展“从延安到北安”薪火先锋党建品牌。创新“五红一先”工作载体，打造党建示范点20个，创建特色党建示范区9个，城市全域党建示范带雏形基本形成。新建街道、社区党群服务中心12个，建设党群议事站53个，服务群众能力明显增强。全市“两新”党组织组建率提升至97%。集体经济年收入超20万元村占92%。推深做实机关“能力作风建设年”活动，统筹推进“1+8”专项工作，全市上下积极开展专题研讨、述学、调研、宣讲等活动，广大干部实践本领明显增强、工作作风明显转变。多部门联防联控，梳理排查意识形态领域风险点，牢牢把握意识形态主动权。巩固拓展“从延安到北安”合作成果，启动“七个一”工程，形成了干部交流、文艺创作、融媒体合作、市域治理等一系列成果。进一步铸牢中华民族共同体意识，顺利通过创建全国民族团结进步示范市省级验收。中央第六巡视组，省委第七、第八巡视组反馈问题整改全部整改完毕。坚持“三不”一体推进，查处违反中央八项规定精神问题19件23人，处理群众身边的不正之风和腐败问题35件71人。处置问题线索517件，立案276件，同比上升29.6%，持续传递惩贪治腐的高压信号。

一年来，市委常委会充分发挥党总揽全局、协调各方的领导核心作用，人大强化依法监督、政府积极担当作为、政协主动参政议政。民主法治工作持续加强，全面依法治市进程不断加快，爱国统一战线影响力不断扩大，工青妇等群团组织载体活动丰富多彩，工商联、科协、党校、残联、老干部等各项事业协调发展，党管武装工作进一步加强，为推动北安振兴发展凝聚了强大合力。

同志们，2022年是极不寻常、极不平凡的一年。面对疫情冲击和内外各类挑战，我们克服重重困难，取得了来之不易的成绩。这是习近平新时代中国特色社会主义思想科学指引的结果，是省、黑河市委坚强领导的结果，是四个班子同心同德、齐心协力的结果，更是全市广大党员干部群众团结奋斗、苦干实干的结果。在此，我代表市委，向为全市经济社会发展作出贡献的广大干部群众和各界人士表示衷心感谢并致以崇高敬意！

党的二十大报告指出：从现在起，中国共产党的中心任务就是团结带领全国各族人民全面建成社会主义现代化强国、实现第二个百年奋斗目标，以中国式现代化全面推进中华民族伟大复兴。面对新的历史使命，必须清醒看到，我们的工作还存在很多不足，也面临不少困难和挑战。对标“加快推进县域经济高质量发展”要求，我们经济总量偏小，主导产业尚处成长期，“四型经济”还没有取得突破性进展，拉动效应一时难以显现，资源优势还没有转化为经济优势；对标“群众对美好生活的向往”，我们城乡基础薄弱，城乡环境、基础设施、管理服务等方面还有短板；对标“扩内需稳增长”安排部署，部分市场主体信心尚未完全恢复，助企纾困成效还不够凸显；对标“向选好用好各方面人才要发展”重要指示，我们专业人才匮乏，各方面因素导致对人才吸引力不强；对标“六要六不要”目标要求，我们一些干部还是工作思路不宽、标准不高、主动性不强，特别是抓落实的本领和服务群众的能力还有待于提高，等等。对这些问题，在今后工作中，我们必须采取更加有力有效措施，认真加以解决。

二、高举旗帜、矢志奋斗，以坚定不移的政治立场坚决拥护“两个确立”。 党的二十大全面深化了全党对“两个确立”的高度共识，这是党在新时代取得的重大政治成果。必须紧跟习近平总书记走好新的赶考之路，不断夺取新的伟大胜利。

（一）坚定理想信念，在政治上忠诚核心。 习近平总书记在推进中国特色社会主义伟大实践中，展现出卓越的领导智慧、强烈的使命担当和深厚的为民情怀，赢得全党全军全国各族人民衷心拥护爱戴。新时代十年伟大变革、伟大成就证明，习近平总书记指引的方向就是我们党前进的方向、奋斗的方向、胜利的方向，习近平总书记指明的道路就是国家富强之路、民族复兴之路、人民幸福之路。党的二十届一中全会选举习近平同志继续担任中共中央总书记，是党的意志、人民意志、国家意志的高度统一，是全党全军全国各族人民的共同心愿。我们要坚决维护习近平总书记党中央的核心、全党的核心地位，不断提高政治判断力、政治领悟力、政治执行力，使忠诚核心成为北安政治生态最鲜明的底色。

（二）强化理论武装，在思想上紧跟核心。 我们党始终坚持理论探索和创新，以全新的视野深化对共产党执政规律、社会主义建设规律、人类社会发展规律的认识，取得重大理论创新成果，形成了习近平新时代中国特色社会主义思想，实现了马克思主义中国化时代化新的飞跃。这一思想是党的十八大以来历史性成就和历史性变革的重要理论结晶，也是我们攻克许多长期没有解决的难题，办成许多事关长远的大事要事的坚强指引。我们要学深悟透习近平新时代中国特色社会主义思想，深刻领会“六个必须坚持”的世界观和方法论，始终坚持学思用贯通、知信行统一，自觉用以武装头脑、指导实践、推动工作，切实把党的创新理论作为指导一切工作的“指南针”、破解一切难题的“金钥匙”、保证事业行稳致远的“定盘星”。

（三）抓好贯彻落实，在行动上捍卫核心。 全面建设社会主义现代化国家是一场众志成城的攻坚战、持久战。党的二十大明确了新时代新征程中国共产党的中心任务就是以中国式现代化全面推进中华民族伟大复兴。这为我们确立了新的航道，也无疑是一场充满光荣和梦想的远征，必然要经受风高浪急甚至惊涛骇浪的重大考验。我们要做到党中央提倡的坚决响应，党中央决定的坚决执行，党中央禁止的坚决不做，真正体现令行禁止，凝聚最广泛的奋进力量。

三、直面挑战、勇毅前行，以奋发有为的精神状态走好赶考新路。

2023 年，是我国开启全面建设社会主义现代化国家新征程、实现第二个百年奋斗目标的重要历史节点，也是全面建设“四新北安”的关键之年。今年工作的总体要求是：**坚持以习近平新时代中国特色社会主义思想为指导，全面学习宣传贯彻党的二十大精神，坚决落实中央、省黑河市委决策部署，坚持稳中求进工作总基调，大力提振市场信心，聚焦“四城”定位，力争在构建现代产业体系、打造宜居宜业城市、激发创新内生动力、满足人民生活期待和建设平安北安上实现“五个新提升”，为加快建设“四新北安”奠定坚实基础。**

主要预期目标是：地区生产总值增长 6% 以上；一般公共预算收入增长 5% 以上；规上工业增加值增长 10%；固定资产投资增长 6%；社会消费品零售总额增长 6% 以上；城乡居民人均可支配收入与经济同步增长。

（一）聚焦产业融合发展，在构建现代产业体系上实现新提升。 坚持以工业化思维抓农业、一体化思维抓产业，做大做强实体经济，提振市场信心。

一要围绕优质高效发展现代农业。 坚持农业农村优先发展，抓好黑土地保护、高标准农田建设，提升农业综合生产和抗风险能力，夯实粮食安全根基。壮大特色产业、延长畜牧链条、调优水产结构，带动养殖业健康发展。构建现代种业体系，打造集大豆繁育种、生产、加工、科研、销售为一体的综合性服务平台。补齐设施农业和特色作物农机化短板，加快农机装备提档升级。加快区域协同发展，探索赵光镇全域农垦栽培和农业托管服务，巩固扩大合作成果。

二要突出延链补链壮大主导产业。 树牢全产业链思维，精心绘制招商地图、产业图谱，高起点谋划项目、高频次对接合作、高效率签约落地，推动“四型经济”破题开路，“2+1”主导产业发展壮大。加快推进国家电投整市屋顶分布式光伏、飞鹤瑞信诚等项目建设，强化“一区三园”要素保障，形成质量引领、多点支撑、多元发展的产业新格局。

三要立足业态升级繁荣第三产业。 坚持提升传统服务业和培育新兴服务业并举、满足需求和引导消费并重，推动服务业向高品质和多样化升级。全面落实国家和省稳经济大盘、助企纾困系列政策，赋能民营经济发展，提振市场信心。高标准建设现代物流产业园，打造公铁联运区域性物流中心，推动交通优势向经济优势、通道经济向枢纽经济转变。

（二）聚焦城乡协同联动，在打造宜居宜业城市上实现新提升。统筹抓好城乡建设管理，打造宜居宜业生活空间。

一要用工匠精神提升城市品质。围绕居住更舒适、出行更便捷、颜值更靓丽，实施城市更新行动。加快推动棚户区、老旧小区改造，完善绿化亮化及城市道路、管网等设施建设，提升城市服务功能和品质。加快城市适儿化改造，打造省级儿童友好城市样板。推进通北镇引水工程、净水厂升级改造，保障民生供给需求。利用棚改闲置地块和城市空白区域，布局建设口袋公园、绿化景观，塑造更有品质的城市公共空间。

二要用系统思维推进乡村振兴。坚持“四个不摘”，健全防返贫动态监测机制，提升“三保障”质效。打造乡镇特色产业，构建“一乡一业”格局。用活用好“房前屋后”方寸之地，努力把千家万户“小菜园”建成“增收园”。开展农村人居环境整治五年行动，加快“百里示范带”“龙江民居”示范村建设，推动村屯面貌持续改善。培育文明乡风、良好家风、淳朴民风，提高乡村社会文明程度。健全自治、法治、德治结合的乡村治理体系，促进乡村社会充满活力、和谐有序。

三要用战略眼光加强生态保护。坚决守住生态保护底线，全面抓好秸秆禁烧、土壤污染防控等工作任务，打好打赢污染防治攻坚战。做好中央、省环保督察问题整改，巩固提升我市生态环境核心竞争力。积极发展生态康养、生态度假等养老休闲产业，推动生态优势转化为经济优势。

四要用绣花功夫优化城乡管理。加快智慧城市建设，融合城市管理、民生服务等领域信息资源，“多网合一、一网统筹”提升城市智慧化、精细化管理水平。探索完善生活垃圾和畜禽粪污收集处理体系，鼓励有条件的乡镇建立市场化保洁机制，推动由“一时清脏”向“长期清洁”转变。

（三）聚焦提升改革效能，在激发创新内生动力上实现新提升。坚持向改革要发展、向创新要未来，不断增强高质量发展的原动力。

一要抓好重点领域改革。积极承接中央、省黑河市各项改革任务，主动争取改革试点，在“没有先例”上做出成功案例，在“普遍探索”上打造北安样板。统筹做好教育医疗等领域改革，促进公立医院高质量发展。推动“互联网＋教育”深度融合，让改革红利惠及更多北安人民。深度融入黑河“大桥经济”，探索更多开放合作新路径。

二要强化人才队伍建设。坚持用才、爱才、重才的人才理念，让人才有位可为、有才可展。加大本土人才培育力度，分门别类建立“本地人才库”，做好供需对接，充分激发本土人才的积极性、创造性。深入实施“英才引进”计划，办好市委书记进校园等活动，畅通人才引进渠道。加快人才创新平台建设，打造一批市级领军人才和创新团队。创优人才发展环境，办好人才落户、住房保障、子女教育、医疗养老等惠才实事，确保人才引得来、用得好、留得住。加快市校合作成果转化与运用，让更多创新成果就地转化为现实生产力。

三要持续优化营商环境。深化“放管服”改革，做到应放尽放，及时下放。推进数字政务建设，在平台建设、制度创新、流程再造上持续用力，切实提高办事效率。持续打造“15 分钟便民服务圈”，畅通便民服务“最后一千米”。探索实施“信易＋”守信激励措施，积极营造诚实守信的社会氛围。构建“亲清”政商关系，坚持无事不扰、有诺必践，确保政策红利应享尽享、成本负担应降尽降、合法权益应保尽保。

（四）聚焦改善民生福祉，在满足人民生活期待上实现新提升。坚持以人民为中心的发展思想，用心用情解决群众关心的“头等大事”和“关键小事”。

一要拓展更多元的富民增收渠道。实施就业创业行动，做好援企稳岗、技能培训、就业服务等工作，优化就业结构、提高就业质量，推动各类社会群体依靠自身努力和智慧创造幸福生活。发展农民专业合作经济组织和农民经纪人队伍，重点支持发展农民合作社、家庭农场和农业生产托管服务，健全农业社会化服务体系，拓宽农民财产性收入来源。落实粮食生产、农机购置、农业保险等各类支农政策，保障农民转移性收入稳定增长。

二要构建更普惠的民生保障体系。健全完善覆盖全民、城乡统筹、权责清晰、保障适度的多层次社会保障体系，使群众获得感、幸福感更加充实、更有保障、更可持续。深化全民参保行动，完善城乡居民基本养老保险制度，推动适龄人员应保尽保。高度关注“一老一小”，促进居家、社区和机构养老服务融合发展，持续增加普惠托育服务供给，推动三孩生育政策落地见效。加大民生兜底保障和困难群众救助力度，兜住兜牢民生保障底线。

三要提供更优质的公共服务保障。坚持教育优先发展，实施学校基础设施提升工程，持续改善办学条件，促进普惠性学前教育扩容提质，增加公办优质学位供给。坚持立德树人、“五育”并举，加快推进义务教育优质均衡发展。加强“体教结合”，推动冰雪运动进校园，力争培养输送一批冰雪健将。加快打造健康北安，完善医共体、“互联网＋医疗健康”等服务体系建设，推动优质医疗资源均衡布局、向基层延伸。推动构建分级诊疗制度，提升基层医疗服务能力。扩大健康体检和签约服务覆盖率，加强优质家庭医生签约服务质量和效率。

四要打造更丰富的文旅融合业态。深度挖掘和整合北安红色文化资源，谋划“从延安到北安”精品旅游线路，加快培育数字文化旅游新业态，丰富特色文旅产品供给。做好“冰雪文章”，打造独具特色的冰雪品牌。加强住宿、餐饮、购物等相关服务业态培育，提升配套服务能力。

（五）聚焦安全发展理念，在建设平安北安上实现新提升。统筹发展和安全，以高水平安全护航高质量发展。

一要筑牢防线，有效应对各类风险。聚焦关键环节、重点领域，加强风险隐患分析研判，精准分类施策，科学高效处置，坚决守住不发生区域性系统性风险的底线。

二要守住红线，全面抓好安全生产。扎实推进重点领域、重点行业专项整治，坚决杜绝重特大安全事故发生。加强食品药品监管，保证基本药品充足供应，确保人民群众用药安全。打造“全灾种、大应急”格局，统筹森林草原防灭火、防汛抗旱等工作，做好物资储备、队伍建设和应急演练，提升防灾减灾和应急救援能力，确保应急预警到位、人员值班值守到位、物资储备到位、应急处突到位。

三要守住底线，切实维护社会稳定。深化平安北安、法治北安建设，健全完善社会治安防控体系，提高社会治理法治化、智能化、专业化水平。常态化开展扫黑除恶专项斗争，加强社会治安综合治理，严厉打击各种违法犯罪行为。坚持和发展新时代“枫桥经验”，完善社会矛盾纠纷多元化解机制，及时把问题处理在基层、化解在萌芽。

四、自我革命、正本清源，以刀刃向内的坚定决心推进新时代党的建设新的伟大工程。坚定不移推进全面从严治党向纵深发展，打造风清气正政治生态，为推动北安经济社会高质量发展提供坚强保障。

（一）加强政治建设，锤炼绝对忠诚的政治品格。严肃“讲党性、守规矩”的政治生活，认真落实民主集中制、重大事项请示报告等制度。依托省委旧址陈列馆等红色教育基地，经常性开展组织生活，永葆党的先进性和纯洁性。严格落实党管意识形态工作责任制，健全重大风险分析研判、预警处置和防范化解机制，讲好北安故事、传播北安声音，牢牢掌握意识形态工作领导权、管理权和话语权。始终坚持党管武装根本原则，确保党对后备力量的绝对领导。支持人大、政府、政协、纪检监察机关、法检两院依法依章开展工作、发挥作用。支持民主党派、工商联和无党派人士履行职能，巩固和发展最广泛的爱国统一战线。

（二）强化思想建设，筑牢坚不可摧的信仰之基。加强理论学习，组织开展系列活动，学习贯彻党的二十大精神，深学细悟习近平总书记重要讲话和重要指示批示精神，教育引导广大党员干部筑牢信仰之基、补足精神之钙、把稳思想之舵。丰富新时代文明实践活动，以创建省级文明城市为契机，打造品牌化志愿服务项目，深化乡风文明试点村镇建设。开展“时代楷模”“感动龙江”“最美人物”等典型选树，让干部群众学有目标、干有方向。挖掘红色文化资源，与延安地区开展多层次、多角度的交流合作，探索开发一条红色文化旅游精品线路和一批旅游产品，持续做好“从延安到北安”“七个一”工程特色文化品牌。

（三）突出组织建设，夯实坚强有力的战斗堡垒。坚持抓党建引领基层治理，发挥网格化治理效能，加强街道、社区党群服务中心建设。创新实施链上党建，打造城市全域党建示范带，持续扩大示范点创建数量。强化党员队伍建设，严把发展党员入口关，加强党章及党内法规制度的教育培训，不断提升党员质量、增强队伍活力。打造“两新”党建载体，持续扩大党组织覆盖面。坚持抓党建促乡村振兴，开展地垦林党建共建联建和强乡赋能改革，总结推广试点经验。强化驻村干部队伍建设，持续发展壮大村级集体经济，确保收入20万元以上村数量基本稳定。

（四）狠抓队伍建设，锻造实干担当的干部队伍。落实新时代好干部标准，建设高素质专业化干部队伍。持续加强领导班子和后备干部梯队建设，注重将优秀年轻干部和专业化干部充实到各级班子，增强整体功能。统筹抓好女干部、少数民族干部、党外干部的系统培养，加强对基层干部特别是攻坚一线干部的关心关爱。充分发挥市委党校作用，常态化开展农业、法律、产业、经济等领域专业培训，不断提升干部队伍专业素养。完善综合考核评价体系，健全干部能上能下和容错纠错机制，认真落实“三个区分开来”，真正为敢担当者担当、为敢负责者负责。

（五）严守纪律规矩，巩固风清气正的政治生态。坚持严的主基调不动摇，压实落靠管党治党政治责任，落细落严党风廉政建设责任制，一体推进不敢腐、不能腐、不想腐。抓实干部日常教育管理监督，突出加强对“一把手”和领导班子监督，做到真管真严、敢管敢严、长管长严。做好水利专项、乡镇提级巡察及十八届市委巡察工作，加强巡察整改和成果运用，不断释放巡察利剑震慑效应。持续加固贯彻中央八项规定精神堤坝，加大“四风”纠治力度，坚决防止“四风”问题反弹回潮。巩固机关“能力作风建设年”成果，深入整治不作为、慢作为、乱作为等突出问题，推进能力作风建设常态长效。保持反腐败高压态势，政治权力集中、资金密集、资源富集领域腐败，推动全面从严治党向纵深发展、向基层延伸，持续营造风清气正的政治生态。

同志们，时代眷顾奋斗者，星光不负赶路人。让我们更加紧密地团结在以习近平同志为核心的党中央周围，以党的二十大精神为引领，全面落实中央、省黑河市委决策部署，团结奋斗、担当实干、勇毅前行，奋力谱写新时代北安振兴发展新篇章！

政府工作报告

——2022 年 12 月 28 日在北安市第十八届人民代表大会第二次会议上

北安市人民政府市长 李华

2022 年工作回顾

即将过去的一年，在市委坚强领导下，市政府深入学习贯彻习近平新时代中国特色社会主义思想，坚持稳中求进工作总基调，以推动高质量发展为主题，全面贯彻新发展理念，统筹发展和安全，知难而进、迎难而上，全力战胜前进道路上的各种困难与挑战，依靠顽强斗争打开事业发展新天地。预计，全年地区生产总值增长 5.5%；规上工业增加值增长 2%；固定资产投资增长 7%；一般公共预算收入增长 8%；社会消费品零售总额下降 17.3%；城乡居民人均可支配收入分别增长 5.5%。我们主要做了以下工作：

（一）坚持人民至上，疫情防控取得阶段成效。始终把疫情防控当作重大政治任务和保障民生重点，因时因势优化防控措施，担起守护人民生命健康使命职责。常态化防控从实从细。建立健全“一案一图一单一练”等机制，创新开展“自我健康第一责任人”行动，严把外防输入关口，持续加强防疫能力建设，实现两年零九个月“零输入、零感染”。

（二）坚持以保促稳，经济发展韧性明显增强。稳定市场主体。全面贯彻稳经济一揽子政策和接续措施，“民营经济 38 条”“板块联动促消费”“减税降费”等举措落地见效，市乡两级领导干部包联帮扶企业（项目）3906 户，协调超百亿贷款助企纾困，兑现扶持资金 6784 万元，释放税收政策红利 1.06 亿元，发放政府消费券 900 万元、拉动消费 1.13 亿元，切实打通经济内循环。新增规上企业 4 户、限上企业 10 户，新登记市场主体 4373 户。深化创新驱动。企业投入研发、技改经费破亿元，实施数字化、绿色化技术改造 8 项。象屿 100 万吨扩能改造项目当年立项开工、当年建成投产，实现产值 27 亿元；宜品乳业获评“龙江质量品牌”优秀民营企业 50 强；华升食品数字化（智能）示范车间建成。新认定科技型中小企业 25 户、高新技术企业 2 户，省企业技术中心 1 个。经开区质效双升。完成经开区管委会机构改革，修编健康产业园、现代物流园控详规划，储备土地 2 平方千米。基础设施进一步提升，原水管线升级工程铺设完毕，新入园企业 7 户，实现主营业务收入 63.5 亿元，增长 9.3%。

（三）坚持招大引强，项目建设步伐持续加快。招商引资再提效。践行“五精”理念，成立 13 个产业链专班精准招商、延链强链，落实招商引资项目 45 个，总投资 252.27 亿元，其中超亿元项目 19 个，实际利用内资增长 71%。与世界 500 强太平洋建设集团开展战略合作，聘请“招商大使”助力招商。我市成功承办黑河市招商引资北安现场会，并作典型发言。项目建设在增速。实施重点项目 54 个，开复工“百大项目”22 个。上海电气北安 100 兆瓦风电平价上网、宜品绵绵飏农牧场等项目建成投产；国家电投北安整市屋顶分布式光伏、新希望佳沂冷链调理品、金禾润北安粮油加工等项目落地开工；飞鹤乳制品全产业链各项目整体顺利推进，落实项目、年度投资数量均居黑河各县（市区）首位。向上争取再突破。积极从政策中找机遇、跑项目，加大资金对接争取力度，到位中央和省转移支付补助资金 38.1 亿元，一般债券、专项债券 7.2 亿元，创历史新高。

（四）坚持优先发展，现代农业质量成色更足。严守粮食安全责任，稳粮扩豆任务圆满完成，预计粮食总产实现 25 亿斤。农业基础更加牢固。实施水利工程 8 项，建设高标准农田、黑土地保护示范区 19.4 万亩，落实国家、省市试验示范项目 22 个，打造农业科技示范园区（基地）36 处 6.6 万亩。新建国家级大豆育种示范展示基地 2 处，培育专业技术型制种企业 21 家，大豆良种繁育能力达 15 万吨。企地合作硕果累累。深化拓展垦地合作，高标准打造“赵光模式”，央视新闻两次进行宣传报道。养殖产业提标扩面。畜牧规模化养殖场发展到 46 家，奶牛存栏 1.4 万头，生猪出栏 23 万头。大水面生态渔业扩至 2 万亩。林业产值实现 4.6 亿元。我市入列全国大豆、乳品产业集群建设市，成功创建国家大豆科技自强示范县。城郊乡获批国家级农业产业强镇。

（五）坚持统筹推进，城乡宜居水平稳步提高。发展定位更加明确。建立市域“三区三线”和国土空间规划数据库，推进乡村两级国土空间规划编制。北安作为唯一县级市入列全省国土空间规划“综合型城市”方阵，黑龙江省北部区域性中心城市、交通枢纽城市、连接黑河和哈尔滨“传递性”城市、国家重要绿色食品基地的发展定位进一步明确。城市品质全面提升。投资 0.77 亿元，建成污水管网设施排查 GIS 系统，新建改造供排水、供热管网14.3千米，二次供水设施改造计划全面完成。投资5.36亿元，实施乌裕尔西大街城市更新项目，建成回迁安置楼4栋；改造老旧小区178栋72万平方米，惠及居民9113户。修缮提升省委旧址和龙江园周边环境，龙江路北段改建工程顺利推进。新型智慧城市一期建成，43家服务机构融入城管体系。常态化开展市容整治等专项行动，城市管理水平进一步提升。村屯面貌明显改善。投资1.69亿元，实施通主路等76千米路网提升工程，建设农村供水保障工程19处、垃圾分拣中心60个，新建改造农民住房761户，东丰新村等27个村屯基础设施整体提升。巩固拓展脱贫攻坚成果同乡村振兴有效衔接，继续发展光伏发电、庭院种植养殖、北药种植等增收产业，投入生产奖补、医疗保障等资金1259万元，脱贫人口人均收入突破1.47万元，通过省级脱贫攻坚成果实地考核验收。我市被评为全国农村集体产权制度改革工作先进集体。生态环境持续向好。“三长制”有序实行，办结第二轮中央生态环保督察反馈信访案件26件；改造燃煤锅炉14台，连续4个秸秆禁烧期无火点；扎实开展河湖清“四乱”，排查整治入河排污口62处、黑臭水体3处、侵蚀沟139条；实施造林绿化39.88万平方米，耕地保护性耕作122.6万亩。

（六）坚持利民为本，社会事业稳步有序发展。优先发展教育事业。新增公办幼儿园3所、普惠性幼儿园11所，维修改造校园12所，北安一中新建教学楼投入使用、校区提标扩建工程稳步推进；精准落实义务教育“双减”改革，北安八中被评为省级教育评价改革试点校；改造升级职教中心办学条件，职业教育综合培训基地建成使用，人才培育输送成效显著。升级扩能卫生事业。全面实施城乡医疗防控能力提升项目，市第一人民医院新门诊住院综合楼投入使用，医疗物资储备中心建成，打造区域特色医疗专科22个；全面推进紧密型医共体建设，分级诊疗制度、中医药服务基本覆盖城乡。蓬勃发展文体事业。高标准改造省委旧址陈列馆，建立馆藏文物数字化资源库，省委、省政府旧址和北安博物馆实现云展览；举办第五届朝鲜族初伏节，红色文化、特色文化品牌效应愈发凸显。北安乌鱼绣作为全省唯一“非遗工坊”入选全国典型案例。承办国家、省级等大型体育赛事3次，北安籍运动员曲春雨在北京冬奥会上为国摘得首金。

（七）坚持共建共享，社会大局更加和谐稳定。践行为民初心，办好办成惠民实事17件，因政策调整消减1件。累计投入民生资金38.7亿元，一批群众“急难愁盼”问题得到有效解决。高质量稳就业。持续打造“乌裕尔”人才培育品牌，培训专业技能人才3370人次；城镇新增就业4300人。东北亚社区被评为全国首批充分就业示范社区。高标准保民生。降低特殊人群大病保险起付标准，发放低保、优抚等民生资金1.12亿元，社保扩面9156人。医保服务实现一体化运行、一单制结算。补贴0.6亿元，应急接管供热企业2户，勇担市区和通北2.75万户239.4万平方米居民供暖责任。优化社区网格，改造服务场所5个，补强社区工作力量32人，基层治理服务能力进一步提升。高效率促稳定。深化欠薪源头治理，为1028名劳动者追回拖欠工资1946万元。全方位开展“百日护航”“安全生产百日攻坚战”等行动，6200余人次日夜拉紧“安全防护网”，守住事故“零发生”底线，安全生产专项整治三年行动圆满收官。全国第一次自然灾害综合风险普查任务扎实完成，连续32年未发生森林重特大火情。加强人民信访工作，推进“一站式”非诉讼纠纷调解中心建设，依法依规解决群众合理诉求1.17万件次，一批历史遗留难题得到有效化解。加强公安指挥中心一体化建设，禁毒领域取得重大战果，违法犯罪案件持续降低，治安形势稳固向好。北安市看守所晋升黑河市唯一“全国一级看守所”。

（八）坚持提升效能，政府自身建设全面加强。深入学习贯彻党的二十大精神，扎实开展机关“能力作风建设年”活动，整改补齐一批短板弱项，干部能力素质显著提升。坚持推动经济发展在法治轨道上运行，制定《北安市法治政府建设实施方案（2021—2025年）》，严格执行政府工作规定，重大行政决策合法性审查率100%。全面完成国有企业改革三年行动，改制组建泓安集团公司，国有资本运营效率有效提高。持续推行政务公开。细化落实“五公开”要求，省内率先起草实施《公共数据共享开放管理暂行办法》，公共数据共享平台运行开放。大力优化营商环境。减少行政审批环节103个，企业开办由3天缩短至2小时，社投项目等审批时限压缩50%以上，政务服务平台事项入驻率、网办率均达到100%，“码上诚信”全面铺开，综合信用指数县域排名进入全国百强、位居全省第二。纵深推进政府系统党风廉政建设和反腐败工作，自觉接受人大法律监督、政协民主监督和社会舆论监督，办理市人大议案建议89件、市政协提案82件，办复率100%，满意率97.9%。

同时，审计统计、民族宗教、文联残联、妇女儿童、气象档案、国防动员、退役军人等各项工作都实现了新进展。

我们在不断加快经济建设和发展民生的同时，也清醒认识到，受疫情延宕和经济下行双重压力影响，部分指标未达预期，发展中还面临一些问题和挑战。高质量发展基础不稳固，创新潜能释放不充分，市场主体发展不快速，城乡发展不协调等问题依然存在，基础设施和民生领域还有短板，节能降耗及污染治理仍需发力。法治政府建设还需进一步深化，个别政府部门服务意识和工作能力还需增强，政府治理体系和治理能力现代化建设还有差距。对于这些问题，我们正采取一系列措施认真加以解决，始终坚持勇于担当、恪尽职守、努力奋斗，不负全市人民期望！

2023年工作安排

各位代表，2023年是全面贯彻党的二十大精神开局之年，做好经济工作十分重要。

市政府工作的总体要求是：**以习近平新时代中国特色社会主义思想为指导，全面贯彻落实党的二十大精神，坚持稳中求进工作总基调，坚持系统观念，完整、准确、全面贯彻新发展理念，构建新发展格局，更好统筹发展与安全，以深化供给侧结构性改革和扩大内需为主线，以改革创新为根本动力，以满足人民日益增长的美好生活需要为根本目的，紧紧围绕"五个新提升"，敢作敢为、善做善成，着力推进经济社会高质量发展，加快实现质的有效提升和量的合理增长，在全面打造黑龙江省北部区域中心城市、推动中国式现代化北安发展征程上展现新作为、彰显新担当、谱写新篇章。**

主要预期目标是：地区生产总值增长6%；规上工业增加值增长10%；固定资产投资增长6%；一般公共预算收入增长5%；社会消费品零售总额增长6%；城乡居民人均可支配收入与经济同步增长，民生更加殷实、经济更加富强、社会更加和谐。以上目标是我们工作底线，政府全体要始终保持"干事创业的激情、真抓实干的作风"，重点聚焦八方面工作，全力拼抢、跳起摸高，努力为全省发展大局增色添彩，勇争市县经济社会建设前列。

（一）聚焦打造百亿产业集群，全力以赴稳主体、提质量，以更实举措保持经济稳健增长。

坚定招商引资"一号工程"不动摇。完善招商"目标+考核"奖惩机制，保持招商密度，突出精准对接，积极"走出去""请进来"，营造全员招商、全域引资新格局。围绕省"4567"产业体系和我市"2+1"主导产业，实施"图谱+家谱+目标企业"精准招商，深化以商招商、以企招商等有效载体，推进黑龙江省北部大豆集散中心、象屿北安供应链等签约项目加快建设，不断补齐延伸产业链条。积极梳理契合点、寻找切入点，推进浙投生物医药北安加工基地和风电场开发、美利林北安耐磨钢球加工等项目签约落地，形成产业项目梯队发展格局。

坚定产业项目"战略重点"不动摇。以高质量项目推动产业升级、发展提速，畅通"一会三函"、容缺预审等绿色通道，完善企业直通车制度，全方位做好项目服务保障。重点推进融通北安大豆全产业链等37个项目"开春即开复工"，项目库转化项目68个以上。压实要素保障，实施"百大项目"25个，完成投资30亿元以上。推进国能北安150兆瓦风电开发、中储粮北安直属库仓储扩容等项目建成投产。紧盯国家和省政策导向、产业方向和资金投向，积极策划包装项目、完善储备项目，向上争取转移支付补助等各类资金39亿元以上。

坚定产业平台"优化要素"不动摇。探索经开区"管委会+平台公司"管理模式，分离所有权和经营权，实现"政府+市场"共治。全面提升经开区承载能力，谋划建设风光微电网项目，完成中水回用工程，进一步优化电力、蒸汽、天然气等要素供给，促进企业降本增效。牵头建立企业发展联盟，拓展经开区服务清单，支持象屿、完达山等重点企业与中小企业紧密合作、互配互补，打造一批专业化园区。以招商激活、嫁接盘活、技改撬活停产半停产企业5户，优化存量资源，推动园区土地集约化、高效化利用。

（二）聚焦构建现代产业体系，全力以赴育龙头、添动能，以更快步伐促进产业加速集聚。

巩固传统产业"基本盘"。做好农产品精深加工大文章，打造"米豆乳肉"全产业链，以支柱企业大发展带动主导产业大跃升。依托象屿生化主营品种，培育发展象屿北安玉米产业园，谋划引进淀粉加工、医药中间体等上下游项目，提高玉米产业链附加值。实施九三大豆深加工和大豆交割库项目，加快建设九三北安大豆产业园，产销双端延伸大豆产业链。支持宜品乳业、完达山乳品增产增效、产品迭代，做大飞鹤北安瑞信诚牧场、宜品绵绵飏农牧场奶源供给，启动建设飞鹤乳制品深加工等项目，打造乳品产业强市。促成佳汇生猪屠宰项目落地实施，扶持昊业肉制品扩大规模，加快畜牧养加销一体化发展，补齐肉制品产业链。引导国胜面业、翔恒水泥等企业绿色化改造、品牌化发展，新增规上企业4户，推动传统制造业、建材业转型升级。

开拓服务消费"大市场"。大力提振市场信心，继续实施"稳经济促消费"一揽子计划，鼓励支持各类市场主体融入"后疫情"时代，推进生活服务业便利化、品质化发展。新增限上企业7户。发展壮大"夜经济"，改造提升南京路步行街、金街休闲功能，打造以娱乐、夜购、夜宵为特色的主题线路街区，争创县域商业体系建设行动示范县。畅通物流通道体系，搭乘"网红经济"热潮，提质发展供应链、电商快递等专业物流，打造电子商务进农村市级物流配送中心，建设村级电商服务站45个，并联乡村物流和邮政快递配送体系，开辟农村线上购销渠道。以黑河自贸片区协同发展区为载体，拓宽境外投资、服务贸易、跨境贸易渠道，支持华升食品、阳光木制品等外贸企业发展，培育更多外贸支点，推进高水平对外开放。进出口贸易额增长20%。

增强新兴产业"动力源"。抢抓国家产业基础提升机遇期，依托新一代信息技术、生物技术、新能源等新引擎，主动接轨质量强国、数字中国战略。深度开发新能源产业，加快国家电投北安整市屋顶分布式光伏、华电北安500兆瓦风电开发等项目建设，打造百万千瓦级新能源基地。融入数字经济蓝海，全面铺开5G网络基础设施，引进发展数学科技、阅动信息技术等数字技术企业，领跑区域软件开发、运维服务产业新赛道。融合发展生物经济，加快落实天屿玉米浸泡水资源化利用等项目，大力发展生物饲料、生物育种、生物医药，补强主导产业链条。积极发展休闲养老、乡村度假等康养产业，完善全周期养老服务体系，打造特色康养品牌。

（三）聚焦持续释放潜力优势，全力以赴抓创新、优环境，以更细措施推动高质量发展。

激发重点领域改革新活力。推动综合税费改革，运用普惠金融、政府采购等政策工具，撬动更多社会资源服务发展大局。深化财政体制改革，优化财政支出结构，强化预算绩效管理，一般性支出压减6%以上。推进融资环境改革，探索成立政策性融资担保公司，搭建“政、银、企、担”对接平台，加大金融对重点领域支持力度。加快“三医联动”改革，借鉴推广“三明医改”经验，统筹推进医疗服务价格、医保支付方式等改革任务，解决看病难、看病贵问题。全面推进教育评价、教育督导等综合性改革，深入落实新高考改革要求，提升教育教学能力。

促进科技创新能力新跃升。突出创新核心地位，发挥企业科技创新主体作用，完善产学研协调创新体系，引导支持企业技改、研发投入超1.3亿元，以科技创新支撑民营经济高质量发展。坚持“两个毫不动摇”，构建全周期、全要素助企纾困和企业培育体系，推动“科技—产业—金融”良性循环。新认定高新技术企业2户，培育“专精特新”中小企业5户。落实落细北安市高质量推进新时代人才强市战略，围绕“引育用留”关键环节，精准解决人才安居等配套需求，搭建供求对接平台，打造人才集聚的“强磁场”。

营造一流政务服务新环境。深化“放管服”改革，动态调整权责清单，精简审批环节，压缩办事时限，优化市场准入准营和退出机制，努力实现“一件事一次办”和“最多跑一次”。强化“互联网＋政务服务”建设，增强数据归集治理、高效共享，健全城乡政务服务网络和功能，实现更多事项“掌上办”“指尖办”。以政务诚信为引领，协同推进商务诚信、社会诚信、司法公信建设，创建全国社会信用体系建设示范县。优化营商环境评价机制，构建亲清政商关系，让软环境成为发展的硬支撑。

（四）聚焦深化产城融合发展，全力以赴强外延、赋内涵，以更优品质打造美丽宜居新城。

顶层设计规划引领发展。坚持高站位设计、高起点实施，纲举目张执行《北安市国土空间规划（2021—2035年）》《黑龙江省北部区域中心城市顶层设计》《北安市产城融合发展规划》，严密制定主导产业、民生事业等各类承接方案，加快形成一张蓝图规划、一个平台优化的“多规合一”操作体系，有序推进“十四五”期间的重大项目、配套设施建设，加速提升城市吸纳能力、产业承载能级，在更高层面更高水平更大范围实现以城促产、以产兴城、以业聚人的产城融合发展新格局。

全面提升城市品质魅力。用宜居舒适度增强城市首位度，加快“旧改棚改”进度，改造老旧小区楼房110栋，征拆“老旧危”房屋615户，逐步开发北岗棚户区，推进乌裕尔西大街城市更新项目，打造一批配套完备、高品质居民小区。完善“三供两治”，启动闹龙河水源地保护、净水厂升级改造、向前污水处理厂二期、建筑垃圾处理厂工程，新建改造各类管网21千米，用心改善群众生活条件。着力打造“口袋公园”，全面实施城区公园提升工程，维修步道板和破损路面，完成乌裕尔大街、龙江路楼体亮化，修护绿地4.3万平方米，提升城市颜值。实施黄河路、玉山街道路通畅和北京路桥新建工程，新增停车泊位230个，着力解决“出行堵”“停车难”问题。推进燃气入户2.8万户，实现中心城区燃气管网全覆盖。

系统完善交通枢纽功能。对标地区性综合交通枢纽定位，积极推进332国道和101、214省道（北安段）升级改造，助力提升商贸物流中心地位。紧密对接明北高速项目，实施北安境内路段建设工程，打造北安新“西出口”。加快建设完善K8、K4“平改立”工程，完成龙江路、宝塔山路北段拓宽工程，延伸改造保卫路、如意街，完善城市内环骨干路网，提升“北出口”交通承载力。抢抓绥北铁路升级改造契机，加力推进公铁联运项目，优化客运服务功能，谋划建设新站前广场和南迁铁路货运站，撬动铁南区并联发展。

着力提高精细管理水平。实施环境提升行动，全面推进环卫保洁标准化，扩大机械化作业范围。启动生活垃圾城乡一体化项目，推进居民区垃圾分类试点工作，探索垃圾处理市场化运行。实施物业提升行动，加快失管居民小区物业管理试点建设，健全物业管理联席会议制度，持续扩大优质物业管理覆盖范围。实施智慧提升行动，推进智慧交通、智慧城管、智慧政务系统平台应用，提高城市智能化管理水平。建立供热企业制度化监管办法，智能化监测供热末端反馈，推进供热定价成本监审，促进供热行业健康发展。深化区域共建，加强与农垦、森工、融通等域内国企央企合作，在资源共享、项目建设、产业联动上加强配合、优势互补，打造区域一体化发展新样板。

深化低碳环保绿色发展。坚持山水林田湖草沙一体化保护和系统治理，落实“双碳”目标战略，持续打好“蓝天、碧水、净土”保卫战。强化大气污染综合防治，加快推动清洁能源和新能源利用，全面提升露天焚烧、尾气污染、二氧化硫和烟尘排放等治理水平，空气质量优良天数比例达到90%以上。持续开展河湖“清四乱”行动，加快推进农村生活污水治理，有效保护水生态环境。强化土壤污染源头防控，精准治理农业面源污染，持续排查整治入河排污口、黑臭水体，治理侵蚀沟108条，建设粪污收集中转站18处，造林绿化3200亩。启动建设北安乌裕尔河湿地公园，提升生态综合利用能力。

（五）聚焦稳产增效强农富民，全力以赴强基础、促提升，以更高水平全面推进乡村振兴。

大力发展现代农业。全面落实粮食安全责任制，稳定粮食作物面积500万亩以上。强化农业科技支撑，全力打造种业联盟，推进北大荒垦丰北安大豆育种、普田种业大豆育繁推一体化项目落地见效，国家级大豆良种繁育基地扩至116万亩。开展企地多元化合作、多维度互促，以赵光镇全域实施为基点，辐射带动8个乡镇落实农业托管服务面积70万亩，合力共建科技园区、示范基地50处。稳步提升农业发展质量，启动水利工程4项，建设高标准农田、黑土地保护示范区10.5万亩，打造数字化农业基地5处。系统推进农业绿色转型，加快建设优质大豆、寒地水稻等绿色食品原料标准化生产基地，壮大以北大荒亲民为龙头的绿色有机产业，绿色有机食品认证面积增至90万亩、认证数量70个以上。做大做强“两牛一猪一禽”、冷水鱼及食用菌等产业，推动种养业健康发展。

全面推进乡村振兴。以“乡村振兴百里示范带”为引领，加快构建“一乡一业”格局，大力发展通北镇对俄蔬菜基地、赵光镇道地药材种植、海星镇有机酸菜加工、石泉镇大豆深加工、杨家乡鲜食玉米种植、主星朝鲜族乡民俗风情田园综合体、东胜乡麒麟西瓜等特色产业；突出发展二井镇、城郊乡“围城”经济，重点打造采摘基地、田园风光、休闲垂钓等业态，带动乡村产业百花齐放。深入实施通北、赵光引水工程，解决6.1万群众吃水难问题。实施乡村建设行动，加强农村人居环境整治，完成农村生活污水治理工程，修建农村公路及安防工程22.1千米、农村卫生户厕500户，改造住房180户，倾力打造省级“龙江民居”示范村1个、美丽宜居村庄5个，营造优美和谐人居环境。

持续促进农民增收。巩固拓展脱贫攻坚成果，稳定落实帮扶政策，提升“三保障”实效，守牢防返贫致贫底线。扎实开展农业技术指导培训，提高农民科技增收能力。用活房前屋后“方寸地”，把2.39万户“小菜园”建成2.62万亩“增收园”，加快形成可复制推广的庭院经济发展路径，擦亮“我的房前屋后”特色品牌。大力推广以工代赈，清单式促进农民就近就业。健全农业社会化服务体系，构建种子、肥料和农药联动销售新模式，降低农民生产成本。落实粮食生产、农机购置、农业保险等各类支农政策，保障农民转移性收入稳定增长。

（六）聚焦共同缔造幸福生活，全力以赴增福祉、谋实惠，以更强担当改善群众生活品质。

全力打好疫情防控决胜战。坚持人民至上、生命至上，完整准确全面贯彻落实优化防控措施，构建“分级分层分类分区”救治体系，建设二、三级医疗机构重症医学单元，提高发热门诊服务能力，坚守“保健康、防重症”底线。统筹城乡医疗资源，发挥“医联体”和“医共体”效能，均衡城乡群众就医需求。加大健康科普知识宣传力度，发挥家庭医生团队“守门员”作用，做好重点人群健康管理和居家治疗服务，更实更细更有温度地践行“自我健康第一责任人”。坚持新冠疫苗“能接尽接”，全面有序推进全人群免疫接种，筑起牢固免疫屏障。加强医疗资源和医疗物资储备，强化防疫药品、试剂监管，稳定城乡药店“四类药”基本供应，确保市场平稳有序。牢记和发扬伟大抗疫精神，关心关爱、崇尚尊重医护工作者，营造全民同心防疫良好氛围。

全力打好民生保障持久战。投入14.33亿元，倾力实施惠民实事18件。压实稳岗就业措施，发展“互联网＋就业创业”新模式，建设人力资源服务产业园，抓好高校毕业生、农民工等重点群体就业，提供公益性岗位2000个，城镇新增就业3800人以上。推广运用“智慧仲裁”“互联网＋调解”系统，全力构建和谐劳动关系。健全退役军人“三大体系”，打通政策落实、服务保障“最后一千米”。深入实施全民参保计划，力争社保参保率达到92%。健全多层次社会保障体系，加大弱势群体帮扶力度，提高城乡低保和特困人员救助供养标准，加强民生兜底保障和遇困群众救助。聚焦“一老一小”，优化养老托育服务有效供给，努力让民生更有温度。

全力打好社会治理整体战。构建城乡社区网格化管理新模式，投资5330万元，高标准建设庆华“两中心”、铁西“三中心”社区服务综合体，解决兆麟北苑社区跨区服务现状，实现市内社工站全覆盖，提高基层社区服务居民能力。打造专业化、高素质网格员队伍，加强基层矛盾化解、信息采集、宣传引导等能力建设，最大限度实现精细化服务、精准化治理。牢固树立总体国家安全观，从严落实安全责任和“六十条”措施，扎实开展安全生产“四大”行动，突出食品药品、危化品、道路交通、消防安全等领域隐患排查整治，严守安全底线。打好防汛抗旱和森林草原防灭火持久战，全面提升防灾减灾能力，坚决遏制重大安全事故发生。强化社会矛盾综合治理机制，开展源头治理和积案化解行动，扩大法律援助范围，多渠道解决群众疑难。统筹打防管控一体化推进，实施科技创安工程，依法打击电信网络诈骗、涉黑涉恶涉毒等违法犯罪活动，不断增强人民群众安全感和满意度。

（七）聚焦社会事业持续发力，全力以赴扬优势、创特色，以更大力度夯实区域中心根基。

提升教育教学区域影响力。坚持以人民为中心发展教育，实施名优校长、名优教师评选培养工程，构筑高质量教育体系。大力发展学前教育，创建省一类、二类幼儿园6所，新建公办幼儿园1所，稳定普及普惠率90%以上。推进义务教育优质均衡发展，改造提升4所学校基础设施和配套设备，谋划建设北安八中新教学楼和配套设施。加快教育数字化建设，推进智慧教育升级晋档。筹建北安一中校史馆，打造校园品牌文化，完成整体校区提升工程，巩固区域教育中心地位。推动职业教育多元化办学，探索实行“2+1”教学模式，形成产教良性互动、校企优势互补发展格局。

增强健康服务区域辐射力。推进健康北安行动，健全基本公共卫生服务体系，完成北安市第二人民医院异地新建，促进优质医疗资源向基层延伸。支持省三院、北大荒集团北安医院创建综合性三甲医院，争创省级区域医疗副中心城市。高标准建设市第一人民医院体检中心，全力打造区域项目最齐、功能最全、服务最优的体检服务中心。大力发展中医养生保健服务，逐步完善中医药服务体系。深化名院名医对接合作，提升远程会诊中心服务患者保障作用。加快慢性病“防治管”整体融合发展，提供全生命周期健康管理服务，推动疾病治疗向健康管理转变。

激发文体事业区域竞争力。坚持以文塑旅、以旅彰文，提炼冰雪文化、红色文化元素，全面发展“冰雪休闲游、红色研学游”等旅游业态，推进省委、省政府旧址晋升国家AAAA级旅游景区，运用文旅产业带动发展冰雪经济。深入挖掘北安军工历史内涵，依托庆华军工遗址博物馆功能提升，打造军事体验、娱乐休闲共融的“626文化园”。保护传承北安历史文化，建设非遗展览馆和研学实践基地，促进博物馆、图书馆和群众艺术馆“三馆”联动，提高文化服务水平。兴建一批“城市书房”“文艺舞台”和村级文化广场，举办新年音乐会、“赏冰乐雪”、文艺演出等系列文化活动，丰富群众文化生活。倡导全民健身，开展丰富多彩的群众性体育活动，升级改造北安市体育场。筹办34届全市运动会，承办国内外大型体育赛事10次以上。

（八）聚焦不断加强自身建设，全力以赴强素质、正作风，以更严标准建设人民满意政府。

忠诚为政，强化履职担当。全面贯彻落实党的二十大精神，铭刻“三个务必”，牢牢把握“五个坚持”重大原则，坚持不懈用习近平新时代中国特色社会主义思想凝心铸魂，始终胸怀“两个大局”，心系“国之大者”，践行“两个维护”，捍卫“两个确立”，不断提高政治判断力、政治领悟力、政治执行力。坚持把党的领导贯穿到政府工作全过程，不折不扣推动国家和省市各项决策部署落地见效。

依法行政，规范履职行为。善于运用法治思维和法治方式推动工作，深入落实全过程人民民主，自觉接受人大法律监督、政协民主监督，强化审计监督和社会舆论监督，坚持行政决策科学化、民主化、法治化，促进行政执法规范化、标准化、人性化。积极发展基层民主，深化政务公开，主动及时回应社会关切，全面营造更加公开、公正、公平的发展环境，切实增强政府公信力。

担当施政，提升履职效能。坚持在思想思路上破局、在体制机制上突围、在方式方法上创新，全面落实“四个体系”，深化巩固“能力作风建设年”成果。坚持想问题以民意为重，干事情以民生为本，真心关怀安危冷暖，真情解决急难愁盼，把好事办快、难事办成、大事办好。进一步树牢“今天再晚也是早、明天再早也是晚”的效率意识，对决策部署紧抓不放、一抓到底，以高效率赢得高效益、以快节奏换来快发展。

廉洁从政，净化履职生态。认真履行全面从严治党主体责任，切实加强政府系统党风廉政建设和意识形态工作，严格落实中央八项规定，持续深化纠治“四风”，保持风清气正的施政环境。抓住“关键少数”以上率下，紧盯重大工程、重点领域、重要岗位，强化重点项目全过程跟踪审计和监管，以更大力度整治群众身边的腐败和作风问题，坚决惩治杜绝微腐败，以坚决有力的行动赢得人民群众的拥护支持。

北安市2023年惠民实事

计划投入14.33亿元，实施惠民实事18件。

1. 投入628万元，以每人2196元标准，为2860人发放灵活就业人员社保补贴。

2. 投入500万元，实施职业技能提升行动。

3. 投入1380万元，提高全市11500名全额供养人员体检费用标准，由每人500元提升至1200元。

4. 投入35619万元，实施老旧小区改造项目。改造楼房110栋，改造面积61.7万平方米，涉及7402户。

5. 投入21421万元，实施“四网”改造项目。改造供水管网3.91万米，排水管网0.8万米，燃气管网10.36万米，供热管网4.05万米。

6. 投入17276万元，实施城乡“三供两治”项目。包括通北镇、赵光镇引水工程、净水厂升级改造二期工程、农村供水保障工程、农村生活垃圾城乡一体化运行项目、闹龙河水库饮用水水源地保护项目、农村生活污水治理工程。

7. 投入17971万元，实施城市基础设施建设工程。建设保卫路、如意街等道路4条；新建水冲式公厕2座；安装路灯86盏；新建检查井74座；雨水井74座；新建停车场2个。

8. 投入2955万元，实施公园改造和城市绿化工程。维修公园5座（人民公园、祥和公园、铁南逸园、文化广场、烈士公园）；新建绿地2.8万平方米，栽植草花37万株，维修铁护栏1200米。

9. 投入910万元，提高城乡低保和特困人员救助补贴标准。

10. 投入5700万元，实施综合服务中心项目。建设庆华街道办事处庆民社区综合服务中心1座；铁西街道办事处海圣社区综合服务中心1座；国有企业退休职工社会化管理服务中心1座。

11. 投入12527万元，实施国、省干道改造和农村公路建设项目。改造国省道路4条、110.797千米；农村公路2条、21.168千米。

12. 投入4000万元，实施政策性农业保险。其中，种植业保险面积170万亩；养殖业保险家畜11万头。

13. 投入8580万元，实施乡村振兴

项目。建设分布式光伏发电站项目11个，产业项目12个，基础设施项目6个，补贴类项目5个。

14. 投入5934万元，实施2023年黑土区侵蚀沟专项治理工程。治理6个乡镇内侵蚀沟108条。

15. 投入2000万元，实施教育、体育提升工程。改善3所教学楼教学环境，并对凤凰体育场进行维修。

16. 投入609万元，实施医疗卫生健康项目。改善北安市第二医院及3个乡镇卫生院医疗服务环境；为适龄妇女进行免费“两癌”筛查，惠及7315人。

17. 投入2000万元，建设北安乌裕尔湿地公园，打造市民休闲健身新打卡地。

18. 投入3320万元，建设电子商务进农村综合示范项目。建设改造市级公共服务中心和电商物流配送中心，乡镇物流服务站9个，村级服务网点45个，打造大数据平台，培养农村电商创业带头人。

名词解释

1. “一案一图一单一练”：市疫情防控指挥部16个工作组、7个工作专班，均制定本组（专班）工作方案或预案、工作流程图、任务清单、应急演练和日常培训。

2. “民营经济38条”：制定《北安市支持和服务民营经济高质量发展实施细则》，从降低企业经营成本、扶持企业创新发展等方面出台了38条相关政策。

3. “五精”理念：围绕主导产业精密谋划招商；围绕重点企业精准对接招商；围绕区域共建精诚合作招商；围绕优化环境精心服务招商；围绕要素保障精确助力招商。

4. “三区三线”：生态、农业、城镇三类空间；生态空间、农业空间、城镇空间划定的生态保护红线、永久基本农田和城镇开发边界三条控制线。

5. “三长制”：田长制、河长制、林长制。

6. 河湖清“四乱”：清理整治乱占、乱采、乱堆、乱建问题。

7. “双减”：减轻义务教育阶段学生过重作业负担和校外培训负担。

8.“五公开”：决策公开、执行公开、管理公开、服务公开、结果公开。

9. “五个新提升”：在构建现代产业体系、打造宜居宜业城市、激发创新内生动力、满足人民生活期待和建设平安北安上实现新提升。

10. “4567”产业体系：“4”是指数字经济、生物经济、创意设计、冰雪经济发展引擎；“5”是指航空航天、电子信息、新材料、高端装备、农机装备战略性新兴产业；“6”是指能源、化工、食品、医药、汽车、轻工传统优势产业转型升级；“7”是指信息服务、现代金融、现代物流、服务型制造、旅游康养、养老托育、文化娱乐现代服务业。

11. “2+1”主导产业：“2”是指农副产品深加工和现代商贸物流两大优势特色产业；“1”是指风电开发等新能源综合利用产业。

12. “一会三函”：“一会”指召开会议集体审议决策，“三函”指建设项目前期工作函、设计方案审查意见函、施工意见登记函。

13. “三医联动”：医保体制改革、卫生体制改革与药品流通体制改革联动。

14. “两个毫不动摇”：毫不动摇巩固和发展公有制经济，毫不动摇鼓励、支持和引导非公有制经济发展

15. “放管服”改革：简政放权、放管结合、优化服务。

16. “三供两治”：供热、供水、供气；污水治理、垃圾治理。

17. “双碳”目标：两个阶段碳减排奋斗目标。即2030年前碳达峰、2060年前碳中和。

18. “三保障”：居住有保障、医疗有保障和上学保障。

19. 退役军人“三大体系”：组织管理体系、工作运行体系、政策制度体系。

20. “医联体和医共体”：区域医疗联合体，是将同一个区域内的医疗资源整合在一起；医疗服务共同体，是以县级医院为龙头，整合县乡医疗卫生资源，实施集团化运营管理。

21. “四类药”：退热药、止咳药、抗生素和抗病毒药品。

22. 安全生产“六十条”：针对当前安全生产领域的新情况、新问题、新风险、新隐患，我市进一步细化制定的落实安全生产责任、坚决防范遏制重特大事故六十条措施。

23. 安全生产“四大行动”：大宣教、大排查、大整治、大执法。

24. “2+1”教学模式：全日制校园学习2年，实习实践1年。

25. “五个坚持”：坚持和加强党的全面领导是前进道路上的根本保证、坚持中国特色社会主义道路是前进道路上的方向引领、坚持以人民为中心的发展思想是前进道路上的根本立场、坚持深化改革开放是前进道路上的动力支撑、坚持发扬斗争精神是前进道路上的重要法宝。

26. “两个大局”：中华民族伟大复兴战略全局和世界百年未有之大变局。

27. “四个体系”：领导责任体系，工作推进体系，考核评价体系，督导问责体系。

大事记

1月

1日 北安市开展新冠肺炎疫情全链条全场景全要素应急处置实战演练，市级领导及指挥部各工作组、各工作专班负责人，演练环节涉及的相关单位、部门、乡镇、街道主要负责人参加。参加人员全面参与应急演练过程，有效磨合了指挥调度机制，锻炼了应急指挥队伍，提高了现场处置水平，取得较好的效果。

2日 北安市委副书记、市长李华先后深入通北镇、赵光镇和通北林业局有限公司、赵光农场对中央环保督察反馈问题整改情况以及燃煤保供、安全生产等工作进行督导检查。

4日 北安市政府2022年第一次常务会议召开，传达学习习近平总书记重要指示和中央、省系列会议精神及黑河市安全生产调度会议精神，听取北安市中央生态环境保护督察交办案件办理工作情况、《政府工作报告》工作任务分解情况、北安市2022年开春开复工项目、争取落地项目和争取重大重点项目情况、“两节”期间疫情防控工作暨“百日护航”行动开展情况汇报，研究部署相关工作。

7日 通北镇基层党组织被省委组织部授予黑龙江省标杆型基层党建示范点荣誉称号。

8日 市委常委、副市长张明宇带领由城市管理综合执法局工作人员组成的检查组，对全市2家燃气公司开展燃气安全专项检查，及时发现和整改存在的安全隐患，坚持对安全隐患“零容忍”，实现安全生产“零事故”。

13日 黑河市政协副主席、北安市委书记冯云主持召开中共北安市委第十八届常务委员会第四次会议，会议讨论并原则通过《中共北安市第十八届委员会议事规则》《中共北安市第十八届委员会常务委员会议事规则》《市委常委会2021年抓党的建设工作报告》和《市委常委工作分工》。

同日 黑河市委副书记、市长赵荣国到北安市就疫情防控、产业发展、民生保障、安全生产、特色经济发展等工作进行调研。他强调，要深入学习贯彻市第七次党代会精神，强化使命担当，保持昂扬状态，从严从实从细做好疫情防控、安全生产等工作，激发县域经济发展活力，为黑河全面振兴贡献力量。

14日 北安市副市长孙明华听取市教育体育局关于全市“黑班黑校”专项整治及托幼机构管理情况汇报；召集市疫情防控指挥部办公室有关负责人，研究制定关于进一步做好常态化疫情防控的通告。

15日 国家电投黑龙江分公司北安市人民政府整市屋顶分布式光伏开发试点项目举行开工仪式。此次项目开工，是北安市深入贯彻国家新能源安全战略，贯彻落实黑河市第七次党代会精神，按照省和黑河市绿色发展战略部署要求，抢抓“碳达峰、碳中和”重大历史机遇，持续推动清洁能源产业加快发展的具体实践。

16日 中共北安市委“强纪律 转作风 抓落实 促发展”专题教育领导小组办公室第一次全体会议召开，传达部署黑河市及北安市“强纪律 转作风 抓落实 促发展”专题教育工作要求，会后对与会人员进行了专题教育培训。

20日 北安市残联携手万军志愿者协会开展“扶弱助残迎新春 焕然一新过大年”春节走访慰问贫困残疾家庭活动。此次活动共走访慰问12家贫困残疾家庭，为贫困残疾家庭送去党和政府及社会各界的亲切关怀。

26日 北安市与北大荒集团北安分公司举行垦地合作共建交流座谈会。

北安市委副书记、市长李华与北大荒集团北安分公司党委书记李炳刚等领导参加会谈。会上，双方围绕生态环境保护、农业标准化生产、种植结构调整、项目建设、社区管理、疫情防控等方面工作进行深入交流研讨，共商共建，共创更大的经济效益、生态效益和社会效益。

1月30至2月7日 北安市应急管理局检查组深入企业开展不间断巡查检查，针对重点人员密集场所和烟花爆竹经营场所安排专人值守，稳步落实安全生产"百日护航行动"任务，确保人民群众安全欢乐祥和过节。

2月

4日 北安市委副书记、市长李华深入赵光镇，就深化垦地合作、土地托管、备春耕生产及农业现代化园区建设等现代农业发展工作开展专题调研。

5日 在北京冬奥会短道速滑2000米混合团体接力赛中，北安籍运动员曲春雨和队友们最终以2分37秒348的成绩获得冠军，为中国体育代表团收获北京冬奥会的首枚金牌。

9日 北安市公安局、市检察院联合设立的侦查监督与协作配合办公室挂牌成立启用，并在市公安局举行揭牌仪式。

同日 从北安市出发的第一批生活物资抵达黑河爱辉区，1800件蔬菜包为黑河市区群众送来暖心"战疫"支持。

11日 北安市委副书记、市长李华陪同黑龙江省、黑河市领导到医疗废物处理中心、万达宾馆检查隔离转运工作准备情况；陪同黑河市委常委、统战部部长魏学敏到万达宾馆、华升医养中心、龙江之星酒店督导检查集中隔离场所隔离转运工作准备情况。

18日 北安市检察院党支部组织部分党员、干警到市冰球馆开展"体验冰上运动 感受奥运魅力"主题党日活动，近距离感受冰雪运动的乐趣。

19日 北安市委副书记、市长李华到赵光镇会见飞鹤原生态牧业有限公司董事长赵洪亮，研究对接飞鹤北安乳制品加工项目、赵光瑞信诚牧厂项目（二期）推进工作等事宜。

21日 北安市农村工作会议召开，黑河市政协副主席、北安市委书记冯云出席会议并讲话，全市各级、各部门要切实做到重农强农调子不变、惠农富农力度不减，加快补齐农业农村发展短板，以高度的政治责任感努力探索一条符合北安实际、具有北安特色的"三农"工作发展之路。

22日 北安市委常委、副市长张明宇接待京能燃气有限公司负责人张海峰，就有关事宜进行洽谈。

23日 北安市委副书记、市长李华到北京市与飞鹤集团董事长冷友斌就飞鹤北安乳制品加工项目进行会谈，副市长兰孝英参加。

24日 北安市市域社会治理现代化网格工作推进会召开。会议强调，要提高认识，坚决做好市域社会治理现代化网格工作，注重网格化服务管理系统和"我的北安"公众号的开发与使用，打造"一站式"线上管理平台，提升全市社会治理信息化水平，让群众有更多的幸福感、获得感和安全感。

同日 北安市委副书记、市长李华在北京市与北京·北安企业商会会长冯树民、原会长贺伟力会谈；在北京市与北京新奥混凝土集团有限公司董事长贺伟力、富网集团总裁刘勇、数海集团董事长刘志欣、360集团副总经理王新宇就项目合作事宜开展会谈。

24日至3月8日 北安团市委、市少工委为迎接党的二十大和建团百年，开展"团徽闪耀迎百年，青春永远跟党走"主题征文活动。活动一经开始就得到了北安各学校的大力支持，共收到485份作品，评选出22名获奖同学和2名最佳组织奖。

25日 北安市委副书记、市长李华到沈阳市与沈阳福运来食品实业有限公司董事长鄂晓伟就福运来北安大豆深加工项目进行会谈。

28日 北安市市直机关工委举办"强纪律 转作风 抓落实 促发展"书画作品展，展出作品38件。

同日 北安市委副书记、市长李华主持召开北安市与黑河市联通公司项目对接洽谈会，双方就数字农业、电子商务合作事宜进行对接洽谈。

3月

1日 北安市四大班子领导及副处级以上领导干部参加"纪法在心 观展讲廉"主题活动。本次图片展共五个板块，展出的荟萃廉政文化的典型图片让大家深受教育、深感震撼。

5日 北安市委副书记、市长李华到华润燃气有限公司北安综合站、中国石油黑龙江分公司北安车队、中储粮北安直属库、一中改扩建和市第一人民医院扩建项目复工建设现场、火车站调研督导企业安全生产和疫情防控工作，并对调研工作提出具体要求。

7日 北安市消防救援大队与市场监督管理局成立联合检查组，对全市消防产品销售点、重点场所开展消防产品专项联合检查。通过边检查、边宣传、边培训的方式，从源头上控制不合格消防产品流入市场。

8日 北安市铁南街道党工委开展"春风送温暖，传承巾帼志"活动，铁南辖区党员尚玉山为铁南街道贫困户捐赠5000元慰问金。

12日 黑龙江省中小学教师资格考试（笔试）黑河地区考点由黑河市更改为北安市，考区设置北安一中、北安三中、黑河八中3个考点、108个考场，有1651名考生参考。

14日 北安市供销合作社对接省级助农公益平台"小康龙江"商城，推介华升食品、宜品乳业、黑北大自然、新维黏豆包、东风豆制品、龙娃豆粉、九三食品等北安市自主农产品品牌实现线上销售，其中黑北大自然、长水河挂面和九三部分产品入驻“小康龙江”商城，开辟供销发展新领域。

同日 北安市组织工作暨老干部工作会议以视频形式召开。会议强调要全面加强离退休干部党的建设，精心设计开展载体活动，做到老干部工作全覆盖，进一步巩固和提升老干部工作金字招牌。

同日 北安市召开全市机关能力作风建设工作会议，标志着活动正式全面启动。

15日 北安市人大常委会机关召开能力作风建设暨优化营商环境工作会议。会议强调，全体机关干部要站在战略全局的高度，把思想和行动统一到中央、省、市委决策部署上来，增强做好能力作风建设和优化营商环境工作的责任感和紧迫感，为切实履行人大各项职能奠定坚实基础。

16日 北安市城乡环境清洁行动启动会议以视频形式召开。会议强调，开展城乡环境清洁行动，加快创建“洁净、秩序、文明、美丽”城乡。

19日 北安市政府与黑龙江省交投峰悦投资有限公司举行线上项目对接洽谈会，双方就冬季两项四季轮滑项目、军工文化旅游项目合作进行了洽谈。

24日 市委副书记、市长李华到市民大厦调研机关作风整顿优化营商环境工作，并对此项工作提出具体要求。

27日 北安市委副书记、市长李华召集市文广旅局、市文联有关负责人，研究《中国推介·好客中国》黑龙江文旅篇栏目，录制北安城市推介宣传片有关事宜。

29日 市委理论学习中心组2022年第六次集体学习会议暨“解放思想、振兴发展”专题研讨会召开。北安市四大班子领导及相关部门主要负责人参加会议。

30日 北安市教育体育工作会议在市教体局召开。会议传达贯彻了教育部、黑龙江省和黑河市教育工作会议精神，总结2021年全市教育体育工作，并对2022年教体工作作出全面部署。

31日 北安市安全生产工作会议召开，贯彻落实全国、省、市安全生产工作会议精神，安排部署全市安全生产重点工作。

4月

1日 北安市召开2022年政法工作会议，总结2021年工作，部署2022年工作任务。

同日 北安市通过黑龙江省民委民族团结进步创建初验工作。北安市委副书记、市长李华和北安市委常委、统战部部长马玉柱参加会议。

2日 北安市退役军人事务局、团市委在烈士陵园联合开展“奋进2022 清明祭英烈 共铸中华魂”祭扫活动，全体党员干部职工依次向革命烈士敬献鲜花，向革命先烈表达无限敬仰和深切缅怀。

5日 北安市检察院组织党员、干警代表到庆华烈士陵园，开展以“缅怀·致敬·赓续·前行”为主题的清明祭扫活动，共同缅怀革命先烈、致敬人民英雄、赓续红色血脉、激励奋勇前行。

6日 “云洽谈、云对接”招商活动暨福运来北安豆制品产业化基地项目推进会召开，市委书记冯云，黑龙江福运来食品有限公司董事长鄂晓伟等领导及北安市相关部门负责人参加线上对接会议。会上，双方就项目推进相关事宜特别是企业提出的问题和诉求进行了讨论；副市长兰孝英就项目推进有关工作进行安排部署。

8日 北安籍短道速滑运动员曲春雨被国务院授予“北京冬奥会、冬残奥会突出贡献个人”称号。

11日 中药饮片加工项目对接洽谈会召开。市委副书记宫凯出席会议，黑龙江华升生物科技有限公司负责人代表项目投资企业介绍了项目总体情况及推进计划。市林草局、农业农村局、卫健局、市场监督管理局、招商服务中心等项目专班单位负责人就具体推进事宜进行讨论交流。

12日 北安市医保局以“织密基金监管网 筑牢医保防护线”为主题启动基金监管集中宣传月活动，通过坚持“线上+线下”的方式，集中宣传+长效制度并行，多措并举，营造全社会共同关注基金安全的良好氛围。

同日 “北安市春季重点项目暨福运来豆制品产业化基地项目开复工仪式”采取线上、线下相结合的“云上开工”模式举行，与会人员观看项目介绍专题片。据了解，此次集中开复工36个项目，总投资111.95亿元。

13日 “云洽谈、云对接”招商活动暨三峡新能源北安装备制造产业基地项目推进会议召开。黑河市政协副主席、北安市委书记冯云，中国三峡新能源集团党委书记、董事长王武斌等主要负责人参会。会上，市发展和改革局负责人通报了项目推进情况，双方就项目推进相关事宜进行磋商沟通。

同日 市委副书记、市长李华先后深入部分乡镇、项目工地和涉农企业督导检查农业农村重点工作，并对乳品、大豆产业集群和垦地合作建设情况进行调研。

14日 为推进全市肉制品产业链加快发展、招引服务项目落地，北安市政府与黑龙江佳汇食品有限公司召开项目对接会，就双方有关具体合作项目开展对接洽谈。

同日 嫩江市委宣传部一行到北安市，就新时代文明实践工作进行实地交流研讨，互相学习、借鉴经验、补足短板，共同推进新时代文明实践工作。

15日 北安市公安局巡特警大队、禁毒大队、反诈中心、国保大队、网安大队、中街派出所走上街头开展“4·15”全民国家安全教育日宣传活动。此次集中宣传活动通过利用LED

电子屏、图片展板、悬挂宣传横幅、现场咨询解答、向过往群众发放《国家安全法》《反恐怖主义法》《反间谍法》《网络安全法》《境外非政府组织境内活动管理法》《中华人民共和国禁毒法》及电信网络诈骗特点和防范措施等宣传资料。

同日 北安市委办联合党支部举办参观国家安全展览主题党日系列活动，展览以《践行总体国家安全观、护航民族复兴新征程》为主题，以图文并茂的形式，直观展现重点领域国家安全的概念，多维度、全景式宣传展示集多领域安全于一体的国家安全体系，引导党员干部进一步全面深入理解总体国家安全观，切实增强维护国家安全的责任感，共同构建维护国家安全的钢铁长城。

17 日 市委副书记、市长李华会见迈安德集团有限公司副董事长汪沐，对接油脂加工、饲料厂等项目。

18 日 中共黑龙江省工作委员会旧址修缮工程开工。

同日 北安市主星乡本着“一乡一业”“以稻兴业”的发展思路，建设万亩优质水稻示范基地，推广优质品种 5 个，已注册“清水源”和“寒地主星”两个大米品牌。举办“我在主星有亩田”优质水稻承租认购签约仪式。

18—20 日 黑河市委宣传部调研组到北安市就新时代文明实践建设工作进行调研。在调研座谈会上，调研组对北安市工作取得的成绩给予充分肯定，并就在调研中发现的问题及如何进一步做好新时代文明实践工作提出建议。

20 日 黑龙江省精神文明建设指导委员会印发《关于命名第二十届省级精神文明创建先进集体的决定》，北安市教育体育局获“黑龙江省第二十届文明单位”称号。

同日 北安市通北镇被省精神文明建设指导委员会授予黑龙江省文明乡镇标兵荣誉称号。

21 日 北安市消防救援大队和市交警大队联合开展全市“打通生命通道”专项检查，共同倡导不堵塞消防通道，为生命让行，全面营造重视消防、关注消防的浓厚氛围。

22 日 全市大豆产业链专班项目对接会召开。会上，北安市农业农村局介绍了北安大豆种植、品质、加工能力、仓储能力及北安市大豆产业链专班项目进展情况。北大荒食品集团黑龙江大豆科技有限公司就公司基本情况、项目总体推进计划及项目建设面临的问题等进行汇报。

同日 疫情防控指挥部地区协防组流调溯源工作会议召开，会议通报《关于地区协防组工作表现优秀人员》及《人员出勤、调配、工作状态等情况》。会议强调，要把疫情防控工作作为首要大事来抓，不断提高流调溯源工作能力和业务水平，切实担负起守护北安疫情防控防线的重大职责和使命。

23 日 北安市政府办公室党员干部到通北镇新民村开展机关“能力作风建设年”暨精准对接脱贫户活动，双方就贫困户“两不愁三保障”、春耕生产以及项目增收等工作进行交流。

25 日 北安市委副书记、市长李华主持召开北安市政府与黑河市农业发展银行合作对接会议。

同日 北安市检察院联合市税务局、市场监督管理局、市公安局、市工商业联合会召开以“防范税收违法犯罪、加强知识产权保护”为主题的普法宣传座谈会，邀请人大代表、政协委员以及近 20 家企业代表参加，进一步加强知识产权宣传普及，提升社会知识产权保护意识。

26 日 黑河市公安机关打击电信网络诈骗犯罪推进会议在北安市公安局召开，总结反诈工作经验，分析面临严峻形势，安排部署下一步打击治理电信网络诈骗违法犯罪。

同日 庆祝“五一”国际劳动节暨北安市第三届劳动模范表彰大会召开，会上对 2016 年至 2021 年全市各条战线涌现出的 26 名劳动模范进行表彰，并号召全市广大职工以劳动模范为榜样，爱岗敬业、恪尽职守、扎实工作、拼搏进取，为实现北安经济社会全面振兴做出新的更大贡献。

28 日 北安市人大常委会主任孙金梅、副主任王兴东带队深入二井镇开展“深入乡村 服务基层”活动。座谈会上强调，市人大将围绕乡村振兴、产业繁育及集体经济壮大等工作，协调相关部门帮助乡镇解决发展中面临的难题，助推乡镇快速发展。

同日 北安市委常委、组织部部长霍立东主持召开全市人才队伍建设“解放思想 振兴发展”专题研讨会议，各单位相关部门负责人就本单位人才队伍基本情况、人才工作建设情况存在的问题提出意见和建议，并就如何引进人才、使人才落地等问题进行研讨。

30 日 北安市教体局与逊克县教育局联合组织开展“落实双减政策，提升中小学教育教学质量”线上经验交流研讨会。此次活动开辟县域云端交流先河，对北安、逊克校内“双减”工作的进一步实施与开展产生积极的推动和促进作用。

5 月

1 日 北安市委副书记、市长李华主持召开全市房屋安全隐患排查整治专题会议，安排部署全市房屋安全隐患排查整治工作。

4 日 庆华军工遗址博物馆携手北安市共青团团委举办“青春飞扬”纸飞机大赛，庆祝五四青年节的到来，数十名孩子和家长一同参赛。

6 日 北安市机关“能力作风建设年”活动市级领导“解放思想、振兴发展”专题研讨会召开。黑河市政协副主席、北安市委书记冯云强调，要把解放思想成果转化为推动发展、惠及民生的一项项实实在在的举措，要以思想大解放推动农业大发展、农村大变样、农民大丰收，推动各项工作取得实效。

8日 北安市委副书记、市长李华深入部分新能源项目建设和选址现场对新能源产业项目建设情况进行调研，并在闹龙河水库开展巡河工作，督导检查闹龙河水库除险加固工程安全运行情况。

9日 黑河市政协副主席朱丽英一行到赵光大龙种业有限责任公司、宏图种业有限责任公司等地开展调研工作。

同日 在闹龙河水库水源一级保护区植树现场，北安团市委组织开展“喜迎二十大 共植青年林”植树活动。每一棵生长旺盛的树木，都将为水库周边生态环境注入新的活力。水库周边计划栽植6.3公顷绿植，其中糖槭2780株、榆叶梅、丁香2700丛，在保护生态的同时，形成一道亮丽的风景线。

10日 赵光农场有限公司党委和北安市赵光镇党委联合组建的以“党员融合活动中心、农业经理人教育培训中心、乡村文化振兴中心、党建融合服务中心”为主要平台的垦地融合党建联建共建发展阵地的“四个中心”揭牌仪式举行，标志着区域党建一体化引领区域经济发展“赵光模式”的开启。

11日 北安市检察院党组书记、检察长李占领一行到克东县检察院开展“两城共护一条河”专项工作交流。双方签订《关于加强检察区域协作服务保障乌裕尔河领域生态文明的意见》，标志着两地检察机关首项跨区域生态环境保护协作正式启动。

12日 北安市政府与中国银行股份有限公司黑龙江省分行交流座谈会召开，市委副书记、市长李华与中国银行股份有限公司黑龙江省分行副行长刘杨、黑河分行行长任立言及北安支行相关负责人参加座谈。会上，双方围绕进一步加强工作对接、完善合作机制、加大金融支持服务力度、推进多元互动和重点项目、中小企业融资需求、信贷政策支持等方面内容进行广泛交流。

15日 北安雷锋车队、黑龙江人民广播电台九一八台的志愿者在铁南街道开展“助残送温暖”志愿活动。

17日 黑河市人民检察院专委陈秀凤同第六检察部主任路晓蕾到北安市检察院组织召开公益诉讼工作座谈会，北安市院专委柳长海、第五检察部主任聂明清及公益诉讼干警参加座谈。

18日 在“国际博物馆日”，庆华军工遗址博物馆举办“巍巍军大 悠悠庆华”专题展开幕仪式，旨在通过东北军政大学专题展，让参观者追忆那段热血沸腾、激情燃烧的岁月，引导大家树立起正确的历史观、价值观，弘扬伟大的红色革命精神。

同日 北安市市域社会治理现代化红色堡垒示范站“红色企业”揭牌仪式在北安市象屿金谷有限公司举行，“红色企业”承载着弘扬红色文化、传承红色基因的光荣使命，它的落户是贯彻落实市委、市政府加快推进全市市域社会治理现代化试点工作的重要举措，必将对象屿金谷企业发展产生积极而深远的影响。

19日 在第十二个“中国旅游日”，北安市开展“感悟中华文化 享受美好旅程”宣传活动。

同日 北安市财政局召开地方金融监管、防范和处置非法集资暨金融领域专项整治工作会议，市场监督管理局、法院、检察院、民政局、卫健局、人民银行、担保公司、小贷公司、海通证券、典当行等部门和单位主管领导参加会议。

22日 为弘扬“奉献、友爱、互助、进步”的志愿服务精神，打造文明实践活动品牌，进一步推动“微心愿”文明实践活动在北安市走深走实，按照黑河市委宣传部的统一部署，北安市启动黑河市“七彩微心愿”文明实践活动。

22—23日 黑河市招商引资大会暨招商项目北安现场推进会召开，对招商引资工作进行再动员、再部署、再推进，黑河市委书记、市人大常委会主任李锡文对招商引资工作作出重要部署。

23日 北安市检察院联合市关工委、共青团、妇联共同开展了《家庭教育促进法》送法进社区活动，引导全社会注重家庭、家教和家风，推动形成家庭文明新风尚。

24日 2022年北京冬奥会短道速滑2000米混合团体接力赛冠军曲春雨乘车抵达北安市，市领导王媛、孙明华及相关部门代表前往迎接，欢迎世界冠军载誉回乡。

25日 北安市召开青年先进集体和个人表彰大会，2022年北京冬奥会冠军、中国女子短道速滑运动员、北安青年优秀代表曲春雨也应邀出席本次表彰大会。

30日 “黑河市第二届特殊教育主题论坛”在北安市特殊教育学校拉开帷幕。此次论坛由黑河市教育局主办，北安市教育体育局承办，北安市特殊教育学校协办。论坛设一个主会场及9个分会场。

31日 北安市委举办为期三天的学习贯彻党的十九届六中全会精神系列培训班暨全市“一把手”思想政治素质能力提升培训班，黑河市政协副主席、北安市委书记冯云，市委常委、组织部部长霍立东出席开班仪式并就培训工作提出具体要求。

6月

5日 在第52个世界环境日，全市开展“6·5”世界环境日宣传活动。此次活动旨在增强全民环境意识、节约意识、生态意识，形成人人、事事、时时崇尚生态文明的社会新风尚，为生态文明建设奠定坚实的社会和群众基础。

6日 根据黑河市住房公积金管理委员会《关于实施住房公积金阶段性支持政策的通知》的要求，结合北安市实际将黑河市辖区内各县（市、区）每户每年租房提取额度由7000元调整至10000元。

同日 北安市“解放思想 振兴发展”社会稳定专题研讨会议召开。会上，住建局、退役军人事务局、信访局负责人结合各自工作，紧扣“解放思想振兴发展”主题开展交流研讨，并针对存在问题短板提出改进建议和措施。

7日 北安市政府与省地矿投资集团合作洽谈会议召开。此次洽谈合作既是双方对原有战略共识的实质推进，也是开辟新领域、探索新思路、寻找新基点的务实之举，全力打造互惠互利、共赢发展的新局面。

同日 2022年北安市共有2791名考生参加普通高等学校招生全国统一考试。

8日 北安市委副书记、市长李华接待黑龙江护理高等专科学校校长于沛君，研究做好院校北安校址利用工作，副市长孙明华参加；接待黑龙江奥科金机械设备有限公司总经理夏玉新，研究洽谈发展生物科技产业有关事宜。

9日 黑河市委政法委常务副书记赵明对《中国共产党政法工作条例》贯彻落实情况对北安市政法系统进行实地督导。

同日 北安市委（档案局）、档案馆联合在市政府行政办公大厅二楼开展“6·9”国际档案日宣传活动。通过“喜迎二十大·档案颂辉煌”宣传片播放和宣传图片展示，普及档案知识，增强公众档案意识，扩大档案工作影响。

10日 北安市通北镇党建工作被黑龙江省委组织部授予黑龙江省全省“强乡赋能”改革试点荣誉称号。

同日 省第十三次党代会精神黑河市委宣讲团在北安举行专场报告会，省党代会代表、黑河市委党校哲学教研室副主任、副教授何萌作宣讲报告。会后，何萌到和平街道东北亚社区，与党员干部群众面对面交流，进行问答式、互动式宣讲，并参观了东北亚社区党建展示厅。

11日 市政协在市委党校举办政协北安市委员会第十六届委员培训班，培训采取线上和线下方式进行。会议要求，全体政协委员通过培训，增强政治意识，掌握基本知识和工作方法，提高政协委员履职能力，推进人民政协事业的创新发展。

13日 在黑河市委宣传部、北安市教育体育局、共青团、妇联、关工委联合开展2021年“新时代黑河好少年”评选活动中，北安一中刘牧风、北安二中张贺为、北安红星农场学校吕姝涵、北安和平小学白昊泽4名学生获“新时代黑河好少年”荣誉称号。

14日 在第十九个世界献血者日，北安市中心血库开展以“献血是一种团结行为，加入我们，拯救生命”为主题的2022年世界献血者日系列宣传活动，引导全社会关心支持无偿献血事业。

同日 北安市财政局联合市防范和处置非法集资工作领导小组成员单位在南京路步行街开展以“守住钱袋子，护好幸福家”为主题的“6·15”防范非法集资宣传活动。通过设立宣传台、悬挂宣传条幅、发放宣传资料等方式，向过往市民讲解非法集资的危害性以及如何树立正确的理财观念。

16日 市安委办组织市公安局、交通局、住建局、消防大队、商务粮食局等70余个部门和企业，在南京路步行街举办以“遵守安全生产法 当好第一责任人”为主题的2022年“安全生产月”宣传咨询日活动。参加活动单位共摆放宣传台17处，发放宣传资料9000余册（份）、展出安全宣传展板56块，发送“安全生产月”主题公益短信14万余条，接待群众咨询1000余人次。

17日 市直属机关工作委员会、市妇联、团市委联合举办“春风十里不如有你”第二季单身青年联谊会，旨在为单身青年搭建安全、诚信、健康的交友平台，来自全市各机关、企事业单位的38名单身青年参加。

20日 市委组织部举办为期一周的选调生素质能力提升培训班，培训采取“专家授课、现场教学、行动学习”培训模式，力争通过此次培训帮助选调生更好地融入基层、服务基层，不断提升其综合能力。

同日 北大荒集团北安医院新引进的原装进口美国256排512层超高端能谱CT正式开机，将为推动北安市打造区域医疗中心，更好地满足北安市及周边地区百姓看病就医需求发挥重要作用。

21日 经北安市政府批准，北安市运输公司划转至北安市泓安投资（集团）有限责任公司，更名为北安市运安运输有限公司。

同日 北安市第四人民医院在安然志成敬老院举办“医心向党、情暖夕阳”迎七一大型义诊体检，以实际行动向中国共产党的生日献礼。

22日 北安市政府与省交投集团项目对接座谈会召开，双方就黑龙江交投北安物流产业园和冬季两项四季轮滑基地项目建设相关事宜进行洽谈对接。

同日 北安市文广旅局在二井镇建华村举行“喜迎二十大 电影文化进万家”主题系列影片放映启动仪式。活动为期三个月，以“喜迎二十大 时代楷模主题系列影片”“电影文化进万家”为主线，一批内容丰富的优秀国产影片在北安市62个行政村、农村学校公益电影进行展映。

24日 北安市未成年人“一站式”综合保护救助中心在北安市第一人民医院举行揭牌仪式。该中心旨在为未成年被害人开通“绿色通道”，提供专业医生、心理咨询师等进行身体检查和心理疏导等医疗支持，切实把对未成年被害人的安全保护、心理观护、隐私保护、医疗保护落实到位，真正形成全社会保护合力。

25日 北安市召开防汛抗旱工作会议。会议强调，进入汛期，全市上下要毫不松懈地抓好防汛抗旱工作，确保人民群众生命财产安全。

26日 在第35个国际禁毒日，由北安市公安局禁毒委主办、北安市政法委、市法院、市检察院、市妇联、团市委等单位协办的“6·26”国际禁毒日宣传暨“禁毒宣传进万家”云演活动启动仪式在北安市祥和公园举行，发放各类禁毒宣传品和宣传手册2000余份。

旨在引导广大社区居民远离毒品、珍爱生命，自觉抵制毒品诱惑，营造浓厚的禁毒宣传氛围。与此同时，活动现场同步开展近1000人参加的“人生”不“毒”徒步行活动，以实际行动迎接党的二十大胜利召开。

同日 市委副书记、市长李华主持召开北安市与浙江大学黑龙江校友会项目对接座谈会，浙江大学黑龙江校友会会长、哈尔滨医科大学药学院原院长、黑龙江省生物医药专家曲章义，浙江大学黑龙江校友会秘书长、北京鼎新嘉华数据科技有限公司CEO刘文国及相关部门企业负责人参加。会上，双方分别介绍了北安市基本情况和浙江大学、浙大黑龙江校友会相关情况，并就生物经济、数字经济等领域内容开展交流洽谈。

26日 北安市农技推广中心在二井镇自民村举办化学除草减量控害施药技术示范观摩暨现场培训会，对农田草害防除作业不规范、打药机车质量差、除草剂用量大、药害重、污染环境等问题进行专业指导，进一步提高农户对科学用药、安全施药理念的认识和安全施药的能力。

27日 北安市公安局组织集中销毁日伪时期遗留炮弹78枚。

29日 北安市举行“七一”庆祝大会，四大班子领导参加会议，市领导为“光荣在党50年”老党员代表颁发纪念章，为行业代表发放“政治生日贺卡”；宣读了省、黑河市级党建示范点名单，并为基层党建示范点授牌；省、黑河市级党建示范点代表作了典型经验发言。

同日 北安市总工会在北安象屿金谷生化科技有限公司开展“喜迎二十大 建功新征程”北安市职工叉车技能竞赛。经过层层选拔，北安象屿金谷生化科技有限公司、北安市完达山乳品有限公司、北安宜品努卡乳业有限公司、北安润泰商业有限公司和北安华升食品有限公司5家单位11名选手进入决赛。最终评选出一等奖1名、二等奖2名、三等奖3名、优秀奖5名。

30日 北安市巩固拓展脱贫成果同乡村振兴有效衔接调度会召开。会上就全市巩固拓展脱贫成果同乡村振兴有效衔接工作进行安排部署。

同日 由政协北安市委员会主办、市政协书画院承办、市文学艺术界联合会协办的“同心筑梦新时代，聚力携手新征程”迎庆党的二十大系列书画展在市政协书画院举行开展仪式。书画展分为版画、书法、剪纸、美术作品4个专题200余幅作品，展出时间为7月至10月末。这些作品主题鲜明、立意高远、内涵丰富、风格各异、技艺精湛、饱蘸深情，集中展现了中国共产党成立以来取得的伟大成就，突出展示北安历史文化和改革发展新风貌。

同日 北安市大数据中心、市营商环境建设监督局、网信办、人社局和自然资源局联合举办全市公共数据共享开放平台上线仪式。截至30日，全市公共数据平台累计汇聚43个公共管理和服务机构数据2492个数据集，1213.39万条数据，数据服务接口245个，涉及城市建设、资源能源、教育文化、社会治理、经济发展等诸多领域。

7月

1日 由北安市妇联打造的创业就业培训基地举行揭牌仪式。市妇联将利用该基地对有创业就业意愿、有创业激情的学员进行免费技能培训，同时为其提供实践操练平台。

同日 市妇联党支部、市直机关工委机关党支部、团市委党支部联合开展“丹心铸魂 颂歌向党”“七一”主题党日活动。观看了红色教育片《北安记忆——红色岁月的十个“第一”》、聆听微党课《约定》及诗朗诵《致先辈》。随后，全体党员面向党旗，重温入党誓词。唱响红歌《没有共产党就没有新中国》《团结就是力量》，将本次党日活动推向了高潮，用嘹亮的歌声表达对党忠诚、不负人民的决心和承诺。

2日 北安市政法系统“以法护企惠商安商”暨机关“能力作风建设年”活动推进会议召开，发挥政法机关职能作用有效加强法律服务和法治保障，为新时代企业健康发展提供全方位的法治服务，为北安市经济持续高质量发展营造一流的法治化营商环境。

3日 中国科学院东北地理与农业生态研究所研究员、国家大豆产业技术体系海伦综合试验站站长邹文秀率领东北农大育种专家韩英鹏、黑龙江农科院育种专家周长军等一行到北安市，对大豆科技自强示范县建设进行现场调研。专家组一行先后深入海星镇大豆高产示范园区、杨家乡模范村大豆科技自强示范县万亩示范方、赵光镇大龙种业良种基地和二井镇自和村宇新现代农机专业合作社大豆种植基地，对北安市大豆科技自强示范县建设进展情况和规范性给予了高度评价，同时就大豆栽培技术、育种等方面的深度合作进行了沟通交流。

4日 黑龙江省统计局督查组一行9人，对北安市第七次全国人口普查相关工作进行督查。

同日 北安市政府与中国工商银行黑河分行交流座谈会召开。市委副书记、市长李华，中国工商银行黑河分行行长徐艳波等相关负责人参加座谈。双方就进一步密切政银企合作、加大重点项目金融支持服务、创新投融资模式等事宜进行了交流互动，并达成共识。

同日 省公安厅监管总队四级高级警长陈强、哈尔滨市公安局监管支队四级高级警长王嫩江、武警省总队副司令员张伟，在黑河市公安局监管支队支队长贾延辉、北安市公安局政委张文升、四级高级警长方绍彬的陪同下，深入北安市看守所检查疫情防控和安全管理工作。检查组对看守所的工作情况给予充分肯定并强调：全体监管民辅警要强化安全管理、强化队伍管理、全力做好在押人员的管控及疫情防控工作，全力确保监所安全稳定。

5日 黑龙江省厅治安总队深入北安市公安局督导检查“严打枪爆违法犯罪”回头看。

6日 北安市与东莞东美食品有限公司项目合作洽谈会召开，市委副书记、市长李华，黑龙江金象生化有限责任公司副总经理侯国利，东莞东美食品有限公司董事长罗明昌、副总经理魏景新及北安象屿金谷生化科技有限公司主要负责人等参会。双方就合作事宜进行对接洽谈。

同日 北安市政府与上海康拜环保设备有限公司项目洽谈会召开，市委副书记、市长李华就秸秆板材制造、饲料加工项目与上海康拜（黑龙江）环保设备有限公司总经理郎文迁进行洽谈磋商。

7日 由中共黑龙江省委史志研究室主办、中共黑河市委史志研究室和中共北安市委协办的第四批黑龙江省中共党史教育基地、黑河市第二批中共党史教育基地揭牌仪式在北安市庆华军工遗址博物馆举行，北安市庆华军工遗址博物馆成为全省引导和教育广大党员干部加强党性锻炼的教育基地。

10日 中共第十九届中央委员、第十三届全国人大民族委员会副主任委员齐扎拉带队深入北安市调研民族团结进步工作。

同日 市妇女联合会、共青团北安市委员会联合举办“心手相牵 情系北安”青年联谊活动，旨在为全市的高知青年人才搭建平等、友好、真诚的交往平台，帮助他们扩大交友圈、邂逅美好情缘，来自全市各企事业单位的30名单身青年参加活动。

同日 省第十二燃气督导检查组、省公安厅二级警务专员冯建国一行对北安燃气排查整治工作进行专项督导，北安市委常委、副市长张明宇汇报了北安市燃气安全排查整治工作情况。

同日 北安市老干部服务中心、北安市老年大学联合举办“黑河市第四届中俄老年文化艺术节暨放歌新时代（北安专场演出）”。其中，歌舞、诗朗诵、戏曲等十多个节目被选送到黑河市参演，精彩纷呈的节目充分展现出新时代老干部的形象。

11日 原黑龙江日报社副社长章子冈儿子章丹堤夫妇到北安市，向市博物馆捐赠章子冈的个人物品及钱币等三件文物。市委常委、宣传部部长王媛出席捐赠仪式。

同日 黑龙江大学艺术学院17名师生到北安市开展为期五天的大学生志愿者暑期“三下乡”社会实践活动。大学生们参加以“从延安到北安，红色基因薪火相传”为主题的党课学习，同时还参观了雷锋精神纪念馆、庆华军工遗址博物馆、北安博物馆、文化艺术基地、木雕艺术馆、政协书画院、乌鱼绣传承展示馆等地，充分感悟“从延安到北安”红色精神的传承与发展，欣赏了充满北安地方特色的非物质文化遗产作品等。

12日 北安市政府与黑龙江省地矿投资集团对接洽谈会召开，双方就矿泉水开发、多晶硅产业园建设、生态修复及土地整治工作相关事宜进行深入交流，进一步达成合作意向。

13日 在第七个世界青年技能日，市人社局和市职教中心在南京路步行街联合开展以“工学一体、技能就业”为主题的2022年“世界青年技能日”宣传活动。通过发放宣传单、悬挂宣传条幅等方式，提高了北安市广大青年对技能成长、技能报国的认知度，引导激励青年劳动者走技能成才、技能报国之路。

同日 北安市防范山洪及地质灾害暨应急处置能力提升专题工作会议召开，对全市各乡镇、各街道当前人员分布、险工地段、低洼村屯、房屋安全、属地水库河流运行状态等进行认真分析研判，对防汛减灾、地质灾害排险预防、应急处置能力提升等重点工作进行全面安排部署。

14日 市政协工商联委员联络室召开助企发展议事协商会议。在议事协商会议上，企业界委员结合学习省第十三次党代会精神，围绕企业发展存在的问题进行发言和解答。

15日 黑龙江省北部大豆集散中心项目交流座谈会召开，市委副书记、市长李华，北大荒农垦集团有限公司北安分公司党委书记李炳刚以及北安象屿金谷农产有限责任公司总经理范洪图等领导出席会议。

同日 由北安市委组织部主办、市委党校承办的“丹心向党，爱我家乡”2022年北安市新任职科级干部能力素质提升培训班学习汇报演出在市职教中心举行。精彩节目的上演表达了对祖国和党的无限热爱和崇敬之情，同时表彰了培训班的优秀班干部、学习标兵及颂“七一”书画展获奖者。

16日 由中共北安市主星朝鲜族乡委员会、北安市主星朝鲜族乡人民政府、北安市文化广电和旅游局及黑龙江三鼎旅游开发有限公司共同主办的主星乡第五届朝鲜族初伏节正式拉开序幕。初伏节以“初伏践文明，团结促振兴”为主题，38名演出人员身着节日盛装载歌载舞，突出了地方民俗特色，真正让农民成为节日的主角，让艺术与自然共谱理想生活，齐奏丰收的美好愿望。

16—17日 由黑河市体育总会主办，北安市体育事业发展中心和黑河市羽毛球协会承办的黑河市第十三届“东方夏威夷杯”羽毛球邀请赛在北安市圆满落幕，来自黑河、北安、嫩江等地的43支队伍参赛。

18日 北安市市场主体信息管理培训会议召开。会议要求，成立市场主体信息管理工作专班，定期组织召开调度会，全面跟进督促工作落实。会后对相关人员进行了《黑河市市场主体从业人员信息管理平台》使用方法线上培训学习。

19日 北安市安全风险防范百日攻坚工作会议召开，对全市安全风险防范百日攻坚进行再安排、再部署。

20日 北安市庆华军工遗址博物馆文艺小分队走进武警黑龙江总队黑河片区预提指挥警士集训队，开展《巍巍军大 悠悠庆华》专题展暨文艺演出，以欢快的歌舞问候武警官兵，共叙军民鱼水深情。

21日 为"喜迎二十大，庆祝中国人民解放军建军95周年"，黑龙江省荣誉军人康复医院医疗专家团队到北安市对重点优抚对象开展义诊活动，黑河市退役军人事务局和北安市退役军人事务局协调配合。本次医疗巡诊使用先进的医疗设备，免费为全市重点优抚对象提供健康检查，免费发放对症药品，普及医疗保健知识。

22日 黑河市鄂伦春族摩苏昆说唱艺术培训学院到北安市非遗一条街进行参观学习。学员们身着鄂伦春族民族服装，在黑河市非遗中心负责人的带领下，参观了北安文化艺术基地、政协书画院、乌鱼绣传承展示馆、北安木雕艺术馆等地。

24日 黑龙江省第三医院瑜璟院区在瑜璟康养中心正式挂牌成立，该院区将以"一切为了人民健康"为宗旨，以医疗为保障，以康复为支撑，努力构建医养结合新模式，为北安百姓带来更多的健康福祉。同时黑龙江省第三医院瑜璟院区也是北安市残疾人康复中心，为有康复需求的人群提供专业化、个性化、规范化的康复服务。

同日 由延安市文联、中共北安市委、中共延安市宝塔区委主办的"从延安到北安""七个一"工程系列活动在延安市宝塔山启动，拉开延安市与北安市新一阶段合作交流的序幕。"七个一"工程具体包括：共同开办一个"安好中国"广播栏目、唱响一组《从延安到北安》红色歌曲、创作一幅"从延安到北安"百米长卷、举办一场《从延安到北安》红色文化论坛、拍摄一部《从延安到北安》电视纪录片、组织一次《从延安到北安》采风活动、推出一条"从延安到北安"红色旅游线路等。

26日 北安市2022年暑期"双减"工作推进会议召开，启动暑假校外培训机构专项整治行动，打响暑期"双减"保卫战。

27日 北安市新冠疫苗接种推进工作会议召开。会议要求，全市上下要齐心协力，压实责任，打好疫苗接种攻坚战，全市疫苗接种工作取得实效。

28日 北安市举办2022年军事日活动，通过体验军事生活，接受国防教育，深入推进军民共建。

30日 北安市第一人民医院正式成为"黑龙江省VTE防治联盟成员单位"，由黑龙江省卫生健康委员会、黑龙江省VTE防治联盟授牌。市第一人民医院是全市唯一入选的"黑龙江省VTE防治联盟成员单位"。

30—31日 北京爱尔公益基金会专家团队为北安市听障人士进行听力筛查，筛查人数计403人，可适配人数236人，助听器396台，帮助听障人士更好地回归有声世界。

同月 全国信用状况监测结果中显示，北安市综合信用指数在全国383个县级城市中排名82位，在黑龙江省23个县级市中排位第三位。

8月

3日 北安市机关能力作风建设领导小组办公室举办"喜迎二十大 奋进新征程"能力作风建设知识竞赛，旨在推动全市机关"能力作风建设年"活动走深走实，提升学习型机关创建行动工作质效，在全市形成比学赶超的浓厚学习氛围，有6支代表队参赛。

4日 黑河市政协"充分发挥消费潜力，推动文旅产业加速发展"专题协商座谈会在北安市召开，委员们围绕"推出主题鲜明、内容丰富的文旅活动，带动产业升级""结合区域实际、突出区域特色，大力发展文旅产业""推进文旅项目建设、促进文旅产业健康发展"围绕数字赋能、内涵发力，提升北安市文旅产业品牌影响力和"寒区试车与旅游融合发展，变冷资源为热经济"等方面进行交流座谈。

5日 黑河市首届"奔跑吧·少年"冰球比赛在北安市冰球馆开赛。比赛由黑河市体育局、黑河市教育局主办，黑河市青少年业余体校、北安市体育事业发展中心承办。黑河市各县市区中、小学校冰球队参赛。比赛采用单循环积分赛制，为期2天。最终，北安市第八中学获得初中组第一名，北安市铁西小学和北安市和平小学分别获得小学甲组、小学乙组第一名。

6日 北安市2022年事业单位公开招聘面试考试在兆麟小学举行。本次事业单位公开招聘计划为52家单位的92个岗位，共招聘123人，报名1821人，部分岗位因报名人数达不到开考比例，招聘计划变为116人。面试结束后，市人社局将按规定组织考生体检、确定拟录用人员名单并进行公示。

7日 北安市政府与美利林科技有限公司项目对接会召开，与美利林科技有限公司董事长林培元就美利林耐磨钢球加工项目有关事宜进行交流座谈。会上，双方就相关政策、要素保障、降本增效、合作模式等方面内容进行了深入交流探讨。

8日 为扎实推进"八五"普法规划的贯彻落实和青年普法志愿者法治文化基层行动的深入开展，北安市"展现'八五'普法新亮点开创平安北安新局面"主题法治宣传月集中普法宣传活动在文化广场举行，全市20余家单位参与活动。

同日 为了进一步落实《"十四五"北安市档案事业发展规划》，提升北安市档案工作质量和服务水平，北安市委办（市档案局）、市档案馆联合举办档案业务培训班，就乡镇档案工作开展针对性培训。会后，各乡镇档案工作人员对市档案馆信息化平台建设和市档案馆档案保管标准进行参观学习。

9日 北安市商务粮食局联合海尔专卖店，在通北镇分店开展"稳经济 促发展 政府消费券北安海尔专卖店专场"宣传活动。本轮活动海尔厂家和专卖店在产品零售价的基础上最高让利消费者，持农村户口的消费者额外再减100元的政策，以此刺激市场消费。

10日 北安市金融机构助力企业发展工作会议召开，进一步搭建政府、银行、企业之间交流合作的平台，推动金融与实体经济互利双赢、共同发展。

12日 全市燃气安全排查整治工作推进会议召开。会议通报了黑河督导检查组燃气整治专项检查和北安市自查情况，听取了商粮、市监、交通、公安、消防等有关单位发言，并就进一步抓好燃气安全排查整治工作进行再安排、再部署、再强调。

13日 北安市看守所被公安部评定为“全国公安机关一级看守所”荣誉称号。

同日 北安市纪检监察工作推进会议召开。会议指出，要认真贯彻落实中央、省、市委要求，结合当前重点工作，加大力度向前推进各项工作。

14日 黑龙江省公安厅夏季治安打击整治“百日行动”专项督察第五工作组组长、警务技术二级总监温玉柱一行检查指导北安夏季治安整治工作。

同日 北安市赵光镇与赵光农场有限公司联合举行垦地共建田间现场观摩，实地察看了解垦地融合发展服务中心建设及大豆托管等情况。通过现场观摩和交流，进一步学习垦区“双控一服务”模式通过规模化降低生产成本达到节本增效的经验和做法。

15日 开展“以案为鉴知敬畏，防微杜渐守初心”为主题的北安市年轻干部警示教育读书班活动，旨在提升年轻干部的政治修养，筑牢拒腐防变的思想堤坝，使年轻干部真正成长为可堪大用、能担重任之才。

15—19日 “2021—2022年度黑龙江省冰球锦标赛”在北安市冰球馆举行，该赛由黑龙江省体育局主办，黑龙江省冬季运动与后备人才管理中心承办，黑河市体育局、北安市人民政府协办，来自省内各地的200多名选手参赛。经过5天角逐，最终齐齐哈尔市男子冰球队获得男子组冠军、哈尔滨市女子冰球队获得女子组冠军。

17日 北安市杨家乡举办农业项目擂台赛活动，杨家乡党委负责人及各村党组织书记、村两委成员参加活动。活动先后在大豆万亩示范田、鸵鸟养殖繁育场、香韵谷物种植家庭工厂等10余个产业项目现场进行，参加者一起走进田间地头、养殖车间、加工厂，听汇报、问情况、观成效、谋发展。通过比看，相互借鉴、发挥优势、比学赶超，持续推动全乡农业产业规模化发展、品牌化发展、高端化发展。

同日 北安市委宣传部、市文化广电和旅游局、市司法局和二井镇人民政府联合在二井镇建革村举办“蒲公英”文艺小分队送文化进基层文艺演出，演出的同时，为现场观众发放了普及法律知识的宣传品，将法治宣传与村民喜闻乐见的文艺表演相结合。

18日 北京立国集团一行8人、黑河市军分区3人、黑河市退役军人事务局5人抵达北安，北安市领导及市退役军人事务局6人，共同对全市退役军人开展“爱我国防万里拥军行”重点优抚活动。

同日 北安木雕传承人李宝峰参展的木雕作品《莲下悟心》在第二届中国艺术美术博览会开幕式暨第八届中国工艺美术大师颁证大会上获“第二届百鹤杯工艺美术设计创新大赛百鹤新锐奖”。同时，中国民间文艺家协会会员、黑河市工艺美术大师、北安“程氏剪纸”非遗传承人吴明君的作品《葵花朵朵向太阳，百姓心系共产党》在“中国 渭南‘歌唱新生活 喜迎二十大’全国剪纸邀请展”获得银奖，也是黑龙江省唯一获得银奖的作品。

19日 北安市政府与浙江百川食品有限公司交流座谈会召开，市委副书记、市长李华与浙江百川食品有限公司董事长陈彪就大豆精深加工产业发展进行深入对接洽谈。

23日 北安市总工会举办农民工入会集中行动启动仪式暨小鲁建筑安装有限公司工会委员会揭牌仪式。小鲁建筑安装有限公司工会委员会是北安市乃至黑河市首家农民工工会，标志着北安市工会基层组织建设迈入了新的阶段，进入标准化、科学化、民主化轨道。

26日 全市“解放思想、振兴发展”研讨“回头看”专题会议召开。会议要求各级各部门要以此次“回头看”为契机，不断推动思想解放、能力提升、作风转变，用新姿态、新担当、新作为，努力开创北安高质量发展的新局面，以优异成绩迎接党的二十大胜利召开。

27日 黑河市政协副主席、北安市委书记冯云带领市四大班子领导先后到北岗街道北新社区、省委旧址陈列馆、北安市委党校新建项目现场、北安市图书馆，开展市级班子学习《习近平谈治国理政》第四卷主题党日活动。

29日 全市机关“能力作风建设年”活动“解放思想、振兴发展”研讨班开班。在两天时间里，全体学员围绕深学笃行习近平总书记对东北地区和黑龙江重要讲话重要指示批示精神、推动龙江振兴发展实效、对标先进地区思想解放的经验做法、落实“解放思想、振兴发展”研讨重点任务等四个方面“20个聚焦”重点内容进行封闭学习。

同日 北安团市委联合市科协、市妇联、市科技馆和欧趴机器人联盟在北安市凤凰体育馆举办2022年北安市第三届青少年机器人大赛。100余名小机器人爱好者参加比赛。比赛项目按选手年龄分为学前项目和学龄项目，学前选手比拼“桥”和“水到渠成”项目，学龄选手参与“冰壶”和“完美抛物线”的对弈。

30日 北安市妇女联合会被纳入2022年黑龙江省第一批儿童友好城市培育名单。

9月

1日 二井镇联合长水河农场有限公司举行垦地党建引领区村共建共联签约仪式。双方积极开展对接交流，就开展党的建设、文化活动、农业科技服务、土地托管等合作共建事宜达成协议。

同日 由市政协主办，政协书画院承办、市文联协办的迎庆党的二十大系列书画展在市政协书画院开展，“北安程氏剪纸”非遗传承人吴明君剪纸作品将在此展出一个月。

2日 北安市生态文明建设领导小组、生态环境保护委员会全体会议暨中央生态环境保护督察整改推进会议召开。

4日 北安市举行“铸牢中华民族共同体意识宣传月暨民族团结进步走进民族乡宣传日”启动仪式在主星朝鲜族乡举行。活动要求，要以铸牢中华民族共同体意识为工作主线，坚持将全市中心工作与民族团结进步创建紧密结合，全面推进了民族团结进步事业和经济社会高质量发展。

8日 北安市庆祝第38个教师节暨表彰大会在市行政办公中心举行。会上宣读了北安市人民政府表彰的优秀教师、“四有”好老师、教育教学管理先进单位和教育教学管理特别贡献奖单位；获奖代表分别上台接受表彰；优秀教师、“四有”好老师代表和教育教学管理特别贡献奖单位作了典型发言。

5—10日 北安市和平小学47名学生作品在俄罗斯彼尔姆第2学校孔子课堂展出。俄罗斯彼尔姆俄中友好协会主席M.C.卡门斯基代表俄罗斯彼尔姆俄中友好协会向北安市和平小学校参与此次活动表达了诚挚的感谢，并授予北安市和平小学校“俄中友好学校”称号、授予校长张玉军“俄中交流优秀校长”称号、授予王爽老师“俄中交流优秀教师”称号。

12日 黑龙江省关工委秘书长邹积惠带队到北安检查指导关工委相关工作。

15日 北安市召开2022年秋季森林草原防灭火暨秸秆禁烧工作会议，贯彻落实省、黑河市有关会议精神，对秋季森林草原防灭火和秸秆禁烧工作进行安排部署。

19日 北安市2022年现代农业建设成果展示观摩会召开，集中展示年初以来农业项目建设成效和成果，相互交流成功经验与发展模式，进一步推进全市“三农”工作再上新台阶。

20日 北安市公安局开展“喜迎二十大 忠诚保平安”反恐应急处突演练，以“展示实力、检验能力、增强合力”为目标，展示全局民警辅警坚决守护一方平安的信心和决心，为党的二十大胜利召开献礼。

22日 省疫情防控第七督导组组长、省公安厅二级警务专员冯建国率督导组到北安市，对疫情防控工作进行督导检查。

23日 北安市副市长孙明华召集市卫健局负责人，研究部署支援黑河市爱辉区医务人员及物资保障有关事宜；听取市职教中心关于新增贷款项目有关情况汇报。

24日 北安市开展招聘优秀村（社区）党组织书记纳入乡镇（街道）事业编制面试工作。在巡查中市委常委、组织部部长霍立东强调，对各部门职责分工要明确、人员安排到位、工作程序规范等表示肯定。要务必严格工作纪律和工作程序，对面试工作想细做细，确保考试公开、公正、公平进行。

26日 北安市全市农村疫情防控暨秋季生产（南片）现场推进会召开。与会人员观摩了通北镇垦地共建大豆种植示范基地、石泉镇石昌地块的秋收情况，农业农村局负责人就机械收割的技术操作、优缺点、农机选择、成本投入等进行详细讲解，并对农村疫情防控、秋收生产及安全生产工作进行部署安排。

28日 由市委宣传部党总支举办的“喜迎二十大 建功新时代”青年干部演讲比赛在群众艺术馆举行。经过现场打分评选，决赛产生一等奖2名、二等奖3名、三等奖3名、优秀奖4名。

同日 “彼尔姆—东方”城市开放论坛暨俄中友好协会成立65周年庆祝活动在俄罗斯彼尔姆市开幕，彼尔姆地区州长、中华人民共和国驻喀山总领事、彼尔姆市市长及俄罗斯各界专家学者300余人参加活动。北安市和平小学学生的“中俄友谊”儿童作品在画展专区进行展览。由王爽老师指导学生设计的俄中友好LOGO也在画展上亮相。展区吸引了当地嘉宾的驻足观赏，受到了一致的好评，此次活动在俄罗斯国家电视台第一频道播出。

29日 北安市妇女联合会制定下发《北安市妇女发展规划（2021—2025年）》和《北安市儿童发展规划（2021—2025年）》。

同日 北安市交通运输局抽调业务骨干，成立安全检查组，对全市道路运输企业进行安全生产大检查。

30日 北安市在烈士公园举办烈士纪念日公祭活动。全体人员面向烈士纪念碑肃穆站立，向革命先烈默哀致敬。参加公祭活动的市四大班子领导及各界代表，敬献鲜花、瞻仰烈士纪念碑，表达对革命英烈的无限敬仰和怀念之情。

同日 北安市委办公室（市档案局）、市档案馆共同举办“喜迎二十大·档案颂辉煌”主题档案展。展览共分抗日战争、中国共产党党组织建立、社会主义革命和建设、改革开放、现代化建设和中国特色社会主义新时代几个部分，共展出20个板块、81张图片，生动反映了北安人民在中国共产党的带领下，艰苦奋斗，开拓进取，在各个时期各项事业发展中取得的辉煌成就。

10月

1日 北安博物馆开展以“我和我的祖国”为主题的云端系列活动，该日推出《国士无双——近代人物纪念馆门票展》，展出北安博物馆副研究馆员、副馆长郭昕收藏各博物馆、纪念馆门票千余枚。

3日 黑河市政协副主席、北安市委书记冯云深入前进林场、南北河林场和幸福林场，督导检查秋季森林防火和南片乡镇疫情防控工作落实情况。

6 日 市委副书记、市长李华深入市内部分街路、公园广场、社区服务中心、道路项目建设、选址等地，就北安市 2023 年谋划实施重点市政工程和惠民实事进行调研，并对在建工程进行现场办公，协调解决相关问题。

7 日 北安市“献礼二十大、奋进新征程”主题活动在祥和广场启动，市四大班子领导及现职处级干部通过开展参观书画摄影展、观摩调研项目、聆听主题党课等一系列主题活动，用实际行动迎接党的二十大胜利召开。

12 日 市委副书记、市长李华到经济开发区调研并主持召开座谈会。他强调，各部门要深入贯彻落实省、黑河市招商引资和项目建设工作要求，全面强化“项目为王”理念，通过高标规划、高位建设、补齐短板、释放潜能，构建以经济开发区为引领、特色园区为支撑的产业发展格局。

13—15 日 黑龙江省党的二十大安保督导检查组张海峰等一行三人到达北安市，对政治安全、社会稳定和信访安全、公共安全、网络安全进行督导检查。

14 日 为喜迎二十大，黑龙江省级非遗传承人、工艺美术师李宝峰创作的木雕作品《巨龙腾飞 江山如画》臻美完成。作品总长度 2 米，高度 1 米，厚度 0.5 米，采用传统雕刻工艺，多层镂空雕。

17 日 北安市委副书记、市长李华深入“两站”、城区 4 个公路哨点服务站和邮件快递、物流行业开展疫情防控“外防输入”走流程工作。

18 日 黑河市政协副主席、北安市委书记冯云深入象屿金谷生化科技有限公司、南京路地下商业街和中储粮北安直属库，实地督导检查粮食收储和安全生产工作。

19 日 市委理论学习中心组 2022 年第十次集体学习会议暨“解放思想、振兴发展”专题研讨会召开。会议要求，要把学习贯彻习近平法治思想同实施法治建设规划统一起来，正确处理好权与法的关系，确保各项工作在法治轨道上规范运行。

23—31 日 为保障老百姓的“菜篮子”，华升食品有限公司积极响应北安市政府号召，成为第一批保供企业，于 10 月 23 日开通线上购买通道——团团购，累计为 2177 户家庭送去蔬菜，并将线上销售所得 140652.34 元全部无偿捐出。

26 日 北安市满茄专业种植合作社积极响应，将合作社存储的蔬菜以成本价提供给市防疫保供一线，全力保障全市市民都能够吃上安心健康的新鲜蔬菜。

27 日 为保障临时管控期间居民生活物资供应，首批参与保供的 52 名骑手开始在全市上线跑单，市区居民通过“美团”“饿了么”线上下单应急蔬菜包。此次应急蔬菜包共 6000 箱，每箱 8 种蔬菜、约 10 公斤，保供蔬菜的进价为 109 元一箱，保证平台 0 利润输出。

30 日 北安市委副书记、市长李华主持召开重点项目复产复工及保供工程规范化管理专题会议。

31 日 华升食品有限公司向通达社区捐献 10 万只口罩，用于疫情防控工作人员和辖区 6000 多名居民的日常防护。

11 月

1 日 黑河市政协副主席、北安市委书记冯云，北安市委副书记、市长李华分别先后深入北安东检测服务站、医院、学校等地走访慰问一线防疫工作者。给他们送去了党和政府的真切关怀以及生活物资，勉励大家继续发扬连续作战精神，切实把疫情防控举措落实落细，继续为全市人民群众生命安全和身体健康保驾护航。

同日 黑河市人大代表、北安市建辉宏业混凝土有限公司董事长高建辉向铁西街道办事处捐赠现金 50000 元用于疫情防控。

2 日 宜品乳业向北安市疫情防控指挥部捐赠价值 30 万元的 100 箱羊奶粉，为北安市疫情防控作出积极贡献。

3 日 全市安全生产视频会议召开，贯彻落实省和黑河市安全生产电视电话会议精神，对疫情防控和安全生产重点工作进行安排部署。

4 日 通北林业局有限公司向北安市捐赠一批御寒物资，展现了企业的无私担当和同舟共济、守望相助的大爱精神。

5 日 北安市各类经营场所有序恢复开放经营，继续强化“自我健康第一责任人”意识，规范佩戴口罩，出入各类公共场所主动扫码，积极配合落实各项防控措施。

11 日 北安市委副书记、市长李华安排部署“11・11”伊齐高速交通事故应急救援、现场处置、事故调查、医疗救治、服务保障、善后处理等工作。

13 日 北安市道路交通安全专题会议召开，会议要求各有关部门要认真开展好道路安全隐患排查整治活动，按照市安委办下发的安全生产“决战五十天 强力保安全”工作方案，开展一次全市道路安全拉网式隐患排查专项整治行动。

15 日 北安宜品努卡乳业有限公司被黑龙江省发展非公有制经济（中小企业）工作领导小组列入龙江质量品牌优秀民营企业 50 名单，予以表彰。

17 日 省交通运输厅二级巡视员赵庆学，黑河学院党委书记杨弘宇，黑河市副市长、公安局局长徐景波到北安研究“11・11”伊齐高速交通事故应急救援善后处置工作。

18 日 市交通运输综合行政执法大队对城区“两客一危”道路运输企业开展安全生产检查工作。

同日 北安市商务粮食局工作人员深入全市餐饮行业开展安全生产检查工作。市商务粮食局将时刻紧绷安全生产这根弦，从严从紧、抓实抓细，坚决防范遏制安全事故发生，切实保障人民群众生命财产安全和城市安全运行。

同日 北安市倍丰集团双丰公司正式在市场监督管理局完成注册，由双丰公司北安分公司变更为北安市春阳农资有限公司，企业正式落户北安。完成3000万元招商引资任务。

23日 北安市委副书记、市长李华到基层党建联系点宣讲党的二十大精神并对社区管理工作开展调研座谈。他强调，要严之又严压实防控责任，确保每一项工作、每一个环节责任到部门、到岗位、到人头，建成“人在网中走、事在网中办、网格全覆盖、服务零距离、防控无死角”的基层治理体系。

24日 北安市公安局禁毒办督查组到市教体局开展防毒禁毒督导检查工作，确保实现“校园无毒品、学生不涉毒”的工作目标。

同日 北安市发放第二期政府优惠券。帮助实体经济有效恢复生产经营，推动复业复市后全市消费市场回暖，政府发放300万元消费券，其中200万元用于汽车消费补贴，100万元用于大型商超消费补贴。

25日 北安市人民政府与太平洋建设集团举行战略合作签约暨招商大使授牌仪式，在签约仪式上，市委副书记、市长李华授予张云平秘书长“招商大使”聘书为北安代言，并进行战略合作签约。

同日 全市中小学校（幼儿园）疫情防控工作专题会议召开。会议要求，从严从紧抓好师生、教职员工个人防护，“两点一线”管理，紧盯公共区域、重点部位做好日常巡检、通风换气和消毒消杀，切实将防控责任落实到位。

28—30日 黑河市委副书记、市长赵荣国主持召开通北联合指挥部视频调度会议3次，省疾控中心副主任李发滨，黑河市副市长陈晓杰，北安市主要领导及市监局、教体局、民政局、卫健局、通林局、联合指挥部各工作组负责人分别参加会议。

30日 国家发改委印发《国家发展改革委关于表彰全国农产品成本调查工作先进集体和先进个人的通知》，北安市发展和改革局获“先进集体”荣誉称号。

12月

2日 北安市民政局受黑龙江省民政厅委托，走访慰问支援海伦市抗疫前线的省第三医院精神科团队的15名医护人员家属，并送上慰问品和感谢信。

3日 黑河市爱辉区向北安市通北镇捐赠700余箱应急食品以及50台电暖风、100件棉衣，为疫情防控工作者送去一份温暖和力量。

4日 黑龙江省三鼎旅游开发有限公司向北安市通北镇捐赠苏打水、方便面、饮用水等物资，总价值32600元，用实际行动贡献企业力量。

9日 北安市政府与九三粮油工业集团北安产业园区综合建设项目召开对接会。市委副书记、市长李华，九三粮油工业集团有限公司，中亚集团主要领导参加会议。双方就九三粮油工业集团计划在北安市建设5万吨仓储库及大豆精选、烘干、杂粮包装、植物基生产加工的综合项目进行洽谈。

12日 黑龙江飞鹤乳业有限公司董事长冷友斌当选中华全国工商业联合会第十三届执行委员会副主席，冷友斌是黑龙江北安人，是本届全国工商联副主席中唯一一名黑龙江企业家。

14日 北安市全面深化改革委员会2022年第三次会议召开。会议要求，全市上下要自觉紧跟核心，落实省、黑河市委改革工作部署，严格履职尽责，把主体责任扛起来，确保各项改革任务落实到位，各项改革成果经得起实践和群众的检验。

15日 《北安市农村公路养护体制改革实施方案》（讨论稿）经北安市人民政府第二十二次常务会通过，将北安市地方养路费征收稽查所、北安市地方道路管理站及北安市货运站3家单位整合组建成北安市农村公路事业发展中心。

16日 文化和旅游部非物质文化遗产司发布《关于“非遗工坊典型案例”推荐名单的公示》，黑龙江省北安乌鱼绣非遗工坊《乌鱼绣：飞针走线就业忙》是黑龙江省唯一入选案例。

17日 北安市寒地试车项目正式拉开序幕，武汉元丰、拓普汽车、英创汇智、宇通客车、中通客车、三一重工、广州瑞丽科技等汽车企业及零部件生产企业已先后进驻北安极地试验场。北安市极地汽车测试有限公司根据企业的不同需求制作了ABS跑道、ESP跑道、冰雪环形跑道、雪广场、冰广场、高速扬雪跑道、冰直道等测试车辆需要的道路。测试企业对北安市的营商环境和试车服务给予极大的好评，纷纷表示下一年度的冬标试验继续到此试车。

18日 黑龙江省工信厅公布《2022年黑龙江省企业技术中心认定结果》，北安宜品努卡乳业有限公司等技术中心入选。

20日 北安市直机关工委、北安市教体局联合举办2022年北安市“全民冰雪活动日”启动仪式暨市直机关工委系统干部雪地徒步大会举行。来自全市54家市直及中省直单位，272名干部职工从北安市政府广场出发，目的地为站前广场，全程约2.3千米。

24日 由北安市教育体育局主办，北安市体育事业发展中心协办的“第九届全国大众冰雪季”暨2022—2023年度北安市“百万青少年上冰雪”活动启动仪式在北安市冰球馆举行。本次活动弘扬了北京冬奥精神，全面发展群众性冰雪体育活动，深入实施“冰雪惠民计划”，面向社会有序开放训练场馆，为群众参与冰雪运动创造便利条件。

25日 北安市重点保供企业生产运行视频调度会议召开，市委副书记、市长李华听取了各重点保供企业生产运行情况及存在的困难和问题，对保供工作进行安排、部署，要求统筹做好安全生产和民生保供工作。

同日 北安市供销合作社以服务“三农”转作风，助力乡村促振兴为载体，完成农资保供价稳、小康龙江线上销售、维护社有资产产权、农副产品销售0.8亿元攻坚项目。

27日 北安市政协召开第十六届委员会第二次全体会议。现职市级领导、副处级领导干部，市政协历届离任主席、副主席、老干部代表，老委员联谊会成员，驻北安黑河市政协委员，中省市直各部门主要负责人列席会议。来自全市各党派团体、各族各界的142名政协委员认真履行政治协商、民主监督、参政议政职能，为奋力谱写中国式现代化北安新篇章献计献策。

同日 共青团中央、教育部、全国少工委下发《关于表彰2022年度全国优秀少先队员、全国优秀少先队辅导员、全国优秀少先队集体的决定》。北安市和平小学少先队大队获批“全国优秀少先队集体”称号。

28日 北安市第十八届人民代表大会第二次会议在北安市行政办公中心1210室召开。大会应到代表220名，实到173名，符合法定人数。来自全市各行各业、各条战线的人大代表肩负着全市人民的信任和重托，认真履行宪法和法律赋予的职责，共商北安发展大计，共绘北安发展蓝图。

30日 全省“百大项目”北安市第一人民医院新建门诊住院综合楼举行落成典礼仪式，北安市第一人民医院新建门诊住院综合楼正式启用，有效缓解了北安市区以及周边市县百姓就医难问题。

同日 北安市2023年招商引资、项目建设暨冬季重点工作十大行动推进会议召开，市委副书记、市长李华主持会议要求相关各部门要全力跟进23个重点项目，力争完成37个“开春即开复工”项目。

自然环境

【位置与面积】 黑龙江省北安市地处北纬47°35′~48°33′、东经126°16′~127°53′之间，东与逊克、绥棱县相连，南以通肯河为界与海伦市相望，西与拜泉、克东县毗邻，北与五大连池市接壤。北安市是黑龙江省北部区域性中心城市，位于黑龙江省中北部、小兴安岭西南麓，市域面积7193平方千米。城中心海拔264米，处于齐齐哈尔、绥化、伊春、黑河4个地区的中心地带，距哈尔滨300.132千米（从北安东收费站沿绥北高速、哈伊高速到大耿家收费站）、齐齐哈尔239.271千米（从北安北收费站至建华收费站）、绥化195.457千米（从北安东收费站沿绥北高速到绥化西收费站）、黑河250.448千米（从北安北收费站沿北黑高速到黑河一级公路）、伊春182.8千米（从北安东收费站走前嫩高速到伊春互通）；周边毗邻海伦、拜泉、克东、孙吴等县市和世界地质公园——五大连池，是中国、俄罗斯及东欧国家旅贸大通道的必经中转站；滨北、齐北、北黑3条铁路干线，前嫩、吉黑、绥北、伊齐4条高速公路和黑大、碾北、哈北、萝额4条国省级公路在北安交会，建成黑龙江省最大高速公路互通区，开通进京始发客运列车，是全国最北部铁路公路便捷的交通运输枢纽。

（市交通运输局）

2022年，北安市哈大高速公路 （市融媒体中心 供图）

【地质与地貌】 北安市地层年代分布广泛，从古生界到新生界均有出露，大部分为波状平原区。泥盆系、三叠系、白垩系出露甚少，中东半部龙岗状低丘陵区为第三系，其他大部分为第四系所掩盖。全部地层共分5个系10个组。北安市地处小兴安岭山脉西南麓向松嫩平原过渡的中间地带，由第四纪冲积、洪积物组成的堆积地形。受新构造运动影响，形成了波状起伏、岗地和坳谷分明的地貌。东有南北河，南有通肯河，北有乌裕尔河，整个地势呈东高西低、北高南低状态。地形共分为三个区域：东部是低山区，海拔400~500米。全市森林面积90%以上均分布在这一带，主要是针阔混交林。中部是丘陵区，海拔300~400米。

北安市大部分国有农场和部队农场都集中分布在这一带，耕地面积占全市的67%以上。草沟、草塘面积较大，约占全市的25%。西南部是平岗宽谷区，海拔180~240米，是开发最早的农业区。北安市的各乡镇均分布在这一区域，垦殖率达70%左右。在市域内地形中，有四种地貌类型相间分布：河流冲积低洼河谷类型，主要是通肯河、乌裕尔河及其支流河谷，地势低平，起伏不大，属河流冲积漫滩一级阶地，南北河河谷宽阔，也属此类型；冲积、洪积波状平原类型，分布在通肯河、乌裕尔河二级阶地上，地形平缓，稍有起伏；剥蚀、堆积的丘陵类型，呈脉状、馒头状分布、地势变化得比较复杂；小兴安岭山脉西坡低山丘陵区，此区地势较高，在海拔500米左右，相对高差也大，达50~80米。市域内低山为2481.4平方千米，占总面积的34.5%；丘陵为3884.3平方千米，占54%；平原仅有827.2平方千米，占11.5%。小兴安岭山脉纵贯于市域东部，在南北河流域及通肯河上游地区。北安市域内最高峰为三景山，高达565米，在北安与逊克县的分界线上。此外，东部还有514米、409米、407米、404米等高度的山岭。通北镇东部有305米、303米等高度的山岭。 （市自然资源局）

【水资源】 北安市有乌裕尔河、南北河（讷谟尔河上游干流）、通肯河3条中型河流及流域面积大于50平方千米的46条小河。多年平均径流总量为11.56亿立方米，保证率为75%的地表水资源量为5.79亿立方米，市属区年均地表水资源量3.9亿立方米，保证率为75%的市属区水资源为1.87亿立方米。除南北河水质较清外，其他中小河流由于受水土流失、农药、化肥、生活垃圾等直接污染，水质浑浊、污染物超标、不能直接饮用，只能用于灌溉。

北安市地下水年可采用量为1.62亿立方米，市属区地下水年可开采量为0.73亿立方米。地下水分布不均匀，通肯河、乌裕尔河漫滩地含水量较为丰富。单井涌水量可达40~50立方米/小时。乡镇平原地带次之，单井出水量为20~40立方米/小时，再次为一级阶地和台地区，井深200米左右单井出水量只有5~20立方米/小时。浅层地下水由于直接受地表污染，水质较差，只能作为灌溉水源。深层地下水除铁、锰等指标超标外，其他指标均达到生活饮用水标准，除去铁、锰后可直接饮用。

北安市有水库32座，塘坝30座。中型灌区2处；面积133.3~666.5公顷的小型灌区3处；实灌面积8840公顷。全市农村供水机电井193眼，农村机电井供水人口15万人，农村自来水入户率94.79%。 （市水务局）

大型收割机作业场景 （市融媒体中心 供图）

【气 候】 北安市地处中高纬度，属寒温带大陆性季风气候。冬季、春初、秋末受西伯利亚冷高压控制，偏北风多，降雨量少，空气干燥，气候寒冷。春末、夏季、秋初多受南来暖空气、蒙古低压影响，多偏南风、气温高，降水多而集中，空气湿润。四季气候特点是：春季升温明显，风大干旱；夏季炎热多雨，雨热同季；秋季降温迅速，昼夜温差大；冬季多寒流，寒冷干燥。2022年，北安市年平均气温略高，年降水量偏少，日照时数偏多。年平均气温1.6℃，比常年略高0.1℃，比2021年略低0.4℃，全市年总降水量468.2毫米，比常年平均少85.8毫米，比2021年少374.8毫米。年日照时数2624.0小时，比常年多91.1小时，比2021年多316.4小时。≥10℃积温为2499.4℃，比历年少48.9℃；比2021年少89.8℃。稳定通过10℃终日在9月28日，初日在5月16日。终霜日期出现在5月16日，初霜日期出现在9月19日。全年无霜期125天，比历年多2天。

（市气象局）

自然资源

【土地资源】 根据北安市“第三次全国国土调查”数据显示，北安市耕地面积为385459.28公顷，园地面积为127.36公顷，林地面积为227973.33公顷，草地面积为11952.38公顷，湿地面积为51189.44公顷，城镇村及工矿用地面积为12759.19公顷。交通运输用地面积为8685.71公顷。水域及水利设施用地面积为20718.06公顷。北安市自然土壤有5个土类，下分11个亚类、19个土属和30个土种。黑土为北安市农业最主要的耕地土壤，总面积达115780公顷。其中，多数已开垦为耕地，黑土耕地总面积近92997.6公顷。黑土主要分布在各乡镇、市属各林场，各企业农场也有分布。暗棕壤是森林植被下的地带性土类，主要分布在海拔 300 米以上的高丘和低谷。暗棕壤总面积为 91654.47 公顷。其中，耕地 4083.33 公顷，占土类总面积的4.5%。暗棕壤主要分布在幸福林场、四〇四林场、三〇三林场、缸窑林场、建华林场、自治林场。此外石泉镇、赵光镇、二井镇及各企业农场也有分布。草甸土分布在河漫滩和沟谷平地，是北安市农业第二大土类，为半水成的非地带性土壤。总面积近 51437.2 公顷。其中，耕地面积 24990.07 公顷，占第二次土壤普查耕地的 20%。草甸土分布面积大小依次为赵光镇、石泉镇、主星乡、杨家乡、通北镇、东胜乡、海星镇、二井镇、城郊乡。此外，市属林场及企业农场也有相当数量的分布。水稻土是在自然土壤（主要是草甸土）基础上通过人为种植水稻后形成的土壤，是草甸土种植水稻后的产物。北安市水稻土面积很少，只有 1039.33 公顷，基本是水稻田，全部集中在主星乡。沼泽土是非地带性水成土壤。在北安市河流沿岸及岗间沟谷的低洼处均有分布。市域内有沼泽土 52081.67 公顷，其中耕地 1696.67 公顷，仅占沼泽土总面积的 3.3%。沼泽土在各乡镇、市属林场及企业农场等有数量不等的分布。

（市自然资源局、市农业农村局）

【**动物资源**】 北安市野生动物资源较丰富，随着生态环境的不断改善，市域内的野生动物种类和数量明显增多。鸟类有 10 目 30 科 150 种，多为候鸟，留鸟 10 种，如花尾榛鸡、松鸡、环颈雉鸡、鹌鹑等。野生动物有毛皮用动物猞猁、貂、水獭、貉子、狐狸、黄鼬、麝鼠等；有肉食用动物狍、野猪、山兔、犴（驼鹿）等。2022 年，比较常见的国家一级保护野生动物有白鹤、白尾海雕、东方白鹳等；国家二级保护野生动物有燕隼、红隼、雀鹰、毛脚鵟、长尾林鸮、长耳鸮、马鹿、猞猁、赤狐等；国家保护的有益的或者有重要经济、科学研究价值的“三有”野生保护动物比较常见的有野猪、狍、东北兔、松鼠、环颈雉鸡等。

（市林业和草原局）

【**植物资源**】 北安市位于小兴安岭向松嫩平原过渡的中间地带，境内（不含森工）林地总面积 115000 公顷，森林覆盖率 35.8%，森林总蓄积 5032721 立方米。其中，有林地面积 55092.7 公顷，疏林地面积 537.7 公顷，灌木林面积 627.5 公顷，未成林造林地 1110.8 公顷，无林地面积 709.4 公顷，林辅用地面积 56291.9 公顷；宜林地 321.5 公顷，集体林面积 2216.7 公顷。北安市地方（不含森工、农垦）草原面积为 32632.53 公顷，湿地面积 51232.31 公顷。市域内共有林场 6 个，面积 10 万公顷，距离北安市最近的 32 千米，最远的距离北安市 110 千米。全市植物种类近 700 种，主要的木本乔灌木有红松、落叶松、樟子松、云杉、冷杉、水曲柳、黄檗、胡桃楸、山杨、白桦、黑桦、柞树、榆树、赤杨、刺五加、胡枝子、毛榛、胡榛子、鬼箭羽（卫矛）和接骨木等近百种；藤本植物有山葡萄、五味子；草本植物有地榆、桔梗、百合、白芍、赤芍、一轮贝母、铃兰、玉竹等；山野菜有黄花菜、蕨、薇菜等；菌类有木耳、猴头菇、榛蘑、元蘑、草蘑等 20 余种。全市实现林业产业总产值 12.5 亿元，比 2021 年增长 11.1%，森林草原湿地等生态资源保护建设得到进一步加强。（市林业和草原局）

【**矿物资源**】 北安市矿产资源不丰富，其原因是客观上当地大面积为新生界，前新生界地层出露甚少。仅发现有黄铁矿、蓝铁矿、磷矿、中石煤、陶粒页岩、煤炭、铁、蛋白石岩、建筑砂、石英砂、石材等矿种，计有矿点、线索地 10余处。 （市自然资源局）

建置区划

【**建置沿革**】 北安市历史悠久，经考证曾是金代曷苏昆山谋克治所，“南山弯”建有古城遗址。明朝属奴儿干都司。清朝属绥兰道海伦直隶厅，但因系“祖宗肇迹兴王之所”实行封禁。清末，光绪皇帝谕示实行解禁，放荒招垦。清光绪二十九年（1903 年），北安地区开始有移民进入，渐渐兴旺。直到宣统三年（1911 年）开始放毛荒。1912 年龙门招垦局改为龙门设治局（根据《黑龙江志稿》第一卷地理篇沿革表记载），黑龙江境内县界调整时将北安镇由海伦划归龙门设治局。1917 年 1 月 11 日龙门设治局升改龙门县，7 月 14 日改称龙镇县。1932 年 12 月县公署迁至北安镇，仍叫龙镇县。1939 年 1 月 1 日改为北安县，6 月 1 日建立伪满北安省，省会设在北安街，下辖克东、克山、绥化、绥棱、嫩江、北安、通北、德都、望奎、海伦、拜泉、依安、铁力、明水和庆城 15 个县。

1945 年 11 月 13 日黑龙江省各界代表会议在北安召开，成立黑龙江省政府，省会设在北安，是黑龙江地区成立的第一个省级民主政权机关。其管辖范围基本上就是伪满洲国时期北安、黑河两省的行政区域。境内设有黑河专区及北安、德都等 20 个县。

1982 年，国务院批准：撤销北安县，设立北安市（县级），恢复通北县。两县（市）行政区域分别为 1956 年 3 月合并前的原北安、通北两县的行政区域，两县（市）均隶属黑河地区。1983 年 4 月 28 日，国务院批准：撤销通北县，将其行政区域并入北安县。5 月 18 日，撤销北安县，恢复北安市（县级市），仍由黑河行署领导。1988 年 6 月 27 日，经省政府批准北安市实行财政计划单列。1991 年，国务院批准黑龙江省《国土规划纲要》中，把北安规划为二级发展极核的区域性中心城市。1993 年 4 月 1 日，黑河地区改为黑河市（地级），北安市改由省直辖，由黑河市代管。11 月 3 日，省计委决定北安市列为计划单列市。1998 年 1 月，撤销北安市财政计划单列和计划单列，北安市归黑河市直接管辖。

2005 年，省《城镇体系规划》将北安与哈尔滨、齐齐哈尔、牡丹江、佳木斯列为全省五个综合性城市。2012 年，省十一次党代会把北安市确定为现代化新兴城市。2014 年，被列为哈绥北黑产业聚集带重要节点城市。2015 年，省“十三五”规划把北安确定为重点发展的副中心城市和“哈大齐北绥”西环城市圈重要节点城市。2021 年，在《黑龙江省国土空间规划（2021—2035 年）》中北安作为唯一的县级城市入列全省 7 个“综合型城市”方阵，明确了黑龙江省北部区域性中心城市、交通枢纽城市、连接黑河和哈尔滨的“传递性”城市、国家重要绿色食品基地的发展定位。（市政府办）

行政区划

【城区与街道办事处】 2022 年，北安市规划区面积 57.31 平方千米，建成区面积 24.5 平方千米。有 6 个街道办事处，分别是：兆麟街道办事处、和平街道办事处、铁西街道办事处、铁南街道办事处、庆华街道办事处、北岗街道办事处。办事处下设社区居委会 19 个，其中兆麟下辖 4 个社区分别是百盛、新绿、通达和北苑；和平下辖 4 个社区分别是东北亚、铁东、农垦、弘北；铁西下辖 2 个社区分别是海圣、冠安；庆华下辖 4 个社区分别是人和、热电、庆新、庆民；北岗下辖 3 个社区分别是园林、电业和北新；铁南下辖 2 个社区分别是业旺、法华社区居委会。

【乡镇及行政村】 2022 年，北安市共辖 5 镇 4 乡 62 个行政村 330 个自然屯。其中通北镇内设 5 个社区服务中心，下辖 4 个行政村 34 个自然屯；赵光镇内设 3 个社区服务中心，下辖 7 个行政村 40 个自然屯；海星镇下辖 6 个行政村 21 个自然屯；石泉镇下辖 14 个行政村 80 个自然屯；二井镇下辖 7 个行政村 43 个自然屯；杨家乡下辖 7 个行政村 27 个自然屯；主星乡下辖 4 个行政村 12 个自然屯；东胜乡下辖 5 个行政村 28 个自然屯；城郊乡下辖 8 个行政村 45 个自然屯。（市民政局）

【人口变化与人口分类】 2022 年，据市公安局统计北安市总户数 185777 户，比 2021 年减少 1062 户。户籍总人口 401671 人。其中，城镇人口 247120 人，占户籍总人口的比重为 61.5%；乡村人口 154551 人，占比为 38.5%；农场局人口 62419 人，占比为 15.5%；林业局人口 26127 人，占比为 6.5%；地方人口 313125 人，占比为 78%。

【人口分析】 2022 年，北安市人口男性 202758 人，女性 198913 人；性别比 102，男性多于女性 3845 人；全市平均每户 2.16 人；总人口比 2021 年减少 4608 人；年平均人口 403975 人；出生人口 936 人，比 2021 年 1005 人减少 69 人，综合出生率 2.3‰，比 2021 年 2.5‰减少 0.2‰；死亡人口 2340 人，比 2021 年 2222 人增加 118 人，死亡率 5.8‰比 2021 年 5.4‰增加 0.4‰；自然增长 –1404 人，自然增长率 –3.5‰，机械增长 –2563 人，机械增长率 –6.3‰。（市公安局）

北安市区航拍图（杨　勇　摄）

综　述

【概　况】 2022年，中共北安市委面对疫情冲击和各类挑战，统筹疫情防控和经济社会发展，坚持稳中求进工作总基调，完整、准确、全面贯彻新发展理念，加快构建新发展格局，着力推动高质量发展，全市经济持续稳定恢复，主要经济指标运行在合理区间，经济发展韧性持续增强。全市上下坚决贯彻落实“疫情要防住、经济要稳住、发展要安全”重要部署，围绕“四新北安”建设目标，全力稳经济、促发展、保安全、惠民生、战疫情、强党建，全年获国家级、省级荣誉42项，其中国家级10项。经济延续恢复态势，全年地区生产总值比上年增长3.7%。规上工业增加值、固定资产投资、一般公共预算收入、比上年分别增长1.4%、10.4%、5.6%。城乡居民人均可支配收入比上年缩小0.01%，社会消费品零售总额比上年下降14.7%。（市委办公室）

【经济发展】 2022年，中共北安市委聚焦省“4567”现代产业体系发展方向，成立13个产业链专班精准招商、延链补链。全年签约项目45个，超亿元项目占比42%。实施省市百大项目22个，提前超额完成年度建设目标。象屿生化100万吨扩能改造、北大荒赵光九三大豆仓储扩容等7个项目当年开工、当年投产；上海电气北安100兆瓦风电平价上网、宜品绵绵飏农牧场等5个项目顺利完工、投产运行；飞鹤乳制品全产业链、乌裕尔西大街城市更新等22个项目落地开工、完成年度建设计划，一批打基础、利长远的项目相继开工建设、投产达效，支撑作用显著提升。新增规上企业4户、限上企业10户。向上争取项目和资金创历史新高，全力助企纾困，实施市级领导包联企业、“民营经济38条”和板块联动促消费系列稳经济举措；兑现扶持资金6784万元，减税降费1.06亿元，惠及6615户市场主体；开展促消费活动2次，拉动消费1.13亿元，有效激发市场活力、提振市场信心。（市委办公室）

【乡村振兴】 2022年，中共北安市委围绕“四个农业”建设目标，坚持农业农村优先发展。高质量完成稳粮扩豆政治任务，超额完成大豆种植1.67万公顷，粮食作物总产量实现11.51亿公斤。争取国家、省市试验示范项目22项，高标准打造农业科技示范园区（基地）36处。深化企地合作，实施全程托管2万公顷，“赵光模式”两次登上央视新闻。北安市成功入列国家级大豆、乳品产业集群。荣获国家级农村集体产权制度改革工作先进集体。城郊乡获批国家级农业产业强镇。严格落实“四个不摘”要求，加强防返贫致贫动态监测，拓展“两不愁三保障”成果。脱贫人口人均收入突破1.47万元，同比增长19.6%。成功通过省级脱贫攻坚成果实地考核验收。（市委办公室）

·解释说明·

“四个农业”：科技农业、绿色农业、质量农业、品牌农业。

“四个不摘”：指的是“脱贫不脱政策的摘帽四不摘”：摘帽不摘责任，彰显脱贫攻坚担当；摘帽不摘政策，彰显脱贫攻坚底气；摘帽不摘帮扶，彰显脱贫攻坚能力；摘帽不摘监管，彰显脱贫攻坚决心。

【深化改革】 2022年，中共北安市委聚焦26项改革要点，细化92项改革任务，任务完成率88%。争取国家、省、黑河市改革试点6个。教育、卫生、人才、文化、民宗等改革经验先后在中央、省、黑河主流媒体宣传推广。全面落实党组织领导下的行政负责制，完成国企、公立医院领导体制改革任务。市校合作成果丰硕，转化奶制品特医粉、玉米生物发酵等科技成果14项。推动企业创新发展，投入研发、技改经费超亿元，实施数字化、绿色化技术改造8项，认定科技型中小企业25户，高新技术企业2户，“专精特新”中小企业11户。深化“放管服”改革，全面优化185项重点任务，所有指标均达省、黑河市标准。政务服务基本实现只进“一扇门”，网上服务事项可办率100%。企业开办由3天缩短至2小时。不动产登记业务1个工作日内完成。率先在黑河市开展个人诚信积分应用，综合信用指数排名进入全国县域百强，全省列第二位。

（市委办公室）

·解释说明·

“专精特新”：企业指具有专业化、精细化、特色化、新颖化特征的中小企业。

【民生服务】 2022年，中共北安市委实施惠民实事17件，民生支出占财政支出89%。妥善安排重点群体就业，东北亚社区成为全国首批充分就业示范社区。发放低保、优抚、房屋租赁等民生资金1.12亿元。巩固“双减”成果，5+2课后服务实现全覆盖。升级改造办学条件，建成职业教育综合培训基地。普惠性幼儿园覆盖率同比提高5.5个百分点。高中教育质量保持黑河市域前列，区域教育中心地位得到有效巩固。成立“五大中心”打造22个特色专科。市第一人民医院新综合楼投入使用，医疗物资储备中心顺利建成。全年投资1.69亿元，进一步完善城乡路网。改造老旧小区178栋72万平方米，惠及居民9000余户。投资3.59亿元，实施通北镇引水、净水厂升级改造工程。打造乡村振兴百里示范带，13个村屯面貌实现整体提升。全覆盖式开展“安全生产三年专项整治”“百日护航”等专项行动，安全生产形势总体平稳。连续32年未发生森林重特大火情。强化社会面防控，刑事犯罪同比下降29%，群众安全感显著提升。

（市委办公室）

·解释说明·

5+2课后服务：在服务时间上，《大纲》要求原则上各学校应全面推行每周五天、每天不少于2个小时的“5+2”课后服务模式，实现有需求的学生全覆盖。

“五大中心”：胸痛中心、卒中中心、创伤中心、高危孕产妇救治中心、高危儿童和新生儿救治中心，为重点提升急诊急救的能力，在挽救患者的生命方面发挥了重要的作用。

【党的建设】 2022年，中共北安市委以“党旗耀边疆”主题活动为引领，深化拓展“从延安到北安”薪火先锋党建品牌。创新“五红一先”工作载体，打造党建示范点20个，创建特色党建示范区9个，城市全域党建示范带雏形基本形成。新建街道、社区党群服务中心12个，建设党群议事站53个，服务群众能力明显增强。全市“两新”党组织组建率提升至97%。集体经济年收入超20万元村占92%。推深做实机关“能力作风建设年”活动，统筹推进“1+8”专项工作，全市上下积极开展专题研讨、述学、调研、宣讲等活动，广大干部实践本领明显增强、工作作风明显转变。巩固拓展“从延安到北安”合作成果，启动“七个一”工程，形成了干部交流、文艺创作、融媒体合作、市域治理等一系列成果。进一步铸牢中华民族共同体意识，通过创建全国民族团结进步示范市省级验收。中央第六巡视组、省委第七、第八巡视组反馈问题整改全部整改完毕。坚持“三不”一体推进，查处违反中央八项规定精神问题19件23人，处理群众身边的不正之风和腐败问题35件71人。处置问题线索517件立案276件，同比上升29.6%，持续传递惩贪治腐的高压信号。

（市委办公室）

·解释说明·

“1+8”专项工作：指1个指挥部、8个专项小组。

“三不”一体推进：不敢腐、不能腐、不想腐，一体化推进有更多的制度性成果和更大的治理成效。

市委重要会议

【市委十八届四次全委会（扩大）会议】 2022年12月26日，中国共产党北安市第十八届委员会第四次全体会议在市行

中国共产党北安市第十八届委员会第四次全体会议会场　（市融媒体中心　供图）

政办公中心召开。会议应出席市委委员30人，实到28人；应出席候补委员6人，实到6人，符合相关规定。会议由市委常委会主持，黑河市政协副主席、北安市委书记冯云代表市委常委会向全会作了题为《躬身践行党的二十大精神 奋力谱写中国式现代化北安新篇章》的工作报告。全会坚持以习近平新时代中国特色社会主义思想为指导，全面贯彻落实中央、省委、黑河市委决策部署，总结2022年工作，安排部署2023年工作任务。同时全会强调，要坚定不移推进全面从严治党向纵深发展，打造风清气正政治生态，为推动北安经济社会高质量发展提供坚强保障。加强政治建设，锤炼绝对忠诚的政治品格；强化思想建设，筑牢坚不可摧的信仰之基；突出组织建设，夯实坚强有力的战斗堡垒；狠抓队伍建设，锻造实干担当的干部队伍；严守纪律规矩，巩固风清气正的政治生态。（张　驰）

【中共北安市委召开常委会（扩大）会议】 2022年8月16日，中共北安市委召开常委会（扩大）会议，黑河市政协副主席、北安市委书记冯云出席会议并讲话。会上，通报全市上半年能力作风建设工作情况和全市上半年营商环境专项行动工作情况，传达了全省深入开展“能力作风建设年”活动工作推进会议、全省优化营商环境专项行动讲评会议及黑河市机关能力作风暨优化营商环境专项行动讲评会议精神。各专项组、工作专班进行了工作汇报，部分单位代表围绕机关能力作风、营商环境工作进行书面经验交流和表态发言。要明确领导责任抓落实、强化工作推进抓落实、细化考核评价抓落实、严格监督问责抓落实，坚决贯彻落实省委、市委部署要求。紧盯重点任务，进一步加压奋进、迎难而上、真抓实干，以提能力、转作风、优环境的实际成效推动北安全面振兴发展，以实际行动和优异成绩迎接党的二十大胜利召开。（张佳文）

【市委常委会会议】 2022年，中共北安市委召开常委会会议19次。中共北安市委带领全市上下坚决贯彻落实中央和省委的重要部署，坚持稳中求进工作总基调，面对疫情迎难而进，聚焦“四城”定位、产业融合发展、城乡协同联动、提升改革效能、改善民生福祉和安全发展理念，以刀刃向内的坚定决心推进新时代党的建设新的伟大工程，为北安经济社会高质量发展提供坚强保障。

2022年中共北安市委常委会会议一览表

表1

会议时间	会议名称	会议内容
1月13日	第四次会议	学习传达习近平总书记重要讲话和省、黑河系列会议精神；讨论《中共北安市第十八届委员会议事规则》《中共北安市第十八届委员会常务委员会议事规则》《北安市委常委会2021年抓党的建设工作报告》和《北安市委常委工作分工》
2月19日	第五次会议	学习传达习近平总书记重要文章、讲话、条例及指示精神和中央、省、黑河市委系列会议精神；讨论《市委常委会工作要点》《北安市法治社会建设、法治北安建设实施方案（2021—2025年）》《平安北安建设领导小组办公室组成人员名单及专项组职责分工》和《中共北安市第十八届纪律检查委员会第二次全体会议上的工作报告》；听取全市信访工作情况和北安市排查整顿农村发展党员违规违纪问题汇报等
3月12日	第六次会议	会议讨论《习近平总书记重要讲话指示批示精神及中央、省、黑河重大决策部署贯彻落实情况责任分工台账》及实施方案、《北安市健全完善“四个体系”扎实推进重点工作责任分工台账》《北安市机关“能力作风建设年”活动实施方案（讨论稿）》《北安市2022年优化营商环境专项行动方案（讨论稿）》和2021年度科级公务员、事业单位科级干部考核结果建议名单；传达2022年黑河市组织部长会议精神并听取北安市贯彻落实意见；听取市域社会治理现代化试点工作阶段性汇报和北安市第三届劳动模范评选工作汇报；通过干部任免
3月21日	第七次会议	会议传达学习贯彻中央政治局常委会会议精神，讨论《中央第六巡视组反馈问题2021年完成情况报告》《省委第八（第七）巡视组反馈问题2021年完成情况报告》，传达2022年黑河市政法工作会议精神并听取北安市贯彻落实意见

续表 1

会议时间	会议名称	会议内容
4 月 10 日	第八次会议	会议传达学习习近平总书记重要文章、重要讲话精神和中央、省、黑河市委系列会议精神；听取市人大、市政府、市政协、市法院、市检察院党组工作情况汇报；讨论《北安市 2022 年防范化解重大风险台账（讨论稿）》《北安市委班子“能力作风建设年”活动问题清单》《北安市委常委 2022 年度安全生产工作清单》《北安市贯彻落实黑河市承接全省涉粮问题专项巡视发现问题整改工作方案》；听取全市安全生产、创建全国民族团结进步示范市、全市招商引资“虎跃之冬”开展等工作情况汇报；并通过干部任免
5 月 14 日	第九次会议	会议传达学习中央、省、黑河市委系列会议精神；传达省、黑河市保密工作会议精神及北安市贯彻落实意见；讨论《市委全面深化改革委员会 2022 年工作要点（讨论稿）》《市委深改委成员 2022 年领衔抓改革任务计划（讨论稿）》《北安市基层党建攻坚破难项目台账（讨论稿）》《北安市招商引资优惠政策》；传达黑河市档案史志工作会议精神并听取北安市贯彻落实意见；听取北安市基层党建工作创新突破和攻坚克难情况、全市老干部工作、北安市通北镇饮用水工程建设项目进展情况汇报
6 月 1 日	第十次会议	会议学习《中华人民共和国档案法》；讨论《“十四五”北安市档案事业发展规划（讨论稿）》《黑河市深入推进固边兴边富民行动北安市实施方案（2022—2025 年）》《中共北安市委巡察工作规划（2022—2026 年）试行》《关于加强巡察整改和成果运用的工作措施》；听取北安市稳经济工作情况、全市防汛工作和北安市第三次国土调查工作情况汇报
6 月 27 日	第十一次会议	会议传达学习《党委（党组）落实全面从严治党主体责任规定》；讨论《北安市关于加强新时代廉洁文化建设实施方案》《中共北安市委关于落实加强对“一把手”和领导班子监督工作措施的实施意见（讨论稿）》；听取全市“四个体系”工作开展及下步推进情况及北安市扫黑除恶常态化工作进展情况汇报；通过干部任免
7 月 12 日	第十二次会议	会议传达贯彻中央、省、黑河市委系列会议精神及全国人大常委会调研组在全市开展铸牢中华民族共同体意识的调研情况报告；听取全市安全生产工作、市级领导包联重点企业、北安市机关“能力作风建设年”活动开展的工作情况汇报；讨论《北安市新时代加强和改进思想政治工作重点任务分工方案（讨论稿）》和《北安市贯彻落实第二轮中央生态环境保护督察反馈意见整改方案（讨论稿）》
7 月 31 日	第十三次会议	会议传达贯彻习近平主席关于强军兴军重要论述摘编、国防军队建设相关法规内容选编；书面传达中共中央政治局会议，省、黑河经济形势分析会议精神并听取全市上半年经济运行情况汇报；听取全市党管武装工作情况汇报；通过干部任免
8 月 11 日	第十四次会议	会议传达贯彻习近平在新疆考察时的重要指示、习近平在中央统战工作会议上的重要讲话和《在庆祝中国人民解放军建军 90 周年大会上的讲话》；学习传达省、黑河市领导的重要讲话精神。听取关于赴延安进行全面交流合作情况、关于北安市 2023 年国省道升级改造建议计划、全市农村户厕问题摸排整改工作情况汇报。讨论《2021 年度科级班子考核等次建议名单》、市委常委分工等工作
8 月 27 日	第十五次会议	会议学习传达习近平总书记重要文章和指示批示精神、黑河市会议精神和李锡文书记重要讲话；讨论《北安市关于省委对黑河市 2021 年度政治生态建设考核情况反馈意见的整改工作方案》《北安市进一步强化安全生产责任落实坚决防范遏制重特大事故若干措施任务分解方案》《2022 年重要敏感时期意识形态领域风险应对预案》《北安市关于推行乡镇（街道）职责清单建设实施方案（试行）》等工作；通过干部任免

续表 1

会议时间	会议名称	会议内容
9 月 13 日	第十六次会议	会议传达学习了习近平总书记《新发展阶段贯彻新发展理念必然要求构建新发展格局》的重要文章、重要讲话精神以及许勤书记重要讲话精神。讨论《市委国家安全委员会 2022 年工作要点》《中共北安市委国家安全委员会工作规则》《中共北安市委统一战线工作领导小组关于贯彻落实〈中国共产党政治协商工作条例〉的若干举措》；听取全市 2022 年惠民实事工作推进情况汇报
9 月 27 日	第十七次会议	会议学习《中国共产党政法工作条例》和许勤书记重要讲话精神；听取全市安全稳定工作、信访工作、网络安全和政法战线安全稳定工作情况汇报。讨论《北安市人才工作领导小组工作规则》《关于坚持我国宗教中国化方向做好新时代党的宗教工作的实施意见》《北安市构建亲清政商关系实施意见》《中共北安市委 2022 年度政党协商计划》；听取招商引资工作完成情况汇报；讨论干部任免
10 月 11 日	第十八次会议	会议传达学习了习近平总书记在中央政治局第四十次集体学习时的重要讲话精神；冯云代表市委作《北安市委落实全面从严治党主体责任报告》；听取市纪委监委关于加强对“一把手”和领导班子监督情况、十八届北安市委第一轮巡察情况、2022 年 1 至 9 月全市纪检监察机关查处违纪违法案件情况和市委常委班子成员履行全面从严治党主体责任落实“一岗双责”情况汇报
10 月 31 日	第十九次会议	会议传达学习《中国共产党第二十次全国代表大会关于十九届中央委员会报告的决议》和《中国共产党第二十次全国代表大会关于〈中国共产党章程（修正案）〉的决议》和习近平总书记在二十届中共中央政治局常委同中外记者见面会上的重要讲话精神等。传达学习副总理胡春华参加党的二十大黑龙江省代表团讨论时的讲话精神和许勤书记重要讲话精神；并围绕学习贯彻党的二十大精神、结合分管工作实际进行研讨
11 月 13 日	第二十次会议	会议贯彻落实中共中央政治局常务委员会会议精神和省应对新冠肺炎疫情工作领导小组暨省指挥部视频调度会议精神。讨论《北安市关于做好党的二十大精神学习宣传工作的实施方案（讨论稿）》《中国共产党北安市第十八届委员会第三次全体会议方案》《中共北安市委关于深入学习宣传贯彻党的二十大精神奋力开创“四新北安”建设新局面的决定（讨论稿）》《北安市 2023 年“招商之冬”工作方案（讨论稿）》和《北安市乡镇（街道）职责任务清单》；听取 2022 年度黑河市对北安市目标责任制考核任务进展情况的汇报
12 月 15 日	第二十一次会议	会议传达学习《国务院办公厅关于“跨省通办”的指导意见》、习近平在中共中央政治局会议上的重要讲话精神、许勤在省委常委（扩大）会议上的重要讲话精神和黑河市委书记李锡文重要讲话精神。讨论北安市第十八届人民代表大会代表辞补建议人选名单、北安市第十八届人民代表大会常务委员会组成人员辞补建议人选名单；讨论北安市第十六届政协委员辞补建议人选名单、政协北安市第十六届委员会常务委员辞补建议人选名单；听取常态化扫黑除恶斗争工作、北安市机关“能力作风建设年”活动开展、全市安全生产工作情况汇报；通过干部任免
12 月 21 日	第二十二次会议	会议听取市委十八届四次全会筹备情况的汇报；讨论《中共北安市十八届四次全委会议工作报告（讨论稿）》和市委 2022 年抓党的建设工作报告；讨论《北安市 2022 年政府工作报告（讨论稿）》《北安市政治生态建设成效考核办法》《北安市 2022 年国民经济和社会发展计划执行情况及 2023 年计划（草案）报告》和《北安市 2022 年财政预算执行情况和 2023 年财政预算（草案）报告》；听取市十八届人大二次会议筹备和市政协十六届二次全体会议筹备情况的汇报

（张佳文）

综合服务

【综合政研】 2022年，中共北安市委办公室（以下简称“市委办”）发挥“以文辅政”作用，围绕中心工作和重大决策部署，严格把控文稿质量，坚持谋在新处、研在实处、辅在关键处。认真起草市委全会、政协会、人大会等各类领导讲话，全年高标准完成总结汇报、调研报告、党课讲稿、理论武装等各类综合性材料100余篇、编发《情况通报》8期。（郑春富）

【动态信息】 2022年，市委办信息组充分发挥信息工作上情下达、服务中心、服务决策作用，紧盯市委中心工作、乡镇亮点、部门特色，积极向上级党委报送各类信息500余条，收集整理上报每日信息150余期，及时准确报送指挥体系动态相关信息120余期，完成紧急突发事件信息报送20余期。（韩　枫）

【档案监督指导】 2022年，市委办档案局（档案馆）全面履行工作职能，与时俱进，开拓创新，推动档案事业更好更快发展。全年组织全市各单位88名文书档案工作人员线上学习档案信息化公益大讲堂，参训规模位列黑河地区第一名。督办涉及改革单位、市直部门和乡镇街道等54家单位，完成近十年档案移交进市档案馆工作。开展“喜迎二十大 档案颂辉煌”主题宣传活动，悬挂宣传标语8条，印发宣传资料400余份，通过“我是北安”公众号推广、手机公益短信推送、微信朋友圈转发等多种方式开展宣传。举办全市乡镇档案工作人员业务培训，进一步提升乡镇档案管理规范化。全年，对全市18家单位进行业务指导、68家单位进行档案执法检查，发现问题并限期整改202条。（孙　卓）

【跟踪督查】 2022年，市委督查室全年跟踪督办市委年度重点工作台账67项、市委主要领导批示任务524项、常委会议定事项85项、市委书记专题办公会议议定事项42项。筹备召开市委常委会19次、市委书记专题办公会8次，组织学习会前学法内容13次，组织召开各议事机构、领导小组会议57次。编发《市委常委会会议纪要》19期、《市委书记专题办公会议纪要》8期、《市委工作大事记》12期、《督查专报》38期、《市委督查通知》42期。全年开展民情调查3次，接待群众来访820人次。（张佳文）

【行文办公】 2022年，市委办从严控制发文数量和规格，认真审核、严格把关。全年制发各类文件85件，累计传阅中央、省级、黑河市级各类文件200余件。同时，认真做好会务工作，组织收听收看中央和省委及黑河市委电视电话会议30多次。协调服务市委领导赴基层开展乡村振兴、产业发展、民生建设等专项调研30余次。（张　驰）

【深化改革】 2022年，市委深改办充分利用市委常委会会议及深改委会议研究改革事项13次，确保重点领域和关键环节改革取得实质性成果。研究确定涵盖经济和生态文明、农业、文化、社会治理、民主法治、党的建设、纪律检查7个重点领域92项改革要点，完成6项国家及省级改革试点年度任务，探索完成6项自主创新性工作。建立“一评二减三加”重点改革任务考评办法，对重点改革任务占比分值进行动态调整，细化完善考核评分细则。深化改革领域2022年获国家级表彰、荣誉10次，获省级表彰、荣誉16次，在《人民日报》、新华社、央视新闻联播等主要媒体刊播报道3次。（张凯欣）

组织工作

【概　况】 2022年底，北安市共有党组42个、党工委14个、党委13个、党总支63个、党支部663个，全市有党员14978名，发展新党员225名。全年以“从延安到北安”薪火先锋党建品牌为统领，打造“一线党旗红”七项行动、“五红一先”“五学三比两做”等一批党建特色载体，北安市赵光镇“垦地党建共建”相关工作经验被新华网、央广网、人民网等权威媒体关注发布。2名村党组织书记被列为黑龙江省选树担当作为村党组织书记表彰对象，数量居黑龙江省县市首位。（李明龙）

【理论学习】 2022年，中国共产党北安市委组织部（以下简称“市委组织部”）围绕习近平新时代中国特色社会主义思想等重点内容组织开展集中学习16次，讲授党课3节，开展专题研讨4次。举办“组工业务讲堂”3期，干部累计自学达到7 000多小时，有效推动专业能力提升。组织召开学习贯彻十九届六中全会精神、省第十三次党代会精神专题研讨会议2次，中层以上干部结合工作实际进行交流发言，撰写心得体会56篇。开展喜迎二十大系列活动，深入学习贯彻党的二十大精神，推动组织工作高质量发展。开展“部史部风学习教育月”活动，组织全体干部学习《中国共产党组织建设一百年》，参观省政府旧址等红色场馆，弘扬建党精神，赓续红色血脉。加强党风廉政建设，推进“强转抓促”专题教育，组织召开2022年度党风廉政建设会议，班子成员讲廉政党课1节、警示教育活动3次、禁毒知识宣传教育活动2次。强化信息宣传，黑河及以上媒体刊发机关工作动态、经验做法27篇。（曹　德）

【干部队伍建设】 2022年，市委组织

部加强对班子专业结构分析研判，有针对性地优化班子50个。着眼专业干部缺乏实际经验，将具有经济金融、农业农村、园区建设、社会治理和教育、法律等专业背景和工作经历的干部调整到乡镇和市直部门领导岗位，交流、提拔、重用专业干部44人，占调整干部的26.8%。推动“三支队伍”（即机关、事业和国有企业干部）优秀干部有序流动，通过调任、转任形式，交流行政、事业（参公）、国企科级干部28名，占提拔重用干部的15.8%。完成领导班子2021年度目标考核等次评定，确定优秀等级班子22个、良好等级班子47个、一般等级班子2个。坚持“能者上，优者奖，庸者下，劣者汰”用人导向，提拔重用干部164名，调整政治素质不高、不胜任现职干部7名。将干部监督贯穿干部选拔任用、日常管理全过程，精准落实干部选用“凡提四必”要求，完成31名处级领导干部个人有关事项填报工作，调查处理日常信访问题3件，协审股级干部晋升208人；强化联动监督，委托审计局完成36名科级党政主要领导、二层机构负责人离任审计。全面完成2021年考核评定，确定优秀等级343人（仅包含在职公务员以及参公人员），三等功42人。（郑岩龙）

【干部培训】 2022年，市委组织部党员教育培训针对基层党组织书记、新党员等群体开展市级集中示范培训19期，累计培训各类人员7000多人次。组织志愿活动310次，开展红色教育150次，领办微心愿710条，承诺践诺9300件，累计服务群众13000多人；制定《全市干部教育重点培训班次计划》设计培训项目26项，培训班次41期；围绕学习习近平新时代中国特色社会主义思想和党的十九届六中全会精神，举办培训班7期，培训科级干部839人。统筹区域干部教育资源，举办数字经济、基层治理专业能力提升培训班20期，培训干部2440人次。举办培训班37期、领导干部上讲台活动190次、业务大讲堂325次，培训干部16600多人次。采取“互联网+”模式，推出干部教育“云课堂”22期。全面开展“领导干部上讲台”“业务大讲堂”活动，275名领导干部登台授课。（赵超越　汪　瑶）

【干部选任】 2022年，市委组织部坚持重基层、重实践、重实绩用人导向，新提拔正副科级干部136人、重用47人，晋升公务员职级364人、事业职员等级69人。注重在一线岗位考察识别干部，对于在抗疫工作中表现突出的7名干部提拔重用或交流使用、34名干部晋升相应职级。提拔重用优秀年轻干部36名，占全年提拔重用总数的19.67%，全市年轻科级干部达到114名，占科级干部总量的11.27%。依托乡村振兴、经济建设、民生事业、信访维稳建立年轻干部实践锻炼基地20个，新选派24名干部进行每期3个月的实践锻炼；综合运用年轻干部专题调研、党委党组推荐、平时考核和专项考核等工作成果，储备85后、90后优秀年轻干部295人，调整出库4人。（郑岩龙）

【公务员管理】 2022年，市委组织部年度考核工作评定为优秀等次的干部409人（包含事业科级干部和党群六类机关事业一般干部），综合管理类公务员全年晋升职级364人。全年招录公务员75人、集中选调生34人；上报黑河市委组织部审批公务员（参公）登记137人。完成当年1796名在职公务员及参公人员信息采集年报工作，完成1917名公务员及参公人员（包含本年度退休人员及调出人员）信息日常维护，保证公务员信息更新的及时性、准确性，举办在职公务员能力素质提升培训班。全市有公务员1612人，年人均工资115382元，比2021年增长18493元；参照管理群团机关工作人员25人，年人均工资101703元，比2021年增长22199元；参照管理事业单位工作人员159人，年人均工资100872元，比2021年增长23250元。机关离休人员17人，年人均工资134975元。全年办理基本晋升工资1308人次，职级晋升工资364人次，职务变动与调动人员工资160多人次，新考录人员工资101人次。（王　昕）

【人才工作】 2022年，北安市制定出台人才工作的规则和细则以及《北安市高水平推进新时代人才强市战略实施意见》，健全完善人才政策体系。实施“北安英才”引进、“北安名企”成长、“乡村人才”振兴三个计划，开展“北安市委书记进校园”线上宣讲活动，通过校园引才、集中招聘、优选全日制研究生和公务员、选调生考录等方式，全市引进各类人才697人，招引人才创新团队3个，人才引进数量和质量实现“双突破”。持续深化市校合作，成功对接高校9所，推进人才合作项目22个，转移转化科技成果14项，经验做法在奋斗网和《党的生活》刊发。建设人才工作室100个，采取“师带徒”方式孵化培养本土人才1850多人，柔性引进急需紧缺人才128人。全面落实人才支持和保障政策，开设“高层次人才服务专区”，开通“服务热线”，设立服务专员，人才精细化服务水平明显提升。加强人才政治吸纳和政治引领，落实党员领导干部联系服务专家制度，组织开展“向北方、才兴安”系列活动，广泛宣传先进事迹，营造良好的人才环境。（王梓诺）

【干部档案】 2022年，市委组织部严格遵守干部人事档案各项管理制度，严把干部人事档案材料接收、档案转递、任免前的审核关口，杜绝干部“带病”提拔，加大干部人事档案数字化应用，推动北安市干部人事档案工作科学化、制度化、规范化。全年审核接收干部人事档案材料12278份，接收档案120卷，转出档案18卷，整理教育系统12家单位干部人事档案，续订档案534卷。共查借阅档案1987人次。“以学促能”抽调36名干部完成4954卷档案审核自查。

（王秀明）

【基层党建】 2022年，北安市委组织部聚焦抓党建促乡村振兴重点任务，打造北安市通北镇“强乡赋能改革”、北安市赵光镇“垦地党建共建”双核特色试点，为北安市通北镇下放行政权力198项，高标准打造1077平方米综合便民服务中心。构建赵光场镇“五维一体”党建共建模式，推动北安市赵光镇农业社会化服务全域覆盖。加强农村干部队伍建设，建立村党组织书记市级备案、一人一档、事项报告管理链条，制定21项小微权力清单、18项党务公开目录，将2名村党组织书记纳入事业编制、3名村党组织书记提高待遇，新招聘到村任职大学生37名，完成6个软弱涣散村、重点村整治整顿。加强驻村帮扶工作，组建驻村帮扶超市和帮扶政策服务团、惠农科技服务团，建立驻村重点任务清单制，推动工作队为群众解决困难820多件。开展机关党组织“四强四提升”“双联双促”活动，设立“党员示范窗口”70多个，上门服务2800多次。开展“干部大下基层”“在职党员到单位所在社区报到为群众服务”活动，为群众解决生产生活实际问题1150多件。选优配强网格党小组组长270人，设置党员中心户1200多个，建立起“街道联合工委—社区党建联合体—网格党小组—党员中心户”四级组织体系，推行网格长、楼栋长、单元长，提升小区精细化管理水平。积极推进5个区域性党群服务中心和10个社区级党群服务中心（站点）标准化、规范化建设。引导成立物业管理委员会或功能型党支部，共建物业管理委员会25个、功能型党组织16个。构建“社区党组织＋物业服务企业＋业主委员会（物业管理委员会）＋居民志愿者＋在职党员”的党建引领创新服务业主方式，充分发挥街道联合工委和社区党建联合体领导作用，落实党组织党员“三双”制度，建立需求、资源、项目三张清单，形成资源共享、急难共议的良好局面。在职党员常态化下沉社区开展共驻共建志愿服务活动42次，服务群众17100多人次。卫健系统各级党组织坚持冲锋一线积极参与疫情防控工作；教育系统深入探索“功能性党支部＋”工作模式，不断夯实各级党组织教育基础，举办党员培训班4次。

（张鸿驿　李明龙　刘思思
张　松　闫　妍）

【干部教育】 2022年，市委组织部开展“龙江先锋”党建云平台北安分级平台学用工作，制定下发《学习贯彻党的十九届六中全会精神网上答题活动的通知》及《学习贯彻省十三次党代会精神网上答题活动的通知》，全市700多个基层党组织12000多名党员完成线上答题活动，在黑河各县、市区名列前茅。5月，启动北安市“远程教育·云端相约”系列培训活动，围绕学习贯彻黑龙江省十三次党代会精神、疫情防控、防范电信网络诈骗等专业知识，对全市90个远程教育站点、5000多名党员干部进行“云端”授课。常态化开展“强国有我·请党放心”“党建引领乡村振兴”等讲党课720场次，覆盖党员11000多人。录制报送精品党课3部，均被收录省委组织部“党课开讲啦”专栏，其中《深化“市校合作”赋能“乡村人才振兴”》获精品党课二等奖、《壹元纸币上的故事》获精品党课优秀奖。全年累计创作党员教育片30多部，其中《从延安到北安》《北安记忆》等11部作品，入选省委组织部《喜迎二十大——优秀党员教育电视片集锦》。《追忆·红色岁月》在黑龙江省第十三届党员教育电视片观摩交流活动中获特等奖、《富强之路》获二等奖、《新征程》获三等奖；在全市党员教育电视片观摩交流活动中，《富强之路》获一等奖，《新征程》《智汇北安　预见未来》获二等奖。

（刘艳彬）

【信息调研】 2022年，市委组织部承接完成黑龙江省、黑河重点调研课题10个。利用“北安党建”“北安干部学习教育”“北安先锋网”“我的黑河”App（北安版）等多种宣传载体，以机关“能力作风建设年”活动为契机，开设“四微”专栏，录制推送音视频信息180多期，推送文字信息1000多篇，其中原创信息190篇，被黑河市委组织部采用27篇、黑龙江省委组织部采用2篇、《党的生活》杂志采用1篇。视频号累计推送视频163篇，制作原创视频100多篇。

（贾全龙）

宣传工作

【概　况】 2022年，中国共产党北安市委员会宣传部（以下简称“市委宣传部”）围绕宣传思想文化中心工作，紧扣机关“能力作风建设年”主题主线，充分发挥五级阵地优势，统筹抓好常态化疫情防控舆论引导、完善提升融媒体中心、新时代文明实践服务中心建设等工作。市委宣传部开展的北安市青少年思想政治工作经验做法被中宣部《思想政治工作研究》杂志刊登，群众文化普惠＋丰富文化生活＋文化惠民大礼包志愿服务项目被省委宣传部文明实践处授予“黑龙江省首届新时代文明实践志愿服务项目大赛优秀志愿服务项目奖”，北安市融媒体中心记者代表黑河市参加全省“解放思想、振兴发展”述学演讲大赛中荣获三等奖，北安市新时代文明实践“红飘带”志愿大宣讲志愿服务项目被省委宣传部文明实践处授予“优秀志愿服务项目”荣誉称号。北安市雷锋车队获首批新时代文明实践全省示范点荣誉称号。

（李　琦）

【意识形态工作】 2022年，市委宣传部严格落实意识形态工作责任制，定期召开各类意识形态工作会议，传达学习上级精神、研究部署意识形态工作。对各党委（党组）开展意识形态重点工作任务督查，提高基层意识形态工作规范化、专业化水平，对意识形态领域情况进行通报。定期排查风险点，制定措施，健全协同处置机制，确保全市意识形态领域安全。扎实推进中央第六巡视组反馈意见整改“回头看”工作，结合十八届市委第一轮、第二轮巡察工作，开展意识形态工作责任制专项检查。建立健全网信、工信、公安等网信委成员单位、各单位间协调工作机制和综合执法协调机制。全面履行新闻出版行业监管职责，发挥“扫黄打非”基层站点作用，组织协调市公安局、市文广旅局、市应急局等部门就全市印刷行业、出版物市场、校园周边打字复印社、文具店等市场主体的意识形态及安全生产等内容进行专项执法检查，出动执法人员700多人次，检查文化场所1800多家次，查处涉及未成年人案件1件，取缔无证经营艺术类校外培训机构2家。与网安、工信、人行等部门联合深入开展“网络生态治理”“网络专项整治”“清朗”等专项行动，对低俗庸俗、网络谣言、标题党等12类负面有害信息进行整治，清理存量有害信息和违法违规广告21条、约谈自媒体3家营造网络清朗空间。（李琳琳）

【理论武装】 2022年，市委宣传部开展市级领导9方面重点工作专题研讨，全市27名处级以上领导、68个部门150多人参与，提出相关措施23条。各单位开展“解放思想、振兴发展”研讨300多次，覆盖1000多人次；专题述学300多次，覆盖8000多人次；确定“深入查摆问题、回应急难愁盼”调研课题337个。举办全市机关“能力作风建设年”活动“解放思想、振兴发展”研讨班，确定市级“回头看”问题台账29项，制定整改措施59条。制定《北安市委理论学习中心组2022年度学习计划》，市委理论学习中心组开展集中学习11次，中心组成员撰写交流研讨文章180多篇，订购发放学习书籍300多套。组织全市党员干部收听收看《龙江讲坛》12期。完成中心组学习文件要求的183%，各基层党委（党组）理论学习中心组集中学习达500多次。擦亮“红飘带”志愿宣讲团特色理论宣讲品牌，深入机关、学校、企业、社区、农村和网络中开展“六进”宣讲活动。在“我是北安”公众号开设专栏，依托新时代文明实践大讲堂、干部业务大讲堂、“宣讲微课堂”及领导干部带头宣讲等平台，采取线上线下多种形式，开展学习《习近平谈治国理政》第四卷、党的二十大精神、“解放思想、振兴发展”等各类宣讲300多场次，受教育人数累计达6万多人次。制发《学习宣传方案》和《宣讲方案》，全市通过中心组学习、集中学习、网上学习等多种形式学习党的二十大精神；创新开展“砥砺奋进新征程、同心谱写新华章”喜迎二十大主题活动，开设《喜迎二十大》《踔厉奋发向前行》等专栏，播发报道210条次。录制播发“微课堂”“微宣讲”节目60多期；利用347块电子屏、283个宣传栏、358个宣传牌、675个宣传条幅等广泛开展社会宣传；同时组建市委宣讲团，深入到街道、社区、乡村和基层一线广泛开展宣讲。（刘筱娜）

【新闻宣传和新闻出版】 2022年，市委宣传部围绕疫情防控、脱贫攻坚、项目建设、安全生产、“能力作风建设年”等北安市委、市政府中心工作，推出专题专栏21个，围绕北安市经济社会发展亮点工作、典型经验、丰硕成果等制作专题片32个。高效整合媒体资源，“声频微网端”齐上阵，对“市委书记进校园”“能力作风建设年，我们这么干”“项目集中开复工”“线上春晚”等9项活动进行全程直播。开展喜迎党的二十大、贯彻十九届六中全会精神、黑龙江省第十三次党代会精神等新闻宣传工作，在全市掀起学习贯彻落实中央、省委重要会议精神热潮。与中央广播电视总台合作拍摄《端牢中国饭碗》大型系列纪录片之《扩种大豆》在央视一套播出，中央广播电视总台对北安市“北粮南运”及粮食收储情况进行采访报道，在央视新闻多平台多频道全天候滚动播出。北安市融媒体中心创新开展的全国首例跨时空异地同步广播直播节目《安好·中国》，为北安、延安两地人民搭建互通桥梁。全年传统媒体在黑河市发稿量位居前列，新媒体对上（新华网、人民网、新华社、中国新闻网、学习强国、龙头新闻、极光新闻等）发稿量1600多条，其中仅新华社刊发浏览量突破百万人次的稿件16篇，总点击2000多万人次。加强同延安市融媒体中心和宝塔区融媒体中心对接交流，在2021年与延安融媒体签约战略合作协议书的基础上，与宝塔区融媒体签署战略合作协议。派出寻访团走进山西，拍摄制作第二季《图说往事——从延安到北安》红色征程速写寻访专栏，展现红色之路的沧桑巨变。加强正面典型事迹宣传，同时发挥媒体监督优势，开展执法监督曝光。疫情防控期间，及时回应群众关切的问题，召开新闻发布会15场，对全市最新疫情形势、物资稳价保供、市场监管、医疗保障、水热气保供、医疗物资储备等方面进行权威解答。利用电子屏、宣传栏、流动宣传车、智能云广播等载体，滚动推送疫情防控公告、重要提醒和防疫知识等信息；利用广播、电视、新媒体及时发布疫情动态、科普防疫知识，先后推出8个专题专栏；摄制完成疫情防控演练宣传片，制播防疫原创短视频70多条。（郭　蕊）

【精神文明建设】 2022年，市委宣传部把党史学习教育常态化与迎庆党的二十大宣传工作紧密结合。在北安出城高速路口两侧设立擎天柱、跨线桥、大型落地宣传牌42个，利用电子屏、宣传栏、横幅等680多个载体重点宣传，在各机关、企事业单位、中小学校、社区和村屯，通过标语、横幅、板报和智能云广播等载体广泛宣传。组织开展“强国复兴有我”“我和我的祖国”群众性主题宣传教育活动，举办“强国复兴有我”主题征文、网络答题和集中展示等活动，开展“喜迎二十大·唱响新征程”红色作品云展播、云朗诵28期，推出“云游博物馆”《家乡红色历程》专栏和云展览《国士无双——近代人物纪念馆门票展》，开展“我和我的祖国”同唱国歌、网上祭英烈、重温入党誓词等活动。北安市代表队获黑河市“强国复兴有我”主题知识竞赛一等奖；1人获黑河市“强国复兴有我”主题征文二等奖、3人获三等奖、2人获优秀奖。开展“时代楷模”“感动龙江”“学雷锋活动示范点”和“岗位学雷锋标兵”等评选学习宣传活动，推荐报送各类先进典型23个。北安市第八中学校被黑龙江省委宣传部命名为全省基层思想政治工作示范点，中共黑龙江省工作委员会旧址陈列馆被省国教办命名为省级国防教育基地。全年向黑河市委宣传部报送精神文明建设工作信息18篇，每日要情45篇。其中，中宣部《思想政治工作研究》采用工作信息1篇，《黑龙江宣传》（纸质版）刊发2篇，《黑龙江宣传》微信公众号刊发6篇，《黑龙江国防教育》微信公众号刊发1篇。

（齐冬梅）

【文化产业】 2022年，市委宣传部文旅产业有序推进，组队出访延安，与延安市委党校、市革命纪念地管理局、市融媒体中心等单位签署合作协议，达成合作意向21项。与延安共同开展“七个一”工程系列活动，开启延安北安全面合作新篇章，叫响“从延安到北安”红色品牌。组织开展北安市2022年“拥抱春天”新春文艺特辑线上展播《中国梦 劳动美——致敬劳动者》线上专场文艺演出；围绕“阅读新时代 奋进新征程”主题，精心组织开展“4·23世界图书日”线上阅读活动；组织举办北安市“强纪律、转作风、抓落实、促发展”专场文艺演出“清风颂歌”。制定北安市2022年“蒲公英”文化惠民活动计划、推出精品系列专栏《冰天雪地、美好生活线上展播》18期、拥抱春天新春特辑计7期、《艺术在线云课堂》4期、《中国梦 劳动美——致敬劳动者线上专场》5期、《我们的中国梦——文化进万家线上展演》1期。组织创作完成《北安非遗组歌》7首、《延安新组歌》20首；延伸“线上＋线下”文化文艺服务，广泛开展“云展播”“云科普”“云课堂”等系列线上精品服务专栏120期；为公众提供数字便捷服务，推出北安悦读、一网读尽等微信小程序，提供数字资源图书10万多册，音视频资源累计9万小时，各类线上服务活动800多期。推进省委旧址陈列馆3472平方米的整体布展、修缮、安防、消防工程25000平方米的室外环境整治，新建2550平方米的停车场和630平方米游客服务中心等。统筹推进省级公共文化服务体系示范区改革试点，释放更多改革红利惠及群众；做好文物法规宣传工作的同时，建立完善的田野文物与馆藏文物保护清单，积极推进北安博物馆、黑龙江省工作委员会旧址陈列馆、黑龙江省政府旧址陈列馆858件（套）馆藏文物建档建账工作，完成1处国保单位、9处市保单位建档；利用北安博物馆微信公众号、视频号等新媒体开通线上网络平台，开设《志愿讲解员展播》《能力作风建设“微朗读”》等多个专栏，在省级文物公众号及黑河、北安等媒体平台向广大市民推送稿件50篇。加深与延安革命纪念馆合作学习，依托北安博物馆与延安革命纪念馆缔结为友好单位契机，多次举办联展系列活动，通过两馆公众号宣传两地红色文化、传承红色基因。

（李炳顺）

【新时代文明实践中心建设】2022年，北安市新时代文明实践服务中心持续推动“七彩微心愿”活动。硬件设施建设在新时代文明实践各级场所落实，实现100%全覆盖。开展“延安北安·心手相牵主题文明实践”“你的微心愿 我来帮实现”等各类活动76场次，北安市“红飘带”志愿宣讲团红领巾小分队与延安市宝塔区“小桔灯”宣讲团在线上开展互动宣讲68场次，累计征集“微心愿”709个，助力实现心愿267个。各乡镇合作企业累计开展捐赠、慰问、扶老等各类文明实践志愿服务活动78次，带动357名村民实现再就业，建设乡镇新时代文明实践产业点46个。开展新时代文明实践“红飘带”志愿大宣讲系列活动，积极带动市委“红飘带”志愿宣讲团在全市开展学习《习近平谈治国理政》第四卷、省第十三次党代会精神及政策志愿宣讲主题活动212场次。动员全市257个新时代文明实践各级活动场所和“六大平台”单位结合“我们的节日”等各类时间节点，组织开展“新时代心志愿·学雷锋转作风”“机关能力作风建设年专题教育优秀文化作品集中展示”“弘扬奋斗精神·传承红色基因”“七彩微心愿”“百姓夜话”“禁毒知识主题宣传”“迎庆党的二十大 文明实践展风采”“疫情防控”等形式多样、主题丰富的文明实践志愿活动962场次，惠及全市近13.6万名党员、干部和群众。《北安市学雷锋主题实践月活动推动新时代文明实践纵深发展》《北安市依托新时代文明实践中心扎实开展基层宣讲》《北安市创新推动文明实践活动线上线下深度融合》《北安市：亮出“新四招”打造新时代文明实践“升级版”》《跨越千里“微心愿”·延安北安“心手牵”》等多篇工作经验和文章被黑龙江宣传、文明龙江、黑河宣传等上级媒体平台报道。5月，北安市新时代文明实践中心被黑河团市委授予黑河市少先队校外实践教育营地（基地）。9月28日，《聚焦志愿宣讲 让政策理论飞入百姓家》新时代文明实践创新工作案例被黑龙江省委宣传部收录进“黑龙江省建设新时代文明实践中心典型案例”中。12月，北安市新时代文明实践中心被黑河市纪委授予黑河市首批廉洁文化示范点称号。

（杨晓华）

统战工作

【概　况】 2022年，中国共产党北安市委员会统一战线工作部（以下简称“市委统战部”）坚持围绕中心、服务大局，不断守正创新，推动统战事业高质量发展。全年召开党员大会17次、支委会议15次，组织集中学习22次、领导干部讲党课3次，开展“喜迎二十大 七一颂党恩”“解放思想促提升、民族团结话振兴”等主题活动12次。2022年度在国家级、省级媒体刊发典型经验5篇，在《黑河统战》刊发50篇。

（耿书萌）

【政治思想引领】 2022年，市委统战部持续开展“大学习、大宣讲”活动，全面系统学习中央统战工作会议、中央民族工作会议、全国宗教工作会议精神及时跟进学习习近平总书记关于统一战线的系列重要讲话和重要指示批示精神。将统战条例、铸牢中华民族共同体意识纳入全市女干部、少数民族干部和非党干部培训班课程，组织非公有制经济代表人士、民族宗教界人士、归侨侨眷学习会议精神理论培训25次，切实增强统一战线成员对中国共产党的政治认同、思想认同、理论认同。始终把学习宣传贯彻党的二十大精神作为统战系统重要政治任务，制定学习宣传方案，面向统战成员线上线下同步宣传宣讲30多次，营造浓厚学习氛围。统筹推进无党派人士、党外知识分子开展“剪个党旗献给党”学习红色教育等活动、新的社会阶层人士“献礼二十大 筑梦新时代”文艺作品展、宗教界人士“四进”教育、民营经济人士理想信念教育等主题教育，引导广大统战成员坚定不移听党话、跟党走、与党同心奋斗。2022年，市委统战部被黑河市委统战部评为2022年度黑河市统战信息工作先进单位。

（耿书萌）

·解释说明·

“四进”：开展国旗、宪法和法律法规、社会主义核心价值观、中华优秀传统文化进宗教活动场所。

【多党合作】 2022年，市委统战部通过政协协商、政党协商、座谈会等渠道，支持统战成员聚焦乡村振兴、深化改革、项目建设、企业发展等重点工作，提交建议、提案和意见60多条，进一步促进市委决策科学化。组织13家企业助力乡村振兴、万企兴万村行动，在北安市城郊乡、北安市主星乡开展提供蔬菜种植技术指导、优质种子品种、认购一亩田和农产品进商超对接；10多家非公企业银企对接融资800万余元实现银企双赢；23家会员企业为疫情防控捐款捐物113万余元；组织知联会、新联会会员接送学生800多名，助力高考顺利进行。

（耿书萌）

10月，市委统战部开展“喜迎二十大 文化传情”铸牢中华民族共同体意识主题党日活动

（市委统战部　供图）

【民族工作】 2022年，市委统战部先后迎接全国人大、黑龙江省委统战部调研督导民族团结进步工作并得到充分肯定。召开全市铸牢中华民族共同体意识示范市创建工作专题会议和工作部署会议及业务培训会3个会议，同步启动铸牢中华民族共同体意识示范市创建，实现示范市创建工作全城全程全民，促进创建工作提质升级。广泛开展民族团结进步创建“十二进”活动，在“我是北安”“北安统战”公众号开辟新媒体专栏10多个，打造主题公园一个、创作一批北安原创艺术作品。开展铸牢中华民族共同体意识主题党课6期，以凝心交融、强基固本、先锋引领等工程为主题开展群众性活动160场次，促进各族群众的交往交流交融。举办北安市“铸牢中华民族共同体意识宣传月暨民族团结进步走进民族乡宣传日”启动仪式，举行百米长卷签字仪式、“喜迎二十大、石榴籽铸魂”手抄报展、“民族团结书画展进社区”等活动，制作《花开鲜艳》等3个民族团结进步原创文艺视频，进一步营造中华民族一家亲氛围。集中表彰了32个模范集体、32名模范个人、16个示范家庭，突出示范引领作用。新增北安市博物馆、北安市象屿金谷生化科技有限公司、北安市绿景宝邸小区等一批创建示范点，其中北安市象屿金谷生化有限公司被黑龙江省民族宗教委员会评为2022年黑龙江省民族团结进步示范单位。研究制定《黑河市深入推进固边兴边富民行动北安市实施方案（2022—2025年）》和《2022年北安市重点工作任务清单》，重新调整黑河市兴边富民试点市北安市工作领导小组成员单位。为北安市25名少数民族考生办理特殊

照顾政策、3名少数民族公民进行民族成分变更，给予全市1196名具有清真饮食习惯的群众发放补贴。向黑龙江省民族宗教委员会争取少数民族资金，投资125万元建设二井镇自和满族村规模蛋鸡养殖场项目，10月竣工，带动部分村民增收致富，为巩固脱贫成果、助力乡村振兴。（耿书萌）

【宗教事务管理】 2022年，市委统战部召开北安市宗教工作会议，出台落实《关于坚持我国宗教中国化方向做好新时代党的宗教工作的实施意见》。组织开展“4·15”全民国家安全教育日活动，引导宗教教职人员和信众增强国家意识、公民意识、法治意识。宗教界人士捐赠医用口罩10万只、医用酒精1000瓶。

（耿书萌）

【党外人士教育培训】 2022年，市委统战部开展新的社会阶层人士调研和网络人士调研工作，新建社会阶层人士创新实践基地一家，依托开展学习培训、联谊服务等活动3次，统战工作阵地进一步巩固拓展。针对全市无党派人士、党外知识分子开展“喜迎二十大、同心跟党走”主题教育。组织无党派人士、党外知识分子参加全市女少非干部培训班，引导广大非党干部深刻领会习近平新时代中国特色社会主义思想，增强非党干部对党的思想认同、政治认同。

（耿书萌）

【对台工作】 2022年，北安市共有台胞9人，北安市台办根据《中央统战部、中央台办、公安部关于对大陆台湾省籍同胞身份认定的意见》（统发〔2017〕14号）协助8名台胞完成籍贯变更工作；落实黑龙江省台联《关于做好2022年度特困定居台胞家庭帮扶及专项补助工作的通知》，为一名台胞申请省级困难补助500元；组织台胞、台企人员参加黑河市党的二十大精神专题宣讲活动，增进对伟大祖国、对中国共产党和对中国特色社会主义的认同。（康海阁）

【中华职教社工作】 2022年，市委统战部职教社组织基层各级职教组织开展形式多样的调研活动，形成各类调研信息300多条，分别被国家总社《社讯》、黑龙江省、黑河社公众号采纳137条。实施北安市、各乡镇、（办事处）两级职教社领导成员基层联系点制度，深入基地、深入群众掌握第一手资料，帮助基层出点子、解决实际困难，撰写理论调研文章30篇。充分利用“职业教育活动周”载体，为民服务、宣传职业教育活动20多次。召开年度职教社工作会议，加强调查研究，向黑河报社上报调研报告5篇。开展全市各基层职教社工作人员专题培训、农业技术和新型职业农民培训等各类技术培训1.5万余人次。成立15个帮扶小组为15名帮扶对象实现再就业。广泛开展各类捐资救助活动，救助帮扶贫困家庭96户、安置就业人员153人。突出特色品牌建设，基地创新孵化建立各级职教基地近20个，由劳动密集型产业基地向智能优质特色转化，涵盖了种植、养殖、加工、服务等各个领域。（赵凤玲）

机关党建

【概　况】 中共北安市直属机关工作委员会（以下简称“市直机关工委”）围绕市委部署、紧扣“能力作风建设年”主题、突出基层党组织“四强四提升”活动，全力推动机关党建上台阶，与时俱进、求真务实、创新工作，为北安高质量发展贡献力量。市直系统有各级党组织61个，其中党委16个、党总支7个、直属党支部35个、功能型党委2个、功能型党支部1个；管理党员2876名。

（张　超）

【政治建设】 2022年2月28日，市直机关工委系统举办“强纪律 转作风 抓落实 促发展”专题教育书画作品展，展出书画作品38件，作品涵盖歌颂廉洁、鞭挞腐败、抒怀言志等内容，旨在引导广大党员干部增强纪律意识，转变工作作风，提升工作能力。利用本单位的微信公众号“红船之声”发布“能力作风建设年”活动“应知应会”和《机关工作质效提升行动方案》解读，并在推进会上进行专题讲解。在“能力作风建设年”活动中开展“五比一争”活动，实施集中攻坚破难行动，落实“双套互补”办法，超额完成制定的攻坚破难项目。全年梳理出班子问题清单8个方面32条，班子个人问题清单8个方面37条，自查自纠台账8个方面16条，查摆反思问题台账4方面8条，“行业不良作风整治”问题清单6个方面39条。9月，市直机关工委召开“解放思想、振兴发展”研讨“回头看”专题部署会议，根据会议要求，对照四个方面、“20个聚焦”，查摆出30条问题，全部解决。

（张　超）

·解释说明·

“五比一争”：比出勤、比干劲、比精细、比创新、比业绩；争做本战线先进个人。

“双套互补”：市直机关工委确定一套集中攻坚的项目难题，每个项目难题确定一套班子负责，同时，每名干部又都分工不分家，在项目难题出现需求时，按分工全力支持；在项目难题出现困难时，全体干部互为补充、合力攻坚。

【机关理论学习】 2022年，市直机关工委按照“五大课堂”要求，组织党员干部集中学习最新党建理论，督促检查干部进行党建知识自学，全体党员干部自学书目7本，共开展“第一议题”学习8次，组织机关理论学习中心组学习11次，党课5次，全员集中学习12次，领导班子上讲台5次，机关全员述学14次，专题学习研讨11次，撰写研讨交流材料56篇，理论知识测试9次。8月3—5日，市直机关工委与市委组织部、

2月28日，黑河市政协副主席、北安市委书记冯云（右二），北安市委副书记、市长李华（右三）参观市直机关工委举办的“强纪律 转作风 抓落实 促发展”书画作品展（市机关工委 供图）

市委党校在市应急局联合举办“党建尖兵 丹心向党”素质能力提升班。市直机关工委所属各机关党委、党总支、直属党支部党务干部参加培训。培训以党务干部能力素质提升为主题，开展党的基础知识等方面内容学习，培训以“专题辅导+拓展训练”的教学模式进行。9月14日，市直机关工委联合市委政法委开展学习《习近平谈治国理政》第四卷主题党日活动，并邀请市委党校教研室主任胡青文主讲。10月16日，市直机关工委全体党员干部收听收看党的二十大开幕会，并召开2次专题学习会议、1次党的二十大精神专题宣讲会。

（张 超）

【基层党建】 2022年，为深入推进“能力作风建设年”活动，促进基层党组织标准化、规范化建设，市直机关工委制定了《基层党组织“四强四提升”活动方案》，对党支部标准化、规范化建设和党员干部能力素质提升提出明确要求。按照党章和有关要求，有8个基层党组织完成换届工作，清理非党人员从事党务工作调研督导，发挥党建联系点的作用。同时，市直机关工委设计制作了发展党员工作流程图、发展党员工作模板、意识形态工作一览表、党费收缴工作流程图、党组织关系转接流程图和党组织换届、基层党组织新建和撤销、基层党组织书记和委员任免等模板，制定组织发展提醒制度、组织换届提醒制度等，下发至各直属基层党组织，推进基层党组织党建工作的标准化、规范化进程。加强入党积极分子和重点发展对象培训，按照发展党员严把“三关”标准，工委系统全年发展党员41名。组织召开党建工作述职评议考核会议，有22名党组织书记针对2021年基层党建工作进行述职，并进行民主评议。在市直机关工委举办的“七一”表彰大会上，表彰优秀共产党员251名、优秀党务工作者42名、先进基层党组织19个、先进基层党支部35个。通过此次表彰大会，起到了鼓舞士气、振奋人心的效果。

（张 超）

【基层主题活动】 2022年，市直机关工委结合北安市机关“能力作风建设年”活动，提出在基层党组织中开展“双联双促”活动。4月，市直机关工委开展“请党放心 强国有我”主题团日活动，组织青年干部参观北安市科技馆，了解科技发展历史和意义，培养青年干部拼搏精神和担当意识。6月9—10日，市直机关工委在凤凰体育馆举办工委系统第三届“健体铸魂”乒乓球比赛，来自系统20家基层党组织选派的男女27支代表队参赛，提高机关的向心力、凝聚力和战斗力，激发了机关干部队伍活力。6月17日，市直属机关工作委员会、市妇联、团市委联合举办“春风十里 不如有你”第二季青年联谊会，来自全市各机关、事业单位的38名青年参加，青年男女在参观科技馆、小组趣味游戏等活动中收获友谊、邂逅爱情，促进了各单位青年干部的联系和交流。

（张 超）

·解释说明·

“双联双促”：通过市直机关工委与基层党组织之间的上下联动和基层党组织之间横向联动，既促进各基层党组织党建工作的共同进步，又促进业务工作的共同发展。

【服务基层】 2022年，市直机关工委开展“双报到、双服务、双评议”活动，进一步密切党群干群关系、服务基层群众、深化基层治理。6月22日，市直机关工委携手庆华街道庆新社区、北安庆华医院、北安市庆华司法所、北安市招商服务中心为庆新社区辖区党员、统战对象、中老年人等人群，举办法律咨询、医疗义诊相关活动，发挥党员作用，服务群众、服务基层。9月9日，市直机关工委联合庆新社区、北安市庆华司法所、招商服务中心开展“网络安全为人民、网络安全靠人民”网络安全宣传活动，向广大居民宣传《中华人民共和国网络安全法》《中华人民共和国个人信息保护法》等法律知识，增强居民网络安全意识和防护技能，倡导广大群众抵制网络暴力、文明上网。疫情防控期间，市直机关工委带领本单位全体党员干部奔赴抗疫一线，勇担防控责任，为包保小区居民解决药物运送、医院接送等生活难题，守护人民群众的健康安全，为北安市打赢疫情防控阻击战贡献力量。在帮扶工作中，市直机关工委深入帮扶户家中走访慰问，了解家庭生产生活情况，结合实际帮助解决具体困难，进一步巩固提升脱贫成果，提高对帮扶户的关注度，帮扶户对市直机关工委帮扶工作给予很高评价。

（张　超）

机构编制

【概　况】 2022年，中共北安市委机构编制委员会办公室（简称“市委编办”）以深化事业单位改革、推行北安市乡镇（街道）职责清单建设工作和深入开展“能力作风建设年”活动为依托，加强自身思想政治理论学习，不断提高服务工作水平，较好地完成了本年度各项工作任务。对北安市文化广电旅游局“三定”方案进行调整，加强文物保护、考古工作职责，单独设置内设机构文物保护和考古股；重新明确国家安全领域机构设置和职责；机构新增设置市健康幼儿园、市第二幼儿园、市通北中心幼儿园三所公办幼儿园，加强北安市幼儿基础教育工作，切实发挥了公办幼儿园示范引领作用。结合“教育均衡发展”工作，共调剂编制72名。为进一步服务政法、政协、司法和招商事业，助力乡村万人计划等涉及社会经济民生的重点领域，通过总量内调剂等方式核定编制102名。为助力人才引进工作，全市共核准使用行政事业编制346名。（郑晓磊）

【政治建设】 2022年，市委编办建立学习机制，通过推进党员干部常态化学习制度、严格落实“第一议题”制度、制定班子和个人学习计划等方式，全力打造政治过硬的学习型机关。组建青年理论学习小组，结合“五四”青年节等重要节日，组织“诵读当代优秀党员故事”活动，推动理论学习走心、走深、走实。通过号召领导干部、业务骨干上讲台、讲理论、讲政策业务、讲新业态新知识，不断开阔干部思路及视野，培养更多的机构编制工作“多面手”。建立《北安市委编办机关“能力作风建设年”活动问题清单》，逐一列出8个方面、32项具体问题，明确责任人和整改期限并逐一销号，把“问题清单”变“成效清单”。突出服务引领，领导班子成员深入机构编制一线业务窗口，对事业单位年检、法人登记和机构编制平台数据优化等服务事项流程进行亲身体验和督办，发现问题3个，立行立改2个，优化事业单位法人登记问题1个。建立市委编办党风廉政建设工作制度，通过开展书写廉政家书、签订《家庭助廉承诺书》、观看警示教育片、廉政讲堂等活动，培养廉洁沃土，涵养干事清风。

（郑晓磊）

【机构改革】 2022年，市委编办按照黑龙江省委编办要求，为进一步巩固和深化机构改革成果，推进机构职能优化协同高效，通过集中自查、实地调研等方式开展党政机构改革“回头看”工作，针对改革后人力与事权难匹配，部门职责分工边界不够明确的问题，与部门共同商讨提出解决思路，不断优化机构设置、职能配置、运行机制，促进部门间与部门内部之间真正融合。在事业单位改革中，通过编制统筹调整满足重点领域、重点行业、重点工作用编需求，同时对127个重点行业、关键领域通过增加编制、核定专职书记等方式得到加强。全市总量内核查机构200个，占机构总量的70.17%，北安市机构职能编制规定完成率100%。（郑晓磊）

【乡镇（街道）职责清单建设】 2022年3月，黑龙江省委编办牵头推行乡镇（街道）职责清单建设工作启动后，由市委编办牵头，迅速成立以市委书记、市长任“双组长”的北安市职责清单建设工作领导小组。研究制定《北安市关于推进乡镇（街道）职责清单的实施方案（试行）》《北安市乡镇（街道）职责任务清单管理办法（试行）》，清单制定坚持有据可查，对照省指导目录逐条进行梳理研判。两次深入各乡镇（街道）走访调研，实地调研了解基层治理现状及存在问题，工作专班坚持“一事项一审核”的原则，广泛听取52个职能部门和9个乡镇、6个街道的意见建议，下发征求意见函201份。全市乡镇清单基础事项为167项，在省指导目录129项基础上增加38项，不承接省指导目录事项2项（内河交通、强边固防）；街道清单基础事项为106项，在省指导目录79项基础上增加27项，不承接省指导目录事项2项（强边固防、湿地保护）。

（郑晓磊）

【编制规范管理】 2022年，按照机构编制违规违纪违法行为自查自纠工作要求，市委编办下发《关于做好机构编制违规违纪违法行为自查自纠工作有关事项的通知》，要求全市各乡镇（街道）、市直各部门党委（党组）、各类机关（含所属事业单位）和党委、政府直属事业单位开展全口径自查。从各单位上报的《机构编制整改台账》来看，全市不存在未按规定设置机构、超总量核定编制、超规格核定领导和“条条干预”等情况，不存在《规则》第六条规定采取处理措施的七种情形和第十六条规定进行问责的三种情形。为规范机构编制工作业务办理程序，建立机关、事业落编减员、事业单位法人年检、登记等工作流程。全面推行网上登记管理，全市共有登记事业单位170个，完成事业单位法人年检登记133家，年检率78.2%。同时，加强和规范全市机关事业单位网上名称管理，市编委办通过摸清底数、规范清理、建章立制等方式推进中文域名注册管理工作落到实处。截至年底，全市申请注册政务和公益域名349个，注册率100%，缴费率100%。

（郑晓磊）

【信息化建设】 2022年，市委编办按照黑龙江省委编办安装可替代工程实施要求，数据中心如期完成11台内外网机器和两台打印机的国产化替代，并对使用人开展使用操作和保密培训，保障涉密信息安全，提升保密工作水平。市委编办以管理和专业技术岗位分离工作为契机，要求各单位重新上报基础信息，重点对已取消的编制类型（工勤编制）、岗位结构、学历、专业技术资格等数据进行维护，市委编办严格把关、认真审核，确保全市7000多名事业单位在职人员信息数据准确、真实录入。

（郑晓磊）

民盟工作

【概　况】 2022年，中国民主同盟北安市委员会（以下简称“北安民盟”），带领全市盟员认真学习贯彻全国“两会”、中共二十大、省十三届党代会、民盟黑龙江省第十三次代表大会等会议精神，切实把思想和行动统一到习近平总书记重要讲话精神和党中央决策部署上来。围绕北安市委、市政府各项决策部署，认真履行参政党职能、建言献策、服务社会，为推动北安全面振兴作出积极贡献。截至年底，北安民盟有委员10人，有盟员147人，平均年龄50.5岁，具有中、高级专业技术职称的占65%，大学以上学历盟员占67%，下设4个支部。

（刘　洋）

【组织建设】 截至2022年年底，北安民盟有盟员147人，本年新发展盟员6人，其中本科以上学历7人，中级以上职称6人，平均年龄35.6岁。新发展盟员中教育、文化、卫生、科技界别6人，政府机关1人。北安民盟严格按照中国特色社会主义参政党建设的要求，优化调整班子结构，切实加强组织领导，建立健全各种制度，基层组织活力显著提高。召开民盟北安市委六届第三次会议，审议通过北安民盟学习制度、“2022年度申请入盟盟员名单”等民盟工作，总结盟组织现状和盟员结构，有针对性地发展盟员，严格加入盟组织考核制度，全年共新发展盟员6人。有序开展班子届中调整，经民盟黑河市委批准，中共北安市委统战部同意，经民盟北安市第六届第七次委员（扩大）会议和第八次委员会议投票选举出新一届全盟市委班子，配齐配全盟市委委员及各支部委员。

（刘　洋）

【参政议政】 2022年，北安民盟先后组织开展调研、视察活动，内容涉及产业发展、疫情防控、民生保障等，形成调研报告、提案等29份、主题征文10余份，为推动北安市委，市政府重点工作的落实发挥作用。多位盟员获得中国人民政治协商会议北安市委员会颁发的市政协优秀委员、“双为双创”标兵等称号。其中，《关于保护个人信息的提案》得到黑河市领导的批复，《关于有效促进常态化疫情防控下中小微企业发展的建议》被中国人民政治协商会议北安市委员会评定为市政协优秀提案。北安民盟发挥全体盟员的作用，深入调研，及时向有关单位、有关部门反映民心民意，监督落实过程。盟员们对调研发现问题的整改落实情况进行“回头看”，以真督导推动工作真落实，发挥民主监督作用推动各项工作落实到位。关注疫情防控期间个人信息泄露、切实做好全市职工体检、过期食品安全有效管理、加强普法教育在中小学宣传、如何充分利用大数据技术提升全市新冠疫情常态化防控效率等这些问题，都通过提案的形式向市政协进行反映，引起市委、市政府的高度重视，市监局立即开展“守底线、查隐患、保安全”专项行动整治过期食品安全问题。市政府每年下发专项资金用于职工体检，司法局迅速将青少年法治教育工作纳入“八五”普法规划和《2022年普法依法治理工作要点》，全市统筹推进常态化疫情防控体系建设、从严个人信息安全保护等都收到较好效果，得到全市人民的好评。

（刘　洋）

·解释说明·

“双为双创”：“双为”：即为基层解难题、为群众办实事的行动，“双创”：即创建全国文明城市、创建国家卫生城市。

【思想建设】 2022年，北安民盟始终把政治引领工作摆在首位，深入开展“党史、盟史”主题教育等活动，以习近平新时代中国特色社会主义思想为指导，全面贯彻中共二十大和民盟十三大精神，紧紧围绕中共北安市委中心工作，发挥政治协商、民主监督、参政议政职能，着力打造社会服务惠民品牌，在推动新时代北安全面振兴的征程上展现民盟新作为。先后组织开展学习全国“两会”、中共二十大、省十三次党代会、民盟黑龙江省第十三次代表大会等会议精神学习活动，进一步巩固多党合作的思想政治基础。盟市委组织讲师以《以党的二十大精神为指引 踔厉奋发 勇毅前行 奋力谱写“四新北安”建设新篇章》为题，宣讲党的二十大精神，贯彻落实市委十八届三次全会精神。以《用“新”读懂党的二十大报告》为题，进行党的二十大精神专题辅导。召开民盟北安市委六届第三次会议，引导广大盟员树牢“四个意识”，坚定“四个自信”，做到“两个维护”，升华自身政治信仰与合作初心，自觉担负起时代赋予的使命。始终坚持围绕中心、服务大局，以“四新三好”为抓手，履行好参政党职责，为更好开展政治交接主题教育，按照民盟黑河市委相关要求，结合全国读书日，组织盟员开展“读原著、学原文、悟原理”线上读书活动，盟员录制线上读书分享视频4个，40多人参与活动。盟员录制的庆祝民盟80周年微视频推送到民盟中央，被民盟中央授予“宣传工作先进个人”称号。盟员撰写的中共二十大主题征文《复兴之梦交响曲（组诗）》《寻访延安随笔——有爱的土地》选送民盟省委，并获一等奖。

（刘　洋）

·解释说明·

“四新三好” 四新：多党合作要有“新气象”，思想共识要有“新提高”，履职尽责要有“新作为”，参政党要有“新面貌”。三好：各民主党派和无党派人士要做中国共产党的“好参谋、好帮手、好同事”。

【社会服务】2022年，北安民盟按照“北安市能力作风建设年”活动安排，以“5·12”护士节为契机，携手温馨食品公司，向北安市人民医院长期奋战在一线工作岗位上的全体护士工作者送去40多份蛋糕，并献上节日的祝福。开展“矢志不渝跟党走，携手奋进新时代”政治交接主题教育，庆祝中国共产党成立101周年，组织盟员制作录制歌曲《天耀中华》报送至民盟黑河市委。自发组织对疫情防控卡口工作人员送上慰问物品，出资出力帮助庆华居民完成下水工程改造等志愿服务活动，得到群众好评。开始民盟小课堂，利用盟员的自身优势，建立舞蹈、声乐、戏曲、书法、朗诵等多个形式丰富的兴趣活动小组，通过夜学、微课堂等方式组织盟员开展常态化兴趣学习。联合民盟哈医大二院支部、北安市第一人民医院开展“盟心惠民联合义诊，助推发展健康北安”义诊活动，各科专家义务问诊100多人次；开展科普系列讲座8期，群众300多人次参与学习讨论；组织盟员录制“献礼二十大 矢志不渝跟党走、携手奋进新时代”政治交接主题教育系列活动——微朗诵《中国脊梁》，被民盟省委、黑河统战推送，使民盟的社会认知度不断提高。（刘 洋）

老干部工作

【概 况】 2022年，北安市离退休干部党工委以充分激发离退休干部不忘初心、主动作为的奉献精神，引导广大老干部在北安市经济和社会发展的各个领域发挥作用。继续擦亮老干部志愿宣讲团、“三支队伍”等品牌，组织离退休老干部开展送科技、送教育、送健康、送文化下基层、进军营慰问武警官兵以及爱心救助、捐资助学等各类志愿服务活动。组织处级退休领导深入政法系统、乡镇、第一中学原址扩建、市人民医院扩建等省“百大项目”进行考察调研，积极建言献策，助力地方经济社会发展。截至年底，北安市有离退休干部5156人，其中离休干部41人，易地居住18人。全市离退休干部中，老红军1人，享受副市级待遇的5人。举办“两优一先”表彰大会，评选出优秀共产党员60人，优秀党务工作者20人，先进基层党组织2个；集中为20名老党员颁发政治生日贺卡；为9名老党员颁发“光荣在党50年”纪念章。（耿 雪）

【老干部活动】2022年，北安市老干部服务中心于6月举办黑河市第四届中俄老年艺术节北安专场演出，其中，戏曲、歌舞、京歌等节目被选送到黑河市参演；乌鱼绣、根雕、嬷嬷人剪纸等12幅极具北安特色的非遗手工作品参展黑龙江省老年艺术节。10月，围绕“增添正能量、共筑中国梦”“喜迎二十大、助力新征程”等主题，组织诗歌朗诵会1次、心得交流会10场。3月、6月、8月、12月共文艺演出4场，9月举办书画摄影作品展2场、为退休党员李成业举办个人书法篆刻展1场。（耿 雪）

【老干部管理】 2022年，北安市老干部服务中心进一步完善离退休党员信息平台，做到底数清、情况明。加大对高龄、独居、鳏寡孤独、重病老干部的关心关爱。针对街道、乡镇党组织覆盖率低的问题，有针对性对街道、乡镇进行调研，优化组织设置，加强全市19个街道、9个乡镇的离退休干部党组织建设，进一步扩大党组织覆盖面。努力使每个社区、乡镇都设有离退休党员干部支部书记，党建活动有专人负责。要加大对各单位老干部工作者的培训力度，努力营造各方面支持的离退休党员服务管理的良好氛围。全市街道、乡镇离退休干部党组织：街道5个，离退休干部党工委11个。（耿 雪）

【服务工作】 2022年，北安市老干部服务中心制定并推行离休老人“一人一策”关爱模式以及“多对一”帮扶结对机制，通过联合原单位工作人员、社区工作人员一起对老干部进行探望，对去世的老干部进行吊唁并向其家人表示慰问，真正把“三必看”和“六落实”落在实处取得实效。对异地居住的老干部进行走访，为他们送去组织的关心和关

2022年8月1日，北安市离退休干部党工委组织30余名退伍老兵参观庆华军工遗址博物馆。（市老干部服务中心 供图）

怀。春节、七一前夕、重阳节等节日对北安市所有离休老干部、行动不便党员和困难党员进行走访慰问，为他们送去慰问品。组织医护人员对“九三”（1945年9月3日之前参加革命的离休干部）前离休干部和行动不便党员上门进行医疗巡诊，使他们足不出户就可以享受到医疗资源。（耿　雪）

·解释说明·

“三必看”：重大节日必看，重要时间必看，重点情况必看。

“六落实”：政治方面要落实，生活待遇要落实，身体检查要落实，家庭巡诊要落实，特困离休干部救助要落实，去世离休干部相关事宜要落实。

【老干部学习】　2022年，北安市老干部服务中心认真落实新时代党的建设总要求，把学习贯彻习近平新时代中国特色社会主义思想，作为老干部思想建设始终。通过集中学习、召开心得交流会、研讨会、座谈会等形式，组织离退休党员持续学习党史，系统学习党的十九届六中全会会议精神。邀请党校老师开展专题辅导、集中培训、座谈交流，使学习内容能够既有理论性，兼具趣味性。集中组织老干部收看党的二十大开幕式，认真聆听习近平总书记重要讲话，通过微信群、视频等方式进行线上交流，撰写心得体会20余篇，陆续在“乌裕尔晚晴”公众号刊发。持续做好“银耀北安”和“一部一品”特色党建品牌，在原有“六型”支部基础上，按照党员的兴趣爱好，组建诗友会、歌友会、藏友会、老友会等特色协会10个。在老年大学和退休干部党总支，以四大精神、党的百年历程等内容为主题，设置红色长廊和学习园地。坚持各总支（支部）例会制度，提升党员组织生活的参与度。对离退休党组织书记（委员）进行两次集中培训，努力提升党组织成员的组织能力和业务能力。（耿　雪）

党校教育

【党校培训】　2022年，中国共产党北安市委党校（以下简称“市委党校”）按照北安市委组织部关于2022年干部培训计划的安排，分层分类办好各类主体班次。全年举办各类培训班18期，培训人员达2600多人次。市委党校创新教学方式方法，综合运用研讨式、现场体验式、案例式、影视教育、音乐党课等教学形式，不断提升培训效果。同时，坚持围绕中心、服务大局，紧扣市委、市政府决策部署，把干部教育培训融入重点工作，通过邀请专家、相关部门领导和业务负责人授课，创新课程设置，不断提高培训的针对性和有效性。在各类培训班次中设有招商引资、信访条例、安全生产法、保密法和预防职务犯罪等16个教学专题，促进了党员干部能力和素质的提升。

（龙丽娜）

【党校宣讲】　2022年，市委党校围绕学习贯彻习近平法治思想、《习近平谈治国理政》第四卷、省十三次党代会精神和能力作风年建设等内容，精心组建宣讲团队，广泛开展“六进”宣讲活动，送课上门，提升教育培训效果。累计深入各乡镇（街道）、村（社区）、机关事（企）业等单位宣讲140多场次，受教育人数达3200多人次。发展互联网+党校教育模式，开设市委党校“微课堂”，探索推行线上线下相结合的混合教学模式，不断扩大党校教育宣传覆盖面。先后围绕黑河市第七次党代会、黑龙江省第十三次党代会、学习《习近平谈治国理政》第四卷、铸牢中华民族共同体意识等内容，录制微课堂36期，每期5至8分钟，从“小问题、小案例、小故事”入手，以小见大，用微课堂讲出大道理，有效发挥党校干部培训主阵地作用。结合“诚信”进社区和党员“双报到”工作，先后开展“情系群众迎端午 粽叶飘香暖民心”和诚信宣传等活动，密切党员干部与群众的联系。将习近平法治思想和党内法规纳入党校干部教育内容，注重培训宣讲质效，《北安市委党校采取“两纳入、一宣讲”助力市域社会治理能力提升》的做法，先后被黑河市委政法委、黑龙江省委党校刊发。（龙丽娜）

·解释说明·

“六进”宣讲：进机关、进农村、进企业、进学校、进社区、进军营。

【党校科研】　2022年，市委党校发挥“思想库”“智囊团”作用，向北安市委、市政府报送《决策参考》1期。积极做好黑龙江省委党校（省行政学院）系统重点调研课题立项结项工作，2名教师完成黑龙江省委党校系统课题结项和2名教师在黑龙江省委党校课题立项；有1篇文章在《黑龙江省社会主义学院学报》上发表；《红旗渠，永远的精神之渠》在黑河市委党校系统“微课教学”竞赛行业系统比武练兵中获一等奖；在黑龙江省委党校（省行政学院）干校系统“第三十次优秀科研成果”评比中，获一等奖1人、三等奖3人；第十一次优秀科研人才获奖2人；黑龙江省“党课开讲啦”活动精品党课，获二等奖1人。2022年，市委党校被评为黑河市党校系统科研工作先进单位。（孙　鹏）

【教师队伍建设】　2022年，市委党校重点采用线下线上结合的方式，开展集中性、针对性的师资培训，有计划、有目的地在学习交流中改进教学方法、提升教学质量，努力培养打造一支党性强、专业精、业务熟的党校骨干教师队伍。全年组织教师参加校外线下培训4次，参加市级培训10人次。利用中央党校网上党校、黑龙江省干部教育网络学院以及优质教育培训机构网络平台，围绕全国“两会”等重要会议精神和提高基层教师授课能力等内容，组织线上集中培训6次，累计学习24个专题；组织教师开展集中轮流试讲2次，7名教师参加试讲。（孙　鹏）

【合作办学】　2022年7月26日，市委党校为了提升党校办学水平与陕西省延安市委党校签订合作办学协议，就定期互访、异地培训、跟班学习、教学指导交流、课题合作、学术交流、成果转化等交流合作相关事宜进行对接，初步确定合作推进计划，完成北安市党务工作者能力素质提升培训班的前期准备工作，开展了学术交流工作，推动优质资源共享，实现合作共赢。（龙丽娜）

【党校建设】　2022年，市委党校（行政学院）综合教学楼于7月1日开工建设，该项目位于北安市职业技术教育中心学校东北侧，北临泰山街。总投资2999.65万元，占地11944平方米，建筑面积7543.81平方米，建筑主体层数为5层，两侧为2层，建有教室、多功能报告厅、多功能图书馆、远程教育演播室、情景教室、办公室等。项目建成后，将成为“功能完备、设施配套、现代智能、文化浓郁、特色鲜明”的“红色校园”“智慧校园”和综合性干部教育培训阵地。（李金明）

【思想建设】　2022年，市委党校注重加强思想建设，建立常态化学习机制，认真落实“第一议题”制度，制定理论中心组学习计划和个人学习计划，利用网络平台推动理论学习走深走实。积极开展业务“讲学比练”“业务大讲堂”活动，拓展“基本业务+”建设，建立党校“基本业务+”题库。强化专题培训，提高干部职工专业思维和专业素养；以推进支部标准化规范化建设为抓手，创新“红色阵地 党性熔炉 争当先锋”党建载体，引导全校党员立足岗位，敬业奉献，担当作为。将党风廉政建设纳入干部教育管理内容，建立《北安市委党校党风廉政建设工作制度》《党校教师十二不准》《市委党校请销假制度及考勤制度》等制度，坚持以制度管人、用制度管事。（付　玉）

网络安全和信息化

【网信体系建设】　2022年，中共北安市委网络安全和信息化委员会组织召开网信委会议、常委会会议、意识形态、网络安全等会议，统筹部署安排网信工作。在北安市委常委会会议上，将《中华人民共和国个人信息保护法》等网信法律法规列入会前学法内容，并将网信工作完成情况进行通报，落实落靠网信工作主体责任。中共北安市委网络安全和信息化委员会办公室（以下简称“市委网信办”）全年组建120多人网信工作队伍和177人网络信息员队伍。建立网信、工信、公安等网信委成员单位间、各单位间协调工作机制和综合执法协调机制，将网信工作与业务相关工作同谋划、同部署、同推进，形成“一盘棋”的工作格局。（胡冠卓）

【网络宣传】　2022年，北安市开展“云招商”“云对接”，通过“云端”面对面、线上屏对屏，实现疫情防控期间项目落户不止步。开展“云直播”“云课堂”“云诵读”，让北安人民通过网络传播获得文化知识。开展“网络中国节”活动，推出“云祭扫”“云文化”“云诗词”，激发以爱国主义为核心的民族精神和以改革创新为核心的时代精神。推出百姓宣讲网络版，以“微朗读”“微党课”“微视频”等宣讲《习近平谈治国理政》、党的二十大精神、红色历史文化等，引领北安百姓学思践悟、解放思想。打造“红飘带”网络志愿宣讲活动，讲述红色经典、时代人物、理论政策等，传播党的精神，传扬品质精神。持续推进网络平台建设，提升“我是北安”新媒体品牌宣传能力，完善App、微信、微博、视频号等新媒体平台建设，打造北安市对外宣传网络窗口。利用云端开通“理论宣讲”“思政育人”“学习时间”“防疫科普”等内容线上服务平台，让党的创新理论进入寻常百姓家。充分发挥网络文化滋养育人作用，培育“四有”好网民，组织“线上展演”“线上书画展”“线上声乐课”“线上公益课堂”等专栏。开展网络名人培养工作，重点培养出“物理实验梁老师”“主星巧媳妇儿朝鲜菜”等短视频号，让他们积极参与党委工作，做正能量的宣传大使。组织市内“网络大V”情况调研，组建“北安网络人士”微信群，开展网络带货和网络招聘活动。全年中央级、省级、黑河市级网络媒体对北安市进行的宣传报道，累计发稿2000多篇（条），含网信黑龙江发稿1篇、网信黑河发稿19篇（条），完成上级转发推送任务1600条以上，转发推送数量在6.4万次以上，展示北安良好形象、传播北安好声音。（胡冠卓）

·解释说明·

“四有”：有高度的安全意识、有文明的网络素养、有守法的行为习惯、有必备的防护技能。

“网络大V”：网络大V是指微博等发帖比较活跃、关注人数较多的用户。

【网络生态治理】　2022年，市委网信办制定下发《北安市网络意识形态工作督查考核办法》《北安市网络安全工作责任制考核办法》，严格落实《中华人民共和国网络安全法》《互联网信息服务管理办法》等法律法规进一步落实工作主体责任，细化工作任务，使各单位始终旗帜鲜明站在网络意识形态工作第一线。完善落实《党委（党组）网络意识形态工作责任制实施细则》，强化属地属事管理责任，严格落实第一责任人和直接责任人责任。建立属地“两微一端”和网站长效管理机制，规范发稿流程，严格落实总编辑负责制。开展网络常态化巡查，对新媒体平台存在的问题进行监督整改。对涉“北安”字样的自媒体进行不间断网络巡查，注册地安徽省怀宁县的“家乡北安”微信公众号经与当地网信部门联合工作，更名为“黑龙江本群”，违规行为得以整改。与网安、工信、人行等部门联合开展“网络生态治理”“网络专项整治”“清朗”等专项行动，对有害信息进行整治。全年开展网络综合治理23项，清理存量有害信息和违法违规广告21条，约谈自媒体3家。制定下发《北安市公职人员互联网信息发布制度》，采取教育引导和分级管理，规范公职人员信息发布规则和单位回复制度，并将相关知识纳入全市干部培训内容中，严格规范党员干部的网络行为。（胡冠卓）

【网络安全保障】 2022年，市委网信办制定下发重要时间节点《网络安全保障工作实施方案》，开展网络安全检查。与北安市公安局联合开展专项检查，对全市重点网络系统、网站、关键信息基础设施等信息系统进行现场检查和硬件扫描，并监督有关单位进行网络安全自查。指导完成网站电子和书面备案8家、进行等级保护3家、扫描网站系统漏洞2次、组织网络安全检查16次、下发整改通知书11份，提出整改意见，确定整改方案和整改时间表、任务表，做到立查立改，筑牢网络安全防线。开展网络安全进学校、进社区、进机关、进企业、进村屯教育活动，采取专题学习、座谈讨论、新媒体平台宣传等方式，提高宣传覆盖面，普及网络安全常识。利用“4·15”全民国家安全教育日、“北安市2022年国家网络安全宣传周”、网络安全志愿服务活动，开展《中华人民共和国网络安全法》及网络安全科普宣传。网络安全周期间，全市举行活动40多场，发放宣传品2万余份，完成知识竞答3万余人次。利用传统媒体、新媒体、LED屏等50多种宣传载体，开展常态化网络安全宣传。（胡冠卓　尹　超）

【信息化建设】 2022年，北安市开通公共数据共享开放平台，为政府部门和社会提供数据服务，实现政府与企业公众双向互动。全年，北安市公共数据平台累计汇聚43家公共管理和政务服务机构4338个数据集、1322.4万条数据，开通数据服务接252个，涉及城市建设、资源能源、教育文化、社会治理、经济发展等诸多领域，调阅量2465次、下载数据量40万条，推动政务信息化建设，提升政府数字治理能力。（徐继英）

【互联网+】 2022年，北安市围绕走好网络群众路线、提升全民数字素养与技能，推动数字经济发展。发挥“互联网+”作用，推进智慧农业建设，在种植、加工、销售等环节实现网络全程监控和产品追踪溯源。推进“互联网+政务服务”建设，教育文化、医疗卫生、电子政务、社会保障等领域全部实现网络覆盖。市民大厦开通“网上约、网上报、网上批”网络服务流程，实现“让数据多跑路，让群众少跑腿”。推动和培育优特网、网络直播平台等电商平台建设，整合市域农特产品，打通网络销售渠道。开展平台直播带货，推动传统企业上“网”触“电”，帮扶对接市场，解决信息“最后一千米”问题。推进智慧北安建设，建立公共数据共享开放平台和城管数字化指挥中心，实现精确、快速、高效的管理和服务。加强“数字图书馆”建设，开通网络“微服务大厅”，搭建读者与图书馆的“云上”桥梁。（徐继英）

北安市人民代表大会

综 述

【概 况】 2022年，北安市人民代表大会及其常务委员会举行常委会会议8次。依法任免国家机关工作人员84名，作出决议、决定5项。听取和审议专项工作报告13个，对15部法律法规实施情况进行检查，备案审查规范性文件9件，开展集中视察2次、专题调研4次，完成市十八届人大二次会议确定的各项目标任务。 （王世国）

【人大常委会建设】 2022年，北安市人大常委会坚持把加强学习作为履职的前提，创新举办“机关讲堂”，全体组成人员和机关干部研讨交流90人次。组织开展“三会一课”、主题党日、“讲学比练”等活动，积极参加“四微一云”、龙江干部学院、学习强国等网络学习活动，机关干部理论水平、专业能力和实践本领进一步增强。开展“能力作风建设年”活动，查摆和整改问题110项，开展解放思想研讨11次，补齐短板弱项，能力作风显著提升。对政府债务清理、提升司法公正与效率、推进教育深化改革等5个项目进行集中攻坚，使相关领域的发展难题得到有效破解。全年召开专题党组扩大会议3次，听取和安排部署党风廉政建设工作。认真接受纪检派驻组的监督指导，机关党风廉政建设得到进一步加强。结合新一届人大常委会履职实际，健全完善常委会议事规则、人事任免办法、专门委员会工作规则、规范性文件备案审查办法及机关内部管理制度等10多项制度规定，进一步提高常委会工作制度化、规范化、科学化水平。不断加强和改进新时期乡镇人大工作，推动乡镇人大主席团依法规范开展工作。 （王世国）

·解释说明·

“三会一课”：定期召开支部大会、支部委员会、党小组会，按时上好党课。

“四微一云”：微朗读、微课堂、微考堂、微报道，云课堂。

【坚持党对人大工作的指导】 2022年，北安市人大常委会坚持以习近平新时代中国特色社会主义思想为指导，学习贯彻党的二十大精神，聚焦党委重大决策

12月28日，北安市第十八届人民代表大会第二次会议召开，举行新任职委员向宪法宣誓仪式 （市人大 供图）

部署、聚焦人民群众所思所盼所愿、聚焦推进治理体系和治理能力现代化，牢记使命担当、依法履职尽责，为实现“四新北安”发展目标作出积极贡献。北安市人大常委会全面贯彻中央、省委、市委人大工作会议精神，落实北安市委《关于加强和改进新时代人大工作的意见》，建立健全“四个体系”工作落实机制，细化分解逐步实施。强化常委会党组在人大工作中的领导作用，全年召开党组会议 15 次、主任会议 17 次，议定重要事项 48 项，实现党组发挥领导作用与常委会依法履职相统一。围绕北安市十八次党代会确定的重大战略部署，积极参与产业链建设、生态环境改善、优化营商环境等中心工作，全面完成北安市委交办的包联企业、招商引资、脱贫攻坚成果巩固、疫情防控等重点工作。（王世国）

·解释说明·

“四新北安”：业兴北安、景美北安、民富北安、人和北安。

“四个体系”：领导责任体系、工作推进体系、督导检查体系、考核评价体系。

人大会议

【市十八届人大二次会议】 2022 年 12 月 28 日，北安市第十八届人民代表大会第二次会议在北安市行政办公中心二楼大会议室举行。会议由北安市人大常委会主任孙金梅主持，169 名代表出席会议。会议听取并审议北安市人民政府、北安市人民代表大会常务委员会、北安市人民法院、北安市人民检察院的工作报告，审查、通过《北安市 2022 年国民经济和社会发展计划执行情况及 2023 年计划（草案）的报告（书面）》和《北安市 2022 年财政预算执行情况和 2023 年财政预算（草案）的报告（书面）》，会议对各项议程分别作出相应的决议。会议审议了北安市人民政府关于市十八届人大一次会议以来代表建议、批评和意见办理情况的报告（书面）。选举北安市监察委员会主任，补选北安市第十八届人大常委会委员，表决通过北安市第十八届人大财政经济委员会主任委员任职资格；举行新任职人员向宪法宣誓仪式。（王世国）

常委会会议

【市十八届人大常委会一次会议】 2022 年 2 月 19 日，北安市第十八届人大常委会第一次会议召开。北安市人大常委会副主任王兴东主持会议，29 名北安市人大常委会委员出席会议。会议提请新一届北安市政府拟任职人员；北安市政府拟任职人员作供职报告；审议北安市十八届人大常委会代表资格审查委员会组成人员建议名单；听取关于北安市十八届人大一次会议以来代表提出的建议、批评和意见的说明；听取和审查《关于调整北安市 2022 年财政预算方案的报告》；听取和审议北安市政府关于“七五”普法规划实施情况和“八五”普法规划意见的报告；审议北安市人大常委会 2022 年工作计划；并表决人事任免事项。（王世国）

【市十八届人大常委会二次会议】 2022 年 4 月 22 日，北安市第十八届人大常委会第二次会议在北安市行政办公中心八楼会议室召开。北安市人大常委会副主任王春清主持会议，30 名北安市人大常委会委员出席会议。会议听取和审议了市政府关于北安市法律援助工作开展情况的报告、北安市政府关于北安市地方政府性债务情况的报告及北安市政府关于贯彻执行《中华人民共和国安全生产法》情况的报告，同时会议表决人事任免职事项。（王世国）

【市十八届人大常委会三次会议】 2022 年 6 月 17 日，北安市第十八届人大常委会第三次会议召开。北安市人大常委会副主任褚云峰主持会议，25 名北安市人大常委会委员出席会议。会议听取和审议市政府关于《北安市重点项目推进情况》的报告，听取和审议北安市政府关于贯彻执行《中华人民共和国畜牧法》情况的报告，听取和审查北安市政府关于《2022 年上半年国民经济和社会计划执行情况及 2022 年下半年工作安排》的报告，听取和审议北安市政府关于贯彻执行《中华人民共和国环境保护法》情况的报告，听取和审议北安市政府关于贯彻执行《中华人民共和国传染病防治法》情况的报告和北安市人大常委会代表资格审查委员会关于补选和终止北安市第十八届人大代表的代表资格的审查报告。（王世国）

【市十八届人大常委会四次会议】 2022 年 6 月 28 日，北安市第十八届人大常委会第四次会议召开。北安市人大常委会副主任庞喜玲主持会议，24 名北安市人大常委会委员出席会议。会议听取和审议北安市监察委员会关于开展专项反腐败工作情况的报告，并表决人事任免事项。（王世国）

【市十八届人大常委会五次会议】 2022 年 8 月 23 日，北安市第十八届人大常委会第五次会议召开。北安市人大常委会副主任王兴东主持会议，26 名北安市人大常委会委员出席会议。会议听取和审查北安市政府关于《2022 年上半年财政预算执行》情况的报告，听取和审议北安市政府关于贯彻执行《中华人民共和国森林法》情况的报告，听取和审议北安市人民法院关于执行工作情况的报告，听取和审议北安市人民检察院关于民事行政检察工作情况的报告，听取和审议北安市文旅工作开展情况的报告，审议通过关于接受杨海涛同志辞职请求的决定，听取和审议关于辞去黑河市第七届人大代表的议案，听取和审议关于补选和终止北安市第十八届人大代表的代表资格的审查报告，并决定北安市监察委员会代理主任。

（王世国）

【市十八届人大常委会六次会议】 2022年11月8日在北安市第十八届人大常委会第六次会议召开。北安市人大常委会副主任王春清主持会议，25名北安市人大常委会委员出席会议。会议传达学习党的二十大主要精神；听取和审议北安市政府关于代表建议、批评和意见办理情况的报告；听取和审议北安市政府关于贯彻执行《中华人民共和国兵役法》情况的报告；听取和审议北安市政府关于公安工作开展情况的报告；听取和审议北安市政府关于贯彻执行《优化营商环境条例》情况的报告；听取和审议北安市政府关于2021年度市本级财政预算执行情况和其他财政收支审计情况的报告；听取和审议北安市政府关于贯彻执行《中华人民共和国食品安全法》情况的报告；听取和审议北安市政府关于2022年交通重点项目推进落实情况的报告；并通过人事任免。

（王世国）

【市十八届人大常委会七次会议】 2022年12月15日，北安市第十八届人大常委会第七次会议以视频形式线上召开。北安市人大常委会副主任褚云峰主持会议，28名北安市人大常委会委员出席会议，会议听取和审议关于辞补黑河市第七届人大代表议案。

（王世国）

【市十八届人大常委会八次会议】 2022年12月23日，北安市第十八届人大常委会第八次会议以视频形式线上召开。北安市人大常委会副主任庞喜玲主持会议，29名北安市人大常委会委员出席线上会议。会议听取和审议关于市政府贯彻落实《中华人民共和国国防动员法》情况的报告，审查批准2021年市本级财政决算，听取和审议关于全市国有资产管理工作的综合报告，听取和审议关于2023年债券发行申报计划的报告，听取和审查关于调整北安市2022年财政预算方案的报告，听取和审议关于2021年度审计查出问题的整改落实情况的报告，听取和审议关于市政府贯彻落实《医疗保障基金使用监督管理条例》情况的报告，听取和审议关于2022年度规范性文件备案审查工作情况的报告，听取和审议市人大常委会代表资格审查委员会关于补选和终止北安市第十八届人大代表的代表资格的审查报告，审议通过北安市第十八届人大二次会议有关事宜。（王世国）

依法监督

【工作监督】 2022年，北安市人大常委会高度关注经济运行情况，加强对计划执行、预算执行、财政决算和审计情况的监督，及时听取和审议专项工作报告并作出决议决定。持续关注和推动政府重大投资项目、专项资金使用管理以及审计查出问题的整改；对税收收入和财政收入计划完成情况开展专题调研视察；对飞鹤瑞信诚牧场、天屿玉米浸泡水深加工、北安一中扩建、乌裕尔西大街棚户区改造等重点项目开展集体视察；对优化营商环境工作开展专题视察检查。落实北安市政府向北安市人大常委会报告国有资产管理工作制度，连续三年听取北安市政府国有资产综合报告和专项报告，实现了四大类别国有资产管理情况监督全覆盖。围绕群众关注的热点难点问题，先后对农民工工资保障、物业管理、宗教事务等方面开展“三查（察）”活动，推动相关民生问题得到有效解决。立足“健康北安”建设，对医疗保障基金使用监督管理情况开展检查并听取专项报告。着眼教育事业发展，对义务教育工作开展情况进行检查，推动义务教育优质均衡发展。关注文化产业发展，对北安市文旅工作开展检查，推动文旅文创融合发展。持续加强生态环境保护监督，配合上级人大完成四级联动执法检查，推动“双碳”“双控”工作有效落实。助力农业农村发展，在脱贫攻坚成果同乡村振兴有效衔接上发挥人大力量。

（王世国）

【法律监督】 2022年，北安市人大常委会先后组织160人次，对《中华人民共和国安全生产法》《中华人民共和国兵役法》《中华人民共和国畜牧法》《中华人民共和国森林法》等15部法律法规贯彻实施情况开展执法检查，有效促进了法律法规贯彻实施。听取和审议规范性文件备案审查工作报告，审查规范性文件9件。专题听取和审议监察委关于开展反腐败工作情况的专项工作报告。对法院执行工作开展专项监督，对检察院民事行政检察工作开展检查，对法律援助工作进行视察，听取和审议公安工作报告，切实维护社会公平正义、保障人民群众合法权益。（王世国）

【信访监督】 2022年，北安市人大常委会优化人大信访工作，受理信访案件27件（次），一些涉及群众利益的合理诉求得到较好解决。（王世国）

依法履职

【人事任免】 2022年，北安市人大常委会认真落实北安市委人事安排，依法任免国家机关工作人员84人，为北安市改革发展提供组织保障。（决定任命市人民政府副市长1人，决定任免市人民政府组成部门负责人32人次；任命市监察委员会副主任1人；任免“两院”法官、检察官50人次。）

（王世国）

【代表工作】 2022年，北安市人大常委会加强代表履职培训工作。举办了两期代表专题学习班，组织三级人大代表参加黑龙江省、黑河市履职培训班，采取线上线下相结合方式，组织全市500多名各级代表现场或视频收看党的二十大盛况和宣讲团专题讲座，实现了履职培训全覆盖。同时，健全完善人大代表激励机制，促进各级代表履职更加积极踊跃、科学规范。（王世国）

【指导基层工作】 2022年，北安市人大常委会打造规范化“人大代表之家”和“人大代表联络站”47个，制定下发新一届“三联系”工作方案，实现了807名三级代表混合编组进站全覆盖。各级代表进家进站开展活动600多次，接待群众1000多人次，为群众解决普遍关心的热点难点问题125件。全年先后邀请280余名人大代表列席常委会会议，参加执法检查、视察、调研等议政问政活动。组织240多名北安市、乡两级人大代表向选区选民述职活动，增强了代表依法履职的责任感和使命感。（王世国）

·解释说明·

“三联系”：市人大常委会主任会议成员联系市人大常委会委员、市人大常委会委员联系人大代表、人大代表联系群众。

【督办工作】 2022年，北安市人大常委会健全常委会领导重点督办、市政府领导重点领办、委室对口督办、代表全程参与机制。组织召开代表和承办部门座谈会议，严格落实“三见面”“三沟通”制度，对办理结果不满意的，开展“回头看”，实行“二次办理”，提高代表建议办理实效和满意率。代表在市十八届人大一次会议以来提出的89件建议，均得到及时办理和答复。

（王世国）

12月28日，北安市第十八届人民代表大会第二次会议投票现场（市融媒体中心 供图）

北安市人民政府

综 述

【概 况】 2022年，北安市政府深入学习贯彻习近平新时代中国特色社会主义思想，坚持稳中求进工作总基调，以推动高质量发展为主题，全面贯彻新发展理念，统筹发展和安全，知难而进、迎难而上，全力战胜前进道路上的各种困难与挑战，依靠顽强斗争打开事业发展新天地。 （刘振鹏）

【经济发展】 2022年，北安市政府稳定市场主体。全面贯彻稳经济一揽子政策和接续措施，“民营经济38条”“板块联动促消费”“减税降费”等举措落地见效，市乡两级领导干部包联帮扶企业（项目）3906户，协调超百亿贷款助企纾困，兑现扶持资金6784万元，释放税收政策红利1.06亿元，发放政府消费券900万元、拉动消费1.13亿元，切实打通经济内循环。新增规上企业4户、限上企业10户，新登记市场主体4373户。深化创新驱动，企业投入研发、技改经费破亿元，实施数字化、绿色化技术改造8项。象屿100万吨扩能改造项目当年立项开工、当年建成投产，实现产值27亿元；宜品乳业获评“龙江质量品牌”优秀民营企业50强；华升食品数字化（智能）示范车间建成。新认定科技型中小企业25户、高新技术企业2户，省企业技术中心1个。经开区质效双升，完成经开区管委会机构改革，修编健康产业园、现代物流园控详规划，储备土地2平方千米。基础设施进一步提升，原水管线升级工程铺设完毕，新入园企业7户，实现主营业务收入63.5亿元，增长9.3%。 （刘振鹏）

【项目建设】 2022年，北安市政府招商引资再提效。践行“五精”理念，成立13个产业链专班精准招商、延链强链，落实招商引资项目45个，总投资252.27亿元，其中超亿元项目19个，实际利用内资增长71%。与世界500强太平洋建设集团开展战略合作，聘请“招商大使”助力招商。北安市成功承办黑河市招商引资北安现场推进会，并作典型发言。项目建设在增速，实施重点项目54个，开复工“百大项目”22个。上海电气北安100兆瓦风电平价

5月22—23日，黑河市招商引资大会暨招商项目北安现场推进会

（市融媒体中心 供图）

上网、宜品绵绵飏农牧场等项目建成投产；国家电投北安整市屋顶分布式光伏、新希望佳沂冷链调理品、金禾润北安粮油加工等项目落地开工；飞鹤乳制品全产业链各项目整体顺利推进，落实项目、年度投资数量均居黑河各县（市区）首位。向上争取再突破，积极从政策中找机遇、跑项目，加大资金对接争取力度，到位中央和省转移支付补助资金38.1亿元，一般债券、专项债券7.2亿元，创历史新高。（刘振鹏）

·解释说明·

“五精”理念：围绕主导产业精密谋划招商；围绕重点企业精准对接招商；围绕区域共建精诚合作招商；围绕优化环境精心服务招商；围绕要素保障精确助力招商。

【现代农业】 2022年，北安市政府严守粮食安全责任，稳粮扩豆任务完成，粮食总产实现11.51亿公斤。农业基础更加牢固，实施水利工程8项，建设高标准农田、黑土地保护示范区1.29万公顷，落实国家、省市试验示范项目22个，打造农业科技示范园区（基地）36处4400公顷。新建国家级大豆育种示范展示基地2处，培育专业技术型制种企业21家，大豆良种繁育能力达15万吨。企地合作硕果累累。深化拓展垦地合作，高标准打造“赵光模式”，央视新闻两次进行宣传报道。养殖产业提标扩面，畜牧规模化养殖场发展到46家，奶牛存栏1.4万头，生猪出栏23万头。大水面生态渔业扩至1333公顷。林业产值实现4.6亿元。北安市入列全国大豆、乳品产业集群建设市，成功创建国家大豆科技自强示范县。城郊乡获批国家级农业产业强镇。（刘振鹏）

【城乡发展】 2022年，北安市政府发展定位更加明确。建立市域“三区三线”和国土空间规划数据库，推进乡村两级国土空间规划编制。北安作为唯一县级市入列全省国土空间规划“综合型城市”方阵，黑龙江省北部区域性中心城市、交通枢纽城市、连接黑河和哈尔滨“传递性”城市、国家重要绿色食品基地的发展定位进一步明确。城市品质全面提升。投资0.77亿元，建成污水管网设施排查GIS系统，新建改造供排水、供热管网14.3千米，二次供水设施改造计划全面完成。投资5.36亿元，实施乌裕尔西大街城市更新项目，建成回迁安置楼4栋；改造老旧小区178栋72万平方米，惠及居民9113户。修缮提升省委旧址和龙江园周边环境，龙江路北段改建工程顺利推进。新型智慧城市一期建成，43家服务机构融入城管体系。常态化开展市容整治等专项行动，城市管理水平进一步提升。村屯面貌明显改善，投资1.69亿元，实施通主路等76千米路网提升工程，建设农村供水保障工程19处、垃圾分拣中心60个，新建改造农民住房761户，东丰新村等27个村屯基础设施整体提升。巩固拓展脱贫攻坚成果同乡村振兴有效衔接，继续发展光伏发电、庭院种植养殖、北药种植等增收产业，投入生产奖补、医疗保障等资金1259万元，脱贫人口人均收入突破1.47万元，通过省级脱贫攻坚成果实地考核验收。北安市被评为全国农村集体产权制度改革工作先进集体。生态环境持续向好，“三长制”有序实行，办结第二轮中央生态环保督察反馈信访案件26件；改造燃煤锅炉14台，连续4个秸秆禁烧期无火点；扎实开展河湖清“四乱”，排查整治入河排污口62处、黑臭水体3处、侵蚀沟139条；实施造林绿化39.88万平方米，耕地保护性耕作公顷8.17万公顷。（刘振鹏）

【社会事业】 2022年，北安市政府优先发展教育事业。新增公办幼儿园3所、普惠性幼儿园11所，维修改造校园12所，北安一中新建教学楼投入使用、校区提标扩建工程稳步推进；精准落实义务教育“双减”改革，北安八中被评为省级教育评价改革试点校；改造升级职教中心办学条件，职业教育综合培训基地建成使用，人才培育输送成效显著。全面实施城乡医疗防控能力提升项目，市第一人民医院新门诊住院综合楼投入使用，医疗物资储备中心建成，打造区域特色医疗专科22个；全面推进紧密型医共体建设，分级诊疗制度、中医药服务基本覆盖城乡。高标准改造省委旧址陈列馆，建立馆藏文物数字化资源库，省委、省政府旧址和北安博物馆实现云展览；举办第五届朝鲜族初伏节活动，红色文化、特色文化品牌效应愈发凸显。北安乌鱼绣作为全省唯一“非遗工坊”入选全国典型案例。承办国家、省级等大型体育赛事3次，北安籍运动员曲春雨在北京冬奥会上为国摘得首金。（刘振鹏）

【民生事业】 2022年，北安市政府践行为民初心，办好办成惠民实事17件，因政策调整消减1件。累计投入民生资金38.7亿元，一批群众“急难愁盼”问题得到有效解决。高质量稳就业，持续打造“乌裕尔”人才培育品牌，培训专业技能人才3370人次；城镇新增就业4300人。东北亚社区被评为全国首批充分就业示范社区。高标准保民生，降低特殊人群大病保险起付标准，发放低保、优抚等民生资金1.12亿元，社保扩面9156人。医保服务实现一体化运行、一单制结算。补贴0.6亿元，应急接管供热企业2户，勇担市区和通北2.75万户239.4万平方米居民供暖责任。优化社区网格，改造服务场所5个，补强社区工作力量32人，基层治理服务能力进一步提升。高效率促稳定，深化欠薪源头治理，为1028名劳动者追回拖欠工资1946万元。全方位开展“百日护航”“安全生产百日攻坚战”等行动，6200多人次日夜拉紧“安全防护网”，守住事故“零发生”底线，安全生产专项整治三年行动收官。全国第一次自然灾害综合风险普查任务扎实完成，连续32年未发生森林重特大火情。加强人民信访工作，推进“一站式”非诉讼纠纷调解中心建设，依法依规解决群众合

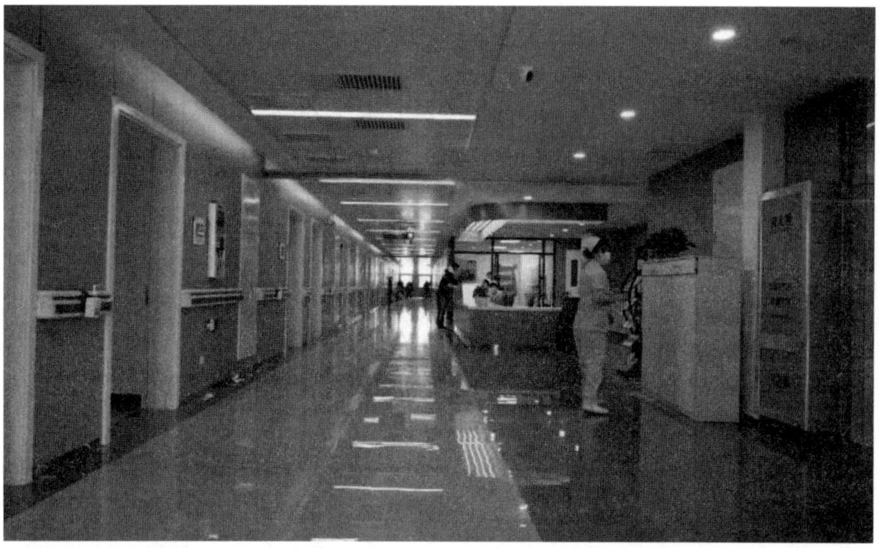

市第一人民医院新门诊住院综合楼病房环境整洁　　（市第一人民医院　供图）

理诉求 1.17 万件次，一批历史遗留难题得到有效化解。加强公安指挥中心一体化建设，禁毒领域取得重大战果，违法犯罪案件持续降低，治安形势稳固向好。北安市看守所晋升黑河市唯一“全国一级看守所”。　　（刘振鹏）

重要会议

【北安市政府第一次全体会议暨廉政工作会议】 2022 年 1 月 21 日，北安市政府 2022 年第一次全体会议暨廉政工作会议召开。会议强调全市政府系统广大干部迅速把思想统一到市委、市政府决策部署上来，紧盯目标、迅速行动，展现政府工作新气象，开创经济发展新局面，回应人民群众新期盼。会议要求各单位坚定推动发展的决心和信心，紧盯各项发展任务不放松，强化狠抓落实的措施和保障，统筹疫情防控和经济社会发展，在奋力建设区域中心城市的进程中突破进取，确保首季“开门红”、完成全年目标任务，以优异的成绩迎接党的二十大胜利召开。　　（冯婷婷）

【“能力作风建设年”工作会议】 2022 年 4 月 24 日，北安市政府“能力作风建设年”工作会议召开。会议传达了省委书记许勤专题办公会议的讲话精神，及对北安市招商引资工作落实建议。会议明确指出提升招商引资工作水平、全力以赴让更多更大更好的项目落地，是北安经济社会发展有力支撑。会议要求各单位要切实增强工作责任感和紧迫感、切实提升招商工作能力和水平、切实提升招商引资质量和效率，努力招引一批龙头型、基地型、辐射力、带动力、整合力强的大项目，带动全市经济大跨越，为北安高质量大发展提供强大动能。　　（冯婷婷）

【市政府党组会议】 2022 年，北安市人民政府召开党组会议 8 次，会议均由北安市委副书记、市长李华主持召开。　　（冯婷婷）

2022年市政府党组会议纪要

表2

会议时间	会议名称	会议内容
1月15日	第一次会议	会议传达学习中共黑河市第七次代表大会和中共黑河市第六届委员会第十二次全体会议暨市委经济工作会议精神；听取黑河市第七届人民代表大会第一次会议和政协黑河市七届一次会议精神；安排部署全市2022年意识形态工作、全市2022年党风廉政工作、全市2022年政府自身作风建设工作
3月1日	第二次会议	会议传达学习习近平总书记在中共中央政治局第三十五次集体学习讲话精神；听取“强纪律、转作风、抓落实、促发展”专题廉政教育和市政府副市长、党组成员工作分工；听取相关干部任免职
3月24日	第三次会议	会议听取全市“机关能力作风建设”专题讲座；传达学习全国“两会”精神及习近平总书记在全国“两会”期间的重要讲话精神和省委书记许勤在黑河调研时的讲话精神；听取相关干部任免职
5月6日	第四次会议	会议传达学习国务院第五次廉政工作会议精神、黑龙江省十三次党代会精神、学习《中国的粮食安全》白皮书；讨论“解放思想、振兴发展”专项研讨；听取相关干部任免职
8月10日	第五次会议	会议听取北安市法治政府建设专题讲座、市机关“能力作风建设年”活动攻坚破难计划推进工作、市政府市长、副市长分工、相关干部任免职
10月14日	第六次会议	会议传达学习《习近平谈治国理政》第四卷学习研讨、习近平总书记在中央政治局第四十次集体学习时重要讲话精神；听取市政府党组班子成员履行全面从严治党主体责任落实“一岗双责”情况汇报、相关干部任免职
11月2日	第七次会议	会议学习贯彻党的二十大关于十九届中央委员会报告的决议、习近平总书记在党的二十大闭幕会上的重要讲话精神、中国共产党第二十届中央委员会第一次全体会议公报、中国共产党第二十次全国代表大会关于《中国共产党章程（修正案）》的决议以及省委、黑河市委领导讲话精神；讨论围绕学习贯彻党的二十大精神进行研讨发言，部署市政府系统学习宣传贯彻落实工作
12月15日	第八次会议	会议传达学习习近平生态文明思想；听取全市安全生产责任清单落实情况及党风廉政建设情况汇报、相关干部任免职

【市政府常务会议】 2022年，北安市人民政府召开市政府常务会议23次，会议均由北安市委副书记、市长李华主持召开。 （冯婷婷）

2022年市政府常务会议纪要一览表

表3

会议时间	会议名称	会议内容
1月4日	第一次会议	会议传达学习习近平总书记重要指示和中央、省系列会议精神；听取北安市中央生态环境保护督察交办案件办理工作、北安市《政府工作报告》工作任务分解等情况汇报；听取北安市贯彻落实意见及下步工作安排、2022年开春开复工项目、力争落地项目和争取重大重点项目汇报；听取全市“两节”期间疫情防控工作暨“百日护航”行动和信访维稳工作暨“百日护航”行动开展情况汇报
1月24日	第二次会议	会议传达习近平总书记重要指示和中央、省系列会议精神及2022年北安市种植业结构调整工作会议精神；听取全市2022年春季开复工重点项目进展、全市招商引资“虎跃之冬”工作开展、全市城镇燃气安全排查整治工作、全市城镇国有建设用地基准地价调整更新和全市“两节”期间困难群众基本生活保障等情况汇报；听取化解历史遗留问题及资金使用情况汇报
2月16日	第三次会议	会议讨论《北安市人民政府工作规则（修订稿）》《北安市开展法治宣传教育的第八个五年规划（2021—2025年）（讨论稿）》北安市有机固废低温绝氧热解碳化及资源化项目汇报及《北安县域固废综合处理处置与资源化利用项目合作协议书（讨论稿）》关于涉粮问题专项巡察工作汇报及《北安市涉粮问题专项巡察“回头看”反馈意见整改工作方案》（讨论稿）；传达黑龙江省各战线“十四五”时期系列规划落实意见汇报；听取全市2022年备春耕生产工作、黑河市北安生态环境局办公用房产权置换和2月全市大额资金申请使用等情况汇报
3月7日	第四次会议	会议传达学习习近平总书记重要讲话精神及省系列会议精神；听取全市国企改革工作推进、“开春即开复工”项目推进、2022年春防准备工作、老旧小区改造和全市招商引资“虎跃之冬”工作开展等情况汇报；听取北安市2022年优化营商环境、公开招聘公安警务辅助人员、司法警务辅助人员的等工作汇报；讨论《北安市第三届劳动模范候选人员名单（讨论稿）》讨论北安市人民政府与黑龙江福运来食品有限公司合作相关事宜、中诚创景文化产业发展有限公司、中青旅海投商业运营管理有限公司合作相关事宜
3月25日	第五次会议	会议听取北安市聘用法律顾问工作、全市收回年产30万吨饲料厂土地使用权及返还土地使用相关税费、全市服务市场主体发展惠企服企工作及申请招聘市场协管员和全市城区供热提标扩能等情况汇报、关于全市落实社区干部待遇建议汇报、关于全市公用事业服务中心、城市建设服务中心、排水事业保障中心经费形式变更申请的汇报；讨论北安市人民政府与北京黑龙江省北安企业商会委托招商合作事宜以及《农村人居环境整治整体提升五年行动方案（2021—2025）（讨论稿）》《北安市2022年根治欠薪工作方案（讨论稿）》

续表 3

会议时间	会议名称	会议内容
4月7日	第六次会议	会议听取2022年度北安市人大代表建议和政协委员提案交办情况汇报、关于全市县域经济形势分析及下一步工作重点汇报和全市国有资产资源清理、全市分布式光伏发电项目汇报、全市5个补充耕地项目移交等情况汇报；讨论《北安市政府领导2022年度安全生产工作清单》《北安市森林草原火灾应急预案（2022年修订稿）》《北安市应急管理局2022年度安全生产监督检查计划》《关于残疾人两项补贴审核审定权限下放到乡镇（街道）试点的实施方案（讨论稿）》和《北安市关于涉粮问题专项巡察“回头看”整改进展情况的报告（讨论稿）》
4月24日	第七次会议	会议听取全市信访、农机购置补贴专项整治、社会治安防控体系建设工作及禁毒工作开展、国家电投屋顶光伏项目在北安市城区内建设、鑫业再就业担保贷款有限责任公司参加北安市国企改革等情况汇报；讨论《北安市公共数据资源共享管理暂行办法（讨论稿）》《北安市贯彻落实第二轮中央生态环境保护督察反馈意见整改方案（讨论稿）》《北安市2022年巩固拓展脱贫攻坚成果与乡村振兴有效衔接工作实施方案》（讨论稿）和《北安市河道巡查保洁员制度（讨论稿）》等工作；讨论北安市人民政府与黑龙江省交通投资集团有限公司和黑龙江飞鹤乳业有限公司合作事宜
4月26日	第八次会议	会议听取北安市一季度经济形势分析及二季度经济指标预测工作；传达省系列“十四五”规划承接工作；听取北安市债券申请工作
5月9日	第九次会议	会议传达学习中央、省、黑河市系列会议精神；研究讨论《北安市承接黑河市攻坚破难计划台账（讨论稿）》《招商引资优惠政策（修订版）（讨论稿）》《北安市突发环境事件应急预案（讨论稿）》《北安市危险化学品和废弃化学品泄漏突发环境污染事件应急预案（讨论稿）》《北安市处置侵华日军遗弃化学武器伤害事件应急预案（讨论稿）》《北安市重大刑事案件应急预案（讨论稿）》《北安市治安应急保障预案（讨论稿）》；听取北安市房屋隐患排查专项整治、通北和赵光饮水工程项目建设进展、北安市环境空气质量、北安市第三次国土调查工作等情况汇报
5月31日	第十次会议	会议听取北安数字经济发展、生物经济发展、冰雪经济发展、创意设计产业工作、依托黑龙江第三医院瑜璟院区设立北安市残疾人康复中心、全市稳经济工作、全市国企改革工作推进、经济开发区重点工作推进、市政府2022年履行教育职责工作、北安庆华风电工程服务公司要求兑现返税政策、中央储备粮北安直属库有限公司用地情况及处置建议及北安市农村住房等情况汇报
6月17日	第十一次会议	会议听取1—5月全市主要经济指标运行情况及上半年预计完成情况汇报；听取全市开展“生态边城、乐享钜惠”搞活流通促进消费活动、全市激发市场主体活力促进市场主体增长工作、全市防汛工作、通北镇引水工程建设项目和北安市净水厂升级改造二期工程建设项目临时指挥部情况的汇报；听取成立北安市医疗机构提标扩能建设项目指挥部的汇报；听取成立北安经济开发区农产品加工产业园标准厂房建设项目和北安市经济开发区基础设施建设项目工程指挥部的汇报；讨论北安市与浙江省新能源投资集团股份有限公司合作相关事宜
7月5日	第十二次会议	会议传达学习贯彻习近平总书记重要讲话和中央、省、黑河市系列会议精神；听取北安市政府2022年重点工作上半年完成情况汇报；讨论《北安市政府性债务风险应急处置预案（讨论稿）》《北安市2022年畜禽养殖废弃物资源化利用工作实施方案（讨论稿）》《北安市畜禽养殖废弃物资源化利用工作考核办法（讨论稿）》和《北安市2022年度社会保险扩面征缴工作实施方案（讨论稿）》和北安市人民政府与华永鑫能源科技有限公司合作相关事宜；听取北安市大额资金申请使用情况汇报

续表 3

会议时间	会议名称	会议内容
7 月 12 日	第十三次会议	会议听取全市安全生产工作暨城市燃气安全隐患问题排查整治工作情况汇报；听取全市政府系统信访工作市县域经济工作和全市农业重点工作的情况汇报；讨论《北安市最低生活保障审核确认办法（讨论稿）》；听取全市新冠疫苗接种情况汇报；解决铁西区供热的问题
8 月 2 日	第十四次会议	会议通报北安市上半年主要经济指标完成情况及安排部署相关工作；传达黑龙江省农村户厕问题摸排整改视频调度会议精神，讨论《北安市农村户厕改造管护工作实施方案（讨论稿）》《北安市农村户厕问题整改工作实施方案（讨论稿）》《北安市农村泥草房专项整治行动工作方案（讨论稿）》、北安市多路微波电视传输中心破产工作情况汇报和《北安市多路微波电视传输中心破产实施方案（讨论稿）》；听取北安市 2023 年黑龙江省国道升级改造工程项目情况汇报和北安市经济开发区基础设施建设专项债券资金项目建设内容变更情况汇报
8 月 25 日	第十五次会议	会议讨论《北安市财政投资评审管理办法（讨论稿）》《北安市事业单位国有资产出租和对外投资管理暂行办法（讨论稿）》及《北安市财政资金支出管理办法（讨论稿）》《北安市重大涉外突发事件应急预案（讨论稿）》《北安市法治政府建设实施方案（2021—2025 年）（讨论稿）》《北安市进一步强化安全生产责任落实坚决防范遏制重特大事故若干措施任务分解方案（讨论稿）》《北安市妇女发展规划（2021—2025 年）（讨论稿）》《北安市儿童发展规划（2021—2025 年）（讨论稿）》《北安市加快科技创新推动高质量发展实施方案（讨论稿）》《北安市医疗共同体建设实施方案（讨论稿）》《北安市与河南省黑龙江商会战略合作协议（讨论稿）》及《北安市与谷川联行委托招商合同书解除协议（讨论稿）》《信义北安 150MWp 渔光互补光伏项目框架协议（讨论稿）》；听取北安市未纳人工资统发财政负担职工工资单位情况及建议的汇报和北安市闲置、出租和出借国有资产处置意见的汇报；听取提高北安市城乡低保和特困人员救助供养标准及发放困难群众一次性生活补贴汇报；听取北安市巩固拓展脱贫成果同乡村振兴有效衔接重点工作汇报；听取北安市开展职业技能培训、北安农垦森工系统属地化移交房产档案、闹龙河饮用水源地保护、北安市进一步盘活存量资产扩大有效投资工作等情况汇报；听取 2022 年北安市招聘、补充招聘劳动保障协理员情况汇报和北安市商务粮食局招聘协管员情况汇报
9 月 16 日	第十六次会议	会议听取北安市第三季度经济形势分析、净水厂升级改造二期工程进展情况汇报和接收农垦森工转运处理生活垃圾收费汇报；讨论《北安市深入打好污染防治攻坚战责任分工方案（讨论稿）》《北安市城市集中供热临时接管应急预案（讨论稿）》《北安市受灾群众转移安置工作协同联动实施方案（讨论稿）》《北安市气象灾害应急预案（讨论稿）》《北安市突发事件医疗卫生救援应急预案（讨论稿）》；讨论北安市人民政府与哈尔滨银山无害化处理有限公司合作相关事宜
9 月 28 日	第十七次会议	会议听取北安市林长制工作推进落实情况汇报和北安市供热成本监审工作情况汇报及启动北安市污水处理企业成本监审情况汇报、计划实施北安市乌裕尔大街、龙江路楼体亮化工程汇报；讨论《北安市突发地质灾害应急预案（讨论稿）》《北安市建设占用耕地耕作层土壤剥离利用工作实施方案（讨论稿）》《黑龙江北安通北国家粮食储备库国有资产无偿划转至黑龙江省储备粮公司及海星分库剥离划转方案（讨论稿）》；讨论北安市人民政府与太平洋建设集团战略合作、与康拜鹰朗（黑龙江）环保科技发展有限公司合作、与北安市金禾润粮油有限公司合作的相关事宜

续表 3

会议时间	会议名称	会议内容
10 月 10 日	第十八次会议	会议传达学习贯彻国家、省、黑河市系列会议精神；听取北安市政府各战线招商引资和项目建设情况汇报、《政府工作报告》起草工作筹备情况汇报、北安市交通安全管理工作情况汇报、2023 年北安市政基础设施谋划情况汇报、北安市人民政府与华电新能源集团股份有限公司黑龙江分公司合作相关事宜、北安市禁毒工作开展情况汇报、北安市承接黑龙江省、黑河市涉粮问题专项巡视发现问题及自查自纠整改工作汇报
11 月 6 日	第十九次会议	会议听取北安市第四季度经济运行调度会议
11 月 9 日	第二十次会议	会议听取北安市 2022 年惠民实事推进落实情况及 2023 年惠民实事谋划情况汇报；讨论《北安市 2023 年招商引资“招商之冬”工作方案（讨论稿）》《北安市关于推进社会信用体系建设高质量发展促进形成新发展格局的实施意见（讨论稿）》《北安市人防工程质量安全事故应急预案（讨论稿）》；听取北安市国有企业退休人员社会化管理服务中心建设及经费预算情况汇报、加强全市城市社区服务能力情况汇报、北安市公安局戒护大队招录警务辅助人员情况汇报；讨论北安市人民政府与黑龙江象屿农业物产有限公司合作相关事宜、北安市税收工作情况汇报
11 月 26 日	第二十一次会议	会议听取北安市安全生产工作、北安市人大代表建议和北安市政协委员提案办理情况汇报和北安市河流及水库利用、《北安市 2021 年财政决算的报告》批复、调整《北安市 2022 年财政预算方案（草案）的报告》、北安市 2023 年财政预算编制、《北安市申报 2023 年政府债券需求及债券到期本金再融资情况报告》情况汇报；讨论《北安市关于建立健全分层分级精准防控末端发力终端见效工作机制推动食品安全属地管理责任落地落实工作实施方案（讨论稿）》《北安市城市供水事故应急预案（修订稿）》《北安象屿金谷生化科技有限公司二期扩建项目合作补充协议书（讨论稿）》《中国融通北安大豆全产业链项目框架协议（讨论稿）》
12 月 14 日	第二十二次会议	会议听取北安市行政许可事项清单梳理工作和北安市 2022 年根治欠薪工作、中央生态环境保护督察反馈意见整改和全省入河排污口“回头看”督察发现问题整改工作落实等情况汇报；讨论《北安市 2022 年度根治欠薪“冬季攻坚战”专项行动实施方案（讨论稿）》《北安市支持创意设计产业发展若干政策措施（讨论稿）》《北安市全民健身实施计划（2021—2025 年）（讨论稿）》《北安市农村公路管理养护体制改革实施方案（讨论稿）》《北安市推动公立医院高质量发展实施方案（讨论稿）》；讨论北安市人民政府与黑龙江康诺有机食品科技有限公司合作、与大庆绿电新能源有限责任公司、浙江省新能源投资集团股份有限公司合作相关事宜
12 月 16 日	第二十三次会议	会议讨论《北安市 2023 年市政府工作报告（讨论稿）》《北安市 2022 年国民经济和社会发展计划执行情况及 2023 年计划（草案）的报告（讨论稿）》《北安市 2022 年财政预算执行情况和 2023 年财政预算（草案）的报告（讨论稿）》；听取部分重点项目用地审批进展情况及土地年租金收缴及北安市如意街、黄河路房屋征收和保卫路征地推进、北安市 2022 年促消费工作、“两节”期间冰雪运动和文化活动安排等情况汇报

（冯婷婷）

【惠民实事】 2022年，北安市政府践行为民初心，全年共实施惠民实事18件，其中办好办成惠民实事17件、因政策调整消减1件。累计投入民生资金38.7亿元，一批群众“急难愁盼”问题得到有效解决。

2022年北安市18件惠民实事完成情况表

表4

序号	重点工作	完成情况	主办单位
1	实施教育优质均衡提升项目	完成	教体局
2	提高城乡低保和特困人员救助供养资金标准	完成	民政局
3	发放灵活就业人员社保补贴	完成	人社局
4	实施城市基础设施建设项目	完成	城管执法局
5	实施培训平台建设和职业技能提升行动	完成	人社局
6	实施乌裕尔西大街棚户区改造工程（回迁楼建设）	完成	住建局
7	实施政策性农业（种植业、养殖业）保险	完成	农业农村局
8	实施乡村振兴项目	完成	乡村振兴服务中心
9	实施2022年老旧小区改造	完成	房产服务中心
10	提升社区服务功能，改造5个社区办公服务场所，建设7个社工站，新建1处社区综合服务中心	完成	民政局
11	实施城乡医疗能力提升项目	完成	卫健局
12	实施城区道路排水、拓宽及二次供水改造工程	完成	城管执法局
13	实施通主路升级改造工程	完成	交通局
14	实施5项农村公路及通北林区16座危桥改造工程	完成	交通局
15	实施9处“平改立”改造及收尾工程	完成	交通局
16	实施老旧小区养老失能照护服务中心建设项目	完成	房产服务中心
17	实施乌裕尔公立幼儿园建设项目	完成	教体局
18	提高职工（财政全额供养人员）供热补贴400元	暂不实施	财政局

（胡婧雯）

政务服务

【概 况】 2022年，北安市政府办公室（以下简称“市政府办”）围绕市委、市政府中心工作，立足服务发展大局，秉持“务实高效、真抓实干”的工作作风，充分发挥中枢职能作用。通过拓宽思路、创新机制、强化措施等方式努力提高服务质量，切实履行“综合协调、督查落实、信息调研、参谋决策”的职能作用，较好地完成各项工作任务。

（吴 爽）

【政务公开】 2022年，市政府办在主动公开、依申请公开、政府网站和政务新媒体监管、监督考核培训等方面，发挥政府信息和政务公开工作助力经济社会发展的作用。严格落实市政府下发《北安市2022年政务工作实施方案》和《北安市2022年政务公开工作实施方案》任务台账，明确各部门工作职责，进一步规范政府政务公开工作。全年，通过政府网站公开发布政府信息2631条。其中，政务动态信息更新1280条，信息公开目录更新1145条，概况类信息更新206条。公开政府重大会议信息32条，并均配新闻报道图片。公开规范性文件14条，所有规范性文件全部进行解读。公开市本级、部门及乡镇财政预决算，涉农补贴、乡村振兴衔接资金、财政资金直达基层等信息64条。重新梳理北安市2022年行政事业性收费目录清单，并实现与收费依据文件互链。公开行政许可处理决定18644条、行政处罚232条。持续做好疫情防控常态化信息发布工作，发布各类疫情防控信息114条。聚焦重点领域，公开重大项目、扶贫、教育、社会保障、食品药品、安全生产、环境保护、治安管理、公共文化服务、社会救助、市政建设、房屋征收等方面信息550条。在互动交流中收到留言49条均在规定时间内公开答复。认真贯彻落实上级工作部署，完成本年度新增6个领域基层政务公开标准目录的编制工作。全年到申请公开信件6件，其中线下3件、线上3件，答复率达到100%。加强政务新媒体管理，按季度开展政务新媒体排查整治，关停

无效账号 15 个，规范了政务新媒体秩序，政务新媒体全部纳入全国政务新媒体信息报送系统。（张高硕）

【督办落实】 2022 年，市政府办坚持“突出中心，狠抓落实”的工作原则，围绕重要会议做出的决策和重要文件提出的要求、北安市重点工作与重点项目、群众反映强烈的热点与难点问题，全力以赴开展督查督办。全年累计督办事项 1201 项，其中政府工作报告所涉及经济指标及重点工作 119 件；惠民实事 17 件；北安市政府主要领导批示 431 件；北安市政府常务会议议定事项 217 项；北安市长办公会及专题会议定事项 68 件；互联网 + 督查及人民网留言办理 101 件；黑龙江省、黑河政府工作报告所涉及北安市工作 136 项；攻坚克难、春耕秋收、供热供水、防火防汛等临时督办事项 112 件。（吴　爽）

【承办议案和提案】 2022 年，市政府办工作人员陪同北安市人大代表、北安市政协委员开展视察调研活动 20 多次，承办人大代表议案 89 件和政协提案（其中包含社情民意提案）106 件。在建议提案办理过程中，注重办理效率和质量，最大程度争取北安市人大代表和北安市政协委员满意办复率 100%。（吴　爽）

【办文办会】 2022 年，市政府办围绕政府重点工作，严把公文制发关，准确传达政府各项工作安排，共制发各类文件 450 多份。同时规范文件运转工作，指定专人承办公文的接收、拟办、传阅、督办、归档工作。全年共收发、传阅、归档国家、黑龙江省和黑河市以及本级文件 2700 多份。充分发挥综合协调作用，保证政府日常工作规范运行认真做好全市重要会议、重大活动的安排和服务工作。组织政府全体会 1 次，政府常务会议 23 次，政府党组会议 8 次，各类视频会议、临时办公会议 100 多次，承办上级和本级各类专业性会议、大型活动 60 多次。同时，政府办积极与有关部门配合，先后组织接待国家、黑龙江省、市领导 100 多次，高质量完成所有接待任务。（吴　爽）

【文字综合】 2022 年，市政府办全体人员认真履行参谋助手职责，持续开展加强学习和岗位练兵活动，为政府决策提供有效服务，以文辅政职能增强。依托各类教育活动，持续兴起学习实践的热潮，办公室形成浓厚的学习风气，全员的文字工作水平得到提升。围绕市委、市政府的发展思路和中心工作，通过调研和收集各方面工作情况，起草政府工作报告、政府全体会上的讲话以及调研、经验等一系列文字稿件 140 余篇。（吴　爽）

【教育活动】 2022 年，市政府办执行“三会一课”组织制度，开展“追寻红色记忆、传承红色基因、赓续革命精神”“红飘带”宣讲团等特色主题党员活动 10 多次，领导班子带头讲党课、专题辅导 3 次。以“机关能力作风建设年”活动为契机，定期组织开展理论学习，切实做好党员干部的教育引导工作，共开展解放思想、党的二十大等专题研讨 4 次、党员干部集体学习 10 次、支部全员述学 5 次、组建青年理论学习小组、组内学习交流 14 次。同时，组织党员干部充分利用学习强国、北安党建、北安干部教育云课堂等网络学习平台，加强干部对最新政策理论知识的学习掌握，激发党员干部坚定理想信念，立足岗位，努力工作，不断把能力作风建设教育活动引向深入。（吴　爽）

外　事

【境外抵返人员管理】 2022 年，北安外事办积极发挥主体职能，认真完成各项任务。在全市疫情防控期间，编写《北安市重大涉外突发事件应急预案》，对北安市各乡镇、街道的境外人口进行登记汇总，登记境外居住人口 800 多名。同时，协助主星乡身体行动不便的居民 1 人由韩国遣返回国。经过北安市外事办与黑河市外事办、杭州外事办（当事人入境地）、主星乡人民政府积极沟通协调，帮助其实现归国安置。（凌剑冰）

【苏军烈士墓踏查】 2022 年，北安外事办按照黑龙江省外事办及黑河外事办的文件要求，会同北安市退役军人事务局一起踏查、汇总苏联红军烈士墓情况，经调查全市有 1 座烈士纪念碑以及 3 座无名苏军烈士墓。（凌剑冰）

【外事志编写】 2022 年，北安外事办按照黑河市外事办《外事志·北安篇》篇目要求，全市外事办联系北安市档案馆查询资料，汇总梳理全市自 1984—2020 年间各领域涉及的外事工作，编写资料长篇 1 万字左右，搜集外事图片 161 项，（包含出访外国 18 项，外国来访 30 项）为黑河市外事志的编写打下基础。（凌剑冰）

信　访

【概　况】 2022 年，北安市信访工作形势明显好转，群众信访规范有序，为市域经济持续快速发展营造了安定祥和的社会环境。全年通过信、访、网、电等渠道，受理群众来访 1867 件次、4505 人次，比 2021 年分别下降 44.6% 和 7.2%；群众来信 282 件，比 2021 年上升 55.8%；网上投诉 716 件，比 2021 年上升 72.5%；电话诉求 1.16 万件，是 2021 年同期的 2.07 倍，基本做到事事有结果、件件有回音。（张　锐）

【信息化工作】 2022 年，北安市信访局网上信访工作办理来信 282 件，其中重访治理督办回流 3 件、国家局交办 2

件、转送98件、共享文件抄送102件、省局转送52件、市局转送4件、本级21件。网上投诉716件，其中重访治理督办回流6件、国家局督办3件、交办13件、转送407件、黑龙江省局转送176件、北安市局转送10件、本级101件。领导信箱52件，均为黑龙江省局转送，信访部门均按时转送，责任单位按期受理、自办，及时受理率为100%，群众参评率74.16%，群众参评满意率98.61%，重访治理化解率100%，重复率40%。接待群众来访登记1867件、4505人次，市领导接访39次、168件、376人次，比2021年次数下降15.2%，件次上升13.5%，人次下降27.6%。

（张　锐）

【突出问题化解】　2022年，北安市开展“领导接访下访推动矛盾化解”攻坚活动。全年北安市群众诉求调处中心接待咨询110件次，引导走调解程序案件50件次，调解成功率100%。群众对市长热线诉求来电11556件。其中，黑龙江省省长热线下交131件，黑河市市长热线电话来电4906件，北安市市长热线接听来电6519件，办结率90%。复查复核共接待31件次，作出不予受理决定30件，维持1件；进行5次矛盾纠纷排查行动，排查出线索150多件次。

（张　锐）

【信访法治建设】　2022年，北安市信访局制定《关于打击在信访活动中违法犯罪行为的通告》，联合政法委、公检法、司法、信访同时对社会发布，印制3000多份发至各乡镇、各街道办、市直各部门广泛张贴宣传，在信访接待大厅利用门口电子屏、室内电视墙滚动播出。5月，大力宣传新颁布施行的《信访工作条例》，集中宣传宣讲3次，悬挂宣传标语和条幅9幅，发放宣传单1万余份，现场受理群众咨询60多人次，对当场提出的信访事项直接交办责任部门2件。（张　锐）

【信访督查】　2022年，北安市信访局组织信访联席会议5次，对29件疑难信访事项进行专题研究和认定。2月，召开全市信访工作会议。6月，参与组织召开党的二十大安保工作会议，牵头组织召开各类信访事项协调会议17次，研究推进解决落实信访案件9件次。

（张　锐）

【政治生态考核】　2022年，北安市信访局参与黑河市委对北安市2021年度政治生态考核迎检工作，共搜集、整理、补充、完善、归纳涉及信访工作的14大项方面内容，为全市考核奠定信访方面工作基础。（张　锐）

【畅通信访渠道】　2022年，北安市信访局广泛转发、张贴疫情防控知识相关宣传及温馨提示，在门前电子屏展示疫情防控标语，对来访人员进行宣传教育，引导群众通过网上信访、短信、来信、来电、市长热线等渠道反映信访诉求，确需走访反映诉求，安排预约登记反映诉求。制定《关于近期群众来访接待工作的通告》，在微信公众号上进行刊登宣传，同时制作宣传海报展板等放置接待场所，通过广泛宣传引导，全力控减走访。（张　锐）

营商环境建设监督

【概况】　2022年，北安市营商环境建设监督局（以下简称“市营商局”），按照市委、市政府统一部署，以优化营商环境专项行动为抓手，结合能力作风建设年和优化营商环境专项行动，采取扎实有效的措施，政务服务、“放管服”改革、社会信用体系建设、营商环境评价指标优化提升、营商环境监督、项目服务保障等方面工作都取得了新成效、呈现了新亮点、实现了新突破。2022年7月，全国信用状况监测结果中显示，北安市综合信用指数在全国383个县级城市中排名82位，综合信用指数在全省23个县级市中排位第三位。

（徐丽娜）

【政务服务】　2022年，北安市实体政务大厅已入驻单位44家，开设服务窗口161个，入驻政务服务事项1001项。北安市政务服务网办事项总数为4008项，可网办率为100%：其中市级单位事项总数为1223项，乡镇街道（包括村屯和社区）事项总数为2785项，可网办率为100%。北安市政务服务网事项即办率为47.27%，网办深度82.22%。推行“不见面”审批，编制“全省事”App政务服务事项清单，总计2771项，加速政务服务移动端与“全省事”App对接，实现更多事项“指尖办”。水电气热、电信、公证、法律援助等项目均入驻政务服务中心，包含7家公共服务单位109项服务事项，新增31项。在“互联网+监管”系统数据补录工作中，完成北安市监管事项总数784项，监管对象5.52万个，累计监管信息录入1579项。（徐丽娜）

【窗口服务】　2022年，市营商局增设老年人专窗、“办不成事”反映窗口、政策兑现六类窗口。推进“一件事一次办”，累计梳理出“一件事”201个，并设立“一件事”专窗1个，全面实现流程再整合，时限再压缩，材料一次提交，事项一次办结。整合15家单位246项事项，实现“前台综合受理、后台分类审批、一个窗口出件”的模式。各单位分领域综合窗口759项事项，入驻综合窗口事项率达到省级要求。梳理省内协同办事项170项、跨省通办127项、高频事项100项。开设企业开办专区，与市监局研究制定“企业开办一网通办材料提交表”，对于涉及社保、公积金、税务等部门的材料进行精简，减少企业提交材料，压缩办理时限。协助市监局研究解决免费邮寄及免费刻制公章问题，打造最优化、最便利的企业开办流程。推行“一枚印章管审批（服务)”管理机制，通北镇可集中受理综合执法、农村农业、城镇规划、宅基地审批等17项关系人民群众的行政审批事项和公共服务事项。赵光镇已梳理涉及6个部门，52项政务服务事项，并完成网上数据录入。对全市9个乡镇、6个街道、62个行政村、19个社区便民服务中心(站)开展政务服务体系建设工作调研工作，完成乡镇（街道办事处)、村（社区）政务服务事项清单梳理工作，指导完成线上录入工作。

（徐丽娜）

【社会信用体系建设】 2022年7月，全国信用状况监测结果显示，北安市综合信用指数在全国383个县级城市中排名第82位，取得历史最好成绩。涉及政务守信践诺重点考核任务为8项，基本完成6项，按细化考核指标15项，已完成12项。按照“码上诚信”工作任务清单，鼓励企业和个体工商户申请信用报告识别码，完成了在餐饮、娱乐、交通营运、房地产中介等五个领域的推进，全年累计完成赋码13432家。推进信易贷平台企业入驻，全市有1695家企业在平台注册，通过平台授信笔数33笔，授信金额1.4亿元，为中小微企业解决融资难的问题。全市填报“双公示”信息21292条，填报及时率98.55%。加大信用分级分类监管力度，制定分级分类监管制度文件25份，46个领域制定“信易+”便企惠民措施，与市文广旅、卫健局、交通运输局、商务粮食局、教育局、住建局、房产服务中心等7个部门对接，开展“信易+购物、信易+住宿、信易+加油、信易+政务服务、信易+养老、信易+餐饮”等应用场景。9月，北安市政务服务中心、北安市图书馆分别开展了达子香分“信易+政务服务”、达子香分“信易+阅”场景应用启动仪式，引导广大市民充分认识到守信有益、信用有价，营造良好的信用文化氛围。（徐丽娜）

【优化营商环境】 2022年，市营商局制定《北安市2022年优化营商环境专项行动方案》，确定23个重点任务、185项配套措施、22个专班牵头部门按重点任务确定分管领导，落实责任到人，确定联络员负责与黑河市专班和市领导小组办公室联系对接持续推进各项重点工作任务。经过多次调整北安市优化营商环境专项行动任务总数325项，完成248项，未完成53项，持续推进13项，权限不在本级11项。领导小组办公室按月制定督导计划，召开专班联络员会议4次，解决各专班推进工作中存在的协调不顺畅、配合不及时、口径不对称等相关问题。召开优化营商环境座谈会，梳理企业当前面临的困难问题12项，明确初步解决方案，形成任务清单，帮助企业纾困解难。在市民大厦设立企业开办专区，为市场主体开办企业提供一窗式服务，全面实现公章刻制、材料邮寄、税务UKey、打印复印、帮办代办等五项服务全免费，每年可为新开办企业减少开办费用约50万元。

（徐丽娜）

【营商环境监督】 2022年，市营商局印发《北安市构建亲清政商关系行为清单》《北安市政商交流活动方案》，建立常态化工作机制，分级负责问题解决机制和企业问题诉求工作台账并进行完善，全市开展“政商沙龙”活动126次，走访市场主体565户，收集企业各类诉求86件，意见建议13个，已解决问题83个。制定《北安市重新调整招商引资项目全要素保障专班工作方案》，推进招商引资签约项目3项，赵光100兆瓦集中式风电开发项目和北安4兆瓦分布式风电开发项目通过容缺受理、承诺即开工等方式，助推项目早开工。全面落实黑河市《关于纪检监察机关监督保障优化营商环境的意见》和北安市机关能力作风建设暨优化营商环境工作会议精神，制定《北安市纪委监委、北安市营商环境建设监督局联合开展优化营商环境专项监督的公告》，充分调动群众积极性发挥群众的监督力量。选取24家营商环境企业监督点，分别为省级营商环境监测点4个、特邀监督员代表5个、协会商会3个、市四大班子领导包扶重点企业9个和个体工商户代表3个。市营商局与纪检委联合组成督导组，先后深入市民大厦、交警队大厅2家重点单位和国家电网、供水公司、供热收费大厅及各银行、通信企业营业部等全市各类窗口服务单位疫情防控措施和办事效率提升情况进行督导检查工作。

（徐丽娜）

中国人民政治协商会议北安市委员会

综　述

【市政协委员构成】　截至2022年底，政协北安市第十六届委员会有委员208人，来自14个界别。按界别分，中共党员18人，群团18人，政法军警9人，侨台界3人，民族宗教9人，农林界30人，经济界16人，民主党派15人，工商联27人，无党派13人，科技界7人，卫生医药界15人，文化艺术体育新闻界19人，教育界9人。（刘倚萱）

【服务中心工作】　2022年，政协北安市委员会（以下简称“市政协”）积极参与市委、市政府中心工作，协调推进大豆产业链、招商引资、脱贫攻坚等全市中心工作，助力经济社会发展。市政协召开大豆产业发展情况资政协商会，就大豆产业基本情况、存在问题、发展措施等方面进行咨询问政，形成加快大豆产业发展意见建议6条。成立大豆产业链专班，市政协副主席为牵头领导，政协为牵头部门开展精准招商引资工作。确定签约项目5项，拟签约项目4项，重点线索项目2项。与北大荒北安赵光九三大豆供应链管理（北安）有限公司多次联系沟通投资事项，并促成5000万元企业全额自主投资，北大荒北安赵光九三大豆仓储扩容项目落地，建设内容涵盖仓储库房、质检、地秤。持续巩固拓展脱贫攻坚成果，全年深入联系点宣讲党中央重要会议精神和重大决策10次；指导帮助联系点贯彻落实习近平总书记关于“三农”工作的重要论述精神；调研指导巩固拓展脱贫攻坚成果同乡村振兴有效衔接、乡村发展、乡村建设、乡村治理等重点工作情况，及时召开工作会议真帮扶解难题，推进各项乡村振兴工作取得实效。（刘倚萱）

11月21日，市政协召开大豆产业发展资政协商会　（市政协　供图）

【疫情防控】　2022年，市政协全力投入疫情防控阻击战，市政协班子成员先后33次深入社区、企业调研走访、下沉乡镇靠前指导疫情防控工作。市政协机关全体工作人员第一时间投身疫情防控各项工作，坚守岗位夜以继日奋战在“疫”线，或下沉社区担当抗疫志愿者；20余名政协常委、委员捐款捐物，并凝聚各方资源为抗“疫”助力。全市医卫界别委员16人次始终奋战在救治一线，彰显出政协委员“为国履职、为民尽责”的使命担当，展现新时代新征程中政协委员的新作为。（刘倚萱）

【专项工作】 2022年，市政协开展“能力作风建设年”活动，组织机关干部集中学习20多次；开展“解放思想、振兴发展”学习研讨会4次。市政协党组成员讲党课6次，深入基层委员联络室宣讲党的二十大精神4次。组织全体干部职工集体观看党的二十大开幕式，市政协机关干部撰写心得体会文章18篇。建立“基础业务+”知识题库1000题，坚持“每季一测”。按照“清单化明责、项目化履责、制度化督责”的要求，市政协对梳理出来的32个问题进行整改，制定整改措施，防止问题回潮反弹。健全完善工作落实机制，对2022年重点工作细化分解为4个方面、14项工作任务，明确牵头领导和专委会、完成时限和工作标准，由办公室负责跟踪督办落实。

（刘倚萱）

重要会议

【市政协十六届委员会第二次全委会会议】 2022年12月27日，市政协北安市第十六届委员会第二次会议，在北安市行政办公中心二楼会议室召开。会议应出席委员208人，实到142人，请假66人。来自北安市各界的政协委员肩负光荣的使命和全市人民的厚望，认真履行政治协商、民主监督、参政议政职能，为奋力谱写中国式现代化北安新篇章，建睿智之言，献务实之策。黑河市政协副主席、北安市委书记冯云，北安市委副书记、市长李华，北安市人大常委会主任孙金梅，北安市政协主席李兆臣，市政协副主席张丽，北安市政协秘书长蒋云龙参加开幕式。市委、市人大、市政府领导，法院院长、检察院检察长应邀出席开幕式。现职处级领导人，市政协历届离任主席、副主席老干部代表，老委员联谊会成员，驻北安黑河市政协委员，中省黑河市直驻北安单位负责人，各党（工）委、党组、市直各部门主要负责同志列席会议。冯云代表市委向大会的召开表示祝贺，并发表讲话。李华就政府工作报告向与会委员作了说明。会议听取政协北安市第十六届委员会常务委员会工作报告及政协北安市第十六届委员会常务委员会提案工作报告。开幕式结束后，参加会议的全体委员进行了分组讨论。大家围绕黑河市政协副主席、市委书记冯云在开幕式上的讲话、《政府工作报告》《政协十六届常务委员会工作报告》《政协十六届常务委员会提案工作报告》《北安市2022年国民经济和社会事业发展计划执行情况及2023年计划（草案）的报告》《北安市2022年财政预算执行情况和2023年财政预算（草案）的报告》《北安市法院工作报告》和《北安市检察院工作报告》踊跃发言，各抒己见。会议期间，李兆臣主持召开联组汇报会，听取了各讨论组讨论情况汇报。上午11时，政协北安市第十六届委员会第二次会议举行大会选举。市政协主席李兆臣，副主席张丽，秘书长蒋云龙出席会议。会议应到委员208人，实到委员142人，符合政协章程和选举办法规定。在审议通过选举办法、总监票人、监票人名单后，全体委员以举手表决方式通过赵峰辞去政协北安市第十六届委员会常务委员会委员职务，等额选举卜文豹、关英明当选为政协北安市第十六届委员会常务委员会委员。11时35分，大会举行闭幕式。会议审议通过了政协北安市第十六届委员会第二次会议决议，并宣读关于表彰优秀政协委员、“双为双创”标兵、优秀提案、提案承办先进单位的决定。

（刘倚萱）

【市政协十六届委员会第一次常委会会议】 2022年3月11日，政协北安市第十六届委员会第一次常委会会议召开，应出席常务委员39人，实到会35人，请假4人。会议的主要内容是学习习近平总书记重要讲话、重要指示和省委、黑河市委系列会议精神；传达省政府十二届五次会议精神、黑河市政协七届一次会议精神；讨论通过《政协北安市第十六届委员会常务委员会2022年工作要点》并通报《政协十六届一次会议提案审查情况的报告》。

（刘倚萱）

【市政协十六届委员会第二次常委会会议】 2022年7月7日，政协北安市第十六届委员会第二次常委会会议召开，应出席常务委员39人，实到29人，请假10人。会议主要内容是学习贯彻北安市委十八届常务委员会第十一次会议精神；传达习近平总书记重要讲话精神和中央、省、黑河市委、北安市委系列会议精神；讨论通过干部任免，决定李万桐任政协机关党委专职副书记不再担任综合办公室副主任职务、刘倚萱为市政协经济委员会副主任（试用期一年）。通过《委员调整名单》，同意李东霞、赵敏、于孝滨辞去政协委员职务；讨论通过《关于义务教育阶段减负工作开展情况的视察报告》和《关于北安市“数字供销”平台建设情况的视察报告》。

（刘倚萱）

【市政协十六届委员会第三次常委会会议】 2022年9月29日，政协北安市第十六届委员会第三次常委会会议召开，应出席常务委员39人，实到24人，请假15人。会议主要内容是传达《中国共产党政治协商工作条例》；学习传达习近平总书记重要文章和指示批示精神，省、黑河市委、北安市委系列会议精神；讨论通过干部任免，决定莫珊珊调任为市政协综合办公室副主任（试用期一年）；陈远为市政协教科卫体委员会副主任（试用期一年）；讨论通过《关于支持和服务民营经济高质量发展的视察报告》《关于北安市“安全生产专项整治三年行动”开展情况的视察报告》《关于提升基层医疗机构服务能力的视察报告》。

（刘倚萱）

【市政协十六届委员会第四次常委会会议】 2022年12月22日，政协北安市第十六届委员会第四次常委会会议以视频会议形式召开。应出席常务委员39人，实到39人。会议学习传达党的二十大精神和习近平总书记重要讲话，省、黑河及北安市委系列会议精神；听取政协十六届委员会提案办理情况通报；审议通过政协北安市第十六届委员会委员调整名单，不再邀请夏建辉等9人为政协委员职务。新补选李春峰、毕长英、李艳清、姚铁生、刘倩、王宏峰、曲波、王书宁、于凯、李万桐、孟祥远为政协十六届委员会委员；协商提出政协北安市第十六届委员会常务委员辞补建议人选名单，拟辞建议人选赵峰，补选建议人选关英明、卜文豹；听取了关于北安市第十六届委员会第二次会议筹备情况的汇报；审议通过政协北安市第十六届委员会第二次会议召开有关事宜；讨论了《政协北安市第十六届委员会常务委员会工作报告（讨论稿）》和《政协北安市第十六届委员会常务委员会提案工作报告（讨论稿）》；通过《关于北安市黑土地保护利用工作情况的调研报告》；讨论通过人事任免，决定王书宁为市政协农业和农村委员会主任，赵峰不再担任市政协农业和农村委员会主任。刘朕任市政协三级主任科员，提案文化文史和学习委员会副主任，许琳琳为市政协农业和农村委员会副主任（试用期一年）。

（刘倚萱）

【市政协十六届委员会第五次常委会会议】 2022年12月27日，政协北安市第十六届委员会第五次常委会会议召开，应出席常务委员39人，实到39人。会议由市政协主席李兆臣主持。会议审议通过《选举办法（草案）》；总监票人、监票人建议名单及政协十六届二次会议《决议（草案）》；审议确定政协十六届委员会常务委员候选人名单。

（刘倚萱）

政治协商

【概　况】 2022年，市政协利用全体会议、常委会会议、主席会议、对口协商会议等形式，就全市改革发展稳定的重大部署、重要事项、重点民生问题开展协商。围绕"一府两院"等报告以及全市经济社会发展中的热点、难点问题，进行全体会议协商，对推动全市重点工作的落实、加快经济社会发展提出富有建设性的意见和建议。建立并完善北安市《政治协商规程》，从制度层面解决协商什么、跟谁协商、协商后怎么办等问题。坚持"三主动"工作原则，制定好年度协商计划并抓好组织实施。同时市政协提高专题资政协商会议质量，扩大协商影响，形成协商成果，为市委、市政府科学决策提供民意支撑和智力支持。全年组织召开1次全会协商、4次常委会专题协商、2次主席会议视察、12次提案办理协商。（刘倚萱）

·解释说明·

"三主动"：主动向市委请示、主动与市政府协商、主动同党政部门沟通。

【专题协商】 2022年，市政协召开大豆产业发展情况资政协商会，就大豆产业基本情况、存在问题、发展措施等方面进行咨询问政，形成加快大豆产业发展意见建议6条。（刘倚萱）

【对口协商】 2022年，市政协聚焦全市中心工作，紧扣北安市大事要事，重点对民营经济、"数字供销"平台建设、黑土耕地保护利用、提升基层医疗机构服务能力、养老服务体系建设、义务教育阶段减负工作、安全生产专项整治三年行动情况开展调研视察、民主协商，撰写调研报告9篇，提出意见建议36条。（刘倚萱）

民主监督

【协商议政】 2022年，市政协坚持把协商议政作为民主监督的重要平台，首次在市工商联、铁西党工委、赵光镇委员联络室分别召开议政协商会，就委员和群众关心的问题进行民主协商并邀请相关部门领导同志参加协商议政，实现了民主协商活动向基层延伸。

（刘倚萱）

【视察调研】 2022年，市政协坚持把视察调研作为民主监督的重要工作，通过组织委员对减轻义务教育阶段学生作业和校外负担、安全生产专项整治三年行动、金街商业区建设等情况的视察，对各项工作进行专项督导，同时向市委、市政府及相关单位提出改进建议。

（刘倚萱）

【提案督办】 2022年，市政协坚持把提案督办作为民主监督的重要载体，通过召开委员座谈会、个别交谈、面对面协商以及专题督办等形式，听取委员意见，主动走访党派团体、参加单位及有关承办单位，对提案的办理责任制、办理措施、办理进度、办理效果开展监督，针对办理工作中存在的问题，提出民主监督意见建议，实现民主监督与提案工作的有机统一。（刘倚萱）

提案工作

【概　况】 2022年，北安市广大政协委员深入调查研究，积极建言献策。全年收到提案132件，立案82件（其中25件为并案），转社情民意25件，提案和社情民意办理答复委员满意率为97.5%。在立案提案中，民主党派、工商联和各参加单位团体提案21件。从立案提案类别看，农业农村方面18

件，占立案总数的21.9%；工业、交通、商贸物流方面14件，占立案总数的17.1%；城市建设方面13件，占立案总数的15.9%；文教卫体方面27件，占立案总数的32.9%；民生方面10件，占立案总数的12.2%。（刘倚萱）

【重点提案办理】 2022年，市政协领导督办重点提案3件，各相关部门重点督办13件。其中，市政协委员提出的《关于乡村振兴产业先行的建议》《关于加大农村土地科学管理提质增效的建议》《关于积极打造美丽宜居乡村环境的建议》的提案，被相关部门将委员建议纳入工作要点并建立长效机制。委员提出的《关于加快工业互联网建设 助推实体经济高质量发展的建议》提案，实施“互联网＋工业”行动计划，全力打造优势产品产业链；《关于加快北安市现代商贸物流业发展的建议》提案，市政府采纳意见，落实到相关工作决策并列入经济社会发展规划之中，为推动北安市经济高质量发展起到很好的促进作用；委员提出的《关于进一步规范北安市幼儿教育的建议》提案，市政府高度重视，加快改善幼儿学校办学条件，优化师资配置，均衡教育资源；相关部门认真落实委员提出的《关于提升文化旅游产业发展的建议》提案，形成了邀请专家策划、挖掘地域红色文化资源、红色文化推动文化产业发展的工作规划；提案委员会会同市政府办公室联合召开提案办理协商会议，针对《关于让更多的本土大学生“回家”就业的建议》《关于加速建设“互联网＋创业”行动先行区的建议》提案，形成了一系列关于引进人才、促进“双创”机制和互联网平台建设有效措施的协商意见；委员提出的《关于改造老旧小区的建议》《关于加强弃管小区管理的建议》等提案，市政府积极向上争取，进一步加大老旧小区改造及配套设施建设力度，为广大居民营造了良好的生活环境；委员提出的《关于垃圾分类处理工作的建议》提案，市政府高度重视，将有关意见建议有效融入决策，相关部门积极推进落实；《关于改善农村生态环境的建议》提案，进一步充实完善农村环境卫生治理长效机制，促进生态环境持续改善。

（刘倚萱）

2022年北安市政协十六届一次会议优秀提案一览表

表5

序号	提案号　提案者	办理单位	办理结果	案　由	推荐理由
1	3号提案 边世兴	北安市教育体育局	A	关于减轻义务教育阶段学生作业和校外培训负担的建议	副市长孙明华领办的重点提案
2	7号提案 屈天元　林　刚　李东升	北安市商务粮食局	B	关于加快北安市现代商贸物流业发展的建议	市委常委、副市长王曾新领办的重点提案
3	8号提案 闫　强	北安市交通运输局	B	关于加强农村公路养护的建议	—
4	15号提案 尹作生	北安市人力资源和社会保障局	B	关于加速建设“互联网＋创业”行动先行区的建议	—
5	26号提案 刘冬梅　刘金凤　王志英	北安市民政局	A	关于加强社区网格员队伍建设的建议	北安市副市长、市公安局局长韩海军领办的重点提案
6	29号提案 刘　成　郑　顺	北安市卫生健康局	B	关于推进北安市医疗卫生事业发展的建议	副市长孙明华领办的重点提案
7	40号提案 赵亚玲	北安市公安局	B	关于加强城市交通秩序整治的建议	北安市副市长、市公安局局长韩海军领办的重点提案

续表 5

序号	提案号　提案者	办理单位	办理结果	案　由	推荐理由
8	43 号提案 周　君	北安市人力资源和社会保障局	A	关于让更多的本土大学生“回家”就业的建议	—
9	46 号提案 宫宇生	北安市房产服务中心	B	关于改造老旧小区室内下水管道的建议	—
10	64 号提案 王　莹	北安市工信科技局	B	关于加快工业互联网建设助推实体经济高质量发展的建议	—
11	70 号提案 民盟北安市委	北安市工信科技局	B	关于有效促进常态化疫情防控下中小微企业发展的建议	—
12	82 号提案 北安市工商业联合会	北安市市场监管局	B	关于疫情防控期间扶持餐饮行业持续稳定发展的建议	—

（刘倚萱）

北安市区航拍图　　（北安摄影家协会　供图）

中共北安市纪律检查委员会 北安市监察委员会

综 述

【概 况】 中共北安市纪律检查委员会与北安市监察委员会（以下简称“市纪委监委”），忠实履行党章和宪法赋予的职责，坚持全面从严治党战略方针不动摇，坚定不移正风肃纪反腐，充分发挥监督保障执行、促进完善发展作用，各项工作取得新进展新成效。市纪委监委立案数在黑龙江省 125 个市县区基层纪委榜单上排名第 15 位，首次进入前 20 名，获全省纪检监察系统先进集体荣誉称号。 （施 楠）

【第十八届纪律检查委员会第二次全体会】 2022 年 7 月 15 日，中共北安市第十八届纪律检查委员会召开第二次全体会议。市委书记冯云出席会议并强调，全市上下要坚决贯彻落实党中央和省市委关于全面从严治党的战略部署，持续深化新时代自我革命的成功实践，深刻领会把握自我革命的宝贵经验、历史成就和战略部署，坚持不懈把全面从严治党向纵深推进，让清廉成为北安的鲜明标识。会议审议通过杜鑫代表市纪委常委会所作的题为《坚定不移正风肃纪反腐为建设中国式现代化北安提供坚强纪律保障》的工作报告。 （施 楠）

【市巡察工作会议暨十八届市委第一轮巡察工作动员部署会】 2022 年 4 月 6 日，北安市巡察工作会议暨十八届市委第一轮巡察工作动员部署会议以视频形式召开，市委副书记宫凯出席会议并作重要讲话。会上，组织部部长霍立东宣读《十八届市委第一轮巡察组组长、副组长授权任职及任务分工的决定》，市巡察工作相关负责人宣读了《十八届市委第一轮巡察工作方案》起草说明及《关于通报表扬 2021 年度优秀巡察干部的决定》。会后，举办十八届市委第一轮巡察业务培训班，市委第一巡察组组长于静结合巡察工作的主要任务、巡察工作中精准发现问题线索的途径和方法及注意事项进行授课，培训结束后所有参训人员签订《巡察组工作人员保密承诺书》。 （董晓东）

【第十八届市委第二轮巡察动员部署会】 2022 年 11 月 17 日，北安市召开巡察工作会议暨十八届市委第二轮巡察动员部署会。市委常委、纪委书记、监委副主任、代主任、市委巡察工作领导小组组长杜鑫，组织部部长、市委巡察工作领导小组副组长霍立东出席会议。会上宣读了《十八届市委第二轮巡察组组长、副组长授权任职及任务分工的决定》《十八届市委第二轮巡察工作方案》起草说明及《关于通报表扬十八届市委第一轮优秀巡察干部的决定》。会议强调，要提高政治思想认识，把牢政治巡察职能定位。要精准把握工作要求，切实提升巡察工作质量。会议要求：加强自身建设，打造作风过硬的巡察队伍。 （董晓东）

监督执纪

【政治监督】 2022 年，市纪委监委紧扣党中央重大决策部署和习近平总书记重要讲话重要指示批示精神开展监督检查 58 次，发现并督导整改问题 86 个，保障党中央重大决策部署落地见效。加强对“一把手”和领导班子的监督，主动约谈“一把手”及班子成员 239 人次，给予党纪政务处分 18 人，有力督促领导干部严于律己、严负其责、严管所辖。市纪委监委派驻 15 个纪检监察组“嵌入”68 家单位，主动贴近、融入驻地部门重点领域和关键环节，通过调查研究、会议会商、谈心谈话、走访检查等方式。全年深入基层一线调研36次，发现驻地部门领导班子成员问题线索并向市纪委监委机关报告6件，主动约谈193人次，谈话提醒35人次，谈话函询18人次，处置问题线索136件，立案72件，组织措施处理82人，处分41人，充分发挥“探头”和“前哨”作用。北安市委2021年政治生态建设成效考核在黑河市（县区）名列前茅。

（施　楠）

【日常监督】 2022年，市纪委监委常态监督工作坚持作在“日常”、严在“经常”。北安市纪检监察机关深入基层一线调研63次，列席民主（组织）生活会66次，提请或会同党委（党组）召开党风廉政专题会议86次，谈话提醒81人次。严把干部选拔任用、评优评先的廉洁关，回复党风廉政意见2640人次，提出否定或暂缓意见49人次。在监督检查中发现违纪违法问题线索100件，同比上升143.9%。同时拓宽监督渠道，承接黑河市小微权力“监督一点通”服务平台试点工作，参加相关业务培训及工作推进会议，录入并完善权力清单共六大类信息52条，访问量1 700余次，接到群众投诉5件，全部办结，有效打通监督“最后一千米”。

（施　楠）

【专项整治】 2022年，市纪委监委坚持靶向整治，承转和新开农村集体“三资”管理、粮食购销领域腐败问题、开发区建设腐败问题等15个专项整治，全年发现问题线索35个，立案30件56人，初核了结14件，党纪政务处分48人，组织措施处理2人。其中处置粮食系统领域腐败问题线索11件、立案5件7人、处分4人、留置2人、移送司法机关1人；处置农村集体“三资”管理问题线索28件，立案23件，处分42人，一批群众反映强烈的问题得到有效解决。

（施　楠）

【“四种形态”查处】 2022年，市纪委监委注重纪法情理贯通融合，以严肃、负责、慎重的态度处理党员干部违纪违法问题，将惩前毖后、治病救人方针具体化政策化。精准运用“四种形态”批评教育帮助和处理共650次。其中，第一种形态处理412人次，占比63.4%；第二、三、四种形态分别处理206人次、12人次、20人次，占比分别为31.7%、1.8%、3.1%。严防诬告陷害行为，为1人受到不实举报的干部澄清正名。

（施　楠）

惩治腐败

【反腐案件查处】 2022年，市纪委监委坚持严的主基调，有案必查、有腐必惩，不断巩固反腐败斗争成果。全年受理信访举报209件，处置问题线索569件，立案345件，增长32.2%，党纪政务处分228人，查处大要案70件，大要案率29.5%，科级干部立案71人；留置7人，移送司法机关8人；收缴违纪违法款1789.77万元。

（施　楠）

【反腐机制】 2022年，市纪委监委打通惩、改、治的内在联系，强化以案促改、以案促治，构建从案件查处到完善制度、整顿作风层层深入的工作机制，查找管理漏洞、制度空隙，发挥治本功能，注重挖掘个案背后的系统性风险问题，严格执行查办案件“一案三书三报告一建议”制度，撰写案件剖析报告4篇，针对案件暴露的漏洞和短板，提出纪检监察建议34份，推动主责单位完善制度4项，在不能腐上深化拓展，健全防治腐败滋生蔓延的体制机制，做深做实查办案件“后半篇文章”。

（施　楠）

·解释说明·

“一案三书三报告一建议”：一案是指一起案件；三书是指查办第四种形态案件中被审查调查人撰写的忏悔反思材料，案发单位政治生态材料，检举揭发材料或者廉政家书；三报告是指审查调查工作结束后，承办部门形成的审查调查工作总结报告，案例剖析报告，突出问题专项报告；一建议是指审查调查工作结束后，纪检监察机关针对案发单位在制度建设、权力配置、监督机制等方面存在的问题向有关部门提出的纪检监察建议。

【反腐廉洁教育】 2022年，市纪委监委充分利用“从延安到北安”独特红色资源，依托黑龙江省委旧址陈列馆、庆华军工遗址博物馆、抗联纪念馆等红色博物馆群，打造廉政教育基地2个、廉洁文化示范点4个，靠有形的载体推动廉洁文化建设落地见效。开展“纪法在心、观展讲廉”等廉洁文化主题活动10次，廉洁警示教育44场，覆盖市级领导、部门一把手和基层干部2万余人次，其中包括组织市四大班子领导旁听某市副处级领导干部职务犯罪案件庭审、组织各单位“一把手”集中观看违纪违法案件警示教育片等。同时，组织全市68家参学单位精心制作廉洁歌曲短视频，择优向黑河推荐歌曲16首，在北安市纪委监委微信公众号展播歌曲27首，以润物无声的廉洁文化营造崇廉尚洁的浓厚氛围。

（施　楠）

作风建设

【理论学习】 2022年，市纪委监委增强政治意识，推进中央、省、市委各项决策部署落地见效。把学懂弄通做实习近平新时代中国特色社会主义思想作为忠诚履职之本，不断增强“四个意识”、坚定“四个自信”、坚决做到“两个维护”。严格落实党委会“第一议题”制度，纪委常委会集体学习10次，交流研讨6次，组织纪检监察干部跟紧跟进学习习近平总书记系列重要讲话指示批示精神、党的十九大及十九届历次全会精神，上级纪委全会精神20余次，交流研讨10次，理论学习制度化、常态化、规范化不断完善。（施　楠）

【能力作风提升】　2022年，市纪委监委结合“强纪律、转作风、抓落实、促发展”专题教育和机关“能力作风建设年”活动，围绕优化营商环境以及工作纪律、服务态度等问题，监督检查百余家单位，下发通报7期，约谈50余人次，查处违反工作纪律115人，违反廉洁纪律13人。创新开展“双亮”行动，组织涉及民生领域、行政执法、窗口服务部门等20余家单位“一把手”轮流述责践诺，自觉接受群众监督，有效防范行业部门避难推责、不作为、慢作为、乱作为等问题，党风、政风持续向好。（施　楠）

【纠治“四风”】　2022年，市纪委监委打出重要节点重申纪律要求、约谈督促提醒、典型案例通报震慑、专项检查的“组合拳”，从严查处违规公款吃喝、违规操办婚丧喜宴等享乐主义、奢靡之风问题11件，处分15人。坚决整治在履职尽责、服务经济社会发展等方面不担当、不作为、乱作为等形式主义、官僚主义问题35件，通报曝光典型案件5起，处分40人，全年查处违反中央八项规定问题数比2021年上升48.4%。（施　楠）

队伍建设

【基层队伍建设】　2022年，市纪委监委向9个乡镇、6个街道派出监察办公室，配齐配强监督力量。在北安市委支持下，将乡镇专职纪检干部财政预算经费由每人每年6000元提升至2万元，为各乡镇（街道）纪检监察机构配齐办公办案设备，高标准建成乡镇谈话室，覆盖率达100%，为基层纪检监察机构安全、规范、高效开展工作提供有力支撑。乡镇纪检监察机构全年处置问题线索84件，立案52件55人，给予党纪政务处分19人，组织措施处理52人，各项案件指标均实现零的突破，改革效能持续彰显。依法接受人大监督，首次向北安市人大常委会报告反腐败专项工作。（施　楠）

【队伍素质提升】　2022年，市纪委监委持续深化全员培训工作，开展“领导干部上讲台”“青年干部讲纪法”“业务大讲堂”等活动32次、专题培训班6期，累计培训纪检监察干部1000余人次。注重在重大专项工作中历练干部，先后选派35名干部参与黑龙江省、黑河市委巡视巡察、上级纪委监委专案或跟班学习锻炼，全委80%以上的干部参与查办过职务犯罪案件，干部履职能力得到快速提升。（施　楠）

【干部监管】　2022年，市纪委监委制定了《北安市纪委监委机关工作制度汇编》，完善规章制度20项230条，以刚性制度约束干部行为。开展廉政集体谈话会10余次，谈话提醒23人次。组织观看警示教育片12次，旁听庭审2次，教育纪检监察干部以案为鉴、反躬自省。处置纪检监察问题线索6件，函询了结4件，立案1件，党纪政务处分1人，组织措施处理1人，坚决“不护短”，严防“灯下黑”。全年引进优秀年轻干部19人，提拔重用晋升职级28人，转任2人。（施　楠）

巡察工作

【概　况】　2022年，中共北安市委巡察工作领导小组办公室（以下简称“市委巡察办”）结合北安市实际，研究制定《中共北安市委巡察工作规划（2022—2026）（试行）》，起草《关于加强巡察整改和成果运用的工作措施》。5月31日，市委第十次常委会上对《中共北安市委巡察工作规划（2022—2026）（试行）》和《关于加强巡察整改和成果运用的工作措施》进行研究讨论通过。（董晓东）

【市巡察工作会议暨十八届市委第一轮巡察工作动员部署会】　2022年4月6日，北安市巡察工作会议暨十八届市委第一轮巡察工作动员部署会议以视频形式召开，市委副书记宫凯出席会议并作重要讲话。会上宣读《十八届市委第一轮巡察组组长、副组长授权任职及任务分工的决定》《十八届市委第一轮巡

11月17日，北安市召开十八届市委第二轮巡察动员部署会　（市纪委监察　供图）

察工作方案》起草说明和《关于通报表扬2021年度优秀巡察干部的决定》。会后举办十八届市委第一轮巡察业务培训班，所有参训人员签订巡察组工作人员保密承诺书。十八届市委第一轮巡察工作抽调15名工作人员，派出2个巡察组，历时99天，通过“一托N”“常规＋上下联动”的方式，对城郊乡、赵光镇、二井镇所辖的25个村（社区）党组织开展巡察。本轮巡察发放、回收测评票302份，个别谈话及约谈206人，调阅查阅会议记录、账册、资料等共计12000多份，入户走访68人次，受理信访举报3件，形成报告66个。发现“三聚焦问题”411个、移交问题线索30件25人次。

（董晓东）

【第十八届市委第二轮巡察动员部署会】 2022年11月17日，北安市召开巡察工作会议暨十八届市委第二轮巡察动员部署会。组织部部长、市委巡察工作领导小组副组长霍立东对各组组长和副组长及任务分工进行授权；市委常委、市纪委书记、监委主任、市委巡察工作领导小组组长杜鑫出席会议并作动员讲话。第二轮巡察北安市委派出4个巡察组，其中3个巡察组利用60天时间对市司法局、市退役军人事务局等37个单位党组织开展常规巡察和市县乡村上下联动巡察；水利工程建设专项巡察组计划利用45天时间对水行政主管部门开展省市县三级联动推磨式交叉巡察。本轮巡察，共发放回收测评票2253份、个别谈话及约谈235人、调阅查阅会议记录、账册、资料等共计8872份、明察暗访18次、受理信访举报1件、形成报告79个。共发现问题523个（其中“三聚焦”问题500个，水利工程建设问题23个）、移交问题线索61件45人。

（董晓东）

【水利工程建设专项巡察】 2022年11月17日，市委巡察办按照省委和黑河市委关于开展水利工程建设专项巡视巡察上下联动工作部署，北安市启动水利工程建设专项巡察。北安市委授权逊克县委巡察组，对北安市水行政主管部门开展水利工程建设省市县三级联动推磨式交叉巡察。巡察组克服离家远和疫情带来的不利因素，突出政治巡察定位，紧密结合被巡察单位职责任务，准确把握监督重点，发现突出问题，提出意见建议，有效破解“熟人社会”监督难的问题。水利工程建设专项巡察发现问题23个，移交问题线索3件5人。

（董晓东）

【巡察材料上报】 2022年，市委巡察办按照中央巡视办、省委巡视办和黑河市委巡察办统一部署，统计（2007—2021）十七届市委巡察工作相关数据，报送巡察工作基础建设情况统计表和巡察工作开展情况和成效统计表，上报省委巡视办市县巡察问题清单。根据黑河市委巡察办《关于推荐巡察工作人员的通知》要求，上报北安市推荐巡察工作人员名单，上报七届黑河市委巡察人才库人选推进统计表。同时，市委巡察办上报黑河市委巡察办《学习〈赵乐际和杨晓渡同志在全国巡视工作会议暨十九届中央第九轮巡视动员部署会上讲话精神〉落实情况报告》，积极配合黑河市委第一巡察组和黑河市委第三巡察组开展经开区和三个乡镇的提级巡察工作。按照乡村巡察上下联动要求，市委下派巡察组与黑河市委第三巡察组实现工作对接；市巡察办向有关单位发函19份，为黑河市委巡察组提供相关材料23件、证明文件5份。受黑河市委巡察办委托，为黑河市委第一巡察组和第三巡察组安装巡察单机系统和相关配置文件；向黑河市委第三巡察组转递《开展中央第六巡视组、省委第七巡视组反馈意见整改工作“回头看”监督检查》相关材料。按照年初工作部署，更新完善28人的巡察组长、副组长库，143人的巡察人才库。

（董晓东）

【整改落实】 2022年，市委巡察办紧扣巡察重点，实事求是认真梳理分析巡察中发现的问题及线索，对巡察发现的问题、问题线索分类建立问题台账，提出具体意见和建议。市纪委监委、市委组织部、市委巡察办抽调业务骨干对各被巡察党组织巡察整改方案、台账和整改报告进行审核，通过审核发现被巡察党组织整改方案和报告中存在的问题82个，提出意见建议8条。5月16—20日，市委巡察办派人参加政法委对市公安局党委开展政治督察活动。对照十七届市委第六轮巡察第一巡察组向北安市公安局党工委反馈意见、公安局党委上报的整改报告和自检自查情况报告，采取走访公安系统基层窗口单位、查阅整改佐证清单、个别谈话了解、调阅巡察整改案件卷宗、回访当事人等方式，查找公安局党工委在落实巡察整改工作情况。检查发现问题7个，向公安局党工委提出意见和建议5条。9月9日，召开市委第一轮巡察整改推进会议，逐级签订《巡察反馈问题整改责任状》，进一步压紧压实巡察整改主体责任和监督责任，确保整改工作取得实效。按照巡察工作流程，建立整改台账、对账销号、逐项跟踪督办，使巡察意见和建议真正落到实处。

（董晓东）

群众团体

北安市总工会

【概　况】　2022年，北安市总工会围绕工会工作主线，以“能力作风建设年”活动为重点，扎实推进“四个体系”建设，通过学习宣讲和组织基层工会干部培训等方式，落实上级工会组织政策文件精神，助力北安市发展。坚持服务大局、服务职工、服务基层，履职尽责、改革创新，在强化职工政治引领、推进产业工人队伍建设改革、竭诚服务职工群众等方面彰显工会作为。全年，全市评选出黑龙江省第十三届劳动模范4人、黑河市第四届劳动模范17人、黑河市五一劳动奖章17人、黑河市工匠1人、黑河市工人先锋号单位4个和黑河市五一劳动奖状单位1个。

（姚　帅）

【职工文体宣教】　2022年，北安市总工会组织开展各种职工文体活动，丰富职工的精神生活。1月，在东北亚举办全市职工迎新春“中国梦·劳动美”书画作品暨剪纸百米长卷展活动，29名书画家展出优秀书画作品34幅；由延安和北安两地40余名剪纸艺术家携手创作从延安到北安剪纸百米长卷，为广大职工、两地艺术家相互交流、切磋艺术、增进情谊搭建平台，同时对全市基层文化建设起到积极推动作用。7月，市总工会联合北安市卫生健康局举办“喜迎二十大 永远跟党走”系统职工篮球赛，增强职工强健体能。10月，市总工会开展“喜迎二十大奋进新征程 我和国旗合个影”主题拍摄宣传活动，用镜头定格对祖国的热爱，该活动在黑河市总工会公众号播出。

（姚　帅）

【劳模评比与宣讲】　2022年，北安市总工会继续落实“关爱劳模、服务劳模”政策。组织召开庆祝“五一”国际劳动节暨北安市第三届劳动模范表彰大会，对2016年以来在全市经济建设和社会发展中作出突出贡献的26名劳动模范进行表彰。8月，开展“劳动创造幸福 奋斗开创未来”劳动模范宣讲活动，邀请部分劳动模范、省五一劳动奖章、黑河工匠获得者组成宣讲团，深入机关、社区、企事业单位进行宣讲，弘扬劳模精神、劳动精神、工匠精神。同时，在“我是北安”公众号上播放劳动模范风采展播26人次，并举办劳动模范宣讲活动3场，覆盖职工200余人次。

（姚　帅）

【职工维权】　2022年，北安市总工会为符合法律援助条件的困难职工、农民工提供法律咨询、法律援助服务，对维护职工和农民工合法权益起到积极的促进作用。市总工会与相关部门以及北安象屿金谷生化科技有限公司，创建“五师一室”维权一站式服务平台，以“五师一室”为载体，创新建立职工法律援助服务新机制，为职工群众、特别是产业工人队伍提供专业化服务。同时，建立集体协商制度，北安市总工会签订集体合同25家，涉及产业工人3926名；签订女职工专项合同25份，涉及女职工1910名，切实维护产业工人的合法权益。

（姚　帅）

·解释说明·

“五师一室”：职工法律援助师、劳动关系协调师、创新创业指导师、劳动安全咨询师、身心健康引导师和职工权益纠纷调解室。

【帮扶救助】　2022年，北安市总工会开展帮扶救助活动，对符合条件的困难职工开展生活救助和医疗救助等帮扶救助项目，全年累计帮扶救助和慰问601人，发放资金和物资累计57.02万元，其中完成发放专项帮扶资金18.8

6月29日，市总工会开展“喜迎二十大　建功新征程”北安市职工叉车技能竞赛
（市总工会　供图）

万元，帮扶救助困难职工家庭19户。1月，开展“壹基金”儿童“温暖包”发放活动，为30名小朋友发放“温暖包”。截至年底，累计惠及595名小朋友。9月，在“九九”公益日再次认领30份价值10950的温暖包，用实际行动诠释“凝聚力量 热心公益 关心职工 关爱儿童”的总工会精神。春节期间，为黑龙江省第三院、城市管理综合执法局、安旭保洁公司、北大荒北安医院等6家单位送去总价值1万余元的水果、牛奶等慰问品。开展“夏送清凉”活动，为市园林绿化中心、泓安投资集团有限责任公司、上电新能源有限公司送去总价值近4000元的西瓜、矿泉水、手套等慰问品。走访慰问客运站、龙江网络、人民医院困难职工140人，发放省总工会“两节”慰问金4万元。慰问小微企业、社区保洁、多路微波电台、困难劳模等191人，发放省总工会常态化送温暖资金10万元；为145人发放省财政配套送温暖资金10.36万元。在中秋佳节之际，为“全国工会帮扶管理平台”登记的“中央级”深度困难职工送去价值3900元的米、面、油生活物资。建立健全联系走访制度，定期开展入户走访，分类施策，经过多年帮扶救助，“中央级”深度困难职工由64人减少至26人，解困脱困38人。启动全市职工互助保障活动，在步行街发放宣传单1500余份。全市有15家单位、1035人参加互助保障活动，参保人数居黑河地区之首。（姚　帅）

·解释说明·

壹基金温暖包项目：“壹基金”公益私募基金关怀高寒地区儿童弱势群体，发动社会各界共同出资出力的捐赠活动。

【技能竞赛】 2022年，北安市总工会将产业工人建设改革作为主线工作来抓，开展劳动竞赛、技能竞赛、安康杯竞赛、五小竞赛和节能减排竞赛等活动，并对优胜职工给予奖励，调动职工的积极性。7月，以“喜迎二十大 建功新征程”为主题，开展叉车工技能竞赛活动，促进产业工人队伍技能的提升。该叉车工技能竞赛活动视频，入围中华全国总工会举办的“喜迎二十大 建功新时代”劳动和技能竞赛微视频展播。同时，开展微笑服务“百旗百星”竞赛，市政务服务中心的44家单位、161个窗口285名工作人员参加活动，旨在把每个服务窗口打造成优化营商环境的一面旗帜，为北安市社会各界人士服务。（姚　帅）

【职工就业创业】 2022年，北安市总工会会同市就业服务中心及部分重点企业，举办北安市2022年春风行动云聘会之“重点企业、百大项目”直播带岗专场。该活动累计观看达2万人次，提供质检经理、行政助理、库管、维修工等400多个工作岗位，达成就业意向155人。依托黑龙江省总工会“工桥通业”平台，构建就业服务网络，充分利用“龙工之家”客户端，有效架起企业与求职者“连心桥”。全年为黑龙江省528家企业，推荐就业岗位2346个；为北安市56家企业，推荐就业岗位416个，促进就业187人。利用工会现有资源，成立就业孵化基地，北安市鸿博电子商务有限公司北安友谊分公司入驻孵化基地后，全年累计安置就业人员167人。（姚　帅）

【基层组织建设】 2022年，北安市总工会新建工会组织25个，发展工会会员1198名。全市累计有基层工会组织331个，会员16007名。年内，成立黑河市首家农民工工会委员会，吸纳会员205人，为其购置价值23000元的办公座椅、安全帽等物品，为农民工打造温馨和谐健康向上的“农民工之家”。8月25日，市总工会组织开展为期两天的工会干部和工会财务人员素质提升班，邀请省总工会、哈尔滨市总工会的专家教授、业务骨干进行授课，全市有251名干部参加培训，切实提升业务能力。年内，市总工会制定下发《市总工会联系基层服务职工工作方案》，与6个街道办事处、16家规上企业建立联动机制，在灵活就业、金秋助学、困难救助等方面发挥作用。（姚　帅）

中国共产主义青年团北安市委员会

【概　况】 2022年，中国共产主义青年团北安市委员会（以下简称“团市

委"）统筹疫情防控和经济社会发展，以迎接和学习宣传贯彻党的二十大为主线，结合庆祝建团100周年，履行引领凝聚青年、组织动员青年、联系服务青年的基本职责。全年，累计开展"清明祭英烈""团徽闪耀百年　青春永跟党走"征文比赛等主题实践活动130多次，覆盖青年9.2万人次。开展"五进"宣讲180多场，覆盖6万人次。召开北安市青年先进集体和个人表彰大会，对20个青年先进集体、30名青年先进个人进行表彰。实施青年联谊会等文明实践活动150多次，服务人数近3.5万人。举办电商培训班4期，开设线上"数商青年电商云课"25期。开展"青耘龙江"直播带货助农活动10次，销售额达20多万元。开设"就业角"招聘云平台栏目，发布就业信息550条，提供岗位6000多个。团市委累计招募1100多名青年志愿者开展扶贫济困、疫情防控等活动，志愿服务时长13万小时。北安市西部计划大学生志愿者陈威佳、关晓玲、孙思语获2021—2022年度全国优秀志愿者。"科技馆""雷锋精神纪念馆""庆华军工遗址博物馆""新时代文明实践中心""图书馆"5家单位被黑河市少工委命名为"黑河市少先队校外实践教育营地（基地）"。

（王晓惠）

【建团100周年主题活动】　2022年，团市委将主题教育贯穿工作始终，动员全市各级团组织、少先队组织发挥带动作用，广泛开展系列主题实践活动。年初制定《关于在全市青少年中开展"喜迎建团百年 争做时代青年"活动的工作方案》，组织开展"共青团百年历程"主题展览、"团徽闪耀百年 青春永跟党走"征文比赛、集中学习《新时代的中国青年》主题观影等30多场活动。

（王晓惠）

【"喜迎二十大"主题活动】　2022年，团市委以"喜迎二十大"为主题，组织系列教育活动。在闹龙河水库一级保护区，开展"喜迎二十大 共植青年林"植树活动；组织青少年开展"喜迎二十大 永远跟党走"手抄报展览。在"北安青年"微信公众号，开设《喜迎二十大 永远跟党走 奋进新征程——团团邀你云端学团史》《微朗读——青春之声》《青春领学 声入人心——青年云宣讲》《热议二十大》《青年榜样说》等专栏，推送专题文章450篇。发挥视频号、抖音等新媒体平台"短、平、快"的宣传优势，推送短视频30多个。在重要时间节点制作宣传片，总播放量超过2万次，视频获赞3000多个。依托团代表联络站、青年文明号、青年之家等阵地，录制理论宣讲、青年风采展示、喜迎二十大等宣传视频，发挥青年优势，凝聚青年向心力。

（王晓惠）

【基层团组织建设】　2022年，团市委贯彻落实团中央《关于推进县域共青团基层组织改革的指导意见》，团干部"三率"达100%，社会领域、"两新"组织、社区村屯新建团支部241个，超额实现每万名青年75个团组织标准。建立网上青年社群12个，青年社会组织3个。截至年底，全市有39个团委（总支）、461个团支部、团员5658人，其中包括非公企业团组织和行业系统团组织17个。

（王晓惠）

【实施青春建功行动】　2022年，团市委依托"双翼计划"品牌工程，着力推进"青耘龙江"品牌当地化、实效化，建立北安市电商人才库并成立北安市青年电商联盟。通过线上线下相结合的方式，开展电商培训班4期，电商助农活动10次，销售额10万余元，并遴选10款北安特色农产品加入团省委"龙青优选"产品库。同时利用微信公众号开设"就业角"招聘云平台栏目，联系企业70多家，提供岗位6000多个。推选北安创业青年陈浩入选黑龙江省"乡村振兴青年先锋"、冯潇等9人加入黑河市青年电子商务协会。

（王晓惠）

·解释说明·

"双翼计划"："一翼"是指整合资源加强现有电商人才队伍建设，充分利用共青团联系引导青年优势，吸引、培养大批青年电商人才，成立北安市青年电商联盟，延伸服务青年触角；"另一翼"指深入发掘北安市质量好、有品牌、相对成熟的优质农产品及工艺品，常态化进行电商销售，助力产业数字化升级，使青年电商联盟、乡村振兴双促进。

【少先队工作】　2022年，团市委积极争取少先队工作经费，为少先队工作提供有力保障。实施分批入队，开展"红领巾奖章"争章活动，评选二星章62人、黑河市级三星章10人。积极向上级推优申报，获得黑龙江省级优秀少先队辅导员、优秀少先队员各1人，分别为黑龙江省级优秀少先队辅导员段井丽，优秀少先队员徐如阳；黑河市"青年五四奖章集体"、优秀共青团员、优秀少先队员、优秀少先队大队（中队）各一个，优秀少先队辅导员两个。少先队社会化水平持续提高，辖区内有中小学校的社区全面成立社区少工委，同时选聘130余名各条战线先进人物担任少先队校外辅导员。

（王晓惠）

【青少年教育活动】　2022年，团市委坚持以人为本、统筹兼顾，通过线上线下相结合的模式进行青少年自护教育。线下依托"红领巾巡讲团"开展防溺水教育、依托校园主题队日、团课开展诚信教育和网络安全教育；线上同步发布青少年防溺水、科学防疫、网络安全小课堂、科普小课堂等自护教育推广，引导青少年运用法律武器维护自身的合法权益。做好重点青少年关心关爱工作，开展"情暖童心""金秋助学""青春暖流"等活动，为留守儿童、残疾儿童、贫困家庭儿童等困难群体提供援助。开展"圆梦六月·爱心送考"、走访慰问儿童服务站、"七彩微心愿"等活动，维护困境青少年健康成长。开展"八五"普法宣传活动、主题队日、团

4月29日，组织青年志愿者开展“擦亮城市名片 传承五四精神”青年志愿服务活动（团市委 供图）

课活动、送法进社区活动，联合开展青少年模拟法庭、多场次送法进校园活动、禁毒进校园等活动，引导青少年运用法律武器维护自身的合法权益。

（王晓惠）

【弘扬“雷锋精神”专题活动】 2022年3月4日，为弘扬雷锋精神及“奉献、友爱、互助、进步”的志愿精神，团市委会同阳光志愿者协会、市关工委开展“传承雷锋精神 关爱孤寡老人”活动。青年志愿者们到老人家中，陪老人聊天、为老人理发、向老人讲解疫情防控知识，并为老人准备防疫物资及生活物资，为有儿童的家庭送去学习用品。9月8日，团市委联合北安市铁南街道办事处业旺社区对辖区内困难老人及儿童进行走访慰问，为老人和儿童送去慰问品，确保他们度过一个安乐祥和的节日。

（王晓惠）

【“传承五四精神”主题活动】 2022年4月29日，团市委组织青年志愿者开展“擦亮城市名片 传承五四精神”青年志愿服务活动，志愿者们身着火红的志愿马甲走上步行街头，清洁路灯杆、椅凳等公共设施，捡拾垃圾，清理花坛，并向过往行人宣传环保知识，助力文明城市建设，擦亮城市名片。4月30日，团市委开展“传承五四精神 喜迎二十大”微视频征集活动，并将优秀微视频在“北安青年”公众号上以系列形式分期展出。5月2日，团市委组织带领青年团干部、青年志愿者学习《新时代的中国青年》白皮书，增强他们的责任意识、担当意识。5月4日，团市委会同庆华军工遗址博物馆举办“逐梦青春纸飞机”大赛庆祝五四青年节，比赛评出1个一等奖、2个二等奖和3个三等奖，所有参加活动的选手均获得“逐梦青春”奖。 （王晓惠）

【青年先进集体和个体表彰大会】 2022年5月25日，团市委组织召开北安市青年先进集体和个人表彰大会，市委书记冯云等领导和受表彰的集体、个人代表、市直有关部门负责人以及青少年代表参加会议，2022年北京冬奥会短道速滑冠军、北安青年的优秀代表曲春雨应邀出席并讲话。会议号召，全市广大青年要坚定信念，争做赤诚报国的有志青年。同时，会上表彰先进集体20个、先进个人30名。

（王晓惠）

【青年联谊活动】 2022年7月10日，团市委、市妇联共同举办“心手相牵 情系北安”青年联谊活动，旨在帮助全市“引才、用才、暖才、留才”，为北安市的高知青年人才搭建平等、友好、真诚的交往平台。全市各企业事业单位的30名单身优秀青年参加活动，在活动中男女嘉宾通过头脑风暴、爱情圈套、一拍即合等游戏的开展，拉近彼此的距离。最终，现场成功牵手3对男女青年。 （王晓惠）

【青年工作联席会议召开】 2022年11月11日，北安市青年工作联席会议第四次全体会议召开，会议贯彻落实习近平总书记在庆祝中国共产主义青年团成立100周年大会上的重要讲话精神及省青年工作联席会议第四次全体会议精神。市委副书记张文出席会议并讲话，市青年工作联席会议成员单位相关负责人参加会议。会上，团市委书记安源对全市中长期青年发展规划年度进展情况和下步工作安排进行汇报，组织部、宣传部、检察院、教体局、文旅局5个成员单位代表依次进行交流发言。

（王晓惠）

北安市妇女联合会

【概 况】 2022年，北安市妇女联合会（以下简称“市妇联”）统筹疫情防控和经济社会发展，聚焦重点工作，坚持服务大局、服务职工、服务基层，在强化职工政治引领、推进产业工人队伍建设改革、竭诚服务职工群众等方面彰显工会作为。市妇联发出巾帼抗疫倡议书和志愿者招募令，党员干部全部下沉社区，招募志愿者抗“疫”200名，动员各界捐赠物资及资金约3万元。开展“女童保护”“云课堂”普法活动，线上普法活动总浏览人次近5000人。全市建立妇女之家98个、妇女微家37个，评选市级三八红旗手“集体”80个。9月29日，市妇女联合会制定下发《北安市妇女发展规划（2021—2025年）》和《北安市儿童发展规划（2021—

2025年)》推动妇女儿童工作深入开展。8月30日北安市被纳入黑龙江省第一批儿童友好城市培育名单。（李春丽）

【宣传教育活动】 2022年，北安市妇联开展“强国复兴有我 龙江振兴有我”群众性宣传教育活动，组织“薪火”宣传团成员，线上线下开展党的二十大宣讲19期，受教育人1000人次。开展“丹心铸魂 颂歌向党”七一主题党日活动，线上展播“巾帼心向党 七一红歌礼赞”“我奋斗 家国美”故事会“妇联人说妇联事”等专栏13期。为庆祝第112个“三八”国际妇女节，制作“致敬最美巾帼奋斗者”视频，集中展现北安市女性们在各行各业的奋斗姿态。通过视频、祝福卡片和书信的形式，为北安市籍冬奥冠军曲春雨送去祝福。聚焦妇女运动动态、传递妇工信息、探索妇联问题、展示巾帼风采等内容，开通北安妇联官方抖音号、官方快手号，及时发布妇联工作动态，扩大宣传教育范围。

（李春丽）

【妇女创业就业】 2022年，北安市妇联建立北安市妇女创业就业培训基地，对有创业就业意愿，有创业激情的学员进行免费技能培训，为其提供实践操练平台，助力北安市经济发展。利用妇联微信公众号开设“妇联喊你来学农”“巾帼生态小菜园”等农业技术知识32期，并深入城郊乡、二井镇、东胜乡等实地调研“巾帼生态小菜园”及“美丽家园”建设情况，鼓励广大妇女、留守妇女积极投身到创建工作中去。同时着力打造“美丽庭院”菜园经济，为9个乡镇免费发放价值万元菜籽、花籽150多公斤。开展“春风送温暖 就业送真情”为主题的线上线下招聘会3场，提供就业信息30余条。拓宽女性就业增收渠道，举办手工编织培训班，有20余名城乡低收入妇女参加培训。（李春丽）

【妇女“两癌”检查工作】 2022年，北安市妇联开展“巾帼健康”行动，全年为6600名低收入城乡妇女进行“两癌”检查，为2名农村“两癌”低收入妇女申请每人1万元救助金。“三八”节期间，联合妇幼保健院为部分优秀先进女性和贫困女性免费体检。倡导广大女性增强自我保健意识及良好的健康习惯，采取线上线下相结合的方式，开展“健康龙江 母亲行动”女性健康知识讲座、“两癌”保健知识等宣讲10期。

（李春丽）

【妇联基层组织建设】 2022年，北安市基层妇女组织107家，其中新建妇女组织4家，全市妇联执委1272人。组织实施北安市基层妇女干部素质提升培训，参训120人次，妇联干部在政治素质、理论素养和专业化工作能力得到提升。全力推进“破难行动”，不断拓展组织覆盖，创建省级高标准“妇女之家”1个、标准化“妇女之家”1个。

（李春丽）

北安市妇联举办“爱粮节粮——绿色家庭亲子行”实践活动 （市妇联 供图）

【家教家风建设】 2022年，北安市妇联注重引导全市妇女群众，要建设好家庭、涵养好家教、培育好家风。开展“爱粮节粮——绿色家庭亲子行”实践活动，让孩子们领悟“谁知盘中餐，粒粒皆辛苦”的深刻内涵。依托中小学校、儿童校外活动场所，开展民族精神宣传月、“手拉手”“共成长双合格”等未成年人思想道德建设实践活动12场次；组织北安市家庭教育讲师团成员开展家教专题讲座8次，培训家长1.2万人次。年内，尚玉山家庭获全国“五好家庭”称号，推荐“最美家庭”省级2户、市级8户。（李春丽）

【妇女儿童维权】 2022年，北安市妇联在全市62个行政村、19个社区相继挂牌“基层妇女议事会”，实现妇女议事会市域范围内全覆盖。采取普法宣讲、动漫、法律知识推送、微视频等形式，线上开展巾帼维权、巾帼法律微课堂、以案普法、禁毒宣传教育等专栏92期。开设普法“女童保护”“云课堂”13期，提升未成年人法治教育水平和效果。组建女童保护一校一师宣讲团，全市小学宣讲团讲师覆盖率达到100%。联合市检察院、市公安局、市卫健局等相关部门，在北安市第一人民医院共同创建“一站式”综合保护救助中心。为未成年被害人开通“绿色通道”，提供专业医生、心理咨询师等进行身体检查和心理疏导等医疗支持，切实把对未成年被害人的安全保护、心理观护、隐私保护、医疗保护落实到位，真正形成全社会保护合力。

全年，市妇联全面落实《北安市妇女发展规划（2021—2025年）》和《北安市儿童发展规划（2021—2025年）》。

（李春丽）

北安市科学技术协会

【概 况】 2022年，北安市科学技术协会（以下简称“市科协”）以科学发展观为统领，按照“大科普”的工作定位，统筹疫情防控和经济社会发展，聚焦重点工作，落实“四个体系”。市科协工作以科普宣传活动为龙头，以科普阵地建设为突破，以农技协组织建设为纽带，以实施科普惠农兴村项目为契机，以科技培训为基础，充分发挥科协工作的特色和优势，精心打造科普活动品牌。全年市科协向省科协争取到科普助力文明实践活动专项资金3万元，用于开展科普活动。（苏晓明）

【全国科技工作者日】 2022年5月17日，在第六个“全国科技工作者日”到来之际，市委副书记宫凯在市科协主席马金禄、市卫健局副局长远丽昉等人的陪同下，走访慰问科技工作者代表——市一院副院长、重症医学科主任王远超，市委副书记宫凯肯定了市一院医务工作者在抗击新冠疫情工作中迎难而上、付出的巨大努力，同时提出希望继续发扬抗疫精神，为全市医疗卫生事业发展作出新的更大的贡献。医务工作者纷纷表示，将在科研课题申报、科研技术、新项目新技术开发应用、健康科普等方面进一步加强与北安市科协的合作与联系，增强服务意识，提高服务能力和水平，加强科技创新，引领发展，不忘初心使命。（苏晓明）

【第四次代表大会】 2022年6月20日，市科协在市政府一楼会议室召开北安市科学技术协会第四次代表大会，来自乡镇、街道办事处、各机关企业单位、工商企业等方面代表的112人参加会议。会议选举产生北安市科学技术协会第四届委员会常委、副主席、主席，审议通过市科协第三届委员会《工作报告》的决议。会议号召，全市各级科协组织要更加紧密地团结在以习近平同志为核心的党中央周围，高举习近平新时代中国特色社会主义思想伟大旗帜，坚持“四服务”职责定位，解放思想，锐意进取，以新气象、新担当、新作为，为打造业兴景美民富人和新北安贡献智慧力量。（苏晓明）

·解释说明·

“四服务”：服务企业、促进发展；服务农村、促进增收；服务社区、促进和谐；服务民生，促进保障。

【第三届机器人大赛】 2022年8月29日，由市科协、团市委、市妇联、市科技馆主办，欧趴机器人联盟承办的北安市第三届青少年机器人大赛在市凤凰体育馆举行，旨在培养青少年的创新意识和实践能力、提高青少年科学素质，有100多名爱好者参加比赛。比赛项目按选手年龄分为学前项目和学龄项目，学前选手比拼“桥”和“水到渠成”项目，学龄选手参与“冰壶”和“完美抛物线”的对弈。经过激烈的角逐，王呈瑜、梁玥晗分别获得学前项目和学龄项目冠军。（苏晓明）

【科普活动】 2022年，市科协发挥科普基地作用，开展科普之冬活动、科技活动周、全国科技工作者日活动、科普志愿服务活动等科普活动，激发广大青少年的科普兴趣，提升全民科学素质。全年，北安市科技馆接待参观人数56579人，开展科普活动20多次。举办新时代文明实践中心科普体验馆活动10场次，受益人数1000人次；举办科普讲座5场次，受益人数600人次；参观北安市红色场馆5场次，受益人数达1000人次。市科协与市科技馆组织全市中小学生参观学习，利用“科普活动日”“五四青年节”“六一儿童节”，为大众普及科普知识，提升科技创新能力，“讲科学的话，发科学的声”。4月28日，市科协、市科技馆到北安市兆麟小学开展“科学防疫 低碳生活”巡展活动，在校园内布置宣传展板，让学生们参观，并向学生进行《中小学生疫情防控科普》《学习疫情知识，担当防疫重任》科普讲座。5月25日，开展“学习疫情知识，担当防疫重任”科普云课堂活动、科普疫情知识。5月28日，由市妇联、市科协、市科技馆联合举办的“科技强国有我在”小小讲解员大赛，大赛市科技馆展厅举行。9月1—10日，市科技馆围绕“喜迎二十大 科普向未来”主题，开展“我是小小科学家”培训及比赛，全市共有小学生240人参加活动，获奖人数80人。（苏晓明）

8月29日，市科协主席马金禄为北安市第三届青少年机器人大赛“冰壶传奇”冠军获得者邹健博（中间）和刘嘉骏（左一）颁奖（市科协 供图）

北安市归国华侨联合会

【概　况】 2022年，北安市归国华侨联合会（简称“北安市侨联”）围绕中心，服务大局，发挥侨联组织自身独特优势，统筹推进疫情防控和侨联工作。在做好老侨工作基础上积极拓展新侨工作，着力发挥“服务经济发展、依法维护侨益、拓展海外联谊、参政议政、弘扬中华文化、参与社会建设”六大重要作用，把广大归侨侨眷和海外侨胞团结起来，把侨胞爱国爱乡的积极性调动起来、促进社会主义现代化建设的独特优势发挥出来，在乡村振兴中展示风采，开创侨联事业发展新局面，为加快建设业兴景美民富人和新北安作出新贡献。2022年，北安市侨联获评“黑河市侨联系统先进集体”。（李爱军）

【服务侨胞】 2022年，北安市侨联始终把为侨服务作为工作的出发点和落脚点，积极开展帮侨助侨行动。1月24日，在新春佳节来临之际，黑河市侨联党组书记、主席许基一，市委常委、统战部部长马玉柱，常务副部长赵华锋，市侨联主席、侨办主任李爱军，分别看望、慰问老归侨、困难侨眷和侨界代表人士，慰问刘凤凯、崔淑华、张美英、孙淑杰等困难归侨侨眷和侨界代表，与他们交谈，了解他们的身体状况和需要帮助解决的困难，并送上慰问金和新春的良好祝愿。同时，市侨联坚持以侨为本、维护侨益，热心为归侨侨眷和海外侨胞服务。受理归侨侨眷来信来访5人次，重点解决贫侨户生活困难、子女上学和就业以及归侨侨眷房屋动迁等问题。增强依法护侨意识，加大依法护侨力度，把为侨服务工作落到实处。（李爱军）

【特色活动】 2022年，北安市侨联坚持“以富有侨情”特色活动为重点，拓宽联络联谊渠道，推动侨联文化宣传工作的开展。市侨联先后举办开展“红色文化润人心·牢记宗旨展新风”“纪法在心·观展讲廉”图片展，“学雷锋转作风清洁美丽家园”“喜迎二十大·七一颂党恩”“喜迎二十大·侨心永向党”“维护侨益·你我有责”等活动，在大力弘扬中华优秀传统文化、不断丰富侨界群众文化生活的同时，扎实做好侨界群众思想政治引领，调动他们为家乡建设做贡献的积极性。同时，市侨联组织党员干部归侨侨眷代表参观北安市庆华军工遗址博物馆、省委及省政府旧址陈列馆、北安博物馆、北安市雷锋精神纪念馆、北安市书画院等地。组织教育系统学生参加第二十三届世界华人学生作文大赛，评选出优秀参赛作品16篇。在第二十二届世界华人学生作文大赛中，北安市有3名选手获奖；在“第十四届黑龙江省华人学生作文大赛”上，北安市有17名选手获奖。（李爱军）

【参政议政】 2022年，北安市侨联充分发挥侨联组织和侨界人大代表、政协委员参政议政作用，深入基层、深入实际，对侨界群众关心的热点难点问题开展调查研究，了解侨情民意，及时充分反映侨界群众的愿望和呼声。市侨联组织侨界人大代表、政协委员提交各类议案、提案和建议2件，做到了“议政议到关键处，献计献到点子上”，充分反映广大归侨侨眷的意见和要求。（李爱军）

【法律宣传】 2022年，北安市侨联开展“侨法宣传月”活动。4月15日，市委统战部、市侨联、用微信公众号等媒体平台推出“侨法宣传月”各项网上活动。内容包括侨务法律法规和涉侨政策解读，涉侨身份讲解和创新创业服务指南。7月7日，开展以“维护侨益你我有责”为主题的侨法宣传进街道（社区）活动。现场设置侨法知识宣传台，悬挂宣传横幅，发放《中华人民共和国归侨侨眷权益保护法》和《关于界定华侨外籍华人归侨侨眷身份的规定》等宣传资料2000多份，发放《维护侨益工作手册》30多册，接受现场咨询50多人次。通过现场发放宣传资料的方式，加强街道干部、社区工作者、居民以及归侨侨眷对侨法知识政策的了解，营造依法护侨、维侨的社会氛围。（李爱军）

【信息管理】 2022年，北安市侨联以完善侨界信息网络为主题，建立归侨、侨眷、华侨档案。在全市开展侨情调查，通过对市公安局出入境管理办公室、各乡镇、街道办事处、森工、农垦系统提供资料的汇总、分析核实，基本摸清全市侨情基本情况。为进一步及时掌握侨情动态变化，在调查的基础上，落实侨情年报制度，建立人才信息库，通过人才信息库的建立，聚集一批学术上有造诣、经济上有实力、社会上有地位、政治上有影响的各类人才，为全市经济建设和社会发展提供必要的人才，及时做好侨情信息上报和管理工作，建立健全全市侨情信息沟通网络。全市有归侨侨眷657人，其中归侨123人、侨眷491人、华侨38人。（李爱军）

【基层“侨胞之家”建设】 2022年，北安市侨联深入主星乡“侨胞之家”召开座谈会，探讨“侨胞之家”建设升级方案，总结经验，指导“侨胞之家”开展多种活动，丰富侨界群众文化生活。主星乡“侨胞之家”获2021—2022年度全国侨联系统“侨胞之家”典型选树单位。全年市侨联指导“侨胞之家”开展侨法宣传、收看党的二十大开幕会、困难归侨侨眷走访慰问等各类活动10多场次。同时，市侨联将“侨胞之家”打造成为联系服务广大侨界群众的温暖之家、团结之家、奋斗之家，在凝聚侨心、汇集侨智、发挥侨力、维护侨益等方面发挥积极作用。（李爱军）

【侨联会议】 2022年5月19日，市侨联召开北安市归国华侨联合会第四届七次全委（扩大）会议，总结北安市2021年工作，研究部署北安市2022

年工作。5月21日，市侨联召开学习宣传贯彻省第十三次党代会精神会议，市侨联委员及侨联服务中心全体工作人员参加会议。会议要求，要把学习成效转化为推动侨联工作的强大动力，为实现北安全面振兴全方位振兴贡献侨界力量。8月3日，市侨联召开传达学习贯彻市委十八届纪委二次全会精神会议。11月18日，市侨联干部、侨联委员及归侨侨眷代表参加省侨联线上举办的全省侨联系统干部学习宣传贯彻党的二十大精神培训班，有13人参加培训。11月25日，市侨联召开传达学习党的二十大精神会议，市侨联委员、侨联服务中心全体干部职工及归侨侨眷代表参加。会议要求，要把党的二十大精神精心谋划好、精细组织好、扎实推动好、全力落实好。通过多种形式广泛开展学习宣传，结合侨联各种活动、微信公众号等宣传平台，把党的二十大精神落地落实、见行见效。（李爱军）

北安市工商业联合会（总商会）

【概　况】 2022年，北安市工商业联合会（以下简称“市工商联”）另称为北安工商界组成的人民团体和民间商会（简称“北安总商会”）。市工商联有会员企业80家，市工商联所属商会1个，为北安温州商会；所属协会2个，分别为北安市电子商务协会、北安市家居建材装饰装修协会。（王　奇）

【参政议政】 2022年，市工商联组织12名工商联界别政协委员参加工商联政协委员联络室议事协商会议，帮助企业破解发展难题。拓宽非公有制经济人士参政议政渠道，新增推荐2名优秀企业家纳入市政协委员，积极努力构建非公经济人士利益诉求的渠道。

（王　奇）

【思想建设】 2022年，市工商联坚持把理想信念教育作为民营经济统战工作的核心，深入贯彻习近平总书记关于民营经济的重要论述，积极组织工商联会员企业参加黑龙江省、北安市举办的“学习党的二十大精神暨优秀中国特色社会主义事业建设者研修班”“民营经济统战工作专职干部暨商协会专职人员能力提升培训班”和思想教育主题活动5期，20余人参加培训和活动。同时，集中组织非公有制经济代表人士观看中国共产党第二十次全国代表大会开幕会，引导民营经济人士坚定发展信心、夯实团结奋斗共同思想政治基础。以北安市铸牢中华民族共同体意识示范市创建为契机，组织工商联会员、新联会会员举办“丹心向党 筑梦同行”篮球友谊赛，推动广大新的社会阶层人士和非公经济人士增进交流，促进合作，进一步增强了民族团结意识。

（王　奇）

【优化营商环境】 2022年，市工商联充分发挥工商联桥梁纽带作用，研究完善工商联服务民营企业各项工作措施，助力全市非公有制经济健康发展。组织非公有制经济代表人士开展银企对接会，畅通银企对话交流渠道，现场达成合作意向5个，为10多家非公企业融资800万余元。市工商联联合人民法院开展工商联会员企业普法教育3次，号召企业遵纪守法、诚信经营。联合税务局成立“民营企业 纾困解难”问需服务中心，针对企业遇到的实际问题进行深入探讨，为企业搭建解决问题交流服务平台。组织“纾困解难 问需服务”线下服务送到企业，进行实地走访企业12家，解决8家企业提出的困难问题。

（王　奇）

【服务企业】 2022年，市工商联广泛动员社会各界力量，组织13家企业开展助力乡村振兴行动，积极参与结对帮扶，在城郊乡、主星乡开展提供蔬菜种植技术指导、优质种子品种、认购一亩田和农产品进商超对接等活动，全面开启万企兴万村行动。8月1日，召开“万企兴万村”启动会，有1家国企、4家民营企业参与“万企兴万村”行动，捐赠金额12.1万元。在“发展乡村经济助力有我”服务主星朝鲜族乡红星村村企对接行动中，市工商联10家会员企业，筹资5000元购买捐赠绿化箱，用于推进主星乡红星村田园综合体项目建设，助推农民增收致富，促进乡村振兴。

（王　奇）

【助力防疫】 2022年，市工商联积极参与基层治理，推进机关党建与基层治理紧密结合。8月，市工商联组织志愿者20多人深入铁路小区，按照包保任务详细询问常住人口底数、家庭成员情况、疫苗接种等相关情况，确保不漏一人、千人联万户活动取得阶段性成效，为助力全市市域社会现代化治理工作、实现精准防控提供有力保障。坚持参加“双报到”活动，组织志愿服务5次，为小区居民日常生活服务。常态化助力防疫工作，先后组织党员下沉社区、深入市防疫指挥部协助工作，充分发挥党员先锋模范作用。全年，组织28家工商联会员企业助力疫情防控，会员企业捐款捐物合计113万元。（王　奇）

·解释说明·

“双报到”：机关企事业单位党组织到所在地社区报到，实行共驻共建；在职党员到居住地社区报到，组织党员开展志愿服务。

北安市文学艺术界联合会

【概　况】 2022年，北安市文学艺术界联合会（简称“市文联”）重视和加强党的建设和组织建设，积极参加联合支部的各项活动，引导广大会员坚定不移跟党走，推动文艺事业加快发展。克服疫情的不利影响，采取线上为主的方

10月11日，市工商联联合市税务局组建的“民营企业 纾困解难 问需服务中心”启动仪式在市税务局举行
（市工商联 供图）

式，加强对会员政治理论和业务培训，培育会员500多人。切实抓好平台和阵地建设，组织开展丰富多彩的文艺活动，鼓励和支持广大会员创作大批文艺精品。牛升海的散文《老鼠的故事》在“2022年度中国散文年会”评选活动中获二等奖；吴彦连环画获黑龙江省委老干部局举办的迎接党的二十大美术书法展览特别奖；吴明君剪纸作品获中国 渭南“歌唱新生活 喜迎二十大”全国剪纸邀请展银奖、“庆祝共和国繁荣 迎接美好生活”2022年全国剪纸艺术特展优秀奖、“庆祝中国共产党第二十次全国代表大会”民间剪纸精品网展中优秀作品奖。李振亚的摄影作品在黑龙江省森工集团举办的摄影展获优秀奖，康晓东的摄影作品在第三届全国最美瞬间“时光杯”摄影大赛获二等奖，王淑清的摄影作品在首届中国雪乡摄影展获二等奖。
（牛升海）

【文联组织建设】 2022年，市文联有17个协会，分别为作家协会、书法家协会、美术家协会、音乐家协会、摄影家协会、舞蹈家协会、戏曲家协会、影视艺术协会、演讲口才协会、硬笔书法协会、篆刻协会、剪纸协会、油画协会、吉他协会、合唱协会、国标舞协会和红色历史研究会。7月16日和7月23日，北安市书法协会赵光分会和北安市书法协会通北分会分别成立。市文联高度重视文艺“两新”发展，通过提供机会和平台加快培育文艺发展新生力量，全市新文艺群体总人数达到19人。注重各协会会员的发展，全年新发展会员35人，其中省级会员2人，黑河市级会员8人。
（牛升海）

【期刊编印】 2022年，市文联高质量办好文学期刊《乌裕尔》，促进文学创作和交流。全年编印《乌裕尔》4期，发表文学作品80万字。加大北安红色历史文化的挖掘整理力度，全年相继采访一批革命前辈或后代，收集实物和口碑资料，编印《北安红色历史文化研究》6期，整理编辑史料24万字，促进北安市红色文化历史传承和弘扬，也为开展红色文艺作品创作积累宝贵素材。
（牛升海）

【文联活动开展】 2022年，市文联组织开展“迎新春送春联”活动，为广大农民、企业职工、社区居民和防控卡点工作人员书写和赠送春联、福字，送上美好的祝福，共书写春联2000余副，福字2000余个。举办“喜迎二十大 翰墨书盛世”书画摄影展，创作展出书法、美术、剪纸、篆刻作品216幅，展现北安市文艺创作最新成果。组织开展“迎庆二十大 广场送文化”系列活动，创新文艺作品创作和展览形式，分别展出书法、美术、剪纸、摄影四个专题展览，共展出文艺作品400余幅，参观人数达2万人以上，为历年来参观人数最多、展览效果最好的一次展览，也为北安市迎庆祝党的二十大营造喜庆祥和的氛围。举办“生态文明新北安 爱鸟护鸟共家园”主题摄影展，组织会员创作摄影作品数千张，展出摄影精品30张，让市民在欣赏鸟类之美、人与自然和谐的同时，提高爱鸟护鸟、保护自然意识。
（牛升海）

【文艺作品创作】 2022年，市文联鼓励和支持广大文艺家和文艺爱好者，积极投身文艺作品创作，全年创作一大批优秀文艺作品。广大会员以公众号、抖音、微博等网媒为载体，创作和编发大量文艺作品，让更多的人感受到文艺的魅力。在文学作品创作方面，创作小说《亲家是什么亲戚》《遥远的汽笛声》、报告文学《飞翔的雪花最美丽》及一批优秀的散文诗歌作品。美术作品创作方面，继续抓好冰雪画、国画、油画等创作，在多出精品的同时，创新推出蚌壳画，美术创作实现新发展。吴明君的剪纸作品《祝寿百年》，入选“庆祝中国共产党第二十次全国代表大会”民间剪纸精品网展，被评为优秀作品；《祝福祖国》在“庆祝共和国繁荣 迎接美好生活”2022全国剪纸艺术特展中获优秀奖。为喜迎冬奥会，吴明君创作出《冰墩墩》《曲春雨奋力拼搏》等剪纸作品。同时，剪纸协会会员张秀丽还创作剪纸作品《枪》系列25幅、《乌裕尔河的传说》16幅。音乐家协会会员创作歌曲《我对你的爱毫无保留》《如果眼泪是一种浪费》等一批新歌，并上线发行。摄影协会会员创作摄影作品上万张，反映城乡新变化，《红色传承》《抗联精神》等13幅作品在网络媒体《黑龙江》上发表。吴彦创作的连环画《黑土地走出的红色先驱——马骏》已完成，《大医之路》创作接近尾声。
（牛升海）

北安市残疾人联合会

【概　况】 2022年，北安市残疾人联合会（简称“市残联”）围绕发展大局开展重点工作，真抓实干，履职尽责，全面完成各项任务目标。结合“机关能力作风建设年”开展各项活动，努力打造“1+2+N”扶残助残新模式，深化服务残疾人事业高质量发展。在2022年度黑河市残联系统“争先创优”综合考核中，北安市残联获得优秀等次。（杨　旭）

·解释说明·

“1+2+N”：即设立1个残疾人康复中心，搭建“培训＋就业”2个联动平台，落实康复、托养、无障碍改造等N个惠残项目。

【残疾人状况】 2022年，北安市有持证残疾人9859人，比2021年同期减少2036人。按性别划分，男性5964人，占60%；女性3895人，占40%；城镇残疾人4528人，乡镇残疾人5331人；按残疾人类别划分，视力残疾896人，听力残疾735人，言语残疾107人，肢体残疾5498人，智力残疾1160人，精神残疾981人，多重残疾482人；按年龄段划分，0~6岁残疾人10人，7~16岁残疾人182人，17~59岁残疾人5948人，60岁以上残疾人3719人。8月，市残联对持证残疾人进行基本状况调查，将残疾人的基本信息、各类需求等情况进行详细调查登记，并将调查结果录入全国残联信息化服务平台，为2023年的精准服务提供强有力保障。（杨　旭）

【康复中心设立】 2022年7月24日，市残联在瑜璟院区设立北安市残疾人康复中心。康复治疗区面积8500平方米，床位100张，诊疗科目有内科、外科、康复医学科、疼痛科、医学检验科、医学影像科、中医科，包含神经内科专业、神经外科专业、康复医学专业、针灸科专业、推拿科专业等多种专业。残疾人康复中心高标准、高起点建成后，为有康复需求的残疾人提供多元化、专业化、现代化的康复服务，构建残疾人康复新格局，全年为600名残疾人提供康复服务。（杨　旭）

【残疾人证办理】 2022年，为提高残疾人评定机构的评残效能，市残联联合评定机构开展“上门评定”服务，全年上门评定精神、智力和重度肢体残疾158人，涉及数十个社区、村屯，极大地方便了残疾人群众。开通残疾人证“跨省通办”业务，为73人跨省、跨市办理残疾人证并为其邮寄到家，切实提高评定、办证效率。（杨　旭）

10月7日，市文联举办“迎庆二十大　广场送文化”系列活动，展出书法、美术、剪纸、摄影等作品400余幅（市文联　供图）

【听力关爱项目】 2022年，为减轻全市听力残疾人家庭负担，市残联积极向上级争取助听器适配项目，承接“爱可以用声音传递”听力关爱项目。7月30—31日，北京爱尔公益基金会专家团队为北安市听障人士进行听力筛查，筛查人数403人，可适配人数236人，配备助听器396台，帮助听障人士更好地回归有声世界。（杨　旭）

【黑河市残联系统工作会】 2022年7月23日，由黑河市残联举办、北安市残联承办的黑河残联系统半年工作现场会在北安凤凰大酒店召开，黑河市残联领导及各县（市、区）残联理事长、副理事长及业务骨干30多人参加会议。会议传达全省攻坚破难会议精神及分解细化2022年市（地）残联激励评价办法康复工作事项，并对黑河残联系统残联工作进行安排部署，会后对参会人员进行业务培训。（杨　旭）

【巩固脱贫攻坚成果】 2022年，乡镇现有持证残疾人5331人，其中重度2014人（一级522人、二级1492人），轻度3317人。至年底，全市有脱贫残疾人1761人，残疾人监测对象60人，建立监测台账为防返贫致贫提供精准数据谋划产业项目，为监测户发放资金1.9万元。（杨　旭）

【残联换届工作】 2022年，北安市于10月份完成市、乡镇（街道）、村（社区）残联的换届工作。选举产生北安市残联第六次代表大会主席团委员17人、选举主席1人、副主席4人；推举产生执行理事会理事长、副理事长各1人；选举产生出席黑河市残联代表大会代表6人；通过5个残疾人专门协会主席、副主席人选；9个乡镇、6个街道、102个村（社区）完成换届，建立残协

组织，北安市残联换届情况形成正式报告上报至黑河市残联。（杨　旭）

【残疾人康复】　2022年，市残联开展0~6岁残疾人调查摸底工作，有29名残疾儿童前往指定机构接受康复训练，拨付残疾儿童康复资金29.98万元。通过各乡镇卫生院和市内第三方机构为残疾人进行基本康复服务，为833名残疾人提供康复服务，支付康复资金12.58万元；为209户残疾人家庭进行无障碍改造，支付无障碍改造专项金24.5万元。10月，在通北卫生院成立残疾人康复之家，为47名残疾人提供康复服务。开展“送辅具大下乡”活动，市残联为248名残疾人发放轮椅、坐便椅、拐杖、盲表等辅具450件；依托第三方养老机构为10户残疾人进行居家托养服务。（杨　旭）

【残疾人就业创业】　2022年，市残联联合市人社局、乌鱼绣培训学校等部门和爱心企业，实地走访慰问失业残疾人家庭45户，通过搭建“培训+就业”2个联动平台，帮助23名残疾人实现就业；审核23家已安置残疾人就业企业，安置残疾人107人，征收残保金419万元。（杨　旭）

【残疾人文体活动】　2022年3月4日，市残联开展“助力北京冬残奥，残疾少年冰上体验”活动，40余名特教学校师生到冰球馆进行参观和学习，让残疾学生们了解冬奥、感受冬奥、体验冬奥氛围，为北京冬残奥会加油助力。冰球馆的讲解员讲解了冬奥会、冬残奥会相关知识以及历届奥运会会徽，并介绍北安市冰雪体育事业的发展情况和冬奥会冠军曲春雨的成长经历。同时，冰球馆教练在活动现场指导学生们体验滑冰、冰球射门和冰壶运动。经过层层筛选，6名残疾人运动员参加全省第八届残运会，同时储备6名残疾人运动员。（杨　旭）

【扶贫助残服务】　2022年，在元旦春节、冬季疫情防控、全国助残日期间，广泛动员社会各界力量积极参与志愿助残服务活动。志愿助残服务人数达1500多人次，捐赠慰问品、慰问金，合计人民币6万余元。“1+10”助残项目有序进行，市残联继续依托第三方养老机构开展残疾人居家托养服务工作，全年为10名残疾人提供托养服务，通过不定期电话回访了解服务情况，服务对象满意率达到100%。为209户残疾人家庭进行无障碍改造，支付无障碍改造专项金24.5万元。（杨　旭）

【宣传活动】　2022年，围绕助残日“促进残疾人就业，保障残疾人权益”主题，市残联采取多种形式开展了卓有成效的“全国助残日”宣传活动，并为残疾人开展免费义诊、就业帮扶、上门评定、走访慰问、发放辅具等活动。通过省极光新闻、省残联公众号、黑河电视台、北安市电视台、北安公众号等各级各类媒体，市残联宣传报道残疾人工作累计100余次。残疾人创业专题片“双手捧起希望，让梦想不再残缺”，被省级媒体极光新闻进行宣传报道。（杨　旭）

北安市红十字会

【概　况】　2022年，北安市红十字会结合“线上+线下”模式创新志愿服务工作，通过网络信息推送、网络培训，畅通服务渠道，开展系列活动，组织志愿者进社区、进校园、进机关，通过现场讲解、互动问答等多途径广泛宣传应急救护知识，发放宣传资料2200余份，配备急救箱20个，组织22名志愿者参与重大节假日志愿服务工作。北安市红十字会组织40余名志愿者参与防疫物资分发、老年人儿童等特殊人群就医接送等工作。疫情防控接收捐赠款物410余万元，全部定向用于全市疫情防控工作。全年为1名先心病儿童申请救助资金2000元，2名志愿者进行遗体捐献登记。（胡婷婷）

【博爱周活动】　2022年5月5—12日，北安市红十字开展以“救在身边+生命教育”为主题的博爱周活动。在社区组织开设“生命教育讲堂”，设置临街课堂，普及应急救护、防灾避灾和卫生健康知识和技能，面向社区群众广泛传播健康、科学、文明的理念和人道价值。依托各社区卫生服务中心，组织开展健

3月4日，北安市残联携手市特殊教育学校，在市冰球馆开展“助力北京冬残奥，残疾少年冰上体验”活动（市残联　供图）

康知识讲座，发放健康知识手册，简易按摩仪。动员各红十字单位，利用本单位微信公众号，开展健康知识宣传，通过漫画、讲座、专题辅导等形式为百姓讲解健康知识。活动中发放宣传资料900多份，向群众讲解健康知识200多人，线上开展健康宣教5次、受众300多人次。（胡婷婷）

【志愿服务月活动】 2022年5月9日至6月6日，北安市红十字会开展志愿服务月活动，以“生命接力，人道伴行”为主题，开展红十字生命教育暨人体器官捐献宣传活动。同时，依托五官医院、社区卫生服务中心，组织开展健康义诊，发放宣传手册，聚焦百姓关心、关注的健康问题，随问随答。活动中发放宣传资料300多份，义诊30多人次，向群众讲解健康知识100多人，线上听众350多人次。（胡婷婷）

【世界急救日宣传活动】 2022年9月10日为第23个“世界急救日”，为此北安市红十字会联合北安市各医院、各社区卫生服务中心在早市、校园等地及微信公众号、抖音等平台，开展主题为“终身学急救，救护伴我行”的宣传活动。市红十字会、各医院、各社区卫生服务中心16人参与，受益群众500多人次。（胡婷婷）

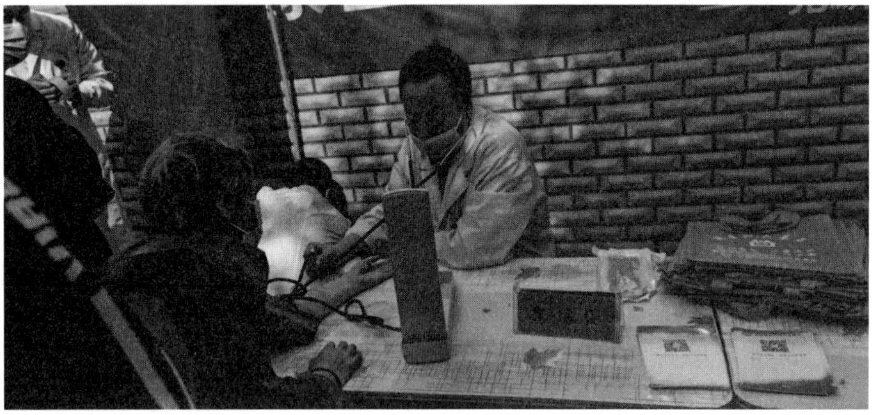

9月10日，兆麟社区服务中心医生为群众义诊（市红十字会 供图）

【青少年活动月】 2022年9月23日至10月10日，北安市红十字会在全市开展红十字青少年活动月活动，活动主题为“生命教育，你我同行”。北安市红十字会组织成员单位走进北安市中小学校，宣传红十字先进人物和感人事迹，弘扬人道、博爱、奉献精神，激发青少年为国奉献、为民造福的使命感和责任感。组织医护人员进校园开展义诊，将应急救护培训融入课堂。组织学校传授各类灾害事故防范知识和应对基本技能，提升青少年保护生命健康的意识和能力。活动月期间，发放应急救护宣传单300多份，解答学生咨询50多人次，有300多名学生参与活动。（胡婷婷）

【“世界艾滋病日”主题活动】 2022年12月1日，北安市红十字会结合新冠肺炎防疫工作要求，开展线上宣传教育活动。利用微信公众号媒体平台，联合北安市卫生健康局、北安市疾病预防控制中心，开展系列线上宣传教育工作。全年开展《艾滋病自我检查方法》和《流动人口预防艾滋病导引》等防治知识宣教7次、受益群众1376人次。（胡婷婷）

政法委与综治

【概　况】　2022年，中共北安市委政法委员会（简称“市委政法委”）抓重点、攻难点，坚决筑牢全市政治安全屏障。以创造安全稳定的政治社会环境为主线，主动服务经济社会发展大局，全力做好统筹发展与安全各项工作，全年进行政治轮训21班次、业务大讲堂34次，贯彻执行《新时代政法干警“十个严禁”》，结合执法司法服务提升攻坚行动，深入整治顽瘴痼疾、优化政法服务供给、不断加强制约监督，推动政法系统政治生态持续向好。组织开展案件自查、交叉评查和法律监督专项检查计11次，提出工作建议11条，全部整改到位。开展政治督察，排查出问题7个，提出建议5条，并完成整改。配齐政法系统各级领导班子和工作力量，提拔重用55名干部，开展公检法司领导干部交流轮岗，营造干事创业的良好氛围。2022年市委政法委获黑龙江省政法系统党的二十大维稳安保先进单位，在北安市新媒体建设工作中，北安市法院、北安公安局、北安司法局宣传工作连续多次在省级排名中名列前茅。（岳　宇）

【安保工作】　2022年，北安市政法机关合力做好冬奥会、“两会”、省十三届党代会以及党的二十大等时期的安保工作，在重点事项督查等方面，扎实认真履职，强化措施落实，完成各项安保维保工作。全国“两会”期间，先后抽调23名民警开展驻京驻省工作，全年接待群众来访来信134件次，办结130件次，办结率97%。（岳　宇）

【防范邪教工作】　2022年，市委政法委防范邪教能力不断提升，严厉打击各种邪教组织活动，利用国家安全日、重要会议时间节点，加大反邪教宣传、教育转化和反宣品清缴力度。全年，全市累计打击邪教组织宣传案件1起，建立异地协管。（岳　宇）

【“平安北安”建设】　2022年，北安市“平安北安”建设工作牢牢把握统筹发展与安全根本要求，北安市政法机关扎实做好防风险、保安全、护稳定各项工作，筑牢平安稳定防控网。常态化开展矛盾纠纷排查化解，实行周排查、周报告工作机制，累计排查矛盾纠纷2928次，发现问题并解决问题256个。建立“四所一庭”衔接联动机制，成功调解各类纠纷192件，调解成功率99.45%。牵头开展涉法涉诉“百日攻坚”行动，36个难积案件全部办结。强化重点区域治理，在社会治安管理各方面下功夫、见实招，推动社会大局持续稳定。全年北安市刑事犯罪比2021年下降29%，交通事故、亡人、伤人、财损率比2021年下降14.89%、9.09%、46.75%和26.24%。在禁毒重点整治工作中，破获涉毒刑事案件3起，查处涉毒治安案件26起，受到黑河市公安局的“贺电”表扬。（岳　宇）

·解释说明·

“四所一庭”：基层司法所、公安派出所、律师事务所、基层法律服务所和人民法庭。

【市域社会治理】　2022年，市委政法委积极探索具有北安特色的市域社会治理新模式，努力推动社会治理工作跨步前行。把党的领导作为治理的突破口和切入点，创新实践“党建+网格”“党建+物业”“党建+协商”等工作方式，形成以“红色铸魂、红色领航、红色阵地、红色服务”为内涵的“北安红”治理品牌，全面助力市域社会治理现代化建设。推出“14553”工作模式，在

2022 年，北安市扫黑除恶常态化工作推进会议召开　　（市委政法委　供图）

自治、德治、法治等方面营造人人参与、人人有责的工作局面。其中，重点推广电业社区“说议办评”闭环工作模式、北新社区“联盟 15 号议事厅”，以此推动共建共治共享。城乡网格平台建设运行充分发挥“随手拍”功能，办理网格事件 10000 多件，办结率保持在 95% 以上，高效快速解决群众身边的大小事情。　（岳　宇）

·解释说明·

“14553”工作模式：“一套机制”即完善党委领导、政府负责、民主协商、社会协同、公众参与、法治保障、科技支撑，“四个体系”即落实领导责任、工作推进、考核评价、督导问责，“五力支撑”即强化政治引导力、法治保障力、德治先导力、自治聚合力、自治聚合力，“五大中心”建好大数据中心、综治中心、网格化服务管理中心、矛盾纠纷多元化解中心、政法信息化指挥中心，“三个成果”确保治理效能提升、人民安居乐业、社会安定有序。

【扫黑除恶】 2022 年，市委政法委立足市域实际，多措并举，全面加强重点行业领域整治，严厉打击整治重点行业领域违法违规活动，社会环境得到有效净化、行业管理水平得到提高。持续推进常态化扫黑除恶斗争，先后组织召开扫黑除恶领导小组会议、办公室会议 6 次，线索研判会商会议 5 次，下发工作督办函 13 个，工作提示 6 个，制发扫黑除恶专报 23 期，专刊 14 期，发放调查问卷 1000 份。政法单位与行业部门建立健全线索报送和研判会商机制，推进常态化扫黑除恶斗争走深走实。在重点行业领域整治工作中，聚焦行业突出问题，推进八大行业领域专项整治行动 18 个，推动重点领域行业秩序明显好转。开展常态化扫黑除恶斗争宣传活动 130 多场次，发放宣传品 10000 多份，组织法律明白人、网格员、平安志愿者等开展扫黑除恶应知应会知识培训 10 多场次，接受群众咨询 100 多人次。

（岳　宇）

【优化营商环境】 2022 年，市委政法委开展“以法护企，惠商安商”专项行动，全面推出护企利企“十项举措”，帮助企业解决困难问题 87 件，解答法律问题 81 个，提出法律建议 45 条。加大提升智慧法院、智慧检察、智慧公安建设水平，以及在线调解、远程庭审、线上审批推广力度，对各类手续办理流程再改造、环节再归并、时限再压缩。市法院扩大“法院 +”一站式诉讼多元解纷体系，市检察服务建成信、访、网、电、视频“五位一体”综合受理平台，市看守所成功晋升为“全国一级看守所”。

（岳　宇）

·解释说明·

“十项举措”：严厉打击侵害企业合法权益犯罪、贯彻少捕慎诉慎押刑事司法政策、开展“挂案”“积案”清理行动、完善涉企诉讼案件“绿色通道”、提升社会治安综合治理效能、开展优化营商环境法治宣传教育、深化涉企“放管服”改革推进马上办、网上办、就近办、一次办，推进涉企劳动争议、矛盾纠纷调解、诉调对接、健全涉企主管部门联席会议形成齐抓共管、推进政法干警行政执法能力提升。

【能力作风建设】 2022 年，市委政法委坚决贯彻“能力作风建设年”活动部署要求，主要领导示范引领，带头研究制定活动实施方案，梳理政法机关存在的 32 个突出问题，建立问题整改台账，推进活动纵深开展。坚持破除思想“坚冰”，围绕 4 大方面、20 项重点内容开展专题研讨 3 次，深入查摆问题，剖析问题表现、思想根源，制定整改措施，力求以思想再解放引领带动能力再提升、作风再转变。坚持理论学习“风暴”辐射全体党员干部，通过“三会一课”常规学、“主题党日”创新学、青年理论学习小组深化学等载体，全委开展集中学习 20 多次，业务大讲堂 12 次。围绕重点工作确定的 5 个集中攻坚项目全部完成，开展警示教育 2 次，社会评议 1 次，组织实地考察学习 2 次。建立完善业务分析库、“基本业务 +”题库，开展领导干部“走流程”13 次，发现并解决问题 16 个，持续开展“我为群众办实事、我为基层解难题”，为群众办实事 8 件。

（岳　宇）

公　安

【概　况】 北安市公安局围绕全面推进“核心使命—2022”系列战役和夏季治安打击整治“百日行动”，聚焦党的二十大安保和市委、市政府中心工作，细化工作措施，压实工作责任，落实领导责任体系、工作推进体系、考核评价体系和督导问责体系（简称“四个体系”），全力做好防风险、保安全、护稳定、促发展、抓建设等各项工作。2022年，北安市市域警务、绩效评估分别为1个单位和集体、1人次获国家级荣誉，6个单位和集体、1人次获省级荣誉。北安市看守所被公安部评定为全国公安机关一级看守所。侦办涉疫类案件135起。打掉涉恶犯罪团伙1个。破刑事案件207起，现行命案连续13年全破，新改扩建派出所2个、提质改造派出所2个。全年执法领域实现重大执法过错，未发生绝对不捕不诉案件。有案不立、有罪不究、压案不查、涉案财物久扣不处等执法顽瘴痼疾整改到位。公安机关5起疑难信访积案得到化解。建成1个执法办案管理中心，完成3个派出所执法办案区智能化升级改造。出台系列从优待警举措，暖警惠警工作强化。完成职级套转、转任、晋升37人次。督办侵害民警执法权威案件7起。

（王太平）

【110报警服务】 2022年，北安市公安局大力弘扬110“人民的保护神”精神，以对接联动机制顺畅运行为目标、以对接联动事项高效办理为重点、以平台数据智能应用为支撑，加快建立职责明晰、优势互补、科技支撑、高效便捷的110与12345等平台高效对接联动机制，进一步提升依法打击违法犯罪活动及时处置紧急危难警情、更好维护社会治安秩序的能力水平，为人民群众提供更加专业便捷高效的公共服务。“情指行”一体化指挥中心建设，逐步投入使用。坚持“疑警从有”原则，严格落实应报必报、应报尽报，进一步规范上报内容，以“快、准、实、全、好”为标准，提高上报信息质量，确保发生重大突发敏感事件后，能够第一时间掌握、第一时间报告、第一时间处置。本着“以练增效、以测促战”的原则，聚焦出警、处警、反馈等关键环节，指挥中心与各单位联合开展接处警工作模拟测警活动，全面推动110接处警水平上台阶。全年指挥中心接报警电话40883个，处置各类警情5046起。其中，刑事警情32起、治安警情117起、交通事故警情1558起、求助类警情740起、举报投诉类警情680起、纠纷类警情1489起、其他警情430起。指挥中心机要室接收上级下发密码电报809份，明传电报293份，向黑河市局发送密码电报119份，收发文件工作准确无误。

（王太平）

【“四个体系”建设】 2022年，北安市公安局以健全完善“四个体系”为依托，协同精准发力，实现能力提升和工作推进一体化。推进“能力作风建设年”活动，开展政治、法律、科技、岗位实战大练兵，针对电信网络诈骗、虹膜和声纹信息采集、大数据应用等进行业务培训，累计教育民辅警7800多人次。开展“警企共建、助企扶商”活动，签订“服务承诺书”，创新服务举措12条。开展“领导干部走流程”活动13期，解决问题9项。以“一请五进”模式推动“解放思想、振兴发展”，开展“以法护企、惠商安商”座谈会36次，为企业送法律法规20多次，解决问题10项，为北安全面振兴、全方位振兴贡献公安力量。全年先后召开“核心使命—2022”系列战役推进会议、党工委会议、刑事打击推进会议、命案积案攻坚会议、信访工作会议20多次，健全完善“四个体系”组织架构，组建督办组、考评组、问责组3个专项小组，局领导班子成员深入分管战线实地督导，层层压实责任。围绕省市委重要决策部署、党代会报告、政府工作报告等5类17项重点工作抓推进，“四个体系”工作接受黑河市委督导组检查，得到充分肯定。同时，加大督察督导推进和执纪问责力度，开展现场督察100多次，下发督察通报24期，以严管高压态势推动目标明、任务清、担子实。全力推进执法司法服务提升攻坚行动，主动帮助265名农民工追回拖欠工资400多万元，为民服务“办实事、做好事、解难事”56件，获得锦旗28面，树立执法服务良好新形象。

（王太平）

·解释说明·

“一请五进”：请进来，进企业、进辖区、进学校、进农村、进社区。

【维护社会稳定】 2022年，北安市公安局以党的二十大安保工作为中心，注重预警研判，实现维护社会稳定高效化。派出所与司法所、律师事务所、基层法律服务所、基层人民法庭建立“四所一庭”衔接联动机制，开展“学东莱、创枫桥”活动，派出所排查各类矛盾纠纷308件，全部得到及时有效化解，日常接处警有效化解家庭纠纷、服务纠纷、邻里纠纷1024起。全年完成重大安保活动任务30多次，落实信访室接访40次。深入推进涉法涉诉信访案件百日攻坚战，17件涉法涉诉信访案件全部上报销号。（王太平）

【打击刑事犯罪】 2022年，北安市公安局以合成打击为方向，突出主责主业，实现违法犯罪打击精确化。全年共发生各类刑事案件254件，破获各类刑事案件207起，抓获犯罪嫌疑人211人，打掉恶势力犯罪团伙1个，破获命案积案2起。开展枪爆物品大收缴、枪爆隐患大整治、枪爆犯罪大攻坚行动，收缴非法枪支22支、子弹265发，破获非法买卖枪支案件1起，采取刑事强制措施1人，收缴涉案气枪2支。制定北安市公安局创建无电诈社区（村委会）活动方案，防范电信网络诈骗。组建联合抓捕工作小组，赴外省多个地市开展抓捕犯罪嫌疑人、侦破电诈案件。破获电信网络诈骗类案件16起，抓获犯罪嫌疑人38人，移送起诉案件6起、判决5人，收缴“两卡”37张，冻结返还被害人涉案资金69.3万元。预警劝阻40923人次，拦截成功率 99.51%。全年破获经济案件 8 起，破获组织他人偷越国（边）境案件 2 起、偷越国（边）境案件 4 起，抓获犯罪嫌疑人 6 人。破获非法经营、销售假药、销售有毒有害食品刑事案件 8 起，抓获犯罪嫌疑人 10 名；破获黄赌毒治安案件 89 起，查处 415 人；破获涉毒刑事案件 3 起，查处涉毒治安案件 26 起。全市打击吸贩毒工作，受到黑河市公安局贺电表扬。

（王太平）

【社会治安防控】 2022 年，北安市公安局以严密防范为重点，强化治安管控，实现社会治安防控科学化。全年受理治安案件 862 起，审结 746 起。构建点线面巡防体系，公安武警开展联勤联防联巡联控，实行车辆巡逻、徒步巡逻、特警武警联勤巡逻机制，在大润发、南京路步行街、火车站、客运站、农贸市场等重点场所派驻警力。组建 110 人的应急处突队伍，作为处置突发事件、反恐处突、防洪防汛、防火救灾等紧急冲锋力量。建立局领导包保学校安全责任制，严格落实校园周边“高峰勤务”“护校岗”制度，向教育部门发整改建议函 2 次，签订安全管理责任状 70 多份，开展校园及校外培训机构联合检查 16 次，发现整改隐患 6 处。开展全民国家安全教育日、反有组织犯罪法、打击养老诈骗、缉枪治爆、交通安全法及国际禁毒日等集中宣传活动 20 多次，制作反诈禁毒短视频 21 部，发放宣传手册及海报 5 万余份，开设云课堂 11 次，组织民警通过微信转发反诈禁毒信息 10 万余次。开展集中销毁行动，对收缴的日伪时期遗留的 78 枚废旧炮弹进行集中销毁。强化危险化学品管控工作，下达整改通知书 8 份，责令存在问题企业整改到位，强制注销危化品运输车辆 1 台。开展社会面治安统一清查行动及夏季治安打击整治“百日行动”集中夜查行动 13 次，清查场所 2800 多家次，发现并整改隐患 21 处，消除社会治安隐患。

（王太平）

【社会安全管理】 2022 年，北安市公安局以平安建设为主线，强化隐患治理，实现社会安全管理动态化。筑牢政治安全防线，同步推进网上网下两个战场。破获利用微信传播邪教案件 1 起，抓获犯罪嫌疑人 2 名；破获邪教组织案件 1 起，治安拘留 1 人。开展反恐处突实战练兵 10 次。开展“喜迎二十大、忠诚保平安”反恐应急处突演练，演练 4 个科目，各警种 130 多名民辅警参加演练。派出所每月至少开展 1 次消防车通道违法停放车辆联合突击检查行动，督促物业服务企业清理小区疏散通道、消防车通道内各种障碍，打通“生命通道”。加强“九小场所”消防安全管理，宣讲典型案例经验教训，以案说法。全年检查“九小场所”等单位 3256 家次，开展各类宣传活动 150 多次，切实增强广大群众消防安全意识。市公安局制定局领导班子安全生产工作清单和安全生产重点环节监督管理职责清单，层层压实安全生产责任，联合相关部门检查农资经营店 16 家，纠正违规经营商店 4 家。发布关于在北安油库、液化石油气站、液化石油天然气站设禁飞区的通告，全面加强娱乐场所及烟花爆竹市场、废旧金属业治理力度，查处烟花经营场所 2 家、废旧金属业 1 家，查处非法存储烟花爆竹案件 2 起。

（王太平）

·解释说明·

“九小场所”：小学校或幼儿园、小医院、小商店、小餐饮场所、小旅馆、小歌舞娱乐场所、小网吧、小美容洗浴场所、小生产加工企业。

【基层基础建设】 2022 年，北安市公安局以警务保障为引领，突出基础建设，实现基层警务保障长效化。按照公安部加强新时代派出所工作三年行动计划，在市委、市政府的重视和有关部门支持下，投入 120 万元推进庆华派出所建设并投入使用，投入 73 万元对兆麟派出所维修改造，确保实现“基础牢、出事少、治安好、党和人民满意”的工作目标。建立健全警种部门支援派出所工作机制，公开招聘辅警 138 名，缓解警力不足的现状。省考招录公务员 29 人，全部优先安排到基层派出所进行锻炼。投入 40 余万元，购买防刺背心、盾牌等装备 100 余套。全年投入 90 余万元，新改建综合执法办案管理中心；投入 23 万元，为尸检解剖室、物证保管室、技术实验室更新设备；投入 100 余万元在市区 8 个防疫卡口新增 8 处、10 套车辆抓拍智能视频监控设备，在监狱周边及医院附近卡口安装监控点位 36 个，在火车站、客运站等重点部位建设电子围栏 4 处，升级交通信号控制

2 月 24 日，公安局召开全市打击治理电信网络新型违法犯罪工作联席会议

（市公安局　供图）

机14台，推进智慧安防、智慧交管建设。投入约270万元对指挥中心进行改扩建，完成一体化实战化建设。同时，市公安局总投资910万元建设禁毒教育基地和青少年禁毒科普教育园地，升级改造社区戒毒（康复）中心，投入15.3万元建设禁毒主题公园，加快禁毒重点整治。（王太平）

【交通安全宣传与管理】 2022年，北安市公安交通警察大队（以下简称“市交警大队”）将交通安全教育整顿工作与群众工作相结合，通过“进企业、进村屯、进学校、进单位”开展“我为群众办实事”千名干警大下基层主题活动。组织客运企业负责人、安全管理人员、客运车主、驾驶人、旅游公司负责人等开展交通安全宣传警示教育，结合实际对安全管理、安全营运重要性、严肃性和违法肇事的危害性、社会影响性进行宣传教育。市交警大队组织民警深入辖区客运企业、货运企业、危化品运输企业、粮食运输企业、电厂、社区、驾校、农村集市等场所，对驾驶人进行排查，同时进行相应的交通安全知识学习与培训，提高驾驶人和车辆管理人员的交通安全法律意识，增强安全责任心。市交警大队启动“随警作战”模式，邀请电视媒体参加各类集中整治行动，并通过电视媒体、微信、微博“双微平台”和抖音、一直播等网络媒体对在行动中发现的重点交通违法行为和典型案例进行及时曝光。全年，发放宣传资料6500多份，宣传手册400多份，制作宣传展板11块，宣传挂图52幅，宣传条幅75幅，邀请媒体记者随警作战30多次，曝光酒驾醉驾交通事故案例13起。曝光行人闯灯违规3000多人，机动车不礼让行人600台次。在国家级媒体刊发宣传报道3篇，省级媒体6篇，地、市级媒体26篇，黑河支队116篇，北安市局116篇。（宋　嘉）

【交通秩序管理】 2022年，市交警大队开展交通隐患排查，及时消除安全隐患。在前期隐患排查整改的基础上，对辖区国道、省道及城区道路、农村道路等进行再排查、再整改，排查中发现安全隐患8处，并全部整改。交警大队定制并安装导流标6块，安装减速带5条，让行标牌37块，折光镜5块，爆闪灯6块，庆西路出城、庆华路大货车禁行标志13块，大货车禁入2块，禁转标志4块，大型指路标志4块等各项交通设施97（件）。同时，在辖区四千米平改立跨线桥桥墩粘贴反光贴200平方米，安装“慢行”标志7块，“让”行标志7块。强化国、省、县乡道路交通安全管理工作，派出7组巡逻组，采取流动巡逻和定点执勤的方式，加大国、省、县乡道路“凌晨”“傍晚”重点路段、重点时段的巡逻密度和巡逻频次，全程执法记录仪记录，并与交通部门“路警联合”，严厉打击大货车改型等重点交通违法行为，确保辖区道路交通安全。利用农村派出所参与交管工作“地熟、人熟、车熟”的便利优势，实行“交所合一”，全面排查辖区内各村（屯）农用车辆基础信息、建立台账。同时，与农业农村局开展“警农联合”活动，为农用车辆免费张贴反光标志，确保秋收季节农村地区道路交通安全。全年，各农村交警中队处罚各类交通违法行为217起，发放亮尾旗1800面，为农用车辆粘贴反光贴700多台次、3000多贴，购买140个U盘录制交通安全常识，在133个有“大喇叭”的村屯进行每日播放。辖区农村交通管理工作实现无死角、无盲区、全覆盖。“量身打造”校园周边高峰岗18处，警情随着校情走，每天6:30到22:30，为全市各中小学校早、午、晚间上放学高峰时段进行交通疏导和管理。同时，完善校园周边各类标志标线、设计安装严管路段警示牌、减速带、违停抓拍球机等交通设施，为中小学师生打造安全有序的通行环境。（宋　嘉）

全市设校园周边高峰岗18处，为全市各中小学校上、放学高峰时段进行交通疏导和管理（市交警大队　供图）

·解释说明·

巡逻组7组：202国道、萝北公路、哈北公路、北富公路、四千米定点、通北辖区、赵光辖区。

【交通违法整治】 2022年，北安市交警部门围绕“核心使命—2022”“减量控大”各项任务指标，强化市区路面交通管控，通过开展一系列有针对性的整治行动，切实提高见警率、管事率。开展交所共建，严查重处“三超一疲劳”、涉牌涉证、酒驾毒驾等交通违法行为，先后在全市范围内开展系列专项整治行动，重点对乌裕尔大街等重点路段路内违停车辆、南京路乱停乱放两三轮摩托车、农贸市场机动车辆乱停乱放进行整治，初见成效。在城区供热、排水管网改造、老旧小区立面改造期间，对施工现场周边实行交通疏导，确保不发生长时间大面积拥堵，让广大群众出行顺畅。市交警大队与气象、城市综合执法、交通部门地方道事业管理中心、公路事业管理中心、客运公司、客运站及呼兰养路段建立恶劣天气沟通联动机制，遇恶劣天气，及时启动应急预案，做好“两公布一提示”工作，利用微信公众号、朋友圈、市区各交通岗亭 LED 滚动屏幕等发布预警信息，并针对实际情况采取相应措施。全年查处各类交通违法行为 59639 起。其中，酒驾违法行为 773 起，醉驾 7 起，查处城市道路电动自行车违法行为 27052 起，查处城市道路重中型货车违法行为 2463 起，查处国省道大客车和大货车重点违法行为 2176 起，查处县乡村道现场重点违法行为 3774 起，查处载客汽车乘客不使用安全带违法行为 23394 起。集成平台应用系统交通执法站数据录入、农交安 App 数据录入，录入率均达到 100%。北安在黑河交警系统“减量控大”考核打分中始终排名第一。（宋　嘉）

·解释说明·

“三超一疲劳”：超速、超员、超载和疲劳驾驶。

“两公布”：公布交通流预判和分流绕行预案，公布道路危险路段和事故多发点段。

“一提示”：即提示节日期间交通安全事项。

【车辆管理】 2022 年，交警部门不断优化办事流程，为真正的实行服务窗口采取“材料减免”“一次办、马上办”“一窗通办”。在原有基础上整合业务大厅资源，全面推行“材料减免”“一窗通办”“18 类业务一证即办”，提交办理材料由 6 份压减为 4 份，时限由 1 个工作日压减为 0.5 个工作日，将办理机动车牌照的缴纳税费、车辆查验、手续审核和摇号发牌的 4 个环节整合为 2 个环节。所有车管、驾管业务均可一站式办结，申请人只需在一个窗口即可办理相关业务，并实行电子支付方式。同时，加大“12123”手机 App 推介力度，方便群众自主快捷办理部分交管业务，实现“马上办、网上办、就近办、一次办”，真正让数据多跑路、让办事群众少跑腿。全年，市交警大队办理车辆注册登记 2109 台、转移登记 3209 台、变更登记 528 台、抵押登记 1244 台、注销登记 598 台、转入业务 2494 台、补换牌证合格标志 637 台、办理临时号牌 838 台、核发检验标志 902 台、受托检验 312 台、补换登记证书 51 台；档案更正 6 台；锁定 150 台；校车登记 4 台；初次申领驾驶证人员 89 人、补证换证 5736 人、满分学习 156 人、注销驾驶证 37 人、年度检验 61 人、驾驶证转出 2897 人、延期业务 4 人、恢复驾驶资格 53 人、驾驶人审验 278 人、实习期考试 16 人，军警换证 3 人，申请校车资格 1 人，锁定 43 人。（宋　嘉）

【交通事故】 2022 年，北安市交警大队达成交通事故四项指标，与 2021 年同期相比呈整体稳中有降态势，全市全年交通事故起数 43 起、同比 2021 年下降 27.1%，死亡人数 10 人、同比下降 28.57%，受伤人数 44 人、同比 2021 年下降 51.1%，财产损失 11.77 万元、同比 2021 年下降 46.37%，没有发生一次死亡 3 人以上的重特大道路交通事故，确保无一起死亡 3 人以上的交通事故，全市道路交通安全形势总体平稳。并成功完成 S12 伊齐高速“11·11”交通事故救援任务。（宋　嘉）

检　察

【概　况】 2022 年，北安市检察院落实全国、全省、全市检察长会议精神，扎实开展“质量建设年”和“能力作风建设年”活动，切实强化法律监督，主动服务发展大局，以一体化机制建设推进各项检察工作。全市检察机关办理各类案件 590 件。其中，依法批准逮捕 76 人，不批捕 28 人，不批捕率 36.4%，比 2021 年增长 9.01 %；提起公诉 141 人，不起诉 30 人，不起诉率 22.56%，比 2021 年增长 20.11%；办理刑事、民事和行政诉讼活动监督案件 224 件；办理公益诉讼案件 37 件。2022 年，北安市检察院获黑龙江省第二十届“省级文明单位标兵”称号。（闫　石）

【刑事检察】 2022 年，北安市检察院受理审查逮捕案件 50 件 76 人，受理审查起诉案件 113 件 141 人，不捕率比 2021 年增长 9.01%，不诉率比 2021 年增长 20.11%，诉前羁押率比 2021 年下降 10.66%。落实最高检“四号检察建议”“七号检察建议”“八号检察建议”，守护安全红线，提升市域社会治理能力，与监委协作配合，介入职务犯罪案件 8 件 9 人，提前介入率 100%。推进“断卡行动”依法打击电信网络诈骗犯罪，办理电信网络诈骗案件 5 件 19 人。刑事检察监督立案 5 件，监督撤案 8 件，书面纠正侦查活动监督案件 18 件，追漏捕 1 人，追漏罪 1 人，追漏犯 1 人，认罪认罚适用率 92.68%，案件比 1.04。提前介入引导取证案件 69 件，开展羁押必要性审查案件 8 件；制发纠正违法通知书 34 份。（闫　石）

【民事行政检察】 2022 年，北安市检察院办理民事检察监督案件 155 件；办理对民事生效判决、裁定、调解书监督案件 4 件，制发再审检察建议 3 件，不支持监督申请 1 件；办理民事审判违法行为监督案件 58 件，制发检察建议 58 件；办理民事执行活动监督案件 37 件，提出检察建议 37 件；办理民事支持起诉案件 56 件，其中 51 件为涉农民工讨薪案件，涉案金额 511916.88 元。办理行政检察监督案件 38 件，办理行政非诉执行监督案件 12 件，制发检察建议 12 件；办理行政审判程序中违法行为监督案件 14 件，制发检察建议 14 件；办理行政违法行为监督案件 12 件。办理虚假诉讼监督案件1件，涉案金额500万元；打击社会治安管理及强制隔离戒毒等领域的行政违法行为，办理监督案件12件，化解行政争议5件，实现案结事了人和。（闫 石）

【公益诉讼检察】 2022年，北安市检察院办理公益诉讼案件37件，发出检察建议27件；起诉刑事附带民事公益诉讼案件3件。市检察院开展“两城共护一河”活动，向克东县检察院、海伦市检察院移送案件线索3件；开展黑土地保护专项工作，提出检察建议12件，纠正占用耕地9000多平方米、林地4万余平方米；在生态环境遭受严重破坏区域，建设“公益诉讼保护乌裕尔河生态环境示范基地”；开展国财领域专项监督工作，发现土地年租金欠缴问题，向相关行政机关提出检察建议，挽回经济损失157万元。（闫 石）

【未成年人检察】 2022年，北安市检察院积极开展“法治副校长”工作，创新未检“线上+线下”普法工作新模式；建立未成年人观护帮教基地、“家庭教育指导服务站”，搭建起“一站式”保护中心平台；打造“检+”协作模式，强化对未成年人合法权益综合保护；办理民事支持起诉案件一起，为性侵害未成年，被害人追索精神损害赔偿金3万元；落实附条件不起诉的未成年人观护帮教工作并推荐就业岗位；办理黑河市首例涉及未成年人行政争议案件，被黑龙江省人民检察院评为典型案例。（闫 石）

·解释说明·

“法治副校长”指由人民法院、人民检察院、公安机关、司法行政部门推荐或者委派，经教育行政部门或者学校聘任，在学校兼任副校长职务，协助开展法治教育、学生保护、安全管理、预防犯罪、依法治理等工作的人员。

“检+”：市检察院创新“检+企”“检+校”“检+医”“检+警”“检+N”等协作模式，整合多方力量，合力构建未成年人检察社会支持体系。

【综合业务】 2022年，北安市检察院受理来信、来访等案件42件，落实重大敏感案件领导包案制度；通过司法救助，公开听证等方式辅助办理信访案件，化解信访矛盾。市检察院组织实地走访、视察工作、检察开放日、庭审观摩等活动联系代表委员49人次；开展公开听证106件次；邀请人民监督员参与监督办案活动54件次；公开程序性信息171条、法律文书15份，公开检察业务数据3次；办理司法救助案件4件4人，发放救助款4万元；协助解决北安市绿海家园小区和通北镇18个小区办理房产证和供暖等事宜；同时参与处理“11·11”交通事故善后工作，依法调解双方达成协议。市检察院开展“12309”检察服务中心工作，创建“五位一体”综合受理平台，向社会提供“一站式”检察服务。（闫 石）

·解释说明·

“五位一体”：集控告申诉、案件管理、业务咨询、国家赔偿与国家司法救助为一体的信、访、网、电、视频“五位一体”综合受理平台，实现一个窗口对外、一站式服务、一次性告知，规范办理程序。

【扫黑除恶】 2022年，北安市检察院把握扫黑除恶斗争新要求，紧盯扫黑除恶斗争“八大行业”领域整治工作，办理沙某某等人涉恶案件1件9人；发出社会治理类检察建议3份；打击治理电信网络诈骗专项行动，办理葛某某等13人帮助信息网络犯罪活动案；协助整治工程建设领域乱象，提前介入刘某某拒不支付劳动报酬案，追缴欠薪135万元。（闫 石）

【营商环境优化】 2022年，北安市检察院走访25家企业72次，并向其提供法律咨询和法律帮助，针对其中2家涉案企业开展普法教育，增强企业依法经营意识；监督立案民营企业内部人员腐败案件1件，挽回损失13万余元；办理涉企民事执行监督案件1件，执行债务60万余元；召开知识产权专题普法讲座，帮助20家企业提升风险防控能力。市检察院开展“以法护企、惠商安商”活动，解决企业法律问题28个，打通司法为民服务“最后一千米”。（闫 石）

法 院

【概 况】 2022年，北安市人民法院有基层法庭6个（北安市双青人民法庭、北安市赵光人民法庭、北安市二井人民法庭、北安市海星人民法庭、北安市石泉人民法庭、北安市东胜人民法庭），北安市人民法院坚定政治机关立场，坚持公正高效审判，维护社会公平正义，牢牢把握“为大局服务、为人民司法”的工作理念，受理各类案件7239件（不含旧存447件），审（执）结7491件，结案率97.46%，法定界限内结案率100%，人均结案156.06件，居全区法院首位，比2021年增加434件，增长幅度为5.99%，其中刑事案件100件，比2021年减少50件；民事案件4812件，比2021年增加711件；行政案件32件，比2021年减少28件；非诉保全案件110件，比2021年减少210件；执行案件2185件，比2021年增长11件。年内，北安市人民法院被授予“省级文明单位标兵”荣誉称号，7个集体和18名个人获省市级记功或表彰，收到当事人赠送锦旗24面。（王 玥）

【惩处恶势力】 2022年，北安市人民法院依法审结恶势力犯罪案件1件7人，结案率100%。案件审理过程中，在合议庭主持下，7名被告人均认罪认罚，宣判后，均未提起上诉；依法以掩饰、隐瞒犯罪所得罪惩处下游犯罪案1件4人。（王 玥）

【维护社会稳定】 2022年，北安市人民法院审理诈骗罪、合同诈骗罪、盗窃罪等多发性侵犯财产犯罪案件6件7人；审理故意伤害罪、强奸罪、寻衅滋事罪等暴力犯罪案件及妨害社会管理秩序犯罪案件15件17人；审理危险驾驶罪、交通肇事罪等危害公共安全犯罪案件8件8人。 （王 玥）

【接受监督】 2022年，北安市人民法院向人大常委会提议专题报告、执行攻坚、服务大局等重要工作5次，走访代表、委员4人次，邀请人大代表、政协委员、各单位党员干部、学生、企业代表等参加法院开放日24次1577人、观摩庭审2次10人、座谈2次。北安市人民法院贯彻监察法，保障派驻纪检组开展工作，依法接受检察机关法律监督，落实检察建议，审结各类抗诉案件94件，全市78名人民陪审员参与审理案件218件，调解918件，网上发布裁判文书4295份，裁判文书上网率77.86%，审执流程信息公开率超过100%庭审直播210场次，接受社会监督，召开新闻发布会11场。 （王 玥）

【审判工作】 2022年，北安市人民法院审理各类刑事案件38件、旧存85件，已结72件、结案率77.42%；审结劳动争议案件41件，构建和谐劳动关系。审结婚姻家庭案件389件，发布“人身保护令”，积极修复婚姻家庭关系。审理食品侵权案件5件5人，保障老百姓饮食安全；审理贪污贿赂犯罪、渎职犯罪案件9件11人，组织职务犯罪庭审观摩活动3次。 （王 玥）

【司法服务】 2022年，北安市人民法院审结各类民事案件3911件，审结行政诉讼案件26件。加大行政行为合法性审查力度，在适用简易程序审理下，20天内审结原庆华工具厂7名职工政府信息公开系列案；开展“金秋护农保丰年”系列巡回审判工作，及时化解矛盾化解涉农纠纷500件；开展农民工工资“治欠保资”活动，全年受理农民工讨薪案34件，开设绿色通道5次，为农民工清欠工资132.2万元；审理各类环境资源案161件，开展“一对一”帮扶工作，帮助贫困户解决实际生活困难；开辟残疾人、老年人诉讼绿色通道，为残疾人、老年人上门立案15件。对未成年人权益实施司法保护，挂牌成立少年法庭，将涉及未成年人的刑事、民事和行政案件统一归口“三审合一”，针对审理涉及未成年人犯罪案件中父母不正确实施家庭教育、怠于履行监护抚养义务等行为，在疏导教育的基础上发出《家庭教育令》，使法治教育与家庭教育工作结合联动。弘扬新时代“枫桥经验”，建立诉调对接和“六大工作机制”。全市建立5个专业调解室和80人的调解队伍，成立党员模范调解室，设立2个“无讼村”和1个“无讼社区”示范点，在工业园区设立“法律服务站”，最大限度地把矛盾化解在诉前。 （王 玥）

·解释说明·

“三审合一”：即人民法院将刑事、民事、行政案件统一归口由少年审判庭审理的审判工作机制。

“六大工作机制”：即诉调对接、诉前调解、司法确认、联席会议、纠纷预警、联合培训。

【司法宣传】 2022年，北安市人民法院加强新媒体舆论阵地和网络信息安全建设，落实同步考虑依法处置等工作措施，提升法院官方网站、官方微信公众号、官方微博的传播力和影响力。全年开展“八五普法周”“禁毒日”“法治课堂”等普法宣传58次，传递司法正能量。在北安市人民法院官网、北安市人民法院官方微信和北安市人民法院官方微博累计编发原创信息报道2271条，被国家级、省级、地市级媒体转发达300条。北安市人民法院微信公众号阅读总次数16万多次；拍摄发布短视频15条，获赞6000多个。市人民法院全年召开新闻发布会10次；组织开展“公众开放日”活动24次；邀请人大代表、机关干部、社会各界群众1500多人走进法院参观、观摩，推进司法公开。 （王 玥）

【执行工作】 2022年，北安市人民法院执结2160件，执行到位21518.54万元。开展“六稳”、“六保”、金融债权、民生权益等专项集中执行活动5次，累计执结353件，执行到位9981.35万元。针对涉民生、涉金融、涉黑恶等重点领域案件，开展“雷霆2022”执行行动。全年受理执行案件2185件，执结2160件，发布失信被执行人信息256人次，限制高消费424人次，司法拘留23人次。创新资产处置模式，破解财产变现难题，同时通过抖音直播、诚信体系建设广泛宣传、打击拒执犯罪。

（王 玥）

【优化营商环境】 2022年，北安市人民法院建立院领导、员额法官常态化联系企业工作机制，开展“以法护企 惠商安商”专项行动，选派30名中层干部与30家企业对接，签订惠商安商结对服务协议书。开展“入村屯、进社区、走企业 、访群众”大走访活动，了解相关单位、企业及群众的工作生活情况，解决企业“急难愁盼”问题。多措并举，促成涉昌泰公司的118件执行案件，达成分期履行和解协议，保护债权人权益，保证企业的正常生产经营活动，开通涉企诉讼绿色通道，提供线上线下“一站式”诉讼服务，全年为供热企业清缴热费1000多万元。

（王 玥）

【信息化建设】 2022年，北安市人民法院推进“智慧法院”“科技法庭”建设，全年北安市人民法院新建科技法庭2套、智能语音转换系统4套、庭审直播系统2套；更新改造通北镇人民法院和北安市人民法院两个科技法庭。推行

"智能＋人工"分案模式，对案件进行繁简分流；高标准建成"中间库"，引入执行移动终端，推行无纸化办案，开展"指尖"立案和"云端"审判，网上立案3178件、云上开庭147次；深化智慧执行，将"查人找物扣款"从线下拓展到线上，组织司法网拍136次，累计参拍698人次，成交额350.97万元，整体溢价40.27%；新建设电子档案磁盘存储设备1套，完成现有服务器内电子数据档案全部实行异地存储，为电子档案服务器升级改造时数据全覆盖导入打下基础。北安市人民法院将微软终端设备更换成国产终端设备，全年更换国产终端125台，统一办公系统操作桌面，办公终端再升级；升级改造安保监控30个点位，覆盖面积包括立案、安检中心、安检通道等主要场所，更新安检设备1台，同时增加律师"一码通"1台，增加当事人及其律师的案件诉讼效率。（王　玥）

【"送法进校园"活动】 2022年，北安市人民法院开展"法院开放日""送法进校园"等活动，把未成年人"请进来"，让法官"走出去"，让法治意识根植于校园，系好青少年的第一颗"法治纽扣"。在严格执行防疫管控的要求下，法官、法官助理通过钉钉App为全市学生讲授开学第一堂法治课，录制《中华人民共和国家庭教育促进法》主题法治课，通过微信平台进行播放。开展以"喜迎二十大，同心护未来"为主题的系列关爱未成年人活动，走进校园张贴宣传海报、走上街头发放宣传资料，北安市人民法院深入特殊学校、社区慰问残疾儿童。加大法治宣传力度，参与社会治安综合治理，开展对未成年人合法权益保护和未成年人犯罪预防工作，联合市教体局、市公安局对网吧、游戏厅、宾馆等场所开展联合专项走访。组织开展"知法守法、健康成长"青少年法治教育主题公众开放日活动及少年模拟法庭活动，并在北安市电视台新闻节目中播出。（王　玥）

司法行政

【概　况】 2022年，北安市司法局充分发挥法治宣传、法律服务和法律保障职能作用，推进法治北安建设，对全市7家律师事务所、4家法律服务所，2家司法医学鉴定所负有监督管理职责。全市有律师19人、公证员2人、基层法律服务工作者14人、司法鉴定从业者13人。北安市司法局下设有两个股级事业单位，分别为北安市公证处和北安市法律援助中心。8月，北安市司法局加挂北安市人民政府行政复议局牌子，在履行行政复议职责时，使用北安市人民政府行政复议局名称。（代明星）

【人民调解】 2022年，北安市司法局人民调解工作严格执行《全国人民调解工作规范》，完善工作制度，统一业务流程，加强人民调解组织规范化建设，统一理顺规章制度与公示内容，规范调解工作流程，加强调解档案规范化管理，推进司法所、公安派出所、律师事务所、基层法律服务所和人民法庭各项工作。市司法局协调各派出所、人民法庭、司法所、律师事务所、法律服务所联合开展涉及山林土地、邻里、婚姻家庭矛盾纠纷排查533次，排查矛盾纠纷153件，调解纠纷153件，调解成功153件，成功率达到100%。市司法局推进"一站式"非诉讼纠纷解决中心建设，在市信访局建立"一站式"非诉讼纠纷调解中心。全年接待群众解答法律咨询500多人次，受理医疗纠纷、物业纠纷、供暖纠纷等37件，成功调解37件，司法确认28件，为当事人挽回经济损失350万元。（代明星）

【普法宣传】 2022年，北安市司法局推进"八五"普法规划宣传，为北安市28所中小学校配备法治副校长，建立青少年法庭教育基地，建成"法治教室"。市司法局投资近50多万元，在市中心打造法治文化主题公园和法治文化广场；在二井镇、城郊乡、东胜乡、主星乡分别建成法治公园、法治广场、法治长廊；在北安市友谊街打造"民法典"一条街；在兆麟新绿社区、北岗园林社区、赵光镇北河村建立3个普法阵地，在103个乡村（社区），培养法律明白人309人。市司法局组织全市32家行政执法单位参与北安市电视台《今

8月8日，北安市"展现'八五'普法新亮点　开创平安北安新局面"主题法治宣传月集中普法宣传活动在文化广场举行（市司法局　供图）

日学法》专栏；在“北安普法”公众号开通《每日习语》《全民法典》《掌上课堂》专栏，累计推送习近平经典语录150多条、民法典案例180多个、各类普法宣传视频80多条，各类普法宣传信息1500多条。市司法局发放民法典读本6000多本，向贫困户发放民法典挂历5000多册。市司法局加大行政执法监督力度，审查执法人员资格224人，开展执法检查21次，立案行政处罚案件4件，梳理问题清单6项，审理行政复议案件51件，其中不予受理3件，维持原行政行为10件，撤销1件，经调解撤销行政复议申请9件。

（代明星）

【公共法律服务】 2022年，北安市司法局开展法律服务全覆盖工作，整合律师、法援、公证、人民调解、司法鉴定各类法律服务资源，以北安市市民大厦为依托建立公共法律服务中心1所，在全市乡镇（街道）、村（社区）建成公共法律服务站15个、法律服务室103个。针对村（社区）建立配有律师或法律服务工作者的公共法律服务微信群103个，及时解答百姓法律问题。市司法局在法院、检察院、看守所等部门设立法律援助工作站20个，在各村委会、社区设立法律援助联系点89个。市司法局全年办理法律援助案件102件，受援对象150人次，义务解答法律援助咨询650余人次。市司法局推进公证保民生工作，开展“我为群众办实事”公证服务能力提升专项行动，办理公证业务1024件；为人民群众减少证据材料85件；落实便民利民措施9项；组织律师开展“律师咨询一日答”“律师进企一日行”“以法护企 惠商安商”“乡村振兴法治同行”等活动，全市11个政府部门、1个群团部门、3个乡镇党委、41个社区、62个村均配备法律顾问。

（代明星）

【社区矫正】 2022年，北安市司法局落实《中华人民共和国社区矫正法》的具体要求，对社区矫正对象执行“周见面、月见人”制度，在重大节日期间进行集中点验。全市、全年统计在册的社区矫正对象144人，办理警告处罚案件7件，重新违法犯罪率控制在1%以内，接收刑满释放人员142人，安置18人，帮教84人，必接必送无家可归、无业可就和无亲可投的“三无”人员5名，救助贫困释放人员2名。

（代明星）

人民武装

【概　况】　2022年，北安市人民武装部（以下简称“市人武部”）带领全体干部、文职、职工坚决贯彻落实“凝聚奋进共识、大抓主责主业、补齐建设短板、强化人才队伍、持续正规秩序、实现星级达标”的工作思路，并完成年初制定的各项工作目标，单位建设呈现出稳中有升、稳步发展的态势。

（陈　林）

【政治建设】　2022年，市人武部坚持政治标准是第一位的标准、政治要求是最根本的要求，不断提高全体人员政治判断力、政治领悟力、政治执行力。全年坚持政治学习，制订落实党委理论学习中心组学习年度计划，指导个人制订自学计划，用主题教育凝聚共识。聚焦“忠诚维护核心、矢志奋斗强军”主题教育，用好主课堂，守住主阵地。利用征兵、国家安全教育日等时机开展纪律党课教育，组织民兵学唱强军歌曲、参加知识竞赛，统一思想，提振士气。同时，走进庆华军工博物馆、中共黑龙江省工作委员会旧址陈列馆等驻地红色教育基地，重温中国人民解放军95年的光辉历史和宝贵经验，组织现役、文职、职工党员开展专题组织生活会，重温入党誓词，推动党史学习教育常态化长效化。党的二十大召开后，为了落实“读原文、悟原理”指示要求，人武部全体人员自觉抄写报告原文，认真领会党的二十大精神实质，开展体会研讨、演讲交流、知识竞答等活动，把学习领会党的二十大精神，作为指导实践、践行使命的行动指南。（陈　林）

【战备训练】　2022年，市人武部以实际行动回答“统帅价值之问、胜战之问、本领之问”，砥砺练就全面过硬的履职本领。人武部开年即开训，年初组织冬季训练，组织现役、文职、职工、专武干部和民兵，练就“走、打、吃、住、藏”等本领，提升民兵队伍遂行任务能力。按纲组织首长机关军事理论、基本技能15个科目的训练。结合担负上级战备值班分队和季节性任务特点，分别组织部分基干民兵开展军事训练和扑火演练，高标准落实班上练和战备值班室规范化建设。年内，人武部开展严寒条件下饮食保障课题研究，为“向战为战”做好充分准备。（陈　林）

【民兵工作】　2022年，市人武部按照国防动员新任务、新要求，在民兵工作突出“十四五”时期民兵建设编组调整任务，围绕国防动员的使命和任务，着力夯实动员基础，合力推动国防动员体制改革持续深化。同时，在疫情防控、应急管理、森林（草原）防火等指挥体系内练指挥、练协同、练保障，不断摸索国防动员工作规律。（陈　林）

【征兵工作】　2022年，市人武部征兵工作围绕大学毕业生征兵这个重点和新的政治考核工作规定这个难点，建立完善本级大学毕业生信息数据库，指导各基层人武部上门走访宣传征兵政策。完成大学毕业生征集工作，实现全年无退兵的目标。（陈　林）

【安全工作】　2022年，市人武部着眼从底线思维出发，思考和解决问题，确保政治之年事事安全。按照《安全管理条例》、安全大检查细则和百日安全等活动要求开展隐患排查，及时传达安全管理会议精神。开展“讲政治、明大义、守底线”专题组织生活会，落实“固网2022”“翻墙”问题、文件资料清查清理、征兵领域安全防范、微信泄密和手机使用以及车辆安全等专项整治活动，总体保持安全稳定态势。贯彻落实军委国防动员部安全稳定工作会议精神，根据省军区、军分区统一部署，结合单位工作实际，高标准组织开展“四严四整”教育整训活动。围绕4个方面和15项问题清单，逐条逐项进行自查整改。坚持边查边改、立行立改，坚持实事求是、务实扎实，现役、文职人员、职工不落一人。教育整训活动取得扎实成效，确保了人武部不发生政治性问题。“四个不能辜负”走深走实。根据军分区关于开展“四个不能辜负”教育的通知，部首长亲自组织授课，结合自身经历谈体会，所属人员认真组织讨论，结合自身查找不足，通过“四个不能辜负”专题教育，使广大干部职工，深刻感受到生在幸运时代、身处优秀单位、身负光荣使命、身在幸福家庭离不开时代的赋予、组织的培养、事业的激励、家庭的支持。从而将教育成果转化为拥护核心听党指挥的坚定信念，转化为知恩感恩、知责奋进的实际行动，转化为抓紧快干、担当作为的工作动力。

（陈　林）

【作风建设】 2022年，市人武部努力锻造德才兼备、专精特新的人才队伍。在军分区政工处指导下，召开党史学习教育专题民主生活会，与上级同步组织党组织成员党务培训，第一时间落实改进中校以上军官学风的措施，部领导以普通党员身份参加党日活动和双重组织生活，班子成员的原则性、系统性、预见性、创造性不断增强。在文职队伍培养工作上，主官亲自帮带文职，制定培训计划，在较短时间内增强了文职人员的业务能力。同时，对新任职专武干部开展业务培训和集中轮训，同步培养选树热爱武装、敢于担当、作风优良、听令守规的先进典型，互相学习、有序竞争的局面逐步形成。对照《黑河军分区人武部纪委监委日常工作规范》，各业务科室发挥行业领域职能作用把住第一关口，围绕军委纪委巡视巡察反馈问题清单和第五派驻纪检监察组通报问题清单常态抓好迎检迎巡准备，落实领导干部待遇有关规定，普遍养成良好的工作生活习惯。

（陈　林）

【基础建设】 2022年，市委、市政府加强民兵建设，投入资金，将原有的街道民兵应急器材库整合到一起，使其更有利于日常管理和应急保障。全年，市人武部对办公室、楼道、进行粉刷，对餐厅、厨房进行整修，对卫生间、浴室进行改造，完善了配套设施，使办公和生活环境得到进一步提升。

（陈　林）

【军民共建】 2022年，市人武部军民共建工作着眼实现利用优势和化解风险双重效应、经济实力和国防实力共同提高、军事资源与民用资源集约利用，严格党管武装制度，压实军地党管武装工作责任，以资格认证为牵引规范专武干部选培、考察、配备，探索形成党管武装新路子。用好地方发展成果，挖掘利用北安经济、工业、教育、科技、人才等优势资源，提升教育质量、改善基础设施、建强民兵力量，优化军地协作机制推进民兵分队预建党组织建设，加强民兵应急分队与地方应急队伍共建共用。推动深化双拥共建“双清单、三助力”建设，突出重点方向任务部队和英模功臣优化落实拥军政策，妥善解决驻军单位和北安籍官兵“三后”问题，协调加强军人军属荣誉激励和权益保障。助力北安发展稳定，统筹驻军单位在应急处突、维护稳定、抢险救灾等急难险重任务中发挥更大作用，协调做好全民国防教育，推动建立专家团队，深化开展“全民国防宣讲”活动，配合创建双拥模范城，加力推进助力乡村振兴行动，巩固发展新时代军政军民团结。

（陈　林）

人民防空

【概　况】 北安市人民防空办公室（简称人防办）。2022年，北安市人民防空办公室牢牢把握新时代人民防空战略要求，扎实推进通信警报建设，不断增强我市警报器覆盖率；科学统筹安排，持续做好疫情防控，实现南京路地下商业街零感染；持续开展人防工程安全检查，确保全年无安全隐患；利用“九一八”事变宣传活动日等契机，开展试鸣警报、消防安全演练和人防应急避险演练活动，提高人们应对突发事件的能力和防空应急意识。完成全年目标任务，有效履行“战时防空、平时服务、应急支援”的职能使命，有力促进了全市人防事业科学健康发展。职责：贯彻落实人民防空工作的各项方针、政策和法律法规；组织开展人民防空工程、通信、警报及各项业务建设和管理；管理人民防空经费、物资和资产；战时组织开展城市人民防空袭斗争。完成上级人民防空主管部门和本级人民政府赋予的其他职责。

（刘育含）

【指挥通信警报系统建设】 2022年，市人防办新增数字警报器数台，鸣响率达到100%。覆盖率52.8%。严格落实警报器维护责任，明确维护单位和人员的具体职责和分工，定期抽出工作人员对全市警报器进行维护调试，将警报器各项功能指标运行情况书面记录存档，发现问题，及时解决，保证所有警报器始终处于良好运行状态。严格执行电台联络文件有关规定，做到人员、时间、内容、效果“四落实”，严守操作规程和训练要求，在规定时间段要在岗值班，保证人员与设备处于战时状态。

（李安平）

【工程建设管理】 2022年，市人防办根据《黑龙江省人民防空工程维护管理实施办法》和《北安市人防工程专项治理方案》，开展对早期人防工程安全隐患进行检查，特别是雨季，加强对安全隐患检查。全年累计检查早期人防工程28次，确保全年无安全隐患。市人防办对单建工程南京路地下商业街的安全隐患检查，除了每月的例行安全隐患检查，在雨季等安全隐患多发期，增加安全隐患检查次数，做到了南京路地下商业街全年无安全隐患。（赵金福）

【宣传教育】 2022年，市人防办以新闻媒体为载体，努力做好新时期人防宣传工作，不断增强全民国防观念和人防意识，全民普及防空防灾知识与技能，及时宣传报道人防法律法规。9月18日，开展“9·18”防空警报试鸣活动，因受疫情影响，避免聚集。在北安南京路地下商业街开展宣传活动，通过设置宣传台、咨询台、人防宣传展板、悬挂横幅标语、发放宣传单，向市民宣传和讲解有关人民防空应急疏散安全知识。

（李安平）

【精准扶贫】 2022年市人防办是巩固拓展脱贫攻坚成果的一年。坚持帮扶力度不减和脱贫户的亲情友情不减，积极为所帮扶的脱贫户谋划庭院经济等产业项目实现增收。人防办继续探索符合实际、促进群众增收的脱贫之路，10月，全体包扶人出钱出力为李家村扶贫超市，保障36户贫困户不出现返贫，切实巩固拓展来之不易的脱贫攻坚成果。

（李安平）

武警黑河支队教导队

【概　况】 2022年，武警黑河支队教导队依据新的训练场地保障与建设标准，聚焦新大纲需求，担负支队集中培训、驻训轮训、比武竞赛、巡回教学、对抗演习、检验评估等任务。同时，坚持重点突破、建用同步，完成住房建设、训练场地建设、生活设施配备等工作。武警黑河支队教导队首次被武警部队评为“一级训练机构”。

（张秋鹏）

【军事训练】 2022年，武警黑河支队教导队加强本级专职教员突出指挥法、教学法、管理法研究，扎实开展议训，广泛收集官兵意见，确保承训质效。全年，紧贴现实培训承办保障5次集（培）训任务，较好地完成集（培）训保障任务。建好集训、培养人才官兵个人训练档案，培养支队军事训练人才提供依据；通过会操、评比表彰等方式，营造“比学赶帮超”的浓厚氛围，努力提高各类集训成绩。（张秋鹏）

【后勤保障】 2022年，武警黑河支队教导队坚持任务牵引，结合“学规定、查隐患、补漏洞、保安全”活动，及时完善各类战备预案，充实战备物资，落实战备制度。扎实做好“两会”等时期的战备工作，对哨兵“形象差、打瞌睡”“拖岗误哨”等执勤中“常见病”“多发病”现象加以纠治，对照执勤隐患排查出的问题，强力推进隐患整改。武警黑河支队教导队为做好后勤保障工作将食堂卫生作为监督管控重点；保养武器确保枪弹绝对安全；坚持每周对营区卫生消毒；切实把解决问题作为一项重点改变来抓，有效提升官兵生活质量。

（张秋鹏）

【思想政治】 2022年，武警黑河支队教导队在每个专题开始前坚持专人谈话，摸清官兵教育薄弱环节和喜欢的配套活动，书记认真准备授课，扎实组织课后讨论，组织对规定的书目进行集中学习，定期进行笔记展评，确保活动的顺利开展。利用强军故事会、演讲比赛、群体讨论等活动，提高官兵参与热情，激发了爱岗敬业和履职尽责的精神动力。注重发挥影视教育的作用，组织官兵观看优秀主旋律影片，提高教育效果。同时，武警黑河支队教导队领导带领官兵学习《习近平新时代中国特色社会主义思想学习纲要》等丛书，进一步坚定理想信念。（张秋鹏）

经济管理

宏观经济管理

【概　况】　2022年，北安市发展和改革局落实市委、市政府工作决策部署，克服不利影响，履行综合经济部门职责，在固定资产投资、项目建设、资金争取等方面真抓实干，推动北安市经济高质量发展，全年精准梳理承接国务院稳住经济大盘政策措施，定期研判分析经济形势，在政府常务会议、市委常委会会议上作《北安市2022年国民经济和社会发展计划执行情况及2023年计划的报告》专题汇报，并通过市人大会议审议。全市实现地区生产总值135.1亿元，比2021年增长3.7%。其中，第一产业增加值38.6亿元，同比增长0.6%；第二产业增加值16.7亿元，同比下降0.3%；第三产业增加值79.8亿元，同比增长6.1%。实现农、林、牧、渔业总产值69.8亿元，按可比价格计算，比2021年增长1.1%。全市工业增加值比2021年下降0.8%。规模以上工业增加值可比增长1.4%。全市完成固定资产投资（不含农户）比2021年增长10.4%。全市产业项目投资比2021年下降12.7%；房地产开发投资比2021年增长185.5%。全市社会消费品零售总额35.2亿元，比2021年下降14.7%。全年地方一般公共预算收入6.4亿元，比2021年自然增长5.6%。年末，全市金融机构人民币存款余额296.4亿元，比2021年末增长15.0%；全市金融机构贷款余额152.2亿元，比2021年末增长0.5%。全市城镇常住居民人均可支配收入32931元，比2021年名义增长3.3%；农村常住居民人均可支配收入20291元，比2021年名义增长3.6%。年内，北安市发展和改革局获批国家发改委授予“2019—2021年度全国农产品成本调查工作先进集体”称号。

（唐馨蕊）

【固定资产投资】　2022年，北安市发展和改革局顶住经济下行压力，认真指导对应领域项目单位完善入统手续，协调解决投资入库难点、痛点，确保投资按时入库入统，完成指标任务。强化与项目单位沟通，帮助完善入库手续。将各项目单位、乡镇、农垦、森工等项目整合、梳理，争取固定资产投资增长有一定预留空间。全市固定资产投资实现47.37亿元，比2021年增长10.4%，高于政府工作报告预期目标4.4个百分点，实现应统尽统。

（张　静）

【争取项目及资金】　2022年，北安市发展和改革局争取到项目35个，资金额度8.24亿元。其中，争取中央预算内资金项目8批次、28个项目，争取资金3.05亿元。分别是文化保护传承利用工程资金0.16亿元；藏粮于地、藏粮于技资金0.35亿元；保障性安居工程第一批资金0.01亿元；排水设施建设资金0.04亿元；保障性安居工程第二批资金0.44亿元；保障性安居工程第三批资金1.66亿元；城市燃气管道等老化更新改造资金0.26亿元；污染治理和节能减碳专项资金0.13亿元。争取专项债项目7个，争取并发行债券额度5.19亿元。北安市乌裕尔西大街城市更新建设项目3亿元，1000多户居民将回迁新居。净水厂二期改造及通北镇引水工程，两个项目总投资3.5亿元，争取专项债额度3.4亿元，当年到位1.43亿元。争取专项债券5912万元，实施了第二人民医院、妇幼保健院设备更新、新建住院部等项目。

（张　静　李明汇　高阿丹　宋邦立　王晓阳）

【项目建设】　2022年，北安市实施年度重点项目54个，其中开春开复工项目36个，落地和争取重大进展项目18

个。总投资244.23亿元，年度计划投资35.01亿元。其中省市百大项目22个，总投资95.11亿元，年度计划投资30.73亿元，项目的数量和年度计划投资规模均列黑河各县市区首位，百大项目开工率、投资完成率、资金到位率、按期竣工率均达100%。总投资6.5亿元、2.5亿元的飞鹤瑞信诚和宜品两个牧场项目完成年度建设计划，乳制品产业链更加完善；总投资1亿元的象屿金谷生化扩能改造项目完工投产，玉米产业链龙头效应愈发明显。（李　玥）

【能源建设】 2022年，北安市发展和改革局利用“碳达峰、碳中和”的历史机遇和全市风力资源、接入消纳、土地等优势，推进3个新能源产业项目建设。总投资7.5亿元的上海电气赵光100兆瓦平价上网风电项目全部完工并网，全市新能源产业首次实现零的突破；国家电投整市屋分布式顶光伏项目加快试点探索建设；国能北安150兆瓦风电开发项目实现道路附属开工。市发展与改革局落实“资源换产业”“先到先得、限时有效”的开发原则，真诚招引各大雄厚新能源企业。分别与华永、浙江新能、华电新能源等风电集团开展新能源项目对接，完成协议签约，全年新签约金额175亿元、预计总装容量2200兆瓦。年内，市发展和改革局全力维护北安市煤电油气平稳运行，为国能北安热电厂批复火车车皮124节；为安能热力、通北盛佰隆批复火车车皮324节，确保取暖用煤供应，华润天然气北安综合利用项目，LNG储备站一期及储配站、一级管网、北安综合站硬化、绿化工程全部完成；协助省发改委能源处与企业对接中俄东线新增开口线路建设工作，帮助国家燃气管道公司调取管网用地信息，确定管网建设位置。（宋邦立）

【价格监管】 2022年，北安市发展和改革局在疫情防控期间立即启动稳价保供价格应急监测工作，安排重要民生商品价格监测专员，定点开展采样工作，重点监测粮食油料等物资储备情况、运输渠道、价格浮动等信息，全力保障市场供应。全年深入监测定点商超80户次，采集处理基础数据1720条，比对分析得出数据473条，形成价格监测报表、快讯各16期并同步报送上级，全力保障疫情防控期间市场价格平稳有序。开展对涉嫌刑事案件、行政诉讼复议、执法活动等案件的价格认定工作，依法依规受理价格认证案件，全年市发展和改革局办理司法机关提出案件44起，认定金额人民币1363.69万元。（李旭　郑伟）

【民生工作】 2022年，北安市发展和改革局核定水库移民人口1493人，发放大中型水库移民直补扶持资金89.5万元。争取移民扶持项目455.55万元，批复移民项目4项。开展大中型水库移民后期扶持政策人口复查工作，移民自查工作及年报报表工作，与扶贫办联合核查移民人口信息及扶贫建卡立档等工作。（李明汇）

【改革攻坚】 2022年，北安市发展和改革局推进北安市经济体制和生态文明体制改革专项小组工作，全年市发展和改革局带领小组承担改革要点任务45项，占全市改革任务比重48.91%。主动承担国、省级改革试点任务2项，开辟自主创新性改革任务1项，均完成年度目标。建立每个单位一名专员负责、每月调度一次改革进展、每月报送一篇改革信息的“三个一”工作机制，形成“牵头单位牵头抓总、成员单位主动作为”的工作合力，推动各项改革重点落实落靠、各项改革举措落地见效。（唐馨蕊）

自然资源管理

【概　况】 2022年，北安市自然资源局践行“绿水青山就是金山银山”的理念，开展山水林田湖草沙一体化保护修复，矿山综合治理，构建国土空间规划体系，科学划定“三区三线”把好用地项目关，在耕地保护、生态修复、财产登记等重点领域，找准定位，科学谋划。不断提升自然资源保障能力和服务水平，助推自然资源领域发展，进一步强化责任担当，开创自然资源开发利用和自然资源保护工作新局面。全年北安市自然资源局开展汛期地质灾害巡查52次，制定突发地质灾害应急预案1个，完成北安市域内地质灾害风险普查工作。2022年6月29日，北安市自然资源综合执法大队在黑龙江省执法案卷评查工作中获得优秀表彰。（葛天娇）

【耕地保护】 2022年，北安市自然资源局落实新时代耕地保护新战略，按照国家划定规则，具体划定耕地保护目标面积和永久基本农田面积，纳入耕地保护目标面积约36.71万公顷，划定永久基本农田面积约26.65万公顷。对北安市设施农业用地进行摸排、梳理，建立问题台账，制定整改措施，明确整改时限，完成设施农用地备案上图入库工作。制定北安市建设占用耕地耕作层土壤剥离利用工作实施方案，涵盖耕作层土壤剥离、运输、存储、管理、交易、使用等全过程，规范北安市建设占用耕地耕作层土壤剥离利用工作。完成耕地资源质量分类更新，以国家下发的年度变更调查数据库的耕地和恢复地类图层为基础库，整理年度更新成果；完成耕地后备资源评价，根据评价指标，进行调查评价，北安市耕地后备资源评价宜耕评价地12807块、宜耕面积9796.55公顷，不宜耕678块，不宜耕面积为482.58公顷；不参与此次评价12块，面积18.14公顷。（葛天娇）

【用地保障】 2022年，北安市自然资源局开展项目用地保障工作，提升北安市“百大项目”组卷报批效率，加大前期工作力度，主动对接，重点项目超前介入，协调保障项目报批，解决历史遗留项目问题，确保各类重大建设项目保质保量落地。全年市自然资源局完成国有建设用地供地21宗；其中划拨13宗、面积约6.22公顷；挂牌出让8宗，面积约18.49公顷，收取土地出让金5685.47万元；完成国有建设用地供地18宗。其中，划拨12宗、面积约6.04公顷。挂牌出让6宗，面积约14.99公顷，收取土地出让金4381.68万元。集体建设用地供地7宗，面积约1.39公顷。

（葛天娇）

【不动产登记】 2022年，北安市自然资源局落实《北安市2022年优化营商环境专项行动方案》要求及工作目标，在工作中严格落实“首问负责制”“一次性告知制”，做到“谁受理、谁负责”，对需要补齐相关材料的事项清楚、明确、完整，一次性告知申请人，减少群众反复跑、来回跑的现象。实行跟踪催办、责任追究制度，以“快捷、优质、方便”的登记服务赢得办事企业和群众的好评。全年办理各类不动产登记8346宗。其中，登记颁权证5974本、不动产登记证明2372本；抵押1491件，转移8632件；预告1261件，查解封590件，注销登记375件；完成档案归档6136卷，房产落宗总量2340户，宗地入库221宗，自然幢入库398幢。

（葛天娇）

【规划审批】 2022年，北安市自然资源局按照“生态、自然、现代、宜居”发展理念，围绕全市打造“黑龙江省北部区域中心城市”定位发展方向，推进“多规合一”，引领城乡绿色有序发展；按照“三区三线”划定完成规划文本1件、说明征求意见稿1份、制作规划底图1张、三条控制线图1张、总体格局图1张、主体功能分区1张、规划分区图1张、中心城镇规划图1张等42张图件；同步推进乡镇（场）级国土空间总体规划编制和20个行政村村庄规划编制。市自然资源局核发全市建设项目选址意见书15份、核发建设用地规划许可证18份、建设工程规划许可证24份、建设工程规划条件核实5份，全部在规定时限内完成办结，办结率达100%。核发用地预审与选址意见书15份，用地面积约6.23万平方米，建筑面积2.93万平方米，道路工程580延长米，桥梁2座。核发建设用地规划许可证18份，用地面积约23.44万平方米。核发建设工程规划许可证24件，建筑面积约55.09万平方米，道路工程580延长米，排水管线970延长米，供热管线1150延长米，公路36.1千米。核发乡村建设规划许可证11件，总建筑面积约0.54平方米。

（葛天娇）

【确权调查】 2022年，北安市自然资源局开展“2022年度全国国土变更调查”工作，调查图斑总数量18561块，完成部分内业整理及外业测量举证工作，通过省级核查图斑数6701块；完成权籍调查宗地数约4.24万宗，调查率100%。市自然资源局按省测绘局下发的《关于测量标志物保护工作的通知》要求，对北安市域内的标志物、标志点进行维护、修复。督促作业单位在按照省测绘局下发的需维护标志点、标志物的基础上，进一步完善、维护北安的一级标志点，为测绘、测量工作打好坚实基础。

（葛天娇）

【执法监督】 2022年，北安市自然资源局创新监管方式，构筑网格化监管体系，以县、乡、村三级联动搭建网格化监管技术平台，设立62个行政村自然资源执法监督员。依托“国土调查云”平台加强对村级用地的数据支持，在乡镇用地选址、动态巡查工作中，发挥卫星遥感技术的“效率倍增器”作用，从源头减少违法问题。同时围绕新时代自然资源执法工作新要求、新标准，制定执法卷宗标准化模板，建立健全自然资源执法监察快速反应和动态巡查工作机制，按照“日巡查、周汇总、月督查”的工作要求，加大耕地保护执法力度。全年开展动态巡查300多次，出动人员100多人次，核查卫片图斑664个，接受自然资源部实地核查3次，通过卫片督察验收，实现“零约谈”“零问责”，发现违法用地行为8起，责令限期整改3起，立案查处5起，收缴罚款306.88万元；推进土地督察问题整改工作。2021年国家督察下发北安市需整改问题11个，通过整改8个。全市查处土地类案件4宗，涉及土地26.15公顷。

（葛天娇）

【矿产资源管理】 2022年，北安市自然资源局对北安市历史遗留矿山进行公告，确认修复主体，结合历史遗留矿山卫片核查及矿山生态修复治理专项执法检查工作，确定北安市未完成生态修复图斑20个，总面积139.41公顷，根据北安市生态修复任务编制生态修复计划。全面启动北安市国土空间生态修复规划编制工作，将矿山生态修复纳入生态修复治理规划，统筹推进恢复治理工作。

（葛天娇）

财　政

【概　况】 2022年，北安市财政局（以下简称“市财政局”）面对复杂的经济形势和突出的收支矛盾，坚持稳中求进工作总基调，按照高质量发展要求，聚力增效落实积极财政政策，调整优化支出结构，深化财税体制改革，完善财政工作管理制度，从严从实抓党建、强素质、转作风、提效能，提高聚财、理财、用财能力和工作效能，推动全市经济社会平稳健康发展。全年，北安市财政局完成地方一般公共预算收入63627万元，比2021年增收3362万元，可比增长8.1%。其中：税收收入完成29806万元，比2021年增收848万元，可比增长8.1%；非税收入完成33821万元，比2021年增收2514万元，同比增长8%。一般公共财政预算支出完成493748万元，比2021年增支36501万

元，同比增长8%。民生投入为439431万元，民生投入占一般公共预算支出比重为89%。（韩春国　于慧洋）

【财政供养人员】 2022年末，市财政供养人员16583人（含卫生差额1534人），其中在职9180人（含卫生差额845人），退休7370人（含卫生差额688人），离休33人（含卫生差额1人）。全年财政需负担工资总额14亿元。

（韩春国　于慧洋）

【财政收入】 2022年，市财政局强化收入征管，优化收入结构，涵养财源基础。坚持"党政机关过紧日子保人民群众过好日子"的原则，兜牢"五保"底线，推进各项财政改革，完善理财体制机制，细化预算编制，提高财政资金使用效益。针对北安市财政收支缺口大，资金不足的问题，向上争取补助资金和政府债券支持。全年，北安市财政局争取到国家级、省级财力性和专项补助资金43.5亿元，新增政府债券7.2亿元（其中一般债券2亿元，专项债券5.2亿元），弥补财力和资金缺口，缓解疫情对财政收支的影响，保障全市重点建设项目顺利实施。

（韩春国　于慧洋）

·解释说明·

"五保"：保工资、保运转、保基本民生、保地方负担企业养老金缺口、保地方政府债券付息。

【财政改革】 2022年，市财政局推进各项财政改革，完善理财体制机制，出台《北安市政府财政资金支出管理办法》，加强政府资金管理，规范使用流程，提升财政政策针对性和有效性。推进财政预算管理一体化平台建设，依托平台完成2023年部门预算编制，落实"五保"支出保障工作机制，强化"五保"支出预算审核。落实直达资金"日统计、周督促、月报告"的工作机制，确保资金直达市场主体、直接惠企利民。北安市财政局出台《北安市行政事业单位固定资产管理暂行办法》，实现实物管理与价值管理相统一，资产管理与预算管理、财务管理相结合，提高固定资产的使用效益，完成2021年度全市衔接资金绩效评价工作。落实2021年度预决算公开数据核查工作，确保预决算公开的及时性、数据内容的准确性。开展惠民惠农财政补贴资金"一卡通"工作，规范财政补贴资金管理及发放。严格执行政府采购和财政资金投资评审制度，完成政府采购预算50790.16万元，节支率为3.98%。全年评审项目106项，送审金额94075万元，预算评审金额82482万元，审减金额11593万元，审减率12.32%。

（韩春国　于慧洋）

【社会事业支出】 2022年，北安市人民政府向城乡居民医疗保险事业投入1269.99万元，补助标准610元/人；向城乡居民养老保险投入3095.29万元，基础养老金标准118元/月，向城乡特困户投入1476万元，用于城乡特困供养人员生活补助。城乡特困供养人员供养标准不断提高。其中，农村全自理特困人员分散供养标准提高到8628元/人·年，农村半自理特困人员分散供养标准提高到9792元/人·年，农村全护理特困人员分散供养标准提高到11244元/人·年，城市全自理特困人员分散供养标准提高到13224元/人·年，城市半自理特困人员分散供养标准提高到14388元/人·年，城市全护理特困人员分散供养标准提高到15840元/人·年；城乡特困集中供养标准统一调整为20052元/年。北安市政府向全市公立医院投入1160.2万元，推进全市公立医院综合改革；投入基本药物制度补助资金271.8万元，减轻农民医药费负担；投入基本公共卫生服务补助资金2436.82万元，促进基本公共卫生服务均等化；投入资金5446万元，完成北安一中提质扩建（一期）项目；投入资金546.48万元，改扩建3所公办幼儿园（北安市健康幼儿园、通北中心幼儿园、赵光学校附属幼儿园）及采购教玩具设备；投入资金878万元，改善和平小学、赵光农场、通北林业第一小学等义务教育学校薄弱环节，提升校舍安全；投入资金298万元，完成北安三中、北安市实验中学和北安一中基础设施升级改造，为北安一中新建教学楼购置1400套桌椅等设备；投入资金189万元，用于北安市职业教育中心学校，购置教学设备及安装安全防护栏；向地方投入资金640万元，用于各类专项资金地方匹配，更新视力与体育测试设备、安装护眼灯、隔离场所维修及设备购置、购置综合培训基地设备等。全年维修校舍面积28520平方米、硬化校园18000平方米，新建田径场1块，植树2213棵，绿化校园面积727平方米。

（韩春国　于慧洋）

【扶持援助企业】 2022年，市财政局落实全口径新的组合式税费政策，退减免缓税费11191万元，惠及7358户纳税人，全年减轻企业负担3879万元。市财政局给予飞鹤乳业销售有限公司、北安象屿金谷生化科技有限公司、业旺集团等招商引资企业扶持激励资金3299万元。向鸿安集团注入资本金3000万元，推动国企改革实施进程，并向其拨付保供煤储备3273万元，为北安市城区和乡镇居民冬季取暖提供保障。

（韩春国　于慧洋）

【支持三农】 2022年，市财政局安排资金96915万元，用于落实农业生产者、耕地地力保护和农机具购置等惠农补贴政策；安排资金12006万元，用于高标准农田建设，秸秆综合利用，提升现代农业水平；安排资金9056万元，用于农业资源保护修复与利用；安排资金1031万元，用于农村生活垃圾治理、美化绿化和厕所改造等农村人居环境整治；安排资金6733万元，用于支持中小河流治理、水库除险加固等水利工程建设；安排资金13258万元，用于巩固

脱贫成果、支持衔接推进乡村振兴、扶持产业发展。（韩春国　于慧洋）

【城乡基础设施建设】　2022 年，北安市投入资金 5.6 亿元，主要用于城乡道路维修改造、给水排水、绿化亮化、环境卫生、山口水库引水、改造公园广场、净水厂升级改造、污水处理厂运营、垃圾处理、公路建设、老旧小区改造、棚户区改造、百里示范带、通北、赵光工程、通北引水、二次供水、乌裕尔西大街城市更新建设等项目。

（韩春国　于慧洋）

税　务

【概　况】　2022 年，国家税务总局北安市税务局（以下简称“北安市税务局”），面对疫情冲击、经济增速放缓、经济结构调整、多项减税降费政策影响等多重因素叠加的压力，北安市税务局凝心聚力，做强主业服务大局，统筹税费征收、规范执法，优化服务等重点工作完成。全年完成县区级税收收入 31389 万元，比 2021 年增长 8%，为地方经济社会发展和民生改善提供财力保障。2022 年北安市税务局获得黑龙江省精神文明建设指导委员会颁发的省级文明单位标兵荣誉称号。（王欢欢）

【减税降费】　2022 年，北安市税务局实施政策清、户数清、数据清、责任清“四清”政策管理，为 2231 户纳税人办理退税 8614 万元，其中为 132 户纳税人办理留抵退税 5405 万元。321 户纳税人享受“小规模纳税人减征增值税”优惠政策，减免金额 203 万元；53 户纳税人享受“小规模纳税人 3% 征收率销售额免征增值税”优惠政策，减免金额 306 万元；18 户纳税人享受“生产、生活性服务业增值税加计抵减”政策，减免金额 41 万元；4966 户纳税人享受“六税”减免政策，减免金额 1345 万元；1406 名纳税人享受“部分乘用车减征车辆购置税”优惠 814 万元；18 户纳税人享受“加大小微企业所得税减免力度”优惠政策，减免金额 651 万元；“制造业中小微企业缓缴税费”政策计缓缴税款 780 万元，确保政策红利应享尽享。

（王欢欢）

·解释说明·

“六税”：房产税、城镇土地使用税、印花税、城市维护建设税、土地增值税、契税。

【社保非税征管】　2022 年，北安市税务局组织社会保险费收入 79754 万元，比 2021 年增长 23.5%，增收 15153 万元；非税收入完成 6930 万，比 2021 年增长 213.3%，增收 4221 万元。完成国有土地使用权出让收入划转工作，积极与北安市自然资源局沟通，熟悉原有征收规范，准确掌握政策，实现国有土地使用权出让收入 4443 万元。优化缴费服务举措，推进城乡居民基本养老及灵活就业人员养老保险征收工作。同时，联合中国建设银行有限公司北安支行、北安市人力资源和社会保障局、北安市医保局部门对异常数据进行分类统计，根据不同情况进行相应处理，提高缴费人办事效率及满意度，实现城乡居民医疗保险虚拟户征收，将原来由北安市医保局自行征收的 2.8 万特殊人群，全部实现税务征收。（王欢欢）

【征收管理】　2022 年，北安市税务局夯实管理基础，改革征管方式，加强个体工商户税收管理，规范税收执法行为，堵塞税收征管漏洞，开展对符合条件的个体工商户建账工作。按照国家税务总局黑龙江省税务局制定的“税费管理提升工程”9 大类 43 项指标逐项、逐条进行修改，完成税种核定不准确、工商登记信息确认、催报处理等问题数据的修改，提升系统数据准确性。全年办理多缴退税 3113 万元，有效提升系统数据准确性。同时规范内部执法，提升税费管理质量，开展系统数据整改，加强监控监督。推进全面数字化的电子发票政策，成立全面数字化电子发票受票扩围试点工作专班，加大电子税务局推广及应用，提升纳税人自主办税能力和网上办税效率。（王欢欢）

【依法治税】　2022 年，北安市税务局利用内控监督平台，加强事中监控，深化自查自纠及事后管理工作。落实责任追究制度，对于出现问题的责任人严格按照相关文件要求进行追责，促进税务干部带头遵法、从严用法、公正执法。梳理税收信息化制度落实情况，排查工作不足和廉政风险，纪检谈话并签写廉政承诺书 178 份。确定受理、辅导、落实、督导的“首违不罚”推进模式，通过强化事前预防规范和教育引导，给予行为后果轻微的纳税人、缴费人自我纠错空间，减轻对其市场经营行为的负面影响。北安市税务局依法治税、持续规范行政处罚，实现税务处罚“一把尺”精确执法，处罚决定标准统一、公平合理。全年税务行政处罚 124 起，罚款 9.7 万元；接收上级局推送 25 个批次各类疑点数据 994 条，均按时完成疑点核查反馈。（王欢欢）

【税收治理】　2022 年，北安市税务局通过金税三期征收风险管理系统应对风险任务 22 批次 118 条，查补入库税款及滞纳金 513 万元；通过税收保障平台完成疑点核查 16 户，完成留抵退税风险分析任务 33 批次 48 户次、留抵退税指标验证任务 4 批次 18 户，缴回留抵退税 101 万元。（王欢欢）

【优化办税服务】　2022 年，北安市税务局坚持以纳税人、缴费人需求为导向，深化税务领域“放管服”改革，开展“我为纳税人缴费人办实事暨便民办税春风行动”，落实 5 大类 28 条便民办税举措，通过微信推送、电话提醒、上门宣传、推送红利账单等方式及时发布最新税收优惠政策。全年举办“纳税人网络学堂”培训7期，累计培训纳税人522人次，面对面集中培训11期，累计培训纳税人427人次，让纳税人“线上足不出户、线下与老师面对面”学懂政策。推行发票邮递服务，免费为纳税人包邮发票62.92万份。拓展“非接触式办税”服务渠道，整合线上服务资源，设置“云办税体验区”，与办税服务厅专家座席直联，实现税费政策宣传、办税流程辅导全方位一体化的服务升级模式。成立纳税工作专班，落实19项配套措施规定动作，各项压减指标均按照标准和时限完成。同时北安市税务局与市公安局、市检察院、市市场监督管理局、市民政局等多家单位联合出台创新举措14项，搭建专项服务驿站、问需服务中心等为市场主体办实事、解难题的平台，将纳税服务工作融入北安市内整体营商环境工作中。（王欢欢）

审 计

【概 况】2022年，北安市审计局（以下简称“市审计局”）依法履职尽责，发挥审计机关职能，全年完成审计项目12个，查出违规金额10990万元；市审计局发现非金额计量问题36个；出具审计报告和专项审计调查报告15篇。市审计局处理处罚金额24万元，其中应调账处理金额24万元。审计提出建议25条，被采纳25条。审计发现问题52个，全部完成整改。向北安市委、市政府报送审计报告、经费项目审计报告等计37篇，推动解决一批突出问题。

（孙红钰）

【政策落实审计】 2022年，北安市审计局按照黑龙江省审计厅和北安市委审计委员会的安排部署，重点对政策措施落实情况进行审计调查，完成北安市高标准农田建设跟踪审计项目，关于项目管理不规范问题，责令施工备案材料评标报告招标人补签字，项目初步设计评审认证服务委托合同书补签合同时间及地点。关于资金未到位、造成工程未完工问题，经过与北安市财政局多次沟通，资金发放到位，土砂路面铺设完成，土壤达到下沉时间，杨家乡和平村方涵护砌建设完成。（孙红钰）

【财政审计】 2022年，北安市审计局以维护财政经济秩序、守护财政安全、推动财政体制改革为目标，深化北安市本级预算执行审计。2022年5—7月，开展对和平小学2021年度预算执行情况审计，督促固定资产入账237415元，按预算编制执行维修维护费、培训费54744元。6—9月，开展对营商环境建设监督局2021年度预算执行情况审计，查出部门预算编制不实、不准，预算编制支出较决算报表相比增加464380.30元；超预算、无预算安排支出54.8万元，要求北安市营商环境建设监督局严格按照年初预算科目安排支出，客观真实反映本单位支出情况。7—12月，开展对杨家乡2021年度预算执行情况审计，查出未计入固定资产账1200元，超限额使用现金15306元，使用白条列支288万元，未严格执行政府采购制度金额6720元，违规将零余额账户拨款收入转入基本账户498173元。全年未入账的固定资产已入账，要求本单位进一步加强财务管理工作，严格执行政府采购制度，杜绝此类问题的再度发生。9—12月，开展对自然资源局2021年度预算执行情况审计，查出年初预算编制不准确，2021年工资福利支出比年初预算减少194900元，固定资产未入账45588元，超预算支出33900元，部门预算、预算调整、决算未履行集体决策程序，并全部完成整改。（孙红钰）

【经济责任审计】 2022年5—12月，北安市审计局对4家单位4名科级领导干部开展经济责任审计。整体上财务管理较为规范，主要存在政府采购程序不严格、固定资产折旧不及时、管理不规范等问题27个。其中，共性问题超额使用现金计25352元，固定资产未入账50138元等，全部完成整改。通过经济责任审计，增强领导干部贯彻落实重大政策措施执行中央八项规定和财经纪律的意识，加强领导干部依法依规行使权力及履行职责能力和水平。

（孙红钰）

【审计能力建设】 2022年，北安市审计局为提升审计人员业务能力，推进审计工作提质增效，组织审计干部参加黑龙江省审计厅和黑河市审计局业务培训、“业务大讲堂”及“业务大比武”活动，全年组织开展集中学习20次、新修订《中华人民共和国审计法》培训1次、参观北安市博物馆、枪械博物馆等教育基地5次，选派4名年轻干部参加审计署网络培训、1名年轻干部参加黑龙江省审计厅审计业务综合能力提升班培训、3名干部参加黑河市审计局“业务大比武”知识竞赛，并获得二等奖。开展“解放思想 振兴发展”研讨活动，全年开展研讨9次、形成研讨材料45篇。通过党组书记讲党课、专题述学等形式，培养审计人员“能查、能写、能说”本领，全力打造敢打硬仗、能打胜仗的高素质、专业化审计干部队伍。

（孙红钰）

统 计

【概 况】2022年，北安市统计局（以下简称“市统计局”）加强统计监测、预警和分析调度，优化统计服务，精准有效提高数据质量为全市社会经济高质量发展提供统计依托，为建设业兴、景美、民富、人和的北安市提供统计保障。市统计局全年撰写统计信息35篇、统计分析16篇，被市媒体采用51篇次，开展统计咨询200多次。2022年，北安市统计局被黑龙江省人民政府第七次全国人口普查领导小组、黑龙江省脱贫

攻坚普查领导小组评为黑龙江省第七次全国人口普查先进集体，1人被评为省级先进个人。（刘洪波）

【常规统计】 2022年，市统计局继续做好常规各专业2021年年报常规统计、2022年季报及月报工作，被纳入“企业一套表”联网直报平台的“四上”企业均按时完成统计报表工作，联网直报率达100%。同时开展2022年“四下”企业抽样调查工作、劳资抽样调查工作、妇儿监测工作、2022年玉米、大豆和稻谷合法实际种植面积申报及全国5‰人口抽样、中国公民科学素质调查等工作。定期与北安市税务局、北安市市场监督管理局沟通，及时更新完成统计名录库9685个，把好名录源头关，提升统计数据质量。市统计局与北安市招服务中心共同梳理内资监测项目入库工作，并按时搜集市域经济相关指标，对相关数据进行整理、审核、上报。

（刘洪波）

·解释说明·

“四上”：规模以上工业企业、房地产企业和资质等级以上建筑业企业、限额以上批发零售业、住宿和餐饮业企业、规模以上服务业企业。

“四下”：未达到规模以上工业企业、房地产企业和资质等级以上建筑业企业、限额以上批发零售业、住宿和餐饮业企业、规模以上服务业企业的均为四下企业。

【统计服务】 2022年，市统计局及时编发2021年统计公报，并在北安市政府门户网站上登载。编撰完成2021年《统计年鉴》、2021年12月和2022年各月《月度监测》小册子，共印发10期；编撰2021年四季度和2022年《季度对比》小册子，共印发4期；完成《北安市2021年国民经济和社会发展统计公报》发布工作；呈报《统计专递》4期；上报统计信息19篇，调研分析16篇，均在黑河统计内网发表；不定期在北安统计局微信公众号上发布统计相关信息16篇；2022年4月，《北安市第四次全国经济普查资料》印制完成；2022年12月，《北安市第七次全国人口普查资料》编印完成；先后8次在市委书记专题办公会议、市政府常务会议、市长办公会议上作经济运行情况分析，提出意见建议，充分发挥统计“智库”作用。（刘洪波）

【统计培训】 2022年，市统计局为全市20多家有关部门和200多家企业讲解《GDP生成及影响因素分析》；开展“四上”企业培训工作，深入企业调研，对发现的问题现场进行业务指导。市统计局农业、工业、建筑业、房地产业、投资业、服务业、贸易、劳资等专业股室通过“线上+线下”多种形式，不定期对涉及报表企业进行业务培训及统计法专项讲解。开展“统计与会计知识研讨”专题会，采用“请进来”的方式，聘请专家对“统计与会计工作方面”进行探讨和讲授，丰富专业知识、强化业务本领、提升工作效能。加强“读、算、写、讲”能力，全年北安市统计局组织培训20多次、参训200多人次。（刘洪波）

【统计执法】 2022年，市统计局按照《国家统计局关于开展全面清理纠正违反统计法律法规文件和做法工作》的文件要求，制订《北安市统计局关于清理纠正违反统计法律法规文件和做法》的工作台账；同各报表单位签订统计防惩承诺书；配合黑河统计局完成对北安市贸易企业的执法检查工作。开展2022年北安市统计执法检查工作，随机检查24家报表企业，根据统计法和统计处罚相关条例，对其中两家企业进行行政处罚。全年市统计局查处统计违法案件2起、经济处罚2起，处罚金额3万元。同时，市统计局开展以“全面弘扬宪法精神，深入推进依法统计”为主题的法治宣传活动，通过印制宣传册、网络平台、公众号等方式，营造全民学法、知法、懂法、守法的良好氛围，进一步增强党员、干部、群众的法治意识。

（刘洪波）

6月，市统计局召开“四个体系”重点工作落实情况推进会

（市统计局 供图）

统计调查

【粮食产量调查】 2022年，国家统计局北安调查队根据国家统计局黑龙江调查总队的要求，开展全省农作物面积遥感测量工作。按照《关于开展2022年粮食作物产量统计调查的通知》，组织开展2022年北安市粮食产

量测产工作，对北安市9个乡镇的15个调查村45个自然地块实地调查，通过现场定位、定点拍照、实割、脱粒、除杂、晾晒、称重等系列操作流程，确保数据的真实准确。全年北安市粮食作物播种面积为33.75万公顷，产量为11.51亿公斤。根据《国家统计局关于开展农作物对地抽样调查样本轮换工作的通知》要求，国家统计局北安调查队严格按照样本轮换方案组织实施，圆满完成全年各项调查任务。

（李思琪）

【住户调查】 2022年，国家统计局北安调查队在北安市15个调查网点、150户调查户中，开展居民收支记账工作。通过对原始数据的采集、录入、审核、汇总、上报，经由国家统计局黑龙江调查总队测算、评估，获得北安市城镇常住居民人均可支配收入和农村常住居民人均可支配收入两项民生指标的数据。全年北安市城镇常住居民人均可支配收入绝对值为32931元，比2021年增长3.3%；农村常住居民人均可支配收入绝对值为20291元，比2021年增长3.6%。按照《国家统计局黑龙江调查总队关于开展住户调查大样本轮换工作的通知》要求，周密安排部署，与相关部门协同合作，顺利完成2022年新一轮样本轮换工作。

（李思琪）

【月度劳动力调查】 2022年，国家统计局北安调查队选聘工作能力强、群众基础好、政治素养高的辅助调查员7人，在7个调查网点（其中3个城镇、3个城中村、1个农村）开展月度劳动力调查，调查户数为112户/月，每月调查样本轮换率为50%。每月在PAD上接收推送的调查户地址，并实地入户采集数据。在联网直报平台上进行数据审核、评估汇总并完成数据验收，撰写数据分析说明上报国家统计局黑龙江调查总队。同时，详细分析失业人口和非经济活动人口情况，把握劳动力分布规律，为政府准确判断就业形势、制定和调整就业政策、加强就业服务提供基础数据。

（李思琪）

【主要畜禽监测调查】 2022年，国家统计局北安调查队主要畜禽监测调查工作践行“为民调查、崇法唯实”的新时代国家调查队精神，规范基础工作，严格审核评估。全年新增大型养殖场2户、中型养殖户6户，全年承担调查小区15个、规模养殖场19户，总计完成畜禽监测调查任务515户。调查网点遍布北安市9个乡镇、15个行政村、2个农场和1个社区，网点多、分布面广，对畜牧业生产形势做到科学研判。

（李思琪）

市场监督管理

【概　况】 2022年，北安市市场监督管理局立足服务经济社会发展大局，发挥职能作用，负责全市各类市场主体登记和监督管理，推进“先照后证”“多证合一”等各项登记改革，充分释放改革红利。全年市场监督管理局贯彻执行食品安全、药品安全、特种设备安全和产品质量安全相关要求，消除安全隐患，严守各项安全防线、底线、保民生、促发展，全市市场监管领域总体安全稳定。市市场监督管理局强化北安品牌宣传推介，组织企业参加《龙江品牌故事》微视频比赛，帮助企业参选“龙江质量品牌优秀民营企业”评选，推行首席质量官制度，录制的《质量月之走近首席质量官访谈》和《质量月之龙江品牌故事》获得黑龙江省市场监管局推广展播。

（郭树德）

【营商环境优化】 2022年，全市市场主体26395户，比2021年增长8.61%。其中，企业4038户，比2021年增长13.62%；个体户21631户，比2021年增长7.79%，农民专业合作社726户，比2021年增长6.45%。北安市市场监督管理局强化政策供给和落实，支持和服务市场主体发展，推进商事制度改革，企业开办执照领取、发票申领、公章刻制等方面实现2小时内完结，企业开办速度再次刷新。全程电子化免费办结企业设立登记420户、变更登记852户，实现新开办企业领取税务UKey（推行增值税电子发票使用的工具）、各类公章和政策材料零费用，免费发放税控设备Ukey 621只，赠送印章43套，为企业节约成本23万余元。市场监督管理局与税务部门信息共享，互通互认，全程通过电子化网上办理，实行简易注销，有效解决注册容易注销难、注销耗时长、流程繁琐等问题，实现企业既能快速准入，又能便捷退出，办理简易注销企业198户。市场监督管理局优化企业开办流程，牵头协调营商局、公安局等8家机关单位组成开办企业工作专班，以“一网通办、一窗受理、并行办理”模式，企业设立登记等环节实现“一表填报、一网申请”。持续开展“证照分离”“多证合一”改革，创新拓展“证照联办”应用场景，实现营业执照登记与经营许可事项一并申请办理。开展“一次受理、并联审批、同步办结”，一体化实现“准入”又“准营”全市，全年办理“证照联办”24户。市场监督管理局牵头成立市场主体增长工作专班，统筹协调北安市综合执法局、北安市营商环境建设监督局等21家机关单位，共同推进“全市新增市场主体2000户以上”的工作目标。在北安市人民政府第十一次常务会议上讨论通过《北安市促进市场主体增长工作方案》，调动各部门力量，释放政策优势，确保市场主体增长工作扎实有效开展。同时通过定期会商、督导检查、宣传纾困惠企政策等方式协调解决突出问题、坚定市场主体发展信心，全年完成市场主体新增3806户，完成市场主体增长任务，激发市场主体活力。

（郭树德）

【工业产品监管】 2022年，北安市市场监督管理局推进产业质量提升，严守产品质量安全底线，全覆盖检查持有工业产品生产许可证的企业7家，机动车检测机构7家；抽检汽油、柴油、液化气、儿童用品、电线电缆、小家电等15个种类产品115批次，其中5批次不合格；开展化肥、电动自行车、燃气具、儿童用品、食品相关产品等专项整治5次，立案2起。（郭树德）

【知识产权保护】 2022年，北安市市场监督管理局加大知识产权保护力度，开展知识产权宣传周、知识产权调解维权服务、“知识产权质押融资需要调查”等活动，通过北安市电视台宣传知识产权宣传周活动和知识产权宣传片7天、公众号报道4篇，播出标语45条。市场监督管理局对20家企业知识产权服务需求进行问卷调查，受理咨询42次，建立知识产权质押融资“白名单”制度，填报“白名单”企业18家，为企业与金融机构牵线搭桥，办理知识产权质押登记2件，实现贷款1500万元；开展商标侵权、假冒专利案件查处专项行动，查处知识产权案件1件，罚款7000元。

（郭树德）

【广告管理】 2022年，北安市市场监督管理局对广告市场坚持靶向监管，净化市场环境，开展农资广告监管，抢前抓早，出动执法人员18人次，检查经营主体45家，维护农民合法权益和农资广告市场秩序。开展媒体广告监测工作，建立媒体广告监测登记制度，设立广告监测室1个，对广告监测内容进行登记、分析、整理。全年监测各类广告46条次，监测电视广告总时长1897秒。（郭树德）

【计量检定】 2022年，北安市市场监督管理局落实民生计量安全监管工作，开展农资、商品过度包装、能效水效标识等计量专项检查，抽查农资市场经销种子、化肥、农药企业64家，化肥生产企业3家，抽检化肥定量包装67批次、种子13批次，检查在用计量器具22台（件）；检查月饼产品92批次，红酒32批次，茶叶15批次；检查空调、电冰箱、洗衣机等8大类700多台（件）商品。市场监督管理局开展“诚信计量示范单位”创建评价工作，经过书面评价、现场考评、复评等环节审核，1家眼镜店、2家加油站和1个高速公路收费站成为北安市2022年“诚信计量示范单位”；举办“5·20”世界计量日系列宣传活动，发放“电子计价秤小知识”等宣传单1000多份，促进民生计量标准化。

（郭树德）

【消费维权】 2022年，北安市市场监督管理局提升消费维权效能，实行工作倒查制，实现消费者咨询、投诉、举报件件有记录，事事有结果。全年受理投诉172件，投诉按时初查率100%，投诉按时办结率100%，挽回经济损失7.62万元；核查举报137件，举报按时核查率100%；接到咨询187件，解答187件，新建ODR（线上纠纷调解）企业28家，创建黑河级放心消费示范单位8户，北安市级放心消费示范单位12户，七日无理由退货制度承诺单位9户。（郭树德）

【执法监管】 2022年，北安市市场监督管理局全力打击各类违法行为，营造公平正义的市场环境，全年办理行政处罚案件155起，罚没款27.65万元；其中简易案件89起，罚款金额7.9万元；一般行政处罚案件66起，罚没金额19.75万元，开展权力清单梳理工作，梳理行政处罚清单646项，行政强制清单36项；梳理实施包容审慎监管四项清单16项，认领包容审慎监管减轻处罚事项5项，包容审慎监管不予处罚9项。

（郭树德）

【食品安全监管】 2022年，北安市市场监督管理局强化食品安全监管，构筑食品安全屏障。结合食品安全“守查保”“微腐败”“校园守护行动”专项整治，深入开展食品安全制度落实年工作，检查市场主体9460家次，发现问题46个，下达责令改正28份，查办案件16件，罚款2.15万元；全市27家学校、幼儿园食堂实现“互联网+”明厨亮灶；完成抽检803批次、快检118批次，合格率98.6%。开展网络餐饮服务第三方平台检查，通过约谈、整改，网络订餐质量得到提升。（郭树德）

【医药市场监管】 2022年，北安市市场监督管理局打造药械安全堡垒，加强药品和医疗器械市场监管，深入开展“中药饮片整治和特殊药品”“网络销售药品”等药品安全专项整治行动，检查药械经营业户259家，查办案件72件，罚款10.2万元，开展新冠肺炎病毒疫苗和检测试剂专项检查，检查市内、乡镇医院及卫生服务中心24家，疾病预防控制中心1家。（郭树德）

【特种设备监管】 2022年，北安市市场监督管理局严守特种设备安全底线，强化源头治理，先后开展“四大行动”“三年巩固提升行动”“迎二十大百日攻坚战”等专项检查9次，检查特种设备使用单位78家次，抽查特种设备223台，下达监察指令书5份，排除安全问题及隐患102处，查封特种设备2台套。全市7306只液化石油气瓶完成智能化更新，智能化率100%，3家液化石油气充装单位完成气瓶质量追溯系统平台建设，有效防范化解重大风险隐患。（郭树德）

·解释说明·

“四大行动”：大体检、大执法、大培训、大曝光。

【农资市场监管】 2022年，北安市市场监督管理局加大对农资市场监管力度，有序开展农贸、农资市场专项整治，全市市场规范程度有所提升。同时，市场监督管理局制定《2022年农资打假保春耕行动方案》，成立工作领导小组，落实责任到人，对生产、销售化肥的各类市场主体抽检 53 批次，检验结果全部合格。加大对农资商品中未明码标价商品的检查、打击力度，全年办理案件 2 起，收缴罚款 2000 元。（郭树德）

【价格监督执法】 2022 年，北安市市场监督管理局强化物价监管、保供稳价，开展两节、“两会”期间市场价格监管，出动检查人员 1342 人次、检查各类经营主体 6048 户次，其间办理价格类案件 5 件、罚款 5000 元。针对教育、涉企、核酸检测等领域开展收费检查，检查学校 4 家，转供电企业 2 家，医院 4 家，切实规范收费行为，维护群众切身利益。（郭树德）

【信用监管】 2022 年，北安市市场监督管理局强化信用体系建设，加强信用监管，牵头全市 26 家双随机联合检查工作，制定联合检查计划 19 项，全部完成。市场监督管理局本部门检查计划制定 26 项，累计检查 512 户；接收并完成省市场监管局派发任务 7 项，黑河市监局任务委托 14 项。市场监督管理局牵头市场监管专班工作，深化“放管服”改革，更大限度激发北安市市场主体活力。（郭树德）

北安市区航拍图（市融媒体中心　供图）

农　业

综　述

【概　况】　2022年，北安市实现农林牧渔业总产值69.81亿元，比2021年增长1.1%。其中，种植业49.60亿元，林业4.36亿元，畜牧业11.33亿元，渔业1.36亿元，服务业3.16亿元。第一产业实现增加值38.6亿元。农村居民人均可支配收入20291元，增长3.4%。北安市完成粮食播种面积33.75万公顷，总产量超过11亿公斤。全市外出务工农村劳动力5.5万人，实现劳务收入5.7亿元。实施高标准农田建设1.29万公顷。7月，农业农村局所属北安市种畜场、东风良种场、兴东良种场、自联良种场国企改革转入北安市泓安投资（集团）有限公司。北安市获批2022年国家级农业优势特色大豆、乳品产业集群项目建设市和黑龙江省农业农村厅书面授予大豆大垄密植技术模式提产增效示范县等称号。北安市城郊乡获批国家级“2022年农业产业强镇”称号，北安市农村合作经济经营指导总站获批“全国农村集体产权制度改革工作先进集体”称号。6月，北安市获批农业农村部种业管理司，国家黑龙江省农作物专家育种示范基地。北安市大龙种业获批黑龙江省农业农村厅国家农作物品种展示评价基地。赵光镇东丰村被评为2022年度黑河市级“龙江民居”建设试点村；东丰村、前进村、杨家村、建民村、建华村入围黑龙江省级“美丽宜居村庄”示范村候选名单。（刘　明）

9月20日，北安市现代农业建设推进会议召开

（市融媒体中心　供图）

【农业农村改革】　2022年，北安市继续与北大荒集团有限公司北安分公司开展“垦地合作”，推出“北安模式”将农垦种植模式在北安市域内推广示范，典型做法在央视一套《焦点访谈》中播出，农业农村部官网、黑龙江省农业农村厅官网先后推广。全市有421家具备相应资质的农业社会化托管服务主体在中国农业社会化服务平台完成注册，其中88家农业生产主体参与开展农业生产托管服务覆盖面积约4万公顷。全年垦地全程托管服务扩增至6700公顷，赵光镇赵光村开展1600公顷土地“整村推进”农业生产托管服务，在二井镇自和村和建革村各打造约67公顷的垦地合作土地托管示范带上建立两个智能

数据监测站示范点。开展全国农民合作社质量提升整县推进试点工作，对在市场管理部门注册登记的755家农民合作社进行全面排查，其中种植业合作社586家、农机服务合作社76家（含现代农机合作社35家）、畜牧养殖合作社87家、其他合作社6家（涵盖种植、养殖、服务）等各个方面，合作社发展适度规模经营约5万公顷，带动农户4万余户。其中，被评为国家级示范社6家，被评为黑龙江省级示范社24家，涌现出一批优秀农民合作社。全市落实《黑龙江省集体经济组织条例》，完善农村集体经济管理制度，推进农村集体经济组织产权流转、交易，较大数额的资产处置、公开、公平，通过农村集体产权交易平台进行交易。（崔大光）

【农业产业化】 2022年，北安市农业农村局围绕“米、豆、乳、肉”四大优势产业，推进农业全产业链发展。北安市规上企业发展到15家，农业产业化龙头企业发展到13家，其中省级4家、黑河市级8家、北安县级市1家。产业化龙头带动能力不断增强，形成以北安象屿金谷生化科技有限公司、北安市宜品努卡乳业有限公司、北安完达山乳品有限公司、北安市佳汇肉业有限公司、北安华升食品有限公司、北大荒亲民有机食品有限公司、九三食品（北安）有限公司为主导的淀粉加工、乳肉制品、蔬菜加工、豆油豆粉加工等产业集群。北安市农产品总仓储、加工能力达到180万吨，可辐射带动基地面积10万公顷。赵光镇5个产业强镇项目完工并投入使用，城郊乡3个产业申报入列国家级强镇项目，北安市与北安象屿玉米加工企业合力，引进下游玉米浸泡液深加工项目，延长“米”产业链，北安象屿金谷生化科技有限公司全年加工玉米100万吨。北安市依托国家乳产业集群，建强北安完达山乳品公司、北安宜品努卡乳业有限公司，两家乳品企业正常生产外，不断提升品质、开发新产品，占领扩大国内市场份额，建强乳品产业集群。围绕北安市佳汇肉业有限公司发展肉产业，北安市生猪养殖规模进一步扩大，补齐“肉”产业链。依托北安象屿金谷生化科技有限公司，打造黑龙江省北部大豆销售集散中心；依托黑龙江省级现代农业产业园和国家级大豆良种示范基地建设，推进大豆产业发展。

（贾立成）

【农村人居环境整治】 2022年，北安市农业农村局制定《北安市农村人居环境整治提升五年行动方案（2021—2025年）》，推进“垃圾革命”“污水革命”“厕所革命”“能源革命”“菜园革命”建设。开展农村厕所革命、生活污水治理、生活垃圾治理、村容村貌提升、菜园开发利用、龙江民居建设等工作整治，推进乡村振兴百里示范带三年建设工程。2021—2022年，投入资金3.22亿元，实施3大类、10项民生工程，9个乡镇、27个重要节点村屯、4500多户农民生产生活条件得到提升。北安市人民政府投入510万元专项资金，落实农村卫生户厕问题清查整改“回头看”工作，以农户满意为工作标准，更换坐便器233个，维修厕屋、水管等150户，改建室外卫生旱厕616户。成立26支村级改厕服务队伍，配置改厕服务人员36人，购置10辆吸污车，服务联系电话张贴到户。服务队每年为农户免费吸污3次、免费上门维修服务3次。市农业农村局引导群众养成良好卫生生活习惯，由“清脏”向“治乱”转变，由“村庄”向“庭院”延伸，全市村容村貌焕然一新。（于光雷）

【农业保险服务】 2022年，北安市农业农村局利用“大数据+科技+金融”的服务平台，通过建行“云贷”、阿里“普惠金融”和农商银行等平台发放涉农贷款27.8亿元，缓解农业生产资金压力，保障农业生产稳步推行。全年北安市投保大豆、玉米、小麦、水稻四项作物面积约10万公顷，涉及9个乡镇、62个村，承保户数1716户。全年北安市奶牛养殖保险承保3256头、承保户数3户，能繁母猪养殖保险承保9621头、承保户数2户，育肥猪养殖保险承保7643头、承保户数2户，总计理赔40头，赔款金额6.94万元。

（崔大光）

【黑土地保护】 2022年，北安市农业农村局开展“黑土地保护”宣传，落实关于坚决制止耕地“非农化”、防止耕地“非粮化”决策部署。北安市各乡村落实“田长制”，全年东北黑土地保护建设项目约2000公顷，总投资4 388万元；高标准农田建设任务约11000公

市农业农村局举办北安化学除草减量控害施药技术示范田间科普培训

（市农业农村局　供图）

顷，总投资20720万元，分布二井、东胜、赵光3个乡镇。采取耕地轮作制度，完成黑龙江省下达给北安市新增耕地轮作1年试点任务面积约14000公顷，北安市秸秆综合利用率达到93%，秸秆还田率达到75%。落实黑土地保护监测项目，采集155个土样，监测11项指标，进行土壤监测跟踪调查与定位监测。开展肥料试验示范，建立13个试验示范点。按照“统筹规划、区域设点、综合试验”的要求，组织开展化肥利用率、新型肥料肥效、肥效校正和化肥减量肥效等试验。在各乡镇和中心试验基地进行3414肥效试验、肥料利用率、有机质提质增效试验等肥料试验13个。加大农药包装废弃物回收力度，做好农药包装废弃物、废旧农膜回收宣传和技术指导工作，指导各乡镇、农林牧场等建立废弃物暂存点119个，设置宣传标语150条，全年回收农药包装废弃物102吨，回收率达85%以上。

（栾中山）

【粪污资源利用】 2022年，北安市农业农村局下发《关于2022年畜禽粪污资源化利用计划和台账管理的通知》等文件，与生态环境局组成联合检查组，对列入中央环保督察整改任务的规模养殖场和省级环保督察反馈存在问题的31家养殖场进行检查，22家规模养殖场粪污处理设施不完善，提出整改意见22条、整改措施22条，要求养殖场建立粪污台账、完善各种记录，做好规模以下散养户畜禽粪污治理工作。年内，市农业农村局举办畜禽粪污资源化利用培训班，指导乡镇、农场建设村屯散养户粪污收集点。北安市畜禽粪污综合利用率达到90.53%，其中大型规模养殖场粪污处理设施装备配套率达到100%。

（王彦超）

【农民培训】 2022年，北安市农业农村局举办田间博览会、技术观摩会，通过农业科技培训与技术指导为农村培养实用人才、新型职业农民。组织“科技助农小课堂，疫情不忘备春耕”“我为群众办实事”等活动，解决农民实际问题。市农业农村局组建农业科技服务群4个，录制科普小视频15期，组织线上培训1400人次。开通测土配方施肥网上查询系统，实现测土配方结果网上共享查询。组织科技包乡人员18人进村入户与合作社、专业大户对接，开展技术培训35次，集中组织大豆高产竞赛技术培训、大豆科技自强示范县春耕技术培训5次。编印发送《北安市科普技术培训教材》2000册、《测土配方施肥技术手册》1500册，大豆科技自强示范县标准化生产技术流程宣传挂图2000份，累计培训1.2万人次。制定下发《北安市农作物生产技术指导意见》《北安市农作物病虫害发生趋势分析及防控技术意见》，针对大豆高产竞赛、大豆科技自强示范县等项目实施技术指导工作。

（孙　莉）

【信息化建设与服务】 2022年，北安市农业农村局围绕农业农村部制定的益农信息社规范建设及运营标准，以市、乡、村信息网络体系为重点，开展农业信息化建设，加强培训指导、公益服务、便民服务、培训体验、电子商务等业务，实现服务周到、运营规范。在政府信息公开专栏中，公开《北安市申请办理农机购置补贴服务指南》《涉农补贴领域基层政务公开标准目录》等涉农政策信息14次、32条。组织农业专家团队深入乡村，现场指导244次、受益人次754人，依托“农业110”热线由27名农机、农技、农艺等农业专业人员组成的农业专家团队，以短信的形式向458名农民用户手机推送种植技术、灾害预警等农情信息，接听农民电话咨询62人次。

（崔大光）

【执法检查】 2022年，北安市农业农村局制定《北安市2022年农资打假专项治理行动实施方案》，与经营业户签订“守法经营承诺书”，加大对农药包装废弃物回收及电子台账使用的监管力度。对北安市20家种子生产企业、75家种子经营门店、115家农药肥料经营门店进行检查，与市公安局、市交通运输局、市市场监督管理局、市公安交警大队等部门联合开展打击制售假劣种子、农机安全生产违法违章活动专项行动，累计出动执法人员600人次，发放农药安全使用告知书115份、签订诚信经营书115份、下令整改通知书3份、行政处罚一般程序办结案件2起、罚款2.2万元。全市发放《中华人民共和国种子法》宣传单2000多份、“致北安市经营者一封信”200多份、“国家禁限用农药名录”50多张。强化市场监管，加大质量监测力度，抽检样品111份，利用转基因试纸条对玉米种子开展转基因成分检测32个，均未发现转基因品种。市农业农村局与北安市公安局等部门联合开展违法违规专项打击行动，检查生猪运输备案车辆2428车次，产地检疫生猪153882头、牛9394头、羊14552只、禽191564羽。严格屠宰环节监管，北安市屠宰检疫率、病害动物及动物产品无害化处理率均达到100%。

（李宏伟）

种植业

【粮食生产】 2022年，北安市粮食生产总产实现11.51亿公斤，粮食作物播种面积33.75万公顷。其中，大豆播种面积25.21万公顷，产量5.34亿公斤；玉米播种面积7.40万公顷，产量5.53亿公斤；水稻播种面积0.71万公顷，产量0.49亿公斤；小麦播种面积0.19万公顷，产量0.08亿公斤；杂粮杂豆等播种面积0.24万公顷，产量0.07亿公斤。实现粮食播种面积和产量“双增长”的目标，稳粮扩豆推进工作做法相继在央视一套节目中和《焦点访谈》栏目中播出。

（李颖楠）

【蔬菜种植】 2022年，北安市农业农村局制定《北安市菜园开发利用建设实施方案》，下发《关于开展“巾帼生态小菜园”建设活动的通知》，挖掘庭院经济价值洼地，推进绿色生产，加强技术指导，开展庭院经济生产技术培训，形成一村一品发展格局，促进农民增收、农村美化。全年，设施蔬菜种植面积达到85公顷。（李颖楠）

【科技推广】 2022年，北安市农业农村局建设农业科技示范带、示范园区、示范基地36处，开展大豆、玉米、马铃薯等优良品种、新农资、新技术试验示范，重点示范大豆、玉米绿色标准化增产增效栽培技术。加快大豆新品种推广步伐，拓宽新品种推广渠道，建设大豆优良品种选育、试验、示范展示基地，开展大豆优良品种的选育、示范展示工作。展示国家、省级审定的大豆优良品种48个，其中高蛋白品种26个，高产优质品种22个；市农业农村局协助中国工程院盖钧镒院士团队在园区内开展高蛋白大豆品种选育，选育出2份材料参加预试，26个品系开始鉴定试验，18份材料田间加代。落实大豆大垄密植高产优质高效栽培技术、大豆垄三栽培技术、测土配方施肥技术、玉米提质增效综合高产栽培技术、水稻节水增效配套技术等重点推广项目5项，面积约23万公顷。落实国家、省市试验示范项目22项，建造农业科技示范园区（基地）36处约0.5万公顷，引进展示农作物新品67个。（薛　薇）

【良种繁育】 2022年，北安市农业农村局坚持“政府主导、企业主体、产学研结合、扶优扶强、依法治种”的种业发展原则，推进种业振兴工程，大豆良种繁育面积约达8万公顷，繁育大豆良种17万吨，满足约227万公顷大田生产用种，占全省大豆生产田用种量的48%以上。9月21日，在北安市召开的黑龙江省大豆专家育种示范基地品种跟踪评价现场观摩会，对展示的38个大豆品种进行现场鉴评，会上推介出优异大豆品种8个，专家与种子企业、种子经销商、农民专业合作社、种植大户、农民面对面交流，加快优异品种推广速度。建设大龙、泓兴种业两处繁育示范基地，落实全市良种繁育面积7.07万公顷，提高了大豆良种知名度。（张国福）

【农作物病虫害防控】 2022年，北安市农业农村局建设重大病虫乡村监测点65个，通过“掌上植保”App上报调查信息，全年上报信息51925条，发生条数为2180条。建设全国农作物疫情监测中心10个，其中市级重点调查点1个、乡村调查点9个，发布病虫中短期预报6期，汇报45次。实施农药减量控害行动，组织开展除草剂减量控害田间示范10次，培训150人次。开展监测点植保员培训8期，培训200人次，推广应用新型植保机械，更换新型喷头和喷头体2369套。同时开展大豆田间损失率、大豆健康增产示范、不同种衣剂防治大豆根腐病雅安成为等相关试验项目11项，完成28家种子繁育经营企业产地检疫工作。全年市农业农村局开展外来入侵物种普查工作，在市域内普查农业外来入侵植物、农作物外来入侵病虫害和外来入侵水生动物等三大类物种的种类数量、分布范围、发生生境、危害对象和危害程度等情况。农田设置踏查路线13条，踏查点41个，踏查点面积约133公顷，发现外来入侵植物5种。（薛　薇）

林业和草原

【概　况】 2022年，北安市林地面积11.5万公顷，森林覆盖率35.8%。活立木蓄积量503.3万立方米。湿地调查面积51232.3公顷，湿地保护率29.17%。全市有自然保护地4个，批复总面积约4.35万公顷，其中自然保护区3个（省级1个、县级2个）；有国家级林业产业龙头企业1家。全市植物种类有73科223属330种，国家重点保护野生植物9种，均为二级保护野生植物。包括野大豆、杓兰、大花杓兰、紫点杓兰、紫椴、轮叶贝母、水曲柳、黄檗、红松。全市有野生动物230多种，鸟类有10目30科150种，多为候鸟，留鸟10种，如花尾榛鸡、乌鸡、七彩锦鸡、鹌鹑等。国家一级保护野生动物有白鹤、白尾海雕、东方白鹳等；国家二级保护野生动物有燕隼、红隼、雀鹰、毛脚鵟、长尾林鸮、长耳鸮、马鹿、猞猁、赤狐等；国家保护的有益的或者有重要经济、科学研究价值的三级野生保护动物，比较常见的有野猪、矮鹿（狍）、东北兔、松鼠、雉鸡等。北安市林业和草原局（以下简称“市林草局”）深化林业改革，强化全方位生态保护，实施全范围生态提质，推进全领域生态惠民。全市全年无重特大森林火灾发生及人员伤亡。全市林业有害生物成灾率控制在0%，低于省控0.4%指标要求。种苗产地检疫率、松材线虫病监测普查率均为100%。各类营造林任务完成率均逾100%，完成春季造林绿化项目573.2公顷、森林抚育40公顷，验收全部合格。2022年北安市林业和草原局赵光林业站被国家林业和草原局授予2022年度“一站一员一窗口”典型单位，北安市林业和草原局被黑龙江省林业和草原局授予2022年度全省重点工作表现突出单位称号。（肖　尧）

【自然保护区】 2022年，黑龙江北安省级自然保护区位于北安市行政区域东部，涵盖了北安市胜利林场、四〇四林场、建华林场、沈阳军区部队、庆华工具农场、种畜场、东风良种场、电厂农场、红星农场、长水河农场、北安市东胜乡、赵光镇等部分区域。自然保护区总面积36221.72公顷。其中，核心区13250.29公顷，占总面积的36.58%；缓冲区13172.79公顷，占总面积的36.37%；实验区9798.64公顷，占总面积的27.05%。（肖　尧）

【林业资源】 2022年，北安市境内（不含森工）林地总面积11.5万公顷，森林覆盖率35.8%，森林总蓄积5032721立方米。其中，有林地面积55092.7公顷，疏林地面积537.7公顷，灌木林面积627.5公顷，未成林造林地1110.8公顷，无林地面积709.4公顷，林辅用地面积56395.9公顷，宜林地321.5公顷，苗圃地204.5公顷，其主要分布在6个国有林场、9个乡镇、4个国有农场、1个林木种子园、1个北安科研所。国有林地总面积为108603.4公顷，森林总蓄积4387008立方米。其中，有林地面积49811公顷，疏林地面积530.8公顷，灌木林面积474.2公顷，未成林造林地962.2公顷，无林地面积488.8公顷，林辅用地面积55938.6公顷，宜林地210.7公顷，苗圃地187.1公顷。集体林地总面积2216.7公顷，森林总蓄积210311立方米。其中，有林地面积2072公顷，疏林地面积1.9公顷，灌木林面积12公顷，未成林造林地46.7公顷，无林地面积11.9公顷，林辅用地面积72.2公顷。个人林地总面积3830.1公顷，森林总蓄积365458立方米。其中，有林地面积2946.8公顷，疏林地面积5公顷，灌木林面积54.4公顷，未成林造林地101.9公顷，无林地面积208.7公顷，林辅用地面积385.1公顷，宜林地110.8公顷，苗圃地17.4公顷。其他林地总面积349.8公顷，森林总蓄积51658立方米。其中，有林地面积262.9公顷，灌木林面积86.9公顷。北安市地方（不含森工、农垦）草原面积为32632.53公顷。其中，划定基本草原26469.12公顷，占草原总面积的81%，非基本草原6163.41公顷，占草原总面积的19%，主要分布在城郊乡、东胜乡、杨家乡、主星乡、海星镇、通北镇、石泉镇、赵光镇、二井镇。北安市湿地面积51232.31公顷。其中，林草系统湿地生态功能区面积19944.21公顷，占比38.93%，主要分布在城郊乡、东胜乡、杨家乡、主星乡、海星镇、通北镇、石泉镇、赵光镇、二井镇、科研所等；森工系统湿地生态功能区19680.98公顷，占比38.41%，主要分布在冰趟子林场、东方红林场、前进林场等；农垦系统湿地生态功能区面积11607.12公顷，占比22.66%，主要分布在赵光农场、长水河农场、红星农场等。（肖　尧）

【造林绿化】 2022年，市林草局自筹造林绿化资金1670万余元，完成全市春季造林绿化任务573.2公顷，并通过黑龙江省林业和草原局检查组的验收。全年新增造林绿化面积573.2公顷，其中完成村屯绿化任务39.9公顷。市林草局秉持“乡村绿化城市化”理念，结合农村人居环境整治、百里示范带建设，开展乡村绿化。其中对9个乡镇、16个村、21个自然屯的村屯绿化项目采取第三方公开招标方式，提高造林绿化质量和成活率。全年完成黑河市林草局下达的200公顷冠下红松造林和333.3公顷封山育林任务，冠下红松造林任务落实到幸福林场、缸窑林场、自治林场、三〇三林场四个国有林场，栽植红松22万余株，封山育林任务落实到石泉镇石华林场。（肖　尧）

【落实林长制】 2022年，北安市推进责任体系建设，落实市委书记、市长担任市级林长的党政同责、属地负责、部门协同、权利覆盖的市乡村三级林长制。市林草局秉持“山有人管、林有人造、树有人护、责有人担”工作理念，号召全市20个责任单位明确分工、细化任务，把林长制工作责任落实到田间地块，实行网格化管理，压实主体责任。全年设立林长制公示牌742块，同时在黑龙江省林长制信息管理平台录入信息205条、公示牌信息57条。开展林长制自评考核，贯彻《黑龙江省林长制督察考核办法》，市林草局和协作单位按要求提交自评得分情况及佐证材料，对失分情况予以说明，完成自评考核工作。期间北安市（县级市）代表黑河市（地级市）通过省级林长制办公室督查考核，取得良好成绩。（肖　尧）

【林业产业经济】 2022年，北安市林草系统实现产值12.5亿元，比2021年增长11.1%。市林草局落实中央一号文件精神及省市工作安排，抓好粮食生产和重要农产品供给，推进实施“稳粮扩豆”工程。在原有大豆种植的基础上，扩种约14446.67公顷大豆，完成工作任务并实现职工增收；加快发展林果、北药、食用菌、特色种苗花卉、特色林下养殖等项目，初步形成种植、销售、深加工和营销等市场产业体系。全年林下畜禽养殖2.2万头（只），种植北药29.8公顷，生产新品种食用菌平菇及榆黄蘑12万袋，采集山野菜210万公斤，各类苗木生产及培育1700万株。年内，市林草局帮助涉林企业华升食品有限公司，晋升国家级龙头企业和省级林下经济示范区。（肖　尧）

【森林防火】 2022年，市林草局在森林草原防火工作中提前安排部署，督促各林场落实相关措施。通过悬挂宣传条幅200幅、发放宣传单6000张，向广大群众宣传《中华人民共和国森林法》《森林防火条例》等森林草原防火法律法规，增强全民森防意识。春防期间，北安市签订各类责任状2750份。各责任单位坚持24小时有专人值班和领导带班，保证险情突发第一时间有所行动。开展清山、清林、清河套的“三清”工作，把森防责任和扑火兵力均落实到网格，降低重特大火灾的发生概率并开展计划烧除工作，消除林区火险隐患，提升预防和扑救森林火灾能力。市林草局投资420万元维修76千米森防公路、维修瞭望塔9座、清理生物防火阻隔带32千米；维修、调试、补充设备126台套，保障物资充足，使用性能良好。加大防火查处力度，严惩违规用火行为，春防期间查处野外违规用火4人，均予以行政处罚，有效控制了森林火灾的发生。（肖　尧）

【森林资源保护】 2022年，市林草局国有林场管护经营总面积37660公顷，其中国家级公益林23893.3公顷，省级公益林10420公顷，天然商品林3346.7公顷。按时完成草原线路踏查、标准地调查和标本制作工作，建立草原踏查线路2条、10块标准地、标本采集7份、其中毒害草6份、有害昆虫65份，出任务车辆6次、人员8人，踏查面积410公顷，涉及范围为胜利林场、赵光镇、城郊乡、二井镇。市林草局全年受理行政案件5件、结案2件。开展“清风行动”监督检查场所15处、出动车辆15次、出动执法人员58人。全年完成森林督查国家下发图斑20块，完成整改全省打击毁林种参专项行动国家下发51块图斑中的毁林种参28个。开展野生动植物保护行动及宣传，巡护面积221387.5公顷，清除收缴猎捕工具21个，发放宣传单16000多张，完成禁食禁狩、野生动物保护及宣传工作。开展森林病虫害防治检疫工作，无公害防治约412.93公顷，无公害防治率100%，成灾率0%。全市应施检疫苗木1566.14万株，实际检疫苗木1566.14万株，种苗产地检疫率100%。预测林业有害生物发生421.6公顷，实际发生面积418.3公顷，测报准确率99.2%。落实《中华人民共和国种子法》规定的林木种子生产经营许可制度，依法规范“林草种子生产经营许可证”的申请、办理和核发程序，全年在全国林草种苗许可证管理系统内，办理林草种子生产许可证23本。　（肖　尧）

【保护地监督管理】　2022年，市林草局按照省政府对审计署反馈问题整改部署，制定整改方案、落实整改责任人，此次核查任务数为157个图斑，总面积为约17.83公顷完成整改。完成北安市湿地保护“十四五”规划编写，在北安市人民政府网站公示。黑龙江南北河省级自然保护区、黑龙江北安乌裕尔河国家湿地公园、黑龙江王老好河县级自然保护区和黑龙江北安省级自然保护区对保护地内违法行为进行自查，捣毁地笼1个、放生被困野生鱼类、拆除电子围栏4处。开展北安市湿地保护宣传活动，提高群众保护湿地法律意识，发放宣传海报400张、湿地宣传册500份，悬挂5条横幅，摆放3块宣传板。

（肖　尧）

畜牧业

【概　况】　2022年，北安市有规模养殖场44个，大型生猪养殖公司2个，大型现代化奶牛场5个。全年奶牛存栏1.28万头、肉牛存栏2.09万头、出栏2.11万头；生猪存栏12.16万头、生猪出栏21.92万头、能繁母猪存栏1.23万头；羊存栏3.56万只、出栏4.16万只；禽存栏32.88万只、出栏50.33万只。马存栏1173匹。北安市肉类总产量2.37万吨，禽蛋产量1973吨；鲜奶产量5.87万吨。北安市有7家规模养殖场、小区实施粮改饲项目，青贮饲料总量为52299吨。　（王彦超）

【动物疫病防控】　2022年，北安市农业农村局制定下发《2022年北安市动物疫病强制免疫实施方案》《2022年北安市动物疫病强制免疫技术方案》《关于做好2022年春季重大动物疫病强制免疫工作的通知》等文件要求，组织召开春、秋两季重大动物疫病防控工作会议，安排部署动物疫病防控工作。全年无重大动物疫情与畜产品质量安全事件发生，完成重大动物疫病免疫工作，北安市高致病性禽流感、牲畜口蹄疫、猪瘟免疫率达到100%，猪丹毒等其他动物常规疫病免疫率达到90%以上。针对非洲猪瘟疫情落实网格化管理，申请资金9.5万元购买重大动物防疫物资，检测490多批次、24525头猪，实验室监测血清样品3215份。聚焦生猪养殖、屠宰加工等环节，开展清洗消毒活动，出动技术指导人员50多人，发放宣传单5000多份，制作宣传条幅20幅。组织对北安市规模养殖场、牲畜定点屠宰场开展宣传《中华人民共和国畜牧法》，制作宣传条幅12幅、发放宣传单4000多份。　（王彦超）

水产业

【概　况】　2022年，北安市水产总站深化渔业供给侧结构性改革，落实北安市渔业重大政策、提供技术服务并参与研究制定北安市渔业的经济调节措施，积极发展渔业生产，推动水产养殖业健康发展。全市水产养殖面积0.61万公顷，水产品总产量0.55万吨，水产品总产值9300万元。比2021年增长4.14%。

（钟兆红）

【水产健康养殖】　2022，北安市落实养殖面积6100公顷，池塘养殖面积1333.33公顷，驯化养鱼180公顷；水库养殖面积4766.67公顷，稻渔综合种养面积177公顷，春片鱼种出池205吨，投放春片480吨，落实无公害面积5333.33公顷，落实休闲渔业55处。全年水产品产量5500吨、产值9300万元。池塘产量2905吨，水库产量2543吨，河蟹产量52吨。小塘坝、大水面育种1333.33公顷，为连环湖及省内外著名湖泊提供花鲢苗、白鲢苗种生产；稻渔综合种养面积177公顷。依托国家级稻渔综合种养示范区北安市乌裕尔水产养殖专业合作社，倡导生态养殖，提高水产品品质，扩大河蟹、松浦镜鲤、方正银鲫、泥鳅等新品种养殖。全年放养河蟹1万公斤。北安市水产总站全年开展健康水产养殖宣传、培训，受益渔民170人次，发放材料400多份。北安市有国家级健康养殖示范场1家，省级健康养殖示范场2家，国家级稻渔综合种养示范区1家。　（钟兆红）

【水生生物普查】　2022年，北安市水产总站对北安市行政辖区内的自然水域进行外来入侵水生物种普查，其中在闹龙河水库、乌裕尔河、通肯河、南北河

和王老好河设置 12 个普查点，对全域开展外来水生物种普查，保护北安市水生物种的安全。（钟兆红）

农机管理

【概 况】 2022 年，北安市农业机械总站加强技术指导、更新配置、强化管理和服务、做好农机新技术推广及农机购置补贴工作，发挥合作社作用共同推动农机化生产工作有序开展。北安市全年农机总动力 65.40 万千瓦；大豆耕种收综合机械化水平 100%，玉米耕种收综合机械化水平 100%。乡村农机从业人员 35180 人，农机专业合作组织 76 个，实现农机服务总收入 15330 万元。（丁颜真）

【农机化生产】 2022 年，北安市耕、种、收综合机械化程度达 99.83%（其中耕地机械化程度 100%，播种机械化程度 99.72%，中耕机械化程度 100%，收获机械化程度 99.72%，运输机械化程度 100%），与 2021 年持平，居全省前列。全市完成春整地约 135353.33 公顷，机播面积约 230933.33 公顷。投入拖拉机 3879 台套；完成春季玉米秸秆还田作业 1420 公顷，投入机车 21 台套。做好秋季农机化生产技术指导，下发机收减损技术方案，开展秋整地工作，维护和新安装深松整地测试仪 508 台。完成秋整地约 162913.33 公顷，其中深松约 103346.67 公顷、秸秆还田约 31913.33 公顷、其他作业约 27653.33 公顷。结合大豆扩种工作，建立大豆农机标准化示范田 666.7 公顷；同时完成 2021 年秋季至 2022 年春季秸秆还田作业补贴发放及 2021 年深松整地补贴发放工作。其中，秸秆还田补贴面积约 32746.67 公顷，发放补贴资金 1966.48 万元。深松整地补贴面积约 45593.33 公顷，发放补贴资金 1367.86 万元。（丁颜真）

【农机专项整治】 2022 年，北安市农业机械总站按照北安农机购置补贴专项整治工作专班的工作部署，以《黑龙江省农机购置补贴专项整治工作方案》为指导，稳步开展 2019—2020 年度农机购置补贴机具专项整治工作。完成省专班确认 506 台合格机具的补贴发放资金 954.083 万元工作。完成省专班推送涉嫌违规机具核查 1969 台，形成一机一案，其中确认 454 台机具为合格机具、1515 台机具为违规机具；核实违规变卖补贴机具 69 台，取消补贴资金 130.14 万元；完成 239 台违规机具补贴资金追缴 409.84 万元（包含分期付款机具 6 台，实际收缴 391.962 万元，分期 17.88 万元，合计 409.842 万元）；剩余 749.797 万元违规资金，按照省级要求已移交市公安机关侦办完成整改工作；完成 207 台确认合格机具，1092 台降补机具补贴发放工作，发放补贴资金 3142.70 万元。（丁颜真）

【农机装备】 2022 年，北安市农业机械总站开展 2022 年农机购置补贴录入工作的同时对 2021 年新购置农机机械进行补录。全市录入 2021—2022 年度新购置农业机械 1283 台套（拖拉机 689 台、收获机 198 台、大中型配套农具及其他机械 396 台套），投入更新资金 19131.88 万元（国家补贴 3112.09 万元、自筹 16019.79 万元）。全年北安市农业机械原值 96010 万元，净值 45572 万元。农业机械总动力 65.40 万千瓦，大中小型拖拉机总量 11997 台、收获机械 1402 台、配套农具 26465 台套。（丁颜真）

【农机安全监理】 2022 年，北安市农业机械总站秉持“安全重于生产、生产必须安全”的工作理念，以现代农机合作社为基点，抓好农机安全生产，完善农机安全生产责任制，开展农机安全检查和安全技术指导、落实农机专项整治活动，严肃查处各种违章行为，实施“亮尾工程”（指免费为农机具粘贴反光标识），全年粘贴机具近 3 万台（套），粘贴反光标识 18 万条，粘贴率达 90% 以上。签订“拒绝超期服役承诺书”1147 份、“拒绝违法载人承诺书”6379 份、“农业机械安全生产责任书”6379 份。完成拖拉机（联合收割机）注册登记 809 台，培训拖拉机（联合收割机）驾驶员 2115 人，检验合格拖拉机（联合收割机）600 多台，查处违章车辆 436 台次，有效预防农机事故发生。（丁颜真）

【农机新技术推广】 2022 年，北安市农业机械总站结合北安市种植业结构调整需求，开展农机新技术推广工作，全年推广农机新技术 5 项，实施总面积 112000 公顷。其中，推广水稻钵体育苗机械插秧技术约 3333.33 公顷、组织技术服务队下乡指导培训 150 多人次、发放资料 200 多份；推广玉米秸秆捡拾打捆收储技术约 23333.34 公顷（春播前完成试验田面积约 3333.34 公顷，秋后玉米收割后实施 2 万公顷）、技术培训 100 人次、发放宣传资料 500 份；推广机械免耕播种保护性耕作技术约 5333.33 公顷（组织安装免耕播种检测仪 48 台，其中新安装 15 台，加装 33 台）、发放宣传单 3000 份、技术培训 50 人次；推广玉米收获机械化技术约 36666.67 公顷；推广大豆生产全程机械化技术约 43333.33 公顷。（丁颜真）

农田水利

【水利工程建设】 2022 年，北安市完成重点水利建设项目 8 个，投资 4132.1 万元。其中，农村供水保障工程总投资 1013 万元，建设农村供水保障工程 19 处；农村饮水工程维修养护项目投资 78 万元，实施维修养护工程 30 处；山洪灾害防治工程投资 29 万元，对北安市 73 个山洪站点进行升级改造；小型水库维修养护项目投资 160 万元，维修养护小型水库27座；中型水库维修养护项目投资62万元，维修养护先锋水库大坝及管理站房。按照省水利厅环保督察年度整改工作安排，完成侵蚀沟治理139条，总投资2401.1万元（地方配套188.1万元）。项目于9月5日开工建设，至年底侵蚀沟工程措施建设，完成年度任务进度的90%以上。主星灌区维修养护项目投资122万元，建设主星拦河闸水毁修复及主星、东星干渠衬砌完成；大坝安全监测系统项目投资267万元，安装小型水库大坝监测系统12座全部建设完成。（唐成斌）

【河湖长制推行】 2022年，北安市水务局开展妨碍河道行洪突出问题整治，销号列入水利部台账妨碍河道行洪突出问题13个。落实“省总河湖长5号令”，开展小微水体排查整治工作，竖立公示牌59块，设置小微水体河湖长76人并形成名录，并在政府网站进行公示。印发《北安市小微水体工作联合执法机制》《北安市小微水体巡查保洁员工作制度》《北安市“民间河湖长”及义务监督员工作制度》，加快推动小微水体治理工作。开展侵蚀沟排查整治工作，完成北安市侵蚀沟再核查图斑点3521个。

（张照全）

【水利安全】 2022年，北安市水务局落实防汛抗旱工作职能，汛前对北安市水库、河流堤防进行现场检查，发现问题立即责令整改。进入汛期后，安排防汛人员24小时值班，确保发生险情及时上报解决。同时利用“水雨情系统”关注汛情，及时与市气象局、市水文局等部门共同研判发布预警，避免洪涝灾害发生。开展“安全生产专项整治三年行动巩固提升阶段”工作，组织开展水利工程安全生产大检查51次，排查整改隐患3个，完善安全生产责任制，提升水利安全治理能力。（唐成斌）

黑龙江北大荒农垦集团有限公司北安分公司

【概　况】 2022年，黑龙江北大荒农垦集团有限公司北安分公司（以下简称“农垦北安分公司”）位于兴安岭长白山区，小兴安岭主脉由北向南纵贯垦区东部。下辖锦河农场、红色边疆农场、逊克农场、龙门农场、襄河农场、二龙山农场、龙镇农场、引龙河农场、尾山农场、格球山农场、长水河农场、赵光农场、红星农场、建设农场、五大连池农场15个农场有限公司，分别位于小兴安岭西南麓、西北麓和中段北麓。行政区划位置属黑河地区，东邻嘉荫县、西到嫩江县、南起海伦市、北到黑河市。东西宽234千米，南北长281千米。15个农场有限公司分成南、北、中3片，分布在黑河市所属北安、五大连池、孙吴、逊克、爱辉及齐齐哈尔市所属克东6个县（市）区域内。农垦北安分公司机关设在北安市，逊克农场分公司、红色边疆农场分公司隔黑龙江与俄罗斯的阿穆尔州相望，边境线长约39千米。农垦北安分公司辖区总面积895588.32公顷，占全省垦区总面积的1/5，其中农用地862477.87公顷（耕地、林地、草地、水库坑塘沟渠、农村道路、园地、其他农用地），建设用地8252.28公顷，未利用地24858.17公顷。农垦北安分公司总人口13.09万人。

2022年，北安分公司开启“二次创业”新征程，以“北安模式”为统领，系统推进北安分公司发展战略。完善提升大农场统筹小农场，新型“统分结合”双层经营服务模式。规范组建规模家庭农场511个，覆盖耕地28万公顷，农业生产效率得到提高。全年，北安分公司实现营业总收入61.21亿元，比2021年增加21.36亿元，增长53.6%，完成北大荒集团指标41.37亿元的147.96%；利润总额2.47亿元，比2021年增加0.43亿元，增长21.08%，完成集团指标1.65亿元的149.7%；居民人均可支配收入36456元，比2021年增长18.7%。投入1840万元建设数字农业综合服务大厅16个，完成939.8万条基础数据归集，建成北安分公司数据库。全年有9.16万名种植户完成北大荒农服App线上注册，实现土地发包、合同签订、承包费收缴全部线上办理，开展线上农贷1.27亿元。对下辖15个农场涉及的气象数据、95.8万公顷土地资源、1994条侵蚀沟、5302个鱼眼泡及1100个安全管控场所全部实行信息化管理。企业运营保持良好发展势头，分公司经营业绩排名集团第二名，314个先进集体和个人获得国家、省、集团及北安分公司表彰，10件历史、人物、文化优秀作品被收入《北大荒精神故事汇》。（付维秋）

【种植业】 2022年，农垦北安分公司以稳粮扩豆为农业生产第一要务，发挥资源、组织、技术优势，推动科技创新，完善服务体系，优化区域布局，加快数字化、智能化转型，提高农业综合生产能力夺取粮食丰收，粮食总产17.95亿公斤。全年总播种面积35.78万公顷，其中大豆24.65万公顷，玉米9.79万公顷，马铃薯、小麦、高粱、麻、杂豆等其他作物1.34万公顷。推广测土配方施肥34.6多万公顷，实现种植面积全覆盖。采集土壤样品75890个，分析项次59873次，发放施肥建议卡及技术资料7112份。累计完成肥料集团化运营11.8万吨，比2021年增加1.85万吨。全年绿色食品认证面积144740公顷，认证面积比2021年增加27.8%，认证产品52个；有机产品认证6093公顷。开展黑土耕地保护工程，建立黑土耕地保护利用示范区16.35万公顷，完成黑土耕地质量土样检测319份。全年引进试种大豆品种93个，玉米品种109个，杂粮杂豆及经济作物品种19个，完成新品种引种试种工作。开展各类试验示范项目359个，其中国家级 3 个、省级 16 个、总局级 29 个、分公司级 110 个、农场级 174 个、院校合作 27 个。打造科技示范带 977.38 千米，总面积 5.53 万公顷，示范观摩现场 176 个，面积 0.96 万公顷，开展大豆、玉米高产攻关，重点打造玉米、大豆高产攻关科研地 59 块。（李　扬）

【农业机械化】 2022 年，农垦北安分公司各农场有限公司有农机化管理机构 15 个、各类农机从业人员 5638 人；各类农机化服务组织 1791 个、从业人员 2881 人；农机作业专业合作社 9 个、从业人员 95 人；农机维修网点 51 处、从业人员 238 人。农机总动力 50.8 万千瓦，拥有 100 马力以上拖拉机 1886 台，配套农具 8922 台（套），大型自走稻麦联合收割机 605 台。自走式喷药机 115 台，固定农具停放场 155 个面积 125.96 万平方米；临时停放场 154 个面积 62.71 万平方米；农用飞机场 12 处，完成农业航化作业面积 15.04 万公顷、跨区作业面积 27.36 万公顷。全年耕种收综合机械化水平达 99% 以上，机耕率 100%，播种机械化率 100%，收获机械化率 99%。全年投资 2.17 亿元更新农机具及数字化监控装置 3599 台套，全面提升农业机械效能和抗灾保障能力。赵光农场首次完成国内旱田无人驾驶机车集群化作业；完善“空天地”一体化数据资源采集体系，实现农业生产各环节数据传输和平台控制，打造功能先进的“数字园区”；赵光、红星“数字农场”建设取得实效，推进数字化、智能化农场建设进程。内部土地托管 12.3 万公顷，企业收入 3624 万元。粮食统营 153.6 万吨、统营率 88%；粮食集团化运营 86.91 万吨，粮食集团化运营率 49%，实现利润 2833 万元。开展农业社会化服务，辐射 11 个县（市）面积达 32.7 万公顷，将农村 11 万公顷耕地纳入数字化平台管理，带动农村农业生产发展，为国家增产粮食 0.86 亿公斤。实施“点线面”布局，打造 33 公顷以上标准化示范田 17 块，打造土地托管高标准示范带 2 条、2.5 千米；对赵光村 0.16 万公顷耕地“整村推进”，通过平移复制“北安模式”，形成北安分公司农业社会化服务“范式”，服务质量和黏性显著增强，秋季 15 个农场分别在周边乡镇落实全程托管示范田 1.04 万公顷。在冀鲁豫打造示范田 173.3 公顷，输出北大荒标准，切实将“引领示范”转化为推动农业社会化服务动能，迈出“二次创业”的坚实步伐。推广应用农机新技术、新机具、新改装，以加大农机装备补配套为基础，提高农机田间标准化作业水平和抗灾能力。全年在深松监控平台上传土地面积达 22.98 万公顷，其中合格面积 21.10 万公顷，合格率为 91.85%。开展土地托管作业和“三代”（代耕、代播、代收）作业进行创收，全年出动拖拉机 266 台次，收割机 308 台次，农机跨区作业约 27.35 万公顷，其中省内 13.9 万公顷，省外 13.45 万公顷，作业净收益 4350.63 万元。全年举办有关农机生产实际的各类安全操作、技术操作培训班 120 多次，培训农机各类人员 9587 人次。（韩成新）

【畜牧业】 2022 年，农垦北安分公司依托农垦科学院畜牧兽医专家团队，推进规模奶牛场单产 12 吨提升行动。以技术创新、技术推广和技术合作为手段，全面提升规模奶牛场单产。二龙山龙嘉牧场、尾山金澳牧场奶牛单产量达到 12.3 吨，分别被北大荒集团农业发展部授予 2022 年规模奶牛场单产 12 吨提升行动“高产之星”和“高产牧场”称号；格球山晟达牧场被农业农村部授予“畜禽养殖标准化示范场”称号。同时，农垦北安分公司制定《北安分公司 2022 年粮改饲项目实施方案》（北大荒北司文〔2022〕26 号），推进饲草饲料资源本地化、种养一体化和粪污还田化。全年收获全株玉米青贮 2507.60 公顷，储备全株玉米青贮 12520 万公斤；收获燕麦 151.59 公顷，储备燕麦青贮 257 万公斤；合计拨付粮改饲项目补贴资金 670.57 万元。坚持开展春秋两季高致病性禽流感、口蹄疫、猪瘟等重大动物疫病免疫接种工作，发放防护服等防疫物资 179 箱，下拨强制免疫疫苗 110.2 万毫升，做到应免尽免，强制疫苗免疫率 100%。全年牛口蹄疫实免 7.23 万头，生猪口蹄疫实免 5.91 万头，禽流感实免 73.83 万只。以规模养殖场为重点，以农用有机肥为主要利用方向，推进畜禽养殖废弃物资源化利用工作。全年规模养殖场设施设备配套率 100%，建设完善粪污集中收集点 43 个，畜禽粪污综合利用率 92.5%。强化畜牧业科技推广应用。同时加快推广奶肉牛优质冻精配种、奶牛全混合日粮（TMR）饲养、奶牛性控冻精及胚胎移植、奶牛生产性能测定（DHI）及应用、高能量全株青贮玉米生产应用及玉米湿贮、苜蓿草生产应用、肉牛品种改良和快速育肥、生猪三元杂交与快速育肥、粪污无害化处理和动物疫病综合防治等“十项”畜牧实用技术，不断提升畜牧业科技伴飞能力。（李志萍）

【林草业】 2022 年，农垦北安分公司完成造林绿化总面积 381.38 公顷，其中工程造林补植补造 232.41 公顷，绿化造林补植补造 148.97 公顷。栽植各类苗木 110 多万株，其中落叶松 59.92 万株、樟子松 0.92 万株、云杉 6.38 万株、杨树 0.43 万株，其他苗木 42.35 万株。栽种花卉 3.67 万平方米，栽种草坪 4.2 万平方米。累计投入造林绿化资金总额 607.545 万元。森林草原防火实现“三个不发生”的森防目标，发放防火宣传单 7725 张、设立森林防火宣传街 82 条、悬挂森防宣传旗 17010 面、横幅 609 幅；对讲机 90 部、风力灭火机 641 台、GPS 28 部、灭火水枪 190 支、油锯 12 台、扑火服装 481 套、运兵车 27 辆；扑火队 15 支 201 人。全年林草产业经济总产值 19229.4 万元。其中采集山野菜 2376.5 吨、产值 2048.4 万元；林菌产业栽培食用菌 74 万袋、入山采集食用菌 1524.7 吨、产值 3215.4 万元；林下养殖业养殖各类野生动物、畜禽 67.5 万只（头），产值 9427.5 万元；苗木花卉产业基地育苗总面积538.96公顷，总苗量507万株，花卉产量56.75万株，产值1432.7万元；林果产业面积582.8公顷，产值865.6万元；北药产业面积173.7公顷，产值1660.7万元，其他产业产值579.1万元。

（王维君 刘洪伟）

·解释说明·

“三个不发生”：不发生特大森林草原火灾，不发生群死群伤事件，不发生烧毁管理区事件。

【水 利】 截至2022年9月30日，区域平均降雨量为434.23毫米，比2021年减少31.91%。农垦北安分公司所在区域全年经历三次短时强降雨，导致龙镇、建设农场部分水工建筑损毁，其中龙镇农场涵管损毁9处、田间路损坏3处，约100米，直接经济损失12.5万元。建设农场损毁圆涵2座、方涵2座、田间道路2千米，修复水蚀沟损毁2条，新形成水蚀沟5条，轱辘滚河灌区渠道损毁500米，共造成损失60万元。红色边疆、龙镇、引龙河、格球山、二龙山、长水河、赵光、红星、建设等9个农场有限公司投资159.86万元，其中中央资金159.8万元，农场自筹资金0.06万元，对18座小型水库进行维修养护。开展中型水库除险加固工作，格球山农场与尾山农场投资1681.61万元，其中格球山自筹资金781.61万元、尾山自筹资金900万元，完成格球山2座水库除险加固工程，水毁工程修复及水土流失治理。全公司及受灾农场面对洪涝灾害不等不靠，积极组织自救，进行排水渠道清淤，强排耕地积水，并由管理区对损毁的水工建筑进行简易维修，最大限度降低损失。全年治理冲刷沟539条，治理鱼眼泡427个。启动二龙山、建设、长水河、尾山、格球山、引龙河、龙镇、襄河、红色边疆等9个农场有限公司水价改革任务，涉及面积2.98万公顷，其中中型灌区0.45万公顷、五小工程旱田2.53万公顷。在妨碍河道行洪问题整治工作中，农垦北安分公司被分配到的卫片图斑计10个，涉及红色边疆、龙镇、五大连池、长水河、红星等5个农场有限公司，其中有8处为违法建筑物，于5月31日前全部拆除，剩余2个为红星农场有限公司境内鸡爪河上的两座桥，防洪影响评估报告已通过审查。按照《黑龙江省在小微水体实施河湖长制工作方案》（黑龙江省总河湖长令〔第5号〕）和《北大荒农垦集团有限公司在小微水体实施河湖长制工作方案》文件要求，农垦北安分公司开展小微水体排查工作，全年排查属地发放图斑点5489个，确定为小微水体的129个且不存在水体污染等情况。

（张宏宇）

【产成品营销】 2022年，农垦北安分公司粮食统营156.3万吨，统营率87%，实现营收22.36亿元，下辖各农场有限公司全部超额完成北大荒集团下达统营率50%的指标。在粮食集团化运营工作上，农垦北安分公司高度重视，专门成立粮食集团化运营工作领导小组，统筹分公司粮食集团化运营工作开展，使粮食集团化运营工作不断向规模化、制度化、模式化和体系化方向发展。粮食集团化运营指标为总产量的30%、53.7万吨。各农场有限公司结合实际，探索出通过订单履约、潮粮直销、合作经营、代收代储、远期销售等运营模式。全年，农垦北安分公司粮食集团化运营量86.9万吨，其中玉米74.5万吨、大豆11.9万吨、其他0.5万吨，粮食集团化运营率为48.86%。依托绿色有机农业核心保护区区位优势和产品资源优势，统筹各农场有限公司采取互利合作模式，加大特色产品研发力度，丰富“北国寒地”公用品牌产品品类。新研发出天然苏打水、小麦粉、非转基因压榨大豆油、奶粉等9款产品，“北国寒地”品牌产品已达33款。全年，农垦北安分公司特色产成品营收1.33亿元，其中北大荒亲民有机食品有限公司1.27亿元，黑龙江龙绿食品有限公司0.06亿元。同时农垦北安分公司印发《北安分公司电商直播运营工作管理办法》，成立直播电商基地，组建短视频运营专班，围绕北大荒精神、现代化大农业、北安模式等内容拍摄短视频，在“亲民食品”抖音账号为电商直播基地每天直播6小时以上，每月都举办专场直播活动。同时，通过承办《北大荒之夜》专场直播、与电商达人进行合作等方式，多渠道销售绿色有机农产品。经过农垦北安分公司与市场运营部、农业发展部、北大荒信息公司技术人员多轮研讨和设计筹划，农垦北安分公司营销数据平台架构和内容全部搭建完成，进入实际应用阶段。通过信息化手段将全区的粮食产销余、粮食统营、订单信息、粮源信息、有机种植信息、物流信息、晒场信息、仓储信息、烘干塔信息、价格信息等数据汇集到营销平台。同时北大荒集团市场运营部组织农垦北安分公司及各农场有限公司粮食管理及粮食检验、保管人员110人，采取线上培训的方式参加2022年度北大荒集团（粮油）仓储管理人员专题培训，辖区内仓储规范化、信息化、数字化和精细化管理水平得以提升。

（杨博旭）

【文化事业】 2022年，农垦北安分公司开展“企业文化建设提升年”活动，加强企业文化建设。发挥二龙山农场有限公司、尾山农场有限公司等北大荒集团“十大红色基地”场史馆和逊克农场有限公司新建场史馆作用，使参观者近距离感受北大荒精神。挖掘历史、人物、文化等资源，10件优秀作品入选《北大荒精神故事汇》，5个典型人物和集体事迹在北大荒文化专栏展播。围绕党的二十大、北大荒开发建设75周年，农垦北安分公司开展“印象北垦延时摄影大赛”、北垦故事汇视频展播和“文联庆新春”剪纸和绘画作品网络展，组织文艺会演、主题演讲比赛、知识竞赛、图片成就展等系列主题活动128次，发布文艺作品226件次，其中3人的书画、摄影作品在北大荒开发建设75周年文化艺术展中获奖。提升北

通北林业局有限公司全貌 （通北林业局 供图）

国寒地等品牌文化内涵，开展“四季韵歌”海报图片展活动12次，组织“绿色北大荒”“金色北大荒”等微视频展播100多次。利用“北国寒地”抖音短视频展播、评选活动，收集整理农垦北安分公司历史文化故事24个。同时，开设“百战归来再读书”等专栏，累计播发421期，持续提升企业家思维，增强企业品牌文化核心竞争力。

（刘金玉）

通北林业局

【概　况】 2022年，通北林业局有限公司（以下简称“通林局”）位于北安市通北镇北侧。通林局林权证面积30.98万公顷，实际经营面积26.785万公顷，有林地面积20.176万公顷，森林覆被率65.13%，森林蓄积2215万立方米，人工林保存面积7.6万公顷，耕地面积约6.45万公顷，完成重点区域生态保护和修复约333公顷，其中补植补造约333公顷，林业有害生物防治完成约1353公顷，育苗生产18.1公顷，产苗量300万株，森林抚育约5647公顷；专项还林4.2公顷；局址花圃育花约0.27公顷，产苗20万株。农业播种面积约6.36万公顷，其中大豆约6.12万公顷、玉米约0.21万公顷、其他作物约0.03万公顷。营业收入5.3亿元，经营性收入3.3亿元，实现利润9945万元。

（省　迪）

【林区改革】 2022年，通林局贯彻落实省委、省政府和森工集团《国企改革三年行动实施方案（2020—2022年）》确定的任务要求，推进国有林区深化改革、生态建设和产业转型，建立现代企业制度和运行机制。实施经理层成员任期制和契约化，落实薪酬制度。向中国龙江森林工业集团有限公司上报自然保护区医院改革方案，同时通北林业局人力资源和社会保障局在编人员档案6人已移交属地政府管理。

（省　迪）

【生态资源】 2022年，通林局践行“绿水青山就是金山银山”理念，加强森林资源管护经营。实施四级网格化管理体系，设由143人组成局属专业管护队，主要道口设置8个林政防火检查站、11个瞭望塔、15个林场（所）专业管护队。加强野生动植物保护，重点宣传野生动物保护相关法律法规和国家重点保护等珍稀濒危野生动物科普知识及保护常识等内容。全年举行宣传活动185次，悬挂宣传条幅80幅，张贴宣传海报160张，发放宣传材料1000多份，受益林区居民42615人次。加大乱捕滥猎违法打击力度，开展“巡山清套”专项行动，全年开展348次，出动巡护车辆1465台次，参与人员5594人次，巡护里程57359千米，清除网、套等违法工具23个，有效遏制乱捕滥猎违法犯罪行为的发生，保障林区野生动物资源安全。加强林长制工作，成立公司级林长制组织机构，区划责任区、责任落实到个人、建立15项制度，设立专人专室专柜。建立宣传长廊，制作宣传牌48块、公示牌656块，林长制工作手册1000册，悬挂条幅110幅。加强田长制建设，制定《通北林业局有限公司黑土耕地保护利用“田长制”工作方案》，设置田长制办公室和各级田长，实施农业“三减”增效行动方案，未发生秸秆焚烧现象，2022年秸秆全部还田。落实河湖长制，实行统一管理利用保护，坚持“不留空白，全部覆盖”的原则，实行二级管理体制。制定河长制实施方案和督导检查等7项制度，对责任河湖开展巡查，采用黑龙江省河湖长制手机App进行巡河。全年平均每人巡河5次，林场场长、书记每月巡河5次以上，巡河员每日进行巡河，并详细记录巡河日志。开展“清四乱”等专项整治行动，及时整改问题，配合属地政府落实河湖长制工作。加强森林防灭火，森林消防大队下设3支中队143人，15个林场（所）半专业扑火队323人全部上岗，严格落实森林防火责任制及相关制度，入山扫防火码，严控火源，保证护林防火责任无盲区。4月19日，在南北河林场开展“龙威2022”森林防火应急演练，出动人员255人、车辆46台，达到检验预案的操作性，切实提高应急反应能力。按照中国龙江森林工业集团有限公司值班要求，继续实行24小时值班制度和领导带班制度，加强对各林场（所）值班情况检查，保证火情处理及时，全年未发生森林火灾。

（省　迪）

【产业发展】 2022年，通林局围绕建设新森工、发展新产业，进行深入探索，初步形成依托农业优势、发展非林替代产业，进行混合所有制改革作为谋划项目的主攻方向，以多轮驱动、多渠道发展的产业项目建设思路开展高标准农田建设。通北林业局有限公司抽调的机关干部、基层职工300多人指挥在一线，从源头把关，坚持材料不合格不进场、质量不过关不验收，调集运输车、挖掘机、铲车设备200多台套，完成5233.3公顷建设任务，同时八二林场1000公顷黑土高标准农田示范区项目按期完工。扩大集约化经营，采取“八二模式”，将土地流转回企业，实行统一管理委托作业，15个林场、3533公顷实现原包人、责任人、林业局公司三方受益。发展特色种养业，全年通林局按照大豆振兴战略要求，引导林区职工围绕“小庭院”做文章，探索“统一供种、统一播种、统一管理、统一采摘、统一销售、统一结算”的庭院经济发展新模式，以红光林场为试点单位，种植油葵24.7公顷，产量3.59万公斤。鼓励职工扩大养殖规模，形成猪牛羊等绿色养殖、蜂蛙兔等特色养殖局面，养牛1749头、羊3053只、猪3025头、驴140头、家禽7.1万只、鹿12只、蜂983箱。经与北安市政府沟通协商，探索新产业将通北林业局有限公司纳入国家电投公司光伏发电合作项目范围内，一期工程已完工。结合通北林区实际，依托约6.45万公顷土地农产品和生产资料的购销需求，确定与源晟农产品公司粮食仓储合作项目、新建南北河拌肥厂项目年生产6000吨、粮食贸易销售粮食4.6万吨。

（省　迪）

【企业管理】　2022年，通林局根据全年各项工作目标制定《经营业绩考核实施方案》，明确考核方式和考核内容。严格资金项目和预算管理，严控预算外支出，严格落实重大资金使用管理制度，加强成本精细化管控，强化预算刚性约束，确保营业收入、利润稳步提升，营业成本增长低于营业收入增长、期间费用占营业收入比重下降，实现“两增一控三提高”目标。加强审计监督，制定《通北林业局有限公司内部审计管理办法》和《通北林业局有限公司内部审计制度》等制度办法，提高审计工作质量。通林局在生产经营、工程建设、大宗物资采购、合同管理等方面建立风险管控制度，严格执行重大经营风险报告制度。制定《通北林业局有限公司合同管理办法》《通北林业局有限公司法务管理办法》《违规经营投资责任追究报告制度》，对违规经营投资责任追究工作实行动态化管理。加强劳动用工管理，劳动用工采用劳动合同和岗位合同双重契约化管理，制定《劳动合同管理办法》。落实集团公司薪酬改革制度，制定《通北林业局有限公司员工薪酬管理办法》，使员工工资增长与个人业绩、岗位责任“双挂钩”。建立市场竞争机制，制定《市场化选聘人员方案》《人才队伍建设实施办法》，逐步建立和完善择优录用、竞争上岗的新型用人机制。加强工作纪律和考勤管理，制定《通北林业局有限公司工作纪律要求及考勤管理办法》，对各单位、部门工作人员出勤情况进行不定期督查，提高工作效率。

（省　迪）

·解释说明·

“两增一控三提高”：两增即利润总额和净利润增速要高于国民经济增速；一控即资产负债率要控制在65%以内；三提高即营业收入利润率要再提高0.1个百分点、全员劳动生产率再提高5%、研发经费投入要进一步提高。

【人才建设】　2022年，通林局着力建设一支符合新时期好干部标准、数量充足、结构合理、充满活力的高素质干部队伍，聚焦解决公司干部队伍青黄不接、后继乏人等突出问题，成立公司人才工作领导小组，制定《通北林业局有限公司人才工作管理办法》，确立人才工作运行机制的8项机制。制定《年轻干部学习教育培养计划》，每年举办1~2期年轻干部、党务工作者培训班，聘请上级党校教师进行授课，累计培训800多人次。通过学习培训，提高年轻干部的政治理论水平和驾驭工作能力，为通北林区改革和未来建设储备人才。落实集团引进大学生计划，建成大学生公寓，每人一间，配备生活用品，免费食宿，为他们提供良好的工作生活环境，创造为事业留人的优越条件。

（省　迪）

【民生工作】　2022年，通林局行政权力移交后，经过积极沟通，属地北安市政府将涉及群众事项交公司总部所在地通北镇办理，房产办理在原通北林业局综合办事大厅设专门窗口，解决办事难问题。与金融部门沟通联系，每年为职工经营土地发放小额贷款3亿多元。妥善解决历史遗留问题，为退役士兵发放生活补助费。通林局聚焦安全生产工作，全面开展安全生产大检查工作7次，排查各类安全隐患156处，建立台账、下达整改通知书57份，要求各单位按时限整改完成，遏制各类安全生产事故的发生。

（省　迪）

工　业

综　述

【概　况】 2022年，北安市全年实现工业总产值比2021年下降3.8%，实现工业增加值157095万元，比2021年增长1.4%，列黑河市第五位。北安市31户规上工业企业按行业可分为5类，分别是粮食加工14家、机械制造业3家、建材制造4家、民生类6家和其他行业3家。（王晓凤）

2022年1—12月北安市、黑河市、黑龙江省工业增加值增速对比表

表6

地区	1—2月	1—3月	1—4月	1—5月	1—6月	1—7月	1—8月	1—9月	1—10月	1—11月	1—12月
北安市（%）	12	15.1	17.7	18.3	13.8	3.1	–0.9	–1.1	–2.1	–1.3	1.4
黑河市（%）	10.9	9.6	11	11.8	6	8	6.9	6.5	4.9	5	5.2
黑龙江省（%）	6.7	8.1	4.6	4.3	3.5	3.6	3	1	0.6	0.7	0.8

2022年北安市规上企业产值分类统计表

表7

行业	企业数（家）	产值（亿元）	占产值总量比重（%）
一、粮食乳制品加工类	14	48.4	83.7
二、机械制造业	3	0.87	1.5
三、建材制造	4	1.32	2.3
四、民生类	6	6.66	11.5
五、其他	3	0.39	0.7

2020—2022年北安占黑河市规模以上工业企业数比重表

表8

项目	2020年	2021年	2022年
黑河市（家）	112	116	115
北安市（家）	32	31	32
占比重（%）	28.6	26.7	27.8

2022 年北安市规上工业企业利税增速表

表 9

时间	1—2 月	1—3 月	1—4 月	1—5 月	1—6 月	1—7 月	1—8 月	1—9 月	1—10 月	1—11 月	1—12 月
增速（%）	–51.3	–48.4	–30.7	–29.8	–7.2	–2	–2.7	–31.4	–13.7	–4.3	–95.8

（王晓凤）

【资金扶持】　2022 年，北安市工业信息科技局落实中小企业贷款周转金政策，为 2 家企业申报周转金 1800 万元（北安市忠民粮油加工厂办理周转金 900 万元，北安市中驰顺达服务有限责任公司办理周转金 900 万元）；为北安华升食品有限公司申报数字化（智能）示范车间，成功获得奖励补助资金 200 万元。助力宜品努卡乳业获得 2022 年度黑龙江省企业技术中心奖励资金 100 万元，填补黑河地区认定企业技术中心空白。

（甘立群）

【政策服务】　2022 年，北安市工业信息科技局开展“专精特新”中小企业入库培育工作。积极为企业解读政策，组织符合条件的企业申报，并对初审材料严格把关。帮助企业完成认证项目申报工作，为每家“专精特新”中小企业配备 1 名服务专员，针对“专精特新”中小企业特点提供个性化、专业化的深入服务。组织企业成功申报 2022 年第一批和第二批黑龙江省“专精特新”中小企业 11 家，并对企业基本信息进行汇总上报黑河工信局。同时制定《北安市惠企利民政策和产业链产业集群工作专班专项行动实施方案》及相关工作机制、专项行动工作任务分解表。梳理惠企利民政策，形成现行有效的《惠企利民政策措施清单》《惠企利民政策手册》《惠企政策汇编》，向企业公布并及时更新调整。落实惠企利民政策工作，主动上门服务，到北安象屿金谷生化科技有限公司、北大荒亲民有机食品有限公司、黑龙江天屿生物科技有限公司、黑龙江海圣饮品有限公司等企业现场宣传政策和指导 90 多次。北安市工业信息科技局定期每月向黑河工信局汇总报告北安市防范和化解拖欠中小企业账款工作进展。全年涉及拖欠数量 14 件，涉及金额 1236.29 万元，全部清偿完毕。做好各级领导干部包联企业工作，研究制定《北安市 2022 年领导干部包联企业工作方案》，市场监管部门登记注册企业有 3906 家，北安市包联企业 3906 家，包联覆盖率 100%，包联项目覆盖率 100%。全市实有项目数量 46 个，包联项目 46 个，包联项目覆盖率 100%。

（范钰莹）

【安全生产】　2022 年，北安市工业信息科技局高度重视安全生产工作，分别由 5 名班子成员带队计 15 人的督导检查组深入北安市勘察解规上以及规下和中小微企业 63 家（包括市周边乡镇等木材加工企业 4 家）进行安全生产督导检查，落实安全生产主体责任，按照责任分工，开展拉网式的安全生产大检查，重点对 47 家企业的生产车间、安全标识、消防器材、危险化学品、易燃易爆等安全专项开展整治工作。排查出安全隐患 31 项，完成整改 31 项。

（张忠强）

粮食乳制品加工业

【概　况】　2022 年，北安市有粮食乳制品加工 15 户，分别为北安象屿金谷生化科技有限公司、九三食品（北安）有限公司、黑龙江康诺有机食品科技有限公司、九三集团（黑龙江）豆浆粉有限公司、北安宜品努卡乳业有限公司、北安完达山乳品有限公司、黑龙江省佳汇食品有限公司、北安市国胜面业有限责任公司、黑龙江省北安垦区富雪粮油有限责任公司、黑龙江省农垦亲裕食品有限公司、黑龙江省长水河粮油加工有限公司、北安华升食品有限公司、北大荒亲民有机食品有限公司、黑龙江省北源蓝莓饮品有限公司、北安市昊业食品有限公司。全年实现产值 48.4 亿元，占产值总量比重 83.7%。

（王晓凤）

【北安象屿金谷生化科技有限公司】　2022 年，北安象屿金谷生化科技有限公司为黑龙江金象生化有限责任公司全资子公司，隶属于厦门象屿集团有限公司，总占地面积 23 公顷。公司主要产品为食用玉米淀粉，玉米原油、玉米胚芽粕、玉米蛋白粉、喷浆玉米皮，产品广泛应用于制糖、造纸、食品、医药、啤酒发酵、饲料等行业，设计产能年加工玉米 100 万吨，销售网络遍布全国，产品出口到欧洲、美洲、东南亚等地区。全年加工玉米淀粉产量 90.55 万吨，实现产值 26.4 亿元，比 2021 年增长 7.6%；利税 1.2 亿元。年内，北安象屿生化产品先后通过质量管理体系、食品安全管理体系、环境管理体系、非转基因 IP 认证、职业安全健康、犹太食品和伊斯兰清真食品七大认证。公司荣获 2022 年工会工作先进单位、2022 年全市民族团结进步模范集体、2022 年巾帼建功先进集体等企业荣誉，并培养出王成仁、徐秀萍、樊维荣等黑龙江省、黑河市、北安市劳动模范和五一劳动奖章获得者。

（刘　学）

【北安宜品努卡乳业有限公司】　2022 年，

北安宜品努卡乳业有限公司（以下简称“宜品乳业公司”）由宜品乳业（青岛）集团有限公司100%控股。北安宜品努卡乳业有限公司占地7.5万平方米，建筑面积2.3万平方米。公司有员工232人，其中专业技术人员35人。企业拥有国际先进水平的奶粉生产线5条，年设计产能2.5万吨，最大日处理鲜奶能力600吨。企业产品有宜品、爱尼可、蓓康僖、欧能多、慧赋婴幼儿配方奶粉、特殊医学用途配方食品，调制乳粉等产品，其中蓓康僖婴幼儿配方羊奶粉国产羊奶粉排名第一位。全年产量为14560吨，实现产值61984万元，比2021年下降0.9%；营业收入64048万元，比2021年减少0.1%；利润2260万元，比上年增加1904万元；上缴税金2733万元。2022年11月，宜品乳业公司被黑龙江省发展非公有制经济（中小企业）工作领导小组入选龙江质量品牌优秀民营企业50强名单。2022年12月，北安宜品努卡乳业有限公司产品在经过专家评审核查、综合评议、社会公示等流程后，顺利通过2022年黑龙江省企业技术中心认定评价。

（刘吉胜）

【黑龙江省佳汇食品有限公司】 2022年，黑龙江省佳汇食品有限公司成立于位于黑龙江省北安市铁西工业园区，占地面积25000平方米。主要产品红肠、火腿肠、肉肚等。全年产品产量8000吨，实现产值9203万元，比2021年下降33.3%；营业收入9203万元，比2021年下降35%；利润583万元，比2021年下降38%；上缴税金76万元。

（迟　铭）

【北安华升食品有限公司】 2022年，北安华升食品有限公司占地面积5.05万平方米，为国家级林业产业化龙头企业和省级农业产业化龙头企业，被农业农村部评为一、二、三产业融合发展企业，并先后获得国家冷链物流示范企业、中国最绿色食品企业等殊荣。华升食品公司完成固定资产投资23000万元，建有3600平方米的研发中心、14500平方米的加工车间、12300平方米冷库，拥有加工生产线7条。主要产品有速冻玉米、蔬菜、水饺、豆制品、山野菜五个系列50余个品种，注册有“华升大沾河”“寒特”“华升黑土地”商标。企业联合五家专业合作社落实原料种植基地面积1533.3公顷，其中有机面积435.5公顷、绿色面积333.3公顷。全年产品加工玉米、大豆、蔬菜5700吨，实现主营业务收入2100万元。企业产品线下销往大润发、盒马、山姆等国内大型连锁超市，线上通过京东、天猫、本来生活等平台，覆盖黑龙江、北京、上海、广东、台湾等省市地区，境外销往日本、澳大利亚、美国、加拿大等国家。

（杨　爽）

【北安完达山乳品有限公司】 2022年，北安完达山乳品有限公司是北大荒完达山乳业股份有限公司全资子公司，位于北安市铁西区，占地6万平方米，有员工270多人。公司主要生产产品为婴幼儿配方乳粉、乳制品、婴幼儿配方乳粉基粉、保健食品、食品添加剂（氮气）等，负责农副产品（不含玉米、水稻、小麦）购销。同时经营（委托生产的）高钙DHA藻油粉固体饮料、益生菌粉固体饮料、蛋白固体饮料、茶固体饮料等。企业年设计生产能力为1.7万吨，生乳来源于公司自控的6个现代化机械式榨乳牧场，分布于黑龙江农垦总局北安分局和九三分局。公司全年实现产值45386万元，较2021年增长11082万元；实现利税8436万元，较2021年增长4024万元；利润总额5563万元，较2021年增长2811万元；实现税收总额2873万元，较2021年增长1213万元。

（贾文晶）

【北大荒亲民有机食品有限公司】 2022年，北大荒亲民有机食品有限公司总部位于哈尔滨市，生产基地在北安市红星农场，是国家级有机食品生产基地，国家有机产品认证示范区。拥有6.9万亩有机产品原料生产基地，全部通过欧盟国家、美国、日本以及中国有机认证。公司下设8个部门、6个分子公司，注册资本1.12亿元，员工近300人。产品主要有有机酸菜、有机面粉、有机挂面、有机杂粮、有机豆酱、绿色产品等6个系列近百种产品。公司年总产能2.4万吨，销售网络覆盖15个省市，优质销售门店4300家，在京东、天猫等网络商城设有旗舰店，并开通抖音、快手等平台直播带货。有机酸菜出口到美国、日本、加拿大等国家。有机酸菜是国内最早通过有机认证的腌渍类产品，获评黑龙江省最受喜爱的100种

2022年1月8日，“北大荒年货节”在北大荒亲民有机食品有限公司官方抖音直播间举办

（北大荒亲民有机食品有限公司　供图）

绿色有机食品、“小康龙江”扶贫公益领军品牌、龙江特产食品，被批准实施国家级地理标志产品保护，收录于《中国地理标志产品保护大典》，入选中国农垦品牌目录企业品牌和产品品牌，“亲民食品”荣膺世界品牌实验室“中国品牌年度大奖有机食品 NO.1”称号，连续三年荣登中国 500 最具价值品牌，品牌价值 101.08 亿元。公司全年加工产品 2574 吨，实现工业总产值 2651 万元，比 2021 年增加 184.7%；营业收入 2837 万元，比 2021 年增长 41.85%；利润总额 367 万元，比 2021 年增加 374 万元；上缴税金 102 万元。（宋成文）

【九三食品（北安）有限公司】 2022 年，九三食品（北安）有限公司是哈尔滨惠康食品有限公司下属的一家生产分公司，由九三食品股份有限公司 100% 控股。公司位于北安市赵光农场，占地面积 28.6 公顷，主要产品有九三牌大豆粕。整个生产线引进的是具有国际先进水平的美国皇冠公司设备和生产加工工艺，各项技术指标均居世界领先水平。企业设计生产能力为年加工大豆 60 万吨，年产大豆原油 10 万吨，优质食用豆粕 49.5 万吨。产品远销辽宁、河北、山东、内蒙古、广东等 30 多个省、市和地区。公司全年加工产品 121236 吨，实现产值 73184 万元；营业收入 81794 万元，比 2021 年增长 105%；利润 1435 万元，比 2021 年盈利 7.67%；上缴税金 119.81 万元。（王　强）

【北安市国胜面业有限责任公司】 2022 年，北安市国胜面业有限责任公司位于北安市城郊乡自繁村 202 国道 251 千米处，是一个集面粉研发、加工、销售、粮食仓储贸易于一体的综合性粮食加工企业。占地面积约 15000 平方米，有现代化的面粉加工大楼一座，面积 1322.55 平方米，可实现年加工小麦约 70000 吨。拥有可容纳 2000 吨小麦的粮囤 4 座，可容纳 2200 吨小麦的椎体仓库 4 座，公司内仓储小麦能力为 16600 吨。经营范围有面粉加工、销售；农产品收购、销售；粮油、饲料销售；粮食仓储。有国胜牌雪花粉、饺子粉、特精粉、高筋粉等 10 余个品种，产品通过 ISO 9001 质量体系认证。产品远销到辽宁省、吉林省等地。公司全年实现产值 3949 万元，比 2021 年下降 558 万元；营业收入 4636 万元，比 2021 年提高 1091 万元，利润比 2021 年下降 5 万元。（王占国）

【北源蓝莓饮品有限公司】 2022 年，黑龙江省北源蓝莓饮品有限公司位于北安市工业园区内，占地面积 30000 平方米，在大兴安岭十二站林场、三卡林场建有野生蓝莓人工抚育基地 1333 多公顷，是一家集野生蓝莓抚育、蓝莓产品深加工、蓝莓生产技术研发为一体的综合性蓝莓企业。主要产品有蓝莓饮品系列、蓝莓红酒系列。全年企业产品产量 10.4 吨，实现产值 9.9 万元，比 2021 年下降 42.44%；营业收入 9.9 万元，比 2021 年下降 38.12%，利润下降 0.3 万元，比 2021 年亏损 1.00219 万元。（刘金海）

机械制造业

【概　况】 2022 年，北安市有机械制造业规上企业 3 户，分别为上海电气风电设备黑龙江有限公司、北安进发塑料制品有限责任公司、黑龙江省东方华骏专用车制造有限公司。全年实现产值 0.87 亿元，占产值总量比重 1.5%。（王晓凤）

【上海电气风电设备黑龙江有限公司】 2022 年，上海电气风电设备黑龙江有限公司是上海电气风电设备有限公司的全资子公司，位于北安市庆华新能源战略产业园。厂房生产面积 8500 平方米，仓库使用面积 25000 平方米，堆场使用面积 50000 平方米，办公使用面积 1250 平方米，可年产 2 兆瓦风力发电机 300 台，根据总部战略规划要求上海电黑龙江公司成为黑龙江省第一个真正意义上的风电制造基地。公司有员工 80 人，其中大专学历 39 人、本科学历 15 人、硕士研究生学历 2 人。产品总装生产线拥有 12 个机舱装配工位、6 个驱动链装配工位、8 个轮毂装配工位以及各类装配器具和调试仪器；厂房内配置 100 吨行车 1 台、50 吨行车 2 台、10 吨龙门吊行车 8 台、100 吨电动平车 2 台、2 兆瓦出厂试验及联调并网试验台 1 套、高低压变电所 1 套；100 吨龙门吊 1 台。上海电气风电集团根据北安市风电开发情况以及市场情况，在北安市投资建设 2.0~3.6 兆瓦风机整机生产线兆瓦等风机整机生产线，完成辽宁敖汉、黑龙江宾县、吉林乾安、辽宁盖州等项目 2 兆瓦整机生产任务。全年完成 99 台 2 兆瓦整机制造，累计实现年产值近 5.52 亿元，利税千万元。企业销售收入和利税等经济指标也得到大幅提高，省内配套企业累计达 16 户，实现年产值近 2.1 亿元，利税 2100 万元。（吴迎志）

【黑龙江省东方华骏专用车制造有限公司】 2022 年，黑龙江省东方华骏专用车制造有限公司位于乌裕尔大街北，202 国道西，是工信部批准的汽车生产企业，“龙江华骏”牌汽车产品已纳入国家汽车产品目录《公告》。公司是集产品设计、研发、生产、销售于一体的大型半挂车企业，公司主要从事栏板式半挂车、仓栅式半挂车、集装箱运输车、厢式半挂车、平板自卸挂车、油罐车、混凝土搅拌车及特种作业车的生产。公司拥有国内一流高科技数控切割机、自动焊机、大型折弯机、罐体自动焊接翻转机、液压自动卷板机等流水生产设备及完善的质量保证体系、现代化的检查手段和高素质的专业技术人员，均达到国内领先水平。公司先后通过 CCC 认证和中国质量认证中心 ISO 9001：2008 质量管理体系认证，并获得全国工业产品生产许可证。黑龙江省东方华骏专用车制造有限公司产品主要销售至黑河地区、齐齐哈尔地区等周边市县。全年企业产品产量94台，实现产值597万元，比2021年下降70%，营业收入597万元，比2021年下降70%，2022年实现利润为亏损80万元，比2021年同期下降159万元。（回　珊）

【北安进发塑料制品有限责任公司】2022年，北安进发塑料制品有限责任公司位于北安市铁西区西直街9号，占地面积2万平方米。主要经营模具研发、实验、销售，技术进出口，主要客户为一汽—大众、上汽大众、大连发动机、红旗等。企业全年实现收入8200万元，比2021年下降19%；利润增长90万元，比2021年增长负利90万元（两年均为负利润）。（王洪亮）

建材制造业

【概　况】　2022年，北安市有建材制造规上企业4家，分别为黑龙江省翔恒水泥销售有限公司、北安市建辉宏业混凝土有限公司、北安市通泰商品混凝土有限责任公司、北安市昌泰混凝土有限公司企业。全年实现产值1.32亿元，占产值总量比重2.3%。（王晓凤）

【黑龙江省翔恒水泥销售有限公司】2022年，黑龙江省翔恒水泥销售有限公司位于北安市北五公路一千米处，厂区占地面积4万平方米。总用地面积21703.5平方米，建筑面积2544平方米。是一家专业生产水泥的企业，是黑河所属区域唯一大型水泥生产企业，年生产能力为60万吨水泥大型粉磨站。公司拥有2台水泥磨，生产的品牌有普通硅酸盐水泥P.O 42.5、复合水泥P.F 32.5，是北安市工业支柱企业。公司有员工103人，其中具有本科学历人员25人、大中专学历人员36人等。该销售区域半径公路为200千米，以北安市与五大连池市为中心市场，产品经销东至赵光、通北，南至克东、拜泉，西至尾山、格球山，北至孙吴、逊克等地区。企业全年产品产量9.7万吨，实现产值3880万元，比2021年上升60%。（冉长林）

【北安市建辉宏业混凝土有限公司】2022年，北安市建辉宏业混凝土有限公司是黑河所属区域一家大型混凝土生产企业，注册资金3000万元，位于北安市铁西区202国道旁，占地面积2.5万平方米。公司设备先进、实力雄厚，有一处现代化环保型搅拌机。拥有专业自动化混凝土生产线1条，混凝土运输罐车20辆，泵送设备2台，运输原材料车辆10余台，固定资产达到3000万元，设计预拌混凝土生产能力达75万立方米/年，实际预拌混凝土生产15万~16万立方米/年；年产值5000万元以上。企业以市场为导向，采取以销定产、以产促销的产销方式，北安市与五大连池市为中心市场，辐射周边，东至赵光、通北，南至克东。建辉宏业自进入北安市场以来，先后为象屿金谷生化科技有限公司、北安市多处棚户区、和谐家园、北安市一中扩建、应急局、北安府邸、齐北线滨北线桥梁等地提供近千万方优质混凝土，产品广泛用于机场、高速公路、高层建筑、桥梁、水利等国家和省市重点工程。企业全年产品产量13.36万立方米，实现产值5627.5万元，比2021年上升55.6%；营业收入5760万元，比2021年上升59.25%，利润上升116万元，比2021年增亏116万元。（回　珊）

【北安市通泰商品混凝土有限责任公司】2022年，北安市通泰商品混凝土有限责任公司所属民营企业，注册资本2500万元，以生产、销售预拌商品混凝土为主。企业位于北安市202国道污水处理厂，占地面积2万平方米。日产1000立方米混凝土，拥有专业自动化混凝土生产线，混凝土运输罐车，泵送设备，可根据客户不同需求，生产各种强度等级的混凝土和特种混凝土。公司技术力量雄厚、设备齐全。公司建有完善的质量管理体系和管理制度，按国家标准、规范要求进行原材料和混凝土产品质量检验保证混凝土产品完全符合预拌商品混凝土国家标准的各项指标，混凝土销往北安市及周边区域。全年，企业产品产量89648立方米，实现产值3836.8万元，比2021年增长727.61%；营业收入3836.8万元，比2021年增长727.61%，利润比2021年增长63.8万元。（回　珊）

【北安市昌泰混凝土有限公司】　2022年，北安市昌泰混凝土有限公司占地面积约为67000平方米、建筑面积17787平方米。公司位于北安市北五公路一千米处，有员工23人，专业技术人员2人，可生产混凝土型号C10～C50等各种特殊型号混凝土。有沧海牌180混凝土生产线一条，中联180混凝土生产线一条，北方奔驰12立方米混凝土运输车28台；电液式压力机一台，混凝土小型搅拌机一台，混凝土振动机一台，混凝土温控箱一台。北安市昌泰混凝土有限公司为北安市棚户区改造、铁西立交桥项目及北安周边国道改造提供了各种型号的混凝土，满足各个项目的正常施工。混凝土运输距离辐射及北安市周边直径60千米，对北安市附近各乡镇、克东、五大连池地区等地面改造工程供应混凝土占比较大，同北安市当地各开发企业有常年深度合作。全年，企业产品产量3万立方米，实现产值1200万元，营业收入约116.51万元。（冉长林）

热力生产工业

【概　况】　2022年，北安市有热力生产规模以上工业企业3户，分别为国能北安市热力有限公司、北安市安能热力有限责任公司和北安市通北镇盛佰隆热力有限公司。全年实现产值57.8亿元，比2021年下降3.8%，增加值比2021年下降3.4%，利税比2021年下降96%。（王晓凤）

【国能北安市热力有限公司】 2022年，国能北安市热力有限公司（以下简称“北安热力公司”）为国有企业，承担着北安市城区和平区、兆麟区、北岗区、庆华区四个区域的冬季集中供热和热力管网安装维护任务。实际供热面积568万平方米，建有混水泵站61座、中继泵站1座、管网长度133.7千米。9月1日北安热力公司开展本采暖期供热运行工作对回水泵站送电进行设备调试，9月15日对供热主管网注水，9月29日开始系统冷运行，10月1日升温正式供热，确保如期供热。全年处理外网漏水37起，为用户处理室内漏水212起，处理用户不热故障700余户。完成改造一次网1.1千米、改造一次网分支3.3千米，地沟挪外网1.74千米，改造小区热网0.63千米，治理检修其他管网5.82千米。完成热站检修63座，并对一次网分段阀门进行解体检修。北安热力公司全年完成营业总收入21315万元，上缴利税4939万元。（郭 鑫）

【安能热力有限责任公司】 2022年8月1日，北安市安能热力有限责任公司正式接管北安福鞍热力有限公司，北安市安能热力有限责任公司供热能力为240万平方米左右。热源厂位于北安市202国道东、幸福路与珠江路交叉口处，占地面积62633.23平方米。设有1个客服中心和2个抢修组，拥有2台70兆瓦循环流化床锅炉，有16座换热站、供热管网长度57.55千米（一级网长度18.2千米、二级网长度39.35千米），供热面积145万余平方米。该公司主要供热区域为北安市铁西区，供热收费5400余万元。9月，公司对外网各换热站投入20余万元引进PIC远控系统一套，实现各换热站远程自动化管理。公司全年上门测温300多户，抢修组为990多户进行维修，公司成立热用户走访组3组9人，对铁西区室内往年温度较低的热用户进行回访。对铁西区供暖区域内11个居民小区（保丰御园、北疆花园、大象文化城、凤凰华府、凤凰世家、合悦尚都、老政府公寓楼、老土地局楼、祥和小区、新世纪小区、亿达建材城）300多户进行走访，达标率均在99%以上。供热抢修组累计抢修25次，未造成大量丢水和温度流失，确保冬季供热稳定运行。（关 伟）

电力工业

【电力供应】 2022年，国网黑龙江省电力有限公司北安市供电分公司是国网黑龙江省电力有限公司下属分公司，国网黑河供电公司为管理主体。担负着北安市区、9个乡镇和通北林业局、建设农场、海伦农场、赵光农场、红星农场、长水河农场的供电任务。有全民职工388人、农电工86人。内设机构29个，包含职能部门9个、常规业务机构3个、乡镇供电所17个。全年完成售电量5.06亿千瓦时。1—12月，北安市全社会用电量2.23亿千瓦时，比2021年增长13.6%。第一产业用电量0.17亿千瓦时，比2021年增长6.25%。第二产业用电量0.73亿千瓦时，比2021年增长28%；其中工业用电量0.72亿千瓦时，比2021年增长28%。第三产业用电量0.52亿千瓦时，比2021年增长13%。城乡居民生活用电量0.83亿千瓦时，比2022年增长0.05%。售电单价为市区部分完成620.97元/千千瓦时，比2021年增加5.91元/千千瓦时，增长0.96%；市郊部分完成653.36元/千千瓦时，比2022年增加33.09元/千千瓦时，增长5.3%。（李仁波）

【电网建设】 2022年，国网北安供电公司进行了35千伏前进变10千伏赵光线5356开关柜等改造和35千伏东安变等变电站五防系统改造，总投资173.42万元。生产大修工程4项，分别为35千伏东安变等变电站交直流屏大修、10千伏建华线等线路变台熔断器大修、110千伏北通线杆塔基础大修和35千伏通石线等线路杆塔基础大修，总投资153.07万元。技改工程东安变等变电站五防系统安装完毕，并完成财务入账工作。完成黑河北安配网自动化改造工程1项，投资178.23万元。截至年底，北安电网拥有35千伏及以上变电站17座，10千伏及以上线路75条。（王晓宇）

【安全生产】 2022年，国网北安供电公司完成春节、冬奥会、五一、党的二十大等重要时期各项保电工作任务。全年进一步压紧压实森林草原防火工作职责，主动协调市相关部门召开北安市森林草原防灭火期电力安全专项会议；组织签订供电区域防火领导包保划分责任状，联合应急部门、林草部门成立专项检查组，对存在火灾隐患的区段进行执法检查。为强化基层安全生产管理，生产战线专责以上人员“包保”基层供电所，每季度召开总结会，对包保情况进行汇报评议，查找不足，促进生产管理水平的提升。（安晓宇）

【电力营商环境优化】 2022年，国网北安供电公司推进优化电力营商环境工作，简化办理环节，积极推行低压小微企业零上门、零审批、零投资的“三零”服务，与北安市营商环境建设监督局确认北安市2022年优化营商环境专项行动7项方案；完成省百大项目之一的北安人民医院建设工程送电工作。（李仁波）

【抗疫保电】 2022年，面对新冠疫情的发生，国网北安供电公司采取不停电方式处置缺陷隐患。无偿为有需要的企业提供内部用电设施巡视、检查等专业支持和技术服务。组织专业抢修队伍，协助复工复产企业开展内部用电设施故障抢修。开辟办电绿色通道，加快响应防疫相关的服务需求，推广“互联网+服务”，疫情防控期间保质保量地完成电费回收、优质服务等工作，提升服务便利性。按照市委、市政府关于疫情防控各项措施要求，启动应急管理预案，成立2支市域内闭环管理的抢修队伍，完成市域内抢修服务62次，进入中高风险小区抢修服务4次；为疫情卡口安装电源48处。（王会冬）

其他工业行业

【概　况】 2022年，北安市有其他工业行业规上企业3户（北安市冠隆塑料制品有限公司、北安市大满包装有限公司、北安市昌盛化肥有限责任公司）。全年实现产值0.39亿元，占产值总量比重0.7%。（王晓凤）

【北安市冠隆塑料制品有限公司】 2022年，北安市冠隆塑料制品有限公司，是一家民营企业，位于北安市铁西工业园区，占地面积3419平方米，总投资517万元。公司主要产品有塑料瓶坯、塑料瓶盖等，产品销往8个市县。全年企业产品产量1221吨，实现产值1306万元，比2021年增长16.82%；营业收入1655万元，比2021年增长37.34%；实现利润68.72万元，比2021年增长56.79%。（彭福君）

【北安市大满包装有限公司】 2022年，北安市大满包装有限公司位于北安市经济开发区，是一家专业的食品干粉罐包装企业。主要为婴幼儿奶粉、婴童食品、营养保健品、休闲食品、调味品等行业提供产品包装和服务。主要客户有飞鹤、完达山、太子乐、宜品乳业等企业，长期为伊利、贝因美、蒙牛、飞鹤、完达山、三元、雀巢、美赞臣、味好美等企业提供配套服务，形成以深圳为总部，以东莞（华南），武汉（华中），苏州（华东），西安（西北），天津（华北），大庆（东北），新西兰（大洋洲）为生产基地的就近交付体系。公司技术力量雄厚，拥有多项专利，业务遍及全国和海外市场。作为食品干粉包装专业企业，公司计划按照ISO9000国际标准质量体系及FSSC22000食品安全体系进行管理。公司以专业的队伍，严谨的管理，优良的设备，着力打造食品干粉包装第一品牌。9月，获得重庆海特克制造业信息化生产力促进中心有限公司颁发的两化融合体系认证证书。全年，企业产值2674万元，缴纳税金63万元，净亏损89.74万元。（赵丽丽）

【北安市昌盛化肥有限责任公司】 2022年，北安市昌盛化肥有限责任公司是一家以生产加工及批发、销售化肥的企业。注册资本为80万元，净资产400余万元，占地面积15000平方米，建筑面积4500平方米。公司拥有年生产三万吨能力的掺混肥料生产线一条，“乌裕尔”商标被批准使用。全年，公司实现工业总产值1209万元，比2021年增长3.1%；营业收入1209万元，比2021年增长3.1%；利润2.5万元，上缴税金4.5万元。（祝振东）

北安象屿金谷农产有限责任公司厂内一角　（市融媒体中心　供图）

商贸服务业

商贸流通

【概　况】　2022年，北安市商务粮食局（以下简称“市商务粮食局”）围绕全市商务粮食重点工作目标开展一系列工作，在粮食安全市长责任制、项目建设、市场监管、粮食收购、国内外贸易、落实“四个体系”、统筹疫情防控、物资保供等各项工作中稳步发展。全年社会消费品零售总额完成35.2亿元，比2021年同期完成的41.3亿元下降14.7%；限额以上社会消费品零售额完成10.8亿元，比2021年同期完成的17.1亿元下降36.8%；全年新增限上企业12家。市商务粮食局组织外贸企业完成外贸进出口总额5732万元，比2021年增长395.7%。同时，由黑河市人民政府牵头北安市商务粮食局参与举办“生态边城、乐享钜惠”政府消费券促消费活动，累计发放政府消费券900万元，拉动消费1.23亿元。北安市商务粮食局建立应急预案，建立生活物资保障供应及监测机制。北安市为黑河市提供保供物资4次，为黑河市群众保供生活物资34.9万箱。同时为北安市保供物资车辆开具通行证7300多张。（许云鹏）

【促销活动】　2022年夏季，由黑河市人民政府牵头北安市商务粮食局参与举办的“生态边城、乐享钜惠”政府促消费活动如期开展。黑河地区投入补贴资金3600万元，分三类券发放；汽车政府消费券、家电手机行业政府消费券、零售服务业政府消费券，其中北安市人民政府投入补贴资金600万元。促消费资金分配为汽车销售补贴500万元、普惠消费券发放1000万元、家电手机补贴500万元、餐饮补贴700万元以及电商直播补贴300万元。6月，政府促消费活动拉动经济增长8000多万元，消费市场明显回暖，居民消费热情较高。冬季政府促消费活动于11月18日开始、11月30日结束。北安市人民政府投入补贴资金300万元，其中促消费资金分配为汽车专项补贴发放200万元，普惠消费券补贴发放100万元。5家汽车销售公司和德隆、大润发、中石油黑河分公司北安经营部等6家限上零售、餐饮、住宿业企业参与活动。冬季促消费活动拉动消费增长4300万元。（王　旭）

【家电下乡活动】　2022年，市粮食商务局组织家电销售企业通过竞标方式，择优选取一家有实力家电销售企业，联合举办大型“家电下乡”活动。活动前期以宣传车、大型演出、媒体宣传等方式进行造势，并结合政府消费券集中7天签单销售。8月，该活动在祥和广场举办，参加人数1000多人次。为家电销售企业创造120万元销售额，同时为农村消费者争取到更低的购买价格，方便了农村消费者购物。（王　旭）

【市场管理】　2022年，市商务粮食系统开展“安全生产百日攻坚战”和“决战五十天，强力保安全”等行动，做好安全生产各项工作。对分管的11类行业、200多家企业、600多家燃气餐饮企业进行全方位的检查，消除安全隐患，并开展安全生产培训和观看事故警示教育片5次，检查企业90多次，整改问题100多项，确保安全生产工作持续稳定安全运行。对北安市二手车交易市场进行严格规范管理，按照《二手车流通管理办法》《二手车流通企业经营管理规范》规范管理条例要求，备案检查二手车交易企业22家，经检查全部企业均符合经营标准。同时，按照《黑龙江省成品油零售经营企业安全生产管理自查指引》对成品油零售经营企业进行检查，北安市区备案加油站9家，北安地区登记在册正常营业加油站26家，手续齐全全部符合营业规定。对再生资源回收企业按照《再生资源回收管理办法》，加强安全生产隐患排查治理。对酒店、商场等商业经营场所，开展常态化工作督导和安全检查，总体保障商务领域工作的稳定开展。（李　辉）

【疫情防控】　2022年，市商务粮食局在防控期间，第一时间确定并启动47家商超保供企业、9家餐饮保供企业，保障北安市民对生活物资的基本需求。对包保的3家大型商超、42家大型宾馆酒店、13家洗浴场所、13家宴会厅，落实北安市防疫指挥部各项防疫要求，确保行业正常有序营业。严管从业人员流动情况，加强对保供企业管理，保障北安市生活物资的正常流通。

（李　辉）

招商服务

【项目招引】　2022年，北安市招商服务中心加快构建招商引资责任体系，推行“双组长”（市委、市政府双组长）招商机制，成立招商引资领导小组，下设招商引资领导小组办公室，精选专业型人才8名，保障招商办高效运转。健全产业链专班，围绕米豆乳肉等重点产业链，组建重点产业招商专班13个，落实招商责任单位85个，形成新的招商体系。紧密结合全省现代化产业体系发展方向和重点任务，加大招商引资力度，加快推进主导产业建设。全年签约项目24个，落地开工项目10个，参加2023年“开春即开工”项目10个，超亿元项目13个，超额完成黑河市下达的任务指标。根据市委、市政府内资入统工作要求，制定《2022年内资指标招商任务分配方案》，积极对接企业、项目，分析项目入统存在的难点，精准施策确保各项工作顺利完成。全年，内资入统指标16.6亿元，比2021年增长70%。外资入统指标126万美元，比2021年增长14.5%。（杨庆普）

【督办服务】　2022年，北安市招商服务中心牢固树立“用心招引、精准服务”的工作理念，为签约企业提供24小时保姆式服务，指定专人协助企业办理项目建设各种证照手续，对已落地企业进行定期回访，并积极协调督促相关职能部门，对企业和项目推进过程中存在的困难和问题限时办结。全年为企业提供代办服务200多次。制定《2022年招商引资工作考核办法》，对全市招商情况进行阶段性排名，切实提升招商实效。聚焦各产业链的延链、补链和强链，坚持靠前服务，为项目推进提供要素保障。积极与企业沟通对接，精心研判、梳理，筛选出国家电投整市屋顶分布式光伏开发等10个项目，举行招商引资项目线上集中签约仪式，总签约额44.18亿元。年内，累计制发招商简报180期、招商工作情况通报14期、招商动态10期，向上报送工作信息167期，营造良好的招商氛围。（杨庆普）

【构建现代产业发展集群】　2022年，北安市招商服务中心牢固树立全产业链思维，瞄准产业链上下游项目、关联企业，强化延链、配套项目招引，加快打造集群共进的产业链条。培育壮大特色主导产业，大力发展“米豆乳肉”产业链条。在玉米产业链方面，完成总投资1亿元的象屿金谷生化扩能改造项目主体工程，并正式投产；总投资2.2亿元的飞鹤北安20万吨饲料加工项目公司选址、注册已完成；总投资2亿元的黑龙江省北部大豆集散中心项目在推进建设当中；投资1.4亿元的金禾润北安粮油加工项目完成生产车间建设、生产设备安装和调试等工作，承载12万吨仓储能力的仓储库房在建设中；投资5000万元的北大荒北安赵光九三大豆仓储扩容项目完工。推进飞鹤乳制品全产业链项目，飞鹤瑞信诚牧场项目正在建设中；飞鹤乳制品加工项目完成签约；飞鹤北安薪宏有机肥加工项目正在进行选址。在肉制品产业链方面，积极推进新希望集团与佳汇食品对接养殖、屠宰、加工一体化项目，引进总投资5.5亿元的佳汇食品肉制品全产业链加工项目。其中，新希望北安佳沂肉类冷链加工储备配送项目建设进度完成50%；新希望北安佳沂生猪屠宰项目，签订框架合作协议，2023年可开工建设。

（杨庆普）

【健全商贸物流体系】　2022年，北安市招商服务中心围绕黑龙江大桥和自贸区黑河片区的“双轮驱动”为目标，对接象屿集团、黑龙江省交通投资集团有限公司、中储粮集团等重点企业，储备一批符合产业发展方向、技术先进、市场前景广阔、投资吸引力强的大项目、好项目，筑牢高质量发展基础。推进中央储备粮北安直属库仓储扩容、北安市城郊乡大豆深加工园区等项目建设，项目建成后可满足仓储20万吨以上需求。同时，助推象屿北安物流供应链项目、大豆集散中心项目等一批大项目的成功落地，建成后将实现日货运量2万吨。

（杨庆普）

【发展新兴能源】　2022年，北安市招商服务中心牢固树立“绿水青山就是金山银山”的发展理念，重点围绕风力发电、光伏发电两大方向招引项目。在风力发电项目招引方面，投资7.5亿元的上海电气赵光100兆瓦平价上网风电项目、投资10亿元的国能热电北安15万千瓦风电开发项目正在建设中；投资108亿元的华永北安风光储多能互补、投资70亿元的华电北安1000兆瓦风电开发项目完成签约。在光伏发电项目招引方面，投资27亿元的国家电投北安整市屋顶分布式光伏项目正在建设中；投资6亿元的信义北安主星乡150兆瓦渔光互补光伏完成签约。

（杨庆普）

【多元产业融合】　2022年，北安市招商服务中心紧密结合乡村振兴和“四型经济”招引重点项目，加快构建多元支撑的现代产业体系，打破重型化、单一化、低端化招引壁垒，形成一批具有多元化比较优势的产业集群。北京三鼎主星朝鲜族民俗风情田园综合体、凯龙通北生态旅游区建设等项目取得实质性进展。同时积极推进新希望北安佳沂饲料加工等11个项目，其中玉米浸泡液深加工项目开工建设、万达北安珍稀菇种植加工项目正在办理项目前期手续。

（杨庆普）

【创新招商方式】 2022年，北安市招商服务中心以农产品深加工、现代商贸物流两大主导产业和新能源开发利用产业发展布局为中心，以13条产业链为抓手，开展各类招商活动。通过与北京北安企业商会、河南黑龙江商会等签订委托招商合同，对接项目20多个，提供项目线索30多条。同时，成立由河南省黑龙江省商会会长和北安市分管领导任组长的联络处工作小组，协助北安开展招商工作。与北大荒集团北安分公司、省通北林业局有限公司建立战略合作伙伴关系，共享招商资源，多次联合出访，全力保障农副产品加工项目原料供给。利用世界500强企业、中国500强企业庞大资源优势，聘请泉州东亮公司董事长张东亮、太平洋建设集团董事局副主席张云平作为北安市“招商大使”，通过出访与太平洋建设集团就项目投资初步达成战略合作共识，为全市产业项目高质量发展提供新动能。积极拓展渠道挖掘储备招商引资项目线索，梳理归集重点线索项目60多个、总投资近100亿元。通过“云洽谈、云对接”招商活动，与国家能源集团黑龙江电力有限公司、华润电力集团等企业进行线上对接200多次，对接产业项目60多个，签约项目10个。坚持“走出去、请进来”相结合的方式，市委、市政府主要领导带头出访6次，分别与厦门象屿集团、飞鹤乳业集团、康拜环保科技有限公司、美利林科技有限公司等30多家企业对接洽谈，有效促成象屿北安物流供应链、飞鹤北安乳制品加工等项目的落实和推进。积极参加亚布力等招商论坛，在2022年龙商大会上，与飞鹤集团签约总投资6亿元北安乳制品加工项目。在2022全国工商联高端峰会与华永鑫能源科技有限公司签约总投资108亿元的华永北安风光储多能互补（新能源、新材料）项目。在第二十二届投资贸易洽谈会上，全市代表团与象屿集团签约项目3个，总签约额5亿元。

（杨庆普）

粮食和物资储备

【概　况】 2022年，北安市粮食省级储备粮收购1.1万吨小麦、1.5万吨大豆，最低收购价稻谷1.27万吨。仓储总能力485万吨，政策性粮食库存38.7万吨。北安市政策性粮食出库20.1万吨，没有发生出库难问题。北安市商务粮食局落实粮食安全省长责任制任务考核工作取得黑河市第一名、获得优秀等次的好成绩。

（许云鹏）

【秋粮收购】 2022年，市商务粮食局为做好全年秋粮收购工作成立北安市秋粮收购领导小组，确保北安市秋粮收购工作顺利进行。秋粮收购开始前，收购领导小组对全市粮食企业进行调查，全市粮食有剩余仓容342.7万吨，烘干塔40座，烘干能力29600吨/日。秋粮收购开始后，市商务粮食局组织工作人员深入乡镇村屯对秋粮质量进行调查，确保粮食收购质量。市商务粮食局协调中国农业发展银行北安市支行为市场化粮食购销提供资金支持，与中储粮赵光直属库有限公司和农发行北安市支行会商进行2022年度最低收购价稻谷库点认证工作，认定地方国有粮食购销企业5家。全年北安市各类收购主体市场化收购105万吨，其中玉米69.7万吨、大豆32.9万吨、稻谷2.4万吨。

（曹玉书）

【粮食监管】 2022年，北安市承接黑龙江省、黑河市涉粮巡视发现问题中的18项工作任务、33个整改措施。截至年底，市商务粮食局落实承接黑龙江省、黑河市涉粮巡视发现问题整改工作全部完成。在开展自查专项整治及纪检巡察和黑龙江省粮食局交叉互查工作中，发现问题262个（不含承接黑龙江省涉粮巡视发现的问题），列入台账242个问题，未列入台账20个问题，问题均整改完成。同时，市商务粮食局按照监管要求，认真履行属地监管职责，确保饲用粮出库后不进入口粮市场。市商务粮食局主管领导带领仓储监督检查股工作人员，深入出库企业及加工点，开展国家政策性粮食定向销售饲用稻谷出库监管工作，同时强调定向销售粮食出库、入库、加工转化的政策规定。要求各单位严格落实监管措施，切实履行定向销售粮食企业的主体责任，严格出入库及加工流程。做好台账资料收集归档，按照规定用途规范使用定向销售粮食，严防定向销售粮食流入口粮市场。

（曹玉书）

【粮食调控】 2022年，为了保证农民种粮卖得出、卖得好，市场粮价不大涨、不大落。在充分发挥市场机制的基础上，市商务粮食局对粮食市场实行宏观调控，每周三报送粮食价格，收购市场平稳，没有发生异常现象。每月报送粮食流通月报及产品加工月报，每季度报送产品加工季报并撰写分析报告。落实保供稳价相关政策和要求，确保区域粮食市场供应充足，粮食市场供应充足、价格总体稳定。为加强粮油应急体系建设，将粮油应急企业纳入粮食应急保障系统，为积极发挥粮油保供稳市作用提供保障，每季度对纳入的应急企业及时更新。5月，全市辖区内国有粮库通过国家粮食交易平台定向竞价销售饲料粮最低收购价稻谷共计19.04万吨，截至9月20日完成出库18.22万吨。按照黑龙江省粮食局下发的《黑龙江省大豆加工补贴暂行实施方案》（黑粮规〔2020〕1号）文件要求，全年黑龙江康诺有机食品科技有限公司申请固定资产投资补助724.89万元、北大荒食品集团黑龙江大豆科技有限公司申请技术研发补助56.26万元、九三食品（北安）有限公司申报流动资金贷款贴息790.18万元，合计补助金额1571.33万元。全年，北安市粮食加工业指标为原料消耗量84万吨、营业收入是24亿元。截至12月末，全市加工业企业原料消耗量111.27万吨，营业收入374631万元。（郭碧梅）

电子商务

【概　况】 2022年，北安市商务粮食局围绕创建国家电子商务示范县工作，着力推动电商企业提质发展。全市建成市级电商直播孵化基地1个、市级电子商务公共服务中心1家、北安市邮政分拣配送中心1个、北安市仓储物流配送中心1个，开设乡镇级电商服务站9个、村级电商服务站45个。实现“工业品下乡”和“农产品进城”的双向流通功能，打造北安市电子商务自建平台“优特网”。全年，北安市实现电子商务相关交易额逾3.2亿元，比2021年增长6.8%；实现网络零售额3.2亿元，比2021年增长6.8%。农业电商快速发展，全市农产品网络零售额0.57亿元，比2021年增长7%。服务业电商发展多样化，渗透进交通、服装、餐饮、旅游等各领域，出现一批“上线”经营持续上升服务型。（张欣玉）

【助推电商企业发展】 2022年，北安市有电商企业43家，分为批发和零售业、制造业、租赁和商务服务业、科学研究和技术服务业等行业。市商务粮食局每月对北安市内电商企业进行摸底调研，鼓励企业自建电商销售平台，积极进行数字化转型，指导电商企业自建电子商务平台，同时对北安市内电商企业定期举行人才培训。全年市商务粮食局组织开展各类电商技能知识培训班7期、参加428人，全年累计培训7500人次，提高销售人员直播带货的能力。同时带领北安市电商主播参加黑河市电子商务职业技能大赛，其中参赛主播分获得一、二、三等奖。全年，黑龙江省讯策网络科技有限公司举办电商直播带货活动3次，观看6900人，达成销量额2.5万元。（张欣玉）

【电商示范基地建设】 2022年，北安电子商务产业园位于北安市职教中心综合实训楼1～2层，建筑面积1600平方米，入驻企业有北安市通北高寒冬小麦合作社、北安市华升食品有限公司、北安市艺博文化传媒有限公司等13家企业，园区为其提供策划营销、产品外包装设计，协助其办理各类证件还有增值培训等业务。产业园立足于打造黑河区域内数字经济产业创新创业基地，改造完成后将引进签约落地的北京千一智城科技有限公司、黑龙江朝阳科技有限公司、巨嘉（杭州）文化传媒有限公司等公司入驻，开展智慧城市、智慧政务、电商直播等新业态业务推进数字经济发展。（张欣玉）

供销合作

【概　况】 2022年，北安市供销合作社联合社（以下简称“市供销社”）有直属企业5个；基层供销社11个，分布在9个乡镇。全年全系统实现营业总收入81408万元，比2021年增长5.58%；社有企业营业总收入实现18964.78万元，比2021年增长13.99%。利润总额增长率为36.39%；资产总额3961.49万元，比2021年同期的5719.44万元减少1757.95万元，资产总额增长率下降30.74%；所有者权益总额3658.51万元，比2021年同期的3387.71万元增加270.8万元，所有者权益增长率为7.99%。年内，北安市供销社《风雨兼程铸辉煌》宣传片在中华全国供销合作总社“供销十年”展播评选中获得第九名。（巴秋波　单　晶）

【社员代表大会】 2022年3月11日，市供销社召开第五届社员代表大会，市供销社机关、基层供销社、所属企业、农民专业合作社共17名社员代表参加会议。会议听取并审议市供销社第四届理事会和监事会工作报告，讨论和修改《北安市供销合作社联合社章程》，选举产生市供销社第五届理事会和监事会。（王广宇）

【农资市场服务】 2022年，市供销社落实早谋划、早部署、早组织工作方针，于2021年10月开展农情调研及农资市场需求意向调查。帮助农资供应企业采取积极经营策略，应对化肥市场价格高涨、部分品种货源紧缺、资金不足等问题。指导企业快速适应全市种植结构调整，及时调增2.2万公顷大豆种植化肥品类需求。指导省倍丰集团双丰公司北安配送中心、中国农资北安现 代农业服务中心、海越仓储有限公司等农资供应商，根据备春耕需求及时调运补充货源。市供销社提高化肥利用率，落实国家化肥农药“双减”工作部署。全年全系统销售化肥4.5万吨，市场占有率为60%，其中国产二胺1.2万吨、尿素1.35万吨、钾肥0.55万吨、各种复合肥1.39万吨、有机肥0.01万吨。市供销系统商品销售总额42672.92万元，比2021年同期的31729.41万元增加了10943.51万元，销售总额增长率为34.49%；利润总额739.55万元，比2021年同期的589.18万元增加150.37万元。全年北安市供销系统实现农资和农产品销售总额81407.5万元，比2021年同期的77102.5万元增加4305万元，销售总额增长率为5.58%。（巴秋波　单　晶）

【为农服务】 2022年，市供销社发挥农资供应主渠道优势，在村建设80个农资连锁配送销售网点，村覆盖率达到

129%，指导系统农资企业和经营网点做好农资商品采购、储备、销售和服务工作，保障农业生产需要。依托黑龙江倍丰集团北安双丰分公司和金合盛农业科技服务有限公司建立农资终端测土配方施肥站，开展免费测土配方施肥5万亩次。组建金合盛农业科技服务有限公司和通北镇为农服务中心，在经营传统农用物资的基础上，拓展生产服务，开展土地托管、代耕代种、联耕联种、机播机收、统防统治等农业生产性服务，全年1000多户农户受益。在建华村探索发展“基层供销社＋托管服务”，加大农业科技成果转化推广力度，提高农业生产效率。打造“庄稼医院”，为宇新现代农机、益泽大豆种植等专业合作社及广大农户提供政策、技术、营销、信息、培训、维权及农资供应、品牌建设等系列化服务，并邀请农业部门和大型农资公司的农业、农技专家23人，购进药品种类达50多种，有效满足全市农业生产需求。（李春梅）

【合作服务平台建设】 2022年，市供销社坚守为农服务初心，提升合作社的竞争能力，构建区域性综合合作服务平台，加快推动产业融合发展。坚持基层社与专业合作社融合发展，与革命现代农机专业合作社、宇新现代农机合作社等23家企业签订合作指导协议23份，对接黑龙江省省级助农公益平台“小康龙江”商城，推介北安市自主农产品实现线上销售，黑北大自然、长水河挂面和九三集团部分产品入驻“小康龙江”商城，实现网上交易额20多万元。市供销社开辟供销发展新领域；恢复基层社，通过开放办社招引社会能人，利用通北镇供销社、海星镇供销社闲置资产，以承包经营方式，盘活社有资产，恢复两社农资，种子、农药及收储业务，打造北安市南片区供销农资主战场。市供销社拓宽农产品销售渠道，助力农民增收，全方位推进乡村振兴；持续对社有资产进行监管，投入资金1.8万元对海星镇供销社资产进行维修。市供销社避免社有资产流失，确保资产保值增值。（巴秋波）

【招商引资】 2022年，市供销社围绕农副产品深加工、现代商贸物流两大优势特色产业和风电开发等新能源综合利用产业，开展招商引资工作。11月18日，招商引资春阳农资公司在北安市市场监督管理局完成注册，落户北安市并投产达效。全年市供销社完成3000万元招商引资任务。（王广宇）

烟草专卖经营

【概　况】 2022年，北安市烟草专卖局（分公司）实现税利0.08亿元，比2021年增长0.06%；销售卷烟1.05万箱，比2021年增长13%；条均价110元，增长7%。疫情防控期间，市烟草局统筹投放卷烟货源，开展无接触配送、应急送货、在线经营指导、非烟直播带货等服务，保障卷烟零售客户稳定经营。根据第三方调查结果，卷烟零售户盈利率13%，比2021年提高1个百分点。（李文勇）

【烟草市场销售】 2022年，北安市烟草专卖局（分公司）践行稳销量、稳状态、稳市场的工作要求，统筹疫情防控与经营管理，高标准、高质量完成各项工作。全年销售卷烟10356.8箱，年计划10300箱，占计划的100.55%。实现销售收入28488.07万元，同期销售25899.4万元，比2021年增加2588.67万元，增幅10.00%；毛利总额收入7331.10万元，同期销售6593.07万元，比2021年增加738.03万元，增幅11.19%；实现单箱值27506.63元，同期销售24856.90元，比2021年增加2649.73元，增幅10.66%。其中，细支卷烟销售1997.92箱，同期销售1909.11箱，比2021年增加88.80箱，增幅4.65%。（李文勇）

【品牌营销】 2022年，北安市烟草专卖局（分公司）坚持以稳销量、提结构、育品牌、调状态、增税利为目的，制定科学有效的品牌营销策略，明确具体措施，盯紧时间节点，积极与相关工业公司联系开展“新品推介会”“工商协同会”“开口营销”培训、诚信互助小组活动等强化品牌维护。发挥小组品牌推介、经验交流、信息共享等功能，做好品牌培育工作，并将培育情况与培育中存在的问题及时向相关上级部门反馈，共同制定改进措施，促进重点骨干品牌快速发展。（李文勇）

【专卖市场监管】 2022年，北安市烟草专卖局（分公司）加大专销结合监管力度，积极配合自律小组建设工作，与客户经理共同组织召开小组座谈会12次，向零售户进行普法宣传教育，有效保证卷烟市场零售价格的稳定。加大对串码烟治理力度，保证市场规范经营。对串码烟数量较大的业户，进行建档备案，跟踪其销售状态，督促尽早消化，确保辖区内卷烟市场规范、健康、有序发展。同时，加大电子烟监管力度、市烟草专卖局联合相关部门坚持网上网下相结合、清理整治与打击查处相结合，清理校园周边销售电子烟网点及电子烟自动售卖机，取缔无证经营场所，清理删除网上销售电子烟有害信息，集中查处向未成年人售卖电子烟违法案件，侦破电子烟油中添加合成大麻素等“上头电子烟”新型毒品违法犯罪典型案件，有效保障和维护未成年人身心健康。全年侦办案件25起，查获违法卷烟24.178万支，案值366621.62元；其中寄递案件查处21起，查获寄递违法卷烟2.362万支，案值37472.82元。真烟案件查处4起，查获违法卷烟23.168万支，案值348737元。（李文勇）

【卷烟配送】 2022年，北安市卷烟配送工作严格按照市局及市政府的要求，全面落实防控措施，启动配送防控应急预案，定期消毒、配备防护用品，规范、有序做好疫情防控和卷烟配送工作，最大程度保障配送人员安全。积极落实响应“大户治理”等工作，各送货车组紧盯片区零售客户经营状态，把清理虚拟户和垃圾户作为日常工作常态化，为营销及专卖提供了订货与实际经营不符，改变经营地址，无牌匾无卷烟柜台等各种市场信息，为营销和专卖部门及时准确掌握市场动态提供有力信息支撑。全市共有卷烟配送车辆5台，配送人员11人，配送线路35条，1—12月共配送卷烟2560736条，配送户数1476户，送货里程117110千米，送货出车1077台次。（李文勇）

成品油经营

【概　况】 2022年，中国石油天然气股份有限公司黑龙江黑河销售分公司北安经营部（以下简称“北安石油经营部”）隶属于中国石油黑龙江省黑河销售分公司管理，是石油成品油销售终端企业。北安石油经营部发挥着向北安市辖区内供应成品油、润滑油、非油商品的主渠道作用，承担着北安市辖区各行业、乡镇、农场和林场等地的油料供应任务。北安石油经营部有运营加油站9座，全年实现销售总量23569吨，比2021年21092吨增加2477吨，增幅11.74%。北安石油经营部完成全年计划26000吨的90.65%。其中，汽油销售11002吨，比2021年11367吨减少365吨，减幅3.21%；柴油销售12567吨，比2021年9725增加2842吨，增幅29.22%。柴油汽油销售比为1.142:1。（丁俊齐）

【主营销售】 2022年，北安石油经营部精准施策营销工作，根据销售成本和客户类型，贴近市场走势，灵活实施南北分区定价，价格到位率比2021年提高2.45个百分点。纯枪取消价格直降，依据竞争程度开展刷卡降、春耕卡、电子券组合等差异化销售，价格到位率比2021年提高2.06个百分点。对接省级百大项目25个，对接率100%。秉承“互惠互利，合作共赢”理念，强化异业合作，与银行、通信业合作派发储值电子券，帮助客户安装操作云闪付App。响应北安市政府“约惠初夏，龙江购物节”活动，以券转换，加大对省、市政府惠民消费券的宣传。拓宽销售渠道，线上直播带货，线下地摊经营，免费送货上门，销售稳步上升。抓牢拳头产品，举办7场线上推介会和2场现场观摩会，实现化肥销售比2021年增收28%。加强战略合作，北安石油经营部与烟草协定采购统一结算，资金自主调剂，比2021年增幅46%。强化营销管理，控制采购成本，做活商品销售，年度非油收入和毛利完成率位列全省第一名和第三名。（丁俊齐）

【经营管理】 2022年，由于石油成品油市场放开，北安市成品油市场竞争激烈。北安石油经营部作为国有企业秉承为服务百姓、保障供应的原则，与北安市辖区社会加油站沟通协商，推动北安市成品油供应商市场竞合工作，严厉打击低价倾销，防止劣质油品流入北安市场。北安石油经营部培养高素质高效率的销售团队，组织培训学习8次，增强员工服务意识，提升员工责任感、使命感，全员参与销售，掌握北安市市场动向。开展春季客户走访工作，掌握客户需求，合理调整优惠政策。北安石油经营部与中化化肥合作，拓展化肥销售业务，为客户提供便利的同时，提升中国石油品牌影响力，建立与客户良好的信任关系。（丁俊齐）

【安全管理】 2022年，北安石油经营部夯实QHSE（质量、健康、安全、环保）管理体系的基础工作。年内组织全覆盖的QHSE体系内审6次，累计整改问题78条。严格履行一岗双责，执行全员记分管理，对5名新上岗、转岗的中层管理人员进行履职能力评估。围绕“强三基、反三违、严达标、除隐患、促发展”的工作目标，落实各项安全生产责任制，夯实安全生产各项工作基础，全年未发生任何等级事故。经营部每月对加油站进行检查，不定时抽查，对检查结果进行闭环管理，坚决做到零容忍，将安全风险降到最低。落实北安市应急管理局各项工作要求，从机关到加油站，从经理到员工主动提升安全意识，强化员工规范操作意识，通过定期对员工的安全培训，优化员工队伍，严守安全红线。全年组织火灾应急演练4次，发布预警信息24条；开展“百日违章”专项整治，健全检查考核机制，开展“两节”、罩棚、升级管控专项检查50次、深入基层检查18次。（丁俊齐）

【市场管理】 2022年，北安市成品油市场竞争激烈，市场秩序较为混乱，特别是春耕、秋收用油高峰时，部分劣质油品涌入北安市成品油市场，扰乱市场秩序的同时，损害百姓利益。为整顿和规范市场秩序，营造公平竞争的市场环境，北安石油经营部抽调专人、专车，协调和密切配合北安市商务粮食局、北安市市场监督管理局、北安市公安局、国家税务总局北安市税务局等执法部门，打击和遏制北安市成品油市场上存在的无照经营和偷税漏税等违规行为。依法维护成品油市场正常秩序，确保公平竞争，为保证北安成品油正常顺利营销排除障碍。（丁俊齐）

电子政务

【概　况】　2022年，北安市大数据中心自组建以来，按照市委、市政府决策部署，承担贯彻落实国家和省市、市委、市政府关于大数据发展的方针政策和决策部署，起草全市数据资源、电子政务和数字政府发展规划、年度计划、政策措施的行政辅助工作，报请市政府审定后组织实施。大数据中心内设综合规划部、数据资源管理与分析应用部、电子政务运管部、技术保障服务部。核定事业编制21人，现有人员15人。年内，北安市大数据中心颁布实施《北安市政务信息化建设项目管理暂行办法》，对全市信息化应用系统的统一规划和管理。　（郭　峰）

【维护政府网站运行】　2022年11月，北安市大数据中心承接北安市政府门户网站，对网站进行全面更新，并认真做好政府门户网站日常运维管理、技术保障等工作，落实专人负责网站信息的收集整理，确保及时、按时更新到位，同时，严格按照信息发布三级审核制度要求，履行信息发布审批备案手续，严把政治关、法律关、保密关、文字关，按照“谁提供，谁审核”的原则，做好审批备案的收集归档工作。

（郭　峰）

【新型智慧城市建设】　2022年，北安市大数据中心按照黑河市委、市政府要求部署，根据“因地制宜、务求实用”的原则，推动以“一中心”“两平台”和“四应用”为主要内容的新型智慧城市一期项目建设，打造治理高效、服务优质、群众满意的智慧北安名片。在有序承接黑河市智慧城市平台系统基础上，结合市情实际改造开发安全生产辅助决策、美丽乡村建设展示、“我的黑河”（北安版）App等功能。全市“我的黑河”（北安版）App累计接入政务服务、上线公共服务和社会服务43项，截至年底，App下载用户超14万人次，注册用户量逾13.9万户，覆盖全市常住人口近45%。打通网格平台与“我的黑河”（北安版）App“随手拍”模块数据接口，全年网格系统处理网格员上报巡查事件7607件、App“随手拍”反映事件1488件。实现“一网”及时掌握处理群众诉求。智慧平台系统投入使用后，协助公安破获伤害致死案件、团伙盗窃案件2起，抓获犯罪人员5名。新型智慧城市一期项目各项应用除智慧城管专项外，均已上线试运行。同时中心加强与电信公司沟通对接，根据合同验收清单逐项核对软硬件及系统应用配置情况，新型智慧城市一期建设项目进入验收阶段。　（郭　峰）

·解释说明·

“一中心”：城市运行管理及应急指挥中心。

“两平台”：大数据平台和公共服务平台。

“四应用”：智慧应急、智慧政务、城乡网格、“我的黑河”（北安版）App。

【政务数据共享与管理】　2022年，北安市大数据中心深化政务数据共享共用工作，进一步打破部门数据壁垒。举办“公共数据共享开放管理工作培训会”，提升行业部门公共服务水平，上线运行全市公共数据共享开放平台，促进跨部门的政务数据及时全面共享，黑河市新闻联播、东北网、黑龙江日报社等多家媒体广泛转载宣传。全年平台累计汇聚公共管理和政务服务机构管理、民生保障、社会治理等重点领域43家，收集4782个数据集、1287万条数据，开通数据服务接口252个，调阅量2874

次，已上线8项数据查询应用，针对市营商局需求，拟对26个接口开发轻应用。在全省县级市率先起草、颁布、实施《北安市公共数据共享开放管理暂行办法》，助力加快数字政府建设。

（郭　峰）

中国电信股份有限公司北安分公司

【市场经营】　2022年，中国电信股份有限公司北安分公司（以下简称“北安电信公司”）紧紧围绕公司生产经营中心工作，进一步增强党建促经营，按照省市公司工作和部署要求，实现高目标牵引下高质量规模发展。公司下辖通北乡镇支局、赵光乡镇支局、北安市政企支局、北安市商圈支局、北安市东城社区支局、北安市西城社区支局、北安市综合支撑部、北安市网络运行维护部，下设通北镇中央街营业厅、赵光镇中央街营业厅、北安市大润发营业厅和北安市西直街营业厅。全年，北安电信公司收入指标2844万元，完成率105.89%，其中固网用户规模12848万户，宽带用户规模43753万户，移动用户规模68593万户，天翼高清用户规模16184万户，北安市智慧城市一期项目1045万元，超额完成各项收入指标。

（王卫贤）

【网络建设】　2022年，北安电信公司5G基站有245个，其中新建设5G基站120个，移动网络信号覆盖率达到100%。移动4G网络覆盖到北安市辖区所有乡镇，北安市城区FTTH（光纤到户）覆盖率达到98.14%，4G达到99.08%，光纤宽带覆盖北安市市区全部楼宇，家庭宽带接入能力达到1000兆，高速率的“千兆5G＋千兆宽带＋千兆Wi-Fi”为用户提供畅享更优质的网络服务和智慧生活。市区内129个小区达到光网千兆能力，光网千兆小区覆盖率达到35%，其中市区129个小区万兆端口覆盖率达到33%；与联通对等共享载波500个小区；全市完成42个自然村4G信号覆盖，覆盖率达100%，无线接入速率达每秒4兆比特。

（王卫贤）

【网络安全】　2022年，北安电信公司践行“以人民为中心”的发展理念，做实网络和信息安全工作，形成同频共振、内外发力、群防群治的工作新局面。开展网络安全脆弱性治理，全面梳理企业资产清单，排查网络安全隐患，按照“谁主管谁负责、谁运行谁负责”，对信息系统进行不定期自查，确保网络和信息安全不留“死角”。建立健全企业内部信息安全管理责任制，完善流程，明确责任，对企业核心网络、数据中心、业务运营支撑、客户资源管理等多个系统定期开展自查，消除自有系统安全隐患，确保重要信息不外泄。以大数据和人工智能技术为基础，以内容过滤引擎和不良信息库为支撑，提升对不良信息的审核和治理手段，对网络接入和传输的文字、声音、图像和视频等信息的日常监测，坚决筑牢网络安全屏障。加强信息发布审查能力，严格落实企业信息发布“先审后发”，构建先审后发的信息安全核管平台，建立信息内容自营合作类和阵地类台账，加强信息内容安全管理，明确信息发布责任人，按日上传先审后发记录。组建反诈专班，发挥大数据技术优势，从“窝点识别”“信息推送”“联合作战”三个维度构建“监测、发现、预警、处置、共享”工作机制，协助公安机关精准打击各类通信诈骗犯罪活动。

（王卫贤）

【客户服务】　2022年，北安电信公司服务提升工作又迈出坚实的一步，推出“六项服务”举措，履行央企责任，拓展关爱服务，解决用户“急难愁盼”问题。全年，北安电信公司建成3家“爱心翼站”，提供休息补给、便民服务、特色服务、特殊顾客服务等四大类服务项目，打造老年人的“智慧站”、户外劳动者的“补给站”、残疾人的“公益站”和过路人的“便民站”。实施手机信号优化“接诉即办”业务，以“首问负责、一跟到底”“有诉必应、逐件落实”“方案明确、限时办理”“工作进度、主动告知”“主动治理、未诉先办”五项准则，为客户提供全程参与、透明化的网络服务体验。推出“放心消费”专属服务，做到“7×24不打烊”全时服务。同时，公司提供“天翼防骚扰”智能守护。

（王卫贤）

·解释说明·

“六项服务”：即数智随心、关爱随心、网络随心、消费随心、便捷随心和安全随心。

邮　政

【概　况】　2022年，中国邮政集团有限公司黑龙江省北安市分公司（以下简称“北安邮政公司”）为全市各乡镇、10个北安市市属农林牧场提供邮政服务，下辖16个支局网点、6个班组，从业人员223人。服务范围包括商超49处、村民委员会13处。易邮自提系统使用率100%，所有建制村包裹代收代投业务开通率达到100%。有服务设施完善的城乡邮政服务网点16个，其中纯邮务类网点7个、叠加邮政储蓄网点9个；邮政渠道站点62个、邮乐购服务站点62个、邮筒信箱（筒）14个；有各种邮政运输车辆5辆、各类邮政投递车辆41辆、投递人员47人、投递段道40条。推进邮快、邮商、邮美合作，完善提升3个电商仓储库，为电商用户提供免费仓储。全年，累计实现业务收入4578.94万元，比2021年增幅7.31%，完成年计划的101.75%，在黑龙江省县域规模排名前进2个位次。各专业收入中代理金融占62.2%、寄递业务占17.87%、集邮与文化传媒业务占 8.14%、渠道平台业务占 8.66%，其他业务收入 3%。11 月，推动北安市农村商贸物流的转型发展，黑龙江省讯策公司和北安邮政签订三级物流配送合同，共同构建开放共享的快递物流服务平台，解决了北安市电子商务进农村示范项目中物流配送“最后一千米”问题。2022 年，北安邮政海星支局获中国邮政集团有限公司全国渠道平台“转型标杆网点”称号；北安邮政通北支局、北安邮政赵光支局获中国邮政集团有限公司黑龙江省分公司黑龙江省全省邮政渠道平台转型“争优创先树标杆”竞赛优秀支局长称号。（张东文）

【社会服务】 2022 年，北安邮政公司闻令而动，第一时间发挥邮政企业网络人员优势，对市民生活需求产品重点保供，全力确保应急运输绿色通道不断、群众生产生活用品必需物资运输不断，多措并举做到“保民生、保畅通”的服务宗旨。北安邮政公司主动协助推进北安市第三代社保卡项目，通过对北安市街道、社区、乡镇、农场等地走访和支局网点厅堂宣传，全体部门协同开发，累计发卡 8706 张，帮助不便出门的特殊群体上门办理和激活第三代社保卡 50 多户居民。北安邮政公司通过农村电商渠道，销售惠农产品 55.5 万元。在地方文化建设方面，为全市 62 个行政村农家书屋捐赠 500 多本邮发畅销图书和期刊。（张东文）

【邮政服务能力建设】 2022 年，北安邮政公司落实“政企三联”工作机制，加强与邮政管理部门的沟通汇报，实现普遍服务行政监管零处罚。扎实推进县乡邮路、农村投递网优化升级，提升营业网点环境、业务能力、便民设施服务等，普遍服务能力得到有力提升。建制村通邮率、乡镇邮政局所覆盖率、普服业务开办率、营业签到签退率、普遍服务系统履职率、县及县以上城市党政机关《人民日报》当日见报率均保持 100%。62 个建制村全部通邮，实现每周投递三频以上，其中有 42 个建制村实现五频投递，大大提高普遍服务水平。建制村整体打卡率达到 99.8%，平信条码化实现 100%。（张东文）

【邮政企业管理】 2022 年，企业管理取得新进步，资金成本管控不断增强。坚持“调结构”，守住重点业务发展方向；坚持“调节奏”，主动识别市场节奏变化，精细化管控实现企业利润扭正，促进企业全面提质增效。全年劳动生产率达到 20.53 万元 / 人，比 2021 年提升 10%；累计发放员工工资 1701.91 万元，补发业务奖励 126.24 万元，人均工资同比增长 0.68 万元，实现员工与企业的共同发展。优化企业办公环境，更新部分机关办公电脑；不断完善职工小家服务功能，积极落实城市投递员之家建设；结合网点改造，财富中心健康营业所健全业务功能，切实改善金融业务营销环境。企业用工管理持续优化，选拔有担当、有能力的年轻干部担任重点岗位负责人。通过公开竞标完成邮件转运分拣作业承接工作；通过竞聘选拔部门负责人 1 名、邮政网点负责人 1 名。（张东文）

【金融业务】 2022 年，北安邮政公司金融业务计划收入 2680 万元，累计完成 2848.07 万元，比 2021 年增长 14.15%，完成年计划的 106.27%。其中，利差收入完成 2165.89 万元，比 2021 年增长 14.24%，完成年计划的 105.86%；代理保险收入 456.53 万元，比 2021 年增长 30.92%，完成年计划的 113.56%。（张东文）

【寄递业务】 2022 年，北安邮政公司寄递业务计划收入 887 万元，累计完成 818.2 万元，比 2021 年减少 4.66%，完成计划的 92.24%。其中，标快收入 116.32 万元，比 2021 年增长 21.89%；快包收入 683.28 万元，比 2021 年增长 4.42%。（张东文）

【集邮与文化传媒业务】 2022 年，北安邮政公司计划收入 389 万元，累计完成 372.51 万元，比 2021 年减少 4.36%，完成全年计划的 95.76%。其中，集邮业务收入 139.92 万元，完成年计划的 134.54%；报刊业务收入 167.36 万元，完成年计划的 88.08%；函件业务收入 65.23 万元，完成年计划的 71.68%。公司依托线上、线下收订平台，稳住订阅基本盘，加大校园市场、期刊市场、图书市场开发力度。截至年末，完成报刊大收订流转额 588.71 万元，其中高效报刊完成 49.71 万元，线上订阅完成 191.07 万元，校园报刊完成 32.02 万元，校园报刊增幅达到 44.49%。9 月，开始组织对 2022 年度新邮预订客户进行回访，通过电话逐一通知客户，做到客户回访达 100%。同时推荐用户使用集邮联名卡办理续订或中国邮政微邮局小程序办理，引导客户线上续订。完成 2023 年新邮预订计划，实现预订金额 22.82 万元，线上预订占比达到 68%。北安邮政公司多次与北安亲民公司领导洽谈企业形象年册和个性化邮票制作业务，最终开发亲民公司企业形象年册 200 册，开发亲民公司个性化邮票业务 200 版，定向开发业务实现收入 5.2 万元，比 2021 年增长 400%。（张东文）

【渠道平台业务】 2022 年，北安邮政公司各渠道平台业务计划收入 390 万元，累计完成 396.68 万元，比 2021 年增长 6.87%，完成年计划的 101.71%，其中分销业务完成 375.58 万元，比 2021 年增幅 10.94%，完成计划的 104.33%。作为分销专业重点的化肥项目，全年实现分销 538.2 吨，销售额 235.55 万元，形成收入 206.02 万元，销售额列全区首位。公司深入支局实地考察叶面肥销售、使用情况，叶面肥累计销售 130 箱，销售额 15.48 万元，形成收入 14.24 万元。针对烟草项目确定 12 个代销网点，按照市公司统一指导规范订烟、售烟等相关销售流程，挖掘销售渠道。各支局积极宣传烟草代卖，对到访客户、线上朋友圈等多种渠道进行宣传烟草代卖。全年，12个支局形成烟草收入108.28万元，位居全区首位。农产品项目累计完成45.94万元，增幅70.79%，其中豆油10.22万元、大米14.73万元、面粉1.5万元、其他19.49万元。黑龙江省北安农垦天运山产品有限公司木耳已上线DMS（邮政分销业务信息）系统，申请邮乐小店中双十一补贴优惠券500张，销售500单，产生包裹量500单，北安邮政形成多元化发展。（张东文）

【乡村振兴】 2022年，北安邮政公司为打通“网点+站点”“农产品进城+工业品下乡”的双向流通，满足运输承载货物需求，公司新配备1.5吨厢式货车5台；五条投递线路由三频升为五频，运输里程达816千米，实现城乡物流一体机动化。有效畅通“最初一千米”和“最后一千米”服务，实现快递进村、生活用品进户、农产品进城，满足村民所需，构建三级物流体系，解决实际问题，扎实的便民惠民举措被北安、黑河两级新闻报道。11月，与北安市电子商务进农村中标企业“讯策网络科技有限责任公司”针对三级物流体系服务方面达成合作意向。同时，开展多种形式助农扶农活动，其中直播带货活动，参与度与带货量方面均颇有成果。（张东文）

【惠农项目】 2022年，北安邮政销售化肥538吨，销售规模列全市首位；销售叶面肥248箱。开展全市城乡联动，切实解决大客户疫情防控期间物流难的问题，与长水河粮油加工厂、红星有机酸菜、赵光九三豆粉与邮寄实现长期稳定合作。成功洽谈农家书屋项目，实现业务发展的突破，订购6.2万元图书。北安邮政积极融入地方文化建设，在开发农家书屋图书的基础上，借助市文旅局开展“八五普法下乡”活动契机，与文旅局共同策划开展北安市图书馆、北安市邮政分公司“送图书下乡”活动，并在二井镇建革村举行赠书仪式。全年为北安市62个行政村捐赠300多本邮发畅销图书，得到市文旅局领导及乡镇领导的高度认可，展现了邮政企业助力乡村振兴的良好形象。通过市委组织部与28个驻村第一书记建立联系，以邮政服务助力乡村振兴，全年打造标准村44个。（张东文）

【军民共建】 2022年，北安邮政公司为做好报刊收订工作，开展能人营销策略，与武警部队建立沟通渠道，推荐适合战士阅读的刊物。截至年末，累计完成报刊收入6.65万元，完成进度的166.25%。武警部队共订阅报刊实现流转额2.78万元，实现收入近万元。在保证当前防疫工作规定的情况下，主动为部队官兵解决邮寄问题，收寄军营包裹收入1000余元。与退役军人事务局洽谈退役军人优待证合作事宜，对北安辖内的6个街道、9个乡镇进行全覆盖对接，由金融业务部牵头，组建上门办理团队16人，入驻街道办、乡镇政府进行信息录入工作，每天录入信息300条左右，发放优待证，发证量居全区第一。（张东文）

【汽车服务项目】 2022年，北安邮政公司为更好提高汽车服务项目发展，围绕“优化服务、强化能力、做大规模、提升效益”的发展思路，整合内外资源，完善服务体系，积极策划宣传活动，优化会员服务。推进客户的“增量市场”和“存量市场”，拓宽营销渠道，持续做大车险业务规模。制定北安分公司车险发展方案，组织“各网点+站点+员工”进行车务保险业务宣传。为了提高员工发展车险积极性，与人保、太平洋两家保险公司达成合作，以“线上+线下+培训会”等方式多渠道宣传，发展车务代办保险92单，实现保额11.79万元。为扩展渠道多元化发展，在全市开创首个与驾校合作，开发代办驾驶证业务，快速办理全国C1驾驶证业务。通过“线上+线下”多渠道宣传方式，在“线上”发展通北林业局墙体施工队的简易险客户团体，通过中邮车务App办理个人意外险。2022年发展简易险256单，实现保费25600元。全年，汽车服务项目累计完成21.06万元，完成进度75.21%。（张东文）

【政务服务项目】 2022年，北安邮政公司政务服务项目累计完成54.2万元。其中三代社保卡项目累计开卡8448张，项目进度列黑河地区第一；以开办三代社保卡为契机，将东胜支局成功案例快速推广，乡镇8个支局所实现全面开办，并为方便用户在全区首先开通收件人付费业务。交管项目发挥邮政网络点多面广优势，全年累计发寄车牌照4982件，实现收入12.5万元。（张东文）

【商企项目】 截至2022年12月，北安邮政公司商企项目累计完成289万元，销售农产品5.5万件。同城配餐配送网点6家，仅需40分钟即可完成全配送流程，月均收入1150元。在疫情防控常态形势下，抓住商家对客流的需求以及用户对就餐消费打折的需求，积极拓展明信片功能开发北安饭票项目，实现项目收入0.4万元。开发编码牌项目，通过前期细分客户，围绕4S店、房地产等目标客户进行走访宣传，开发地产客户1户，搭载便民服务站，安装编码牌26块，实现收入1.5万元。通过多渠道方式宣传龙江惠民保业务，利用朋友圈、网点平台、揽收平台及多方位大力宣传，累计发展龙江惠民保120单，实现目标的120%。（张东文）

【旅游文化项目】 2022年，北安邮政公司文传专业一直重视地域性文化产品的开发项目，与北安市庆华军工遗址博物馆保持着良好的合作关系。借助5月18日国际博物馆日契机，北安邮政文传专业主动上门去洽谈个性化封片卡业务的开发，专业人员向博物馆领导详细介绍以封片卡为载体策划能展示博物馆风采的特色文创产品，开发封片卡共计500枚（含纪念封1枚、明信片2枚）、纪念戳1枚，实现收入5000元。

（张东文）

【节日营销项目】 2022年，北安邮政公司节日营销项目累计完成146.84万元，完成进度172.75%。公司为抢抓节日市场营销，融合多业务协同发展，提升单一用邮客户产能，全年共策划开展《虎年欢乐颂、邮政邮相伴》《邮政与您“同吃粽、共安康”》《高考日寄递鲜花礼仪项目——“邮政小哥、一路绿灯、一举夺葵”》《喜迎国庆、情浓重阳》等节日营销活动，以每一个节日为切入点，做大节日营销，真正做到项目拉动经营，实现北安邮政企业增收创收。端午营销、思乡月营销组成3个队伍进行走访宣传，累计实现销售额43.24万元。在集邮周主题日活动中，携手北安市庆华军工遗址博物馆，开展“北国枪城、与您邮约”为主题的集邮与旅游线上活动，通过介绍展馆、线上沙龙、邮品展览等环节，将集邮业务与家乡旅游深度结合，活动线上累计达到542人次，线上线下实现销售1022元。（张东文）

【会员服务】 2022年，北安邮政公司通过市县联动，采取厅堂、外拓走访营销形式，宣传会员积分福利，引流客户。北安邮政累计发展邮生活会员9042户，完成进度100.32%。发展积分会员9418户，累计生成积分2066.6万分，累计兑换801.37万分，兑换比例38.8%。北安邮政公司以金融网点为依托，规范积分兑换管理，推进实物类营销用品的线上积分兑换工作，提升线上积分兑换占比。

（张东文）

【医药项目】 2022年，北安邮政公司医药项目收入累计完成5.9万元，完成进度32.78%。北安邮政寄递专业维护老用户、开发新用户，特别是代办病历项目是北安邮政一直坚持做强做优的医药项目之一，专业注重日常对医药用户的维护沟通工作，及时处理解决医药用户群体邮寄问题，相继在北安市大众医药、北安市吉利药房，代办病历共邮寄万件，收入8.9万元。公司在端午节营销中，对北安市医药市场进行公关走访，通过多次上门主动营销，得到北安市中医医院、北安市第四人民医院认可，订购产品2万余元，开辟首单医药市场团购业务，促进与医药单位的合作。

（张东文）

【校园市场项目】 2022年，北安邮政公司校园市场项目收入累计完成43.21万元，完成进度120.03%。采取“高端营销＋专业营销＋能人营销”的手段，公司组建4个市场开发小组，对北安市各校园开展销号式逐一走访。公司又与北安市团市委进行对接、沟通、开发小雪花征订工作，在全年新冠疫情防控期间学校放假、新生减量等不利因素下，2022年度旺季期间校园报刊收订仍能实现历史性突破。校园报刊实现流转额22.16万元，公司完成计划的116.65％，增幅和进度均列全区第一位，全区率先超额完成校园报刊流转额收订目标。北安邮政公司开发黑河市第八中学、北安市第二中学校、北安市第八中学校毕业生手册项目，年内，黑河市第八中学毕业生手册进入学校最后核稿阶段，北安市第二中学校、北安市第八中学校毕业生手册进入设计阶段，3所学校合计制作可达2000册，实现收入4万元。北安邮政思乡月营销项目中，开发北安市第八中学校思乡月产品257盒，收入1.8万元。利用北安市高考契机，北安邮政寄递事业部开发高考一举夺魁花束订购及配送业务，并在北安市五大高中校园粘贴毕业寄、升学寄宣传。

（张东文）

中国联合网络通信有限公司北安市分公司

【概　况】 2022年，中国联合网络通信有限公司北安市分公司（以下简称“北安联通公司”）隶属黑河联通管辖，下辖7个支局（通北镇、赵光镇、海星镇、石泉镇、石华村、东胜乡、二井镇等支局）。北安联通公司拥有固定资产总额3亿元，在职员工175人。公司经营5G/4G移动网、1000M光纤宽带以及大数据、云计算、物联网、人工智能等全业务及多种类产品，具有丰富的网络资源和强大的技术支撑队伍，担负着北安市党、政、军和企事业单位，全市9个乡镇62个行政村屯的通信服务任务。北安联通公司秉承客户信赖的智慧生活创造者的企业愿景，践行“数字信息基础设施运营服务国家队、网络强国数字中国智慧社会建设主力军、数字技术融合创新排头兵”新定位，聚焦“大联接、大计算、大数据、大应用、大安全”五大主责主业，奋力开创高质量发展、数字化转型新局面，为助力北安市数字经济发展做出新贡献。全年北安联通累计完成收入5552万元。

（张继波）

【基础业务】 2022年，北安联通公司以“七率营销战役、光改营销战役、数村营销战役、双线营销战役”为抓手，以“作战计划和行动计划”为方向，以“7S营销八步法”为措施，按路线图、作战图、施工图、里程碑通过不同营销场景提升重点目标。公司强化春节订单引流工作，制定方案，成立65人的配送团队、3个专项工作组，发挥全渠道协同优势，做好春节引流交付的各项保障工作。通过“存量价值营”实现收入快速提升。在北安市选取12个千兆示范小区，将高档小区、高消费用户、企事业单位领导、学校老师、学生家长、网红等对网络质量有千兆需求的6个场景，采取网格包保模式，实现精准营销。选择非5G用户加装、新办用户加装、流量不足用户加装3个场景，引导用户加装5G，提升5G渗透率。按照省、市公司关于数字乡村建设工作的部署，以标杆公司做法为引领，制定路线图和排期表，并以“六步法”和“营销三要素”“营销三必讲”为动作核心，快速推进北安市数字乡镇有效落地。全年，为北安市城区各卡口、核酸检测点、弃管小区等安装视频监控202个，完成18家隔离宾馆沃家神眼安装。同时，为赵光镇人民政府、北大荒集团赵光农场有限公司安装智能门磁120个；为北安市街道、社区、乡镇、农林场全部开通沃填报业务。（张继波）

【网络建设】 2022年，北安联通公司按照集团公司“数字基础设施运营服务国家队、网络强国数字中国智慧社会建设主力军、数字技术融合创新排头兵”的新定位和网络线工作部署，以市场需求和创新双轮驱动，打造3张精品网络，落实高品质服务，提升北安市客户满意度。公司推进网络能力保障计划，推进北安市369栋楼宇的光纤到户自主施工改造。 通过自主施工共完成北安市兰樾府、绿洲雅苑、绿景宝邸、丽水华庭等35栋楼的光纤接入，新建光缆11.37皮长千米，新建端口1094个，新建楼房接入率达到100%，保证宽带业务拓展。北安联通公司全年新装8台C600（互联网设备型）号，所有北安市区域GPON（千兆无源光网络）、EPON（以太网无源光网络）的OLT（局端交换机）全部安装完毕。同时，完成城域网北安、北岗、铁西等6个北安市市内分局和通北镇、通北林业局有限公司、赵光镇的10GPON设备安装调测割接工作。北安联通公司对开通后的OLT进行能力测试，采用天邑光猫加路由器的方式，实测下载速度峰值达到124MB（兆比特）/秒，达到理论值的99.2%。全年北安联通公司在北安市移动网投资建设102个基站，北安市城区优化5G补点11个基站、低频NR900（设备型号）建站23个、900M（兆）前滚建设基站40个、原址900M U升L基站37个、新建5G室分8个。（张继波）

【网络优化】 2022年，北安联通公司开展宽带网络客户感知提升专项工作，保持宽带主导地位，以市场需求为导向，开展网络改造和网络优化，提升网络健壮性。全年，完成北安市市内6个分局和3个乡镇支局的10GPON用户割接，提升带宽、提高用户感知。传输网优化将385设备进行整合，所属的业务进行割接优化，完成北安市乡镇网波分扩容工作，为北安市乡镇5G基站开通奠定基础。公司完成北安市市区移动网全网测试4次，通北镇、赵光镇各2次，村镇交干网络覆盖测试1次；将质差低速率小区北大荒集团红星农场有限公司基站原诺西4G基站替换为华为设备。为解决北安市4千米进城区域4G网络的连续覆盖及北安市七道街绿海家园深度覆盖问题，公司将北安市4千米功分劈裂L900（4G基站）一小区基站整合扩容成3个小区，绿海家园优化新增L1800M（4G基站）基站1个。为提升北安市用户感知，公司处理扫码行动工单135个，现场测试处理率100%，安装微功率直放站1个，解决原赵光农场一分场等基站4G VOLTE（4G高清通话）问题2个，调整优化北安市第一人民医院、北安市税务局、北安市人民公园等11个基站小区天线俯仰角及方位角13个，双优小区CQT（网络覆盖质量）测试51个，通过利旧原华为基站通北镇第二中学校、通北镇第二小学校UL9003G（3G/4G设备）业务板卡扩容第二截波，有效改善超忙基站下用户感知。（张继波）

【通信建设】 2022年，北安联通公司拥有丰富的网络资源、先进的网络技术和服务能力，建设维护队伍实力雄厚，从光缆线路、装修移维护、数据、传输设备的维护由38名专家级的团队和骨干人才维护。北安联通公司以建设高品质网络为目标，实施倒三角支撑体系，使前台营销、后台维护和业务支撑形成全方位的闭环服务。（胡秀玲）

【客户服务】 2022年，北安联通公司按照黑龙江省、黑河市联通公司工作要求，强化网业服务联动，围绕进一步提升客户感知，加强服务能力改善，加大客户维系，引导客户参与满意度测评活动，降低投诉率指标，实现全年KPI（绩效得分）分数最大化。公司严控工业和信息化部申诉，规定发生量为零件，如出现严格进行考核，确保工业和信息化部满意度评价达到85分以上。北安联通公司做好全年TCSI（工业和信息化部满意度测评）数据库数据的回访维护工作，确保用户满意。规范端到端触点服务标准，有针对性地下发各触点端到端服务要求。通过线上媒体加大形象和业务宣传，建立抖音、快手宣传团队，发表作品180多个，在黑龙江联通抖音发表作品20个。在“我为联通代言”短视频账号运营竞赛活动中，北安联通公司被授予“竞赛优秀组织奖”。（姜兴海）

中国移动通信集团黑龙江有限公司北安分公司

【概　况】 2022年，中国移动通信集团黑龙江有限公司北安分公司经（以下简称“北安移动公司”）履行国企做强、做优、做大使命，以转型与高质量发展为抓手，全面落实上级公司各项要求。全力经营与通信及信息服务相关的系统集成、结算清算、技术开发、技术服务、设备销售，负责通信设备终端及配件出售、出租经销、维修和设计、制作、发布、代理国内外广告业务及商务代理服务。年内，北安移动公司被中国移动黑河分公司授予2022年度家宽建设先锋奖、2022年度家宽市场拓展奖、2022年度优本增效先锋奖。北安市西区网格被中国移动黑河分公司授予2022年度先锋网格，北安市上海路营业厅、北安市三道街营业厅被中国移动黑河分公司授予2022年度先锋营业厅称号。（孙 锴）

【市场经营】 2022年，北安移动公司有自办营业厅9个，新建设网点23家，其中指定专营店4家，分销渠道14家，异业渠道5家；北安移动公司在北安市辖区内经营国家许可的基础电信业务和增值电信业务。全年，公司完成业务收入9500万元，累计通信客户21.21万户，宽带在网客户4.77万户。信息化收入478万元，累计专线收入完成248.50万元；移动云收入完成92万元；IOP收入完成16.92万元；中小企业收入完成60.70万元。北安移动公司通过持续走访营销和现场办公，全年拓展集团35家，其中企业宽带422条、互联网净增用户数3484户。（孙 锴）

【网络建设】 2022年，北安移动公司累计总体宏站开通73个。新建5G基站21处，700M基站52处；新建设光缆562千米，管道6千米，光交箱15处；新建汇聚机房4处。建设集客专线快开138条、工程建设19条。家宽难点攻坚，建设7个难点家宽小区。家庭宽带整体覆盖率98%，城区宽带覆盖率99.15%，农村宽带覆盖率80%，集客重点场景预覆盖率100%。坚持网络质量提升，下沉割接42个小区、OLT收编13个、OLT双归属25个、小区隐患整治8个、老旧小区线缆改造125栋楼。基站及汇聚机房隐患整治23个，传输隐患整治段落5段，杆路及光缆16千米。（孙 锴）

【通信建设】 2022年，北安移动公司完成集客快开138条、工程施工15条。传送网汇聚层、接入层、综合业务区、接入管道、管道优化、光缆整治、2.6G基站、G331沿边沿线均100%完成建设目标。光缆建设总量黑河地区第一、完成量黑河地区第二；完成通北林业局整体区域5G传输网建设。（孙 锴）

北安市邮政分公司邮政营业厅 （张东文 摄）

金　融

综　述

【概　况】 2022年，北安市辖区内银行业保险业金融机构有39家，其中银行机构10家（包含1家法人机构），保险机构29家。截至年末，全市金融机构各项存款余额285.87亿元，各项贷款余额155.75亿元，存贷比为54.48%。原保费收入5.73亿元，保险深度4.24%，保险密度1860.52元/人。

（朱紫滕）

【日常监管】 2022年，在黑河银保监分局授权下，北安监管组完成北安农商行、五大连池农商行、五大连池惠丰村镇银行信息科技监管评级；北安农商行、五大连池农商行年度监管评级；3家保险公司机构迁址现场勘查；工行信访核查；阳光农险黑河中支督导检查；北安、五大连池辖内大型银行、农村中小银行年度高管考核工作；农商行拟任支行长任职谈话；北安、五大连池辖内15家保险中介机构现场巡查；枪弹专项督导检查；帮助绥化分局送达行政处罚文书等20余项工作。同时配合北安市委、市政府开展巩固拓展脱贫攻坚成果、防范非法集资、扫黑除恶、打击整治养老电信诈骗、营商环境评价等多项工作。

（朱紫滕）

【助力小微企业】 2022年，北安市辖内银行机构积极对接重点项目，助力地方经济建设，全面贯彻落实黑河银保监分局《优化营商环境 合理助企纾困推进实施方案》要求，以开展“四进三讲”活动为契机，持续优化北安市金融领域营商环境，切实提升金融服务能力和水平，着力解决企业和群众金融诉求中的堵点、痛点、难点问题，助力北安市经济社会高质量发展。11月15日，黑河银保监分局北安监管组（以下简称“北安监管组”）组织辖内各银行机构召开优化营商环境银行行长座谈会暨“四进三讲”工作推进会议。会议通报了北安市各银行机构普惠金融阶段性工作完成情况，各机构负责人围绕提升小微企业金融服务质效、支持经济发展开展座谈交流，会议要求各机构要常态化落实助企纾困各项政策。全市银行机构实现小微企业贷款余额11.01亿元，较2021年同期增长3.21亿元，增速40.85%；户数1044户，较2021年同期增加108户，增速11.54%；2022年，累计投放小微企业贷款金额12.53亿元，比2021年多投放5.35亿元。各银行机构按照2022年度双稳基金政策要求，累计发放稳企稳岗基金贷款52笔1.12亿元，帮助企业解决受疫情影响资金周转困难的问题。

（朱紫滕）

【防范化解金融风险】 2022年，北安监管组坚决服从上级党委工作部署，严格落实防范化解经济金融风险。根据黑河银保监分局授权对辖内银行保险机构开展非现场监管与现场检查，前瞻应对信贷资产质量劣变风险，鼓励银行机构加大不良资产处置力度。配合北安市处非办做好防范非法集资宣传与线索搜集工作，严厉打击违法违规金融活动。配合北安市扫黑办做好常态化扫黑除恶斗争工作，组织辖内银行保险机构开展涉黑涉恶线索排查，对辖内银行保险机构所有在编在岗职工开展排查，建立问题线索定期报送，重大情况随时报送的信息报送机制。北安监管组与北安市公安局建立会商机制，共同组织辖内保险机构开展打击整治“代理退保”黑产违法犯罪专项行动。于11月18日召开推进会议，要求各保险机构要主动排查“代理退保”案件信息，收集和整理涉嫌非法“代理退保”案件，及时向公安部门提交案件线索。同时，加强“代理退保”风险宣传引导，大力开展各种类型的宣传活动，让更多消费者了解非法“代理退保”的风险及法律后果，牢牢守住北安市辖内不发生区域性、系统性金融风险底线。（朱紫滕）

【优化营商环境】　2022年，北安监管组各部门积极开展各项工作，助力优化营商环境建设工作。配合获得信贷专班开展每月优化营商环境评价工作，按照责任分工任务清单，对辖内银行机构普惠金融、绿色信贷等各项指标进行监测，定期通报，逐项开展工作落实。北安监管组配合市知识产权专班工作，建立会商机制，强化部门联动，多次与专班牵头单位市场监督管理局沟通探讨知识产权质押融资推进工作。市场监督管理局归集整理了北安市辖内拥有知识产权企业名单，北安监管组将名单推送至辖内各银行业机构，要求各机构结合自身产品特征，主动与企业对接。同时，北安监管组多次走访机构，督导推进落实，并协调解决知识产权融资推进过程中遇到的困难，助力企业稳健经营。年内，北安市知识产权融资实现零的突破，北安农商行发放1000万元、北安邮储银行发放500万元。（朱紫滕）

银　行

【概　况】　截至2022年年底，北安市有1家政策性银行、5家国有控股大型商业银行、2家城市商业银行、2家农村中小金融机构，其中包含1家法人农村商业银行。有银行业金融机构网点60个，从业人员910人。银保监会报表系统数据显示，各项存款余额285.87亿元，较2021年增长13.71%；各项贷款余额155.75亿元，较2021年增长0.27%。全年辖内银行业机构积极落实普惠金融政策，加强对小微企业、“三农”领域支持力度。各银行机构按照2022年度双稳基金政策要求，累计发放稳企稳岗基金贷款52笔1.12亿元。涉农贷款稳步增长，全辖各商业银行涉农贷款余额33.49亿元，比2021年增长7.66%，涉农贷款在各项贷款余额中占比达到59.95%。全市银行业不良贷款率0.9%，信用风险总体可控。（朱紫滕）

【中国人民银行北安市支行】　北安市金融运行总体平稳。2022年末，金融统计监测管理信息系统数据上报显示，全市金融机构存款余额296.38亿元，比2021年增长15%，贷款增长态势良好。全年，全市金融机构贷款余额152.23亿元，比2021年增长0.52%。

信贷结构优化　2022年年末，全市制造业贷款余额比2021年增长5.9%，增速较2021年同期提高0.7个百分点。全市个人住房消费贷款余额比2021年下降5.3%，较2021年同期增长23.9个百分点。

支持疫情防控和实体经济发展　2022年，中国人民银行北安市支行（以下简称“人行北安市支行”）第一时间开通支付清算、国库资金拨付、现金供应、征信报告查询等绿色通道，做好窗口服务、线上服务工作，确保疫情防护期间金融服务不断档，满足疫情防控和人民群众需要。北安市法人金融机构新增贷款2.92亿元，比2021年多增－0.86亿元。落实人民银行总行一揽子货币政策工具，发放专项再贷款3.6亿元，加权平均利率5.33%支持企业10家；发放普惠小微信用贷款105笔、贷款本金1.1亿元，惠及小微企业39户；对22笔普惠小微贷款进行延期，涉及本金0.8亿元，惠及小微企业18户；各金融机构贷款加权平均利率比2021年下降15个BP，其中小微企业贷款加权平均利率比2021年下降20个BP，普惠小微贷款加权平均利率比2021年下降25个BP。加强利率定价自律管理，推动辖内法人金融机构建立运用LPR的FTP定价机制、存款创新产品压降及贷款利率明示等工作，贷款利率明示年化利率整改基本完成。

风险防控　人行北安市支行有序推进存款保险标识启用工作，辖内9家银行机构57个网点全部完成存款保险标识启用工作。加大反洗钱监管力度。加大对洗钱犯罪的打击力度，开展扫黑除恶专项行动。2022年年末，全市9家金融机构重大事项报告及时，业务状况良好、机构运行稳健。

金融管理和服务　2022年，推进电信网络新型违法犯罪和跨境赌博打击治理工作，实施“断卡”行动，优化支付市场环境，推进移动支付便民工程，着力增强电子支付在公共服务、便民利民场景的通用性、便利性和广泛适用性。组织辖内金融机构提高移动支付在适老化、助残等领域的服务质效，改善“支付鸿沟”问题。优化银行账户服务，坚决贯彻“放管服”和优化营商环境决策部署，按照“两个不减”“两个加强”原则，对辖内金融网点开展优化银行账户服务暗访工作，平衡好银行账户风险防控和优化服务关系，按规定做好银行账户行政许可和备案管理相关工作，全面提升银行账户服务水平。提升支付清算服务质效，优化ACS业务流程，业务处理成功率99.6%。

国库经营　人行北安市支行开展“国债服务进乡村”试点行动，“国债下乡服务站”覆盖2个乡镇。开辟新增财政资金“直达通道”，发挥惠企利民的重要作用。落实减税降费各项政策，完成政策性退库和个人所得税汇算清缴电子退税工作。2022年，北安市国库收入5.10亿元，比2021年下降4.3个百分点。其中，一般公共财政预算收入6.37亿元，比2021年增长8%。政府性基金预算收入0.68亿元，比2021年增长77.9%，国有资本经营预算收入0.06亿元，比2021年增长48.7%。经由国库代收的社会保险基金收入7.57亿元，比2021年增长24%。全市国库支出53.27亿元，比2021年增长15%。其中，一般公共预算支出46.26亿元，比2021

年增长 1.2%。政府性基金预算支出 4 亿元，比 2021 年 增长 699%，国有资本经营预算支出 0.18 亿元。经国库划转的社会保险基金支出 7.57 亿元，比 2021 年年末增长 24.30%，全市国库库存余额 1.60 亿元（不含社保余额），比 2021 年增加 1.43 亿元、增长 11.88%。

征信服务　2022 年，人行北安市支行开展征信工作自查，对查询档案、历史资料、制度建立、经费使用、机器运行等方面进行自查，针对问题及时进行有效整改。强化从业人员业务素质，增强保密责任，严格按照操作规程办理查询业务，严守秘密切实保护个人信息。积极引导广大市民线上查询个人和企业信用报告，同时初步完成征信查询网点北安市域全覆盖，切实满足群众“一站式”服务建设需要。

货币发行管理　2022 年，人行北安市支行全年发行基金投放 20.73 亿元，回笼 15.29 亿元、净回笼 5.44 亿元。优化人民币流通环境，持续推进整治拒收现金工作，加强发行库管理。组织开展发行库安全风险大排查，加大假币犯罪打击力度。协助公安机关收缴假币 21460 万元。

金融消费者权益保护　2022 年，人行北安市支行实现“零”咨询投诉电话。全年开展“3·15”消费者权益保护日、存款保险、征信等宣传 6 次，受众人数万余人。组织辖区金融机构依托“线上＋线下”相结合的方式，开展“普及金融知识，守住你的钱袋子”主题宣传活动。通过宣传活动的开展，增强社会公众特别是低净值人群参与金融活动的风险识别能力、自我保护意识和责任承担意识，引导金融机构尊重、保障金融消费者合法权益，构建辖内和谐稳定的金融环境。（徐　巍）

【中国农业发展银行北安市支行】 2022 年，中国农业发展银行北安市支行（以下简称“农发行北安支行”），全年累放贷款 15.98 亿元，较 2021 年增幅 30.29%。年末各项贷款余额 99.89 亿元，比年初减少 3.23 亿元。各项存款余额 2.24 亿元，存款日均余额 4.35 亿元，比年初增加 0.54 亿元。利润总额（FTP）0.83 亿元，完成市行下达全年 FTP 利润计划（0.72 亿元）114.58%，贷款规模、贷款累计投放、存款余额、存款日均余额与增量、FTP 利润排名均为本行黑龙江省系统内第 8 位。不良贷款继续保持零余额。

业务发展　农发行北安支行支持粮食安全，积极克服疫情对粮食收购造成的不利影响，强化指导，备足资金，合理把握投放节奏。市农发行累放中央储备贷款 6.47 亿元，支持轮入粮食收购 13.82 万吨；全年累计向赵光直属粮库发放最低收购价水稻收购贷款 1.56 亿元，支持赵光直属粮库在黑河“四县一区”7 个收储库点，累计收购水稻 5.06 万吨；努力做大“农地银行”，实现 3 户企业土地规模化经营续贷投放 0.21 亿元，支持绿色有机蔬菜和玉米种植，保护种植者利益。面对复杂的疫情防控形势，农发行北安支行克服困难，全力推进服务巩固拓展脱贫攻坚成果同乡村振兴有限衔接工作开好局、起好步。截至年末，累计投放扶贫贷款 1.01 亿元，任务完成率 77.88%。累计服务贫困人口 18 人，人均增收 0.05 万元。全行客户数量 78 家，较年初增加 13 家，增幅 16.67%。按照对小微企业金融服务“增量、扩面、提质、降本”的总要求。全年发放普惠小微企业贷款 0.27 亿元，贷款余额 0.22 亿元，抵押担保贷款 4 户，金额 0.20 亿元，保证担保贷款 1 户，金额 0.06 亿元，贷款利率对标同业执行 3.30%~3.85%，全年支付资产评估、抵押登记等贷款必需费用 4.67 万元。

风险管控　农发行北安支行风险防控继续执行信贷全流程标准化管理，按管理部门和上级行相关要求做好评级授信、信贷审查审议审批、作业监督、贷后管理等各项工作，确保流程合规、优质办贷管贷。落实“从严治党从严治行，提升内控案防水平”理念。及时跟进案防工作，按照年初上级行案防网格化管理要求，制定案防工作任务分解表，开展案件风险集中清理整治排查和季度网格单元风险排查。举办“一把手”讲案防合规课活动。对涉案的所有档案进行自查和互查，并加强警示教育，组织员工签订案防承诺书 23 份，对全行员工开展普法宣传 10 次。做好风险评估和处置化解工作，对容易形成潜在风险的企业客户，及时跟踪掌握风险状况，提前做好风险化解处置预案，确保信贷资金安全。对抵（质）押物进行重评，做好押品实物权属和价值的动态管理，押品价值不足时及时督促企业补足。截至年末，存量抵押担保贷款 4 户，金额 0.20 亿元，保证担保贷款 1 户，金额 0.06 亿元。进一步提升反洗钱工作质效，市农发行通过不同形式开展反洗钱业务培训和宣传，筑牢洗钱风险防线。全年，共向总行报送大额交易份数 493 笔，可疑交易案例 66 笔，经过进一步人工分析筛查，全部排除。比对修改工商信息 53 条，学习 4 期洗钱风险提示，参加反洗钱专项培训 3 次。

项目营销　农发行北安支行坚定发展理念，围绕“百大项目”清单、“十四五”规划 93 项重点领域、国家 102 项重大工程项目等开展重点高端营销，积极跟进省行宣讲团对接项目。截至年末，北安市铁西区市政公共设施建设项目，审批 3 亿元，全年投放 0.53 亿元，12 月末贷款余额 1.91 亿元。同时，对重点客户营销工作稳步推进。农发行北安支行与农业农村局及乡村振兴服务中心签订战略合作协议。按照年初制定营销计划，多次到北安市发改委、招商局、农业农村局等政府职能部门进行营销对接。积极营销北大荒集团，全面了解垦区资金需求情况，从粮食统营、制种基地流动资金、有机食品等方面入手，深入探讨合作可能。重点关注国家 102 个项目及省“十四五”规划项目，先后对接入库项目 60 个。深入企业尤其是中小微民营企业进行营销，重点对辖内具有代表性的大龙种业等 5 户制种企业、北安市爱购网络科技有限公司、黑龙江佩彤农业发展有限公司、北安市忠民粮油加工厂等26户企业进行营销调研，纳入客户储备库。

从严治党管行　以案件调查为切入点狠抓纪律作风，截至年末，农发行北安支行派“三合一”专员1人参加省分行组织的常规巡察，历时1个月，形成报告全面完成巡察任务。同时，“三合一”专员全程参与巡视整改监督工作，监督粮食库存核查3次，疫情防控3次。全年全行在历次检查中，对1人进行批评教育、对1人进行违规积分处理。在“三合一”专员对银行班子成员考核中，完成廉政“画像”3份，细化完善4名科级管理岗位人员的廉政档案。积极配合内外部纪检监察部门开展相关案件调查工作。农发行北安支行巡视整改工作贯穿全年，党支部对标对表不同阶段整改任务，不断总结提高，在整个巡视整改过程中，根据不同专业条线，抽调人员成立整改专班，行长负责牵头抓落实。截至年末，对集中整改期的100个问题，制定261条整改措施并全部完成，其中集中整改期完成数量197条，长期整改任务64条。全年召开研究巡视整改支委会议6次、专班会议1次、党支部支委会首议题学习8次。总体上看，巡视整改成果为全行促提升、强管理提供强大内生动力。　（刘慧琳）

【中国工商银行北安支行】　2022年，中国工商银行北安支行（以下简称“工行北安支行”），实现拨备前利润4501万元，净利润4476万元，实现中间业务收入390万元，同比增收58万元。受政策因素影响，传统业务、中间业务收入锐减。面对经营环境的新变化、竞争市场的新形势、中间业务发展的新挑战，工行北安支行将代理业务作为创新增收渠道，采取多项措施，强化保险销售推动工作。通过举办沙龙，企业微信宣传、电话邀约等方式积极营销保险，其中期交保险销售计划完成率117.1%，实现全区排名第二，绝对额第一。各项存款余额460765万元，较年初增长67402万元，其中储蓄存款余额363330万元，较年初增长47026万元，比2021年多增4.68亿元；对公存款时点余额95723万元，较年初增长2.06亿元，比2021年多增2.07亿元。公司存款时点余额40087万元；机构存款时点余额55585万元，较年初增长1.21亿元，对公存款时点余额及增量实现同业排名双第一。各项贷款余额6.29亿元，较年初下降0.4亿元，其中公司贷款余额1.56亿元，较年初下降0.4亿元，比2021年下降0.4亿元，个人贷款余额为4.73亿元。不良贷款余额0.027亿元，不良率0.41。北安工行各项贷款余额同业排名第一。

市场拓展　工行北安支行强化联动机制，拓户成效显著。围绕省分行提出的“拓户、增量、提质”发展目标，抓全量客户拓展，做强公私联动。把代发工资拓户作为工作重点，建立以网点为中心的营销团队开展营销。坚持“不唯资产、不唯存款、只唯客户”工作目标，把拓户作为大零售转型重中之重。同时，工行北安支行巧借资源实现信用卡客群拓户，并利用周末时间集中开展外拓营销。通过营销，现场解读，将金融产品、金融知识送到百姓手中，手把手教学，让客户快速学会、深入了解，增强客户黏性，维护稳定老客户同时拓展新客户，以对公结算账户的发展带动客户价值贡献的提升。截至年末，工行北安支行累计发放制造业贷款1.25亿元。

风险管控　工行北安支行紧紧围绕全行高质量发展中心任务，以杜绝发生案件和重大风险事件为管控目标，夯实管理基础。坚持两手抓、两手都要硬的方针，一手抓经营发展中心工作不动摇，一手抓内控案防管理基础不松劲，认真落实员工思想分析制度和案件防范分析制度，确保经营管理上零事故、零案件，切实提升内部管理水平和风险防控能力。　（刘彦成）

【中国农业银行北安支行】　2022年年末，中国农业银行股份有限公司北安市支行（以下简称“农行北安支行”）各项存款余额80.78亿元。其中，个人存款余额73.89亿元，日均余额65.74亿元；对公存款余额6.89亿元，日均余额7.96亿元。存款规模逾80.78亿元，较年初净增7.73亿元；投放农贷840笔，金额2.11亿元，其中惠农e贷835笔，金额2.10亿元。全年投放法人贷款44笔，金额3.64亿元，投放稳企稳岗贷款3笔，金额0.10亿元。实体贷款余额5.08亿元，较年初净增–2.31亿元。实现中间业务收入1588万元，同比减少39万元。实现营业收入1.37亿元；净利润5421万元，同比减少1723万元；拨备后利润8086万元，比2021年减少1406万元。

业务产品创新　2022年，农行北安支行投放2户银团项目贷款2.45亿元。在客户准入、项目评估、评级授信环节上扎实工作，有序推进，提高银团项目贷款工作效率和质量，保证贷款及时发放，满足了客户需求，为银企合作打下良好的基础。

服务乡村振兴　2022年，农行北安支行积极响应乡村振兴战略，全面开展农户信息建档工作，准入行政机构65个，农户建档2649户。不断提高乡村振兴金融服务覆盖面，为农户提供贴身服务，让偏远地区的小微企业也能够获得全面丰富的金融服务。

基础设施建设　2022年，农行北安支行对支行本部大楼进行修缮，解决大楼外观、员工工作环境不佳等问题。年内完成11个网点维修改，辖内网点维修改造基本完成，网点面貌焕然一新。

风险管理　2022年，农行北安支行强化运营、保卫、科技、内控和案件预防风险管控，制定运营管理考评、对账考核办法及业务凭证传递规程等考核办法，加强了柜面业务在线监控和现场监督检查，推进了运营管理工作标准化、制度化；强化员工参与民间融资，非法集资等行为排查和重点岗位人员异常行为管控。全年预警笔数1396条，未发生重大声誉风险事件发生，实现全年安全平稳运营。（姜传友）

【中国银行股份有限公司北安支行】截至2022年年底，中国银行股份有限公司北安支行（以下简称“中行北安支行”）人民币存款时点余额（不含结构性存款）218994万元，较年初新增27472万元，增幅14.34%。其中，对公存款时点余额26073万元，较年初新增7309万元；对私存款时点余额192921万元，较年初新增20163万元，实现业务净收入2504万元，增幅9.06%。全年实现贷款时点余额28816万元，较年初新增15441万元。其中，对公贷款余额11968万元，较年初新增9858万元；个人贷款余额16848万元，较年初新增5583万元。贷款不良率0.52%，比2021年下降1.09个百分点。

支持北安经济 2022年，中行北安支行多措并举支持抗疫复工，加大防疫重点企业授信支持，助力金融“疫”，持续加大对实体经济支持力度，贯彻执行省分行制定的促进黑龙江分行人民币贷款业务高质量发展的若干措施，及时下调5年期贷款利率0.15个百分点。中行北安支行推出中银企e贷中的银税贷、信用贷、惠担贷、抵押贷等线上对公产品以及企业流动资金贷款、政府采购类贷款、涉农企业贷款等线下对公贷款产品。同时为了支持小微企业以及个体工商户的经营发展，中行北安支行还推出对私信贷产品，包括线上产品中银e贷“e抵贷”以及线下产品个人经营贷、烟商贷、医药贷、涉农企业贷、复工贷以及象屿公司模式仓单质押贷等。积极落实政府信贷扶持政策，为小微企业办理延期还本付息业务。对私个体工商户贷款860万元，双稳贷250万元。中行北安支行积极创新，拓展农产企业粮食银行授信项目，有效解决企业融资难的问题。同时以支持“三农”为己任，依托北大荒数字农服系统，推出个人线上农贷产品——惠如愿e农通，投放涉农贷款共计6895万元。

业务发展 2022年，中行北安支行落实省分行发展政策，持续做好“双户双基”工作。公司条线持续深化对公流程导入工作成果，实现对公结算账户的快速增长。个金条线与北大荒集团线上农贷业务合作机会，为北大荒集团北安分公司下辖农场办理乡村振兴卡1000多张，并开通手机银行、快捷支付、短信通知、医保C端、生活缴费、三方存管等产品。对公账户新开353户，账户净增157户；发挥外汇品牌优势，办理外币存款业务，市场份额仍居同业之首。

·解释说明·

“双户双基”：双户是指普通活期账户和银行结算账户；双基是指基础管理和基层管理。

党建工作 2022年，中行北安支行把学习宣传贯彻党的二十大精神与坚持党的领导、推进全面从严治党、业务经营发展相结合，掀起学习热潮，累计参与学习176人次。加强和改进领导班子建设，召开班子碰头会、支委会24次，研究解决发展中面临的困难和问题。落实中央八项规定及其实施细则精神，把党风廉政建设作为党的建设重要内容，与业务经营管理同研究、同部署、同落实，开展“四风”问题专项检查1次。

风险管理 2022年，中行北安支行扎实开展案防专项整治工作，组织大反思、大讨论活动1次。压实各党组织班子成员“一岗双责”，压实各机构、各部门“一把手”案防责任，加强内控合规文化建设。常态化开展全行性警示教育活动，组织员工利用中银研修平台参加内控合规和清廉金融文化建设警示教育、案件高风险领域案件警示教育，防范非法集资培训、问责制度培训，强化合规案防宣导920人次。建立案防工作机制，年初制定内控检查工作计划，利用现场与非现场形式开展季度常规检查和专项检查，狠抓审计、监管及各种内外部检查发现问题的整改，坚决杜绝屡查屡犯。

重要活动 2022年5月12日，经中行北安支行协调，促成北安市政府与中国银行股份有限公司黑龙江省分行召开业务座谈会，双方围绕进一步工作对接、完善合作机制、推进多元互动和重点项目、中小企业融资需求、信贷政策支持等方面进行广泛交流。

（金立成）

【中国建设银行股份有限公司北安支行】2022年，中国建设银行股份有限公司北安支行（以下简称“建行北安支行”）实现全口径存款余额23.04亿元，本年新增1.75亿元，增幅8.24%。全口径存款余额列四行第三位，新增额列四行第四位。其中，对公存款余额1.55亿元，本年新增1818万元，增幅13.26%。余额列四行第四位，新增额列四行第三位。个人存款余额21.49亿元，本年新增1.57亿元，增幅7.88%。余额列四行第三位，新增额列四行第四位。全年累计投放各类各项贷款余额为3.72亿元，本年新增0.43亿元，增幅12.91%。贷款余额为3.72亿元，当年增幅为12.9%列四行第三位，新增额列四行第二位。其中对公贷款余额5127万元，比年初下降39万元；个人贷款余额3.20亿元，本年新增0.43亿元，增幅15.48%。实现中间业务净收入519万元，同比减少205万元。截至年末，建行北安支行不良贷款余额245.13万元，比年初增长29.62万元；不良贷款率0.66%，与年初持平。全年实现考核税前利润2430万元，比2021年增长547万元，增幅29%。有对公有效客户387户，比年初增长42户；折算后1066户，比年初增长83户，实现“龙智赢”有效户66户，完成上级行计划110%。累计发行三代社保卡2622张，激活率98%。利用建行产品的特点和优势，客户部和网点协同联动，小微快贷业务授信179笔，金额 3509 万元。积极对接市农业局、农经站，营销服务组织在本行开立资金监管专用账户 13 户。

不良资产处置　2022 年，建行北安支行围绕进一步加快不良资产处置进度，努力实现贷款回收最大化的工作目标，持续开展逾期和不良贷款清收工作。对出现逾期的客户进行电话、上门催收，了解客户经济变化及还款意愿，传导因征信问题会给借款人带来的影响等，能收尽收。通过催收，收回逾期贷款 9 笔（含普惠），金额 115 万元。对已进入不良的贷款，在催收无果后，立即启动诉讼程序，全年申请诉讼 5 笔，通过贷款催收回收不良贷款 18.85 万元；通过诉讼收回不良贷款 2 笔，回收金额 7.02 万元。

安全内控管理　2022 年，建行北安支行定期召开安全会议，认真部署落实安全工作。全年召开安全专题行务会议 8 次、全行员工大会 5 次，细化防抢劫、防诈骗、防盗窃、防火灾等安全制度措施；开展经常性的预案演练和安全检查，每月一次预案演练、每半年一次消防实战演练、每周一次安全检查，确保安全无事故。同时，将员工行为排查常态化，实时关注员工思想行为变化，全年开展员工排查工作 3 次，致力将隐患消除在萌芽状态，确保全行工作安全稳定向前发展。

支持农业发展　2022 年，建行北安支行本轮投放期累计投放的押云贷 133 笔，金额 7500 万元；农户快贷投放 1455 笔，金额 17163 万元，同比增长 7774 万元；垦区农户快贷投放 353 笔，金额 23647 万元。为践行新金融理念，扩大乡村市场客户基础，积极宣传推广本行“裕农通”乡村振兴综合服务平台，通过“裕农通”业主扩大获客渠道，全年有服务点 94 个，累计活跃 82 个，活跃率 87%；本年新增签约农户 178 个，累计签约农户 1501 户；通过裕农通业务组织农户信贷推广 10 余次，参与人数近百人，签约农户快贷成功率约 70%。

防疫抗疫　2022 年，建行北安支行积极落实国家疫情防控政策和助力北安市全民核酸检测、新冠疫苗集中接种、统计工作。派出员工 200 人次参与市委、市政府和社区组织的疫情防控工作。全年进行核酸检测 21 次，检测群众人数 11000 多人。同时，负责包保小区 500 多户居民的出入登记、蔬菜发放等工作，对稳定群众和控制疫情发展起到积极作用。

思想建设　2022 年，建行北安支行党支部牢固树立“抓好党建是本职、不抓党建是失职、抓不好党建是不称职”的理念，始终把党建工作纳入一把手工程，定期召开党建工作会议，研究解决重大问题。坚持把思想政治建设当作一条主线贯穿于整个党支部工作的全过程，以建立学习型党支部为突破口，提高广大党员干部的政治思想理论水平。开展灵活多样的形式组织学习，确保政治理论学习卓有成效。抓党史学习教育，构筑坚强党支部战斗堡垒，推进党史学习教育广泛深入开展，创新学习教育形式，开展党建系列活动。大力开展“助力乡村振兴，服务千万农户”金融下乡活动。履行社会服务义务，体现大行担当。（刘　忠）

【中国邮政储蓄银行北安市支行】　截至 2022 年年末，中国邮政储蓄银行北安市支行（以下简称“邮储银行北安支行”）辖内有网点 2 个，员工 72 人。资产规模 5.16 亿元，比 2021 年同期增加 0.87 亿元，各项存款（本外币合计）9.8 亿元，增加 0.1 亿元；各类贷款余额 5.16 亿元，增加 0.87 亿元；不良贷款率 0.8%。邮储银行北安支行业务收入持续攀升。截至年末，全行业务总收入实现 5274.55 万元，绝对值增长 979.49 万元，增幅 22.81%。其中，公司业务收入实现 335.68 万元，较 2021 年下降 27.79%；个金业务收入实现 1706.22 万元，较 2021 年提高 14.53%；信贷业务收入实现 1828.71 万元，较 2021 年提高 15.91%。负债业务方面，个金业务储蓄余额再创新高。全年净增 0.8 亿元，年末时点余额 9.3 亿元；发放社保卡 2367 万张；信用卡发放 1097 张，其中新客发卡 1076 张；理财保有量为 13910.28 万元，实现中间业务收入 49.02 万元。本年全行公司业务存在缺口，存款余额为 0.47 亿元，月减少 0.59 万元，照上年下降 0.84 亿元，拉低全行总收入。资产业务方面，信贷业务规模持续增长，贷款结构不断优化。全年全贷种放款 51780.09 万元，结余 51626.37 万元，全市净增排名第四位。其中，“三农”个人经营类贷款放款 49354.6 万元，结余 32396.39 万元，全市净增排名第四。消费信贷放款 2425.49 万元，结余金额 18857.69 万元，全市净增排名第三。小企业贷款放款 14121 万元，结余 14001 万元，全市排名第二。全年收回不良资产 271.89 万元，核销不良资产 77.35 万元。

内控案防　2022 年初，邮储银行北安支行全面案件防控方案，确定领导小组成员及相关职责，实现上下联动、齐抓共管的案防工作格局。及时落实上级行新规章制度，确保新规章新制度的准确实施；同时注重遵守保密制度，严格规范各类宣传资料和内部资料的传递流程，外部报送资料经审核后上报。全年组织开展 3 次案例警示教育、2 次案件风险排查、2 次营业场所销售行为排查、4 次非法集资排查等方面工作，有效化解各类风险和隐患；召开 4 次案防例会，分析案防形势和风险点，堵塞案防漏洞和风险点；组织开展 2 次消防安全知识培训、4 次防火及防抢等暴力事件演练，提高全员的应对处理突发事件的能力。

业务拓展　2022 年，邮储银行北安支行以 CRM 系统为依托，督促全员加强系统使用，做大客户综合价值。支行长、客户经理、理财经理、柜员、信贷客户经理明确分工，分级维护营销。跨条线营销存量客户，提高客户在北安支行产品的持有率。结合客户需求及产品特点，联动提供综合金融服务，同时，坚持一岗多能，全面发挥各岗位联动营销效能。截至年末，个人储蓄存款时点余额9.3亿元，比2021年增长9.8%；本年新增0.83亿元；价值存款时点余额7.7亿元。

长期期交竞赛　2022年，邮储银行北安支行积极落实市分行《“奋战30天，全面完成年度期缴保险发展目标”营销活动方案》工作部署，全员行动，强化营销。第一时间召开会议进行重点布置，由银行领导分别带领各部门包保三个二级支行强化业务营销，各岗位分工明确，必须保质保量完成目标。通过全员营销，活动期间实现期交保险销售277万元，中邮长期期缴完成194万元，完成本年中邮长期期交计划的100%。

三年期存款压降　截至2022年12月末，邮储银行北安支行三年期存款结余0.866亿元。三年期存款年初余额1.1亿元，本年到期三年期5502万元，应向下压降2200万元。按照到期的35%进行压降，黑河市分行计划压降1927万元，本行共计压降2435万元，超额完成三年期压降目标。

疫情防控　2022年，邮储银行北安支行充分发挥基层党支部和广大党员干部先锋模范作用，累计参与全市值守工作2000余人次。将办公区和营业区实行精细化管理，分摊到具体责任人，办公区设置楼长、层长，对整栋办公楼进行全面安全管理，办公区实行人员出入检查制度；营业网点支行长负总责，由保安和大堂经理配合指导客户严格执行“三宝”，设置“一米线”分流限流等工作，保证物资的充足。

思想建设　2022年，邮储银行北安支行深入学习贯彻习近平新时代中国特色社会主义思想。通过“三会一课”等线下集中学习方式结合网络学院、中邮先锋App等线上自学方式，累计开展相关学习13次，累计参与学习234人次、1726课时。深入学习党的二十大精神，进一步提高对增强“四个意识”、坚定“四个自信”、做到“两个维护”的政治认同、思想认同和情感认同；在坚决贯彻落实党中央各项决策部署上，行动更加坚决、措施更加有力，把党建工作和生产经营同安排、同部署，把党建资源转化为发展资源，把党建优势转化为发展优势，把党建成果转化为发展成果，推动党建工作与疫情防控、经营发展、脱贫攻坚、网点转型等中心工作深度融合，顺利完成年初预定的各项工作目标。

（周炬寒）

【北安农村商业银行股份有限公司】截至2022年12月末，黑龙江北安农村商业银行股份有限公司（以下简称“北安农商银行”）资产总额707758万元，较年初增加101218万元，增幅16.69%。负债总额677538万元，较年初增加99298万元，增幅17.17%。全年实现贷款利息收入15000万元，资金业务收入10753万元，中间业务收入246万元；利息支出13305万元，业务管理费8168万元，金融机构往来支出268万元；利润总额2792万元，净利润2681万元。2022年，获黑河市政府颁发的“黑河市三八红旗集体”称号。各项贷款余额258915万元，较年初增29217万元，增幅12.72%。各项存款余额647543万元，较年初增加127912万元，增幅为24.62%。

存款业务　截至2022年12月末，北安农商银行各项存款时点余额647543.30万元，较年初增加127912.78万元，增幅为24.62%。其中，对公存款余额44597.40万元，较年初下降7320.29万元；储蓄存款余额601598.33万元，较年初增134908.34万元；保证金存款余额1347.57万元，较年初增加324.72万元。各项存款日均余额569814.73万元，较年初增加130779.71万元。其中，对公日均余额38941.83万元，较年初增加7158.55万元；储蓄日均余额529667.44万元，较年初增加123269.96万元；保证金日均余额1205.46万元，较年初增加351.20万元。

信贷业务　截至2022年12月末，北安农商银行各项贷款时点余额258915.2万元，较年初增加29217.06万元，增幅为12.72%，各项贷款日均余额259510.7万元，增幅为12.62%，年内到期贷款总额247948万元，已回收244239万元。不良贷款余额6951.69万元，不良率2.68%。存量不良贷款余额3742.81万元，较年初压降2777.62万元。全年表内新增不良贷款总额5710.12万元，余额3208.87万元，压降额2501.25万元。全年表外不良贷款余额26632.01万元，较年初压降608.3万元。其中，压降省联社考核范围表外不良贷款564.22万元，完成清收计划704万元的80.14%；压降黑河农商银行考核范围表外不良贷款44.08万元，完成清收计划80万元的55.1%。

电子银行业务　截至2022年12月末，北安农商银行实现电子银行业务收入189.06万元，完成省联社、黑河农商银行全年156万元计划的121.19%。全年开发手机银行客户数累计55380户，本年纯增9252户；聚合支付有效商户542户。

监管指标　截至2022年12月末，北安农商银行资本充足率12.58%，高于监管要求2.08个百分点；不良贷款率2.68%，较年初下降了0.16个百分点，低于监管要求2.32个百分点；拨备覆盖率165.80%，高于监管要求15.8个百分点；拨贷比4.45%，高于监管要求1.95个百分点。

服务“三农”发展　北安农商银行不断增强“三农”发展服务意识，全面提升金融服务功能，为保障国家粮食安全，助力乡村振兴，助推地方经济发展不断贡献金融力量。全年累计发放涉农贷款11146笔，金额237256.51万元。截至2022年末，涉农贷款余额187655.84万元，较年初增加25980.43万元，增幅16.07%，占各项贷款余额比例的72.48%。保障粮食生产安全，年内投放备春耕贷款4887户，金额195759.74万元，比2021年增幅21.8%。其中，农户贷款4837户、金额163209.74万元；农民专业合作社贷款17户、金额12530万元；农业企业

北安农商银行组织员工收听收看中国共产党第二十次全国代表大会

（北安农商银行　供图）

贷款33户、金额20020万元。为解决农户担保难、融资难问题，北安农商银行制定《粮食预期收益抵押贷款管理办法》，为农民增收、农业增效提供更加精准、专业的金融服务。支持辖内种粮大户及合作社20户，发放粮食预期收益抵押贷款13672万元。研究制定《粮食收购贷款管理暂行办法》，加大对粮食收购的全产业链支持力度，通过多种担保方式满足各类粮食收购企业资金需求。全年发放粮食收购贷款40户57笔，金额30085万元，余额26143万元。北安农商银行为满足北安市内脱贫人口还完再贷客户、边缘户对新资金的需求，为贫困人口的可持续脱贫、农村经济长足发展提供信贷支持。全年扶贫小额贷款及脱贫人口小额贷款余额16497.65万元，涉及3509户3978笔。

城区个人贷款　北安农商银行为满足城区居民生产生活需要及消费需求、促进地方经济发展，开发了“工薪贷”“个人住房按揭”“营运车辆按揭”等贷款品种业务，以满足多元化金融需求。全年“工薪贷”累计发放14965.67万元，余额8101.23万元；个人住房按揭贷款累计发放3182万元，余额12222.81万元；营运车辆按揭贷款累计发放5251.25万元，余额5293.99万元。以上贷款年内累计发放合计23398.92万元，余额合计25618.03万元，占各项贷款余额比例的9.89%。

“第三代社保卡”业务　北安农商银行积极与北安市社保局、医保局、税务局等部门沟通协调，确保代理社保业务的顺利进行。同时“第三代社保卡”业务的开办进一步沉淀了低成本存款资金，提升了低成本资金占比。北安农商银行全年办理第三代社保卡120584户，其中涉农补贴41819户、民政救助人员21168户、特扶特困人员4468户，开通占比分别为84.65%、87.53%、86.61%。截至12月31日，第三代社保卡存款余额14663.05万元，有效拉动储蓄存款增长的同时进一步提高了社会影响力。北安农商银行累计办理代理社保业务168524笔，涉及金额8035万元。

支持小微企业　北安农商银行全力支持小微企业发展，持续推进普惠金融。截至2022年末，小微企业（含个体工商户、企业主）贷款86568.95万元，较年初77493万元增加9075.95万元，增幅11.71%，占各项贷款余额比例的33.55%。其中，普惠小微企业贷款增速17.34%，高于各项贷款增速4.62个百分点。推动降低普惠型小微企业贷款的综合融资成本，简化办贷手续、降低贷款利率，全年普惠加权利率6.67%，较上年同期下降0.25个百分点。为小微企业纾困解难，落实延期还本付息政策。年内累计为中小微企业、个体工商户、小微企业主实施阶段性延期还本付息政策，共22户22笔，金额7682万元；为普惠小微企业实施阶段性延期还本付息政策，共17户17笔，金额3982万元。

百日清收攻坚行动　北安农商银行为积极化解不良资产，防范金融风险，开展“百日清收攻坚行动”。汇聚内外力量，在社会面形成强大的高压态势和强有力的威慑。全年通过“百日清收攻坚行动”共处置不良贷款450笔、处置金额17681.15万元。　（赵　晶）

【龙江银行股份有限公司黑河北安支行】 2022年，龙江银行股份有限公司黑河北安支行（以下简称“龙江银行北安支行”）坚持普惠金融发展理念不动摇，以金融力量加快推动企业提质增效、农村生态宜居、农民持续增收，更大领域推进乡村振兴。截至2022年底，龙江银行北安支行营业收入2459万元，实现净利润1419万元，两项指标均完成分行任务计划。存款余额20.49亿元，比年初增加2.96亿元。其中，个人储蓄存款19.32亿元，比年初增长3.73亿元，对公存款1.17亿元。贷款余额8260万元，比年初下降5542万元。个人手机银行签约1653户，借记卡累计发放65332张，个人客户59865人。全年累计销售理财14756笔金额12432万元；代发工资77932户代发金额6788万元。全年表内外清收不良贷款236.81万元，其中表内55.61万元，表外181.2万元。

服务实体　龙江银行北安支行认真贯彻北安市委及上级行的重要决策部署，以“服务龙江经济、服务普惠零售、服务中俄经贸为宗旨”做好服务工作。全年累计投放普惠小微贷款53笔金额5662万元，普惠金额6691万元较年初增长800万元、户数74户。

风险管理　龙江银行北安支行以提升资产质量、防控信贷风险为目标，扎实做好风险管理工作。持续开展合规教育培训，以安全隐患排查为重点，加大重点岗位员工排查力度，组织开展2次案件风险排查，2次员工风险排查，2次案例警示教育，4次非法集资排查，召开4次案例例会，有效增强员工整体防范意识、提升安全防范能力，进一步提高风险防控能力和风险管理水平，确保全行各项业务稳健发展。

党建工作　在市委和上级行的正确领导下，龙江银行北安支行积极组织开展支部“能力作风建设”年、学习贯彻党的二十大精神、学习优秀党员的先进事迹、专题党课、主题党日、重温入党誓词、我为群众办实事等多项活动，切实把思想和行动统一到习近平总书记一系列重要讲话精神上来，并将其落实到自己的实际工作中去。通过线上线下等学习方式累计开展相关学习17次，参与学习人数137人次，通过App线上答题12次，组织主题党日活动12次，参与人数45人次。

扶贫攻坚　龙江银行北安支行积极配合市委、市政府的战略要求，与村委会扶贫组建立良好关系，及时帮助贫困户解决在日常生活中遇到的困难。本行扶贫人员定期与贫困户进行面对面沟通，宣传医疗政策、金融政策、教育政策、安居政策等，努力降低日常支出，减轻生活压力。全年投入扶贫费用5000多元。

疫情防控　面对北安市突如其来的疫情，龙江银行积极响应市委、市政府号召，严格落实24小时值班值守制度。帮百姓解决“急难愁盼”问题，舍小家为大家，参与值守89天，参与人次600多人。营业厅密织网点“防护网”，为办理业务的客户和本行员工健康都筑牢安全屏障，及时关注客户数量，做好客户分流。坚持每日对网点进行全面消杀4次，对回笼现金进行每日6次的全面消毒，保证广大市民用上放心钱。

（万常娟）

保　险

【概　况】　截至2022年年末，北安市有29家县级保险公司，其中财产险保险公司15家，人寿保险公司8家，保险中介机构6家。保险从业人员1365人，其中保险销售人员1209人。全年全市保险业实现原保费收入5.73亿元，比2021年减少4.18%。其中，财产险公司实现保费收入2.19亿元，比2021年减少5.19%，人身险公司实现保费收入3.48亿元，比2021年减少4.66%。全年全市累计赔付支出1.71亿元，比2021年减少7.01%。其中，财产险公司赔付支出0.92亿元，比2021年减少18.58%。人身险公司赔付支出0.78亿元，比2021年增长10.39%。农业保险累计为北安市10万公顷主要农作物及赵光、红星、建设、长水河四个农场提供风险保障，全年农业保险赔付0.48亿元，为服务“三农”提供充分保障。

（朱紫滕）

【中国人民财产保险股份有限公司北安支公司】　2022年，中国人民财产保险股份有限公司北安支公司（以下简称“人保财险北安支公司”）下辖4个营销服务部、2家“三农”营销服务部、9个保险服务站、62个保险服务点，服务网络遍及城乡。中国人保财险北安支公司全年开办业务险种5个系列，分别是财产保险、车辆保险、责任保险、农业保险、意外健康险，共提供241个险种为客户服务。实现保费收入4627.94万元，累计承担风险责任近210.3亿元，缴纳和代收税款超260万元。其中，车辆险1737.46万元、商业非车险492.93万元、政策性农业险2397.55万元。赔付支出2584.07万元。承保利润797.38万元，其中车险285.35万元、个非27.35万元、商团123.89万元、农险360.8万元。车险方面虽然市场份额比2021年下降1.4%，高于平安公司2.6个百分点，持续保持市场第一位。年内，人保财险北安支公司作为主承保公司开办“龙江惠民保”项目，承保北安职工和居民补充医疗保险。

服务实体经济　人保财险北安支公司服务发展实体经济，险种覆盖面逐年稳步提升，开拓财产险业务规模。通过开办企业财产保险、雇主责任保险、政策性养殖业保险等险种，为宜品努卡、都尚环境、汽车产业园等辖内支柱企业提供风险保障超50亿元。同时加强客户服务创新工作，通过移动互联网平台、线上化承保和理赔服务，提升客户满意度。

扶贫工作　人保财险北安支公司联合杨家乡模范村委会对该村脱贫户进行定期走访、帮扶。“三农”营销服务部依托政企合作平台，主动承接助力乡村振兴，致力于建立起渗透城乡的医疗、救助、扶贫等全方位的社会服务网络，提供更加充足和全面的保险保障。全年为脱贫户提供78.6万元的种植业风险保障，为全市受灾农户给予1384.36万元赔付，并持续对接帮扶村定期入户走访、答疑解困。

支农惠农　人保财险北安支公司在农业保险方面全年实现保费收入2397.55万元，农网车险、非车险业务收入390余万元。于10月末，农险理赔工作保质、保量、提前完成市公司制定的时间节点、计划，完成市公司下达的管控目标，简单赔付率56%，起到了社会稳定器的作用。在市域推行“一县多品”发展战略，沟通协调市政府及财政部门，做好新增规模和新增险种申报工作，全年新增种植业完全成本保险，试点承保面积约1333.33公顷。在2022年政策性农业保险承保机构公开竞争性遴选工作中，北安支公司取得75%以上的规模份额，位列当地市场第一名。

防灾救灾　人保财险北安支公司发挥人民保险的价值属性，时刻准备奋战在防灾减灾与抗灾抢险第一线。制定符合北安实情的《大灾理赔减损方案》，

并根据“方案”成立北安支公司防灾防损工作专班。同时，公司运用“耘智保”以及无人机等进行临灾布控、灾情探查。（王福新）

【中国人寿保险股份有限公司北安支公司】2022年，中国人寿保险股份有限公司北安支公司（简称“北安人寿”）设有七部一室，下设通北镇、赵光镇、红星农场、建设农场、石泉等5个乡镇营销服务网点。全年总保费收入17312.24万元，比2021年负增长9.28%；新增保单收入1986.81万元，比2021年负增长22.41%；续期保单收入15325.43万元，比2021年负增长7.82%，总赔3719.13万元，比2021年负增长3.04%。个险渠道：全年长期险首年标保402万元，预算达成率51.2%。保障型10年以上期缴228万元，预算达成率60.1%;短期险保费355.73万元，预算达成率96.8%。个险渠道短险业务指标达成2022年度平均进度，其他关键指标因疫情原因呈下滑趋势。银保渠道：全年首年期缴152.69万元，预算达成率89.82%; 5年期以上首年期缴30.8万元，预算达成率60.39%；标保完成6.76万元，预算达成率56.3%；银保短险4.35万元，预算达成率174.02%。团险渠道：全年大短险保费823.68万元，全市排名第二，团短险生效保费481.19万元，全市排名第五，其中学平险270.71万元，病员安康20.66万元，女性安康5.44万元，失独家庭及法人客户53.20万元，指定场所45.64万元，政策性业务32.25万元，其他53.29万元。全年健康险完成保费1685万元，大健康完成3090人。服务权益领取240人，理赔4279人次，大病补偿1294万元。

销售队伍量质提升　2022年，北安人寿个险渠道在稳定队伍规模的前提下，提升队伍质态，增强队伍硬实力。全年营销队伍预算目标：增员率达到1%，达成率10%；季均有效人力达成60人，达成率95%；度月均星级人力达成12人，达成率100%。新晋组经理2人。

运营服务　2022年，北安人寿全面推进客户服务工作。通过投诉处理新举措，全年有效投诉比2021年下降23.5%，受理工作量5211件，其中保全业务82.82%，收付费业务17.18%，平台占比统计，柜面人工窗口49.12%，智慧柜员机46.27%，空中客服3.7%，国寿e柜1.54%。系统统计占比：8版股份70.52%，健康短险13.97%，投连万能6.89%，7版集团5.57%，集团老业务1.86%，团体年金0.94%，用户中心0.21%，统括年金0.04%。理赔e店业务可统计数据为946笔。保全智能化得分117.76分，个人总件数22010件，e化率99.7%。团体总件数4件，e化率100%。销售人员自保件3857件，办理3846件，服务率99.71%。客户关键信息质量方面，全年达成短险9480件，完整率、准确率均达100%。长险104171件完整率99.91%准确率99.83%。集团长险8368件完整率93.38%准确率94.89%。客户服务覆盖率VIP 3星至5星，人数129、兑换23人。

竞争能力提升　2022年，北安人寿上下内比系统、外比市场，通过“开门红”“五六联动”“八九联动”“年度收官”等阶段战役创新突破，保障型10年期以上期缴业务跻身并稳居全市第一位，较好地发挥县支公司的担当作用。风险防控强化风控责任。进一步强化风控主体责任，明晰“一岗双责”履职清单，完善考核激励和荣誉体系。聚焦销售误导、虚列费用、给予保单以外利益等违法违纪问题，强化综合治理和问责处理，规避监管处罚风险；强化销售末端管理，打击非法集资、承诺保单收益等违法行为；关注客户投诉风险高发的苗头，建立首问责任制，源头治理客户投诉问题，提升舆情应对能力，切实保护客户权益；加强考核数据真实性监督检查，坚决杜绝虚假增员、虚假举绩等弄虚作假行为。创新风控手段，提升风险监测、预警提示效果；加强和监管机构的沟通对接，推动偿二代风险综合评级、人行反洗钱评价结果最优。加强资产管理和留存资产处置。加强基建项目序时进度管理，严格资产项目流程审批和风险管控，以高度的责任感，稳妥、有序、合规、快速完成留存资产处置。

风险防控　2022年，北安人寿强化风控责任。进一步强化风控主体责任，明晰“一岗双责”履职清单，完善考核激励和荣誉体系。聚焦销售误导、虚列费用、给予保单以外利益等违法违纪问题，强化综合治理和问责处理，规避监管处罚风险；强化销售末端管理，打击非法集资、承诺保单收益等违法行为；关注客户投诉风险高发的苗头，建立首问责任制，源头治理客户投诉问题，提升舆情应对能力，切实保护客户权益；加强考核数据真实性监督检查，坚决杜绝虚假增员、虚假举绩等弄虚作假行为。创新风控手段，提升风险监测、预警提示效果；加强和监管机构的沟通对接，推动偿二代风险综合评级、人行反洗钱评价结果最优。加强资产管理和留存资产处置。加强基建项目序时进度管理，严格资产项目流程审批和风险管控以高度责任感，稳妥、有序、合规、快速完成留存资产处置。

助力乡村振兴　2022年，北安人寿在乡村振兴工作中，多次深入到包扶村屯（北安市海星镇岚光村阳光屯）了解贫困户的生产、生活需求，建立健全扶贫档案。1月，购买生活物资米、面、粮油对26户已脱贫户进行春节前送温暖走访慰问活动，投入资金4498元。6月，对扶贫养殖鸡雏项目捐资2964元，保证了精准扶贫工作后续的经济收入，稳定了贫困户脱贫工作的后续力量。9月，工作人员带着月饼、猪肉，驱车100多千米到北安市海星镇岚光村阳光屯所包扶的26户脱贫户家中了解生产生活情况并进行慰问，送上中秋佳节前的祝福，投入资金1482元。

（吕彦明）

交通运输

综　述

【概　况】 2022年，北安市境内有国道2条（G202、G332），境内里程78.15千米。省道2条（S101、S214），即哈北公路66.69千米，前胡公路78.93千米。县道6条，公路里程85.03千米；乡道31条，公路里程252.30千米。村道299条，公路里程1644.26千米。专用公路23条，公路里程14.79千米。全市国家公路总里程2220.15千米。北安市交通基础设施建设投资完成1.01亿元（均为农村公路建设项目），比2021年增长11%，完成建设里程77.897千米；城市公交日均客运量2.8万人次。全市纯电动公交车占公交车总量的65.74%，新能源和清洁能源公交车占公交车总量的76.85%。（王　丹）

【春节运输】 2022年，春运始于1月17日，止于2月25日，为期40天。北安市完成旅客发送量99.15万人次，与2021年持平，其中道路运输完成客运量3.15万人次，与2021年持平；出租客运量96万人次，比2021年减少36%。（任海峰）

【交通管控与运输保障】 2022年，做好疫情防控车辆通行保畅工作，为应急运输车辆办理通行证1120个；帮助11家公司解决22项运输保畅问题。（邓博文）

【平安交通】 2022年，市交通运输局共召开安全会议15次，制定下发安全方面相关文件27个，深入企业日常检查百余次，层层签订安全生产目标管理责任书，每月召开例会、专题会议，及时传达北安市人民政府、黑河市交通运输局文件精神，安排部署各项安全生产工作。市交通运输局根据不同时期的不同任务，组织开展安全生产大检查15次，保证北安市道路、城市公交客运、交通建设施工安全无事故，实现特殊时段交通运输安全、平稳、有序的总体要求。（孙　奇）

【扶贫攻坚】 2022年，市交通运输局持续为脱贫户提供养殖、种植、涉企、务工、技术和政策等信息，并赠送鸡雏、鹅雏、生活用品1万余元，以多种帮扶形式巩固脱贫成果。市交通运输局另投入资金30多万元，维修破损路面2000多米，维修桥涵10多处，保障脱贫百姓生产生活出行畅通。为焕发乡村文明新气象，市交通运输局派驻北安市通北镇兴东村工作队积极筹划村级大院改造项目，由中交一工局实施承包建设，施工面积2000多平方米，总投资30多万元，计划把北安市通北镇兴东村村民委员会大院改造成一个文化大院。设计院内有图书室、阅览室和运动健身器材等，为村民们提供培训辅导、图书阅读、娱乐健身等各种文化活动。（王雪红）

公　路

【农村公路建设】 2022年，市交通运输局实施北安市农村公路建设项目共17项（含危桥改造项目1项），建设里程163.71千米，总投资额33292.71万元。已完成12项，完成建设里程77.90千米，完成投资19709.6万元。北安市辖区国有林场林区道路林下经济节点项目2项及乡镇通三级公路工程（通北镇—主星乡段）工程已完成路基工程和构造物，基层、面层结转2023年施工；赵光镇赵光六屯万头牧场保通便道工程因需保障招商引资项目厂区建设，暂缓施工，结转2023年；国有林场林区危桥改造项目完成钻孔桩基础工程量 50%。

（张连敏）

【农村公路运输服务网络】 2022 年，北安市交通运输局按照“城乡统筹、以城带乡、城乡一体、客货并举、运邮结合、试点先行”总体思路，结合全市地广人稀的特点，采取“点、线、面”相结合的方式，有针对性地开展农村公路运输服务网络建设。按照“多站合一、资源共享、应季开放”的模式，建立相对较为高效的货运站（场），解决农民生产物资购买、特色农产品销售难以运输的问题。全市所辖 9 个乡镇基建立了客运站，62 个行政村全部实现通客车，全部设立村邮站，实现 100% 直接通邮，快递进村率 100%。同时，为进一步提升农村客运的服务保障能力，增强广大群众的获得感、幸福感和安全感，市交通运输局以通北镇—北安市线路为试点，对存量农村客运班线进行整合，开通北安市城区至城乡公交客运，实现北安市所有乡镇公交全覆盖。

（任海峰）

【深化改革】 2022 年，《北安市农村公路养护体制改革方案》经中共北安市委常务委员会第七次会议及北安市人民政府第 22 次常务会议通过，将北安市地方养路费征收稽查所、北安市地方道路管理站及北安市货运站 3 家单位整合组建成北安市农村公路事业发展中心，负责北安市市属范围内县道、乡道、村道的道路规划、建设和养护工作，有效提升了北安市农村公路治理能力。

（王英莉）

【农村公路养护】 2022 年，市交通运输局本着“有路必养、养必到位”的目标，全年省、市、县三级财政投入农村公路养护资金 2231 万元，农村公路列养率 100%。在北安市城郊乡、北安市杨家乡打造两条示范路 24 千米；农村公路日常养护道路清除雪阻 120 千米，路基整修 170 千米，路树刷白 80 千米，疏通边沟 170 千米，路肩打草 200 千米，制作安装标志牌 150 个，补设里程碑 150 个。养护工程道路补坑槽 800 平方米，公路灌缝 150 千米，路基翻浆处理 19 条路，维修涵洞 22 个，处置 9 条路线隐患里程 100.61 千米，对道路沿线桥涵进行修复，完善安全生命防护设施，更换破碎板 36207 平方米。

（张连敏）

【国省干线公路养护】 2022 年，市交通运输局完成国道、省道道路养护里程 150.52 千米，完成路面灌缝 36430 延长米，路面修补坑槽 2084 平方米，整修路肩边坡 3500 多延长米，维修水毁涵洞 4 道，修复 S101 公路翻浆路段 4800 平方米，清挖淤塞排水沟 1600 延长米，完成北安市高速出入口重要窗口公路养护、保洁工作 7.61 千米，确保路面安全畅通，路容路貌干净整洁。市交通运输局治理桥梁河道，维护桥梁锥坡、疏通泄水口，消除桥梁交通安全隐患。全年累计路面清雪 6.5 万立方米，完成国、省干线公路除冰雪保通工作。汛期组织人保抢险所管养公路，保障公路正常通行。在国、省干线公路重要节点位置安装智能监控系统，利用视频巡查、网络监控等手段，创建“智慧公路”，确保干线公路安全畅通。

（姚　晶）

【交通运输治理】 2022 年，市交通运输局深入企业检查百余次。市交通运输局强化对北安市货运、快递物流安全监管。同时，市交通运输局同北安市人民政府多部门共同开展联合检查，组织开展打非治违“百日会战”、道路客运交通安全“雷霆行动”等一系列专项整治行动，采取路面稽查与网上稽查相结合的方式，实施全天候 24 小时联合执法，开展路警联合 29 次，共查处违法违规行为 234 起，其中非法营运 13 起、道路旅客运输违规 2 起、出租汽车行业违规（含网约车行业）21 起、道路货物运输违规 195 起、公交线路违规 1 起、机动车维修行业违规 1 起、驾培行业违规 1 起。全年，北安市提升治理体系和治理能力水平现代化，构建 1 套不停车超限检测、多个流动点检测、2 家货物源头视频监管和称重检测、2 个高速入口称重检测的科技治超体系，形成运用大数据精准治超的新模式、新常态。

（任海峰）

【客货运输】 2022 年，北安市有出租车 1618 台、营运客车 131 台、货车 2409 台（不含 4.5 吨以下车辆）、汽车维修企业 76 家、车辆技术检测企业 4 家。全年，省重点营运车辆平台入网率 100%，上线率 100%；超速、疲劳驾驶报警由 180 台次和 15 台次，下降至 153 台次和 3 台次；年度超速报警率与疲劳驾驶报警率分别由 3.62% 和 0.27%，降到 2.5% 和 0.04%。2022 年，完成 148 台新增“两客”车辆，累计完成 148 台车辆安装智能监控车载终端。为 148 台危险货物运输车辆安装主动安全防范系统车载设备，实现驾驶员行为视频智能识别，对驾驶员的危险驾驶行为进行事前预警，降低交通事故发生概率。（任海峰）

【驾培管理】 2022 年，北安市驾培行业招生 7230 人，全市有驾培机构 6 所、教练员 144 人、教练车 133 辆。道路运输驾驶员从业资格及继续教育、出租汽车驾驶员从业资格（含网约车）培训考点 2 家，全年组织各类考试 673 场次，考试合格 7200 人，完成道路运输驾驶员安全文明驾驶教育培训 144 人，整理各类驾驶员从业资格证档案 7230 份。

（邹　瑞）

【公共交通】 2022 年，北安市市域内有公交公司 4 家，从业人员 144 人；运营线路 12 条，其中城区 8 条，设立站牌 148 个、站亭 56 个，通北镇至通北林业局 3 条，北安市至二井镇自和村侯家屯 1 条；运营车辆 122 台，其中新能源公交车 71 台，燃气公交车 12 台，燃油公交车 39 台。年内，北安市运输公司由原有全民所有制企业更改为国有独资企业，出资人由市交通运输局变更为北安市泓安集团有限公司，更名为北安市运安运输有限公司。（任海峰）

通达公共汽车有限责任公司　2022 年，通达公共汽车有限责任公司有管理人员 5 人，公共交通汽车 47 台，其中中通新能源电动公交车 35 台、清洁能源燃气公交车 12 台，全部安装投币箱和北安农商行刷卡机。车辆和线路均由车主承包负责经营，公司负责管理。在北安市城区内开通公共交通路线 4 条，路线分别是 3 线由北安市第一中学校至北方商城至北安市铁西原七师；5 线为北安火车站环城线；7 线由北安市净水厂至大润发至北安啤酒厂；9 线由北粮库至北安市第二中学校至庆华厂南门。（李海斌）

信诚公交有限责任公司　2022 年，信诚公交有限责任公司有管理人员 5 人，有公共交通汽车 44 台，其中新能源电动公交车 19 台、燃油公交车 25 台。安装投币箱和北安农商行刷卡机 19 台。有北安市市区内开通公交线路 4 条，分别是由昌泰至华钰至北安市第三中学校的 103 线；由北安火车站至北安监狱的 105 线；由庆华文宫至北安市铁西 4S 店的 107 线；由南庙至大润发至祥和小区的 109 线。（邹亚坤）

通北安顺公交车有限公司　2022 年，通北安顺公交车有限公司有管理人员 6 人，公共交通汽车 30 台，其中恒通燃油公交车 14 台、中通新能源电动公交车 16 台。公交线路 3 条，路线分别是 1 线由通北火车站至工业园区；2 线由通北火车站至生资楼；3 线由通北火车站至五金一条街。公司独资自主经营，聘用驾驶员、无人售票。设有投币箱、公交 IC 刷卡机和电子语音报站等设施。（薛鹏冲）

北安市联城公共汽车有限公司　2022 年，北安市联城公共汽车有限公司有管理人员 3 人，有中通 8.045 米公共交通汽车 1 台，在北安市市区至二井镇自和村侯家屯开通线路 1 条。（孟夕会）

铁　路

【概　况】　2022 年，中国铁路哈尔滨局集团有限公司绥化车务段北安站（以下简称“北安站”）完成生产经营指标，货物运输量实现 77.8 万吨，完成计划的 126%，比 2021 年增长 104%；旅客发送人数实现 17.26 万人，完成计划的 60.16%，比 2021 年下降 42.6%；总收入实现 15756.2 万元，完成计划的 120.4%，比 2021 年增加 1749 万元，增幅为 12.5%。其中，货运收入完成 14711.8 万元，完成计划的 132%，比 2021 年增加 2996.4 万元，增长 125.6%；客运收入完成 1048.13 万元，完成计划的 56.19%，比 2021 年减少 1207.72 万元，下降 53.53%。（邵奎祥）

【运输生产】　2022 年，北安站全年组织发送大宗货源集装箱、散粮车 64.8 万吨。全年集装箱发送量突破 61.4 万吨。对接中国供销集体，为企业设计 20 尺通用集装箱装运 1.4 万吨粳稻方案，实现“公转铁”增量。北安站科学设计集装箱堆场作业模式，增加集装箱堆场吞吐能力，全年集装箱装车完成 17536 车，比 2021 年增加 1991 车，集装箱装车占比全年装车总量 84.1%。通过努力，北安站全年货运装车完成 20835 车，比 2021 年增加 1228 车；发吨完成 77.8 万吨，比 2021 年增加 3.1 万吨；货运收入 14711.8 万元，比 2021 年增收 2996.4 万元，北安站实现货运收入的大幅增长。（邵奎祥）

【规范管理】　2022 年，北安站以标准化规范化建设为抓手，开展标准化规范化示范岗位、班组创建活动，全年在车务段标准化岗位、班组创建中，北安站共创建标准化示范岗位 30 人次，运转四班一调连续 3 年创建标准化示范班组。北安站信号楼在车务段标准化、规范化信号楼评比中多次名列前茅，通过标准化班组、岗位的创建，发挥典型引领作用，向先进班组、岗位看齐，增强北安站职工落实标准化自觉性，以点带面全面带动提高现场作业标准。（邵奎祥）

【职工培训】　2022 年，北安站加强职工培训，提升职工队伍建设。结合各阶段新设备、新要求、新规章以及各季节环境变化等情况适时组织开展常规适应性培训、补强适应性培训和机动适应性培训。综合运用每班一题、每周一学、半月自学、半月一练、每月一考的组织方式，开展的日常“学、练、考”工作。北安站利用计算机联锁仿真培训系统对接发车人员实现全员场景全覆盖培训，切实提高职工业务水平。北安站通过哈尔滨铁路职业教育平台组织铁路职工开展业务学习和考试，使职工学习方式更多样、学习时间更灵活、学习效果更明显。全年举办业务培训、技术比武、岗位练兵、委外代培、业务安全考试 116 期、9127 人次。（邵奎祥）

【安全管控】　2022 年，北安站强化现场安全管控，充分发挥人防、物防和技防多方面防控作用，对现场安全管控实现视频监控、语音调听、4G 调阅，现场检查多方位、多角度、多元化，做到每个季度对调车作业全员 4G 视频记录仪进行全过程调阅分析。北安站认真开展对规对标写实工作，对调车作业、接发列车作业、车号作业、客运作业、货装作业等进行全过程跟踪检查，看作业、对标准、查问题、抓整改、提质量，规范提高现场作业标准。北安站加强隐患问题的分析利用，对各级检查人员检查发现的重点、倾向性问题下发专题通报，利用点名会通报传达学习，共同吸取教训，全年下发专题通报 12 期。北安站做好共享信息的利用，每天将车务段日共享信息及时分享在系统群内，点名会对共享信息进行分析学习，吸取教训，干部现场检查时对日、周、月共享信息进行重点跟踪整治，有效地整治惯性问题的发生。北安站通过有效的安全管控全年车站杜绝“红线”问题和“事故苗子”发生。（邵奎祥）

【工会建设】 2022 年，北安站致力于打造职工命运共同体。全年，北安站工会为 3 名身患重病职工申请办理大病补助 2.1 万元；为 17 人次的临时困难职工申请发放“困难职工”帮扶救助金 9400 元，为 15 名职工直系亲属死亡申请补助丧葬慰问金 8000 元。元旦、春节北安站共走访困难职工 15 人，送去组织关爱。建立职工健康保健室，及时更新配发小药箱药品，为每名职工建立健康档案。暑运为职工送清凉，冬运为职工送温暖发放保暖小物件。全年北安站为职工人均发放电影票 10 张，丰富职工业余文化生活。北安站提升职工餐桌菜品质量，建立节假日加餐制和免餐制，小菜园垦地 200 多平方米，栽种菜苗 500 多棵。疫情防控期间，北安站购买疫情慰问大礼包，解决职工实际困难。北安站对一调、二调职场墙壁进行重新粉刷、更换待工办公桌椅，使职工生产待工环境得到改善。（邵奎祥）

【疫情防控】 2022 年，北安站配合落实北安市地方部门，措施得到有效落实。北安站确保生产组织有序，运转职工由四班倒调整为三班倒，保证正常生产运输秩序。北安站确保物资供应有备，先后为北部线从龙镇到绥化 18 个集中管理车站采购、发放物资 4000 多公斤，保证集中管理站食品等物资供应。（邵奎祥）

快递业

【概　况】 2022 年，全市有邮政、快递企业 10 家。其中，具有独立法人资格的快递企业 5 家，分支机构 6 家。场地面积 2.81 万平方米，从业人员 341 人，机动车 63 辆，电动三轮车 29 辆。全市 9 个乡镇、62 个行政村通过自设站点、邮快合作和第三方合作等方式实现快递服务全覆盖。疫情防控期间，实行 24 小时全天候对全市各领域货物运输车辆协调管理。（费　磊）

2022 年北安市主要快递公司基本情况表

表 10

序号	快递公司名称	员工数（人）	收件数（万件）	派件数（万件）
1	北安邮政公司	57	86.7	220.4
2	顺丰速运北安营业部	65	40	84
3	北安圆通速递	15	18	115
4	北安市韵达快递	10	10	103
5	北安市中通快递	12	12	126
6	北安市惠民申通快递	10	14	108
7	北安极兔速递	5	5	101
合计	—	174	185.7	857.4

【快递业务】 2022 年，北安市快递业务稳步增长。全年快递服务企业业务量完成 66.49 万件，比 2021 年增长 3.91%；快递业务收入完成 0.16 亿元，比 2021 年增长 1.94%。快递业务收入占行业总收入的 24.6%，比 2021 年下降 1.6 个百分点。全年同城快递业务量完成 3.35 万件，比 2021 年下降 3.87%；实现业务收入 514.3 万元，比 2021 年增长 11.01%。全年异地快递业务量完成 63.13 万件，比 2021 年增长 4.36%；实现业务收入 3456.8 万元，比 2021 年下降 10.39%。全年中国港澳台、国际快递业务量完成 0.01 万件，比 2021 年增长 108.33%；实现业务收入 0.79 万元，比 2021 年增长 27.42%。同城和异地快递业务占比下降，中国港澳台、国际业务占比上升。同城、异地、中国港澳台、国际快递业务量占全部比例分别为 5.04%、94.95% 和 0.01%；业务收入占全部比例分别为 3.2%、21.51% 和 0.05%。（费　磊）

【推动行业扩容转型】 2022 年，北安市辖区内有 8 个品牌的 8 家快递企业签订邮快合作下乡进村协议，占全市快递品牌的 100%，邮政企业全年累计代派快件 10.3 余万件。通过邮快合作、快快合作、委托第三方及快递企业直接进村等多种方式实现快递进村率 100%。（费　磊）

顺丰速运

【概　况】 2022年，黑龙江省顺丰速运有限公司北安分公司（以下简称“北安顺丰”）下属4个直管网点、5个末端网点。为北安市30万居民提供用快递收送服务，另末端代理点为北安市辖区3个镇（通北镇、赵光镇、二井镇）、3个农场（建设农场、赵光农场、红星农场）提供收派服务。对北安市其余乡镇提供邮政快递合作转寄服务。北安顺丰设立1个分部，3个经营网点、1个经营站点、5个末端代理点、1个中转场。北安顺丰以“成就客户、推动经济、发展民族速递业”为使命，积极探索客户需求，不断推出新的服务项目。北安顺丰为客户的产品提供快速安全的流通渠道。全年，北安顺丰在职职工65人。
（彭晓峰）

【业务经营】 2022年，北安顺丰业务经营物流产品主要包含时效快递、经济快递、同城配送、仓储服务、国际快递等多种快递服务，以零单为核心的重货快运等快运服务，以及为生鲜、食品和医药领域的客户提供冷链运输服务。同时，北安顺丰还提供保价、代收货款等增值服务。随着国家公共卫生防控政策优化调整，客户对高时效高品质的服务需求增加，速运物流业务快速复苏，北安顺丰全年收件量达40万件，派件量达84万件，业务量比2021年实现双位数增长。（彭晓峰）

【普遍服务】 2022年，北安顺丰重货运输产品，依托强大的网络布局能力，不断打造和完善重货网络，满足更多客户需求。北安顺丰“顺心捷达”快运业务独立品牌，为客户的亲人、家人在国外生活学习提供邮寄服务，快速且安全。同城端优先打通中高端餐饮、生鲜的F2R2C（即从厂家、零售商到消费者的全销售产业链模式）全链路，逐步拓展至服装、医药等领域，提供仓到店到C端的一站式解决方案。（彭晓峰）

【电商发展】 2022年1月6日，北安顺丰将作为“抖音好物年货节”的特邀物流合作伙伴，为抖音商家提供全链路物流履约保障。北安顺丰通过集团与三大平台合作，对拼多多、快手、抖音网络平台进行双向选择。电商退换货快递业务中，日均达到1200件左右。为北安市1000多名客户提供“人在家中买、货从全球来”的服务。
（彭晓峰）

【综合服务商】 2022年，北安顺丰不仅为北安市居民提供配送端的物流服务，还延伸至价值链前端的产、供、销、配等环节，从消费者需求出发，以数据为牵引，利用大数据分析和云计算技术，为客户提供仓储管理、销售预测、大数据分析、金融管理等一揽子解决方案还是一家具有网络规模优势的智能物流运营商。经过多年的潜心经营和前瞻性的战略布局，北安顺丰形成拥有“天网＋地网＋信息网”三网合一、可覆盖国内外的综合物流服务网络，其直营网络是国内同行中网络控制力强、稳定性高，也是独特稀缺的综合性物流网络体系。（彭晓峰）

顺欣运输

【概　况】 2022年，北安顺欣运输有限公司是一家以从事圆通快递运输业为主的企业，主营业务为国内快递（邮政企业专营业务除外），普通货物运输、装卸、仓储和代售机票。顺欣公司在北安市百灵鸟供应链管理有限公司分拣中心除主营圆通速递外，还有韵达快递、中通快递、惠民申通快递和极兔速递等4家合作快递企业。全年，5家快递公司职工共有52人，其中圆通速递15人、韵达快递10人、中通快递12人、惠民申通快递10人、极兔速递5人。公司负责为北安市30多万居民提供用快递收送服务，末端代理点对北安市辖区通北镇、赵光镇、二井镇和建设农场、赵光农场、红星农场、长水河农场提供收派服务，对北安市其余乡镇提供邮政快递合作转寄服务。公司设立经营站点1个、末端代理点7个，中转场1个。公司以“一切以市场客户体验为中心、为客户创造价值”为使命，探索客户需求，推出新的服务项目，为客户的产品提供快速安全的流通渠道。
（蒋　静）

【业务经营】 2022年，北安顺欣公司业务经营物流产品主要有时效快递、经济快递、同城配送、仓储服务等多种快递服务，此外，北安顺欣公司还提供保价、代收货款等增值服务。5家快递企业全年收件量共达59万件、派件量共达553万件。其中，圆通速递收件量18万件、派件量115万件；韵达快递收件量10万件、派件量103万件；中通快递收件量12万件、派件量126万件；惠民申通快递收件量14万件、派件量108万件；极兔速递收件量5万件、派件量101万件；业务量同比实现双位数增长。
（蒋　静）

【电商发展】 2022年，北安顺欣公司通过集团与拼多多、快手、抖音等平台合作，对三大平台进行双向选择。电商退换货快递业务中，北安顺欣公司（北安圆通）、韵达快递、中通快递、惠民申通快递、极兔速递5家快递公司日均达到1000件左右。为北安市客户提供人在家中买、在家中换，足不出户可换万物的服务。（蒋　静）

城乡建设

综　述

【概　况】　2022年，北安市住房和城乡建设局（以下简称“市住建局”）坚持以人民为中心的发展思想，推进全市住房和城乡建设事业跨越式、高质量发展，取得实效。全年高标准推进城市建设实施市政项目17个，开展拆违专项行动实施老旧小区改造15个，完成二次供水改造16个小区，棚户区改造基本建成1116套。62个行政村生活垃圾得到治理，乡村环境明显改善。市住建局内设机构7个，下属建筑工程服务中心、城建档案馆、建筑安全服务站、工程质量监测站、新型墙体材料推广中心、建筑装饰装修质量服务站、房屋征收服务中心、人防指挥保障服务中心、房产服务中心9个事业单位。　（张　迪）

【行业监管】　2022年，市住建局加强住建领域行业监管，提升行业监管水平，确保住建行业企业平稳发展。突出抓好建筑工地疫情防控工作，成立工作专班有序推进抓好20处建筑工地468名滞留工人日常管理，压实企业主体责任。发放口罩3000个，配发防护服200套、并协调解决供热供水和排水问题。年内，市住建局制定《住建领域复工复产方案》细化工作措施，提高防控能力，有效防范疫情在复工复产、生产经营企业出现和扩散，实现新冠肺炎疫情防控和行业发展“两手抓、两不误”。　（张　迪）

【营商环境优化】　2022年，市住建局开展工程建设项目审批改革，深化并联审批和告知承诺制，推动审批各环节前置要件模板化、审批标准及承诺事项公开化、事中事后监管精准化、各部门衔接无缝化，最大限度减少审批部门的自由裁量权，提高一次性通过率，企业从办理立项到完成施工许可最快用5个工作日。在全省率先将社会投资项目审批全流程总时限缩短至65个工作日，实现全过程领办制度。同时，市住建局优化竣工验收方式，试行单独竣工验收及工程建设项目联合验收，将规划条件核实、消防验收（备案）、人防工程验收备案、建设工程城建档案验收等事项合并办理，减少审批环节、压缩办理时限。开展行业清源行动，针对“三书一函”反映的问题，查找行业漏洞，加强源头治理，并将扫黑除恶专项斗争与专项治理结合起来，及时整章立制，建立长效机制，为铲除黑恶势力滋生土壤提供坚强组织保障。　（张　迪）

· 解释说明 ·

“三书一函”：监察建议书、司法建议书、检察建议书、公安提示函。

城市建设

【重点工程项目】　2022年，北安市城建重点工程项目建设顺利推进。乌裕尔西大街棚户区改造项目5月10日开工建设，截至冬季停工期，高层一号楼、二号楼、四号楼、五号楼主体和装饰建设完成，完成施工量100%。乌裕尔西大街城市更新项目2022年建设回迁安置房4栋及相关附属配套工程，全年高层一号楼电梯安装、楼梯间涂料施工、外墙保温施工、吊篮拆除、电气施工；高层二号楼外墙保温、涂料施工；高层四号楼外墙保温施工、电梯安装、楼梯间施工；高层五号楼电梯安装、楼梯间施工；附属用房基础回填；换热站外墙保温施工。实施北安福邸二期、昊泰兰景园、华钰尊品等高层施工许可证核发工作。

（张　迪）

【基础设施维护】 2022 年，北安市城市管理综合执法局对市内道路、人行道、停车场、路灯、公园等城市家具进行更新改造，完成荷兰砖人行道改造 800 平方米，沥青混凝土道路、巷道改造 3000 平方米，安装扶正路缘石 210 米，补植延安大街、南京路步行街、龙江路、乌裕尔大街沿线等各街道、人行道树及栽种花草 384964 株；补植绿篱 1200 平方米、新建绿地 1700 平方米，采购花盆 4620 个，安装路边石 96 米，铺装人行道 20 平方米，为市民休憩创造良好生态环境。更换北京桥华灯 8 盏、灯具 30 盏、粉刷栏杆 2000 平方米、增高龙江路沿线两侧路灯 160 盏、安装龙江路北段路灯 30 盏、202 国道太阳能路灯 64 盏、和平街路灯 29 盏，不断提升城市绿化亮化美化水平。

（路　涵）

村镇建设

【农村人居环境整治】 2022 年，北安市人民政府投入专项资金 510 万元，落实农村卫生户厕问题清查整改“回头看”工作，以农户满意为工作标准，更换坐便器 233 个，维修厕屋、水管等 150 户，改建室外卫生旱厕 616 户，全市成立村级改厕服务队伍 26 支，配置改厕服务人员 36 人，购置吸污车 10 辆，服务联系电话张贴到户。服务队每年为农户免费吸污 3 次、免费上门维修服务 3 次，全市农村改厕后续管护机制进一步完善。

（于光雷）

【农村危房改造】 2022 年，市住建局推进农村危房改造工作，深化农村房屋安全隐患排查整治，全年完成农村泥草房整治 256 户。实施“优环境”计划，开展农村人居环境综合整治行动，拆除长期无人居住泥草房 149 户。开展全面排查农民住房安全隐患整治工作，排查农民住房 101 户，完成整治 10 户，农村危房改造 126 户全部改造竣工。落实长效维护机制，北安市设立专项维护资金 50 万元，成立维修队伍 9 支，有效保障了农民群众生命财产安全。持续巩固拓展脱贫攻坚成果，结合“龙江民居”建设，突出责任落实，层层传导压力，保证农村危房改造政策和农村住房救助政策实施的延续性。通过线上教学和线下实操培训等形式，为全市 9 名工匠颁发培训合格上岗证书。 （张　迪）

【农村生活垃圾治理】 2022 年，北安市人民政府投资 3850 万元落实农村生活污水治理项目 3 个，解决 5 个乡镇、10 多个村、60 多个屯、2000 多农户生活污水直接排放问题。加强农村生活垃圾收转运体系能力建设，全市 60 个垃圾分拣中心投入使用，初步实现行政村全覆盖，农村生活环境得到改善。全市农村地区全年累计清理垃圾 10900 吨、清理路边沟 580 千米、移除村内大型柴草垛 590 个、清理畜禽养殖粪污 1710 吨、拆除私搭乱建和残垣断壁 33 处，修复栅栏等 435 千米。全年制作发放宣传单 40000 份，整治农户庭院 9800 多户，北安市 95%以上村屯实现干净整洁有序，村容村貌焕然一新。

（于光雷　张　迪）

建筑业

【概　况】 2022 年，市住建局多措并举推动建筑业“稳增长”工作，全市在建项目 20 项，建筑面积 39.88 万平方米，总投资 13.8 亿元。其中，新建项目 17 项、建筑面积 23.3 万平方米、总投资 7.6 亿元。全年实现建筑业产值 4.6 亿元。建筑业增加值（按不变价格计算）比 2021 年增长 8.6%，占 GDP 的比重为 0.7%，对经济增长的贡献率为 1.3%。具有资质等级的总承包和专业承包建筑业企业 26 家，建筑业总产值比 2021 年增长 20.0%；房屋建筑施工面积 5.59 万平方米，下降 51.0%；房屋竣工面积 24.27 万平方米。上升 33.4%。

（张　迪）

【招投标管理】 2022 年，市住建局严格招投标管理。提高招标质量，全年完成建筑工程招标 54 项（公开 37 项、直发包 17 项），总建筑面积 53.4 万平方米，造价 18.17 亿元，工程项目应招标率、招标代理率、合同审批备案率均达到 100%。完成施工招标 19 项（公开招标工程 14 项、直发包工程 5 项）、监理招标 11 项（直发包工程 10 项、公开招标工程 1 项）、全过程招标 8 项、工程总承包招标 4 项、设计公开招标 1 项的建设工程招投标工作，计划投资金额达 17.67 亿元，总建筑面积 119.84 万平方米，中标价格 17.67 亿元。

（张　迪）

【工程质量监督】 2022 年，市住建局监督新建工程项目 13 项，建筑面积 16.20 万平方米；竣工验收工程 7 项，面积 10.13 万平方米。落实工程参建各方项目负责人质量终身责任和“两书一牌”制度。开展对地基基础和主体结构工程质量监督，复工前重点对冬期施工的混凝土结构工程及 2 项结转工程进行拉网式排查，并对冬期施工的剪力墙、板、柱、梁等构件开展混凝土强度检测，按照国家标准检测结果合格。加大对在建工程和老旧小区改造项目的施工质量抽查频次，抽查频次达 10 次以上，全年累计抽查工程 104 项次，累计下发整改通知单 27 份，涉及质量隐患及问题 70 多处，工程质量缺陷（通病）消除率达到 95%，工程投诉处理率 100%。 （张　迪）

· 解释说明 ·

“两书一牌”：指法定代表人授权书、工程质量终身责任承诺书、永久性标牌。

【建筑市场管理】 2022 年，市住建局完成黑龙江省建筑市场监管公共服务平台到黑河市工程建设项目审批管理系统的过渡工作。市住建局依托黑龙江省建筑市场监管公共服务平台，严格审核施工许可证发放前置条件及审批事项，核发施工许可证12件。新建工程建筑面积25万平方米，工程造价6亿元；结转工程2项，结转工程建筑面积12万平方米，工程造价5.9亿元。对建筑工地开展检查20多次、服务20多次，有效遏制违法发包、分包、转包，企业资质和专业人员资质挂靠等行为发生。（张　迪）

【城建档案】 2022年，市住建局收集城建各类档案7432份，工程项目档案6项，开出竣工档案合格证4个。整理业务类档案3245份，工程档案6431卷，提供复印、查阅文件及图纸1432卷（次）。（张　迪）

市容市政管理

【概　况】 2022年，北安市城市管理综合执法局（简称市“市城管执法局”）以市容环境为抓手提升城市环境品质，以基础设施建设为抓手稳步推进重点工作，以“三供两治”为重点打造宜居城市。全年立案市容环境类案件22起，纠正各类问题20多处。梳理行政管理不予处罚事项清单10项、从轻处罚事项清单62项。审批牌匾备案369个、立面备案72个；“互联网+监管”平台录入信息49条、完成信用预警24个、“双随机”工作5项，梳理政务许可事项清单2次，双公示平台公示行政处罚34个、行政审批48个，完成黑河水气热专班营商工作22项。（路　涵）

【市容秩序管理】 2022年，市城管执法局落实“门前三包”责任制，通过北安市市容专项整治行动，加强市容秩序管理，整治违规占道经营行为，规范户外广告设置，全年取缔违规摊点200多处，下达限期拆除通知书1000多份，查处违章广告60多起，收缴拆除破旧广告灯箱站牌200多块、规范店牌店招400多个，拆除违规设置各类广告牌527块；加强渣土管理并加大宣传力度，全年散发宣传资料1800份，制作宣传指示牌20多块，查处未经审批的非法渣土运输车23车次、建筑装潢垃圾违法案例2起，给予警告24人次，有效严防城区范围内建筑装潢垃圾运输车辆偷拉乱倒行为发生。畅通群众诉求渠道，及时解决群众诉求，全年受理各类来信来访来电投诉、网站申述240多件/人次，办理人大议案3件、政协提案2件，做到合理诉求解决到位、违法行为处置到位。（路　涵）

【环境卫生】 2022年，北安市城市管理综合执法局加强路面清扫保洁，每日出动干湿清扫车12台、洒水车4台，日工作8小时以上，对北安市240万平方米的机械化道路进行清扫、除尘，确保道路无积尘。加大环境集中整治力度，出动280多人次、翻斗车30多台次，对城区的卫生死角、装饰及建筑垃圾、雪场进行彻底清理，全年清理冰雪垃圾40多处、清运象屿工业园区等死角垃圾166车，清理路面冰雪约21万立方米，完成象屿南北道路路面修整任务。加大对44座水冲式厕所清洗、保洁、消毒力度，保证公厕正常使用。市城管执法局日清运生活垃圾约120吨、回收厨余垃圾约11吨，对12座垃圾中转站、15台垃圾清运车加大消杀力度，保证生活垃圾日产日清。（路　涵）

【城管执法】 2022年，市城管执法局强化执法队伍能力素质和理论业务建设，持续开展全系统“强基础、转作风、树形象”专题法治培训活动，100余人参加培训。加强市容秩序管理推进市容秩序综合整治，规范街道两侧店外经营、摆放杂物、堆积建筑垃圾等行为，加强建筑工地渣土管理，清理擅自占用人行道路和公共场地摆摊设点200处、乱堆放120处、违法乱贴小广告6000余张、清理建筑垃圾67处，查处遗撒车辆23台次，整改工地1次。为搞活地摊经济、让城市更有烟火气，市城管执法局采取专人管理、错时管理等方式，在全市增设地产蔬菜销售区45处，新增摊位500个，吸纳就业人员约1500人。（路　涵）

【园林绿化】 2022年，市城管执法局加强对全市8000多株行道树的肥水管理和草坪、绿地、树木的修剪、病虫害防治，对北安市5000多大树进行普查，确定名木古树1000株，对130万平方米绿地进行养护管理。投资481.44万元，实施城区绿化补植工程，补植延安大街（庆华中路至北安东高速收费站）、一中毓秀湖、盛惠银座小区8号楼东侧绿化带、南京路步行街、龙江路、乌裕尔大街沿线等各街路行道树及栽种花草384964株；补植绿篱1200平方米、新建绿地1700平方米，采购花盆4620个，安装路边石96米，铺装人行道20平方米，为市民休憩创造良好生态环境。（路　涵）

【亮化建设】 2022年，市城管执法局投资367.48万元，实施二转盘道电力杆入地下工程，更换北京桥华灯8盏、灯具30盏，粉刷栏杆2000平方米，维修大理石板210平方米，加高龙江路沿线两侧路灯原有160盏路灯，安装龙江路北段路灯30盏，202国道（自保村至四公里之间）太阳能路灯64盏，和平街（深圳路至保卫路）路灯29盏，提升城市亮化水平。（路　涵）

【公用事业】 2022年，市城管执法局投资196.77万元，维修祥和公园人工湖桥南侧沟底225平方米、电业局南侧护坡板100平方米，毛石砌护106平方米，现浇混凝土板50平方米；维修祥和公园明渠六处塌陷，铺设电业局南健康步道沥青照面及边石546平方米；维修人民公园步道板1000平方米，新建涵洞2处；建设人民公园景观灯1处，改建人民公园大门、烈士公园大门；维修人民公园及烈士公园损毁路灯并更换照明设施489个；建设祥河沿岸铁艺喷漆护栏182米；维修烈士公园内健身器材及原有破损路面，并采购安装器材105件。投资85万元，完成中央环保督察祥和清淤工程，清淤4.7千米、淤泥量17000立方米，解决祥和人工明渠水体的黑臭问题。（路　涵）

【城市供热】　2022年，市城管执法局根据北安市供热实际情况，制定《北安市城市集中供热临时接管应急预案》等专项工作方案，保障供热事业平稳发展。全年检修维修一、二级管网及小区内管道12.59千米，检修80座供热站，良好保障冬季供热稳定运行。新建1条全长约2.7千米热网主干线，提升主城区供热能力约90万平方米，满足城市供热发展需要。（路　涵）

【供水服务】　2022年，市城管执法局稳步提升保障供水服务，全年安装、更换阀控等各类水表1800多块，维修楼道内漏水事件50多起，维修远传大表50多次，检定水表500多次，处理居民水费异常累计85户，解决冬季烤冻事件220多次、多路管改单管180多户，涉及管线长度1700多米。维修铺设粮库、铁西驾校、电厂、省委遗址、庆华药品储备库、乌裕尔大街棚户区、丽水华庭二期、万豪新苑等8处管线约880延长米，抢修坑漏420多处，保障供水服务。同时加强水质监管，市城管执法局供水服务中心净水厂每日进行常规性水质化验14项、每月进行水质化验1次42项，全年通过水质检测机构水质安全分析2次106项，达到生活饮用水卫生标准，且为北安市免费提供0.05%次氯酸钠消毒液4吨，保障全市用水需求及用水安全。优化供水泵站管理，投入资金60万元，更换山口泵站取水泵2台；新接管二次供水泵房20个，实现二次供水泵房在线监控26个。实施二次供水设施改造工程，完成泵房改造16座，供水管网改造9.1千米。全面排查市政输配水管网、小区企事业单位庭院供水管网的位置、管径、材质等计475.2千米。（路　涵）

【城镇燃气】　2022年，市城管执法局组织开展城镇燃气安全隐患专项整治工作，完成燃气专项规划编制、燃气管网监测管理平台建设。全年排查燃气经营企业6家、燃气使用单位及用户2262户，排查出隐患296项，完成整改296项。聘请燃气专家对北安市3家瓶装液化石油气企业、1家管道燃气企业、1家汽车加气站进行全面体检，对检查中发现的18项问题隐患，当场下达限期整改通知书，要求企业负责人立即进行整改并全部整改完成。利用电视台、融媒体、公众号、北安市祥和广场和南京路步行街电子屏等全方位多角度宣传燃气安全常识20多次，普及群众燃气使用知晓度。全年向居民及餐饮业用户发放宣传单5000多份，增强人员的安全意识和自防自救能力，防止燃气事故的发生。（路　涵）

【"两治"工作】　2022年，市城管执法局推进污水和垃圾两治工作，对全年覆盖的垃圾填埋堆体进行"膜"覆盖工程建设，完成垃圾综合处理完成DTRO渗滤液处理设备检修、投产工作，实现雨污分流。全年累计完成达标排放水31758吨，收纳填埋垃圾约89422吨。其中，城区生活垃圾53063吨、农垦森工生活垃圾22558吨、餐厨垃圾3651吨、市政污泥10150吨。污水处理厂全年处理污水1062.62万吨，处理污泥10416.1吨，出水合格率100%、污水处理率98%以上、设备完好率95%以上。（路　涵）

房地产业

【概　况】　2022年，北安市房产服务中心全力打造服务型房产和民生房产。在规范房产行业服务、强化房产行业监督与指导、推进老旧小区改造、着力服务保障民生工程等方面取得新成效。9月7日，北安市房产服务中心经费形式由非财政补助调整为财政全额预算拨款。全市新建房屋销售面积8.65万平方米，比2021年同期下降27%。其中，市城区新建房屋销售面积8.65万平方米，比2021年同期下降27%。（马连春）

【老旧小区改造】　2022年，北安市投资42664万元，改造老旧小区15个项目178栋楼，改造面积72万平方米，

2022年，北安市通过实施老旧小区改造工程彻底解决小区普遍存在的墙面老旧破损等问题　（市融媒体中心　供图）

惠及居民 9113 户，彻底解决老旧小区上漏下不通、居民出行难、冬季屋子冷等问题。同时，市房产服务中心将 2000 年以前建成的老旧小区全部申报、改造，有效地解决全市住房老旧的现象，改善居民居住环境。（马连春）

【房产服务】 2022 年，北安市房产服务中心完成房屋变更登记受理 3040 件，房屋抵押登记受理 844 件，房屋继承登记受理 300 件，离婚产权登记受理 255 件；开具无房证明 7048 件（包括存量商品房、变更登记、继承登记、低保户证明、学区证明、外地买房证明等）；档案查询 5214 件，注销、灭籍、查封档案等业务量约 2300 件，办理房屋抵押注销手续约 2100 件、调档 4439 件、复印原始合同档案等约 2500 件；办理二手房网签业务 1005 件；为群众提供上门服务 80 多次；为公园大道 1 号、和谐家园、北安市自然资源局及办事群众开具房屋确认单 170 件；接待房产业务咨询约 2000 人次。（马连春）

【测绘审核】 2022 年，北安市房产服务中心对新建楼房测绘审核 90522.98 平方米。其中，保丰御园 30038.31 平方米、兰景园 11252.78 平方米、福邸二期 49231.89 平方米。配合北安市不动产登记中心为住户办理不动产登记 10176 件次，为凤凰华府三期、保丰御园一期、福邸一期等小区商品房登记出图 3000 多件。（马连春）

房地产市场

【概　况】 2022 年，北安市新批准销售商品房面积 10.16 万平方米，比 2021 年同期减少 0.01%。其中，市城区新批准销售商品房面积 10.16 万平方米，比 2021 年同期增长 0.01%。全市房地产开发投资 6.2 亿元，比上年增长 185.5%。房屋施工面积 117.5 万平方米，增长 36%。商品房销售面积 6.6 万平方米，增长 9.5%。（马连春）

【房地产市场监管】 2022 年，北安市房产服务中心，强化房地产市场监管工作。开展违法违规行为专项检查工作，建立“两周一巡查”制度，拓宽群众诉求渠道，面向社会公布群众举报热线。加大对违规企业查处力度，走访调查开发企业销售门店 13 家、房地产中介机构 8 家、发放整改通知 7 份，采取“双随机、一公开”方式检查企业 2 家（北安市新文化房地产开发有限公司和北安市瑞合房地产开发有限公司），下发整改通知 1 份。建立常态化检查制度，指导检查企业 10 多次。组织业务学习交流、微信群学习 10 多次；依法依规优化商品房预售许可、退网签等业务、增加现场勘查环节。创新服务模式，深入企业现场帮扶指导签订网签合同、“月诺系统”使用等项工作 10 多次，减少签订合同失误率，提高办事效率和不断提升群众满意度和幸福感。（马连春）

【房产业务服务】 2022 年，北安市房产服务中心全年补录楼盘表 193 栋 8000 多套，为群众做好房屋信息建设基础工作，加强产权产籍的管理，实现销售公开化透明化。办理商品房预售许可 5 个项目，批准预售面积 10.16 万平方米，批准预售商品房 956 套，推进数据录入统计联网直报平台。成为黑河域内率先应用“月诺系统”办理网签单位，覆盖 2.43 万平方米 220 户，查（解）封涉及 5 个项目 21 户，实现数据信息标准化建设。黑河域内率先实现“月诺系统”预售转现售业务，总建筑面积 17.66 万平方米 2737 户，为群众办理不动产权证书提供高效便捷服务。（马连春）

【打击非法集资】 2022 年，北安市房产服务中心参加防范、处置非法集资，预防养老领域非法集资整治工作。每周、每月定期向市财政局金融股报送报表及相关材料。排查宣传房地产领域开发企业销售门店及经纪机构 21 家，联合多家单位在北安市南京路步行街宣传活动 2 次，参与群众 800 余人、发放宣传单 1000 份，发送短信 18 条，以公众号形式宣发教育资料 1 篇，朋友圈转发点击阅读转发量 500 多次。

（马连春）

住房保障

【概　况】 2022 年，北安市房产服务中心向黑龙江省住房和城乡建设厅申请租赁补贴资金 2121 万元，对北安市符合租赁补贴困难家庭资格的群体，经过社区申报、办事处审核、多部门大数据联审、公众号平台公示等多级网络审核，通过审核全市城镇内租赁住房租赁补贴的发放工作。（马连春）

【征收回迁】 2022 年，北安市住房和城乡建设局开展征收拆迁“百日攻坚战”行动，完成应急管理局等房屋征收项目 1 个；完成丽水华庭一期楼盘高层一号楼、三号楼、四号楼、五号楼、多层一号楼、二号楼共 158 户回迁入户工作；开展新建黄河路和北岗如意街项目房屋征收项目前期工作；完成 2022 年度省住建厅下达的 1116 户棚户区改造房屋征收工作和 438 户回迁安置工作。

（张　迪）

【市本级住房租赁补贴】 2022 年，北安市向符合条件的低保、低保边缘（低收入）等住房困难家庭，发放租赁住房补贴。全年按标准分为三类对住房困难群体进行保障，低保家庭每年每户 3780 元整、低收入家庭每年每户 3024 元整、中等偏下家庭每年每户 2016 元整。全年发放租赁住房补贴 6100 户，发放金额 1684.83 万元。（马连春）

【公租房保障】 2022 年，为做好北安市城区公共租赁住房工作，进一步扩大保障范围，加快改善人民群众居住条件，根据《公共租赁住房管理办法》(住建部〔2012〕11号)、《关于进一步规范发展公租房的意见》(建保〔2019〕55号）和《黑龙江省城镇公共租赁住房实物配租和租赁补贴管理办法》文件等相关规定，按照住建部加快推进公租房保障信息化建设的部署安排，加快推进公租房信息系统建设工作。北安市实现公租房数据“及时、准确、全覆盖”。全面提升公租房信息化管理水平，全市完成公租房信息系统上线联网任务，实现系统上线运行、数据联网，并按黑龙江省住房和城乡建设厅要求完成房源信息录入工作。

（马连春）

【人才公寓建设】 2022年，北安市优化创新创业环境、强化人才队伍建设。完善人才住房保障体系，打造“人才家园”精准服务新标杆，发挥公共租赁住房作用，从盛惠银座小区8号楼（高层住宅）政府公有闲置房中选出20套99.5平方米的住宅楼作为人才公寓，已有8名优秀人才入住。

（张丽娜）

物业管理

【物业管理】 2022年，北安市房产服务中心按照《黑龙江省住宅物业管理条例》(以下简称《条例》）相关要求，抓好物业管理规范化建设，逐步理顺管理体制，北安市现有物业服务企业48家，管理各类物业项目268个，其中有物业住宅小区268个，物业管理覆盖率91%，总面积650万平方米；物业管理有从业人员690人，行业总产值3400万元；业主委员会成立10个；小区党组织成立7个。小区党支部、业委会、物业公司“多方共治”的机制逐步建立。

（马连春）

【物业服务】 2022年，北安市房产服务中心加强物业行业指导、协调和督促检查，压实物业管理矛盾纠纷排查化解力度，有效化解物业服务中的矛盾纠纷160多起。提升物业服务管理水平，扩大物业服务企业管理范围，提升从业人员能力，有针对性开展培训2次受益80多人。同时，北安市房产服务中心组织物业公司、街道社区、各相关单位学习《条例》，从责、权、利等方面重点阐述《条例》的精髓，并公开倡导全市人民学习《条例》。联合街道办事处对正在实施物业管理的小区，采取定期、不定期随机抽查、检查12次，规范物业服务市场秩序。北安市房产服务中心物业办、各街道办事处工作人员实行分片包片责任制，以各办事处为基准，将检查情况汇总，计入年终考评。

（马连春）

生态环境

环境状况

【环境质量】 2022年，北安市空气质量优良天数累计265天，优良率86%，比2021年增长1.2个百分点。北安市全年水环境质量优于国家和黑龙江省考核标准。（郝时光）

【空气质量】 2022年与2021年相比，北安市空气质量优良率增加1.2%，重度及以上污染天气减少2天。城区空气质量主要监测指标中，颗粒物、二氧化氮、二氧化硫的年平均浓度分别为49微克/立方米、16微克/立方米、11微克/立方米，臭氧浓度（指日最大8小时平均第90百分位数，下同）为104微克/立方米，一氧化碳浓度（指日均值第95百分位数，下同）为1.2毫克/立方米，各项指标均优于《环境空气质量标准》二级标准。

（郝时光）

【水环境质量】 2022年，北安市地表水水质优良，乌裕尔河和通肯河水环境质量各项指标均优于国家和省考核标准。集中式生活饮用水水质主要监测指标中，第一季度高锰酸盐指数、氨氮、总磷、总氮的浓度分别为4.8毫克/升、0.251毫克/升、0.04毫克/升、0.95毫克/升，第二季度高锰酸盐指数、氨氮、总磷、总氮的浓度分别为2.1毫克/升、0.266毫克/升、0.03毫克/升、0.92毫克/升，第三季度高锰酸盐指数、氨氮、总磷、总氮的浓度分别为5.2毫克/升、0.314毫克/升、0.03毫克/升、0.98毫克/升，第四季度高锰酸盐指数、氨氮、总磷、总氮的浓度分别为4.8毫克/升、0.311毫克/升、0.04毫克/升、0.95毫克/升，各项指标均优于《地表水环境质量标准》Ⅲ类标准。集中式生活饮用水水源地水质达标率保持100%。

（杜金龙）

环境保护

【国土空间生态修复】 2022年，北安市自然资源局对北安市历史遗留矿山进行公告，确认修复主体，结合历史遗留矿山卫片核查及矿山生态修复治理专项执法检查工作，确定北安市未完成生态修复图斑20个，总面积139.41公顷。根据北安市生态修复任务编制生态修复计划，全面启动北安市国土空间生态修复规划编制工作，将矿山生态修复纳入生态修复治理规划，统筹推进修复治理工作。

（葛天娇）

【土地开发利用】 2022年，北安市开展国有建设用地基准地价更新、集体建设用地基准地价和农用地基准地价的评定工作，开展闲置土地和低效利用土地资源调查和再开发利用。严格“净地”供应。推进批而未供土地和闲置土地专项调查和处置。北安市开展全市耕地保护及粮食安全考核，实现耕地占补平衡，完成全市永久基本农田后备资源划定，耕地质量等别通过国家质检。11月18日，为切实保护好、利用好黑土地资源，结合北安市实际，市政府办公室制定《北安市耕地耕作层土壤利用方案》，规范北安市建设占用耕地耕作层土壤剥离利用工作，为北安市补充耕地、土地整治、高标准农田建设等一系列工程提供优质土壤做好基础保障工作。

（葛天娇）

【湿地保护“十四五”规划】 2022年12月2日，北安市人民政府为加大北安市湿地保护修复力度，依据全市湿地现状及相关政策要求和《黑龙江省湿地保护“十四五”规划》总体部署，经过深入调查研究、充分征求意见，形成《北安市湿地保护“十四五”规划》，在全市湿地实施全面保护、科学修复退化湿地等方面做出详细的规划，确保到2025年全市湿地保护率达50%以上。该规划的出台对于保护北安市域内湿地，维护区域生态平衡，改善生态环境，促进人与自然和谐，实现经济社会可持续发展，具有十分重要的意义。

（谢　巍）

【环境保护宣传】　2022年，黑河市北安生态环境局（以下简称“北安生态局”）坚持深层次生态环境宣传，树立绿色发展“风向标”，积极宣传贯彻《环保法》等环保方面法律法规，通过调动各类媒体力量，发挥环保志愿团队公益作用，全面提高环境保护宣传教育的针对性和实效性。利用政府网站常态化宣传，系统化公开环保办事指南；组织相关部门开展宣传，特别是在“4·22”地球日、“6·5”世界环境日和“12·4”普法宣传日进行宣传，进一步增强全民环保责任意识、企业的自律意识、群众的参与意识，有效调动社会各方面的积极性。（施大军）

污染防治

【水污染防治】　2022年，北安生态局制定《北安市入河排污口排查整治专项行动实施方案》；北安市河湖长制办公室、黑河市北安生态环境局联合下发《关于松花江嫩江流域排口情况调查的通知》。在北安市范围内开展入河排污口排查溯源工作，做到“有口皆查、应查尽查、不留死角”，完成排查溯源工作。全市排查出排污口61个，其中3个排污口需要整治，均整治完成。黑河市北安生态环境局采取入户调查的方式排查市域内的农村黑臭水体情况，调查62个行政村和农林牧场，向其发放调查问卷7429份。7月30日，北安市政府办公室制定《北安市农村黑臭水体排查整治专项行动实施方案》，对农村黑臭水体治理进行，排查48个水体，发现并治理农村黑臭水体2处。北安生态局强化涉水企业监督检查，对北安象屿金谷生化科技有限公司、向前污水处理厂、北安完达山乳业有限公司等重点企业污水处理设施专项检查，确保污染治理设施稳定运行，污染物达标排放。开展对北安市饮用水水源地保护和地表水保护工作，定期对闹龙河饮用水源地、乌裕尔河、通肯河水体周围环境的监督检查，发现问题，及时查找原因，消除污染隐患。（郝时光）

乌裕尔流域的农田　（市融媒体中心　供图）

【大气污染防治】　2022年，北安市严格落实秸秆“一堵三疏、疏堵结合”工作原则和省政府“全域全时段全面禁烧”工作要求，召开秸秆禁烧工作会议，印发《北安市2021—2022年有效解决农作物秸秆露天焚烧督查工作方案》。组成9个二级网格督查组，对全市三、四级网格解决秸秆露天焚烧工作部署、组织实施、防控机制、宣传引导等情况开展督查。全市建立二级网格1个、三级网格12个（含农林牧场3个）、四级网格62个、五级网格333个。重新调整北安市禁止农作物秸秆露天焚烧工作联席会议制度，进一步明确了各成员单位工作职责分工，各乡镇和有关部门都成立了工作专班。北安市委、市政府与各乡镇、农林牧场，各乡镇与村、村与屯层层签订《农作物秸秆禁烧目标管理责任书》，做到任务层层分解到位、责任层层压实到人，连续4个禁烧期无火点。同时北安生态局根据北安市大气环境质量改善要求，能源消费结构、经济承受能力等实际情况，科学划定北安市高污染燃料禁燃区范围，向社会公布。推进北安市煤炭消费总量消减及清洁能源利用，改善环境空气质量，推进散煤污染治理行动。完成乌裕尔西大街地块和丽水华庭地块棚户区改造工作；完成北安市赵光镇风电平价上网项目并网工作，完成居住建筑节能改造72万平方米。实施燃煤锅炉提标改造，先后完成建设农场、长水河农场、北安市通北镇盛佰隆热力有限公司、赵光农场物业管理站、通北林业局有限公司锅炉改造。联合市公安交警大队通过路检路查和入户抽查方式，对50台柴油车尾气排放情况进行抽测、检查，抽查数量达到柴油车保有量的50%；对区域内6家机动车检验机构、辖区内非道路移动器械进行监督检查；对北安市日均使用货车超过10辆的重点企业进行排查，建立用车大户清单，实现动态管理严防柴油货车污染治理排查取得新成效。

（郝时光）

【土壤污染防治】 2022年，北安生态局推行北安市农业农村局制发的《北安市农业“三减”行动实施方案》，做到农业“三减”全覆盖，加强监管以防土地污染。同时，北安生态环境局对城市垃圾处理厂、洁净新能源医疗废物处理中心2家土壤污染企业实施重点监管；对北安市应急物资储备库和防灾减灾指挥中心、北安市委党校综合教学楼及北安历史档案展览馆、综合培训基地3处建设用地开展土壤污染状况调查，确保项目用地环境安全；规范处理农业废弃物，建成垃圾分拣中心60个，畜禽养殖废弃物资源化利用率达到89.84%，规模养殖场粪污处理设施配套率达到100%。全年，完成省级保护区问题整改。省级自然保护区内施工建设大型警示碑11座、宣传牌12块，9处“绿盾”强化督察问题点位全部整改完成。

（施大军）

·解释说明·

“三减”：即减少农药、减少化肥、减少除草剂。

环境监管

【问题整改】 2022年，北安生态局整改中央第二轮生态环境保护督察向北安市转办信访案件29件，全年办结26件，阶段性办结3件（赵光镇狐狸养殖场污染环境、清华学子小区合鑫养猪场异味扰民、赵光镇部分小区生活污水直排）。全年接收反馈问题19个，根据反馈问题，制定整改方案，方案经市政府第七次常务会议审定、第十二次常委会会议通过下发，每项问题分别确定牵头领导和责任部门，完成整改3个问题。全年淘汰改造北安市建成区燃煤小锅炉48台；完成淘汰改造城区粮食烘干塔14台，燃煤设施改造工作顺利完成。

（周　为）

【执法检查】 2022年，北安生态局对中央环保督察反馈信访案件开展“回头看”，逐一落实确保整改到位，杜绝反弹。全年出动执法人员500余人次、检查各类排污企业200余家。先后开展对涉水企业、涉气企业、规模化畜禽养殖场（小区）、涉危生产处置单位、在线设备运行情况、排污证执行情况和环境安全7个专项行动检查。对企业的防污设施进行全面排查，发现问题及时整改，进一步夯实企业环保主体责任，下发责令改正通知书10多份。全年接到群众举报环境问题11件，并第一时间办结。

（周　为）

【环境评价】 2022年，北安生态局严格执行环境评价制度。坚持“先评价、后建设”和环境保护“三同时”制度，严控“两高”项目落户。全年共审批建设项目环境影响报告表84个、登记备案211个，环评审批率达100%。发放排污许可证44家，督促企业完成排污登记260家。

（施大军）

·解释说明·

“三同时”：即环保设施与主体项目同时设计，同时施工，同时投产使用。

“两高”：高耗能、高排放。

【执法大练兵活动】 2022年，北安生态局积极开展执法大练兵活动。成立领导小组，重新调整执法人员分工，根据每名执法人员特长，按照企业类别分成水、土、大气、危废等6个执法小组。要求每个执法小组每年至少1件处罚案件，每名执法人员每月至少录入执法信息2条。同时，充分运用移动执法、无人机监控等手段，形成“人机结合、信息共享”的全方位、立体化监管模式，确保执法全覆盖、监管无盲点。

（周　为）

科学技术

科技助企

【科技型企业认定】 2022 年，北安市工业信息科技局（以下简称“市工信科技局”）从全从严认定科技型企业。对照科技型企业资料库，开展北安市中小企业摸排，统计北安市科技型企业运行、管理、存在困难等情况，并加强对符合标准企业的申报指导工作。全年北安市认定科技型中小企业 25 家，认定高新技术企业 2 家（北安市大龙种业有限责任公司、北安市宏图种业有限公司），完成 2022 年度北安市科技型中小企业和高新技术企业申报目标。

（夏春荣）

【企业研发投入】 2022 年，市工信科技局深入各企业指导做好研发经费归集、研发辅助账建立，以及数据填报工作。全年北安市研发经费任务指标 5519.36 万元。截至年底，北安市 7 户企业产生研发经费投入总计 1822.5 万元。其中，完达山乳业 139.3 万元，北大荒食品大豆科技 57 万元、康诺有机食品 14.2 万元、大龙种业 117.1 万元、宜品努卡乳业 1463.3 万元、象屿生化 16.5 万元、华升食品 15.1 万元。（夏春荣）

【企业主体培育】 2022 年，市工信科技局按照《黑龙江省新一轮科技型企业三年行动计划（2021—2023 年）》的文件要求，深入实施创新驱动和北安市科技强市发展战略，向高新技术成果产业化发展，培育壮大新动能，进一步提高科技型企业数量和质量，强化企业创新主体地位，为北安市高质量发展和全面振兴全方位振兴提供科技支撑。市工信科技局落实 2021 年新认定高新技术企业（北大荒食品集团黑龙江大豆科技有限公司北安分公司、北安市恒信科技开发有限公司）奖补资金共 80 万元；完成高新技术企业（北安市宜品努卡乳业有限公司和北安市庆华科技开发有限公司）复审工作，落实奖补资金共 50 万元；落实 2022 年新认定高新技术企业（北安市大龙种业有限责任公司、北安市宏图种业有限公司）奖补资金共 65 万元。市工信科技局拨付 2021 年科技型中小企业择优奖励 6 万元。

（夏春荣）

【推进科技项目】 2022 年，市工信科技局通过印制发放宣传单、实地走访企业讲解政策、邀请专家在田间地头进行技术指导等多种方式，进行科技政策讲解、科普宣传、科技培训，把与北安市企业、市民、农民切身利益相关的科技政策、科技知识、最新的农业技术成果带给他们，着力提升北安市自主创新能力，为实现北安市全面振兴全方位振兴提供有力的科技支撑。市工信科技局成功申报黑河市科技计划项目“科技创新、科技普及、科技扶贫与科技下乡专项”，获得黑河市科学技术局 1 万元项目资金支持；市工信科技局分别为北大荒食品集团黑龙江大豆科技有限公司、北安宜品努卡乳业有限公司争取研发投入后补助资金 18 万元和 80 万元；为北安市连丰种业有限公司、北安市泓兴种业有限公司争取技术交易补助资金 40 万元和 30 万元；组织北安市庆华科技开发有限公司申报 2022 年中央引导地方专项科技发展资金 50 万元；组织北安宜品努卡乳业有限公司申报黑龙江省企业技术中心，获得政策奖补资金 100 万元；市工信科技局落实 2022 年黑龙江省重点研发计划厅市联动项目匹配资金 90 万元（北安宜品努卡乳业有限公司 60 万元、北安市大龙种业有限责任公司 30 万元）。（夏春荣）

科技服务

【技术合同成交】 2022年，市工信科技局深入企业征集科技需求，搭建企业与高校、科研院所联系合作桥梁，推进各类科技项目，解决企业技术难题，促成科技成果在北安市转化应用，并做好技术合同登记工作。市工信科技局向重点企业宣传经认定登记的技术合同可享受国家规定的增值税和企业所得税减免等优惠政策，做到应登尽登。全年北安市技术合同成交易额任务指标为5519.36万元。截至年底，市工信科技局促成企业签订技术合同9份，成交额7090.04万元，完成全年目标的128.45%。

（夏春荣）

【科技特派员派遣行动】 2022年，市工信科技局为推动乡村振兴工作，积极引导47名科技特派员发挥应有作用。根据北安市9个乡镇对技术的需求情况，全年市工信科技局通过北安市农业农村局、北安市林业和草原局、北安市职业技术教育中心学校遴选出29名县级专家开展科技特派员工作；从黑龙江省农业科学院、东北农业大学、哈尔滨商业大学等高校遴选了9名黑龙江省省级科技特派员开展农技服务，签订三方协议并全部对接北安市各乡镇；从黑河市农业综合行政执法支队、黑河市农业农村服务中心遴选出9名市级专家开展科技特派员工作。自专项行动计划实施以来，科技特派员充分依托当地平台资源通过实地考察、现场指导、举办培训班等方式，服务北安市企业、合作社、农民协会等14个，创建示范基地6个，示范推广新技术15项、新品种59个，集中开展科技培训和科普活动23次，服务带动农户95户，培训技术骨干370人次、农民3000人次，技术咨询答疑47次，解决技术问题30多个，通过科技培训，使北安市农户及时掌握先进、实用的农业技术。 （夏春荣）

科技交流与合作

【产学研合作】 2022年，市工信科技局有效推进产学研合作与协同创新。北安宜品努卡乳业有限公司联合东北农业大学姜毓君教授团队，共同建立特殊食品产品技术研究院，黑龙江省特殊食品产业技术研究中心通过“产学研用”结合，围绕特殊食品细分产业领域，包括婴幼儿配方乳粉、特殊医学用途配方食品以及保健食品和功能食品等领域，聚焦企业提出的技术需求，积极开展技术创新、工艺创新和产品创新。

（夏春荣）

【科技活动】 2022年，市工信科技局为了培育科技型企业壮大创新，印刷《高企奖补和认定政策通知》《创新创业政策摘编》《黑龙江省科技创新创业共享平台》《技术市场政策选编》等材料500多套、各类宣传条幅20多条，下发到各个企业。市工信科技局多次深入科技型企业，对企业在高新企业认定、技术合同登记、研发费用归集、科技型中小企业评定、科技特派员培训、各级奖补申报等方面进行系统地培训讲解，同时对优秀的科技型企业进行奖补，激发企业内生动力，增加科技研发投入，使更多企业向科技型企业发展，壮大北安市科技型企业总量。 （夏春荣）

气　象

【概　况】 2022年，北安市气象局围绕生命安全、生产发展、生活富裕、生态良好等方面，贯彻落实《北安市人民政府关于加快气象现代化建设助力北安高质量发展的实施意见》和中央财政投资黑龙江气象补短板工程建设项目，其中在二井子镇省三院青年农场旧址新建北安X波段双偏振天气雷达站、在建设林场新建六要素自动气象观测站，在杨家乡、东胜乡、主星乡、海星镇、石泉镇更新六要素国家气象观测站，均建成并投入业务运行。北安市现有国家基本气象站1个、区域观测站9个、森火站1个、农田小气候站2个均运行正常，气象监测能力显著提高，并在人工影响天气、天气预报预警、防灾减灾气象服务保障、为农气象服务、森林草原防火、秸秆禁烧等方面作出贡献。

（王海娜）

【气象服务】 2022年，北安市气象局践行“人民至上、生命至上”理念，不断提高监测精密、预报精准、服务精细水平，开展春运、汛期、森林防火等专项气象预报服务，以及年内重要节日期间天气预报服务，针对寒潮、暴雨、暴雪、强对流天气等极端天气，及时、准确提前发布预警信号，逐小时通报雨情、雪情信息，及时发布未来天气形势分析、短时预报等，全方位落实气象服务保障工作。市气象台全年制作发布北安气象信息110期，防汛气象服务专报12期，农业气象情报36期，临近预报48期，预警信号35期，为政府领导决策提供5期重大气象信息专报。通过邮箱、移动短信、微信群、显示屏等多种形式向市委、市政府、各职能部门、新型农业经营主体、气象信息员等主体，传送气象服务材料，多渠道拓展预警“叫应”途径，全年发布短信55539条，通过邮箱向102个气象服务主体发送气象服务材料。市气象局会同北安市人民政府、北安市减灾委员会办公室、北安市防汛抗旱指挥部、北安市森林草原防灭火指挥部联合发布应对灾害性天气预警提醒116期，做到早预警，早部署，为政府组织防灾减灾、降低灾害损失做好决策参谋，使北安市各职能部门和单位及服务对象及时知悉天气情况、掌握雨情灾情，科学安排各项工作、生活。

（王海娜）

【应急管理】 2022年，北安市气象局

多次参加防汛会商、森林草原防灭火工作等会商会议，密切关注天气变化，加强部门联动，及时提供气象预报、防汛、森林火险等级预报和防火等建议，筑牢气象防灾减灾第一道防线，同时制定《北安市气象灾害应急预案》列入全市应急工作计划，并由北安市政府办作为部门预案印发，明确各主要部门防范应对暴雨、暴雪、大风、寒潮等不同灾种，不同级别的气象灾害联动和社会层面相应措施，落实各职能部门责任，明确气象灾害应急流程，提高应对突发事件的气象应急保障能力。做好气象灾害预警信息接收人更新备案工作，充分发挥气象灾害预警信息在防灾减灾中的作用，确保第一时间将气象灾害预警信息发送到各级领导和相关部门。市气象局推进气象监测预警补短板工程，在北安建设林场新建六要素自动气象站，在二井镇省三院青年农场旧址建成X波段双偏振天气雷达，对北安市人工影响天气作业指挥、农业生产和森林防火的领导决策、防灾减灾的科学调度起到科技支撑作用。

（王海娜）

【防雷执法】 2022年，北安市气象局全年开展气象执法检查3次，其中组织行政执法人员到作业点进行人影安全检查、对辖区内易燃易爆场所全面开展防雷安全检查和升放氢气球行政执法检查3次，督促易燃易爆场所使用全国防雷减灾综合服务管理平台上传检测报告、应急预案等。市气象局联合市场监督管理局对防雷检测机构进行“双随机、一公开”执法检查，促进防雷检测活动依法有序开展，降低防雷公共安全风险。加强对易燃易爆场所新建、改建、扩建等建设工程防雷装置的设计审核和竣工验收工作。同时市气象局为优化营商环境建筑许可工作专班、社会诚信体系建设、“双随机、一公开”等成员单位，落实“互联网+监管”模式。在黑龙江省“互联网+监管”系统、全国防雷减灾综合管理服务、信用黑龙江、黑龙江政务服务一体化等平台及时更新录入信息，提升“互联网+政务服务”水平和社会认知认同度，使企业和群众办事更方便、更快捷、更满意。

（王海娜）

·解释说明·

“双随机、一公开”：即在监管过程中随机抽取检查对象，随机选派执法检查人员，抽查情况及查处结果及时向社会公开。

【气象宣传】 2022年，北安市气象局利用“3·23”世界气象日、“5·12”防灾减灾日、“6·16”安全生产咨询日等，开展线上线下气象科普知识宣传活动，其中制作短视频《强对流天气来袭》和动漫视频《气象灾害预警信号与传播办法》《中华人民共和国民法典》宣传产品、气象科普知识和防灾减灾等，利用电子显示屏、微信群等平台进行线上宣传。通过宣传展板、散发宣传资料1000多张。对到气象台、观测场等工作场所现场参观的夏令营小学生，业务人员详细介绍气温、湿度、降雨量等气象要素的观测仪器和增雨防雹火箭作业设备等知识，创新形式开展气象科普宣传，提升气象科学知识普及率。

（王海娜）

【基本气候概况】 2022年，北安市年平均气温略高，年降水量偏少，日照时数偏多。年平均气温1.6℃，比常年略高0.1℃，比2021年略低0.4℃；全市年总降水量468.2毫米，比常年平均少85.8毫米，比2021年少374.8毫米。年日照时数2624.0小时，比常年多91.1小时，比2021年多316.4小时。≥10℃积温为2499.4℃，比常年少48.9℃；比2021年少89.8℃。稳定通过10℃终日在9月28日，初日在5月16日。终霜日期出现在5月16日，初霜日期出现在9月19日。全年无霜期125天，比历年多2天。

1—12月，全市年平均气温较常年略高，但较过去5年有所回落；月均气温异常事件少于近年，但月内温度波动幅度剧烈。年降水量偏少，为近五年来最少的一年，春季至夏初降水异常多现象突出，夏末至秋初降水持续偏少。全年日照时数偏多，作物生长关键期日照条件充足。

降水　1—12月全市降水量468.2毫米（图1），比常年平均偏少15%、比2021年偏少44%，为近五年来最少。

从各月降水量距平百分率变化情况看（图2）：2022年降水异常事件（指降水距平百分率超过±50%）多水事件和少水事件不分上下，其中，1月、4月、6月、11月降水量异常多，2月、8月、9月降水量异常少。分月来看，1月降水居历史多水第六位，4月和6月降水均居历史多水第八位，11月居历史多水第十位。总体看，降水时序上呈现前多后少的局面。

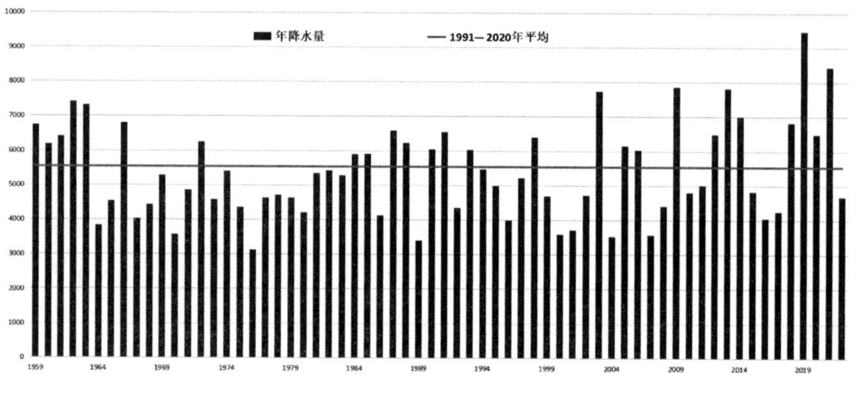

图1　北安市年降水量逐年变化图（单位：0.1毫米）

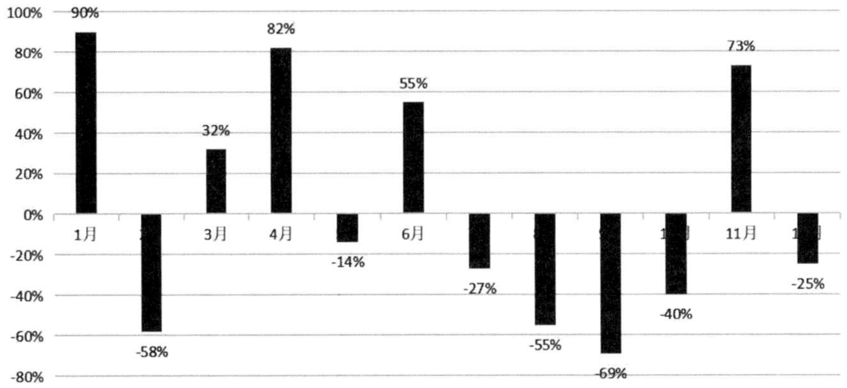

图 2　北安市 2022 年各月降水量距平百分率

冬季（2021 年 12 月至 2022 年 2 月）全市降水量 21.2 毫米，比常年同期多 67%，比 2021 年同期多 58%。各月降水量分别是：2021 年 12 月 13.8 毫米、1 月 5.7 毫米、2 月 1.7 毫米。春季（3—5 月）降水量 88.6 毫米，比常年同期偏多 17%，比 2021 年同期偏多 22%。各月降水量情况：3 月 10.7 毫米、4 月 38.0 毫米，5 月 39.9 毫米。夏季（6—8 月）全市降雨量 318.6 毫米、比常年同期偏少 13%，比 2021 年同期偏少 45%。夏季各月降水量分别是：6 月 158.6 毫米、7 月 106.5 毫米、8 月 53.5 毫米。秋季（9—11 月）全市降水量 49.3 毫米，比常年同期少 50%，比 2021 年同期少 70%。各月降水量分别是：9 月 20.9 毫米，10 月 13.2 毫米，11 月 15.2 毫米。冬季（12 月）全市降水量 4.3 毫米，比常年同期少 25%，比 2021 年同期少 69%。

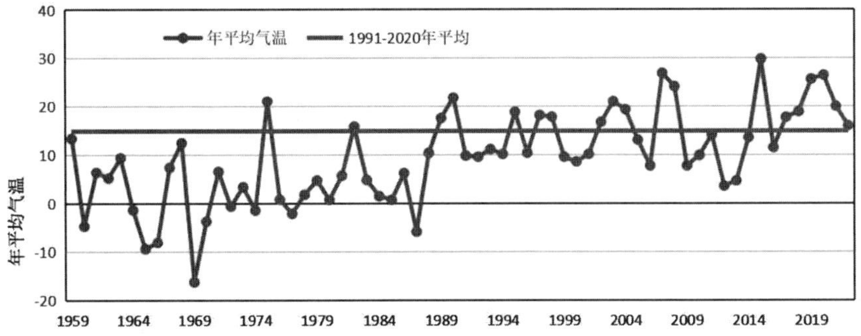

图 3　北安市年平均气温逐年变化图（单位：0.1℃）

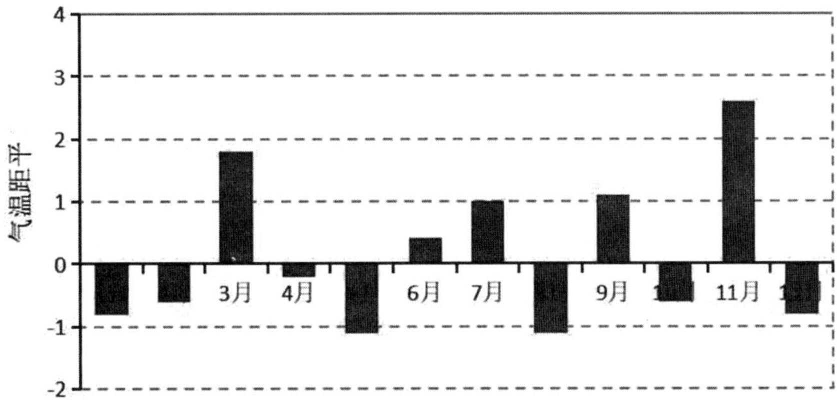

图 4　2022 年北安市各月平均气温距平（单位：0.1℃）

气温　2022 年全市年平均气温为 1.6℃（图 3），比常年略高 0.1℃，比 2021 年略低 0.4℃，年均气温低于过去五年水平。

从各月平均气温距平变化来看（图 4）：2022 年平均气温以冷事件居多，3 月、6 月、7 月、9 月、11 月暖，1 月、2 月、4 月、5 月、8 月、10 月、12 月冷，其中 7 月气温距平 1.0℃，位居历史高温第五位，9 月气温距平 1.1℃、11 月气温距平 2.6℃，均居历史高温第七位。全年气温以冷事件居多，月气温波动较近年和缓。

冬季（2021 年 12 月至 2022 年 2 月）全市平均气温 – 21.0℃，比常年同期略低 0.8℃，比 2021 年同期偏低 1.2℃。各月气温距平情况分别是：12 月偏低 1.0℃、1 月略低 0.8℃、2 月略低 0.6℃。春季（3—5 月）全市平均气温 3.9℃，比常年同期略高 0.1℃，比 2021 年同期偏低 1.3℃。各月气温距平情况分别是：3 月偏高 1.8℃、4 月略低 0.2℃、5 月偏低 1.1℃。夏季（6—8 月）全市平均气温 20.2℃，比常年同期略高 0.1℃，比 2021 年同期略低 0.1℃。各月气温距平情况分别是：6 月略高 0.4℃、7 月偏高 1.0℃、8 月偏低 1.1℃。

秋季（9—11 月）全市平均气温 3.3℃，比常年同期偏高 1.1℃、比 2021 年同期略高 0.1℃；秋季气温位居 1959 年以来历史高温第六位。各月气温的距平情况分别是：9 月偏高 1.1℃、10 月略低 0.6℃、11 月异常高 2.6℃。12 月平均气温 – 21.2℃，比常年同期略低 0.8℃，比 2021 年同期略高 0.2℃。月内气温起伏剧烈，各旬气温距平情况分别是：上旬异常低 2.2℃、中旬异常低 3.3℃、下旬异常高 3.0℃。

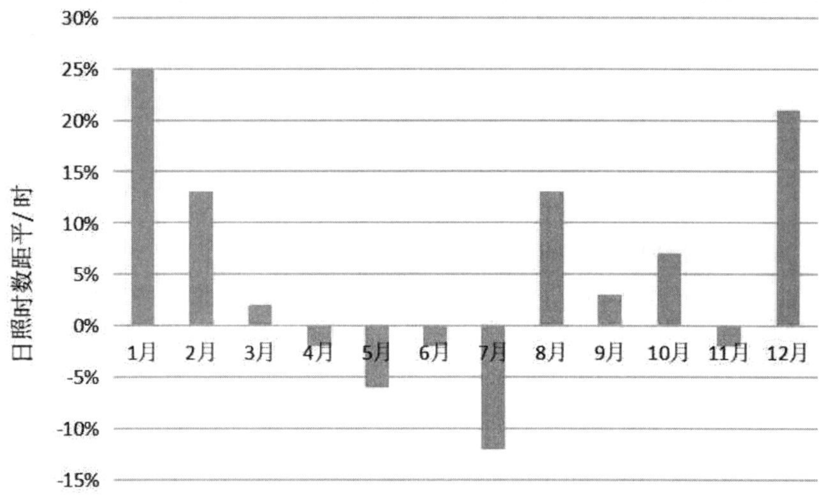

图 5　2022 年北安市各月日照时数距平

日照　2022 年 1—12 月全市年日照时数 2624.0 小时，比常年同期多 91.1 小时，比 2021 年同期多 316.4 小时。从逐月日照时数距平图（图 5）看：春夏日照时间均略有欠缺，但大田作物生长期并没有出现长时间寡照，8 月日照时数充足，可有效促进大田作物生长。

冬季（2021 年 12 月至 2022 年 2 月）全市日照时数 598.1 小时，比常年同期多 106.4 小时，比 2021 年同期偏多 21.2 小时；各月日照时数分别是：2021 年 12 月 174.6 小时、1 月 201 小时，2 月 222.5 小时。春季（3—5 月）全市日照时数 731.7 小时，比常年同期偏少 15.8 小时，比 2021 年同期略多 3.7 小时；各月日照时数分别是：3 月 256.1 小时、4 月 233.9 小时、5 月 241.7 小时。夏季（6—8 月）全市日照时数 719.3 小时，比常年同期略少 3.2 小时，比 2021 年同期多 174.4 小时；各月日照时数分别是：6 月 246.7 小时，7 月 216.2 小时，8 月 256.4 小时。秋季（9—11 月）全市日照时数 587.4 小时，比常年同期偏多 16.2 小时，比 2021 年同期多 103 小时；各月日照时数分别是：9 月 226.3 小时，10 月 205.8 小时，11 月 155.3 小时。冬季（12 月）全市日照时数 162.1 小时，比常年同期偏多 28 小时，比 2021 年同期偏少 12.5 小时。2022 年作物生长季（5—9 月）全市日照时数 1187.3 小时，比常年同期偏少 13.2 小时，比 2021 年同期多 206.1 小时，大田作物生长季日照时数正常。

（高春玲　程思楠　杨　涵）

【主要气候事件及影响】　2022 年，北安市的气候事件主要是冬季严寒天气、霾、春秋季寒潮、春末阶段性低温、暴雪、暴雨、大风和高火险这些气候事件给当地公众生产、生活均造成不同程度的影响。

严寒天气　2022 年 1 月是北安市全年最为寒冷的月份，1 月最低气温低于 −30℃的天数较多，严寒日数 14 天，其中 1 月上旬平均气温较常年同期低 2.1℃。严寒天气不利于公众身体健康、同时扩大能源的刚性需求；对区域内的设施农业及畜牧养殖业也产生不利影响，但对大田越冬病虫卵有良好的灭杀作用。

霾　2022 年 1 月下旬，伴随冷空气减弱、气温回暖，全市近地层存在逆温现象，大气逆温层的出现不利于烟尘等大气污染物的垂直扩散，在夜间至清晨时段全市出现影响能见度的霾天气，最小能见度在 1000~2000 米。黑河市气象局 2022 年 1 月 25 日 22 时 40 分发布嫩江、五大连池、北安霾黄色预警信号，对交通出行及公众呼吸道健康均产生不利影响。

暴雪及道路结冰 2022 年，暴雪均出现在春秋季节，其中 3 月 25—26 日过程降雪量 6.1 毫米，受降雪和昼夜冻融交替共同影响，全市出现影响交通安全的道路结冰。秋季 11 月出现暴雪 2 次，24—25 日全市城区累计降雪量 7.2 毫米，最大过程降雪出现在 303 林场站点，降雪量 10.1 毫米，28—29 日过程降雪量 5.8 毫米，局地暴雪和道路结冰对城市管理、交通安全、设施农业及公众出行均带来不利影响；部分路段雪阻严重，对公路、铁路等交通运输行业及城市管理产生严重影响，同时对通讯、电力、供热等部门的线路巡护维修带来不便；对当时疫情防控相关工作的部署也带来不利影响。

春秋季寒潮　2022 年 3 月气温波动十分剧烈，冷空气引发寒潮天气 3 次，分别是 4—6 日、10—12 日、16—18 日；最低气温在寒潮天气期间降幅达 8—10℃。2022 年秋季冷空气活动频繁，发生寒潮事件 5 次，分别是 9 月 18—20 日、10 月 26—28 日、11 月 19—21 日、25—27 日和 29—30 日。寒潮导致全市 48 小时的降温幅度在 7~13℃，并伴随 5 级左右大风，阵风 7~8 级。寒潮天气增加公众的人体不适感，同时扩大临时性能源需求；对农业秋收秋整地、林业防火等领域无明显影响。

春末阶段性低温　2022 年 5 月气温整体偏低，10—11 日气温下降明显，平均气温下降 8.3℃。降温过后，气温维持较低，中旬平均气温比常年同期低 2.3℃。时值大田作物播种及出苗期，偏低的气温对农业生产略有不利影响。

暴雨　2022 年夏季区域短时强降水频发。6 月 20 日全市最大降雨量出现在东胜乡，降水量 81.4 毫米，另有 3 个站点达到暴雨量级。6 月 23 日 16 时部分乡镇开始出现雷雨大风天气，随着对流加强 18—19 时二井镇、东胜乡、三〇三林场、红星十七作业站出现短时强降水，最大降水出现在三〇三林场，降雨量52.3毫米。6月30日14—16时，全市城区、二井镇出现短时强降水天气并伴随大风，最大降水量出现在二井镇，达78.4毫米，最大小时雨强36.8毫米，极大风速达九级。7月2日，红星十二作业站出现暴雨天气过程，降水量60.7毫米。7月31日，红星十二作业站、红星三区出现暴雨天气过程，最大累计降水量88毫米。8月7日，前进（森）站点降雨量60.5毫米，建设一区、建设二区、卫东林场降雨量也达到50毫米以上。

大风和高火险　5月5日、9日、15日、19日全市受系统大风影响，平均风力4~5级，阵风6~8级，叠加短时升温、长期无有效降水的影响，大风天气导致全市火险气象等级升高。黑河市人民政府森林草原防灭火指挥部和黑河市气象局分别于5月9日11时30分、5月16日9时30分联合发布了全市森林火险气象黄色预警信号。

气候对农业的影响　2022年，前冬严寒日数多，低温有利于杀灭越冬病菌及虫卵，一定程度降低了农作物病虫害风险，积雪覆盖利于农田土壤保墒增墒，但对低洼偏湿地段的春整地活动有一定不利影响。春季后期低温时段抑制地温回升，且局地低洼地块有融雪性内涝，但4月下旬大风天气较多，有利于土壤快速散墒，整体气候对快速推进全市春播进度影响较小。夏季频繁的强降雨对局地农作物和农业设施有一定不利影响，6月、8月阶段性低温影响大田作物幼苗生长、水稻返青分蘖以及减缓作物灌浆速度，但未造成实质性伤害。作物起身期气温偏高，水分供应充沛，光照够用，弥补前期阶段性低温天气对作物生长速度的影响；生殖生长初期大部农区温、水配合好，有利于干物质积累。总体上看，2022年夏季大部农区气象条件能够满足作物生长的需要，对作物生长发育和产量形成有利。秋季前期气温偏高，初霜冻日期晚于常年同期，各农区积温充足、日照条件较为适宜。大田收获期间整体降雨偏少，各地农区抢抓晴好天气，秋收进度喜人，最大程度确保丰产粮食颗粒归仓。

气候对人体健康的影响　2022年，冬季低温严寒时段长，气温阶段性波动十分剧烈，体质较差人群易患流行性感冒等呼吸系统疾病，对心脑血管患者健康恢复不利。

气候对交通的影响　2022年，冬季全市虽然较大降雪过程少，但中、小雪日数多，同样增加主城区和城乡公路清雪作业强度，对铁路、公路、机场等交通运输业产生不利影响，多次因降雪导致道路结冰，继而关闭境内高速公路。盛夏局地暴雨，秋冬季大雾和道路结冰也给城乡交通管理带来一定不便，境内高速受恶劣天气现象影响，多次分时段关闭，一定程度影响了公共交通出行。

气候对林业的影响　2022年，春季气温回升迅速、雨水充足，林区植被返青速度较快，树木枯亡率低；春末夏初全市各主要林区的降水充足，林区植被和土壤较为湿润，有利于树木根系生长；进入秋季防火期全市气温偏高、降水略少、日照充足，气象条件利于林木生长，并有助于降低林间病虫害的发展。10月开始大范围降温降雪天气频繁，积雪覆盖区域面积大，树木快速枯落，并进入冬季休眠期。综合来看，全年气象条件利于当地森林资源的更新与保护。

（高春玲　程思楠　杨　涵）

教　育

综　述

【概　况】　2022年，北安市有各级各类学校119所。其中，幼儿园76所、小学23所（含12个教学点）、初中5所、九年一贯制学校6所、高中2所、完全中学3所、职业高中、教育发展研究中心、特殊教育学校、青少年活动中心各1所。在校生26217名，教职工3626人，其中专任教师2709人。学校占地总面积约1.17平方千米，校舍建筑总面积约0.40平方千米，固定资产61409.1万元，教学仪器设备8851.85万元。正科级建制单位11个（北安市教育发展研究中心、北安市体育事业发展中心、北安市第一中学校、北安市第三中学校、北安市实验中学、通北林业局第一中学校、通北林业局第一小学校、北安市赵光农场学校、北安市红星农场学校、北安市长水河农场学校、北安市建设农场学校），副科级建制单位9个（北安市招生考试服务中心、青少年活动中心、北安市第二中学校、北安市第四中学校、北安市第八中学校、北安市庆华学校、兆麟小学校、和平小学校、通北第一中学校）。8月29日，铁西小学校、兆麟小学校、赵光农场学校、市第三中学校被省教育厅评为省体育工作先进集体。教体局刘百成、通北林业局一小丁厚喜、北安一中李大序、健康小学田立秀、实验中学刘宪春被黑龙江省教育厅评为体育工作先进个人。

（周　鹏）

【教师队伍建设】　2022年，北安市教育体育局开展“重师德 强师风 铸师魂 育英才”主题教育，签订学校师德师风建设责任书37份。举办教学设计材料评比大赛、班主任现场赛课、校长信息技术应用能力竞赛等8次教学赛事，1100人参加比赛，获得优秀奖励512人。选派北安八中、赵光农场学校2名优秀教师到呼玛县一中开展对口援边工作。做好30年教师破格晋升高级职称维稳工作，向黑河市推荐符合条件晋升农村教学满30年教师破格晋升高级职称教师54名。积极参与“市县委书记进校园”引才活动，引进优秀教师41名；面向社会公开招聘幼儿园教师16名，体育事业发展中心引进专业型人才1名。市委、市政府隆重召开第38个教师节庆祝表彰大会，对110名优秀教育工作者和11单位进行表彰奖励，大力营造全市尊师重教的良好氛围。兆麟小学教师朱喜志被黑龙江省教育厅评为“2022年省级教学名师”。

（周　鹏）

【教育改革】　2022年，北安市教育体育局制发《北安市深化新时代教育评价改革工作方案》，对照评价改革负面清单持续开展清理查摆，清理废止违背评价改革精神文件2个。成立北安市人民政府教育督导委员会，推进教育督导改革。任命5名专职督学，选聘26名兼职督学，实现全市中小学、幼儿园责任督学挂牌督导全覆盖。市政府第十次常务会议决定将教育督导经费列入年初全市财政预算，切实落实教育督导保障条件。推进全市中小学校生本教育改革，着力培养学生发现问题解决问题能力和提升综合素质；落实“5+2”（每周五天，每天2小时）课后服务全覆盖，课后服务正从规范学生特长和兴趣向技能转型；创新开展心理健康教育、巩固“双减”成果，各校建立学生心理健康问题清单，从厌学、考试焦虑、挫折压力3个心理方面排查，对排查学生出现的失眠、情绪低落、焦虑抑郁、自卑敏感等问题进行有效疏导。总结教育公共服务试点经验，制定北安市教育内控标准1176项，发布各学校组织实施，北安八中被省教育厅列为省级改革试点校。年内，铁西幼儿园、铁东小学校、兆麟小学校、健康小学校等4所学校，被黑河市教育局评为黑河市教育评价改革试验区。和平小学校、兆麟小学校、中心幼儿园、特殊教育学校、职教中心学校等5家单位被北安市教育基本公共服务标准化试点工作领导小组办公室评为教育基本公共服务标准化试点工作先进单位。

（于佳荣　王富忠）

【青少年活动工作】 2022年，青少年活动中心遵循青少年的心理特点和成长规律，有目的、有计划地开展特色活动。先后开展"小手拉大手""同心共抗疫"微视频评选活动；"珍藏五月春光 镌刻美好生活"系列活动，举办"喜迎二十大 欢歌颂党恩"中小幼学生合唱比赛等活动，活动惠及全市广大青少年，丰富了他们的生活，着力凸显育人功能。突出以特长培训为主体的专业培训，中心人员派出3名教师到兆麟小学进行社团课培训。编写的校本教材《学画油画棒》《绘画教材》和课外读物《冰雪文化》完成。中心创办"北斗小课堂"栏目，通过发布富有情趣的短视频，为广大青少年搭建一个能够集"教育性""知识性""实用性""趣味性"于一体的平台。年内，校外教育工作在黑龙江省校外教育网上居前三名。全年组织参加开展各级各类活动17次，其中获得国家级团体奖励9个，51名学生获奖；36人获得黑河市奖励，在北安市的各类比赛中有878名学生获奖。

（张玉娟）

【线上开课】 2022年，北安市新冠疫情防控期间，按照市委、市政府"停课不停教，停课不停学"的要求，全市39所中小学学校、2000多名教师、2万余名学生开展"线上开课"，总体运行稳定，社会反映良好。（周　鹏）

【返校复学】 2022年，北安市教育体育局制定印发《新冠疫情防控开学方案》等10余份文件，强化联防联控机制，指导全市中小学、幼儿园开展应急演练培训、复学核验等工作全覆盖。30名挂牌责任督学深入96所中小学校和幼儿园围绕疫情防控、校园安全、教学管理、后勤保障开展督导检查，及时发现解决存在的问题和堵点漏洞。市教育体育局精心组织，积极应对全面落实疫情防控工作责任，两周恢复了正常的教育教学秩序。

（田贵阳）

【校园安全管理】 2022年，北安市教育体育局制发《北安市教体系统安全工作职责清单》，全面落实安全工作"一岗双责"制度。北安市人民政府投入资金300万余元，实施全市智慧校园安防系统安装工程，实现公安、大数据中心、校园"三网一通"平台工作。投入资金150万余元，为全市31所学校安装楼宇防护设施10336个；北安市人民政府投入专项资金41.6万元，对16所学校过期化学药品进行统一销毁。制定出台《校车管理联席会议制度》，促进全市校车管理规范化制度化。联合市直各相关部门，开展了防溺水、防欺凌、校车管理、消防安全、扫黑除恶、禁毒教育、校服检测等校园安全专项行动13次，指导学校开展防震、防火等安全演练10余次。在全市39所学校开展交通安全护学岗，全力提升校园安全防护水平。（侯　帅）

【教育资助】 2022年，北安市学前、义务教育、高中发放各类教育资助3153人次，发放资金190.67万元；落实国家"滋蕙计划"资助642人，发放资助金4.05万元；为62名大学生申请助学贷款，贷款总额达72.38万元。

（孙金艳）

【改善办学条件】 2022年，向省财政厅争取到位资金2500万元用于市第一中学提质扩建项目。至年底，已完成田径场看台施工，田径场地局部硬化，围墙基础工程施工，田径场塑胶跑道面层，篮球场地等工程结转到下一年施工。乌裕尔幼儿园和北安八中新建项目，在省债券项目穿透式监测系统完成2023年的债券申报。在校舍维修改造项目上，投资1572万元，完成和平小学教学楼、农垦赵光学校、第三中学食宿楼房盖、通北一小、市第一中学等12所学校校舍维修工程，维修面积28520平方米、硬化校园18000平方米、新建田径场1块、植树2213棵、绿化校园面积727平方米。（刘洪阁）

【教育治理优化环境】 2022年，北安市对各中小学校开展3轮违规图书清查，部分问题读物进行下架销毁处理。按《黑龙江省文化艺术类学校校外培训机构管理办法（试行）》的通知（黑文旅规〔2022〕4号）将所辖34所文化艺术类校外培训机构的审批、监管等职责全部移交市文广局；联合北安市市场监督管理局、北安市公安局持续开展校外培训机构专项整治行动，查处违规各类培训班、小饭桌、托管26家，依法处以行政罚款18.8万余元，全部上缴财政。（李东华）

【疫情防控】 2022年，北安市教育体育局坚持校园疫情防控管理，确保各项教育教学工作正常开展。学校按照"把好门、管好人、控好物、备好勤、做好查"要求落实疫情防控工作。制定并落实《校园疫情防控工作任务清单》《工作措施指导要点清单》，建立"五类人员信息台账"，成立11个科级干部带队的包保学校工作组，组织开展6次全覆盖检查、6次学校自查，检查反馈问题90余条，均建立问题台账并督促落实整改。完成市指挥部督办组下达的督办任务共44期，上交工作落实情况汇报48份，下发工作提示通知55条。年内，市第三中学等3所学校获得全省学校卫生工作先进集体；5名教师获得全省学校卫生工作先进个人称号。

（田贵阳）

【思想建设】 2022年，北安市教育体育局组织学习党的十九届六中全会、党的二十大和省第十三次党代会精神，召开解放思想振兴发展研讨4次。以庆华学校为典型，深入开展民族团结进步教育，铸牢中华民族共同体意识。全年累计发布各类信息635篇。刘牧风（北安一中）、白昊泽（和平小学）、张贺为（北安二中）、吕姝涵（红星农场学校）等4名同学获“2021年度新时代黑河好少年”称号。陶梓湉（和平小学）被黑龙江省“红领巾宣讲团”选入“黑龙江省红领巾文明实践志愿服务宣讲团”。和平小学少先队大队被共青团中央、教育部、全团少工委联合评为“2022年度全国优秀少先队”集体。市第八中学被黑龙江省宣传部命名为黑龙江省基层思想政治工作示范点。北安市教体局荣获全市民族团结进步模范集体光荣称号、黑龙江省第二十届文明单位称号。市教育体育局制定下发《关于建立中小学校党组织领导的校长负责制落实方案》，加强支部建设，着力打造市第一中学地级支部示范点。坚持党建带团建、队建，开展“喜迎建团百年，向建团百年献礼”活动，上报团市委宣传视频在全市进行展播12个。铁西小学少先队大队和北安市兆麟小学校四年二班中队获得黑河市“优秀少先队大队（中队）”称号，北安市教体局被黑河市人民政府授予黑河市“青年五四奖章集体”称号。（张　辉）

学前教育

【概　况】 2022年，北安市有各级各类幼儿园80所，其中公办幼儿园22所、民办幼儿园58所（含普惠性民办幼儿园50所），全市公办幼儿园和普惠性民办幼儿园占幼儿园总数的82%。在园幼儿数3280人，园长及专任教师490人，学前三年毛入园率88%。公办幼儿园在园幼儿数2040人，占全市在园幼儿总数的51%。（孟令超）

市中心幼儿园 2022年，市中心幼儿园为黑龙江省示范幼儿园。学校占地面积3089平方米，建筑面积2751.36平方米。在编教职工56人，6个幼儿班，在园幼儿180人左右。针对疫情制定防控措施，对全园师生行踪及身体健康状况进行详细排查，实行“一人一案”和“日报告”制度。市中心幼儿园在参加第六届“冰上丝绸之路”远东中俄青少年艺术交流周暨“春之声”中俄青少年配乐诗朗诵交流系列活动中，幼儿园的多个作品获得奖项。在黑河市教育局举办的“天天锻炼健康成长”短视频评选活动中，幼儿园5名教师制作的短视频在黑河市教育局公众号上进行展播，并获得奖励证书。举办线上“六一”会演及红色诗画歌比赛，开展“喜迎二十大”系列活动，举办“合作共赢，共促发展”与帮扶园老师们共同展开线上直播教研活动。针对“幼小衔接”内容为题材进行大班观摩课《整理书包》，对《幼儿园入学准备教育指导要点》展开研讨。在全省教师基本素质提升年活动中，学校开展教师基本功提升竞赛活动，幼儿园有6名教师在黑河及北安市的多项竞赛中取得优异成绩。（李慧瑛）

铁西幼儿园 2022年，北安市铁西幼儿园本着先规范、再精细化的管理理念，在不断完善中规范自我，使幼儿园管理由规范化稳步发展向精细化逐步提升过渡。校园总占地面积11000平方米，使用面积3790平方米。开设6个教学班，在园幼儿120多名，教职工25名，是一所全日制公办幼儿园。学校以《幼儿园教育指导纲要》《幼儿园工作规程》《3~6岁儿童学习发展指南》的要求为指针，以养成教育为基础，以性格品质教育为特色，以为孩子一生的发展奠基为宗旨，以“以幼为本 以爱为源 智润生命 向美而行”为办园理念，把铁西幼儿园全力打造成促进幼儿全面发展的乐园、传播先进幼教思想的学园、引领幼教行业发展的名园。班级开设五大领域课程、舞蹈以及其他开发幼儿智力、适合幼儿身心发展的区角、主题及户外活动。铁西幼儿园依托示范园的办学经验和示范引领作用在保育教育、师资队伍建设方面及实现优质学前教育资源有效共享等方面对北安市神童口才幼儿园、曹老师幼儿园、高瞻幼儿园、子傲幼儿园、畅学园幼儿园、六一幼儿园进行帮扶指导。先后被评为“黑河典型示范园”“模范职工小家”，获“学前教育先进集体”“三育人先进集体”“黑河教育评价改革试点园”“黑河安吉游戏试点园”“黑河生本教育试点园”等称号，先后两次晋升为“黑河一类幼儿园”。（郑百玲）

健康幼儿园 2022年，健康幼儿园是一所全日制公办性质幼儿园，由健康小学改建而成，占地面积8060平方米，建筑面积是1825平方米，校园活动场地面积4512平方米。设有6个班级，180个学位。有教职工58人，学历达标100%，有幼儿135人。践行“让儿童站立幼儿园正中央”的育人哲学、“让每一个孩子享用公平、普惠、优质教育”的办学宗旨和“让孩子在快乐中健康成长”的育人理念，使用融合五大领域于一体让幼儿在玩中学、学中玩的爱立方游戏成长主题课程；落实劳动教育的“青青菜园”园本课程；涵养幼儿品质的“节日主题文化”课程；传承创新的“幼儿足球”“趣味性英语”特色教学，把游戏的主动权还给孩子的“安吉游戏”活动模式，让孩子在满足需求的游戏中享有快乐，培养良好习惯茁壮成长。年内，健康幼儿园在第三十八个教师节表彰大会上荣获全市教育教学管理先进单位。（孙国彬）

【普惠性幼儿园发展】 2022年，北安市学前普惠性幼儿园覆盖率达到90.7%，新增认定11所民办幼儿园为普惠性民办幼儿园，普惠性幼儿园覆盖率比2021年提高7.4个百分点。新增健康幼儿园、庆华第二幼儿园、通北幼儿园3所公办幼儿园，全市新增园位360个。公办园在园幼儿占比达到51.8%。开展普惠性民办园认定工作，认定普惠性民办幼儿园11所。（孟令超）

【规范管理】 2022年，按照《北安市规范幼儿园办园行为实施方案》《北安市规范幼儿园办园行为评分标准》要求，从园舍设置、教职工情况、保教情况、日常管理情况、卫生保健工作、经费收支情况和幼儿园否决部分等方面逐一进行核查量化打分，纳入管理体系进行动态监管。全年下达限期整改通知书49份，牌匾名称不规范进行更换的幼儿园6所，办园条件不达标另选新址的幼儿园2所，依法依规取缔民办幼儿园13所。（孟令超）

【结对帮扶活动】 2022年，北安市教育体育局为实现优质资源共享，由省级示范性幼儿园（中心幼儿园）和黑河市一类幼儿园（铁西幼儿园）结对帮扶12所薄弱园、普惠园和农村园。帮扶园充分发挥示范引领作用，实地指导2次，开展线上专家讲座4次，全年累计受益教师100多人次，提高了被帮扶园管理水平和保教质量。（孟令超）

义务教育

【概　况】 截至2022年末，全市义务教育阶段小学23所，其中市内7所、乡镇16所。初级中学5所，其中市内3所、乡镇2所。九年一贯制学校6所，其中市内1所、乡镇以下5所。有小学教学班308个，初中教学班162个，小学教职工1299人，初中教职工862人。其中小学专任教师1043人，初中专任教师718人。小学在校生9887名，初中在校生6387名。（周　鹏）

兆麟小学集团 2022年，兆麟小学集团学校是省级标准化学校，学校有教职工190名，其中兆麟校区152人，铁路校区38人；有49个教学班，其中兆麟校区39个，铁路校区10个；在校学生2348名，其中兆麟校区1915名，铁路校区433名。学校党支部坚定不移地推进中小学校党组织领导的校长负责制，以"'红色兆麟、立德铸魂'党建特色品牌创建"为载体，组织开展"红色兆麟榜样育人"专题学习、"红色校本故事展播"等系列活动，进一步弘扬红色兆麟精神。教育教学工作以全面提高师生素养为根本，以生本改革为切入口，以"双减"政策为依托，切实加强常规管理，提高教育教学质量，打响学校品牌，促进学校内涵发展。疫情防控期间，全校教职工参与区域核酸检测扫码、维持秩序工作1000多人/次，参加流调工作500多人/次，承担电厂、绿洲雅苑、301—306三个小区2400多居民的闭环管理。教职工们履行职责使命，以实际行动筑牢疫情防控"隔离墙"。年内，学校获省级"科创筑梦"助力"双减"科普行动省级试点单位、黑河市少先队"红领巾奖章"三星章集体、北安市教育教学工作先进单位、教育基本公共服务标准化试点先进单位、普法工作优秀单位、优秀少先队大队等称号。（魏　来）

和平小学教育集团 2022年，和平小学教育集团分为和平、北岗两个校区。学校占地面积26000平方米，建筑面积14380平方米，有教学班65个、学生2885人、教职工205人。学校以"创造一个适合师生共同成长的生活世界"为办学目标，建立以课程改革为中心的学校整体改革构想，实施人本化管理。在学校规范管理的基础上，积极探索组织育人、规则育人、流程育人、文化育人、环境育人、教师自身育人全面育人的新方法。以新课程改革为动力，全面实施课堂教学模式改革。成立校园文化建设领导小组，制定了《和平小学校校园文化建设方案》。学校围绕"七彩和平 幸福成长"这一主题，在每个教室内固定位置统一设计班级文化墙。师德师风工作扎实推进，在职教师补课现象得到遏制。学校的立项课题《基于"双诚"提高学生学习效率促进学生全面发展有效策略的研究》被确定为"十四五"省教育学会重点课题。郝玉申报的《基于学生核心素养发展的多科融合教学的研究》获省基础教育教学成果二等奖；学校申报的《小学教育阶段发展师生合作素养的实践研究》获省基础教育教学成果一等奖，也是黑河市唯一一个获得一等奖的教育教学成果奖，同时被省教育厅推荐参加国家级基础教育教学成果奖评选。年内，学校获"全国优秀少先队集体"称号；学校的合唱作品在市教体局"喜迎二十大　奋进新征程"歌唱比赛中获得第一名。并在黑河市教育局文艺作品视频大赛中获得一等奖；音乐作品《半生雪》在"龙江少先队"公众号上展播。六年级一班刘若萱同学以优秀的个人综合素养获得第十五届宋庆龄奖学金，是黑河市区小学校唯一入选的学生。（张颖丽）

市第二中学 2022年，北安市第二中学校是全日制普通初级中学，为副科级事业单位，是黑河市首批省级一类学校。学校占地总面积26886平方米，建筑面积11990平方米。学校有教职员工178人，其中专任教师148人。学校有50个教学班、2342名学生。本年度学生优秀率为64.96%，合格率为84.16%，辍学率为0。学校秉承追求卓越、敢拼争赢的工作风格，在全力做好疫情防控以及学校疫情暴发后的处置工作的同时，坚持线下教学与线上教学相结合，教育教学质量稳中有升。继续以成功教育教学为主体的办学特色，积极为教师成长成功搭建平台、学生成长成才创造条件，努力培养德智体美劳全面发展的中学生。年内，学校考入北安一中414人，全市前10名中二中有6人，全市前100名中二中有62人。学校被黑河市教育局评为黑河市德育品牌示范校、北安市委组织部评为北安市先进基层党组织、北安市总工会评为北安市“三育人”先进集体；三年十二班温祥赫同学获得第十五届宋庆龄奖学金。

（柴春红）

市第八中学教育集团 2022年，北安市第八中学教育集团下设两个校区，北岗校区位于北岗区龙江路215号，占地面积36000平方米，建筑面积6600平方米，运动场地13000平方米。和平校区位于上海路305号，占地11427.5平方米，校舍面积5449平方米，运动场面积500平方米。教职工总数210人，专任教师194人。学校现有34个教学班，在校生1620人。学校从“规范、和谐、发展”的思路出发，本着“为学生终身发展奠基”的办学理念，秉承“公诚勤毅”的校训，形成“正德、励志、崇实、创新”的校风，“博爱、严谨、务实、进取”的教风和“笃志、博学、求实、切思”的学风，建立舒心教育团队、建设舒心德育教育基地。打造生本课堂教学，强化校本培训，抓实教师的专业知识理论与新课程理念的学习，号召教师做学习型和研究型教师。参与省规划课题两项，被评为省级“深化新时代教育评价改革试验区”。中考考入重点高中人数180人，4人居全市前10名。年内，学校被黑龙江省委宣传部评为“全省基层思想政治工作示范点”黑龙江省精神文明建设指导委员会办公室授予“省级新时代文明实践示范区”、北安市“教育教学管理先进单位”“北安市先进基层党组织”“北安市五·四红旗团支部”等称号。（远 玉）

【特殊教育】 2022年，北安市有特殊教育学校1所，即北安市特殊教育学校。学校为集孤独症与智障者教育、康复教育、基础教育为一体的综合性半封闭管理的残疾人学校。学校占地面积7000平方米，校舍建筑面积2843平方米。学校确定了“厚德、团结、求实、向上”的校风，本着“为特教学生一生负责”办学理念，让每个孩子都成为自食其力的人。学校有12个教学班，在籍学生数144人，其中送教上门62人，在校就读82人。有教职工57人，专任教师51人，其中特教专业6人。全年的远程培训主导了教育系统的培训方式，3月至7月的生本培训活动中，34名一线教师参加线上培训，为全校的教育教学改革指明新的方向。7月至8月的“国家中小学智慧教育网”暑期培训活动中，32名教师结业。5月30日，“黑河市第二届特殊教育主题论坛”在本校开展，400多人参加会议。郑喜丰老师在会上作典型经验交流，获得特等奖；龙洪涛老师获得材料交流一等奖。全年组织教师参与校、市、地、省及国家级各级培训50余次。学校始终坚持“以人为本”理念，积极探索残疾学生学习生活的教育经验，努力实现残疾学生教育“全覆盖、零拒绝”。学校老师利用每周五下午时间为不能到校的重度残疾学生送教上门，全年共计32周，总送教人次达1664课时。学校被北安市政府授予“教育教学管理先进单位”“教育基本公共服务标准化试点先进单位”。（周 鹏）

【素质教育】 2022年，北安市教育体育局不断强化素质教育，开展“扬五四精神，展青春风采”演讲、“激扬的旋律、欢快的节日”六一朗诵会和全市中小学生乒乓球比赛等艺体活动，全面提升学生综合素养。承办黑河市第二届特殊教育线上论坛和北安、逊克线上“双减”工作交流会，特殊教育学校、北安八中、兆麟小学等学校会上经验交流，助推全市中小学校教育教学质量的“双提升”。（周 鹏）

【义务教育】 2022年，北安市教育体育局将二井镇建华学校等4所乡村小规模学校变更为教学点，有效整合教育资源，提高乡村小规模学校办学效率。严格落实义务教育学校“阳光招生”“阳光分班”政策，2022年秋季招生工作家长满意及社会认可率较高。（周 鹏）

【对外交流】 2022年9月5—10日，“彼尔姆—东方”城市开放论坛暨俄中友好协会成立65周年庆祝活动在俄罗斯彼尔姆市开幕，彼尔姆地区州长、中华人民共和国驻喀山总领事、彼尔姆市市长及俄罗斯各界专家学者300多人参加活动。其间北安市和平小学学生的“中俄友谊”儿童作品在画展专区进行展览，由王爽老师指导学生设计的中俄友好LOGO也在画展上亮相，吸引了当地嘉宾的驻足观赏，此次活动在俄罗斯国家电视台第一频道上播出。俄罗斯彼尔姆俄中友好协会主席M.C.卡门斯基代表俄罗斯彼尔姆俄中友好协会向北安市和平小学校参与此次活动表达了诚挚的感谢，并授予北安市和平小学校“俄中友好学校”称号；授予张玉军“俄中交流优秀校长”称号；授予王爽“俄中交流优秀教师”称号。

（周 鹏）

普通高中教育

【概 况】 截至2022年末，北安市有普通高级中学6所，其中完全中学3所、普通高中2所、职业高中1所。高中教学班119个，高中教职工731人，其中专任教师578人，在校学生5614名。全年招生1780人，毕业生1726人。

（周 鹏）

市第一中学 2022年，北安市第一中学校（以下简称“北安一中”）是省级重点高中、省级示范性高中。学校有37个教学班，在校生2036人，教职工185人，其中专任教师151人。引进、招录教师9人，全年共接待19名哈尔滨师范大学的学生到一中实习。学校着力转变教师教育教学观念，规范教学行为，落实教学环节，加大教师学习、交流和培训的力度。本年高考北安一中参考669人，全区文理600分以上44人，一中占17人，一本上线人数达到504人（理科470人、文科34人）。一本上线率为75.34%，与2021年相比增加3.72个百分点；二本A以上上线率达100%。1人以682分的优异成绩夺取黑河市理工类第一名，在全省排名第十位，考入北京大学；1人以598分获得黑河市文史类第三名。黑河地区理科前10名，一中占7人。年内，北安一中校史馆筹建工作启动，共搜集到具有历史意义的老照片550余张，捐赠的徽章、教学器材等实物50多件。同时对北安一中档案进行归档整理，整理自1950年以来的原始材料600多盒、文件报表3000多份，老旧教学仪器设备151件。完成《北安一中校史志（2004版）》电子录入，同时在查阅大量历史资料的基础上进行了史实校定。2022年，学校被评为“黑河市先进基层党组织”“黑河市巾帼建功先进集体”。管洪雷的微课《导体电阻率的测量》获得省级优秀精品课，被收录进中小学国家基础教育智慧平台；党玉芝主持的《优质教育资源支持下快速作文教学发展的研究》等4个课题在中国教育学会立项，张坤的课题在省级教育学会立项。

（党玉芝）

市第三中学 2022年，北安市第三中学校是一所公办完全中学，学校占地面积61700平方米，教学楼面积8320平方米，宿舍面积3918平方米，食堂面积1023平方米，绿化面积4200平方米，操场面积15600平方米。学校有34个教学班，学生1814人。有教职工170人，其中教师164人。学校全年扎实推进新教材、新课标、新高考“三新”改革，坚持五育并举，加强德育课程化建设，初步构建“三全”德育格局，全面落实立德树人的根本任务。年内，参加高考663人，一本上线105人（理科64人、文科41人）。一本上线率为16.67%，与2021年相比增加5.11%；二本上线率达67.1%。与2021年相比增加2.1%；专科上线207人。招聘教师8人，进一步缓解教师资源短缺矛盾。学校获得黑龙江省体育先进学校、黑龙江省卫生先进学校、黑河市师德先进集体、北安市教育教学先进集体、北安市“三育人”先进集体等称号。

（方子明）

实验中学 2022年，北安市实验中学是一所完全中学，有教职工96人，在籍学生总数595人，有13个教学班，其中高中教学班12个。校园占地面积18320平方米，教学楼建筑面积4489.18平方米，艺体楼建筑面积2176平方米。学校坚持以人为本，因材施教，不拘一格育人才的办学理念，实施“合格+特长”的办学模式，努力创造适合学生的教育，促进学生全面发展，为学生的发展奠基。教学上发挥省级艺术基点校的资源优势，加强艺体教学管理和训练，以文化课教学为基础，突出艺体特色教学，尊重学生的自主选择，培养学生的特长，使学生学有所获，学有所长。加强师德师风建设，提高教师的思想道德修养，在业务上加强教育科研，坚持开展“传、帮、带”合作互助的校本教研活动。年内，学校163人参加高考，47人达到或超过二本分数线，艺体考生占22人。学校被北安市人民政府授予“教育教学管理先进单位”称号。（常 春）

【高考录取】 2022年，北安市高考报名人数3228人（含黑河市第八中学、黑河市第九中学和黑河市第十中学考生），其中应届生3121人，往届生107人，理科类考生2225人，文科类考生1003人。参加高考考试2792人，其中应届生2711人，往届生81人；其中理科类考生1954人，文科类考生838人。文史一批上线77人，文史二批上线366人，文史艺术本科以上上线129人，文史体育本科以上上线17人；理工一批上线731人，理工二批上线1383人，艺术本科以上上线48人，理工体育本科以上上线25人。高职单招录取436人，全市设1个考区、1个中心保密室、3个考点、99个考场。高考理科600以上17人，文科590分以上1人，其中有1人被清华大学录取。

（亓学慧）

【教育教学】 2022年，北安市教育体育局充分利用国家和地方持续高位推动北安市高质量发展政策的红利，聚焦借助统一战线参与机制、西北片教育协作和区域一体化发展规划等长效帮扶机制，引进省内外优质高中教育资源帮扶薄弱高中。北安市第一中学负责帮扶北安市第三中学、北安市实验中学、通北一中和通林一中，通过争取名校中层干部下派、教师校际交流、师徒结对、送培送教等方式，提升普通高中办学水平。同时，北安市教育体育局推进普通高中多样化发展。其中北安一中参加两个国家级子课题研究，均已结题；北安三中、实验中学开展了“零起点”日语实验班；通林一中开展的课间韵律操项目在全省中学生运动会获得健美操表演三等奖；通北一中开展美术、体育特色学校发展项目。年内，北安一中主持召开2022年黑河市重点高中六校联合体会议，结合《学校特色化发展实施方案》意见，进一步加强区域学校联考和资源共享。北安市连续6年举办全国高校招生咨询会，有55所全国高校在北安市设立“优质生源基地”。

（于海泉）

职业教育

【概 况】 2022年，北安有市属公办北安市职业技术教育中心学校1所，是一所集中等职业教育、学历教育、社区教育及各级各类培训为一体的省级重点中等职业学校和省级高技能人才培养基地，是全市唯一一所黑河学院国际教育学院（教育部留学服务中心赴俄留学培训基地）的优质生源基地。学校加挂北安高级技工学校、北安开放学院、北安市社区教育学院牌子。学校在校学生420人、教师91人，开设道路运输、电子信息、计算机、教育、公共服务五大类中的汽车运用与维修、电子技术应用、计算机应用、幼儿教育、老年人服务与管理等10个专业。（徐中良）

【职业教育改革】 2022年，北安市职业技术教育中心学校从完善现代职业教育制度、构建现代职业教育体系、深化产教融合、建设多元办学格局4个方面入手，落实达标建设、专业建设、教育教学、双师型队伍建设、校企合作等10项重点任务。全年开设职教高考本科冲刺班、中高职贯通班、音体美升学班、赴俄留学直通本科联合培养班、北京千一智城数字孪生建模班、百度人工智能大数据班和浙江吉利订单班，从而全面深化职业教育改革，形成“育人与育才并举、文化与技能并重、就业与升学并进”的办学格局。（徐中良）

【优化专业布局】 2022年，北安市职业技术教育中心学校强化重点专业建设，以汽车运用与维修、学前教育为重点打造区域品牌特色专业。紧跟市场需求，科学设置专业，与商粮局合作建立国家级电商培训基地，为乡村振兴输送技能人才。全年投入资金100万余元建设老年人服务与管理实训基地，满足了养老护理专业“教学、护理、培训”等多元化学习需求和增强社会紧缺人才的培训能力。（徐中良）

【教育教学】 2022年，北安市职业技术教育中心学校着眼于企业对技能人才的需求，注重动手能力训练，不断加大专业课教学比例，使专业课和专业理论课比例达到90%，确保学生学有一技之长。全年，毕业生“双证书”（毕业证书、技能证书）持有率达95%以上；高考升学170人，其中普通高考66人、对口升学高考5人、单招高考99人。（徐中良）

【招生就业】 2022年，北安市下发《北安市中等职业教育招生工作实施方案》《北安市中等职业学校招生经费使用与管理办法》等招生文件，确保全市中等职业教育招生规范有序进行，学校采取校校办学、校企合作、中高职贯通培养等形式不断加大招生宣传，全年招生350人，其中中职学生81人、成人教育学员269人。同时，北安市职业技术教育中心学校建立畅通的就业网络，先后与吉利集团、哈尔滨市博能汽车有限公司、哈尔滨耀博建筑装饰设计有限公司签订校企合作协议3份；在职教活动周期间，学校与北安市12家企业签订校企合作校企协议书12份。全年广开就业渠道，学生毕业就业率达到98%。（徐中良）

【培训鉴定】 2022年，北安市职业技术教育中心学校坚持学历教育和非学历培训并举，职业教育和成人教育互动，开展贫困村创业致富带头人、农民教育、职业技能提升等各级各类培训工作，全年培训1000人次以上，送教下乡12次，培训200多人次。积极开展成人学历教育工作，全年招生269人，充分发挥社区教育学院功能，进一步推动国民终身教育体系的建立和学习型城市的创建。（徐中良）

【继续教育】 2022年，北安市教育发展研究中心（以下简称“中心”）是北安市唯一一所面向中小学教师继续教育培训机构，集教师进修、教研、科研和现代教育技术培训等功能于一身，是全市中小学（幼）教师的教育教学人才培养基地。中心有教职工42人，其中高级职称30人、中级职称12人。中心秉承“研训提素质，服务促发展”的党建品牌，以义务教育阶段为主阵地，兼顾高中、幼儿园和特殊教育学校，坚持为教师的专业发展服务。筹备基础素质提升的各项材料评审竞赛，全市累计上交教学设计500多份。组织举办全学段、全学科的现场赛课竞赛，现场抽签、现场备课并准备课件，按抽签顺序进行无生课堂授课。开展由1000多人参加的信息技术应用能力专项、幼儿园专项、心理健康、班主任老师等专项比赛。期间，从北安市专家库里抽取各科优秀教师172人，担任2022学年各项竞赛评委工作，并将参加竞赛的优秀教师推荐到黑河参加地区各项材料评审竞赛和现场赛课的竞赛。全年向黑河推送材料类50份，现场类选手100多人。义务教育阶段学生综合评价试点工作全面启动，成立以北安市教体局局长为组长的工作专班，高标准完成第一阶段测评工作。（周　鹏）

【夏季项目】 2022年，北安市夏季训练项目主要包括田径、篮球、跆拳道等，各项目教练都能够按计划完成工作，并且根据不同年龄段文化学习的时间安排，做出相应调整。深入推进体教结合，利用暑假以及开学期间的节假日进行业余训练。与全市高中联合培养体育特长生，组成一个训练队，通过以大带小进行集中训练，提高学生身体素质，实现共同培养人才，有效带动业余体校运动员训练，全面提高运动成绩。以培养小学生为主，初中、高中为辅，提高基本身体素质为重点，根据学生的体质特点进行专项体育技能培养，提高成才率和输送率。（孙　祺）

文化

公共文化

【概　况】　截至2022年末，北安市有公共图书馆1个，总藏书量19.29万册（不包括数字图书）；博物馆11个，免费开放接待49.3万人次；群众艺术馆1个。电影院2个，接待观众7.4万人次，乡镇综合文化站9个，农村文化小广场57个。　（张秋爽）

【公共文化服务设施建设】　2022年，北安市文化广电和旅游局（以下简称“市文广旅局”）统筹推进省级公共文化服务体系示范区建设，向省文旅厅、省财政厅争取公共文化服务资金400多万元。包括公共文化服务体系建设资金、省级文化遗产保护专项资金、“三区”人才拟专项经费等，提升了全市公共文化服务质量。为北安市图书馆更新图书资源3.14万册，完善亲子阅览室、红色文献阅览室，增添书架、电脑等，丰富图书馆的服务功能，满足市民的不同需求，为晋升国家一级馆奠定坚实的基础。为主星乡文化广场搭建永久性舞台1处，对群众艺术馆、二井镇二井村免费开放活动室进行维修，为杨家乡、海星镇、东胜乡等乡镇部分村级活动室增添音响设备，更新农家书屋图书3720册，购置阅读桌椅40套。在杨家乡和平村、民义村；石泉镇发展村、团结村、西边村、通河村、石昌村、长胜村；海星镇兴隆村、兴旺村建设10个村级文化广场和小舞台，有效解决了基层文体活动无场地、无舞台等问题。

（张秋爽）

·解释说明·

“三区”：边远贫困地区、边疆民族地区、革命老区。

【群众文化活动】　2022年2月23日，由中共北安市委“强纪律、转作风、抓落实、促发展”专题教育领导小组主办，市委宣传部、市文广旅局承办的“清风颂歌”专场文艺演出在市文化中心剧场举行，全市100多名干部观看演出，演出主题明确，助力专题教育走深走实。7月16日，伴随着入伏第一天的到来，由中共北安市主星朝鲜族乡委员会、北安市主星朝鲜族人民政府、北安市文化广电和旅游局及黑龙江三鼎旅游开发有限公司共同主办“主星践文明、团结促发展”北安市主星乡第五届朝鲜族初伏节文艺演出在主星村红星村举行，演职人员大多是朝鲜族，他们独具特色的表演，吸引400多名观众驻足观看，让人们更加深入了解朝鲜族的民俗文化。依托文化、文艺、非遗3支专业志愿服务队伍200多名文化志愿者组建的“蒲公英”文艺小分队深入石泉镇、二井镇等基层，举办“文化演绎新时代、能力提升再启程”“铸牢中华民族共同体意识”“弘扬法治文化、建设平安北安”等主题演出10多次。二十大、国庆节期间开展“喜迎二十大、唱响新征程”、“我和我的祖国”红色作品线上云展播，播放量5万余次。组织开展以“阅读新时代　奋进新征程”为主题的“4·23”世界图书日线上阅读活动，参加人数800多人。

（张秋爽）

【群众文化培训】　2022年，市文广旅局制订《北安市2022年“蒲公英”文化惠民活动计划》，开展“蒲公英”主题文化惠民活动，包含声乐、器乐、舞蹈、美术、书法、健美操等多种艺术形式。全年累计开展各类培训50多场，参加群众2000多人，传播有益文化，培养文艺骨干，切实做到将文化惠民工作落在实处。　（张秋爽）

【公益电影放映】 2022年，市文广旅局组建农村公益电影小分队3组，深入北安市9个乡镇62个行政村开展放映活动，深入推进“喜迎中共二十大——时代楷模主题系列影片展映”“电影文化进万家”等主题公益影片展映活动。组织开展群众性电影放映活动，推进农村公益电影放映工程，全年完成744场农村电影放映任务。（张秋爽）

【北安博物馆】 2022年，北安博物馆是依托原黑龙江日报社旧址建立的北安市首座综合性博物馆，是国家AA级旅游景区，建筑面积1900平方米。博物馆以北安地方史为基本陈列，辅以北安自然资源展、黑龙江日报社史展、北安人文陈列等专题陈列。基本陈列名为《乌裕尔的记忆》，展陈北安人民配合东北抗联与日军进行艰苦卓绝的斗争，并成立东北第一个由共产党领导的人民政权——黑龙江省人民政府的驻地，从一个小小的县城变成支援解放战争的大后方的过程 。全年接待量达到16万人次。在疫情防控闭馆期间，博物馆充分利用北安博物馆微信公众号、视频号等新媒体等网络平台，开设“喜迎党的二十大革命薪火代代传”“‘5·18’国际博物馆日”“七·一建党”“我和我的祖国”“二十大领航 奋进新征程——家乡红色历程云展播”“能力作风建设微朗读”“云观北博”“缅怀北安英烈 传承红色基因”纪念抗日战争胜利77周年等特色原创专栏专题47期；推出的《铭记九一八：勿忘国耻 砥砺前行专题展》《国士无双——近代人物纪念馆门票展》《从延安到北安——吴彦连环画专题展》《中流砥柱专题展》等线上展览20余期，点击量达到8万余次。采用群众喜爱的、大众化的、接地气的形式，让更多人通过网络更能直观感受北安红色历史，满足人们的精神文化需求。同时，不定期举办文化遗产知识讲座，与老促会、中小学校建立联系，开展走进校园“红色课堂”“强国复兴有我”等主题活动。

（王福鑫）

【黑龙江省政府旧址陈列馆】 2022年，黑龙江省政府旧址陈列馆是依托1945年黑龙江省政府旧址而建，占地面积3130平方米，建筑面积1083平方米，展览区面积1000平方米。黑龙江省政府旧址陈列馆基本陈列为《红色岁月》，由序厅、东北军政大学展厅、红色岁月展厅、场景复原等四部分组成。共展出文物100余件（套），并辅以翔实的图片、文字资料说明，展示北安在黑龙江省人民政权初创时期的历史功绩。陈列馆是国家AAA级旅游景区，黑龙江省党史教育基地和研学教育基地、爱国主义教育基地和国防教育基地，具有较高的历史价值和政治价值。全年接待量达到5万人次。（王福鑫）

【北安市庆华军工遗址博物馆】 2022年，北安市庆华军工遗址博物馆是依托原庆华工具厂建立的全国第一家以枪械为主题的博物馆，建筑面积6454平方米，博物馆陈展主题为“共和国枪械的摇篮”，展出新中国第一个冲锋枪厂的辉煌创业史，共陈列展出各类文物5621件。其中，国家一级文物22件，二级文物77件，三级文物1007件。为国家二级博物馆，国家AAAA级旅游景区，国家级国防教育基地博物馆。全年接待量达到32万人次。年内，博物馆利用微信公众号、视频号等新媒体等网络平台，宣传红色文化与中国人民革命军事博物馆携手，通过直播向军工先辈致敬。开展“喜迎党的二十大 革命薪火代代传——东北抗联精神故事会”“烽火前辈人物传记”“漫步军工故事会”等特色展览56期，点击量达到9.5万余人次；线下推出“‘5·18’国际博物馆日巍巍军大 悠悠庆华”专题展览。“喜迎党的二十大 革命薪火代代传——文化五进”活动走进庆华中学、人和社区、象屿金谷农产及武警部队等单位，宣讲东北军政大学在北安的历史以及北安红色故事。“六一”国际儿童节举办“红领巾讲解员 为红色军工代言”小讲解员活动，培养小讲解员29人；“七一”开展《赓续红色血脉 永远跟党走》专题文艺演出；“八一”与驻地官兵共叙军民鱼水情深共同举办《喜迎党的二十大 革命薪火代代传 庆八一 》专题文艺演出。让更多人通过线上、线下感受北安红色军工历史，满足人们的精神文化需求。2022年，北安市庆华军工遗址博物馆被授予中共黑龙江省、黑河市党史教育基地称号，并获评新时代博物馆百大陈列展览精品奖。（吴　婷）

【北安市图书馆】 2022年，北安市图书馆位于大象文化城文化综合体1至4楼，建筑面积7083平方米，设有公共阅读大厅、亲子阅览室、科普体验馆、政策法规室、期刊阅览室、自修区、电子阅览室、报告厅、多媒体室、创客空间等，配备自助借阅系统、瀑布流电子书借阅机等现代化电子智能设备，可以满足读者多元化的阅读需求。疫情期间图书馆闭馆不闭服务，不断加强“数字图书馆”平台建设，利用微信公众号、移动App开通图书馆“微服务大厅”，便于读者查询图书馆新书，搭建起读者与图书馆之间的桥梁。推出北安悦读、一网读尽、博看朗读亭、博看微刊、博看有声等微信小程序和文旅推广等专栏，同时开办《北图科普》《北图荐书》《北图资源》《北图兴趣班》等线上专栏，受到广大读者好评，好评率达到96%。年推送信息总量2626条，年均信息推送数量657条，信息浏览量达到4.89万次。通过公众号提供预约、检索、借阅等移动服务，年馆藏数字资源浏览量达到15.4万次。全市总直属乡镇分馆13个、流动站17个，覆盖率达到90%。全年，北安市完成新入藏图书30458册，报纸56份，期刊120种。北安市图书馆普通文献馆藏总量19.29万册，年总流通人次27.25万人，年总文献外借量25.89万册次，年均文献外借数量6.47万册次，以流动图书车或其他流动服务方式开展文献外借总量3.47万册次。年均开展讲座、展览、培训活动83次，参与人员2.23万人次。全年注册读者较上年增长3.6%，微信公众号粉丝数量增长20%，总分馆到馆人次增长2%，有声阅读量增长150%。通过兴办读书社、阅读兴趣小组等，开展读书征文、荐书送书、座谈交流、网上交流等多种形式的阅读活动，参与人数达1万人次。3月，开展“亲子阅读诗词会”、妇女节读者交流会等系列活动；4月23日，以“世界读书日”等活动为契机，现场发放宣传单、张贴宣传标语等；5月，开展《习近平谈治国理政》第三卷诵读会、劳动节主题朗诵会等活动；6月，北安和平小学“红飘带”新时代文明实践志愿宣讲团开展的“红飘带”志愿宣讲主题活动。持续开展“书香北安、百姓悦空间”和“百年辉煌、党史阅空间”推广2个品牌活动，将全民阅读活动与新时代文明实践、党史学习教育结合起来。（全 鑫）

【群众艺术馆】 2022年，群众艺术馆是国家一级馆，建筑面积10466.8平方米，使用面积7326.76平方米。设有现代化剧场、多功能剧场、舞蹈排练厅、多功能展厅、声乐排练厅、器乐室、美术室、服装室，已经成为全省北部独具文化艺术魅力和辐射力的文艺场馆。全年多次组织线上线下活动，参与人数约27000人次。群众艺术馆推出“冰天雪地 美好生活”线上展播共5期，举办推出北安市群众艺术馆“冰天雪地 美好生活”线上诵读6期，推出“庆七一”线上展播3期，举办推出《喜迎二十大 庆丰收颂党恩》北安市农民艺术节线上专场演出上下共两期，推出北安市2022年“拥抱春天”新春文艺特辑线上展播7期，推出北安市文化广电和旅游局、群众艺术馆“蒲公英”文艺小分队系列活动之“中共梦 劳动美——致敬劳动者线上专场演出”5期，推出《我和我的祖国》“喜迎二十大 唱响新征程”北安市群众艺术馆红色作品展播共九期，《我和我的祖国》北安市群众艺术馆为你诵读9期，北安市群众艺术馆《艺术在线云课堂》5期。年内，群众艺术馆“蒲公英”文艺小分队赴石远镇、二井镇、主星乡举办和参加文艺演出。为电业社区、法华社区、庆民社区、农垦社区、北苑社区、进乡村等20个社区开展声乐、舞蹈、器乐、戏曲等文艺辅导，更好地满足人民群众精神文化需求。（师圣奇）

艺术创作

【概 况】 2022年，市文广旅局聚焦乡村振兴、喜迎中共二十大等主题，创作《延安组歌》《新疆组歌》《非遗组歌》《少数民族组歌》《太行组歌》等一批文艺精品。其中歌曲《老师的眼睛》《巧姑》《好一幅蚌壳画》等10多首主旋律歌曲在网络推广发行。市文广旅局组织北安市文化工作者围绕“民族团结”“同心向党”“喜迎党的二十大”等主题，创作100多件文艺作品。创作系列革命历史题材连环画《黑土地走出的红色先驱——马骏》。（张秋爽）

【文艺演出】 2022年，市文广旅局组织开展“我们的中国梦、文化进万家”迎新春系列活动，举办“拥抱春天”新春文艺特辑线上展演，举办“中国梦 劳动美——致敬劳动者线上专场演出”，组织策划“主星践文明、团结促发展”北安市主星乡第五届朝鲜族初伏节文艺演出。举办第五届农民艺术节线上专场演出两场。全年完成“蒲公英”文艺志愿小分队进基层活动30多场，惠及8万余群众。（张秋爽）

文物保护

【概 况】 截至2022年末，北安市有类文物遗存64处（多处遗址遗迹合并公布为1处文物保护单位的，按照1处计算），其中，全国重点文物保护单位1处、省级文物保护单位3处、市级文物保护单位9处。有市级以上非物质文化遗产14项，其中省级6项、市级8项。（张秋爽）

【文物保护】 2022年，市文广旅局建立完善田野文物与馆藏文物保护清单、文物安全责任体系，全力开展文物巡查，全年累计完成北安市市域内64处不可移动文物田野巡查；完成北安博物馆、中共黑龙江省委员会旧址陈列馆、黑龙江省政府旧址陈列馆858件（套）馆藏文物建档建账工作；完成1处全国重点文物保护单位，9处黑河市保护单位建档建账。市文广旅局推进中共黑龙江省委员会旧址陈列馆保护利用项目建设。该项目是国家发改委“十四五”时期文物保护利用工程项目，包括中共黑龙江省委员会旧址的修缮、安防、消防、整体布展。申请国家文物局可移动文物专项资金119.08万元，实施北安博物馆可移动文物数字化保护项目，为馆藏文物建立数字化资源库。庆华军工遗址博物馆被授予黑龙江省、黑河市中共党史教育基地荣誉称号。（张秋爽）

【文物消防安全检查】 2022年4月起，由市文广旅局联合文化市场综合行政执法大队、文物保护中心等单位，对北安市重点文物保护单位北安博物馆、省政府旧址博物馆、庆华军工遗址博物馆开展消防安全检查，查问文物保护单位日常消防安全管理和消防安全责任落实情况，重点对用火用电是否规范、电气线路敷设是否符合要求、灭火器材是否完好有效、消防专干是否熟悉操作消防设施进行检查。检查组对检查发现的问题明确责任人限期整改，确保彻底消除隐患。通过联合检查，及时帮助文物博物馆单位发现并消除一批消防安全隐患，有效督促落实消防安全主体责任，提高文物博物馆单位对消防工作的重视。

（张秋爽）

非物质文化遗产保护

【概 况】 2022年，市文广旅局推动黑龙江省非物质文化遗产（以下简称“非遗”）保护工作的有效开展，对北安市的黑龙江省省级非遗项目进行系统梳理和上报，全市非遗项目28项，22人。其中，3名黑龙江省省级传承人的8件作品被黑龙江省非遗展馆收藏，9名传承人的信息编入《黑龙江省非物质文化遗产丛书》，8名被评选认定第四批市级“非遗”代表性传承人。 （张秋爽）

【“非遗”宣传工作】 2022年，市文广旅局4月起在兆麟小学、和平小学、百盛社区、弘北社区、庆新社区、人和社区、石泉镇开展非遗进校园、进社区、进乡村等活动，举办“连接现代生活，绽放迷人光彩”非物质文化遗产专场文艺演出，参加人数2000多人。6月8日，在祥和广场开展“文化和自然遗产日”系列宣传活动，通过现场制作、展播展示等多种方式，展示全市的非遗项目和传统技艺。让非遗作品和传承人与市民零距离接触，同时开展“邂逅绚丽人生、我在这里等你”——北安市非遗与您相约，打造非遗网红打卡地，展示非遗系统性保护成果和传承人优秀作品，让广大市民畅享非遗购物。

（张秋爽）

【乌鱼绣】 2022年，乌鱼绣是省级非遗项目，是满族刺绣，是金代传统刺绣在吸收乌裕尔河流域女真、满、汉、鄂伦春等各民族刺绣技法基础上形成的独具特色满族刺绣流派。乌鱼绣在第四代传承人王春艳的传承下，创新了乌鱼绣刺绣技艺，将冰雪艺术作品及国画、油画与乌鱼绣巧妙地融合，逐步形成自己独特的艺术风格。王春艳创办了乌鱼绣传承展示馆，她的作品多次在全国、全省获奖，取得较好社会效益和经济效益。2022年12月，北安市乌鱼绣入选全国“非遗工坊典型案例”，是黑龙江省唯一入选案例。 （王文革）

【木 雕】 2022年，北安市木雕传承人李宝峰，建有北安木雕艺术馆，该馆旨在传承百年经典、精雕千载文化，被列为黑龙江省非物质文化遗产保护项目。北安木雕是由游牧民族与中原移民融合共存的一门木雕技艺，作品创作风格，主要以吉祥寓意、感悟生活的创作题材为主。经过不断的探索和发展，北安木雕走出自己的独特风格和雕刻技法，作品具有不可重复的艺术性。李宝峰善于利用材料的自然形态与雕刻工艺的完美结合、巧夺天工，使得木雕作品栩栩如生、浑然天成。2022年7月，李宝峰参加黑河市举办的达子香文化创意设计比赛，木雕作品《瑞雪兆丰年》获得优秀奖；2022年8月参加全国第二届百鹤杯工艺美术设计创新大赛，木雕作品《莲下悟心》获得白鹤新锐奖，是黑龙江省参赛作品中唯一获奖作品。

（王文革）

【程氏剪纸】 2022年，北安市“程氏剪纸”第三代传承人吴明君，她是中国民间文艺家协会会员、中华文化促进会剪纸艺委会参会委员、黑龙江省工艺美术协会会员，黑龙江省民间文艺家协会会员，黑龙江省剪纸协会会员，黑龙江省书画研究院北安分院秘书长，北安市老年大学剪纸教师，黑河市工艺美术大师，黑河市版画家协会理事。近些年来，“程氏剪纸”利用传统手工技艺，在吸收版画、年画、国画等画种的基础上，内容不断创新，出现大批反映时代精神的优秀作品。2022年10月，吴明君作品《喜迎二十大、奋进新征程》在全国剪纸精品邀请展中获银奖。

（王文革）

北安市非物质文化遗产代表性项目及代表性传承人一览表

表11

序号	传承人	项目名称	批次
1	社会传承	通北林区森工号子	第一批
2	社会传承	北安民间歌谣	第一批
3	沈春友	北安剪纸	第一批
4	杨金全	北安烙画	第一批
5	冯淑芝	北安布老虎制作技艺	第一批
6	高志信 刘景山	柳派二人转 北安二人转	第一批 第一批
7	社会传承	高跷秧歌	第一批
8	社会传承	大秧歌	第一批
9	社会传承	北安山野菜采集加工技艺	第一批

续表 11

序号	传承人	项目名称	批次
10	社会传承	瓦盆烧造技艺	第一批
11	社会传承	蒸馏酒酿造技艺	第一批
12	尹传君	远顺腐乳酿造技艺	第一批
13	北安主星乡朝鲜族	初伏节	第一批
14	王春艳	北安乌鱼绣	第二批
15	李宝峰	北安木雕小器作	第二批
16	任俊华	任氏汉军旗萨满祭祀单鼓	第二批
17	吴　彦	北安连环画	第三批
18	朱　林	北安野生动物标本制作	第三批
19	郭　昕	通肯河传说	第三批
20	刘新民	玉石雕刻技艺	第三批
21	刘学东	北安刘氏祖传中医	第三批
22	王　贡	北安蚌壳画	第四批
23	于军武	北安园林技艺	第四批
24	李宝峰	北安玉雕技艺	第四批
25	吴明君	北安程氏剪纸	第四批
26	张兴久	鲁班锁制作技艺	第四批
27	肖恒子	北安版画	第四批
28	刘晓霞	北安柳派二人转	第四批
29	张　玉	北安嬷嬷人剪纸	第四批

市场管理

【执法监管】　2022 年，市文广旅局推进北安市文化执法工作的法治化、程序化和规范化工作，完善文旅领域跨部门“双随机、一公开”联合抽查机制，形成权责明确、公平公正、高效透明的文化市场监管格局。市文广旅局推进新纳入文化执法领域的校外培训等机构的审查监管工作，完成全市 27 家艺术类校外培训机构移交接收工作，对 5 家剧本杀、1 家密室逃脱经营范围进行整顿，完成剧本杀剧本备案工作，全面保障北安市文化旅游市场繁荣稳定发展。

（张　畅）

【专项行动】　2022 年，市文广旅局认真开展“打击养老诈骗”“无小耳朵社区创建”“护校安园”“建筑类不可移动文物专项整治”“扫黄打非”、禁毒、四个专项行动。全年，市文广旅局共组织检查经营单位 2000 多家次，出动执法检查人员 700 多人次，共开展联合执法 5 次，发现问题 237 个，收缴卫星接收设备 37 件，责令 4 家经营场所停业整顿。

（张　畅）

【安全生产】　2022 年，市文广旅局结合安全生产专项整治三年行动，压实安全监管责任和主体责任，深入开展文化和旅游领域隐患排查整治。特别是元旦、五一、国庆等重点时节联合市应急局、公安局等相关成员单位组成督查组，采取“四不两直”的方式深入全市文博场馆、文化娱乐场所进行安全生产、疫情防控综合督查。发现安全生产隐患问题 47 项，完成整改 47 项。

（张　畅）

旅　游

【概　况】　2022 年，市文广旅局始终把旅游推介工作作为对外宣传的重要窗口，不断创新宣传方式，强化宣传效果。通过抖音平台开展“助力乡村振兴”文旅直播宣传活动 10 多次，线上介绍北安的特色旅游以及特色文化，同时为助力乡村振兴销售当地特色农产品。在抖音、快手短视频平台定期发放旅游宣传视频，开展“爱北安，游家乡”旅游专题宣传活动、“歌唱北安”原创歌曲展播活动。观看量、点赞数较高，取得良好宣传效果，打响“向北方，心安处”“北国枪城 塞北延安”的旅游宣传口号。开展全市旅游常态化工作，落实公开《旅游领域基层政务公开标准目录》。承办“感悟中华文化，享受美好旅程”2022年“中国旅游日”宣传活动、“欢乐北安乡村游”活动。制作《北安旅游》宣传册、北安文旅形象LOGO。完成2021年生态特色旅游指标考核，形成《生态特色旅游指标考核自查自评报告》。实现全年游客共计1740542人，比2021年游客总人数增长84.4%。全年旅游收入69622万元，与2021年旅游收入同期相比增长70.9%。（何纪霖）

【旅游资源】 2022年，北安市旅游资源较为丰富，全市有登记不可移动文物64处，涉及近现代重要史迹及代表性建筑等类别，其中全国重点文物保护单位1处，黑龙江省级文物保护单位3处，黑河市级文物保护单位8处。有非物质文化遗产23项，其中柳派二人转、嬷嬷人剪纸、北安烙画、北安乌鱼绣、北安木雕和北安朝鲜族初伏节6项省级非物质文化遗产，北安小器作等7项黑河市级非物质文化遗产，是红色历史、红色基因的印证元素。全市还有北安博物馆（国家AA级旅游景区）、黑龙江省工作委员会旧址陈列馆、黑龙江省政府旧址陈列馆（国家AAA级旅游景区）、庆华军事工业遗址博物馆（国家AAAA级旅游景区）、城郊乡革命屯抗联纪念馆、通北历史陈列馆、主星朝鲜族民俗馆、黑龙江省军政干部学校纪念馆、于维汉纪念馆、雷锋精神纪念馆、赵光镇前进村村史馆等，城乡共建成16座博物馆，形成了全省唯一的县级红色博物馆群，人均拥有博物馆数量在全国居于前列。年内，多次接待国家、省级领导和社会各界人士参观，博物馆群成为党史学习教育、红色文化传承和新时代文明实践的重要阵地，也是旅游重要基地和资源。（何纪霖）

文旅产业

【概　况】 2022年，市文广旅局认真贯彻落实文旅融合发展工作部署，深入挖掘北安历史文化、红色基因，开发利用红色文旅资源，加强文化和旅游基础设施建设，努力打造“从延安到北安”“北国枪城 塞北延安”红色品牌，促进文旅深度融合，加快产业化、数字化、市场化发展，坚定文化自信，抢抓文化高质量发展、传承红色基因带来的政策叠加机遇，深度开发利用红色文旅资源，红色文旅知名度和影响力不断提升。（何纪霖）

【文旅融合】 2022年，市文广旅局开展“感悟中华文化、享受美好旅程”，“中国旅游日”宣传活动，通过发放宣传单、宣传展板展示、现场讲解等方式使广大北安市市民更加清晰地了解北安市的旅游资源与文化产品信息。市文广旅局开展“欢乐北安乡村一日游”活动，组织北安市各入城口公路检查点值守单位、北安市卫生健康局和全市各社区的防疫工作者代表40多人参加。市文广旅局策划乡村游旅游线路，对新安屯花卉基地、建革村采摘园等具有乡村旅游发展潜力的地点进行考察，推进北安市乡村旅游业的发展。市文广旅局在抖音、快手短视频平台定期发放旅游宣传视频，打响“向北方、心安处”“北国枪城、塞北延安”的旅游宣传口号。制作《北安旅游》宣传册，开展“爱北安、游家乡”旅游专题宣传等活动，不断提升北安市旅游宣传推介影响力。（张秋爽）

【文旅项目建设】 2022年，市文广旅局推进重点文旅项目建设，开展对黑龙江省委旧址陈列馆保护利用。该项目是国家发改委“十四五”时期文物保护利用工程项目，包括省委旧址3472平方米的修缮、安防、消防、整体布展，25000平方米的室外环境整治、2550平方米的生态停车场和新建630平方米游客服务中心，共争取到项目资金3000万元。该项目于4月20日开工，预计2023年6月底前全部竣工。以朝鲜族的风俗文化为核心的主星乡红星村民俗风情田园综合体项目已投入2400万元，完成项目总体发展策划及建设规划、酒店和民宿室内外装修，特色酒厂、朝鲜族泡菜食品厂正在建设中，该项目上报到省文化产业项目库。由企业自筹方式解决。投资7037.2万元打造凯龙生态旅游新区建设项目，新建生态旅游区旅游年接待游客30万人。总占地面积96525.25平方米，总建筑面积：34898平方米，硬化面积8600平方米，绿化面积17300平方米。凯龙生态旅游新区建设内容包含民宿区、农林交易区、宾馆、餐饮区、旅游服务中心、养殖区、垂钓烧烤区、儿童娱乐区、采摘等区域。现开工建设中，以哈尔滨冰雪嘉年华成功案例为例，大量增加冰雪娱乐设施。（张秋爽）

【拓宽文旅直播通道】 2022年6月，市文广旅局通过直播推广北安非遗产品，举办了非遗购物节直播带货活动，有80多件非遗产品进入直播间销售，在线人数1500多人成交量140多件。市文广旅局参加省台走进黑龙江乌苏里江大型融媒体直播活动，拓展了非遗产品的销售渠道，逐步提高非物质文化遗产的经济效能。通过抖音平台进行农副产品直播带货，在直播介绍北安红色文化的同时，推广销售杨家乡小园玉米和通北镇笨榨豆油等特色农产品，为全市农产品“走出去”创造条件，拓宽农民增收、农副产品销售渠道，当日直播参观人数200多人成交量300多件。开设“北安博物馆云客厅”“喜迎党的二十大革命薪火代代传”“我和我的祖国”国庆专题，“家乡红色历程”云展播等特色原创专题40余期。推出《勿忘国耻 砥砺前行》《国士无双——近代人物纪念馆门票展》专题展，点击量达到5万人次，推荐北安红色教育基地。2022年，北安市庆华军工遗址博物馆被省委、市委史志研究室授予省、黑河市中共党史教育基地称号。（张秋爽）

【数字化智慧旅游系统】 2022年，北安市数字博物馆项目以实景三维为基础，开发不同终端互联网展示产品，整合文物数字保护平台，实现互联互通、高度集成、统一管理的目标，让广大群众通过不同场景能够身临其境感受到北安厚重的红色历史痕迹，全年吸引5万人次线上参观。庆华军工遗址博物馆实现智能线上预约系统、面部识别测温、文物藏品360°环拍、VR大空间互动体验、线上数字博物馆展厅等数字化服务，极大地增加游客的参与性和互动性，吸引12万人次线上参观。（张秋爽）

广播电视

【概 况】 2022年，北安市广播电视转播由黑龙江人民广播电台九一八台和中国广电黑龙江网络股份有限公司北安市分公司负责，黑龙江人民广播电台九一八台主要负责无线广播电视的转播，中国广电黑龙江网络股份有限公司北安市分公司负责有线电视转播。中国广电黑龙江网络股份有限公司北安市分公司（以下简称“中国广电北安市分公司”）隶属于中国广电黑龙江网络股份有限公司管理，负责转播中央电视台、黑龙江省电视台、省外电视台节目以及转播北安市电视台主办的新闻节目，每天24小时连续播放。中国广电北安市分公司有线电视固定资产900万元；主要设备有前端机房1个、分前端机房2个、室外数据传输设备280台、光交箱22个；城区内主线光缆340千米，城区覆盖率70%。全年有线电视用户13631户，每户每年收取360元收视维护费，有线电视总频道数181个。其中地方台2个、转播省台7个、中央台18个、省外卫视154个。（崔智勇）

【无线广播电视转播】 2022年，黑龙江人民广播电台918台在省局的支持和帮助下，更新调频88兆赫兹一千瓦（播出省台新闻广播）发射机一部，中波900千赫兹五十千瓦发射机一部，完成变电所二期改造项目，并对通北自立塔进行除锈防腐维护工作。配合省局科技处完成地面数字电视700兆赫兹六部一千瓦发射机安装调试改频工作，自筹资金购置一部地面数字电视N+1备份一千瓦发射机，以及通北三部一千瓦地面数字备份发射机的改频工作，购置多部测试仪器。配合市局安装调试一部300瓦地面数字电视发射机。全年累计播出91777小时，地面数字电视累计播出7144小时，有效地保证了满时间，满功率，满调幅的标准。（袁泽鑫）

【无线广播电视转播频道】 2022年，黑龙江人民广播电台九一八台在广播转播方面有中波广播和调频广播两种播出信号种类，转播的节目分别有央广中国之声、黑龙江新闻广播、黑龙江新闻广播、黑龙江都市女性广播、农垦之声、黑龙江生活广播、央广经济之声、北安综合广播、央广音乐之声、黑龙江音乐广播、黑龙江交通广播、黑龙江老年少儿广播、央广中国之声。地面数字电视转播的频道有黑龙江卫视、黑龙江新闻法治频道、黑龙江农业科教频道、黑龙江少儿频道、央视综合频道、央视财经频道、央视中文国际频道、央视科教频道、央视社会与法频道、央视新闻频道、央视少儿频道、央视音乐频道、央视纪录频道、央视戏曲频道、央视农业农村频道、中国国际电视台、黑河新闻综合频道和北安综合频道。（袁泽鑫）

【有线电视转播频道】 2022年，中国广电北安市分公司转播黑龙江省民生频道有《黑龙江影视》《黑龙江都市》《黑龙江新闻夜航》；转播少儿频道有《黑龙江少儿》《CCTV少儿》；转播电视剧类频道有《家庭剧场》《怀旧剧场》《CCTV影视》；转播体育类《CCTV5》《CCTV5+》《劲爆体育》等；同时转播黑河市、北安市地方新闻频道等节目内容，全方位满足用户个性化视听需求，是全国传输数字电视节目和高清节目最多的广电网络公司之一。广电云视界互动点播平台是国内首个实现全聚合的内容云平台，集聚电视内容和互联网视频内容于一体，40万+小时点播资源。（崔智勇）

【有线电视主营业务】 2022年，中国广电北安市分公司主要经营数字高清有线电视双向业务及单项业务；单品宽带业务；5G 700兆手机卡通信技术业务；广播电视信息网络工程设计、施工、维护业务；互联网安全服务业务；综视联网传输工程；广播电视节目传送；电信业务经营；互联网安全服务；广告代理业务等。年初有效用户17186户，截至年末用户流失2346户，流失率为-13.65%。年末有效用户14840户，全年累计新装1205户。机顶盒智能终端回收769台，发展5G用户348人。移动用户发展总目标1244户，在网用户237户，缺口1007户，广电益家任务目标1458653元，全年累计完成1505739.81元，完成进度103%。截至12月10日，现金流收入312.78万元。（崔智勇）

【北安融媒体宣传】 2022年，北安市融媒体中心发挥矩阵效应，壮大主流媒体声音。各媒体平台传播力、影响力、公信力不断扩大，用户量、浏览量、新闻生产量和短视频播放量大幅提升。电视综合频道《北安新闻》播发365期，播发稿件2200多条；广播综合频率6档直播节目累计播发1300多期；"我是北安"各平台累计播发图文视频信息9000多条。围绕市委、市政府中心工作开展密集性报道，推出了《奋进乡村振兴新征程》《我的家乡也很美》《市域治理现代化》《籽籽同心 铸牢中华民族共同体意识》《网络中国节》《项目攻坚》《爱国卫生运动共建美好家园》等专题专栏21个，在服务全市工作中释放融媒作为。通过全媒体平台开设《喜迎二十大》《喜迎二十大·非凡十年》专栏，全景展现党的十八大以来近十年北安的巨大发展成就。推出《悟思想践行动 宣讲在基层》《喜迎省第十三次党代会》《向省第十三次党代会献礼》《贯彻省党代会精神 谱写振兴发展新曲》《守好北大门 建功新时代 学习贯彻省党代会精神》《学思践悟 凝聚伟力》等专栏，录制播发"微课堂""微宣讲"节目60多期，在全市掀起学习贯彻落实中央、省重要会议精神的热潮。

（姜　阳）

【媒体融合】　2022年，北安市融媒体中心充分发挥各媒体间深度融合和聚合共振效应，不断提高新闻信息生产、传播、服务能力。深化"两安"合作，围绕"从延安到北安"红色主题，参与延安市融媒体中心2022年线上春晚，于正月初一至初五共同举办两地主播云端拜年活动。7月，再次走进延安市融媒体中心和宝塔区融媒体中心对接交流，在与延安融媒签约战略合作协议书的基础上，与宝塔区融媒体签署战略合作协议。派出寻访团走进山西，拍摄制作第二季"图说往事——从延安到北安"红色征程速写寻访专栏，展现红色之路的历史沿革。打好宣传硬仗，先后推出《慎终如始抓防控》《众志成城 抗击疫情》等主题专栏，制播原创短视频70多条。以暖心故事线加情景再现的形式创新摄制完成40分钟的防控演练宣传片；受中央广播电视总台委托，独立拍摄完成《端牢中国饭碗》大型系列纪录片之《扩种大豆》一集，在央视一套播出。

（姜　阳）

北安市档案馆积极推进馆藏档案数字化工作　　（市档案馆　供图）

档案工作

【概　况】　2022年，北安市档案馆（以下简称"市档案馆"）根据机构设置调整接收征集进馆管理工作，印发《关于做好档案依法移交进馆的通知》，全市档案进馆流程更加规范、渠道更加畅通。实现实体档案和电子档案同步规范进馆，各进馆单位实施档案数字化之前，提前介入目录审核、现场验收，把好整理和数字化质量关。全年，市档案馆接收20多家单位纸质及相应的电子档案6659件进馆。加强影像资料拍摄、口述采访、文献资料、照片和实物资料收集，建立重特大事件专题档案数据库及四史资料学习库。对全部馆藏档案进行清点，按照档案存放相对集中、利用方便的原则，对档案存放位置进行调整，累计搬运档案2548卷。7月7日，省档案馆副馆长田洪文一行三人专程到档案馆交流学习档案业务，针对当前的数字化工作进行现场指导。（王大中）

【档案查阅利用】　2022年，市档案馆把创建文明窗口服务着重放在档案查询利用工作中，以积极、主动、文明、周到、热情的态度接待每位来访者，解答咨询人的疑惑以及档案事务中的难题。在工作中执行《档案馆服务承诺制度》等各项规章制度，改被动查档为主动服务。全年，市档案馆共接待来访者和利用者211人次，调用档案资料878卷（件）。查阅窗口收到表扬留言8篇、表扬信5封、锦旗1面。

（王大中）

【档案数字化】　2022年，市档案馆按照国家、黑龙江省、黑河市以及北安市"十四五"档案事业发展规划，到2025年底前必须完成80%的馆藏档案数字化任务要求。经科学测算，市档案馆需要数字化纸质档案目录25万条、扫描410万页。8月中旬，北安市档案馆召开档案数字化专题研讨会议，成立专门的领导小组，研究通过《北安市档案馆纸质档案数字化工作方案》《纸质档案数字化各流程操作要求》《北安市档案馆档案数字化工作各项制度》，为档案数字化馆藏工作的开展提供制度保证。全年完成纸质档案数字化馆藏档案55393件、51908条，共计403151页，通过校对验收，并移交档案查阅利用室存储在电子档案查阅微机数据库中，档案数字化率的提高进一步减轻了档案管理人员的工作强度，同时，也提高档案的查阅利用工作效率。（王大中）

【档案数字化保障】 2022年，市档案馆面向社会公开招聘录用北安市事业单位工作人员中抽调16名作为北安市档案馆档案录入人员，经过短期针对性培训，全部合格上岗，为档案数字化工作提供了人才保障。同时，由北安市财政局拨款34.37万元购置微机、扫描仪、硬盘、办公桌椅设备等，为档案馆档案数字化工作的正常开展提供了物质保证。

（王大中）

【档案编研展览】 2022年9月30日，北安市委办公室（市档案局）、市档案馆共同举办“喜迎二十大·档案颂辉煌”主题档案展。展览共分抗日战争、中国共产党党组织建立、社会主义革命和建设、改革开放、现代化建设和中国特色社会主义新时代等7个部分，展出20个板块、81张珍贵的图片，生动反映了北安人民在中国共产党的带领下，艰苦奋斗、开拓进取，在各个时期各项事业发展中取得的辉煌成就，为北安市喜迎二十大营造了良好的社会舆论氛围。

（王大中）

史志研究

【年鉴编纂】 2022年年初，中共北安市委史志研究室（以下简称“市委史志研究室”）以中共北安市委员会办公室名义下发《关于做好〈北安年鉴〉资料上报工作的通知》，市委史志研究室利用2个月的时间完成年鉴稿件催缴、指导和审查工作。按照黑龙江省年鉴编写要求，从4月开始对北安市各单位按期交稿的近百万字年鉴资料进行修改和编辑，严把政治关、体例关和文字关，终稿文字量为72万字、62个彩板、282幅图片。11月末，完成《北安年鉴（2022）》编纂出版发行工作，及时为北安市各单位和部门年度提供资料。

（王大中）

【志书编修】 2022年，市委史志研究室完成《黑河市外事志·北安篇》材料编写和上报工作，共计1万余字、照片161幅。市委史志研究室加大终审力度，严把质量关，再次审核《前进村志》（修订版），最终《前进村志》（修订版）于6月修订版出版。全书彩页52页、正文284页，除纸张、装帧、封皮外，基本维持原貌。同时，全力推进指导北安市城郊乡永青村尹江完成《永青村志》初稿编写工作，该志书记载了永青村百年的历史变迁，尹江老人历时30多年搜集资料、编写村志，为北安市历史积累了一份珍贵的资料。

（王大中）

【史志资料收集】 2022年9月，市委史志研究室为积累史志资料，先后查阅《黑龙江城镇经济》（上）、《黑龙江历史大事记》、《建国前北安市英雄史》、《中国共产党黑龙江地区党的组织沿革资料线索（1921—1945）》、《中共黑龙江历史》、《中国共产党组织史资料》等书籍，扫描材料百余页。全年，查阅民国时期档案643卷、扫描404页；完成整理馆藏部门志电子版61部、乡镇志电子版10部、行政区划图9幅。 （王大中）

【党史研究】 2022年，市委史志研究室完成《中国共产党黑河市组织史第七卷》供稿工作。搜集整理14家黑龙江省省直单位组织史资料，按照“广征、核准、精编、严审、及时”的方针，以“尊重历史、求实存真”的原则，全面、客观、准确地记述北安市的黑龙江省省直各单位的组织建设情况。特别是反映中国共产党的组织建设和干部队伍建设的历史，做到政治观点明确，史料翔实完整，体例科学合理，文字简明精炼。在资料的征集、整理、编纂、送审等各个环节，严把质量关，力求全面、准确、高质量地完成《中国共产党黑河市组织史第七卷》组织史北安市部分的编纂工作任务。在市委史志研究室编研人员对档案馆馆藏的档案资料查阅中，发现大量的鲜为人知的具有历史意义的中共党史资料，该资料的发现不但填补一些北安市革命历史上的空白点，同时也为续编写中国共产党北安市组织史资料、大事记积累了资料。

（王大中）

【省党史教育基地挂牌】 2022年7月7日，中共黑龙江省委史志研究室为北安市庆华军工遗址博物馆挂牌，命名为黑龙江省第四批党史教育基地。同时，中共黑河市委史志研究室为北安抗联纪念馆、北安市庆华烈士陵园分别授牌，命名为黑河市第二批党史教育基地。该党史教育基地将成为引导和教育全市广大党员干部加强党性锻炼的重要场所，成为广大群众增强爱国情感、培育民族精神的重要阵地，成为青少年学习革命传统、陶冶道德情操的重要课堂，成为坚定理想信念、加强党性修养的生动教材。

（王大中）

卫生健康

医疗机构

【概　况】　2022年，北安市辖区内有注册登记的各级各类医疗卫生机构191个。其中，黑龙江省卫健委所属卫生机构1个、北安市所属医疗卫生机构174个、北大荒农垦集团有限公司所属医疗机构12个（包括北大荒集团北安医院1个及所属赵光、长水河、建设、红星4个农场医院和7个作业站卫生所）、通北林业局所属医疗机构4个，三级医院3家、二级医院5家、一级医院12家、社区卫生服务中心6个、乡镇卫生院11个、村卫生室85个、民营医院1个，个体诊所61个。全市医疗卫生机构实有病床2891张，在岗职工3841人，其中卫生技术人员3050人，包括医生1106人、护士1455人、其他卫生技术人员489人。全市平均每千人口拥有病床9.6张，每万人拥有卫生技术人员112人，高于全国平均水平。全市拥有大型医疗设备核磁共振8台、CT 12台、医用血管造影X线机4台、万元以上医疗设备2700多台件。医疗卫生服务辐射周边10多个市县及农林牧场近300万人。全市医疗卫生机构门急诊量达到105万人次，其中40%的门急诊患者来自北安区域外；全年出生人口0.0819万人，符合政策生育率100%，出生人口性别比1.1054。孕产妇死亡率0/10万，5岁以下儿童死亡率2.44‰，均低于全国平均水平。全市居民健康素养水平25.5%，较2021年底提高3个百分点，人均预期寿命76岁。　（付殿文）

黑龙江省神经精神病医院　2022年，黑龙江省神经精神病医院（挂黑龙江省第三医院、黑龙江省精神卫生中心牌子）隶属于黑龙江省卫生健康委员会管理，是全民所有制非营利性三级甲等精神疾病专科医院，下设秦皇岛分院、瑜璟分院和哈尔滨分院。医院编制床位1200张，在编职工563名，聘用职工370名。医院拥有5万元以上医疗设备190多台（套），其中包括全自动生化分析仪、全自动凝血分析仪、全自动电化学免疫分析仪、全自动尿有形成分分析仪、高清电子胃肠镜系统、双极高频超声双输出手术系统、彩色B型超声、心电遥测监护系统、高频移动手术X射线机、无抽搐电休克治疗仪、电子手术显微镜、DR机、64排128层CT机、核磁共振成像系统、大C臂、全数字多功能钼靶乳腺机、神经外科手术导航定位系统、便携式胸腔按压机（心肺复苏机）、血气分析仪、支气管镜、肌电诱发电位系统、脑功能分析仪、运动平板心电图机、宫腔镜、失眠治疗仪、上肢康复机器人、下肢康复机器人和悬吊运动康复训练系统等大型医疗设备。全年接待门诊数量153837人次，入院患者11201人次。扩充重症床位92张，其中综合ICU床位32张，可转换ICU床位32张，缓冲病区ICU床位28张。疫情期间派出心理危机救援队员6批次、42人次。通过电视台、微信公众号、抖音官方账号向全社会发布疫情心理健康教育视频20部、文章15篇。开通包括12320在内24小时心理援助热线电话19部，累计接听心理咨询电话11933个，解决严重心理问题559例。6月，消化内科正式开诊。科室设置独立的消化内镜诊疗室，配备奥林巴斯高清电子胃肠镜等国内先进医疗设备11台（套）。投资1300万元，对以电子病历为核心的数字化医院管理信息平台进行升级改造。对现有的医院信息系统进行更换，新增重症监护信息系统、抗菌药物分级管理系统等，实现院内各个系统之间的互联互通。7月24日，与北安市残疾人联合会达成战略合作，于医院瑜璟院区成立北安市残疾人康复中心，为北安及附近市县的残疾患者提供就近，就地、专业且有效的康复服务。全年卒中中心脑出血手术、机械取栓排名连续8个月在东北三省及内蒙古地区，综合排名黑龙江省稳居前两名；医院神经外科入选为国家卫生健康委能力建设和继续教育神经外科建设中心。

（杜　枫　白　冰）

北安市第一人民医院　2022年，北安市第一人民医院（以下简称“市一院”）继续发挥其集医疗、教学、科研、急救、康复、预防保健为一体的三级乙等综合性医院功能，是全市新冠肺炎定点救治医院，省内首批实施“药品零差价、医用耗材零差价、大型设备检查和医学检验降价”医院。全年接纳住院1.97万人次，门急诊21.2万人次，医院年收入突破3亿元。全院职工925人，新增3个临床科室（老年病科、康复科、疼痛科），呼吸与危重症医学科通过国家认定。在全区（黑河地区）首家实行“先住院、后付费”制度，三级医院执行二级医院收费、报销标准，是黑河市域内唯一一家通过验收的危重症新生儿救治中心、危重症孕产妇救治中心、工伤定点康复医疗单位。7月30日，黑龙江省卫生健康委员会、黑龙江省VTE（静脉血栓栓塞症）防治联盟授予北安市第一人民医院“黑龙江省VTE防治联盟成员单位”。8月，市一院顺利通过国家第十七轮PCCM（呼吸与危重症医学科）规范化建设项目评审，在全国新增128家医院完成PCCM规范化建设项目中荣获达标单位。11月4日，在第十三届扬子江心脏论坛暨“新征程心时代2022房颤中心年度大会”上，市一院被评为全省唯一一家房颤中心优秀成员基层单位。12月30日，新建门诊住院综合楼落成并投入使用，该楼占地面积11233平方米，建筑面积35020平方米，楼体地上17层。总投资2.9亿元，历时3年完工。创造“省内四个第一”的综合智慧型医院。全年，市一院高质量、高标准完成47轮全市核酸采集和检测，设置采集点85个，抽调采集人员近4000人次，总采集人数达230多万人次。完成21次外出支援任务，得到高度评价。市一院成功开展了黑龙江省北部区域首例经远端桡动脉穿刺冠脉造影及支架植入术、心脏射频消融术等30多项新技术，开展四级手术40多项。与北京人民医院协作创建创伤中心，提高重症创伤处理能力。同时医院最新引进技术领先的瓦里安直线加速器、西门子双源CT、西门子血管造影机、体外膜肺氧合机等多个高端设备，为患者提供更加优质、精确、高效的医疗服务。年内，市一院以一科带一院的形式，与24家医共体单位签订协议并建立联系，促进优质医疗资源下沉，全年共派出50多名副高级以上职称人员到医共体单位提供技术帮扶27次，接收基层医务人员到院进修学习100多人。　（赵鹏举）

北大荒集团北安医院　2022年，北大荒集团北安医院隶属北大荒农垦集团有限公司，是区域内最早晋升为三级乙等的综合性公立医院。全院在岗职工729人，编制床位501张，开放床位560张，拥有原装进口瑞典医科达15兆医用电子直线加速器、德国西门子3.0T磁共振、美国GE1.5T磁共振、日本日立0.3T核磁共振、美国GE256排512层超高端能谱CT、德国西门子128层螺旋CT、日本东芝16排螺旋CT、德国西门子全自动化通用型平板血管造影机等先进诊疗设备3100余台（件）。北大荒集团北安医院2022年接纳患者26.3万人。其中，住院1.84万人次，门急诊24.46万人次。医院先后打造国家级治疗中心3个，黑河市临床重点专科6个，赢得了专家和社会的一致好评。医院胸痛中心通过国家标准版胸痛中心复审，医院重点专科实力得到进一步增强。心血管介入术、脑血管介入术、外周血管介入术、腹腔镜下微创术等一批高端技术在区域内领先。医院一期项目进入验收阶段，HIS、电子病历、三级绩效考核指标等60个模块上线57个，上线率达95%，需求整改率达到80%以上。二期项目深入推进，先后上线医疗设备控费系统、电子票据系统、移动医护系统等模块。医院是黑河地区唯一一家通过全省电子病历4级测评的三级医院，为医院入选2022年全省第一批三级医院评审奠定了基础。本年三级公立医院绩效考核排名由2019年的109名上升到61名。医院始终把疫情防控工作放在重要位置，全年召开疫情防控会8次，培训20次，组织检查30多次。投入58.5万元，购置核酸提取仪1台，扩增仪2台，生物安全柜1台。为发热门诊配置专用CT，进一步规范发热门诊流程。外派287人次，先后支援黑河、大庆、绥化等地，完成了支援任务。全院医务人员救治呼吸系统疾病患者2000余人。7月，医院心血管内科主任、学科带头人宫建国被评为黑龙江省第十三届劳动模范；8月，医院党委副书记、医院院长李栋国被评为黑龙江省第二届“龙江名医”。　（李栋国）

【医药卫生体制改革】　2022年，北安市卫生健康局（以下简称“市卫健局”）组织制定《北安市医疗共同体建设实施方案》，明确17项具体工作措施，根据全市医疗资源结构与布局，由北安市第一人民医院、北安市中医医院为牵头单位，组建医疗共同体，覆盖所有乡镇卫生院、社区卫生服务中心，推动构建分级诊疗制度建设，进一步提升基层医疗服务能力。北安市落实基本药物制度，以医保为杠杆协同推进医疗、医保、医药改革联动向纵深发展，深化医保支付方式改革，稳步推进DRG付费改革试点工作。全市社区卫生服务中心、乡镇卫生院、村卫生室全部实施国家基本药物制度，基本药物制度覆盖率100%。推进公立医院高质量发展，医疗服务能力稳步提升。贯彻执行党委领导下的院长负责制，二级以上公立医院完成书记、院长分设工作，完善健全现代医院管理制度。全市3家三级医疗机构均实现黑河市域内、异地医保即时结算，市一院同时开通克东、克山、拜泉医保，患者就诊直接报销，进一步增强北安市对周边地区辐射带动作用。

（付殿文）

【医疗卫生项目建设】 2022年，北安市投资2.9亿元，改扩建市第一人民医院建设项目竣工投入使用。投资2442万元，新建北安市第二人民医院提标扩能建设项目，完成部分施工。投资2110万元的市第二人民医院设备购置项目，完成第一阶段招标采购，第二阶段采购挂网公示。投资1360万元的市妇幼保健院设备购置项目投入使用。投资750万元，新建市医疗物资储备中心建设项目，竣工投入使用。投资268万元，改善基层医疗卫生机构服务环境，在二井镇、海星镇、城郊乡所属村屯新建6个村级卫生室，为部分乡镇卫生院、社区卫生服务中心购置全自动生化分析仪6台。

（付殿文）

【医疗服务能力】 2022年，北安市全力打造重点医疗专科、省级中医特色专科，区域内重点建设精神科、心血管内科、眼科、中医骨伤科等知名特色专科22个。北安市第一人民医院重点打造呼吸科、心内科、消化内科重点专科，5月10日通过呼吸与危重症医学科（PCCM）规范化建设项目评审；市中医医院大力发展骨伤科、中医治未病等科室；市五官医院在保持现有优势科室情况下，加强对口腔科重点建设；二级以上医院全部设立老年科和中医临床科室。中医骨伤科通过国家级重点专科审核，精神科通过省级重点专科审核。新建扩建体检中心，提升心脏介入中心、胸痛中心、脑卒中中心和房颤中心功能，医疗技术水平日益提高。全年申报省重点专科2个、黑河市重点专科5个。市第一人民医院实现多项专科领域全区零的突破，开展肺癌切除术、断指断腕再植术等多项省内、全区领先技术，推动诊疗技术达到三甲医院水平。北安市二级以上公立医院全部推行预约挂号、预约检查、检验结果互认工作，规范化管理和信息化建设加强。制定卫生人才招聘方案和发展规划，吸引高层次卫生人才和医学毕业生充实到各医疗卫生机构，全年北安市卫生健康系统面向校园招聘37人，面向社会引进医疗卫生人才19人。

（付殿文）

【健康帮扶】 2022年，北安市持续开展防止返贫动态监测预警，通过集中排查等手段，对因病和疫情影响产生的风险因素，进行动态预警。开展“先诊疗，后付费”和“一单制结算”服务，市直23家医疗机构均开设“先诊疗后付费和一单制结算”服务窗口，脱贫人口住院时不需要缴纳住院押金，出院时只需支付个人承担的自付部分，全年在各医疗机构享受此项政策人员51861人。加强慢性病签约服务内涵，对3289名18种慢病患者全部提供家庭医生签约服务，制定个性化诊疗方案，定期免费体检，每季度入户随访1次。实行43种门诊慢性病特惠政策，全年经鉴定患有慢性病认定5538人，全年市、乡、村三级医疗机构就诊3829人次，慢性病治疗药费合计总金额283万元，全年累计报销金额226万元，有效解决慢病患者长期用药经济压力问题。

（付殿文）

【计划生育资金发放】 2022年，北安市有特扶人员1543人，发放特扶金10271584元；奖扶人员3616人，发放奖扶金3427046元。对新增特扶人员开展每年1次免费体检，对1539名特扶人员办理住院护理险，涉及保费461700元。在重大节日给特殊家庭发放节日慰问金，其中元旦和春节对全市1477名特扶人员进行走访慰问，发放资金295400元；端午节对全市1532名特扶人员走访慰问，发放资金153200元；中秋节对全市1523名特扶人员走访慰问，发放资金152300元；重阳节对全市1522名特扶人员走访慰问，发放资金152200元；对41人应兑现失独人员一次性5000元补助金，全年发放资金205000元。全市全年享受独生子女费人员19761人，发放资金1204015元。同时，完成全省生育登记服务“跨省通办”运行工作。（付殿文）

【分级诊疗】 2022年，北安市继续强化医共体建设，促进医疗资源均衡配置，重点推进2个“统一”工作，明确17项具体工作措施。由市一院、市中医医院为牵头单位，组建医疗共同体，推动构建分级诊疗制度，同步提高县乡两级医疗技术水平和服务能力。市第一人民医院建设远程会诊中心，与第三方远程会诊公司中科汉华建立联系，如需远程会诊，将委托中科汉华对北京市所有知名三甲医院建立联系，并由中科汉华推荐相关病种优势医院，进行远程会诊。拓展上海市域内东方肝胆等三级医院会诊业务，向下与23家医共体单位建立会诊联系，有效支撑分级诊疗，推动优质医疗资源下沉。通过组织医疗专家和业务骨干定期进入基层医疗机构开展“三送三提高”活动、“百名医疗专家进社区”活动，市直医院对口支援乡镇卫生院，每月定期到乡镇卫生院出诊，全年派出医疗专家1800多人次，解决百姓看病难的问题。

（付殿文）

【无偿献血】 2022年，北安市中心血库负责全市无偿献血的招募、采集、检验、分离、制备、储存、运输以及临床输血指导工作，现有职工18人。全年共采集自愿无偿献血者血液3343人次，共计6684单位；采集血小板共计27个治疗量。临床供血量为去白细胞红细胞悬液6888单位、血小板38个治疗量（其中外调血小板1个治疗量）、血浆1026单位、冷沉淀凝血因子420单位。全年，中心血库共对3402人次血液标本进行检测，其中不合格标本63人份，不合格率达1.8%，差错率0，全年无任何差错事故发生。北安市中心血库严格把关发往临床的每一份血液制品的质量及需求量，血液隔离与放行、贴签、包装的正确率达 100%，成分分离率达 99%，全年无质量投诉。全市建立固定献血点 7 个，共建立“五大连池爱心群”“沾河爱心群”等5个无偿献血群。1 月 14 日，北安市中心血库通过黑龙江省血液安全检查，获得检查组专家的一致好评。（高尊岩）

疾病预防控制

【概　况】 2022 年，北安市疾控工作围绕“健康北安”主题，树立“守土有责、守土负责、守土尽责”意识，坚决守住疾病防控底线。出台有关文件指南，推动全市复工复产复学，促进经济社会秩序较快较早恢复。科学高效处置突发公共卫生事件，所有事件均得到及时有效处置，未发生次生、衍生事件。免疫规划工作稳妥开展，未发生接种事故或重大影响事件。按照国家免疫规划实施方案要求，积极推进全市常规免疫疫苗接种，常规疫苗接种率稳步提高，儿童基础免疫接种率达到 99.99%，加强免疫的接种率达到 95% 以上。七岁以下儿童建卡建证率达 100%。艾滋病、结核病等重点传染病防治工作推进，寄生虫病、地方病防控成效显著。全年，北安市完成生活饮用水检验检测，覆盖全市 9 个乡镇、53 个行政村、187 个自然屯。（高俊峰）

【急性传染病防控】 2022 年，北安市坚持“思想不松、机制不变、队伍不散”，践行“外防输入、内防反弹”防控策略，抓好常态化疫情防控。保障必要活动开展，印发有关文件、指南、方案，推动全市复工复产复学，指导聚集性活动开展，支持经济社会秩序有序恢复。有序应对流感流行季节呼吸道传染病防控工作。强化监测预警，抓好霍乱、手足口病、狂犬病、流感等重点传染病监测工作，及时开展疫情分析及风险评估，完成疫情月度分析 12 期，风险评估报告 11 期。推进全国艾滋病综合防治示范区创建工作，制定《北安市第四轮全国艾滋病综合防治示范区工作实施方案》，探索预防艾滋病新模式。推动乡镇（社区）开展艾滋病快速检测、干预工作。针对青年学生和老年群体开展防治艾滋病有效模式探索，在全市各个学校开展 2022 年秋季“青少年新生第一课”主题巡讲。实现肺结核病患者“应筛尽筛、应治尽治、应管尽管”改革目标。落实筛查工作，及时发现、预警和处置结核病疫情，守住不发生重大结核病疫情和学校结核病突发公共卫生事件的底线。（高俊峰）

【计划免疫】 2022 年，北安市儿童基础免疫接种率达到 99.9%，加强免疫的接种率达到 95% 以上，7 岁以下儿童建卡建证率达 100%。对疑似麻疹、风疹病例开展流行病学调查，血标本采样、检测和报告工作。建立健全疫苗接种疑似异常反应监测和管理机制。开展 AEFI 报告、个案调查工作，完成 10 例 AEFI 个案报告。（高俊峰）

【传染病防控】 截至 2022 年 12 月 31 日 24 时，北安市累计报告甲、乙、丙类传染病 1590 例（以下数据按发病日期统计），报告发病率 516/10 万，较 2021 年同期上升 60.1%，死亡 4 例，死亡率 1.3/10 万。加强各医院、乡镇卫生院、社区卫生服务中心疫情网络直报工作，疫情报告质量明显提高。对艾滋病防控确定具体人员，落实防治工作任务，联合住建局、市场监督管理局等单位开展进社区、进工地、进机构、进学校活动，对居民、务工人员、学生等发放宣传品，开展艾滋病知识知晓率调查，并到大型宾馆、洗浴等重点公共场所进行宣传，与教育局共同深入学校开展青少年学生艾滋病防治专题讲座。（高俊峰）

【慢性病防控】 2022 年，北安市不断提升慢性病综合防控实力。结合全国糖尿病日、高血压日集中开展宣传教育活动，完成糖尿病肾病筛查现状及需求评估培训工作。成立癫痫防治管理领导小组及癫痫入组现场复核工作组，制定《癫痫防治工作方案》，开展乡镇卫生院及社区卫生服务中心负责癫痫管理工作人员面对面培训及线上培训各 1 次，完成 1000 人的初筛、其中 446 名癫痫患者入组复核及信息录入工作；组织精神病院神经科专家对癫痫患者入组复核及用药指导，并进行现场发药。专人负责死因报告审核工作，制定《慢阻肺高危人群早期筛查与综合干预项目实施工作方案》，成立现场筛查工作组，完成初筛 7000 人次；审核肿瘤报卡 1290 人次，内部一次性核查 400 余人次，指导基层随访肿瘤患者 1300 余人次。（高俊峰）

【地方病治疗】 2022 年，北安市开展 2022 年防治碘缺乏病和布病宣传及监测。为大骨节病患者和克山病患者发放免费治疗药物，对全市病区村 71 名儿童现场监测，无大骨节疑似病例。开展了中国脊柱侧弯流行病学调查，共调查 1159 人，其中疑似待确诊病例 4 人。（高俊峰）

【健康教育】 2022 年，北安市疾病预防控制中心在全市范围内多形式广泛开展疾病预防健康教育工作，不断加大卫生知识的普及宣传力度。通过微信、抖音公众号发布健康知识科普文章 412 篇，联合电视台进行线上知识讲座 6 次，不断提高广大群众的卫生意识和健康水平。（高俊峰）

【职业病防控】 2022 年，北安市完成 16 例法定职业性疾病病例随访工作，对 77 例职业性尘病患者进行电话随访，并到相关企业了解情况，将随访结果录入系统。9—10 月，与卫生健康综合行政执法大队一起完成 2022 年公共场所双随机现场检测检验与采样工作及放射诊疗机构复核工作。12 月，完成对黑龙江省北安农垦安居供热有限公司、北安市福顺热力有限公司、北安市安能热力有限责任公司、北安市安通热力有限责任公司、国能北安热电有限公司5家重点行业企业的职业病危害因素监测工作，进行了现场采样，现场调查问卷，并于12月25日前将检测数据录入职业性危害因素监测系统。年内，完成对辖区内两家职业健康检查机构质控视频会议。开展职业病的个案卡审核，对辖区内两家医疗体检机构进行现场指导。公共场所双随机现场检测检验与采样工作、放射诊疗机构基本情况调查及放射诊疗机构复核工作顺利完成。（高俊峰）

【疾病检验】 2022年，北安市疾病预防控制中心开展了生活饮用水检测；艾滋病自愿和重点人群检测；布病采血检测；老年人、儿童血红蛋白检测；从业人员体检；尿碘、盐碘监测；完成尿碘、盐碘盲样考核。5月，在黑龙江省病原微生物实验室备案信息系统上将P2病毒实验室备案，并顺利通过审核。新增全自动核酸提取仪、实时荧光定量PCR仪、生物安全型高压灭菌器等仪器，顺利通过国家临检中心奥密克戎病毒株室间质评。6月，迎接实验室质量认证专家组对实验室开展评审，通过评审取得新的实验室质量认证证书。7月，理化实验室更新大型、小型设备，为水质检验提供新技术。（高俊峰）

【结核病防治】 2022年，北安市加强与北安监狱、看守所等单位的密切协作，积极开展特殊人群的结核病筛查工作。截至年底，全市登记和免费检查结核病可疑者132人，发现并登记治疗活动性肺结核病患者112例，其中病原学阳性54例，病原学阴性患者41例，结核性胸膜炎2例，无病原学结果15例，病原学阳性检出率为48.2%。为切实提高结核病患者发现和登记率，继续加强非结防机构的结核病患者转诊报告工作，全年转诊报告率达95%，总体到位率90%。强化社区卫生服务中心在结核病患者管理工作中的作用，市区肺结核病人全程督导覆盖率继续保持较高的水平。全市肺结核病患者管理率达100%，肺结核病患者规则服药率98%，比2021年同期登记的新涂阳肺结核病患者治愈率达88%。开展痰涂片检查282人次，开展痰培养51人次，培养阳性9人，结核分枝杆菌分子生物学检查正常开展。（高俊峰）

【精神卫生与心理健康服务】 2022年，北安市对辖区内严重精神障碍患者在册1686人、在管1626人进行随访评估、分类干预、健康体检、健康教育等服务，完成对1686例患者信息规范录入国家严重精神障碍信息系统工作。建立信息共享、互联互通机制，推进慢性病防、治、管整体融合发展，提供人群生命全周期的慢性病防治管理服务，着力推动疾病治疗向健康管理转变。（黄舒瑶）

基层卫生

【概　况】 2022年，北安市健康扶贫、基层医疗卫生综合改革、基层医疗卫生服务体系建设和基层医疗卫生服务能力提升等工作全面推进，基层卫生服务网络体系不断完善、服务能力不断提升。全市设置乡镇卫生院11个，村卫生室85个，在岗乡村医生119人；社区卫生服务中心6个，全市就医服务圈基本形成，城乡居民在家门口就能享受优质医疗卫生服务。（李晓红）

【基层卫生服务能力建设】 2022年，北安市印发《关于推进紧密型乡村卫生一体化管理的通知》，加强和规范乡村卫生管理，提升基层网底的服务能力。规范开展“优质服务基层行”活动，创建“推荐标准”并获国家通报表扬的机构17所。推行基层医疗卫生机构规范化建设三年行动，全面实施基础设施改造和提标。全年新改扩建乡镇卫生院9所、社区卫生服务中心4所、村卫生室48所，总建设面积3.53万平方米。实施村卫生室标准化建设“清零”行动，完善功能区域规划布局，实现行政村卫生室标准化建设全覆盖，所有建制乡镇卫生院（街道社区卫生服务中心）至少配有2名全科医生。（李晓红）

【基本公共卫生服务】 2022年，北安市以目标绩效管理为导向、以动态监测评价为抓手、以市民均等化享受基本公共卫生服务为最终目标，推动基本公共卫生服务精准落实。以实施高血压患者医防融合项目为切入点转变基层医疗卫生机构服务模式，引导患者基层首诊，提高国家基本公共卫生服务项目实施效果。全市全年电子健康档案覆盖率84.96%，推进居民电子健康档案向居民个人开放；高血压、糖尿病等慢性病患者健康管理分别为21284人和7091人；为30157名65岁及以上老年人提供健康体检；适龄儿童国家免疫规划疫苗接种率保持在95%以上，各项指标完成情况均处于全省前列。全年，中医药基本公共卫生服务对0~36个月儿童中医药健康管理服务2697人，65岁以上老年人中医药健康管理服务34517人。（李晓红）

【社区卫生服务中心】 2022年，全市有社区服务中心6个，分别为兆麟街道社区卫生服务中心、和平街道社区卫生服务中心、铁西街道社区卫生服务中心、庆华街道社区卫生服务中心、北岗街道社区卫生服务中心、铁路社区卫生服务中心承担着全市各辖区居民的国家基本公共卫生服务和基本医疗服务。同时，开展各社区医生签约服务。（李晓红）

兆麟街道社区卫生服务中心 2022年，中心设有预防保健科、全科医疗科、中医科、康复医学科、医学检验科、口腔科、医学影像科，有职工28人，建筑面积1500平方米。全年，兆麟社区卫生服务中心更换生化设备1台和电脑15台，提升了公共卫生服务能力。由17人组成3个社区卫生服务团队，全面开展14类55项基本公共卫生服务内容，开展中医药适宜技术。建立居民健康档案22283份，居民电子健康档案率达到91.6%，居民规范化电子健康档案18773人。0~6岁儿童建册和建卡率达到99%以上，健康管理率97%。65岁以上老年人体检1875人次。家庭医生签约7294人次。高血压、糖尿病患者规范管理率分别达到61.5%、65.6%，严重精神障碍患者规范管理率达100%。建立微信健康服务群8个，为儿童、孕产妇、高血压、糖尿病、结核病、重性精神障碍患者、65岁以上老年人、特扶人员、残疾人开展网络微信健康指导和服务。对孕产妇进行动态管理全年实现动态监测管理孕产妇127名，有77名孕产妇顺利分娩，产后访视率95%。积极为残疾人提供健康就医服务与疫情防控指导，上门医疗服务350人次。开展感控演练和培训5期，健康讲座12期300多人次、健康宣传和咨询14次2000多人次，室外宣传栏12期，制作宣传展板12个、宣传条幅30多幅，发放宣传品11000多份。举办院感防控知识培训6期，穿脱防护服演练2次。（李艳青）

铁西街道社区卫生服务中心 2022年，中心前身是北安市铁西医院，占地面积1 698平方米，编制人数13人。设有预防保健科、全科医疗科、内科、外科、妇科、妇女保健科、儿科、儿童保健科、计划免疫科。康复床位3张、住院病房床位10张。全年，服务中心共建家庭健康档案20428人，其中高血压1442人、糖尿病492人、重症精神障碍患者91人、65岁老年人3614人、0~6岁儿童525人、孕产妇87人。全年为铁西辖区幼儿园、老年公寓、三中、小学学生免费体检3230人。

（苏亚彬）

和平街道社区卫生服务中心 2022年，服务中心为32212人（东北亚、铁东、弘北、农垦社区）辖区居民提供14类45项公共卫生和家庭医生签约基本医疗服务。建有家庭医生签约服务团队3个，是医疗保险定点单位。中心有职工50人，设有全科诊疗、内科、妇女保健、儿童保健、预防接种、中医中药、康复理疗、输液观察、B超、心电、检验等。全年建立家庭健康档案28091人，其中管理辖区高血压患者1587人、糖尿病患者634人、精神障碍患者63人、65岁以上老年人3420人、0~6岁儿童580人、孕产妇135人。全年为群众办实事实践活动免费为小区居民义诊及健康咨询200多人次，得到居民好评。

（张玉民）

庆华社区卫生服务中心 2022年，中心占地面积为12500平方米，建筑面积为4000平方米，有职工66人。全市城镇职工、城镇居民医保定点医院，属差额补贴事业单位。承担庆华街道办事处及4个社区（庆新、庆民、热电、人和）居民的基本医疗服务和国家基本公共卫生服务工作，建有家庭医生签约服务团队9个，服务人口2万余人。中心设有全科诊疗室、康复理疗室、中医诊疗室、儿童保健室、口腔保健室、计划生育指导室、彩超室、放射线室、健康信息管理室等15个科室和30张病床。始终坚持自身特色和优势，开展特色科室，推广中医中药适宜技术，打造特色无痛肛肠医院，满足社区百姓的需求。9月，成立特色无痛肛肠科室，以“专病专治”为特色，采用西医新技术，结合中医诊治，形成中西结合、微创无痛治疗肛肠疾病。以患者“痛苦小、损伤小、出血少、恢复快”为诊疗目的，主治内痔、外痔、混合痔、肛瘘、肛裂、肛周脓肿、直肠前突等疾病，损伤小、恢复快、手术后无痛苦。年内，中医馆被黑河市卫生健康委员会评为黑河市优质中医综合服务区。（祝　波）

北岗社区卫生服务中心 2022年，中心为北岗区近30000名辖区居民（园林社区、电业社区、北新社区）提供公共卫生和家庭医生签约基本医疗服务，设有3个家庭医生签约服务团队，是医疗保险定点单位。中心总建筑面积1396.08平方米，有医务人员21名。设有全科、内科、妇科、放射科、中医、针灸治疗、妇保、儿保、计划免疫、彩超、心电、化验、急救、口腔、公共卫生信息管理等科室，拥有先进的全自动生化分析仪、血细胞计数仪、尿液分析仪、肺功仪、制氧机、口腔综合治疗仪、彩超、数字X线摄影系统等设备。全年，建立家庭健康档案25693人，登记管理老年人4070人，免费体检1567人，管理高血压1610人，糖尿病631人，孕产妇健康管理84人，0~6岁儿童健康管理532人。年内，开展一系列公共卫生宣传活动，发放宣传手册1500套，开展健康咨询活动11次，宣传栏更新12次，举办健康知识讲座12次。同时，中心监管辖区内4家老年公寓人员健康管理工作，管理150人，为北岗小学学生进行免费体检1000余人次。疫情期间，多次受到上级领导的表扬与肯定。

（卜显强）

铁路社区卫生服务中心 2022年，铁路社区卫生服务中心占地面积5200多平方米，服务周边铁南、兆麟二个街道四个居民委（新绿社区、北苑社区、业旺社区、法华社区）1.9万余人，承担辖区居民基本医疗、公共卫生、预防保健、康复服务等各项职责。设有全科医疗、妇女保健、儿童保健、预防接种、中医康复、口腔保健、B超、心电、检验科等，有医务人员42名。全年新建居民健康档案206人，全部录入电子管理系统，建立电子健康档案18257人，累计管理建档20013人；高血压管理2001人，随访10005人次，规范管理1794人，规范管理率89.66%，血压控制率48.33%；糖尿病管理710人，糖尿病管理率84.93%。积极推动中医事业发展，扎实推进中医建设，全面提升中医药服

务能力，2022 年获评“黑河市优质中医综合服务区”。（姜　坤）

妇幼保健

【概　况】 2022 年，北安市助产机构活产数 1 111 人，户籍活产数 819 人，住院分娩率 100%，孕产妇死亡率 0/10 万，5 岁以下儿童死亡率 2.44‰，婴儿死亡率 1.22‰，活产出生缺陷发生率 61.05/ 万。全市孕产妇死亡率、5 岁以下儿童死亡率和婴儿死亡率 3 项核心指标创历史新低；适龄妇女“两癌”免费检查、孕产妇免费产前筛查两项省重点民生实事超额完成目标任务，妇幼健康工作各项指标控制有效，重点项目超额完成。（庞　荣）

·解释说明·

“两癌”：宫颈癌和乳腺癌。

【妇幼健康体系建设】 2022 年，北安市妇幼保健计划生育服务中心以绩效考核、分级管理为切入点，加强全市妇幼保健机构的标准化建设和规范化管理，以公益性导向、同质化考核、信息化支撑为保障，提高妇幼保健机构运行效率和服务水平。加强妇幼健康专业人才队伍建设，推进“互联网 + 学习 + 妇幼健康培训及健康教育”模式，以线上培训和健康教育为主，线下培训及实践为辅，组织开展网络学校学习，加强母婴安全、优生优育和妇幼保健知识宣传，举办各类业务培训班 9 期，参训 411 人。（庞　荣）

【妇幼健康管理】 2022 年，北安市妇幼保健计划生育服务中心推进妇幼健康服务管理。规范母婴保健专项技术服务管理，严格母婴保健技术服务机构和人员准入制度。提高出生医学证明的首次签发率。严格废证管理，开展出生证明签发管理及现场督导及质量控制，未发现违规办证现象。全年，全市签发出生医学证明 1183 张，废证率 0.5%。全市托幼园所保育员健康体检 256 人，儿童入托健康体检 562 人。加强母婴安全管理，将疫情防控工作落实与日常母婴安全管理工作相结合，坚持“两手抓”“两不误”。坚持落实母婴安全五项核心制度，全面分析调研全市辖区助产机构产科服务能力，定期开展急救演练和技能培训，健全红色预警及危急重症孕产妇和新生儿转诊三级网络，推进新生儿复苏管理。成立北安市助产机构孕产妇妊娠风险管理能力分类工作领导小组和专家组，探索开展全市助产机构产科服务能力分级分类管理。多例危重孕产妇和新生儿得到全力诊治，获得良好的妊娠结局，有效避免孕产妇和新生儿死亡。开展妇幼健康宣传教育。县、乡、村三级妇幼健康教育网络健全，定期开展辖区妇幼健康教育质量控制与评估，母婴保健核心知识知晓率 91.3%。印发儿童保健、妇女保健、孕产妇保健等宣传册 20000 多册。（庞　荣）

【妇幼公共卫生服务】 2022 年，北安市加强孕产妇及儿童健康管理。严格执行《国家基本公共卫生服务规范》，全面落实孕产妇和 0~6 岁儿童的基本公共卫生服务。推进早孕健康管理和产后访视质量提升，及时发现早孕和产后异常，防止不良事件发生。每季抽查核实孕产健康管理服务及档案录入情况。全年，全市母子健康手册使用率 100%，早孕建册率 95.59%，早孕检查率 95.73%，孕期规范产检率 95.12%，产后访视率 95.48%，孕产妇系统管理率 95.12%，均超过工作目标要求。加强 0~6 岁儿童健康管理，全年 0~6 岁儿童保健管理率 95.92%，3 岁以下儿童系统管理率 95.24%，新生儿访视率 95.89%。0~6 岁儿童血红蛋白检测率 56.13%，5 岁以下儿童贫血患病率 1.74%；低体重率 0.21%，生长迟缓率 0.1%，儿童健康各项指标控制在较好水平。规范实施 0~6 岁儿童眼保健和视力检查工作，全市筛查保健覆盖率 93.99%。推进“艾梅乙”重大公共卫生服务项目，全市梅毒感染孕产妇梅毒治疗率 100%、所生儿童预防性治疗率 80%、乙肝表面抗原阳性孕妇所生儿童乙肝免疫球蛋白注射率 100%。（庞　荣）

【“两癌”检查】 2022 年，北安市为 6664 名 35~64 岁农村和城镇低保适龄妇女进行“两癌”检查，目标人群覆盖率 100%，宫颈癌早期诊断率 100%，宫颈病变治疗随访率 99.9%，乳腺癌早期诊断率 100%，乳腺病变治疗随访率 100%。（庞　荣）

【出生缺陷综合防控】 2022 年，北安市全面构建出生缺陷三级综合防控体系，依托婚前医学检查、孕前优生健康检查、血清学产前筛查、孕妇外周血胎儿游离 DNA 产前筛查（NIPT 检测）、新生儿遗传性耳聋基因检测、新生儿多种遗传代谢病串联质谱筛查、结构性畸形筛查和干预治疗等妇幼公共卫生服务项目，统筹推进出生缺陷防治工作，做到婚检、孕检、产前筛查、产前诊断、新生儿疾病筛查、出生缺陷儿救治工作有效衔接，做到出生缺陷一、二、三级预防有机衔接。全年，全市完成 NIPT 检测 512 人，完成孕前优生健康检查 800 人，目标人群覆盖率 100%；叶酸服用率 98.5%，服用依从率 95.26%；完成免费婚前医学检查 862 人，婚检率 66.82%；完成新生儿多种遗传代谢病筛查 818 人，参与省免费新生儿先天性心脏病筛查项目。（庞　荣）

卫生监督执法

【概　况】 2022 年，北安市卫生监督执法工作以重点难点问题为导向，以信息化建设和卫生监督多元化改革为切入点，创新监管体制机制，全市卫生健康综合监督执法水平和能力提升。全市办理各类卫生违法案件2件，其中一般程序案件2件。2个行政处罚案卷分别获“黑河市卫生健康监督执法案卷评比”三等奖。（任志忠）

【监督执法】 2022年，北安市推进监督机构规范化建设，完善市、县、乡、村四级监督执法体系。开展医疗服务多元化监管试点，通过强化行业自律，加强部门联合执法，探索“专家+监督”方式和精准普法模式，推进智慧卫监信息化建设，完善工作制度。开展法治医院创建和警示教育等举措，进一步规范医疗服务市场秩序，机构自治、行业自律、政府监管、社会监督相结合的多元化综合监管体系初步建立，各方齐抓共管的工作格局初步形成。（任志忠）

【医疗执业监督】 2022年，北安市开展重点医疗机构“院内感控和预约诊疗”的专项检查2次，查处非法行医案件1起。建立终止中期妊娠以上妊娠查验登记制度和孕产妇死亡、婴儿死亡及新生儿出生缺陷报告制度，在监督检查中对各医疗机构发现的问题制作卫生监督意见书8份。持续开展“2022蓝盾护航行动”扫黑除恶专项斗争，切实维护医疗市场和群众健康权益。组织各医疗机构对扫黑除恶标语进行2次宣传，累计宣传4条。全市出动监督执法人员727人次、检查医疗机构160家，收集非法行医等线索28条，办理案件2起，罚没款0.4万元，有效整治医疗行业乱象。开展放射卫生、个人剂量监测和母婴保健、人类辅助生殖技术服务机构等专项检查，健全完善禁止胎儿性别鉴定管理制度、终止中期妊娠以上妊娠查验登记制度等相关制度。（任志忠）

【传染病防治监督】 2022年，北安市开展消毒产品专项整治工作，全年出动卫生监督员80人次，检查各类消毒产品经营单位29家次、医疗卫生机构12家次，检查消毒产品15个次。组织开展疫情防控卫生监督，着重监督检查医疗机构、“三站一场”、学校、企业等重点场所，并配合市疫情防控指挥部开展全市防控工作督查，全市监督检查各类单位59家次。完成国家卫生健康监督信息平台下达传染病防治监督双随机抽查任务2家，双随机抽查工作按时完结率100%。将传染病防治监督抽查工作与医疗卫生机构传染病防治分类监督综合评价工作相结合，评价各级各类医疗卫生机构157家。组织开展3次病原微生物实验室生物安全专项检查，检查单位39家，出具卫生监督意见书30份。加强医疗废物监管，全市检查医疗机构160家。针对因医疗废物、医疗污水处置不规范已被处罚的医疗机构，开展不定期突击检查，确保工作实效。（任志忠）

【公共场所和学校卫生监管】2022年，北安市办理公共场所行政处罚案件1起，罚款0.1万元。开展公共场所新冠肺炎疫情防控卫生监督、住宿场所专项监督、游泳场所等专项整治。推行公共场所卫生许可告知承诺制，落实“先审批后核查”原则，简化群众办事流程，全市完成96家许可承诺制办理公共场所卫生许可证的现场核查。加大学校卫生监管力度，完成辖区内全部中、小学校的学校卫生综合监督评价工作27所，实现国家卫生监督“十三五”规划确定的目标要求。组织开展开学复课前卫生安全监督检查、近视防治监督、“三考”保障、校园及周边综合整治、学校饮用水卫生专项整治行动，消除学校卫生安全隐患。全年检查消毒餐饮具单位1家，下达监督执法文书2份，出动监督执法人员6人次，出动执法车辆2车次。（任志忠）

【饮水安全保障】 2022年，北安市监督检查集中式供水单位8家次、二次供水单位53家次，重点巡查农村集中式供水单位或设施的水质净化消毒设施的配备与运行、日常水质自检、供管水人员健康体检等情况。开展城区集中式供水单位卫生监督。全市城区范围内有8家集中式供水单位，对城区集中式供水单位持续实施季度监督模式。（任志忠）

中医药事业

【概　况】截至2022年年底，北安市有各级各类中医医疗机构15家，其中公立中医医院1家、诊所14家；全市17个建制乡镇卫生院和社区卫生服务中心均开设中医科和中药房，78个村卫生室（社区服务站）均有1名中医或中西结合的乡村医生。（李晓红）

北安市中医医院 2022年，北安市中医医院为一所集医疗、预防、保健、康复为一体的二级甲等中医医院，是黑龙江省医院骨伤科临床协作医院，并与黑龙江中医药大学附属第一医院签订医疗联合体协议。医院设有中医内科、骨伤科、肛肠科、妇科、儿科、放射科、口腔科、检验科、皮肤科、物理诊疗科、理疗科、中西药局、手术室、麻醉科、保健科、肾病科等科室，有职工156人。全年门诊量19157人次，住院患者274人，医疗收入1242万元。门诊、住院综合楼总建筑面积12800平方米，开放床位130张，引进西门子64排128层螺旋CT、数字DR-X光机，全自动生化仪等一大批高端医疗设备，有负压病房和Pcr实验室，负压病房建筑面积1080平方米，共有14间病房，总床位26张，其中2间重症病房，每间1张床位，配备体外膜肺氧合机、除颤仪、呼吸机、自动排痰仪、床头血气分析仪、床旁彩超、移动式DR-X光机等先进的医疗设备。医院拥有全国基层名老中医药专家工作室1个，全国中药特色技术传承人1名，骨伤科、肾病科、肛肠科为黑河市中医特色重点专科。疫情防控期间，医院在医务人员紧缺的情况下分6批次抽调35名医务人员支援黑河市爱辉区抗击疫情工作。为保证高考顺利进行，预防高考期间公共卫生事件的发生，按照北安市统一部署，6月7—8日，医院为考生及考务人员测体温，确保高考学子顺利安全地进行。中医院坚持“中西医并重、中西医结合、中西药并用”，发挥中医药独特优势和作用，医院成立中医药专家线上专班，全力保障发热患者对中医药线上诊疗的咨询。中医药专家将根据中医三因制宜、辨证论治原则，第一时间提供中药饮片处方、中成药处方，实现中医药对新冠病毒感染的早期干预，缓解医院就诊压力，满足人民群众优质便捷的就医需求，同时开通线上免费问诊。北安市中医医院充分发挥中医药在疫情防控中的重要作用，严格遵照统一组织、统一方剂、统一煎煮、统一配送的“四统一”原则，24小时不间断精心熬制中药汤剂，实现集中隔离点中药汤剂应用全覆盖，截至年末共送中药51922袋。

（郭　强）

【基层中医药服务】　2022年，北安市实施基层中医药服务能力提升工程，建立健全基层中医药服务网络，提升基层中医药服务能力。乡镇卫生院和社区卫生服务中心全部建立中医馆，能够开展6类以上的中医药适宜技术，80%以上的村卫生室和社区卫生服务站能够提供4类以上的中医药服务。开展基层中医药公共卫生服务，推行“治未病”中医药预防保健服务试点，在中医医院建立“治未病”中心（科），提供中医体质辨识、冬病夏治、火罐、敷贴、膏方等“治未病”服务。开展中医药健康管理试点，重点对高血压、糖尿病、孕产妇3类人群提供中医药健康管理服务。全年，中医药基本公共卫生服务对0～36个月儿童中医药健康管理服务2697人，65岁以上老年人中医药健康管理服务34517人。全市基本形成预防保健、中医药服务、医疗康复、健康教育“四位一体”的中医药公共卫生服务体系。

（李晓红）

【中医药传承创新】　截至2022年年底，全市有省级名中医1人、基层龙江名医1人、基层“德艺双馨”名中医1人、建立全国基层名老中医药专家工作室1个。全市建成市重点中医专科3个，辐射带动全市中医药事业发展。市中医医院建成名老中医馆，加强中医药专家经验传承工作。截至年底，乡镇卫生院有中医骨干200人、中医类别全科医生260人。全年中医药知识与技能培训2000人，通过有计划地实施不同层次的中医药人才培养政策，有效推动中医药事业发展。　（李晓红）

【中医药内涵建设】　2022年，北安市加强中医特色优势建设，3个市级重点中医专科建设项目全部通过再次验收。构建县域医共体，以北安市中医医院为医共体牵头医院，覆盖乡镇卫生院、社区卫生服务中心等基层医疗机构，完成基本框架搭建，统一加挂“北安市中医医院医疗共同体＋××分院”的标牌。初步构建基层首诊、双向转诊、急慢分治、上下联动的有序就医格局，对上承接三级医院、对下辐射片区卫生院，构建起新的县域医共体网络体系。北安市依托省中医药大学在和平村开展中药材选育、栽培、种植、产地初加工等项目，建设铁皮石斛、红豆杉科普基地。开展中药资源普查，承担国家第四批北安市中药资源普查工作，完成1500余个中药标本的采集、50多个中药样方的调查。

（李晓红）

【中医药抗疫】　2022年，北安市加强中西医协同治疗，发挥中医药抗疫作用。定点医院采取中西医结合治疗，中医参与治疗病例数93.8%；中医参与治疗后，症状改善及治愈出院的病例占比99.6%。全市发放预防性中药助推复工复产，市中医医院为全市复工复产的20余家企业免费提供中药2.5万余人份。

（李晓红）

【中医药文化宣传】　2022年，北安市开展实施《中华人民共和国中医药法》的系列宣传活动。印发各类宣传品1000多份。开辟宣传专栏、投放宣传板2个，组织各级专家15人开展义诊、咨询、讲座5场次，群众体验项目5种，参与群众700多人，接受咨询的群众100余人。加强中医药文化宣传，中医医院在融媒体中心开设科普专栏，拍摄疫情防控中医预防保健知识、中药服用注意事项MV短视频7个，举行名医大讲堂活动1期，提高中医药防治知识宣传力度。市中医医院开展“服务百姓健康行动”全省大型义诊活动周活动，派出内科、骨科、老年病科、护理、药剂、心电室等各科骨干人员到二井镇卫生院、二井镇卫生院自民分院进行义诊，为患者减免各种费用5800多元，受益400多人。　（李晓红）

体育产业

【概　况】　2022年，北安市体育事业发展中心（以下简称“中心”）制定下发《北安市全民健身实施计划(2021—2025年)》和《关于加快推进落实〈黑河市加快发展健身休闲产业的实施计划（2019—2025年)〉的通知》，不断创新体育产业赛事，开发特色冰雪项目，推动健身休闲产业与冬季冰雪项目融合发展。截至12月，全市有在册体育个体经营户23家。北安市体育事业发展中心被黑龙江省体育局授予“全省体育系统先进集体”称号。（孙　祺）

【体育设施建设】　2022年，北安市继续加强基础设施建设，以开展全民健身活动和大力培训体育人才为目标，将生活、运动、健康相融合，把体育场地规划纳入北安市总体规划的重要部分。成立体育建设设施工作小组，制定专项体育设施建设和管理方案。推进冬季两项四季轮滑项目建设，全民健身中心建设项目和冰球馆项目通过竣工验收。经过北安市人民政府的积极争取，黑龙江省体育局投资3万元，新建全民健身路径工程1项，占地500平方米。根据中央体彩公益金支持全民健身场地项目要求，储备申报了小型体育公园1个和中央预算内投资“十四五”期间在重大项目库和在线审批平台共计储备11个项目。制定《全民健身工程管理机制》，对北安市体育场馆维修改造进行初步设计和资金估算。同时中心按照要求积极对接相关企业，对场馆信息化进行询价和设计，初步做出预算和申请项目资金计划。

（孙　祺）

【体育彩票销售】　2022年，北安市体育彩票总销量为2655.18万元，其中乐透型销售773.66万元；竞猜型销售1606.5万元；即开型销售275.02万元。全市有体育彩票在售网点36家，其中市区23家、乡镇13家，发展竞彩升级点23家，相比2021年同期减少12家网点。全年北安市体彩销售工作克服竞彩赛事资源减少等不利因素，借助卡塔尔世界杯，竞彩销量1564万元，整体销量比2021年增幅129%特别是既开型玩法增长251.37%，市场份额和销量明显增长。由于一些玩法的退市，导致即开票销量大幅上涨，涨幅46%。

（孙　祺）

群众体育

【概　况】　2022年，北安市在册体育社会组织5家。在一线工作的社会体育指导员850名。其中，市直800名、乡镇50名，全市有各类体育健身站点23个。北安市体育事业发展中心以增强人民体质、提高健康水平为根本目标，以满足广大人民群众日益增长的健身需求为根本出发点，壮大体育社会组织，完善体育社会组织管理，创新开展全民健身系列活动。全年开展各项体育系列活动10余项，承办国家体育锻炼达标赛，举办全国县域足球赛事、黑龙江省冰球联赛、黑河市冰球比赛、羽毛球邀请赛、职工乒乓球赛、职工排球赛等10余项体育赛事。（孙　祺）

【全民健身活动】　2022年，北安市体育事业发展中心在新冠肺炎疫情防控常态化的情况下，开创全民健身赛事活动新模式。8月，由中心主办，铁西海圣社区、兆麟百盛社区，兆麟冠安社区承办的“社区活动月”在祥和广场和文化广场举办，参加人数600多人，让群众在疫情期间增加体育锻炼、

身心得到放松，为全市营造了良好的全民健身氛围。（孙　祺）

【第十三届“东方夏威夷杯”羽毛球邀请赛】 2022年7月16—17日，北安市积极承办由黑河市体育总会主办，北安市体育事业发展中心、黑河市羽毛球协会承办，黑河市东方夏威夷商务会馆协办的黑河市第十三届“东方夏威夷杯”羽毛球邀请赛在北安市体育馆开赛，来自黑河市各县（市、区）的44支队伍、300多名运动员参赛。最终，嫩江市羽毛球俱乐部、黑河市飞龙羽校获得男子双打第一名和第二名；北安阳光队、黑河飞龙羽校获得女子双打第一名和第二名。嫩江市羽毛球俱乐部、北安市羽协获得混合双打第一名和第二名。团体比赛由北安府邸一队、阳光一队取得第一名、第二名。通过本次比赛进一步推动北安市羽毛球运动持续、健康发展，增强了全民健身意识。

（孙　祺）

【“全民健身·健康中国”全国县域足球赛事】 2022年9月10日，在北安市体育场举办“全民健身·健康中国”全国县域足球赛事活动——北安市足球赛，本次比赛共计16支代表队150余人参加比赛，参赛选手们全身心投入其中，奋力拼搏。最终，冰鲨魂之队获得比赛的冠军，绿荫青年一队、冰鲨魂之队分列二、三名。通过本次比赛给大家提供一个展现自我和相互交流的平台，既锻炼身体又丰富文化体育生活，培养团队合作精神。（孙　祺）

【体育宣传】 2022年，北安市体育事业发展中心充分发挥官方微信公众号的宣传推介作用（包括新华社、北安人公众号、市教育体育局公众号），刊发原创信息30多条，阅读量300万余人次，在线浏览量达上亿人次。关于开展冰球锦标赛的赛前、赛中及赛后的宣传工作，曲春雨获奖、回到家乡等文章10余篇。不断提高新闻传播时效性，增强“全民体育”意识显著升级。（孙　祺）

冰雪体育

【概　况】 2022年，北安市依托冰雪优势，以市冰球馆为载体，开展全民冰雪运动，从全民普及、青少年培养等层面扩大冰雪运动辐射面和影响力。北安市人民政府下发《北安市冰雪经济发展实施方案》组织开展“全民冰雪活动”“百万青少年上冰雪”“赏冰乐雪”等系列冰雪活动，进一步激发全民参与冰雪健身运动热情。本年，北安市体育事业发展中心被国家体育总局授予“2022年全国冰雪运动发展突出贡献奖”。（孙　祺）

【“奔跑吧·少年”冰球比赛】 2022年8月5日，由黑河市体育局、黑河市教育局主办，黑河业余体校、北安市体育事业发展中心承办的黑河市首届“奔跑吧·少年”冰球比赛在北安市冰球馆开赛。此次比赛采用单循环积分赛制，为期2天，有10支代表队，150多名运动员与教练员参赛，比赛分为初中组、小学甲组和小学乙组。最终，北安市第八中学获得初中组第一名，北安市铁西小学和北安市和平小学分别获得小学甲组、小学乙组第一名。此次比赛为青少年冰球爱好者提供了良好的竞技平台，对冰球运动的普及和推广具有重要意义。

（孙　祺）

【2021—2022年度黑龙江省冰球锦标赛】 2022年8月29日，由黑龙江省体育局主办，黑龙江省冬季运动与后备人才管理中心承办，黑河市体育局、北安市人民政府协办的“2021—2022年度黑龙江省冰球锦标赛”在北安市冰球馆拉开帷幕。有5支男子队伍和4支女子队伍、200余名选手参加，分别来自省冬季运动与后备人才管理中心、哈尔滨市、齐齐哈尔市、佳木斯市和黑河市。比赛采取单循环制，在为期5天的精彩角逐中，齐齐哈尔市男子冰球队获得男子组冠军、哈尔滨市男子冰球队获得亚军、佳木斯市男子冰球队获得季军。哈尔滨市女子冰球队获得女子组冠军、哈尔滨体育运动学校女子冰球队获得亚军、黑河市女子冰球队获得季军。通过此次比赛，为热爱冰雪运动的孩子们提供了一个切磋交流的平台，进一步增强了冰球队员强烈的团队意识、合作精神。

（孙　祺）

业余训练

【概　况】 2022年，北安市体育事业发展中心始终将业余训练视为工作重点，抓好射击、冰球、速度滑冰和冬季两项（包括滑雪、射击）4个项目，按照省、黑河体育后备人才基地具体要求，全力抓好后备人才基地建设。贯彻执行全国业余训练大纲和精神，提高教练员业务水平和能力，坚持以训练为中心，以发现和培养体育后备人才为主要任务，积极拓宽招生选材思路。践行“以培养小学生为主，以初中、高中为辅，以提高基本身体素质为重点”的理念，根据学生的体质特点进行专项体育技能培养，提高成才率和输送率，不断开创全市青少年体育工作新局面。建立健全运动员技术档案、体能档案和伤病档案、规范数据采集并做到定期检查。全年，中心培养的体育特长生在参加2022年的高考体育测试中取得优异成绩，其中10名学生分别考取北京体育大学、哈尔滨师范大学、太原师范学院等高校。全年向黑龙江省体校黑河分校输送运动员7人，其中冬季4人、军体3人。注册运动员69人。

（孙　祺）

【军体项目】 2022年，中心军体项目训练的主要任务是为2023年黑龙江省第十五届运动会做准备。北安市军体项

北安军体校队员参赛　　（市融媒体中心　供图）

目承担着黑河市射击项目的教学任务，由于疫情防控，训练日大约在240天，训练课时约700课时。教练员结合学校实际情况，科学制定年度、阶段、周期训练计划。项目部负责人定期检查教练员的教案，要求教练员在训练时，必须跟班训练保证每节训练课的训练质量。进一步完善教练员和运动员考核制度，认真组织实施，建立健全运动员技术档案，并做到定期检查。严格枪支弹药管理，坚持教练员值班值宿制度，杜绝一切安全隐患，尤其是在实弹射击前后，加强对学员的安全教育，详细讲解射击的安全要领，确保万无一失。7月，黑河市北安射击队有10名运动员参加在大庆市举办为期10天的黑龙江省射击锦标赛暨黑龙江省第十五届运动会射击项目测试赛（步、手枪项目），其中王恩祈获得女子乙组气手枪60发比赛的个人第二名；由王恩祈、马光孚组队参加的乙组气手枪混合团体比赛获得第三名；由宋佳霖、孟令聪、赵吉安组队获得男子乙组10米气步枪60发团体第四名；赵鸿博在男子甲组10米气步枪决赛中获得个人第四名；宋佳霖，孟令聪、赵吉安三人组队获得男子乙组步枪60发卧射团体第五名；赵鸿博在男子甲组3×40项目获得个人第六名和男子甲组50米步枪卧射60发个人第七名；宋佳霖、孟令聪、赵吉安组队获得男子乙组50米步枪3×20项目的团体第六名；孟令聪还获得男子乙组气步枪60发个人第八名的好成绩。　（孙　祺）

【冰雪项目】　2022年，北安市速滑项目得到长足的发展，每周7天的冰上和陆地训练学生们都能够积极参加。冰雪训练设有4~7岁的启蒙班、8~10岁少年班和11~13岁的能力提高班，每个班有十几名学生参与。通北体校有速滑运动员百余人，北安市体育事业发展中心经常派出优秀教练员去指导，成绩不断提高，有一批优秀学员脱颖而出，为北安市的速滑项目储备优秀的体育后备人才。全年，冰球项目经常参加训练人数超过100人，运动员出勤率达95%以上。

（孙　祺）

【夏季项目】　2022年，北安市夏季训练项目主要包括田径、篮球、跆拳道等，各项目教练都能够按计划完成工作，并且根据不同年龄段文化学习的时间安排，做出相应调整。深入推进体教结合，利用暑假以及开学期间的节假日进行业余训练。与全市高中联合培养体育特长生，组成一个训练队，利用以大带小的方式进行集中训练，提高学生身体素质，实现共同培养人才，有效带动业余体校运动员训练，全面提高运动成绩。以培养小学生为主，初中、高中为辅，提高基本身体素质为重点，根据学生的体质特点进行专项体育技能培养，提高成才率和输送率。　（孙　祺）

就业创业

【概　况】 2022年，北安市落实就业优先政策，有效应对疫情影响，超额完成目标任务，实现全年城镇新增就业人员4300人，完成任务数3080人的120.68%；城镇调查失业率4.3%，低于省标1.2个百分点，就业创业工作继续保持黑河地区先进水平。6月，北安市就业服务中心在黑龙江第二届公共就业服务专项业务竞赛中获“突出贡献奖”，其中两名参赛选手分别获得“职业指导优秀个人奖”和“公共就业服务优秀个人奖”的称号。 （史勇刚）

【就业帮扶】 2022年，北安市失业人员实现再就业1895人，完成全年任务131.6%，就业困难人员再就业560人，完成全年任务的140%。北安市就业服务中心关心关爱困难群体，大力开发公益性就业岗位，实现零就业家庭动态清零。依托公益性岗位安置就业困难人员实现就业335人，利用乡村公益性岗位安置脱贫劳动力就业1425人；全年累计为3360名灵活就业人员发放社保补贴663万余元。 （史勇刚）

8月6日，北安市就业服务中心在步行街举办“职等你来　就业同行”专项招聘会
（市融媒体中心　供图）

【就业创业】 2022年，北安市就业服务中心开展线上线下招聘活动，先后组织开展“百日千万网络招聘”“春风行动”“民营企业招聘月”等线上线下招聘会活动31期。接受求职登记8389人次，通过线上线下相结合的方式发布用工信息498条，提供就业岗位8632个，中介成功8174人。 （史勇刚）

【职业技能培训】 2022年，北安市就业服务中心为配合充分就业社区的创建工作，有针对性地开办“安心月嫂”“乌鱼绣娘”技能培训班7期176人，其中充分就业社区劳动力45人。持续推进“乌裕尔”职业技能提升及创业就业培训行动，截至12月末，开展各类线上线下培训班26期，培训3370人。其中，北安市东北亚社区被人力资源和社会保障部评为全国首批充分就业示范社区，该先进做法在全省交流。同时，北安乌鱼绣非遗工坊“乌鱼绣：飞针走线就业忙”，入选全国66个“非遗工坊典型案例”公示名单。乌鱼绣带头人王春艳获得黑龙江省人社厅评定的全省优秀农民工荣誉称号。

（史勇刚）

社会保险

【概　况】 2022年，北安市人力资源和社会保障局（以下简称“市人社局”）为进一步提升法定人群社保参保率，成立了社保扩面工作专班，深入企业开展社保扩面专项行动，通过社保扩面专项行动，全年全市新增参保人数1886人（其中个体新增820人、企业新增1066人）。北安市人力资源和社会保障局、市委组织部、市财政局、市退役军人事务局、国家税务总局北安税务局等五部门按照《黑龙江省贯彻〈公务员工伤保险管理办法〉实施细则》的内容要求，紧密协作、共同推进全市公务员及参公人员参加工伤保险工作有序开展，推动实现工伤保险人群全覆盖。5月，北安市城乡居民养老保险经办服务数字化转型工作作为全省试点工作顺利通过黑龙江省人社厅验收，在全省人社系统推广。

（史勇刚）

【养老保险】 2022年，北安市参加城镇职工养老保险人员39237人，收缴养老保险费22248万元，参保人员正常退休审批档案1239人，受理病退申请59人，特殊工种审批合格251人；为市直离退休人员46564人发放养老保险金123271万元。全年，机关事业参保单位应上线366户，其中机关、参公单位134户，公益一、二类单位231户，生产经营类1户，上线率100%。机关事业参保人员8245人，收缴养老金和职业年金24539.65万元，其中养老金收缴17599.7万元，职业年金收缴6939.95万元。机关事业退休人员6620人，共拨付养老金38307.97万元，其中（统筹内：29526.36万元、统筹外拨付8781.61万元）。个人转出统筹范围外16人，转出养老金122.83万元；个人统筹外转入49人，转入213.96万元。代发通北林业局有限公司退休教师统筹外项目人员工资269人，共发放880.22万元。

（史勇刚）

【失业保险】 2022年，北安市参保企业418户，参保职工6445人，征缴失业保险费476.9万元。为36名失业人员发放失业保险金24.32万元；发放疫情期间失业补助金107人，发放资金25.89万元；发放医疗补助金5.57万元；支出省上解调剂金34.44万元。市人社局继续落实稳岗补贴政策，落实失业保险稳岗返还政策涉及企业166户职工5442人，返还资金251.33万元。

（史勇刚）

【工伤保险】 2022年，北安市工伤保险参保单位666户，较2021年同期增加162户，参保人数19211人，较2021年同期增加3660人。收缴工伤保险金312万元；工伤保险待遇支出27人，支出资金85万元。全市公务员及参公人员工伤保险全覆盖。

（史勇刚）

【新型城乡居民养老保险】 2022年，北安市实有参保人员128137人，其中参保应缴费人员96154人，实际缴费人员23024人，收缴保费2203万元；政府计划为低保、重残人员8016人代缴养老保险费80.16万元。享受养老金待遇人员31983人，其中正常发放待遇24208人，发放养老金3453万元；参保关系冻结7775人。落实丧葬补助金610人，拨付资金43万元。市人社局按照黑龙江省人力资源和社会保障厅关于社保基金风险排查工作要求，累计核查黑龙江省人力资源和社会保障厅下发疑点数据10801条，已核查人员10571条，共追返冒领基金217.59万元。

（史勇刚）

【服务庆华退休职工】 2022年，北安市人社局按时足额发放退休人员项目外养老金1247万元；退休教师补差工资957万元；办理了165名退休人员领取丧葬费的相关手续；为工伤、遗属、下放人员及保育员发放了伤残津贴和生活补助金627万元；及时根据退休人员的社保待遇的调整，对门诊医药费做出相应的调整上报。加强档案管理，更换档案柜60节、更新档案盒1300个。加强公共数据统一管理，促进全市公共数据归集共享、开放利用，提升公共服务水平，定期将庆华厂退休人员项目外养老金、医疗保险信息、工伤人员伤残津贴、护理费、遗属生活费、下放人员补助金等数据提供给人社局，统一纳入全市公共数据平台。

（史勇刚）

【社保基金监管】 2022年，市人社局严格落实黑龙江省人社厅社会保险基金管理“提升年”要求，按照人防、制防、技防、群防“四防协同”的工作思路，通过政策、经办、信息、监督“四位一体”监管方式，健全风险防控、协同监管、智慧监管、依法监管“四项机制”，进一步完善内控稽核审计制度，不断提升基金管理水平。同时继续加大力度追缴死亡冒领养老金，完成省下发疑点信息整改任务96%以上，开展对基金保密钥匙的使用监管，确保社保基金安全平稳运行，顺利通过省厅、黑河市监督检查。

（史勇刚）

人事人才

【公开招聘】 2022年，北安市人社局扎实开展事业单位公开招聘，为全市52家事业单位招录113名工作人员，实施“助力乡村振兴万人计划”招聘乡镇事业单位工作人员37人，全年校园引才104人，其中引进优秀教师41人、卫生人才52人、优选研究生8人、招募“三支一扶”大学生3名。通过黑龙江省考招录公务员75人，选调生34人，极大地缓解了全市机关事业单位人员不足的现状。同时，为进一步推动就业创业政策有效落实，切实做好高校毕业生就业工作，加强青年干部队伍建设，年初先后为市公安、市司法局、市场监管局、市商务粮食局、城市管理综合执法局招聘辅助人员及协理员 226 人。

（史勇刚）

【**档案信息化建设**】 2022 年，北安市人社局围绕“互联网 + 政务服务”的要求，进一步提升全市流动人员人事档案管理服务工作的信息化、便民化水平。推进流动人员人事档案信息管理系统建设，高质量完成流动人员人事档案信息化系统录入工作，为流动人员人事档案公共服务全省通办、跨省通办奠定坚实基础，全年实现流动人员人事档案录入 1.4 万册。（史勇刚）

【**事业单位人事管理**】 2022 年，市人社局统筹做好事业单位管理岗位职员等级晋升工作，完善岗位动态调整机制，制定下发《北安市事业单位管理岗位职员等级晋升工作推进方案》，有效推进县以下事业单位管理岗位职员等级晋升相关工作。经过严格的筛选、审查分三批为 69 名事业单位管理岗位人员完成晋升职员等级晋升，达到符合晋升人员的 71%。企事业单位人员职称、工资福利等工作有效落实。有效处理“吃空饷”典型案例，持续加强日常监管，全年追缴吃空饷资金 114870.23 元。

（史勇刚）

劳动关系

【**劳动用工备案**】 2022 年，北安市劳动用工备案网上办理工作，有 638 家企业完成网上备案，其中全年新增企业为 138 家，审核通过 6969 人，其中新签劳动合同备案 2667 人、续签劳动合同备案 1917 人、解除劳动合同备案 2385 人。

（史勇刚）

【**法律法规宣传**】 2022 年，市人社局着力构建和谐稳定劳动关系，联合住建局、公安局、法院等相关部门开展《保障农民工工资支付条例》宣传月活动。劳动人事争议仲裁深入企业、乡镇开展普法宣传活动，先后在北安市润泰商业有限公司（大润发）、赵光镇开展走访，同时建立了劳动人事争议基层调解组织，有效地把劳动争议纠纷化解在源头。发放宣传单 1000 多张、悬挂宣传条幅 70 多幅，此次宣传活动受众人数达 1100 多人，通过开展系列宣传活动，进一步提升了劳动者依法维权及企业合法用工意识。（史勇刚）

【**劳动仲裁**】 2022 年，市人社局持续加强劳动人事争议仲裁标准化建设，加大基层调解组织建设力度，积极推进仲裁案件“快立、快审、快调、快裁、快送”，最大程度保护当事人的合法权益。全年市人社局劳动人事争议仲裁院处理劳动争议案 105 件。其中，立案受理 63 件，包括调解案 8 件；不予受理 42 件；已结案 97 件，共计涉案人数 127 人，解释群众劳动保障方面政策咨询 400 多人次。

（史勇刚）

【**劳动保障监察**】 2022 年，北安市人社局根据年初制定的《2022 年北安市根治欠薪工作实施方案》，强化根治欠薪源头治理模式，积极与相关部门协调建立根治拖欠农民工工资的工作机制，市人社局联合市公安局、市住房和城乡建设局、城市管理综合执法局等相关单位对全市在建工程开展“根欠制度落实情况综合整治大检查专项行动”。强化源头防治，全面落实实名制管理等长效制度。组织开展农民工工资支付专项检查和清理整顿人力资源市场秩序、根治欠薪百日攻坚冬季专项行动，全年为 1168 名劳动者追回拖欠工资 2 161 万元。顺利通过黑河市交叉互检，农民工工资支付考核工作获全省 A 级，综合得分 98.1 分，在全黑河市县排名靠前。

（史勇刚）

医疗保障

【**概　况**】 2022 年，北安市医疗保障局（以下简称“市医保局”）履行医保部门职责使命，不断提升医疗保障服务水平，积极贯彻新发展理念，推进多层次医疗保障体系建设，助推全市医疗保障事业高质量发展。全年，全市基本医疗参保人数合计 226129 人，其中职工参保人数 49179 人（在职职工 18344 人、退休职工 30835 人），城乡居民医疗保险参保人数 176950 人；职工医疗保险享受待遇 39322 人数，城乡居民医疗保险享受待遇 45549 人数。全市医疗保险基金总收入 8.24 亿元，总支出 7.77 亿元，累计基金结余 0.47 亿元，处于安全平稳可持续运行状态。（周　微）

【**医保待遇保障**】 2022 年，北安市不断提高医保待遇保障，全市基本医疗保险门诊慢性病病种由原来的 21 种增加为 23 种，将癫痫、帕金森、艾滋病和慢性病毒性肝炎纳入基本医疗保险门诊慢性病管理，将肺结核、血友病由门诊慢性病管理调整为门诊特殊治疗管理。并取消灵活就业人员在就业地参加基本医疗保险的户籍限制政策。实施新的缴费标准，全市城镇职工基本医疗保险缴费由原按照双基数缴费标准调整为单基数缴费，同时机关事业单位开展公务员医疗补助，全面落实基本医疗保险住院和门诊待遇。全年，医疗救助门诊 3114 人次，发放门诊救助资金 104.3 万元；医疗救助住院 7883 人次，发放住院救助资金 1344.04 万元。门诊慢性病认定 809 人次，报销 12004 人次，报销金额 423 万元；门诊特殊疾病认定 191 人次，报销 6636 人次，报销金额 2134 万元，切实减轻门诊慢性病和门诊特殊疾病患者用药负担。（周　微）

【**基本医疗保险市级统筹**】 2022 年，市医保局实现参保缴费覆盖范围；缴费基数、缴费比例、缴费标准等筹资政策；起付标准、支付比例和最高支付限额、基本医疗保险门诊特殊慢性病、门诊特殊疾病等待遇标准全部统一。医保基金实行统收统支，全市城镇职工和城乡居民医保基金实行市级统收统支；全市医保经办业务实现“一窗口、一站式”通办，定点医疗机构就医实现“一单制”直接结算。北安医保基金全部上缴黑河市财政专户，按照黑河市医保局医保基金结算职责分工，乡镇卫生院、异地零星报销和医疗救助费用结算工作仍由北安市医疗保障服务中心承担，其余二级以上定点医疗机构医保结算工作，由黑河市医保服务中心负责。实现医保基金分级结算。（周　微）

【医疗救助】　2022 年，市医保局坚持从“因病致贫、因病返贫”等突出问题入手，聚焦义务教育、基本医疗和住房安全三项保障，及时解决医疗保障扶贫领域存在的问题。对特困、低保、低保边缘户、返贫致贫人员、易返贫致贫监测户、重特大疾病导致家庭生活严重困难人员动态纳入基本医疗保险覆盖范围，享受医保资助政策，稳定脱贫人员继续享有定额参保资助待遇。大病保险对特困人员、低保对象和返贫致贫人口实施倾斜支付，起付标准降低一半，报销比例增加 5 个百分点，最高支付比例 80%，不设年度最高支付限额。对于重特大疾病贫困人员实施及时救助、据实救助、应助尽助，肾病透析给予全额救助，实施基本医疗保险、大病保险、医疗救助三重保障制度。全年，市医保局资助参保贫困人口 24494 人，其中稳定脱贫人口 10589 人。（周　微）

【医保基金监管】　2022 年，市医保局组织签订信用承诺书 199 份，下发《北安市加强打击诈骗医保基金专项整治行动方案》（北医联发〔2022〕1 号），并组建专项检查小组开展自查自纠专项治理，双随机、一公开检查、全覆盖专项检查。两次迎接省、市医疗保障局飞行检查。年度检查定点医药机构 212 家，其中药店 184 家、医疗机构 28 家，解除协议 1 家、行政处罚 3 家、暂停协议 10 家、追缴和拒付 15 家、责令改正 54 家、约谈 25 家、公开曝光 40 家，追缴拒付 545.62 万元，罚款 124.42 万元，合计 670.04 万元。（郭冬梅）

医保改革

【信息化建设】　2022 年，市医保局强化基础信息化建设，先后投入 76 万余元，为全市医疗保险服务中心购置相关设备，为 16 家基层卫生机构采购安装“HIS 系统”及医保结算云服务平台。与中国联通、中国电信网络运营商签订协议，购买网络运营服务。完成了医保专线铺设，定点医疗机构 15 项医保编码贯标、政策适配、HIS 操作系统接口改造、数据迁移、系统测试等工作，实现市医保服务中心、通北政务中心、12393 政策咨询平台、市民大厦医保服务窗口和全市 212 家医保定点医药机构全部上线运行，高质量完成国家医保信息平台建设，实现医保结算、管理服务一站式服务、一窗口办理、一单制结算。医保业务全部网上办理，缩短办事时间，提升了办事质量和效率。（周　微）

【药品和耗材采集】　2022 年，市医保局推进国家和省际联盟组织药品和耗材集中带量采购工作，先后完成七个批次 272 个通用名药品；冠脉支架、人工晶体、药物球囊等 10 类医用耗材的集采任务，按照医疗机构历史数据统计，集采集药品及耗材降价幅度平均达 40% 以上。全市约定采购量及临床使用量指标完成，可满足参保患者的就医需求。完成四批药品及人工晶体、心脏起搏器等三批耗材协议期满续签工作，持续推进集中药品和耗材集中带量采购工作，让老百姓真正享受到惠民为民的政策。7 月，完成第三批集采药品留用考核资金拨付工作。先后制发和转发《关于做好国家基本医疗保险、工伤保险和生育保险药品目录（2021 版）执行工作的通知》《关于调整黑龙江省基本医疗保险特殊药品管理推荐目录的通知》等文件，要求统筹区内各定点医疗机构自 2022 年 1 月 1 日起执行最新药品目录，确保国家新版医保药品目录落地执行。先后两次将复方嚏吗洛尔、头孢替唑等 273 种药品调出目录。及时按照国家和省要求先后四次对新进目录药品品规进行动态调整，并为其赋予政策标识。对耗材入库制度进行梳理，在原有工作流程上进一步减半压缩办事时限，确保定点医疗机构新进耗材能第一时间运用至临床，全年累计新增医疗耗材达 1700 多件。（周　微）

【支付方式改革】　2022 年，市医保局推进“DRG 支付方式”使用，先后完成业务人员培训、业务数据调取、筛查、质控、清洗，形成全市 DRG 分组数据，确定分组方案。以国家医疗保障局 376 组核心分组为依据，遵循“同一个 DRG 内的病例临床过程相似，资源消耗相近”的规定，结合医疗机构的实际需求，在国家 628 组细分分组的基础上，进一步细分出“伴严重合并症或并发症”项目。9 月，开始分组模拟结算，参与 2022 年 1—6 月模拟结算医疗机构有 6 家，分别是黑龙江省第三医院、北大荒集团北安医院、北安市第一人民医院、北安市五官医院、北安市第二人民医院、北安市中医医院。住院病例 15542 条，其中清洗 874 条，清洗总量占比 5.6%，整体提供病案质量良好。清洗后总病例 14668 条，入组病例 13771 条，整体入组率 93.88%，整体入组率良好。整体基金补偿比 91.66%，收入补偿比 90.55%，整体盈亏比较稳定，在 10% 的合理范围内。至年底，全市二级和二级以上定点医疗机构实现 DRG 实际付费结算。（周　微）

基层民主建设

【基层服务设施改善】 2022年，北安市民政局投资85万元，对庆华街道人和社区、和平街道铁东社区和弘北社区、铁西街道海圣社区、北岗街道电业社区基础设施进行提档升级，解决老旧社区办公用房的供暖、漏雨、地面塌陷等问题。投入资金5万元，维修铁南办事处业旺社区锅炉房烟囱、法华社区棚顶，兆麟办事处百盛社区门窗等。改善了社区办公环境，提高了社区服务水平。（李文军）

【社区工作考评】 2022年，北安市城镇社区“两委”成员185人，城市社区增职10人，农村社区“两委”成员306人，农垦森工“两委”成员80人；聘用专职社区工作者56人；将59名劳动保障协理员纳入网格队伍。为进一步加强社区工作者队伍建设，联合组织部、纪检委组成社区工作考评小组，利用20天时间，对照《黑河市2021年度城市社区服务工作考评细则》要求，结合北安社区实际，对全市27个城市（城镇）社区服务工作进行考评，考核8个方面、24项内容，兑现考评奖金67.34万元。考评结果为优秀社区9个、良好社区16个、达标社区2个。

（李文军）

【社工站建设】 2022年，北安市新建5个街道社工站、2个乡镇社工站。全市有9个社工站，覆盖率达到60%。其中7家社工站标识、制度图板、形象墙等基础建设全部完成，待通过政府购买服务确定承接方后，即可投入使用开展服务。社工站结合以党建引领为核心，以“五社联动”为抓手，以基层民政社会工作服务、社会工作专业人才及队伍建设、其他领域社会工作服务为主要服务内容，形成专业化运作模式，聚焦民政领域服务对象的实际需求，为社区居民提供精准化、专业化服务，打通为民服务“最后一米”，助力基层社会治理创新。

（李文军）

·解释说明·

“五社联动”：社区、社工、社会组织、慈善、志愿者。

【地名区划】 2022年，北安市民政局地名办完成国家地名信息库更新。根据国家、省《关于开展国家地名信息库更新完善工作的通知》要求，完成行政区域、群众自治组织、居民点、陆地地形、陆地水系、交通运输设施、旅游景点、建筑物、水利设施、非行政区域、单位类11大类、2251条地名信息审核入库工作。历时2个月对全市街路牌实地排查，全市缺失街路牌138块，其中需新制作安装45块、需维修12块、需清洗粉刷81块。门牌缺少2287块、楼栋牌缺少335块。根据黑龙江省民政厅《关于开展2022年度全省平安边界创建工作的通知》（黑民函〔2022〕20号）文件要求，开展平安边界创建工作，维护边界地区稳定，开展平安边界创建活动，建立边界治安联防协作机制，同毗邻市县签订《关于开展市县级平安边界创建活动的协议》，并根据细则要求进行平安边界创建工作自评，形成《北安市平安边界创建工作考评情况报告》。（李文军）

社会救助

【概　况】 2022年，北安市累计发放各类社会救助资金11954.28万元。北安市民政局为5105户、7331人发放城市低保金5471.93万元；为6931户、11327人发放农村低保金3714.15万元；为1064人发放农村特困供养资金1200.8万元，为190人发放城市特困供养资金310.5万元；为7831名老人发放高龄津贴1068.4万元；对1381户、1747人实施临时救助，发放临时救助资金188.5万元。（李文军）

【提高救助保障标准】 2022年，北安市将城市低保保障标准从637元/人·月提高到669元/人·月；农村低保保障标准从4812元/人·年提高到5292元/人·年。从2022年1月1日起，市城乡全自理特困人员集中供养标准为20052元/人·年，城乡半自理特困人员集中供养标准为20160元/人·年，城乡全护理特困人员集中供养标准为20256元/人·年。北安市城市全自理特困人员分散供养标准提高到13224

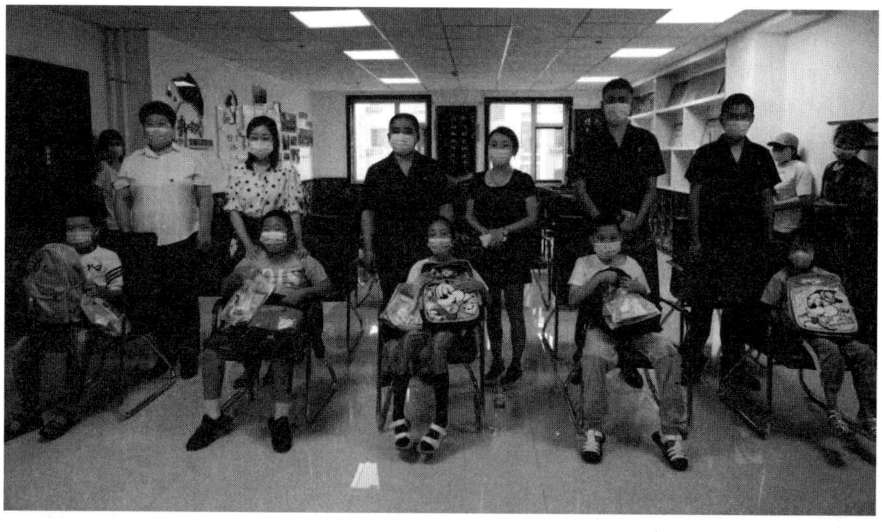

7月19日，市民政局、市人民法院、市妇联领导干部一行到兆麟新绿社区开展“困境儿童慰问”活动

（市融媒体中心　供图）

元/人·年，城市半自理特困人员分散供养标准提高到14388元/人·年，城市全护理特困人员分散供养标准提高到15840元/人·年。北安市农村全自理特困人员分散供养标准提高到8628元/人·年，农村半自理特困人员分散供养标准提高到9792元/人·年，农村全护理特困人员分散供养标准提高到11244元/人·年。（李文军）

【流浪人员救助】 2022年，北安市民政局按照民政部、省民政厅下发《关于进一步完善流浪乞讨人员救助管理工作的意见》，强化救助服务站管理职能和岗位职责，北安市救助服务日益规范化。完善基础数据、基础资料，建立和完善各种统计台账，特别是建立救助人员数据库，构建信息平台，

实现救助工作信息系统网络化。对流浪乞讨人员和生活确有困难的求助人员实施人性化救助，全市1个救助服务站累计救助流浪乞讨人员80人次，支出资金15万元。（李文军）

【慈善救助】 2022年"六一"儿童节期间开展慈善活动，累计对重残重病、孤儿、流浪、贫困家庭等10名儿童进行走访慰问，每人发放500元慰问金；对享受孤儿待遇的家庭困难、品学兼优的3名普通初、高中生进行了救助，每人发放2000元助学金。（李文军）

社会事务

【养老服务】 2022年，北安市有养老机构54家，其中市区内33家，乡镇21家；公办4家，民办50家。百张床位以上养老机构12家，其中500张床位以上养老机构2家，每1000名老人拥有床位73.6张，工作人员248人；疫苗接种率100%。全年新增养老床位304张，登记备案的养老机构54家，总床位数5298张，其中护理型床位占56%，总面积11.2万平方米。全市27个城乡社区能够提供居家养老服务，15个城市社区设有日间照料中心，3个街道配建有养老服务机构。开展养老机构等级评定工作，评定为四星级养老机构为北安市瑜璟养老护理中心；三星级养老机构2个，分别为想念老年公寓、祥瑞老年养护中心。北安市民政局与卫健部门联合印发《北安市养老机构新冠重点人群健康服务工作方案》，为养老机构提供针对老年人群健康管理的技术支持和医疗救治绿色通道。疫情期间，养老机构实行封闭管理，涉及2571人。所有物资物品实行无接触进入养老机构，机构内均设置隔离观察室，并配备1个月以上防疫物资。统筹抓好机构安全生产工作，全年累计派出检查组24次，检查机构68次，检查出问题31项，整改31项，下达整改通知单9份，整改率100%。为养老机构争取补贴和物资45.72万元。（李文军）

北安市瑜璟养护中心餐厅（市瑜璟养护中心　供图）

【社会福利事业】 2022年，北安市民政局为62名孤儿发放生活补贴资金77.2万元，发放价格临时补贴1150元；对符合孤儿身份的8名儿童进行及时认定，并录入全国儿童福利信息管理系统；为5名孤儿发放"福彩圆梦·情系贫困中学生"系列资助专项助学金每人2000元；做好农村留守儿童、留守妇女摸底排查工作，全市有农村留守儿童195名，留守妇女91名。同时，市民政局按照《黑龙江省人民政府关于印发黑龙江省全面建立困难残疾人生活补贴和重度残疾人护理补贴制度实施办法的通知》要求，全年为北安市4051名困难残疾人发放生活补贴373.66万元，为3414名重度残疾人发放护理补贴396.68万元。（李文军）

【福彩发行】 2022年，北安市福利彩票发行1857.47万元，筹集公益金611.02万元，其中市本级留用公益金198.18万元。（李文军）

【婚姻管理】 2022年，全市办理结婚登记1409对，受理离婚申请915对，离婚登记申请494对，补领结婚登记726对，补领离婚登记123人。电话咨询、解答服务2300余次，查询婚姻档案及婚姻登记记录2500多次，劝返离婚登记35对。积极引导结婚登记人员开展婚前医学检查，全年参加婚检的对象为700多人。10月10日起，婚姻登记服务窗口对前往办理婚姻登记业务的当事人提供免费婚姻登记证照的照相服务，优化服务流程、缩短办理时限。

（李文军）

【殡葬工作】 2022 年，北安市民政局为转变群众祭祀观念，大力提倡文明节俭、绿色生态的殡葬理念，积极推行文明祭扫生态安葬。大力倡导绿色殡葬，继续推行“鲜花换烧纸、丝带寄哀思”等健康文明的祭扫形式，把清明节、中元节特有的文化习俗转变为殡葬工作优势，移风易俗，推进殡葬改革。全年平均每天接待祭扫群众 500 多人，平均每天劝返群众 200 多人，同 2021 年相比减少 4000 多人。全馆积极开展一次大扫除、代献一束鲜花，集体公祭一次的“三个一”活动，倡导丧葬礼俗文明新风尚。全年火化遗体 1673 具，减免四项基本费用 175 人、减免 10.5 万元。为市区低保、特困、城乡低收入居民减免 40 万余元，减轻了困难群众的治丧负担。同时，改善殡仪馆环境，在馆区周边种植花木 2000 多株，场区增设太阳能路灯 9 个，增设骨灰临时存放间，维修告别大厅，方便了广大治丧家属。

（李文军）

【脱贫保障】 2022 年，北安市民政局制定实施《北安市民政局关于进一步巩固拓展民政领域脱贫攻坚成果同乡村振兴有效衔接的实施方案》《关于实现巩固拓展脱贫攻坚成果同乡村振兴有效衔接的实施方案》《北安市最低生活保障审核确认办法》制定依据，建立完善贫困预警监测机制，做到应保尽保。全市低保渐退期满一年退出低保的脱贫人口 185 人。正处在低保渐退期的脱贫人口 245 人，防返贫监测对象 23 人。1—12 月，农村低保新增 601 户 1069 人，取缔 33 户 37 人；12 月监测对象享受最低生活保障的有 207 户 356 人，脱贫户对象享受最低生活保障的有 3987 户 6131 人，发放资金 2128.1 万元；特困供养人员 610 人，发放特困供养资金 586.3 万元；脱贫户享受低保边缘家庭待遇的有 89 户 151 人，发放物价补贴 3775 元，农村人口临时救助 402 户 610 人，资金 90.4 万元，切实保障脱贫群众的基本生活。

（李文军）

乡村振兴

【概　况】 2022 年，北安市乡村振兴服务中心负责全市乡村振兴工作的协调及业务指导，全市有监测对象 340 户 611 人（包含本年度新纳入监测 32 户 59 人），均为突发严重困难户。选派驻村工作队 22 支、驻村干部 68 人，建立驻村重点任务清单制，打造 22 个驻村帮扶超市。组织帮扶责任人、乡村干部进村入户 2600 多次，帮助解决实际问题 52 个。全年消除风险 308 户 553 人；未消除风险 32 户 58 人，完成本年度巩固拓展脱贫攻坚成果，实现不发生规模性返贫底线工作目标。（孙启蒙）

【脱贫收入】 2022 年，北安市有脱贫村 20 个、建档立卡脱贫户 6158 户 10083 人，北安市乡村振兴服务中心制定《关于落实帮扶增收措施促进脱贫人口和监测对象稳定增收专项行动的实施方案》，开展稳增收专项行动，排查 6472 户 10657 人。全市脱贫人口收入达到 14705 元，比 2021 年增长 19.6%，监测对象人均收入达到 12737 元，比 2021 年增长 28.5%。北安市乡村振兴服务中心鼓励引导脱贫户、监测户外出务工就业 2132 人（其中省外 362 人、省内县外 131 人、县内 1639 人），全年聘用 1415 名脱贫人口为乡村公益性岗位，发放公益性岗位就业补贴 438.45 万元，增加脱贫人口工资性收入。

（孙启蒙）

【返贫监测】 2022 年，北安市各乡镇开展常态化入户宣传防止返贫一键申报 App 申报流程，对没有智能手机和年龄较大不会操作的农户和脱贫户，由乡村干部和帮扶责任人代其操作申报。全年北安市开展 3 次集中排查工作，各相关部门推送预警信息 6094 条。通过集中排查、农户申报和各部门推送预警信息综合研判，新纳入监测对象 32 户 59 人，针对监测对象纳入的风险原因落实 7 个方面 16 个帮扶措施。对收入持续稳定、“两不愁三保障”及饮水安全持续巩固、返贫致贫无风险的 23 户 40 人监测对象履行程序后，消除标注风险。

（孙启蒙）

【医疗健康】 2022 年，北安市脱贫人口和监测对象基本医疗保险参保率为 100%。北安市 23 家医疗机构均落实先诊疗后付费政策。全年为脱贫人口和监测对象新鉴定办理或重新办理慢性病卡 3 371 个，符合办理条件的给予全部办理。全市有村卫生室 85 个、在岗乡村医生 119 名，村医均具有执业资质，覆盖全市 62 个行政村，全部达到标准化建设。村卫生室药品达到 80 多个品种以上，配齐配全诊疗设备配置和村医能力提升，让广大农民群众能够就近获得可医、系统连续的医疗卫生服务，为维护人民健康提供有力保障。

（孙启蒙）

【产业帮扶】 2022 年，北安市政府制定产业发展奖补政策，下发庭院、务工奖补资金 517 万元。完善带贫主体与脱贫群众的利益联结机制，48 家带贫主体与 1918 户脱贫户签订利益联结合同协议 1918 份，带领脱贫户增收。

（孙启蒙）

【资金资产监管】 2022 年，北安市乡村振兴服务中心制定《扶贫项目资产后续管理“回头看”工作方案》，全面排查 2012—2020 年扶贫项目投入、资产规模、资产现状、运营管护情况，进一步落实乡镇后续运营的日常监管责任和村级管护责任，对低效产业项目加强运营监管，促使扶贫项目资产持续发挥效益。全年，中央、黑龙江省共下达拨付北安市衔接资金 7220 万元全部到位，拨付率为 100%，实施衔接资金项目 34 个，全部完成电子建档立卡工作，确权移交 31 个。34 个项目中除了 6 个补贴类项目，剩余 28 个项目均在立项、

建设、使用等环节签订终身责任制承诺书。（孙启蒙）

【构建“三位一体”帮扶格局】 2022年，北安市委组织部和北安市乡村振兴服务中心充分发挥政府和社会两方面力量作用，强化政府责任，引导市场、社会协同发力。坚持推行“市级领导包乡、市直部门包村、机关干部帮户”制度，全市152家帮扶单位、4436名帮扶干部，结对帮扶62个行政村6158户脱贫户；34家中省直单位、企业与32个村1278户脱贫户开展结对帮扶。全市机关企事业单位、社会组织和社会各界爱心人士，通过发展产业、提供就业岗位、改善基础设施、捐资助学、志愿服务、结对帮扶、消费扶贫等方式，参与和支持巩固脱贫成果同乡村振兴有效衔接工作，全面推进乡村振兴。（孙启蒙）

【加强乡村治理】 2022年，北安市有22支驻村工作队，严格执行村务公开、财务公开、一事一议等民主管理制度，各村委会全面推行“四议两公开”管理方式，农村民主管理进程进一步加快。全市62个行政村全部建立和完善民主议事会、道德评议会、红白理事会、禁赌禁毒会，村规民约等群众自治组织，并积极参与管理，发挥作用。积极普及文明祭扫、文明家风、科技致富等相关知识，助力文明村镇建设。开展“除陋习树新风”系列主题活动，引导婚丧缓办减办逾百余场，参与文化整治、村庄清洁活动志愿者4700多人次，收到相关材料报送89篇，开展活动40多次。（孙启蒙）

·解释说明·

“四议”：指村党支部会提议、村“两委”会商议、党员大会审议、村民代表会议或村民会议决议；“两公开”：指决议公开、实施结果公开。

6月，北安市乡村振兴服务中心对二井镇建革村蔬菜大棚给予产业帮扶（市乡村振兴服务中心 供图）

退役军人事务

【退役安置】 2022年，北安市完成接收军队移交退役士兵及退出消防员工作，符合政府安排工作条件退役士兵5人，全部安置在全额事业单位，为自主就业退役士兵发放自主就业金。全市严格落实军转安置政策，开展退役士兵返乡接站活动，接取档案，开具落户证明12人，因疫情原因无法报到的退役士兵制定“预报到”工作流程，切实为退役军人排忧解难。（张东明）

【军休安置】 2022年，北安市退役军人事务局落实国家制度政策，及时足额发放定期生活补助，按照国家、省文件精神要求，按月足额发放各项生活补贴，总发放对象22人（其中离退休干部5人、离休干部遗属2人、无军籍职工14人、无军籍职工遗属1人）。全年发放军休生活费205.95万元。落实军休干部体检待遇4人，每人每年1500元，落实供暖补贴待遇22人计3.1万元。（夏　冰）

【双拥工作】 2022年，北安市退役军人事务局对照双拥模范城考评标准，打造“军民共建”示范点，同时，以争创全省双拥模范城为目标，进一步推进2023年全省双拥模范城创建考评工作，按要求收集34家成员单位双拥材料，所有文字、图片档案等材料302卷，全面反映了北安市的双拥工作成果。开展社会化拥军活动，招募拥军单位（企业）8家、社会拥军组织2个，签订共建协议16份。北安市双拥工作成员单位组织拍摄拉场戏《牢门脱险》、微电影《姐姐》、散文诗《冬日暖阳》等专题片，利用广播、电视、网络、板报、专栏、宣传车、文艺演出宣传双拥教育。同时，广泛开展科技拥军、社区拥军、法律拥军、经济组织拥军、社会阶层拥军和学习型军民共建活动，主动帮助部队解决教育训练、战备执勤、科研试验中遇到的实际问题。开展“双拥在基层”活动，在“八一”“春节”期间，走访慰问驻地部队、重点优抚对象，送去慰问品（金）24万元，在全社会营造尊崇军人的浓厚氛围。弘扬拥军优属光荣传统，举办“一人立功、全家光荣”为立功受奖军人家庭送喜报活动，为三等功现役军人家庭送去喜报及慰问金。（吴　奇）

【就业创业】 2022年，北安市退役军人事务局制定并下发《退役军人就业创业税费优惠政策指引》，落实退役军人创业金融和税费优惠政策。统计2020年（含）以来面向退役士兵招录信息。

梳理2022年退役士兵就业创业台账，与院校联系开展网上适应性培训，常态化开展退役军人就业创业工作。同时，加大退役军人招录力度，在北安市事业单位公开招聘中，有8所单位13个岗位单独面向自主就业退役士兵，拓宽退役军人的就业渠道。举办退役军人专场招聘会3次，通过公众号等媒体发布各类招聘招工信息27条，完成高职扩招资格审查7人，组织退役军人参加适应性培训。组织退役军人免费参加技能培训，帮助他们提高就业能力和身体素质，从而促进就业创业。全年，深入村屯、社区宣讲就业创业工作有关政策措施2次，发放宣传资料100多份。（高　航）

【优待抚恤】 2022年，北安市为优抚对象全年发放优抚金。资助1～6级伤残军人；为城镇重点优抚对象参加职工医保；为农村重点优抚对象参加居民医保；为重点优抚对象解决医疗救助；为重点优抚对象发放门诊补助金，每人1200元。为2020—2022年入伍家庭发放优待金。（李　丹）

【褒扬纪念】 2022年4月2日，北安市退役军人事务局、北安市团市委在烈士陵园联合开展"奋进2022清明祭英烈 共铸中华魂"祭扫活动，缅怀英雄烈士的丰功伟绩，寄托最深切的哀思和最崇高的敬意。9月30日，市退役军人事务局在烈士公园举行烈士纪念日公祭活动，面向抗日暨爱国自卫战争革命烈士纪念塔默哀，瞻仰革命烈士纪念塔，依次向人民英雄敬献花篮，缅怀革命先烈的英雄事迹。年内，北安市人民政府投入143万元专项资金对北安市烈士陵园纪念广场、纪念碑及碑体围栏等烈士纪念设施进行维修升级改造，投入33.5万元专项资金，对北安市烈士公园内"抗日暨爱国自卫战争革命烈士纪念塔"破损处进行维护。（单荣忠）

【服务保障体系建设】 2022年，北安市退役军人事务局落实"我帮办"活动，各服务站真抓实干，退役军人服务站工作人员参与212人次，代办完结2472件，办理中96件；已帮办1680件，办理中78件。全年，北安市105个退役军人服务中心（站）完善了服务保障体系建设标准，21个100人以上服务中心（站）达到全国示范型服务站验收标准。组织全市32名"兵支书"参加《乡村振兴高素质退役军人能力提升培训班》线上培训；上报先进典型退役军人优秀代表人物通讯事迹材料，基层服务站服务保障能力明显提升。各服务站充分发挥退役军人服务系统优势，重点开展了信息采集、悬挂光荣牌、走访慰问、帮扶救助等系列宣传报道工作，解决退役军人办事"多跑腿"问题，打通退役军人政策落实、服务保障的"最后一千米"。成立"橄榄绿"退役军人志愿者服务队，与城市管理综合执法局联合开展志愿服务活动。全市注册登记退役军人志愿服务队105支，注册退役军人志愿者899人，实现市、乡、村三级全覆盖。开展志愿活动348次，累计参与769人次。（吴　奇）

【建档立卡及优待证发放】 2022年，北安市退役军人事务局组织各乡镇（街道）服务站开展建档立卡和优待证业务培训工作，按标准配备硬件设备，确保各退役军人服务站可连接电子政务外网，对上报数据审核修正后录入采集系统，为优待证发放打下坚实基础。为全市符合建档立卡条件的人员建档立卡，完成率98%。（张天笑）

【信访权益】 2022年，北安市退役军人事务局按照"三到位一处理"的信访要求，利用退役军人信访信息系统推进信访积案化解，兑现合理诉求。深入重点户开展政策宣讲、普及《退役士兵安置条例》等法律法规。协助退役士兵办理保险接续、党员组织关系接续等业务24人次，帮助协调人社、住建、城管等部门解决信访问题37件次。

（张　伟）

·解释说明·

"三到位"：群众诉求合理的解决问题到位、诉求无理的思想教育到位、生活困难的帮扶救助到位；"一处理"：行为违法的依法处理。

【军供服务】 2022年，北安军供站始终坚持以习近平新时代中国特色社会主义思想为指导，坚持"为部队服务、为国防建设服务"的办站宗旨，努力打造适应联合作战军事交通战备和战备投送新体制、新模式，融入军事交通战备建设和保障体系的实战化军供站。创新平战结合新模式，制定"惠兵"政策，用心服务现役军人和退役军人。与武装部门联合开展为新兵赠送"暖心包""送新兵、迎老兵"暖心活动，全年共接待过往部队7批次。（史晓飞）

老区建设

【概　况】 2022年，北安市下辖革命老区5个乡（镇），23个老区行政村150个自然屯，老区户籍人口7.5万人，耕地面积3.33万公顷。北安市老区建设促进会（以下简称"市老促会"）结合北安老区乡村实际，深入老区调查研究，在挖掘北安老区红色历史，开展老区宣传，协调社会力量帮助老区巩固脱贫攻坚成果、上项目促发展、推动"亮点村"工程建设、发挥"红旗村"示范带动作用，解决老区生产生活中急需解决的问题等方面，做了大量工作，受到省和黑河市老促会的好评。

（孙晓玲）

【弘扬老区精神】 2022年，市老促会组织乡（镇）老促会驻会人员进一步把省老促会提出的"学理论、拓思想、促振兴"同开展党史学习教育和开展"从延安到北安"活动紧密结合起来，树立抗联后代"尚玉山""雷锋车队"等一大批党员志愿服务品牌。以《北安老区建设纪实》为宣传载体，全年编辑发行《北安老区建设纪实》17期，采写载文109篇。按期完成了黑河市老促会期刊评稿活动，并获黑河市三等奖；《黑龙江革命老区》《黑河老区建设》采用投稿30多篇。配合电视台、北安广播频道利用融媒体等视频、协调书法绘画等协会展出《北安红色记忆》作品，为媒体提供准确翔实红色史籍资料。同时市老促会编撰发行的《北安革命老区发展史》作为传承和发展北安红色文化的教科书，发放到机关、学校、社区、乡村和社会团体，加强学习老区北安红色历史，发挥红色史籍“软黄金”的价值和作用。利用红色博物馆群教育基地向社会宣传北安历史，把原革命村新发屯松散型民俗馆，打造成规范化革命村红色传承和教育民俗馆，赵光镇党群服务中心填充老区内容和新中国改革开放发展史内容。年内，全市老促会联系接待的省内外到北安市参观红色展馆的达2500多人次。

（董德宝）

【重点扶持项目】 2022年，市老促会确立北安老区5个重点扶持项目，其中“亮点村”3个、“红旗村”1个、老区镇1个，并与黑河老促会和北安市政府请示获批项目匹配资金。落实黑河市老促会确定实施的“城郊乡新华村果蔬园区排水网改造项目”和“赵光镇前进村棚室栽培中药平贝示范项目”，安排对等资金匹配5万元；获批北安市2022年扶持老区建设的城郊乡革命村红色民俗馆新建项目5万元、通北镇兴东村（手工）干豆腐加工产品升级项目4万元和赵光镇镇史馆升级改造项目4万元。全年黑河市老促会和北安市老促会共计为老区建设投资23万元，为支持老区发展建设提供了有力的资金支撑。

（孔令军）

【老区调研】 2022年，市老促会深入全市各老区乡村重点调研老区乡村巩固扶贫攻坚成果和乡村振兴建设发展。通过深入调研，总结出一些瓶颈和亟待解决的问题。尤其是在对城郊乡新华村、赵光镇前进村、通北镇兴东村三个“亮点村”充分调研的基础上，对已确定的项目及实施规划，进行详细分析、分类指导、强化措施、督办落实。全年北安市老促会撰写市、乡调研报告7篇。同时针对老区发展问题，市老促会协调市相关部门投资44.7万元，解决革命村水网改造项目5180延长米。市老促会投入老区专项资金5万元扶持棚室生产项目。

（孔令军）

【助力乡村振兴发展】 2022年，市老促会协调北安市相关部门，按照在乡村振兴项目实施中以同等条件优先老区发展的原则，向老区倾斜政策导向。据统计国家、省、市及相关部门本年度向老区乡镇落实项目资金20884万元。其中，城郊乡项目建设总投资4456万元；赵光镇项目建设总投资7130万元；东胜乡老区村项目建设总投资744万元；二井镇老区村投入项目建设总投资165万元；通北镇红色基地扩建、三个老区村高标准农田建设和老区村项目建设总投资8389万元，切实助推乡村振兴，为老区乡村社会事业和经济发展提供有力支撑。

（孙晓玲）

应急管理

防灾救灾减灾

【应急普查】 2022年，北安市应急管理局按照全国第一次自然灾害综合风险普查工作要求，完成应急普查总数据1216条（承载体271条、减灾能力236条、年度历史灾害709条）上报工作，并制作《黑龙江省黑河市北安市历史年度自然灾害灾情评估报告》。年内，北安市应急管理局创建北安市第一次全国自然灾害风险普查领导小组评估与区划专家库。（张博超）

【预警信息发布】 2022年，北安市应急管理局强化自然灾害综合风险形势会商及预警信息发布工作，市减灾委员会办公室组织气象局、农业农村局等单位会商研判全市自然灾害综合风险形势，形成会商简报10次、6期专题会商简报，同森防办、防汛办及气象局联合发布应对极端天气的预警及防范措施63条。（张博超）

【灾害信息报送】 2022年，北安市应急管理局建立灾害信息员队伍、风险隐患信息报送队伍，完成2022年度灾害信息员补贴款的申请，人身意外伤害保险的申请。组织各灾害信息员学习新版灾情上报系统，提升对新版灾情上报系统的操作能力。组织系统报送培训5次，累计培训474人（次）。全市建立市、乡镇（街道）、村（社区）三级灾害信息员队伍，有灾害信息员309人，确保每个村（社区）2人。依托于灾害信息员队伍创建风险隐患信息报送队伍309人，本年度报送风险隐患信息3条全部处理。汛前通过线上线下相结合培训风险隐患1次，培训309人（次）。全年制作北安市灾害风险隐患信息快速报送流程图150多份。（张博超）

【防灾减灾宣传】 2022年，北安市应急管理局组织全市信息员进行专题学习60多次、应急演练15次，组织消防技能培训23次、防灾减灾知识讲座40场、设置咨询台16个，发放宣传单15000多张、第一次全国自然灾害综合风险普查宣传手册200多册、公众防灾应急手册2600多册，粘贴海报300多张，悬挂条幅130多条，出动宣传车20多台，LED电子显示屏100多块，滚动播放宣传片、宣传语12000多次，发送公众号信息40条，媒体报道3次，提高全市广大群众防灾救灾意识和应对突发事件、自救互救、疏散救援的能力。（张博超）

安全生产

【安全生产检查】 2022年，北安市安全生产委员会办公室制定《北安市安全生产大检查工作方案》，开展危险化学品、城镇燃气、自建房屋、道路运输、瓶装液化气等重点领域专项检查，全市累计开展派出检查人员6000多人次，部门联合执法检查123次，检查各类生产经营单位4392家次，查出并整改各类隐患问题2672项。（张博超）

【安全生产管理】 2022年，北安市安全生产委员会制发2022年市委常委和市政府领导年度安全生产工作清单和职责清单，推动乡镇（街道）、村（社区）落实安全生产党政领导责任“三级三覆盖”。市委、市政府主要领导在市委常委会会议、政府常务会议上听取安全生产工作汇报和研究安全生产工作13次，书记办公会专题研究全市应急管理能力提升工作，召开全市安委会全体（扩大）会议5次、召开各类安全防范工作会议和工作专班会议30多次。市安委会下发北安市重点行业领域安全生产重点环节监督管理职责清单，明确13个重点行业领域、24个部门、184项重点环节安全生产监管职责。组织签订安全生产责任状30多份，在重点敏感时期对市级领导和相关责任部门发出提醒提示函33份，下发督办函17件。

（张博超）

【三年专项整治行动】 2022年，北安市安全生产委员会办公室制发《全市安全生产专项整治三年行动巩固提升阶段实施方案》和《关于开展全市安全生产专项整治三年行动督导检查的通知》，成立检查组对全市各部门进行督查检查，发现问题72项，下发通报2份。市安委办联合市纪委监委对全市安全生产隐患大检查、对三年行动工作情况进行督查检查，每季度企业开展自检自查，上报隐患数429项，对查出的问题和隐患督促企业进行及时整改，并落实整改期间的安全防护措施。同时制发专项整治三年行动专刊、简报148期。全市各部门全覆盖、地毯式对危化品、城镇燃气、烟花爆竹、道路交通、消防安全、工贸和人员密集场所等重点行业开展检查，各牵头部门上报“一情况、三清单”月报表。8月11日，市政协对安全生产专项整治三年行动工作开展情况进行视察。截至年底，成立检查组132个，督导检查次数163次，开展检查单位365家次，排查整改问题隐患845项。无重大隐患风险点，针对在专项整治中发现的隐患问题，实行动态清零管理。

（张博超）

【安全监管执法】 2022年，北安市应急管理局注重执法典型案例质量提升，全年上报8个合格典型案例，上报率和合格率均达100%，在全省市、县两级138个执法单位中位居第一。突出抓好工矿商贸、危险化学品、烟花爆竹等重点领域，扎实开展双重预防机制、安全生产标准化建设、工贸行业安全生产专项整治“百日清零行动”、工贸企业气瓶使用环节安全风险隐患排查整治、油气储存基地专项整治、老旧装置整治、油气长输管道专项治理、醇基燃料安全专项整治、安全生产培训“走过场”专项整治和烟花爆竹经营安全专项执法检查等专项活动，发现隐患和问题432项，曝光企业10家，下达限期整改指令书105份，隐患全部整改。

（张博超）

6月16日，市安全生产委员会办公室举办2022年“安全生产月”宣传咨询日活动

（市应急局　供图）

【百日攻坚战】 2022年，北安市安全生产委员会印发《北安市“迎二十大安全生产百日攻坚战”工作方案》，详细制定12个行业领域41项具体攻坚目标。9月8日和9月22日，市安委会分别召开全市“安全生产百日攻坚”推进会议和北安市安委会第四次全体（扩大）暨国庆和二十大期间安全生产工作会议，传达省委书记许勤、省长胡昌升对安全生产工作的指示精神，听取重点部门工作汇报，对安全生产百日攻坚战和国庆、二十大期间安全生产工作进行再调度再安排再部署。10月14日，北安市安委会代表黑河市迎接省安委会第十一督查组对“迎二十大安全生产百日攻坚战”工作督查检查。百日攻坚战开展以来，全市各单位累计派出检查人员2300多人次，联合部门执法检查45次，检查各类生产经营单位1637家次，查出并整改各类隐患问题1109项，曝光企业8家。同时，市安委办印发《关于开展全市“迎二十大安全生产百日攻坚战”综合督查工作的通知》，派出3个安全生产综合督查检查组和1个暗察暗访组，随机对北安市各部门进行督查检查，全市累计派出81个督查组，抽查各类企业135家，发现隐患76项。

（张博超）

【安全宣传】 2022年，北安市安全生产委员会制发《北安市“安全生产月”活动实施方案》，召开2022年“安全生产月”活动启动会议。对各乡镇、各部门活动开展进行细化讲解，与“五进”、“五宣”、三年专项整治等活动有机结合，在“安全生产月”宣传咨询日活动中，创新采取“一个市级主会场+9个乡镇分会场”形式，摆放宣传台26处，出动宣传人员320人次，发放宣传资料9000多份，展出安全宣传展板56块，联通、电信、移动公司发送主题公益短信14万余条，接待群众咨询1000多人次。市安委办印发《新〈安全生产法〉宣传贯彻工作方案》，在应急管理局官方公众号连续发布新《安全生产法》解读 71 期，线下累计发放《中华人民共和国安全生产法》16217 册，投放宣传短语 526 处。同时邀请国家注册安全工程师、省安全生产专家，以围绕《中华人民共和国安全生产法》《黑龙江省安全生产条例》《中华人民共和国刑法修正案（十一）》等内容进行授课，通过“线上＋线下”相结合的方式，对部门分管领导和企业主要负责人开展培训，累计培训 200 多人。各有关部门、各企业组织培训班 109 次，累计培训 9061 人（次）。市安委办印发《黑龙江省安全生产条例》口袋书 1000 多册，各部门印发 1500 多册，下发至执法人员和企业员工手中。采取线上和线下相结合方式，组织召开《黑龙江省安全生产条例》宣贯培训会议，各有关部门和企业人员计 300 多人参会。

（张博超）

【警示教育】 2022 年，北安市安全生产委员会办公室制定《北安市生产安全事故大警示大教育专项行动工作方案》，召开了全市生产安全事故大警示大教育专项行动动员会议，通过观看《黑龙江省生产安全事故警示录》等形式警示教育活动，推动各级党政领导干部、监管部门和各类生产经营单位及从业人员落实安全生产责任，有效防范同类生产安全事故发生。全市累计召开事故警示教育会 9 次，集中观看事故警示教育片 109 次，开展事故案例宣讲的单位和企业 16 家，参加人数 1655 人次，企业主要负责人报送观后感数量 160 份。

（张博超）

森林草原防灭火

【森防责任制】 2022 年，北安市人民政府森林草原防灭火指挥部严格落实森防主体责任，组织召开各类会议 22 次，各责任单位召开森防会议 168 次。充分发挥“三清单一承诺”工作机制在森防责任上的作用，春防期间全市签订各类承诺书 4742 份；秋防工作补充签订森林草原防灭火承诺书 12 份。全市安排包保责任人 54 人，网格化管理责任人 38 人。森防期间，处级领导严格执行防期在森防指挥中心轮流带班制度，各包保责任人深入包保单位，严格落实市森防指挥部的工作部署，强化了五级包干的网格化管理责任机制。同时落实联防联控责任，北安市分别与五大连池市和克东县签订联防协议。各林场、乡镇、农垦、森工、融通之间以联防区为单位相继召开联防会议，确定联防责任，签订联防协议 80 份。 （张博超）

·解释说明·

“三清单一承诺”：责任清单、任务清单、督查清单、森林草原防灭火承诺书。

【林火防控】 2022 年，北安市人民政府森林草原防灭火指挥部组织 8 个防区统一开展“三清”专项行动，严格执行“两本台账”制度，加强重要时期、重点时段、重点区域的野外火源管理。依托各靠前驻防点，巡护队伍每天深入林区、地头、作业点等重点部位执行巡护检查。全市累计出动巡护组 2970 组，出动人员 23738 人次，检查入山人员 18403 人，没收火源数量 603 个，依法惩治违法用火行为 3 次。林区内布设防火检查站（含临时）51 处，对过往车辆和人员进行严格检查、实名登记和防火宣传。同时，全面实施入山扫“防火码”制度，积极推广防火码 App，全市扫码入山 38640 人次，车辆 10229 台次。

（张博超）

【预警监测】 2022 年，北安市人民政府森林草原防灭火指挥部办公室综合运用“视频监控、入山检查、卫星遥感、高山瞭望、队伍巡护”五位一体手段，对林区进行严密监测，全市 20 座高山瞭望塔、10 个视频瞭望监控，全天候严密监测林区动态，同时严格执行领导带班和 24 小时值班值守制度，及时核查反馈热点，确保“核查准确、报告及时、处置高效”。加大风险隐患排查力度，市森防指挥部开展“四不两直”督导检查工作，深入重点地区基层一线，确保各项森防工作末端落实。黑河市、北安市森防督导检查组对全市各责任单位开展全方位督导检查 121 次，各责任单位自检自查 540 次，检查中发现的隐患问题及时查改到位。同时充分发挥“两书一函”在督查中作用，其间下发整改通知书 4 份、提示提醒函 30 份。

（张博超）

·解释说明·

“四不两直”：不发通知、不打招呼、不听汇报、不用陪同接待，直奔基层、直插现场。

“两书一函”：约谈通知书、整改通知书，提示提醒函。

【森防阻隔体系建立】 2022 年，结合北安市气候和物候条件，市森防指召开专题会议研究制定计划烧除工作方案。经过实地踏查确定计划烧除工作任务计 74 条 483.15 千米，经审批，按照逐场、逐块、全面铺开进行计划烧除，严格执行“六烧六不烧”的原则进行，春防计划烧除任务完成率达到 94%。

（张博超）

【森林消防工作站】 2022 年，北安市着力将森林消防工作站打造成为聚合“防火前哨、灭火尖兵、宣传基站、督查助手”工作职能的综合载体，履行应急、林草森防清单落实末端责任的职责，延伸森林草原防火灭火触角范围，完善防救一体、协同联动的运行体系，为“三清单一承诺”工作机制末端落实提供载体和抓手。至年底，全市初步建成 12 个森林消防工作站。

（张博超）

【防火宣传】 2022年，北安市委宣传部和北安市人民政府森林草原防灭火指挥部联合印发《北安市2022年森林草原防火宣传工作方案》，在“五一”、清明、中秋、国庆等重点时段制定专题宣传方案，组织开展大声势、高密度、有实效的宣传教育活动。全市各责任单位开展宣传活动930次，出动人员3380人。购置防火旗16050面、预警旗525面、宣传单80000份、防火命令800份、宣传横幅906条、宣传牌417块、建立宣传街69条，市融媒体中心滚动播放防火命令、防火公益宣传片50多期，实现“纵向到底、横向到边、不留死角”的全方位宣传工作。

（张博超）

【专项战役】 2022年，北安市人民政府森林草原防灭火指挥部办公室制定《北安市国庆节和党的二十大期间森林草原防灭火战役专项预案》，开展森林草原防灭火专项战役。其间，全市各责任单位派出检查组238个，市级领导检查21次，设立检查站（含临时）45个，出动巡护组137组，人员2533人，出动车辆696台，发放宣传品9874件，劝返违规入山人员13人。

（张博超）

防汛抗旱

【防汛责任落实】 2022年，根据工作需要，北安市重新调整了市防汛抗旱指挥部成员单位，明确职责分工。全市河流、水库、堤防、山洪防御、低洼易涝区域落实171人防汛行政责任人并进行公示，落实包乡镇、村屯干部80人，层层压实防汛包保责任制。

（张博超）

【监测预报预警】 2022年，强化应急、水利、气象、水文等部门的联动配合，北安市应急管理局针对汛情雨情变化，及时发布雨情、水情预警信息，及时分析、科学研判、加强会商。汛期召开2次紧急调度会、4次会商会议，有效应对雷雨大风黄色预警4次、雷雨大风橙色预警1次、山洪灾害黄色预警2次、暴雨黄色预警4次、冰雹橙色预警3次、暴雨橙色预警5次、暴雨红色预警1次，下发提示通知47条。 （张博超）

【应急预案演练】 2022年，北安市应急管理局积极开展各类防汛应急演练65次，参加1552人次、出动车辆335台次。其中，开展“龙威2022”防山洪专题应急演练28次，参加782人次、出动车辆163台次。落实黑河市委副书记、市长赵荣国讲话精神再次开展人员避险演练37次，参加770人次，出动车辆172台次。通过开展应急演练，查找应急预案中存在的问题，进而完善各项防汛应急预案，为高效实施防洪调度、抢修救灾提供依据。

（张博超）

【防汛教育宣传】 2022年，北安市应急管理局利用大喇叭播报的传统方式和微信、新闻媒体等现代方式多方面宣传防汛自救知识、自保措施。为易受山洪灾害村屯居民每户发放“明白卡”和转移路线图715册。组织全市90名水库防汛责任人参加网络培训，全部取得合格证。北安市应急管理局召开山洪灾害防御知识培训会议，各乡镇、通北林业局有限公司主管领导、业务人员、各级值班人员以及各易受山洪灾害威胁村屯的负责人100多人参加培训。

（张博超）

【隐患排查整治】 2022年，北安市应急管理局对水库堤防、山洪灾害村屯、城市低洼易涝点等重点领域、重点部位进行拉网式全面排查。开展汛前风险隐患排查，排查重点部位73处、发现隐患16处，完成整改16处。开展山洪灾害风险隐患再排查再整治行动，发现隐患16处，完成整改16处。开展排水防涝设施隐患再排查工作，发现并维修雨水井、检查井21处，彻底消除9处积水点。

（张博超）

【应急保障建设】 2022年，北安市应急管理局投资15万元购置一批防汛物资前置到乡镇、街道一线，采购2000件救生衣，部分已发放到易受山洪灾害威胁村屯居民手中，确保山洪灾害村屯居民人手一件。组建110支防洪抢险应急救援队伍、成立三级应急抢险梯队，抢险队员2684人，全部登记造册并明确责任人。 （张博超）

地震监测

【地震监测预报】 2022年，北安市地震监测中心承担北安市地震监测和地震台（网）建设、运行、维护，为省和国家适时提供高质量监测数据。全年对62个行政村观测点的环境及动态情况进行及时检查和巡视；梳理台站线路、增设通信传输路线，确保全市地震观测技术系统的连续稳定运行。严格执行流体的深层水温和静水位等前兆监测仪器的日常检查和维护工作，北安市年度测震和地球物理场观测资料连续率达99%以上。北安市地震监测中心全年分析处理地下流体观测数据365次，水位标定检查12次；完成地球物理场观测数据月报12份。加强地震预测研究，做好2022年度地震分析预报会商工作。年内，北安市地震监测中心新增预警台站设备一座，经调试后正常使用；完成测震和地球物理场观测仪器标定曲线绘制24张。

（韩金玉）

【“三网一员”网络管理】 2022年，北安市地震监测中心开展“三网一员”培训工作4次，通过培训，帮助防震减灾助理员及“三网”网点工作人员熟悉法律法规知识和地震基础知识，更好地了解地震宏观前兆异常现象，掌握地震宏观测报、地震灾情速报和地震科普宣传等工作要求。继续完善“横到底、纵到边”群测群防网络体系，将“三网一员”网络体系落实到行政村一级，发展壮大全市防震减灾助理员队伍。同时，完善制度、加强检查、确保观测正常，人员变动及时补充调整，有效规范“三网一员”体系建设。按照省台要求地震监测中心完成2022年度地下流体观测报告上报工作。（韩金玉）

·解释说明·

“三网一员”：“三网”即地震宏观测报网、地震灾情速报网、地震知识宣传网；“一员”即防震减灾助理员。

【防震减灾宣传】 2022年4—9月，北安市地震监测中心坚持每月深入农村进行防震减灾知识的宣传普及，通过入户走访与现场集体讲解相结合的方式进行宣传，全年走访62个乡村，发放1100多册的防震减灾知识手册，实现宣传防震减灾知识从城镇到乡村的普及。同时，北安市地震监测中心结合5月12日第十个全国“防灾减灾日”会同有关部门共同开展了“防灾减灾日”科普宣传一条街活动，有10多个单位参与摆设咨询点，吸引数千名市民群众前来咨询。在5月12—17日的全国科技活动周中，地震监测中心在东北亚商厦设立咨询点开展宣传，摆放展板，向过往市民群众派发防震减灾宣传单、宣传小册子、科普书籍等2000多份（张）。（韩金玉）

消　防

【概　况】 2022年，北安市消防救援大队对标国家队、主力军的职能定位，全力聚焦“转保争”工作总目标，坚持一手抓防灭火中心工作，一手抓队伍建设，防范化解重大消防安全风险，加快队伍转型升级，实现社会面火灾防控和队伍内部的“双稳定”。至年底，市消防大队连续21年无行政责任事故，连续20年被省消防救援总队评为基层建设先进单位标兵。年内，市消防大队累计6人被黑河市消防救援大队评为年度工作先进个人，2人在支队级业务比武竞赛中分别获得第二名、第三名成绩。在黑龙江五大连池“7·12”山洪救援处置任务中，有10人被省消防救援总队嘉奖。北安市消防救援大队取得黑河市消防救援支队“我讲我的荣誉”讲解大赛第一名和第二届“火焰蓝杯”篮球比赛亚军。企业路消防救援站团支部被北安市团委评为“北安市五四红旗团支部”。（王光辉）

·解释说明·

“转保争”：转强思想、转强本领、转强作风，保火灾形势稳定、保队伍安全稳定，争先进党委、争先进总队。

“双稳定”：社会面火灾防控形势稳定、队伍内部安全稳定。

【思想建设】 2022年，市消防大队坚持将学习习近平总书记重要讲话精神作为党委会第一议题和理论集中学习制度，认真贯彻省消防救援总队、黑河市消防救援支队两级党委（扩大）会议精神和全市消防工作会议精神。探索“党建+”工作新模式，将党建与业务工作有机融合，全面提升党建工作质量，在重大节日和特殊节点组建党员突击队、设置党员先锋岗，发挥党组织和党员的先锋模范作用。围绕“喜迎二十大，全力保安全”，部署“牢记领袖训词，永做忠诚卫士”主题教育。开展廉政教育，对外广泛接受社会监督，与党建联建单位签订“廉洁伙伴”关系协议，树立队伍清风正气；对内从条令法纪教育、日常作风养成、问题隐患治理三方面固化学习成果。通过条令纲要授课、队列会操等形式，营造遵章守纪的良好队风。全年，开展理论集中学习12次，专题研讨交流辨析会8次，召开党委会21次，研究审议议题112个。（阴慧勇）

【社会化消防工作】 2022年，市消防大队发挥消安委办公室作用，推动消安委实体运行。全市围绕“预防为主、防消结合”的工作方针，严格落实“一岗双责、党政同责”“三管三必须”和《黑龙江省消防安全责任制实施办法》要求，推进各级消防安全责任落实，构建社会化消防工作网络，全市消防安全形势持续向好发展。市政府主要领导批示指示消防工作22次，听取消防专题工作报告，并做出部署、研究解决突出火灾隐患整治事宜；市委、市政府领导带队检查、相关职能部门联合检查消防工作20多次；市消安委召开消防工作会议4次，开展督导考核2次，印发文件19份，消

北安市消防救援大队参与五大连池市朝阳山镇“7·12”山洪灾害事故救援增援任务
（市消防救援大队　供图）

防安全提示函 5 份，推动年内各项消防安全重点工作落实落地。针对不同行业消防负责人召开集中业务培训会议 3 次，提升从业人员业务水平和消防安全管理能力。全市 9 个乡镇、6 个街道、4 个农场、1 个林业局全部成立消防安全委员会或应急办公室，制定出台《加强全市基层消防安全治理工作的实施意见》，打通消防安全治理“最后一千米”，完善监督体制，不断提升全市火灾防控水平。在单位企业中推行双重预防机制和“三自主两公开一承诺”工作，严格监督管理、执法检查、约谈培训、问题督办和火灾隐患“清零管理”，严格行业监管，推进单位消防安全主体责任落实。

（王光辉）

【防火监督】 2022 年，市消防大队以消防安全“三年行动”攻坚提升、春季防火、消防安全大检查、迎二十大百日攻坚战为主线，推动全市各部门、乡镇、街道防火工作，突出大型商业综合体、商（市）场、宾馆饭店、歌舞娱乐、社会福利机构等人员密集场所，重点工程项目施工现场，高层建筑、地下空间、易燃易爆企业、城乡接合部、乡镇农村、“三合一”和“多合一”等火灾高风险场所和区域的消防安全隐患排查检查。同时，开展“小火亡人”事故防范、居（村）民自建房、建筑屋顶和老旧建筑电器线路、城镇燃气等消防安全专项整治，累计检查单位场所、重点人群居住场所 5 万余家次，督促整改火灾隐患 3 万余处，消防救援大队严格执法，严厉打击各类消防安全违法行为，查处消防安全违法行为 44 起，罚款 15.41 万元，停业整改 33 家，临时查封 31 家，挂牌督办重大火灾隐患 1 起，曝光隐患单位 30 多家，曝光火灾隐患 34 条。（王光辉）

【事故接警】 2022 年，市消防大队接警 122 起（其中火灾扑救 62 起，抢险救援 11 起，社会救助 2 起，公务执勤 47 起），出动车辆 241 辆次、出动人员 1199 人次，抢救被困人员 9 人，疏散被困人员 1 人，抢救财产价值 56.05 万元，保护财产价值 167 万元，参与黑龙江五大连池“7·12”山洪救援处置任务。办理登记火灾 58 起，办理一般火灾事故调查案件 4 起，全年未发生较大以上或有社会影响力的火灾。

（李炳政）

【服务社会发展】 2022 年，市消防大队全面落实消防执法改革，严格“双随机、一公开”监管机制，减少对单位的检查频次，减轻企业负担。公众聚集场所投入使用前消防安全检查实行告知承诺制，简化流程，缩短办理期限，强化事中事后监管。成立技术服务组 2 支，采取提供咨询、实地指导、现场办公等方式为企业单位开展指导服务，消除火灾隐患。同时，市消防大队指导疫情集中隔离点改造布置、灭火救援疏散预案制定和演练，开展消防安全培训教育，定期发布消防安全提醒，确保隔离点消防安全。建立健全优化营商环境各项制度措施，制定监督服务八项承诺，努力创建“诚信消防、高效消防”。

（王光辉）

【消防知识宣传】 2022 年，市消防大队以《中华人民共和国消防法》《消防安全责任制实施办法》、火灾警示案例、防火知识、火灾疏散逃生技能等为主题，培训 50 多场次，培训党政领导干部、行业系统管理者、村居委负责人、网格员、物业管理人、单位消防安全责任人和管理人、消防控制室值班人员、微型消防站队员等 2000 多人。开展消防安全进社区、进学校、进企业、进农村、进家庭活动 80 多次，受益 3000 多人、发放消防宣传手册、书籍等各类消防宣传品 5000 多份。组织全市职工及居民注册全民消防学习平台 15000 多人，累计学习积分 100 多万。针对元旦、春节、五一、国庆、党的二十大等重要节点，利用电视滚动字幕、电视公益广告、LED 屏、室外大屏幕循环播放各类消防安全提示标语、视频 5000 多次，在公众场所、居民小区张贴消防公益海报 3000 多份；向居民发送消防安全提示短信、微信公众号等消防安全提示 20 多万条；在省级以上新闻媒体播发全市消防安全工作动态 30 多篇。依托消防体验馆、消防主题公园等消防科普教育基地开展参观活动 60 多次，累计受众 2500 多人；组织全市公益人士注册消防志愿者 3000 多人，开展关爱留守儿童、关心孤寡老人、消防安全进万家等消防公益性宣传活动 30 多次，受益 500 多人，发送消防宣传品、消防宣传资料 1000 多份。（姜　阳）

【作战能力训练】 2022 年，市消防大队下属企业路消防站、庆华消防站坚持开展分层次分类别全员岗位练兵，提高全员的技战术水平，确保指战员个人各项体能项目考核均达到优秀水平。同时，大队积极开展“作战训练安全专项整治”活动，创新实战化训练操法，创新制作操法训练器材。全年大队党委研战研训 11 次，召开作战训练安全形势分析会 30 多次，开展作战训练安全大讨论 11 次、作战训练安全隐患排查 46 次、作战训练安全理论授课 46 次、作战训练安全理论考试 11 次，坚持每周开展 2 个半天的专项安全技能训练。开展水域救援、石油化工、大跨度厂房、高层、地下实战演练 40 次，累计熟悉踏查 80 次，完善预案 60 份。组织指战员开展水域救援技能训练、开展实装实战拉动演练、对舟艇性能进行测试、强化消防员专业技能，选派 2 人参加总队安全员培训班并考核科目全部优秀。年内，市消防大队完成黑龙江省五大连池市朝阳山镇“7·12”山洪灾害事故救援增援任务，成功处置了“11·11”伊齐高速公路客车侧翻事故，队伍实战水平进一步得到检验。（靳　达）

乡镇场

通北镇

【概　况】 2022年，通北镇位于北安市南70千米，地处黑河市、绥化市、齐齐哈尔市3市交界地带，周边与海伦市、拜泉县、克东县相邻。通北镇总面积130平方千米，建成区面积12.6平方千米。有耕地8466.67公顷、草原41.66公顷、林地373.85公顷。下辖通北村、新民村、飞跃村、兴东村4个行政村、34个自然屯、5个社区。通北镇镇内常住人口42612人（包括通北林业局有限公司），其中城镇常住人口40304人（包括通北林业局有限公司），农村常住人口2308人。全年通北镇农业收入12353.7万元，畜牧业收入7063.01万元。农村人均纯收入达到20291元，比2021年增长3.6%。年内，通北镇与北安市城市管理综合执法局、北安市住房和城乡建设局、北安市农业农村局等北安市职能部门完成162项下放权力的对接工作。通北镇被黑龙江省委组织部评为黑龙江省党建引领"强乡赋能"改革试点镇、被黑龙江省精神文明建设指导委员会评为黑龙江省文明乡镇标兵、被中共黑河市委组织部评为黑河市"党旗耀边疆"党建示范点。

（张　薇）

【农业发展】 2022年，通北镇优化种植结构，实施大豆产能提升工程，种植大豆6373.33公顷。全年粮食总播种面积8466.67公顷，其中大豆6379.33公顷，水稻280公顷，玉米1586.67公顷。实现耕地土地托管2000公顷，保障了粮食生产高产稳产，粮食总产近1705万公斤。开发垦地共建大豆种植示范基地1处80公顷，新民村落实部级大豆高产竞赛田1处266.67公顷。在通北村试验示范水稻旱植新技术，旱植面积2.12公顷。同时发挥基地引领农业高质量发展的示范带动作用，各村均选出1处大豆或玉米地块作为示范田。实施耕地轮作，减少使用化肥、农药和除草剂，落实"田长制""河长制""林长制"，治理农业面源污染。继续扶持通北村镇级蔬菜园区示范项目建设，全镇开展"三品一标"认证，为市场提供更多优质农产品。推进畜牧业高质量发展，全年实现生猪存栏5840头、牛存栏1644头、羊存栏1798只、家禽92336只，保障畜产品供应。

（张　薇）

·解释说明·

"三品一标"：即无公害农产品、绿色食品、有机农产品和农产品地理标志。

【村镇建设】 2022年，通北镇坚持建管并重的原则，村镇人居环境持续美化。老旧小区改造有序推进，向中央争取资金720万元，完成老旧小区改造8栋、34580平方米。农村住房整治工作平稳进行，拆扒完成无人居住泥草房13处，危房改造项目完成57户。镇村绿化美化投资220万元，提升居住小区周边环境质量，集中环卫人员、充分发挥机械化作业优势，采取"定人定点不定时"巡查方式，秉承"零容忍、无遗漏"原则开展专项治理行动，重点整治背街小巷积存垃圾，对镇内卫生"死角"进行彻底清理。全镇投资1071.5万元实施乡村振兴百里示范带项目，对镇内道路、广场、绿化、亮化进行升级改造，累计种植各类树木10万株、栽种各类花卉25万株。基础设施改造投资382.46万元，对镇内破损路面、排水沟、排水管道、人行道彩砖、路边石、路边围挡进行整修。通北镇山口引水、净水厂升级改造工程开工建设稳步推进，供热改造项目建成使用。全年投资6013万元实施通北镇高标准农田项目建设生产路93条、75千米，涵洞180座、涵闸3个、桥5座、蓄水池1座、过水路面10条、水打沟23条。

（张　薇）

【巩固脱贫成果】　2022年，通北镇聚焦“两不愁三保障”标准，强化落实责任、工作和政策，守住不发生规模性返贫底线。落实建档立卡脱贫户和动态监测户住房安全保障监测预警、处置机制，590户建档立卡脱贫户和已消除风险监测户34户全部为安全住房。坚持“有特色、可持续、能受益”原则，分别落实项目带动和产业帮扶措施，发展庭院种植养殖358户，发展新型农业经营主体16家，兑现到户产业帮扶奖补资金31.2万元，户均年增收870元。本着“因村制宜、因势利导”的原则，毫不松懈地抓好“一村一品”特色产业发展。为兴东村争取自走式克拉斯品牌青饲料收获机1台，为村集体增收18.9万元，带动脱贫户115户，户均年增收600元。通北镇与通北林业局有限公司合作经营红松嫁接项目，种植红松7000株，拓宽兴东村集体经济收入渠道。通北镇四个村集体经济收入总额约208.9万元，比2021年增长18.8%。脱贫户人均收入达到13888.37元，增速17.1%。

（张　薇）

【民生事业】　2022年，通北镇有民办养老机构16家，全部规范持照经营，辐射周边4个县市、10个乡镇1000多人入驻，工作人员75人。全镇公办幼儿园2所、民营幼儿园12所，入园儿童703人。年内，全镇考入重点本科7人、普通本科59人，考入北安市第一中学校85人，升学率逐年攀升。有二级乙等医院1所、镇卫生院1所，医护人员193人、床位217张、重症床位2张，基本满足北安市南部居民就医需求。投资1464万元的北安市第二人民医院门诊综合楼竣工年末投入使用。通北镇贯彻低保、五保、救灾救济惠民政策，办理低保户103户152人、纳入特困人员救助供养对象6人。为15户困难家庭申请救助资金3.71万元，为突发疾病8人申请临时救助资金5.64万元，申请救助报销资金5.74万元，全年累计发放惠农补贴资金3436.6万元，社会救助事业有序高效推进。承接“强乡赋能”改革试点工作，承接市级下放权力198项，实行“一枚印章管审批”，优化便民服务大厅窗口设置，全年办结各类事项5600多件（次），惠及周边乡镇、农场、林场10万余人。

（张　薇）

【文化事业】　2022年，通北镇加强规范管理4个村的文化书屋，更新图书种类，为各村派送图书2000册，向广大群众提供便利的借阅条件。通北镇配合北安市电影放映服务站开展文化下乡红色电影巡回展播活动，宣传召集800多名农民群众收看，在进行红色教育的同时丰富群众业余文化生活。依托新时代文明实践站（点）、文化大院、休闲广场、农家书屋，全镇开展“星级评选”、理论宣讲、红色电影展播、文化大下乡、技能培训、文艺汇演等活动167场次，夯实文化事业，打造时代新村。通北镇4个村分别列入北安市文明乡村示范点。

（张　薇）

7月1日，通北镇党委举办“庆七一”我为党旗增色彩志愿献血活动

（通北镇　供图）

【疫情防控】　2022年，通北镇与通北林业局有限公司联动建立一体化防控体系，统筹镇域各部门协同防疫。贯彻执行北安市防控方案、落实优化新措施，及时调整工作重心、工作力量，逐一对标、细化落实，确保各项任务和要求落实到位。创新提出“支部联党员、党员联群众”机制，在防控一线组建临时党支部11个，全镇组织520多名党员干部冲锋“疫”线。

（张　薇）

【信访工作】　2022年，通北镇集中攻坚、重点突破、因案施策，开展信访积案化解工作，化解信访案件50多起，其中包括10件重点案件。全年多次召开信访推进会。

（张　薇）

【社会治安】　2022年，通北镇开展“平安通北”创建活动，全年接处警608起，刑事案件发案5起，破获各类刑事案件5起，起诉8人，抓获网上逃犯2人，收缴枪支6支，抓获治安案件141起，结案141起，审结率100%。行政处罚264人，其中行政拘留142人罚款122人。查获处理黑彩赌博团伙1个，处罚5人。群众求助93起，化解纠纷77起。通北消防队接警、出警31宗，灭火成功率达100%，为群众挽回经济损失105万余元，确保通北镇辖区的消防安全。

（张　薇）

赵光镇

【概 况】 2022年，赵光镇位于北安市东南37千米处，东与通北林业局有限公司相邻，南与杨家乡、石泉镇接壤，西与齐齐哈尔市克东县交界，北与东胜乡、城郊乡隔乌裕尔河相望。全镇行政区划面积1311.7平方千米，城区建设4.8平方千米，有户籍人口22246人10102户。赵光镇管辖面积207平方千米，辖有赵光村、前进村、东丰村、北河村、北乐村、北胜村、福安村7个行政村、城镇社区3个、自然屯42个。耕地17300公顷，草原1500公顷，林地400公顷。年内，中央电视台《焦点访谈》和《新闻联播》栏目对赵光镇、赵光农场有限公司就垦地土地托管工作进行了宣传报道。赵光镇全年经济总收入14亿元，其中农业生产总值实现6亿元（种植业3.23亿元、养殖业2.77亿元），工业总产值实现8亿元。

（刘国洋）

【农业发展】 2022年，赵光镇重点推进福安村5880万元高标准农田项目落实。全年完成大豆播种面积11533.33公顷、玉米4533.33公顷，大豆种植面积比2021年增加3866.67公顷。赵光镇申报并建设现代农业科技园区5个，其中：国家级1个（北安市大龙种业国家农作物品种展示评价基地29.33公顷），县级3个（前进村垦地共建示范基地66.67公顷、北河村垦地共建示范基地133.33公顷、赵光村垦地共建示范基地66.67公顷），镇级1个（前进村部级大豆高产竞赛“百亩攻关田”25.73公顷）。3个县级示范基地通过垦地共建引进农垦栽培模式，推广双行密植，为稳粮扩豆起到示范带动作用。赵光村推进“土地托管整村推进”工作，其中大豆示范地块最高单产452.5斤/亩，亩增收397.5元。

（刘国洋）

【畜牧业发展】 2022年，赵光镇开展春秋两季畜禽防疫工作，对全镇各村屯畜禽进行口蹄疫、禽流感、布鲁氏菌病防疫，发放防疫宣传单3000多份，全年生猪检疫4500多头，牛检疫2000多头，羊检疫4000多只，免疫率达到90%以上，强制免疫应免尽免达到100%。为加大畜牧法宣传普及力度，悬挂普法条幅20幅、畜牧法宣传单500多份，非洲猪瘟防疫指导宣传单1000多份。赵光镇生猪存栏达到39740头，牛存栏达到3870头，羊存栏达到4886只，猪、牛、羊年出栏量分别是95906头、1219头、2837只，比2021年存栏和出栏均增加15%。东丰村禽蛋养殖场蛋鸡养殖量达到5.5万余只。

（刘国洋）

【林业发展】 2022年，赵光镇生态护林员增加至19人，其中新增5人、更换2人。赵光镇充分发挥护林员职能作用，更好地保护森林资源，巩固造林绿化成果，改善生态环境，对生态护林员巡护、防火、管护等日常工作进行考核。全年完成村屯绿化面积4.17公顷，栽植柳树3300株，糖槭、银中杨、花树1400株。同时对东丰小区绿化工作进行升级改造，栽植白桦、海棠、花树、水曲柳5000多株。

（刘国洋）

【城镇建设】 2022年，赵光镇完成道路维护和升级14060平方米，重新规划铺设白色路面3560平方米。赵光镇内、各行政村砂石路完成10500米维护，整修和维护下水管道180延长米。向北安市财政争取衔接资金助力乡村振兴81.5万元，进行危房改造24处、拆除泥草房7处。全镇绿化、硬化与亮化工程实现提档升级，通过申请上级项目资金和自筹等方式，投资893万元完成新村升级改造工作，其中435万元改造升级2.5万平方米黑色路面、2000平方米文化娱乐广场；投资48万元新架设路灯215盏。投入360万元对83栋居民楼282户居民的3万平方米墙体进行立面改造，东丰新村人居环境得到全面提升。投资270万元新建300平方米锅炉房和新购15吨锅炉，解决东丰新村冬季供暖问题。

（刘国洋）

【脱贫帮扶】 2022年，赵光镇乡村振兴工作全面推进，巩固拓展脱贫成果明显。全年向北安市乡村振兴局争取项目衔接资金1129万元。脱贫户498户847人和防返贫监测户2户3人，人均收入均实现“两个高于”并超过万元。脱贫人口人均收入15768.82元，比2021年增长19.46%。在建档立卡脱贫户和易返贫致贫户等8类群体监测上突出精准管理举措，落实结对帮扶机制，开展动态监测，紧盯“两不愁三保障”饮水安全情况，主动排查风险隐患，消除各种返贫风险。赵光镇对集中供水的30个自然屯、分散供水的8个自然屯、分散供水的141农户，全部统一安装净水设备，保证饮水安全。赵光镇落实“两免一补”政策，实施雨露计划资助8人，发放资助金2.4万元。赵光镇加大对脱贫人口的外出务工就业和返乡回流人员就业情况的摸排，对务工需求进行分类统计。针对就近就地就业、返岗、外出务工等不同情况，采取针对性的帮扶措施。引导参加生产劳动或公益性岗位就业220人，发放省外务工交通补助10481.5元。

（刘国洋）

·解释说明·

“两个高于”：高于贫困地区农民收入增幅高于全省平均水平、高于全国贫困地区平均水平。

“两免一补”：对农村义务教育阶段中的家庭经济困难学生实行免除教科书费、免杂费和补助寄宿生生活费。

【项目建设】 2022年，落户在赵光镇赵光一屯的北安市最大牧业基地飞鹤瑞信诚牧业6.5亿元牧场项目，主体工程建设完成85%，首批引进2700头奶牛投入生产。赵光镇重点扶持的垦丰种业

1.5 亿元项目开始动工，在政策和实验用地方面赵光镇给予垦丰种业、大龙种业和宏图种业三大企业最强支持力度，实现种子繁育能力达到约 66.7 万公顷耕地用量。在北河村规划黑土地保护示范田 2000 公顷，用先进技术吸引群众主动参与生态大农业种植，使化肥使用所产生的农业面源污染及焚烧玉米秸秆污染大气、污染河水等问题大幅削减。赵光镇平贝药材总占地面积 153.33 公顷，亩产值 26680 元，年产值 6136.4 万元。带动脱贫户 491 户增收，带动 2916 户农户就业，户均年增收 1000 元，成为壮大村集体经济和增加农民收益的支柱型产业项目。（刘国洋）

【社会治安】 2022 年，赵光镇全年排查推动各类矛盾纠纷案件 100 多件次。在各村屯，利用综治信息平台、微信平台，实现网格事项办理、隐患报警联动等功能；在居民家中，升级改造有线电视机顶盒，实现"一键报警"等功能。面向居民群众推广"基层社会治安信息手机微信系统"，开通手机微信"一键报警"、接收治安信息等功能，真正实现治安防范人人参与、社会平安人人共享。赵光镇运用"四所一庭"衔接联动工作机制，信访接待来访者 100 多次，申请中央专项资金 1 件，处理网上投诉、信访、重访 100 多件，化解案件 200 多件，本级化解 190 多件，化解率 90% 以上。（刘国洋）

【民生保障】 2022 年，赵光镇发放低保补助金 596 万元，特困补助 241.6 万元，大病临时救助 11.7 万元，高龄补贴 163.2 万元，残疾人补贴 104 万元。重新审核退出低保 48 人，新增低保 110 人，新增公益性岗位 17 人，有效缓解因疫情产生的就业压力。雨露计划涉及 6 个村 8 名学生，享受政策补贴 2.4 万元。脱贫户 501 户、852 人享受农村合作医疗政策补贴 32.3 万元；享受医疗报销补贴政策 91.3 万元，医疗保障政策全部落实到位。（刘国洋）

【文化事业】 2022 年，赵光镇以弘扬党的二十大精神为重点，举办"喜迎二十大"系列活动，在镇域内开展拔河比赛、羽毛球比赛、篮球比赛、文艺会演等活动。"五四"青年节期间，赵光镇部分共青团员到赵光镇敬老院献上丰富多彩自编自演的文艺节目，培养了青年奉献社会，尊老爱幼的传统美德，促进青年的思想健康发展。同时，赵光镇与赵光农场有限公司在青年节期间共同举办的徒步活动，教育团员，增强团组织凝聚力和战斗力。"六一"儿童节期间，在中国共产主义青年团北安市委员会的全力支持下，赵光镇在北安市赵光中心校组织开展以"温暖伴童年、快乐迎六一"爱心活动，让孩子们感受到了"六一"的快乐，营造了积极向上、活泼祥和的氛围。（刘国洋）

石泉镇

【概　况】 2022 年，石泉镇位于北安市西南 90 千米处，东与通北镇接壤，西邻拜泉县，南与海伦市隔通肯河相望，北与克东县毗邻，地处北安市、海伦市、拜泉县、克东县四县交汇处。下辖 14 个行政村、83 个自然屯，户籍人口 3.92 万人 1.42 万户。行政区域面积 406 平方千米，大部分是丘陵地貌，少部分是冲积平原，地势南低北高，呈阶梯形状。镇属林场 1 处，有林地面积 1026.67 公顷。石泉镇耕地总面积 25520 公顷，是北安市土地耕种面积最大的农业镇。全镇总收入 6.4201 亿元，农民人均收入 20291 元。（齐锦秀）

【现代农业】 2022 年，石泉镇调优种植结构、建设科技园区，加快现代农业发展步伐。总面积 277.53 公顷的团结、石华、解放三个农业科技园区建设有力推进，通过标准化种植，科学化管理，促进农业增产增效。建成科技自强示范县百亩示范方 1 个、千亩示范方 2 个、大豆大垄密植技术模式提产增效示范主体 8 个，通过推广应用有机肥和根瘤菌、种衣剂包衣技术和大垄密植技术模式，大豆亩产平均 175 公斤。全年石泉镇粮食作物种植面积 25506.67 公顷，其中种植大豆面积 19560 公顷，占比 76.69%；玉米面积 5686.67 公顷，占比 22.29%；水稻面积 200 公顷，占比 0.78%；其他作物 60 公顷，占比 0.24%。按照北安市稳粮扩豆要求，大豆种植面积比 2021 年增加 2266.67 公顷。全镇有生猪存栏 9601 头，牛存栏 3056 头，羊存栏 5309 只，各类养殖场发展到 11 个，畜牧产业发展活力不断增强。（齐锦秀）

【巩固脱贫成果】 2022 年，石泉镇多措并举守住不发生规模性返贫底线。对全镇群众进一步健全防止返贫动态监测和帮扶机制，对当年纳入监测的 6 户、11 人，制定针对性帮扶措施，确保风险消除。通过贫困户房屋置换、租赁、新建等措施改造房屋，落实房改后续维护机制。新建石华、永跃、西边机井 3 眼，改造富华饮水管线 3.6 千米，确保饮水安全。资助贫困学生 69 人，发放资助金 4 万元。通过申报低保、特困供养等措施，落实各项兜底保障政策，确保不落一户；脱贫户中低保户有 1258 户、2066 人。落实特困供养 143 人，享受高龄补贴 179 人，享受困难残疾人补贴 303 人，享受重度残疾人护理补贴 135 人。通过发展庭院经济、产业项目、带资入社、公益性岗位、务工等方式，脱贫人口实现人均收入 13479 元，人均收入比 2021 年增长 20%。（齐锦秀）

【产业发展】 2022 年，石泉镇探索产业发展新模式，依托资源优势，招引产业项目。北安市金禾润粮油加工项目投资 1.4 亿元，完成储粮库房场地建设、大豆油精炼车间改造。黑河渤拉锝有机肥加工项目，引资合股经营，试生产颗粒有机肥 3000 吨。北安源丰油脂公司发展顺利，实现产值4800多万元。石泉镇村干部多次外出调研考察项目，在乡村振兴衔接资金支持下，落实乡村振兴衔接资金项目3个，累计增加村集体收入35.43万元。同时，全镇注重特色项目扶持，一批小特产业项目迅速发展。石泉村张新林投资50万元建设新林林蛙水蛭养殖场，养殖林蛙20万只、水蛭3.5万只。西边村董金宝利用西边水库水草资源发展大鹅养殖，年养殖大鹅近万只。石昌村吕洪云发展林下养殖，利用自家承包的10公顷林地，年养殖跑山鸡、大鹅1万余只。西边村李龙河笨榨豆油，设计独立包装和商标，通过线上线下年销售豆油50余吨。

（齐锦秀）

【环境整治】 2022年，石泉镇从村民实际需求出发，以打造生态宜居美丽乡村为目标，开展人居环境整治工作。全年投入资金84万元，清运房前屋后及主干道两侧积存垃圾353吨。投资90万元，在发展村建设栅栏1089延长米、维修边沟755延长米、安装运动器材6套。投资26.55万元，维修室内户厕11户、改建室外旱厕65户。在石泉村、石昌村进行村屯绿化，栽植糖槭、云杉等绿化树种22570棵；在石泉村文化广场、村屯主干路栽种串红等花卉9万株；在石泉村、石昌村安装路灯321盏。投资1365万元，在石泉村等5个村实施农村生活污水治理工程，新建污水处理站1000平方米，主体工程完工。投资约750万元，治理西边村、勤俭村侵蚀沟36条。（齐锦秀）

【道路建设】 2022年，石泉镇共向上级政府部门争取交通建设资金1305.5万元。其中，投资734.4万元新建利华至自治林场路段5.316千米，完工通车。投资571.1万元维护4个标段道路4.134千米，其中发展—明华1004米、石华—永跃1720米、石泉—长胜710米、永跃—利华700米，已完成招标、投标工作。争取发改水库移民项目资金80万元，修建发展村屯内巷道1千米。

（齐锦秀）

【社会保障】 2022年，石泉镇社会保障政策落实到位。便民服务大厅服务水平提质增效，年接待群众5000多人次。社保工作办事流程全部上墙，“一站式”服务职能不断优化。民政低保审核权力下放，成立低保评审领导小组，优化审批流程，低保审核工作逐步规范。全年审核纳入低保户169户，特困户7户，未发生错评漏评。（齐锦秀）

二井镇

【概　况】 2022年，二井镇地处小兴安岭西麓，位于北安市市区北12千米处，是北安市区域内最北部的建制镇。东与二龙山农场有限公司第八管理区相邻；南与北安市城郊乡相接；西南与克东县宝泉镇、西与五大连池市及花园劳教所相邻；北与凤凰山监狱及二龙山农场有限公司相邻。二井镇辖区总面积187平方千米，总耕地面积19.4万公顷，辖7个行政村（二井村、建华村、自民村、自和村、自平村、联立村、建革村）、45个自然屯。全镇人口2.37万人，其中城镇人口0.06万人，农村人口2.31万人。全镇总收入7.1亿元，比2021年增长6%；农民人均收入18460元。（吕　悦）

【农业发展】 2022年，二井镇宇新现代农机合作社大豆科技自强示范县“千亩示范方”和建华村大豆科技自强示范县“千亩示范方”、建革村农业科技示范垦地共建核心园区、自和村场镇共建测土配方施肥基地、二井村场镇共建高标准示范方等农业科技示范园区已建成，示范总面积633.33公顷。其中宇新现代农机合作社“千亩示范方”在北安市农业生产成果观摩会上被评优秀等级。全镇粮食作物播种面积12934公顷，其中大豆10006.67公顷，玉米2900公顷，水稻27.33公顷。调整种植结构，大豆、玉米播种面积分别占耕地面积的77.8%、22.1%，落实换茬轮作面积1550.73公顷。农作物实现丰产丰收，粮食总产实现1.06亿吨，玉米、大豆市场价格均保持较高价位。秋整地成效显著，完成秋整地7333.33公顷，其中深松面积4600公顷，翻埋面积1733.33公顷，秸秆打包离田面积1000公顷。（王亚文）

【项目建设】 2022年，二井镇争取和实施各类项目19个，项目资金累计1.29亿元。争取乡村振兴项目4个资金、775.8万元，完成二井村青饲料收割机项目、建革村连体大棚改造项目、自平村粮食仓储项目、自和村蛋鸡养殖项目建设，全部投入运营。争取基础设施项目8个资金、1197.8万元，硬化自政村一屯和自治屯道路2.8千米。建革村百里示范带项目、平兴水库除险加固后续项目、侯家屯和自新屯自来水管网升级改造项目完成，自民村和自平村公益事业项目争取成功。壮大村集体经济项目2个争取资金100万元，完成联立村异地置业项目和建革村果蔬采摘园项目建设。文化事业项目2个资金争取38.5万元，建设成法制长廊2条、改建文化大院1个。农田治理项目2个争取资金7825万元，投资425万元的侵蚀沟治理项目和投资7400万元的高标准农田项目开工建设，侵蚀沟治理、晾晒场建设以及涵洞、道路修缮等工程有序推进。

（丁　阅　鞠俊海）

【环境治理】 2022年，二井镇开展“农村户厕改造、危房改造、农村人居环境整治”三大工程整治工作，新建室外旱厕266个、维修室内户厕69个。国家级危房改造29户全部完成建设，新建19户、维修3户、置换6户、租赁1户，住建局验收合格。市级改造重点户危房改造15户、质量通病维修45户全部完成改造建设，长期无人居住泥草房38户、拆除16户。实施农村人居环境整治提升行动，各村悬挂宣传条幅70条、村大喇叭宣传300多次，通过自媒体宣传人居环境内容3条。清理存量垃圾900多吨，派出转运车辆580多台，出动人员3600多人，雇用大型机械清理车辆100多台。完成4个屯的村屯绿化，栽植糖槭、丁香3000株，使村容村貌有较大提升，生活环境得到改善。

（王兆华）

【畜牧业】 2022年，二井镇规模化畜牧养殖发展迅速，有规模以上养猪场4个，中小型猪场42个，生猪存栏54368头；规模养鸡场1个、大型养鸡场8个、5000只以上10户，存栏85536只。总投资2.5亿元绵绵飏农牧业有限公司奶牛牧场二期扩建项目启动施工，奶牛存栏1500头。（李瑞华）

【农田水利】 2022年，二井镇争取农田治理项目2项，投入资金7700万元，其中：高标准农田项目计划投资7400万元，覆盖二井镇北部3个村；北安市水务部门水打沟治理项目投资300万元，计划治理水打沟25条。争取自来水管网改造项目2项，计划投入资金16.8万元，改造自和村侯家屯、自民村自新屯自来水管网。争取饮水安全改造项目，实施三年管网改造项目规划，通过更换、新建管网或增设净水等方式解决16个现存问题，保证二井镇所辖7个村、1500多人的饮水安全。

（曹立新）

【文化体育】 2022年，二井镇重点实施“文化阵地建设、文化活动开展、文艺群体培育”三大工程，建设文化大院1个。围绕文化引领和新时代文明实践，举办第八届农民艺术节、“庆七一”诗歌朗诵会、“一部一场三乡镇”篮球友谊赛等文化体育活动。二井镇通过系列文体活动的开展，丰富干部群众的业余文化生活，在全镇营造团结友爱、凝心聚力的良好氛围。（赵玉秋）

【社会保障】 2022年，二井镇把保障和改善民生放在首位，有效解决群众关心的切身利益问题。二井镇医保参保率100%，农保参保人数1082人、领取养老金人数4499人、享受低保待遇848户1341人、五保待遇158人、80岁高龄补贴375人、“救急难”累计救助16人次、计生奖补550人、独生子女费1851人。二井镇为701名退役军人（其中长水河农场有限公司357人）进行建档立卡，退役军人优待证发放101人。

（任 航）

【安全生产】 2022年，二井镇成立以中共北安市二井镇委员会、二井镇人民政府主要领导为组长的安全生产工作领导小组（以下简称“领导小组”）。领导小组统筹全镇安全生产工作，召开安全生产专题会议2次，对镇村干部和重点行业从业人员进行安全生产培训2次，组织安全应急演练1次，对辖区内加油站、收粮点进行安全生产检查和隐患排查4次。领导小组联合二井镇派出所进行安全检查和反诈骗宣传活动2次，联合北安市交警队开展道路安全宣传活动，并进村给车辆张贴警示标识。召开春、秋两季防火会议，并与各村签订承诺书，领导小组联合建华林场开展防灭火工作学习交流，组织森林防火培训会议3次，防火期进行防火安全宣传发放宣传单2000份，并在全镇辖区内张贴条幅35条。严格落实“不着一把火、不冒一处烟”的工作要求，二井镇全域全时段全面进行秸秆禁烧，划分4级网格压实落靠工作责任，确保落实到村屯、落实到地块、落实到责任人。（吴 迪）

【巩固脱贫成果】 2022年，二井镇加强返贫监测，强化“两不愁三保障”，攻坚成果得到新提升。通过排查和行业部门推送，新纳入监测对象6户、12人。新增财政资金产业项目5个，新增资产775.8万元。财政资金产业项目累计收入191.4万元，资产收益率5.1%，户均增收1500多元。累计落实小额贷款585户，年度收益147.46万元，新纳入低保48户、77人，有效保障了脱贫户增收，人均收入实现14868元，增速16.8%。完成国家级危房改造29户，市级重点户危房改造8户，质量通病维修43户，住房安全得到有效解决。二井镇实施自来水三年管网改造计划，新建管线3200延长米，完成建华屯、建安屯、建胜屯水井维修，水质和水量达到要求。教育和医疗政策落实到位，享受九年义务教育“两免一补”政策29人，列入“雨露计划”8人，发放补贴资金2.4万元。新建村级卫生室1个，脱贫户医疗保险费政策落实到位，继续实施脱贫户“先诊疗后付费”一站式结算办法，脱贫户就医得到有效解决。（高梦宇）

【疫情防控】 2022年，二井镇筑牢防疫屏障，保护群众身心健康。二井镇加大防疫知识宣传，制发致农户的一封信、致养殖户一封信、二井镇奖励举报制度，制作美篇5篇、微视频7部，报道二井镇内企业、种植养殖大户爱心捐款捐物信息6条，接受捐赠价值6万余元。

（吴 顺）

【场镇共建共联】 2022年，二井镇党委与长水河农场有限公司、7个村党总支与长水河6个管理区、1个服务中心分别签订垦地共建备忘书、垦地党建引领区村共建共联备忘书，实施党建共建共联，就党的建设、文化活动开展、农业社会化服务等方面达成合作共建共联意愿，取长补短、互通有无，优势互补，推动双方合作共建共享共赢，切实推进垦地融合发展取得务实成果。（綦艳红）

海星镇

【概 况】 海星镇位于北安市南部70千米处，东与建设农场有限公司、幸福林场相邻，南与主星朝鲜族乡相接，西与通北镇接壤，北与杨家乡、部队接壤。2022 年，全镇辖区总面积 136 平方千米，总耕地面积 1.07 万公顷。下辖海星村、兴旺村、兴隆村、岚光村、治安村、幸福村 6 个行政村，21 个自然屯，户籍人口 15594 人、6150 户，有居民 3834 人，常住人口 2838 人。全年海星镇各业总收入实现 23478 万元，比 2021 年增长 5.3%。其中，农业收入 19000 万元，畜牧业收入 3957 万元，其他收入 521 万元。农村人均纯收入达到 20103 元，比 2021 年增长 2.09%。

（王天一）

【农业发展】 2022 年，海星镇主动适应“稳粮扩豆”需要，实行“一增、一减、一平”政策。农作物总播种面积 10741 公顷，其中大豆 7200 公顷、玉米 2367 公顷、水稻 1067 公顷、杂粮杂豆 107 公顷。海星镇与融通公司建立合作，托管大豆 2000 公顷；与建设农场有限公司签订托管协议，打造岚光村 33.33 公顷大豆种植示范基地，起到较好的带动作用。鼓励农民更新农机具，在农忙关键节点，海星镇主动联系外引机械，保证作业时限。全镇有农机具 202 台，其中 200 马力以上拖拉机 40 台；水稻收获机 90 台、旱田收获机 80 台，切实保证镇域内农作物收获和整地。海星镇特色药材种植赤芍 2 公顷、月苋草 54.93 公顷、苍术 0.33 公顷、平贝 3.33 公顷。

（袁井龙）

【巩固脱贫成果】 2022 年，海星镇通过组织镇、村两级干部、驻村工作队 82 人，对全镇 3652 户的脱贫户、监测户、一般农户，采取入户走访和邻居调查，对不在家居住的 456 户采取电话、微信线上访问，咨询家庭收入和人均收入。同时，开展阶段性和集中排查行动，全镇排查脱贫户 805 户 1373 人，一般农户 3303 户 3886 人，排查比例达到 90% 以上。排查发现存在返贫致贫风险人员 4 户 7 人，全部整改结束和退出返贫。全镇 5~15 周岁适龄儿童 60 人，无辍学情况，享受“雨露计划”5 人。海星镇城乡居民基本医疗保险参保率达 100%，脱贫户、监测户均全部参加城乡居民基本医疗保险。全镇有慢性病患者 517 人都有签约医生，并开展了上门服务。海星镇饮用水全部达到标准，在水源地设置标识、围栏、50 米范围内无养殖场所和厕所，各村都设有水井房且和专职负责人。海星村、兴隆村、治安村和幸福村已安装使用净化设备，惠及农户 998 户 1854 人；兴旺村、岚光村水质较好，惠及 478 户 984 人。全镇完成泥草房改造任务 111 户，其中市级危房改造 46 户，通过置换、新建、租赁方式全部解决。质量通病（房顶漏雨、墙体开裂、地基下沉）维修 42 户，重新鉴定 B 级安全房 4 户，为存在安全隐患的 4 户房屋找到置换和租赁房源，并签订购房协议和租赁协议。海星镇拆除长期无人居住泥草房 23 户。

（王天一）

【特色产业发展】 2022 年，海星镇通过争取上级资金、充分发挥村“两委”和大户等“领头雁”作用、吸引能人返乡创业、主动争取订单式项目措施，谋划产业帮扶、产业带动。海星村“烁成”金属加工项目总投资达 550 多万元，二期建设已完成。海星镇争取乡村振兴扶持资金 50 万元，建设养殖水蛭，定向销往牡丹江市友搏药业。海星村依托镇、村大型农机，成立机车服务队，实现农民年增收 4 万元，为村集体增收 12 万元。幸福村“福贺”牌农产品加工项目，带动 9 户农民增收年均分红 2 万元；治安村“新蓝图”鹅场笨鹅养殖，带动脱贫户年增收 500 元以上。绿态古坊榨油厂项目，带动 32 户边缘户。兴隆村肉羊养殖项目，与北安市市域内 4 家肉制品供货商签订合同，带动脱贫户 30 户，为村集体经济收入 4.5 万元。

（袁井龙）

【村镇建设】 2022 年，海星镇实施老村级道路加宽改造、道路硬化等工程，争取财政公益基金 90 万元百里示范带项目，对海星村进行道路加宽、增设栅栏改造；新建岚光村岚光屯巷道白色路面 1340 米；争取资金 240 万元对治安村巷道进行建设，治安村乡道 2982 延长米全部硬化。维修旧加油站东侧道路及村间路 2 条、新建文化广场 2 处；村级卫生室 1 处。全年 6 个村累计投入使用车辆 50 多台次、出动清洁人员 270 多人次，清理垃圾 80 多吨、清理垃圾杂物堆放 186 处、清理草垛 150 多个、清理乱设广告牌 39 处。强化农村生活污水治理工作，海星村污水处理厂项目铺设排污管线 1.8 万延长米，幸福村铺设排污管线 0.8 万延长米，村民生活质量得到改善和提高。

（王天一）

【武装工作】 2022 年，海星镇武装部结合民兵整组，对海星镇基干民兵重新进行政治审查，打造政治上合格、军事上过硬基干民兵队伍。海星镇完成公民兵役登记工作。

（袁井龙）

【社会治安治理】 2022 年，海星镇开展平安建设创建活动，主动联合公安开展禁毒预防教育走进乡村宣传活动。围绕“反电信网络诈骗宣传”主线，开展反诈宣传，张贴海报 50 多张，悬挂条幅 14 幅，镇域内未发生电信诈骗案件。排查化解社会矛盾纠纷，全镇排查调处矛盾纠纷 23 起，调处成功 23 起，调解成功率达 100%。排查各类重点信访事项 43 件，均妥善化解；解决陈年积案 2 起。海星镇开展扫黑除恶等专项行动，全年刑事、治安案件总量持续下降，立体化、智能化治安防控体系逐步完善，群众安全感、满意度不断提升。

（袁井龙）

城郊乡

【概　况】 城郊乡是北安市的环城乡，南以乌裕尔河为界与克东县、赵光镇相望，西、北与二井镇相邻，东与东胜乡接壤，东北与北大荒集团北安分公司良种场交界，中间为北安市城区，辖区面积188.34平方千米。城郊乡辖8个行政村、46个自然屯。2022年全乡有户籍人口8496户、17951人，其中常住人口1575户、2754人，劳动力11070人。乡内交通便利，直通北安市市区。全年城郊乡各业总收入实现47050万元，比2021年增长6.7%。其中，农业收入23640万元，畜牧业收入5072万元，分别比2021年增长29%和4%，农村人均纯收入达到17744元，比2021年增长6%。城郊乡被农业农村部、财政部批准为国家级农业产业强镇。（杨梓琪）

【农业发展】 2022年，城郊乡坚持现代农业和绿色蔬菜共同发展方向，加强配套设施建设，推进农特产品品牌化，提升农产品市场竞争力，促进粮食增产、农业增效和农民增收，农业基础设施逐渐完善，建设黑龙江省省级大豆示范园区1个，建设市级科技示范园区2个，乡级百亩大豆科技示范基地4个。全乡完成粮食生产、扩大大豆种植任务，大豆种植面积9073.33公顷、玉米种植面积2230公顷、水稻种植面积26.67公顷、蔬菜及其他作物640公顷。革命村扶贫大棚果蔬采摘园建有温室2栋，大棚20栋；新华村群拓果蔬采摘园建有温室9栋，大棚137栋；向前村温室184栋，大棚360栋。落实补充耕地项目，全年投资230万元，修建农田路5.1千米，桥涵6个。乡、村投资32万元，维修养护农田道路13.28千米。黑土地保护项目顺利在新华村、长青村实施，农业基础更加牢固。城郊乡向上争取项目资金4300万元，在双青村建设城郊乡大豆深加工产业园项目，带动周边优化种植结构、提高大豆制品市场占有率，有效带动农民增收。

（付　巍　吴福来）

【畜牧业】 2022年，城郊乡畜牧防疫员加强动物疫病防控，入户进行动物疫病防控工作技术指导，提升畜牧产业安全化、规模化。畜牧养殖规模不断扩大，规模化养殖场发展到4家，牛存栏1746头，其中奶牛368头、肉牛出栏311头。生猪出栏4105头。禽类出栏13万羽。山羊、绵羊存栏5323只、出栏2200只。马存栏189匹，特种养殖存栏1100只。（毛　坤）

【巩固脱贫成果】 2022年，城郊乡落实“四不摘”工作要求，扎实做好巩固拓展脱贫攻坚成果同乡村振兴有效衔接。全乡开展防止返贫监测集中排查3次，纳入监测对象1户、1人。按照“一户一策”的要求，对未消除风险监测户5户、7人制定帮扶措施。全年危房改造11户，重点户41户房屋得到修缮，铺设自来水管线24025延长米，安装栅栏6300延长米，新安装路灯136盏，户厕整改293户，移除占道柴草垛59个，私搭乱建和残垣断壁33处，拆除无人居住泥草房5户，栽植各类苗木4万株。城郊乡农民生产生活条件得到大幅提升，建民村被评为“黑龙江省级美丽宜居村庄”。城郊乡争取乡村振兴项目资金243万元，实施建民村“北菜园”酸菜厂项目、双青村入户路项目。脱贫户人均纯收入15876元，家庭人均纯收入全部超过10000元，比2021年14061元增长12.91%，脱贫户实现稳定增收。（梁凤华）

·解释说明·

“四不摘”：不摘责任、不摘政策、不摘帮扶、不摘监管。

【环境治理】 2022年，城郊乡推进农村人居环境整治，开展改善人居环境建设美丽乡村工作。拆除无人居住泥草房5户，改造有人居住的泥草房7户，全部竣工。危房整治51户，销号51户，其中新建6户、维修3户、拆除8户、设置危险标识和围栏设施16户、观察使用18户。排查原C级改造户存在质量通病41户，组织施工队伍对其进行维修，有2户人在外地居住，完成39户维修任务。清理垃圾3100余吨，边沟96千米，残垣断壁26处，农户庭院201户，挪移柴草垛108个，修复栅栏8000延长米，治理水打沟37条。

（张　博）

【民生事业】 2022年，城郊乡把改善民生作为奋斗目标，全力以赴推动社会事业发展。全年投入10万元建设双青村卫生室1个，农村合作医疗参保率达到100%；慢性病审批、异地就医报销等工作有序开展；落实计生奖扶特扶人员484人，发放奖扶金70.81万元。全乡有低保、五保、残疾人1626人，发放保障金551.8万元，实现应保尽保；农村养老保险，缴费9210人，参保率达96%，退休领取养老金2795人。强农惠农政策落实到位，涉农补贴资金按政策标准及时足额发放到户，发放各类惠农补贴3348万元，安置乌裕尔河堤防征地项目失地农民138人并纳入社保，落实黑龙江交投北安物流产业园项目补发征地款260万元。通北—赵光引水项目征地工作有序推进，发放临时占地补贴款143万元，保证北安市“百大项目”的顺利建设。（付　尧）

【社会治安】 2022年，城郊乡落实安全生产责任制，开展重点领域安全隐患排查行动20次，整治安全隐患31项，有效遏制各类安全生产事故发生。全乡深入开展社会治安综合治理，巩固“扫黑除恶”成果；推进社会治理现代化，完善网格化管理体系，通过网格系统处理村民纠纷212起，提供民生服务367次，应急处置突发事件58次，处置消防安全事件7次。推广“国家反诈中心”App，加强电信网络新型犯罪治理，有效维护群众合法权益和财产安全；全方位开展“百日护航”“迎中共二十大安全稳定风险排查”等专项行动，守住安全生产事故“零发生”底线。

（孙利娟）

主星朝鲜族乡

【概　况】 主星朝鲜族乡（以下简称“主星乡”）位于通肯河北岸，东邻建设农场有限公司，南与海伦市扎音河乡隔河相望，西邻通北镇，北与海星镇相邻。主星乡是中国最北部的朝鲜族乡、北安市唯一的少数民族乡，素有“寒地鱼米之乡”的美誉，是黑河市连片面积最大的寒地水稻主产区。主星乡辖红光村、红星村、主星村、东星村 4 个行政村，13 个自然屯。2022 年有户籍人口为 1286 户 3842 人（朝鲜族 1882 人占比 49%），常住人口为 549 人（朝鲜族 78 人占比 14%）。全乡辖区总面积 60 平方千米，总耕地面积 4164.71 公顷，林地 172.35 公顷、水面 466.67 公顷。境内有八道沟子、九道沟子、十道沟子和通肯河 4 条河流，有较大水库 6 座。全年主星乡农业收入 2594.93 万元，比 2021 年增长 12.31%。主星乡获评黑河市“民族团结进步模范集体称号”，主星乡红光村有机水稻示范基地被黑龙江省农业农村厅评为 2022 年黑龙江省“现代农业科技示范基地”。

（荣　树）

【农业发展】 2022 年，主星乡聚焦现代农业发展，持续推进主导产业“强”起来。全乡种植水稻 3273.33 公顷，种植玉米 144.73 公顷，种植大豆 740 公顷。大豆种植面积比 2021 年增长 87.8%，超额完成大豆扩种任务 466.67 公顷的目标。水稻微生物菌剂的推广任务完成 133.33 公顷，促进水稻提质增效和耕地质量提升。主星乡贯彻落实黑龙江省发展“四大农业”的总体部署，本着“一乡一业”“以稻兴业”的发展思路，增加农民收入，推出“我在主星有亩田”有机水稻承租认购活动。采取“客户 + 基地 + 合作社”的认养模式，为城市里的认购者提供一块黑土地，打破优质农产品走向市民餐桌“最后一千米”的障碍。认购活动一经推出，89 人将 10 公顷稻田试点地块全部认养。全乡牧渔业全面持续发展，全年黄牛存栏 510 头、羊 312 只。利用丰富的水面资源发展水产养殖，有鱼类养殖户 21 户，其中河蟹养殖户 4 户。宣传引导各村利用 87 栋闲置大棚开展“菜园革命”，其中红光村利用闲置的 20 栋育苗大棚建成黑大油豆角示范基地，其余 67 栋大棚闲置进行土地保养。

（荣　树）

【巩固脱贫】 2022 年，主星乡对纳入巩固脱贫攻坚的住房安全问题进行整治，整治房屋 13 户，其中纳入国家级危房改造 5 户，市级重点户房屋至危改造 1 户。截至年底，危房改造工作全部完成，拆除长期无人居住泥草房 4 户。加强资产监管，利用上级资金实施项目 11 个，建成 9 个项目全部确权到村，其中基础设施项目 3 个、产业项目 6 个。产业项目正常运营，主星朝鲜族特色酒厂项目和主星乡红星村朝鲜族泡菜深加工项目施工建设中。以规范扶贫资产经营运行、明确资产收益分配为导向，全乡建立完善扶贫资产长效运行管理机制，为巩固脱贫攻坚成果衔接乡村振兴提供有力保障。根据脱贫户年龄、家庭人口劳动力情况分析，主星乡因户施策、逐户制定增收措施，以产业带动、安置公益性岗位、政策兜底、新型经营主体带动等多种途径增加收入，主星乡有 69 户 119 人脱贫人口收入增速高于北安市平均水平。

（辛振宇）

【环境建设】 2022 年，主星乡提升龙江民居省级试点村建设成效明显，红星村乡村振兴百里示范带项目投资 490 万余元，除红星水库砂石路铺装工程未完成外，其余建设工程全部完工。全乡基础设施提升工程实施完成，红星村村容村貌发生新改变，朝鲜民族特色得到进一步彰显。主星乡村庄清洁行动扎实开展，4 个行政村累计投入车辆 154 台、清洁人员 906 人，清理村内垃圾箱及垃圾点 304 处、村屯外围垃圾点 64 处、牲畜粪便存放处 56 处，清理主要道路及巷道两侧边沟 78 千米，转运处理垃圾 138 吨。全乡基础设施建设不断改善，主星路主星段长 14 千米长、7 米宽的黑色路面工程修建完工。红星村 7 户室内厕所改造工程完工，全乡 16 个户厕全部正常使用。主星乡人民政府办公楼东侧新建平房 330 平方米，缓解机关办公用房的紧张局面。

（荣　树）

【第五届朝鲜族初伏节】 初伏节是主星乡朝鲜族的传统节日，于 2019 年被列入省级非物质文化遗产项目。2022 年 7 月 16 日，由中共北安市主星朝鲜族乡委员会、北安市主星朝鲜族乡人民政府、北安市文化广电和旅游局及黑龙江三鼎旅游开发有限公司共同主办的“主星乡第五届朝鲜族初伏节”在主星乡举行，此次活动的主题是“初伏践文明、团结促振兴”。在“乐享初伏盼丰年”祈福仪式上，数十名朝鲜族群众身着节日盛装载歌载舞，以表达期盼丰收的美好愿望。游客们观看歌舞表演后，参观了朝鲜族乡民俗风情馆、朝鲜族特色产品展和彩色稻田画展，并参与拔河比赛、顶瓮竞走比赛、掷柶比赛和排球比赛。为期一天的初伏节，充分展示了朝鲜族群众独具特色的表演和热情，使人们更加深入了解朝鲜族的民俗文化。

（任丙伟）

东胜乡

【概　况】 东胜乡位于北安市城区以东 13 千米，东部与胜利林场相连，西部与城郊乡接壤，南部与赵光镇隔乌裕尔河相望，北部有闹龙河与部队农场为邻。东胜乡总面积 183 平方千米，耕地面积 11469.07 公顷。辖东胜村、东利村、东民村、东和村、东北村 5 个行政村，37 个村民小组，27 个自然屯，户籍总人口 12866 人 4875 户，常住人口 2205 人，主要分布有汉族、满族、回族。全年东胜乡各业总收入实现16152.6万元，比2021年增长1.9%。其中农业收入8756万元，畜牧业收入455.3万元，其他收入6941.3万元，分别比2021年增长2.4%，农村人均纯收入达到12148.4元，比2021年增长2%。（包　胜）

【农业发展】 2022年，东胜乡推动现代农业“二园三区”建设，发挥特色产业优势，抓好特色麒麟西瓜品牌培育。倾力打造“一乡一业”，利用现有蔬菜大棚优势，发展特色“一年两熟”棚室蔬菜和寒地蟹稻，缓解北安市本土冬季蔬菜、大米供应短缺情况。农业生产稳步发展，并不断优化产品结构、产业形态，提高农业生产经营水平。实施高标准农田建设，重点在大面积土地平整、高规格配套基础设施上投入，建成“地平整、土肥沃、旱能灌、涝能排、路相通”的高标准农田。东胜乡总播种面积约为11872.97公顷，其中种植大豆约9733.33公顷、玉米约1933.33公顷、水稻约147.66公顷、杂粮约34.33公顷。经济作物种植面积20.13公顷，中草药、蔬菜、瓜果等作物产量高达192吨。（赵建伟）

·解释说明·

“二园三区”：东胜村向阳屯牛奶西瓜采摘园、东胜村东发屯草莓采摘园、东利村创建国家级稻渔高标准示范区、东胜村向阳屯东侧创建大豆科技自强县“百亩示范区”、东胜村东发屯东侧创建部级大豆高产竞赛“百亩攻关田”区。

【畜牧业】 2022年，东胜乡畜牧养殖以肉牛、马、猪、羊、禽为主。特色养殖以鹿（马鹿、梅花鹿）为主。截至年末，全乡生猪存栏4568头、牛存栏1634头、马存栏325匹、羊存栏1850只、禽存栏1580只、鹿存栏37只。（高庆宝）

【林业绿化】 2022年，东胜乡村屯绿化造林8.06公顷。全年栽植榆叶梅3500丛，丁香3500丛，银中杨1833株，糖槭14110株，花楸867株，桦树5000株。（朱国军）

【脱贫攻坚】 2022年，东胜乡保持主要帮扶政策总体稳定，落实“四个不摘”要求，巩固“两不愁三保障”及饮水安全方面的成果，脱贫攻坚成果得到巩固提升。东胜乡持续开展常态化排查，及时对反馈的问题进行整改，常态化开展帮扶走访工作，完善帮扶资料，落实好教育、医疗、住房、饮水等帮扶措施，不断提升帮扶成效。东胜乡按照北安市防止返贫和动态监测的要求，安排村两委干部、驻村工作队、包村干部和网格员共计80人，动员帮扶责任人291人，累计入户2358次。成立专项行动专班，培训乡村干部、驻村工作队80人。安置开发村屯保洁员、治安员、疫情防控员等公益性岗位73个，人均年增收3600元；护林员岗位16个，人均年增收3872元。2个脱贫村利用光伏发电收益安置公益性岗位74个，人均年增收2665元。全乡脱贫户、监测户人均收入达到16656元，增速达到13.07%。（于大永）

【环境治理】 2022年，东胜乡坚持以人居环境常态化提升和配套设施持续性完善为基础，通过有机结合实际情况与群众意向，形成符合村庄规划要求、满足群众实际需求的规划方案，统筹推进农房改造、道路维修、环境整洁、垃圾处理、厕所改造等建设工作和村屯绿化造林工作，做到因地制宜、分类实施，切实保障美丽乡村建设工作有序推进。全年清理存量垃圾600多吨，派出转运车辆50多台次，出动人员200多人次，雇佣机械清理车辆20多台次，维修改造户厕101户，拆除无人居住泥草房35所，解决重点户安全住房94所，新铺设屯间水泥板路1000延长米，东胜乡辖区群众幸福感和满足度稳步提升。（朱国军）

【卫生健康】 2022年，东胜乡乡内有卫生院1所，面积800平方米，拥有2个病房、10张病床，医护人员18人，其中：执业医师1人、助理执业医师3人。可开展内科、妇科、中医科、儿科、B超、心电等诊疗，有村卫生所5所，村医5名。新农合参保11680人，农村医疗网络体系初步形成。全年审批独生子女证26人，确认奖励扶助59人，特别奖励扶助5人，全乡计划生育奖励扶助360人，计划生育特别扶助34人。（彭　雷）

【文教事业】 2022年，东胜乡稳步推进“两基”巩固工作。完善1个乡级、4个村级文化中心配套设施；在东胜村建成规范化文化活动广场两处，两处建设占地总面积9600平方米；建成面积300平方米的东胜乡新时代文明实践所1处，为百姓打造的娱乐平台，吸纳社会志愿者队伍5支，引导群众参与各类赛事节庆活动。东胜乡新时代文明实践所将把工作的重点放在努力提升农民素质上，通过常态化学习实践科学理论，丰富活跃文化生活，持续深入移风易俗为主要内容的文明实践活动，凝聚群众、引导群众、以文化人、成风化俗，创新方式方法，用老百姓喜闻乐见的方式讲好“东胜故事”“北安故事”，用自己身边的故事引导百姓向善、向美。同时，东胜乡开展好送理论、送科技、送文化等活动，使东胜乡新时代文明实践所成为传播好声音、弘扬主旋律、开创新业绩、凝聚干群的主阵地。（包　胜）

【社会保障】 2022年，东胜乡把保障和改善民生放在首位，农民福祉不断增进，解决群众关心的切身利益问题。纳入低收入人员59户、101人；申请高龄津贴38人；申请残疾人两项补贴共计56人。东胜乡为6户困难群众申请救急难资金共计7800元，为6户困难群众申请临时救助资金共计13500元。（王　雪）

【社会治安】 2022年，东胜乡把社会治安综合治理工作作为维护社会稳定、保障地方经济发展的政治任务来抓。按照北安市委政法委工作要求，扎实完成各项工作任务，东胜乡社会治安综合治理中心做好矛盾纠纷化解工作，对所掌握的一些矛盾隐患在第一时间向中共东胜乡委员会、东胜乡人民政府汇报，及时处理、解决矛盾。全乡有村级调解员10人、治安员5人、志愿巡防队员30余人，全年入户走访509户，摸排矛盾纠纷46起，全部调解成功，未排查出中、高风险矛盾纠纷。（武　蕊）

杨家乡

【概　况】 杨家乡位于北安市区南66千米处。东与缸窑林场、幸福林场、海星镇接壤；南与通北镇相邻；西与石泉镇毗邻；北与赵光镇、赵光农场有限公司相连。杨家乡行政区划面积为199.33平方千米，耕地面积160.8平方千米，林地面积20.67平方千米，水域面积2.1333平方千米，辖7个行政村、27个自然屯。户籍总户数7061户，户籍人口21893人，劳动力12906人。杨家乡内交通便利，哈黑高速公路、滨北铁路贯穿杨家乡南北，通村硬化公路总长30千米。杨家乡以建设“业兴、景美、民富、人和”为总体目标，全年各业总收入实现28683.05万元，比2021年增长5.5%，其中农业收入22913万元、畜牧业收入5642.11万元、产业收入127.94万元。农村人均纯收入达到15000元，比2021年增长7%。杨家乡获黑龙江省级“文明乡镇”“全省百家示范型退役军人服务站”和黑河市“创建民族团结示范单位”等称号。（刘尊岩）

【现代农业】 2022年，杨家乡聚焦现代农业产业强乡奋斗目标，推动土地规模流转整乡推进，实现土地流转面积14400公顷，占耕地总面积的90%。全乡农业整体机械化率达到95%以上，完成秋整地面积10666.67公顷，实现黑土越冬和玉米秸秆全量还田目标。在种业技术创新动能的驱动下，杨家乡持续开展“稳粮扩豆”工作，大豆扩种面积达10933.33公顷，完成率达117.2%。建成现代高标准农业种植示范带（区）4处，分别为：杨家村大豆科技示范基地33.33公顷、乡村振兴百里示范带沿线李家村建设高蛋白大豆种植示范带200公顷、民义村蚕厂屯整屯推进大豆种子繁育基地333.33公顷和模范村大豆科技自强县万亩示范区666.67公顷。模范村大豆科技自强县万亩示范区是黑河市唯一一处大豆科技自强县万亩示范区，该村党支部书记李云波获黑河市“大豆扩种工作先进个人”称号。（苗　强）

【绿化造林】 2022年，杨家乡以建设“绿色杨家”为目标，广泛开展造林绿化行动，推进公路沿线、河沟陡坡、乡村庭院等区域植绿护绿工作。全年完成春季村屯绿化造林任务0.04平方千米。杨家乡分别为：和平村和平屯0.66公顷土地，位置坐落于屯东北的村屯道路两侧，栽植树苗水曲柳466株；民主村永兴屯1.65公顷土地，栽植树苗山荆子400株、山梨400株、栽植花卉玉簪27.5万株11000平方米；新荣村大架子屯1.65公顷，栽植树苗山荆子143株、山梨143株、栽植花卉玉簪24.75万株0.0099平方千米。杨家乡实现生态宜美乡村的总体目标，牢固树立“绿水青山就是金山银山”的理念，将管护机制引入林业发展，实现以“制”促“治”，进一步筑牢杨家乡绿色发展生态屏障。同时健全完善绿化管护机制，杨家乡对1333.33公顷林地开展常态化巡逻护林、森林防盗采、防火防病虫、林业法律法规及政策宣传等工作，实现以“制”促“治”和全方位、全时段护林，形成了“果树＋花卉立体式栽种”“庭院＋道路环乡式绿化”的绿化格局，打造了杨家乡“春花、夏叶、秋果、冬敛”的独特景观。（于录忠）

【畜牧发展】 2022年，杨家乡坚持安全生产是畜牧业第一生产力的原则，推深做实防疫检测工作，全乡畜牧产业规模稳步提升。全年开展畜牧检疫证检疫工作12次，下村协助农户申报系统检疫3次，发放春防消毒物资2872件。根据上级关于非洲采样工作要求，组织14名村级防疫员严格按照“一畜一标一证一针一账”的要求，落实非洲猪瘟拭子采样及日排查工作。同时与各村党支部书记、村委会主任签订动物防疫目标责任状，与村级防疫员签订动物防疫承包责任书，制定村级防疫员管理办法与考核标准，为春秋两季重大畜牧疫病防治提供有利条件。杨家乡建立健全生态文明制度体系，完善畜牧养殖相关粪污处理配套设施，全方位、全地域、全过程加强生态环境保护，实现污染防治与保护向纵深推进，绿色、循环、低碳发展向高质量迈进的跨越式一步。全年，猪存栏5221头、肉牛3495头、羊3042只、鸡3891只、鸭843只、鹅1140只。（苗　强）

【产业项目】 2022年，杨家乡以打造“蛋鸡养殖之乡”为目标，向北安市乡村振兴局争取资金309万元在民主村建成3万只蛋鸡养殖场，与原有的和平村万只蛋鸡场形成年产39万公斤鸡蛋的产业链。杨家乡推进鲜食玉米产业，乡韵鲜食玉米加工厂生产基地恢复生产，年收入540万元。投资115.2万元的民主村免烧日光节能温室交付使用，投资226.75万元的赵光镇前进村温氏猪场5号舍产权落户新荣村。全乡初具规模的产业有：杨家村村民胡树海投资30万元建设2000平方米厂房，养殖鸵鸟100只，年收入30万元；新荣村中共老党员石太山投资30万元，养殖红锦鲤1万尾，年增收10万元；民义村村民尹春利投资100万元，建设1000平方米4个圈舍，养殖湖羊300只；民主村中共党员刘喜德投资23万元建设4栋大棚，种植太空系列蔬菜，年增收6万元；民义村管金生投资20万元建设的小型冷榨油作坊，年增收4万元。锦鲤、湖羊、太空蔬菜棚室种植、小型冷榨油作坊等特色种植养殖项目亮点频现，实现规模投资累计达203万元，年增收累计超70万元。截至年底，杨家乡7个村建有村级产业11个，总投资额2558.88万元，年总收益131.96万元，村均增收18.85万元。（曹　晔）

【巩固脱贫成果】　2022年，杨家乡守住返贫底线，脱贫攻坚成果通过黑龙江省级实地督导考评，得到市级领导及上级部门的高度认可。以精准动态监测为重点，开展排查活动4次，累计动员乡、村两级干部、驻村工作队、包村干部和网格员102人、帮扶责任人182人入户2560人次，解决实际问题72件。全乡累计发放奖补资金160多万元，新增公益性岗位31个，脱贫户人均收入突破1.51万元。全乡通过维修置换住上安置房93户，524户全部建立健康档案，40名学生全部实现建档立卡“双免”，享受“雨露计划”5人，杨家乡无义务教育阶段辍学学生。（陈成山）

【环境治理】　2022年，杨家乡按照“两年优环境”的整体目标，打造秀美宜居示范村落。全年对6932个房屋图斑、25处经营性自建房开展安全隐患大排查，通过房屋改造实地踏查，最终确定13户符合房屋改造条件。重点户危房改造93户，其中D级置换33户，B级质量维修60户。全乡上报泥草房拆扒任务41户，完成拆扒43户，拆扒完成率接近105%。杨家乡投资313万元续建李家村巷道项目竣工通车，争取资金131万元建设民主村村屯巷道3条、1570延长米，争取资金116.28万元翻修杨家村新时代文明实践站等基础设施3项。和平村新打300米深水井1眼，铺设管线1.9万延长米。民义村蚕厂屯及新荣村大架子屯更换饮水管线4200延长米。杨家村新富屯至挑战屯铺设饮水管线800延长米，从杨家屯净水车间引水至挑战屯，并为挑战屯安装户用净水器30个。全乡村屯生活垃圾实现日产日清，全年累计出动车辆250台次，出动人员190人次，清理边沟近1.1万延长米。（王紫耀）

【社会保障】　2022年，杨家乡办理退休待遇领取手续114人，社保卡变更登记601人次。全乡奖励扶助336人，特别扶助49人。新增奖励扶助27人（退出18人），新增特别扶助5人（退出1人），相应政策均全部得到落实。截至年底，杨家乡有农村低保562户961人，城镇低保19户27人，特困117户117人，残疾人571人，救急难人92人共发放补助金339100元。（陈成山）

【社会综合治理】　2022年，杨家乡全年开展安全生产重大隐患专项整治，检查企事业单位、商户、合作社200多次，发现各类安全隐患60多处，全部得到整改。杨家乡与各村签订综治责任书7份，压实基层治理责任。对重点企业、重点领域及经营性场所组织排查50多次，发放宣传单1500份，消除安全隐患5处。开展禁毒铲毒3轮踏查800多户，利用“两微一抖”宣传85次，悬挂条幅、标语31条，播放禁毒宣传语音130多次。利用广播大喇叭强化“反欺诈”宣传，悬挂条幅、标语25条，发放宣传品200份，微信宣传14次。开展防范邪教组织和扫黑除恶工作，杨家乡对信息网络、交通运输、工程建设、自然资源行业领域整治情况下发调查问卷50份。加强人民调解工作，全年化解邻里纠纷、基层矛盾50件，为创建“平安杨家”奠定基础。（陈成山）

【文化宣传】　2022年，杨家乡聚焦人民群众日益增长的精神文化需求，统筹谋划发展全乡文化事业。与北安市文化广电和旅游局电影放映服务站对接，完成杨家乡各行政村的农村公益电影放映工作，全年播放电影14场。配合北安市文物保护中心完成对杨家乡两处遗址位置进行悬挂文物保护牌及警示标语工作，杨家乡与民主村、杨家村签署北安市文物安全责任书，增强社会文化环保意识。以农家书屋为阵地，杨家乡组织开展“留守儿童与农家书屋阅读”和“农业发展与农家书屋阅读”等活动，为各村文化书屋添置新图书百余册。杨家乡完成建设革命老区村级广场项目的选址测量工作，杨家村新时代文明实践站落成。开展挖掘民间手艺人行动，民义村剪纸非物质文化遗产脱颖而出。全年累计开展爱国卫生运动、学雷锋主题活动、“除陋习·树新风”等志愿活动27次。各级媒体采用文章21篇，杨家乡党委公众号发表原创文章42篇，共青团北安市委公众号、北安党建公众号、北安市妇女联合会累计推送信息文章11篇。杨家乡政府举办杨家乡2022年“汇智聚力·逐梦杨家”联欢晚会，展现和美杨家、美丽乡村的独特风采，讴歌新时代杨家人的奋斗情怀。（吴雪佳　曾凡杰　白玉儒）

【武装工作】　2022年，杨家乡按照北安市人民武装部基层武装部规范性建设标准，升级改造战备器材库，配齐配全装备器材，为民兵应急处突提供保障。杨家乡对标对表民兵组织整顿实施细则，优化调整民兵干部，配齐民兵连连长，党员、退伍军人比例双达标。完成兵役登记，输送优质兵员。全部完成退役军人优待证申领工作，优待证申领率100%。杨家乡利用重点节日走访困难军人，提供慰问物资16件。杨家乡开展军属座谈、入户走访、困难帮扶、发放材料等120多人次，接待答疑200多人次，在“我帮办”活动中为退役军人解决各类难题。2022年，杨家乡干部1人获黑龙江省退役军人事务厅评选的“百名优秀站长”称号。（叶虹辰）

幸福林场

【概　况】 幸福林场位于北安市东南85千米处。东邻建设农场有限公司，南与海星镇相邻，西与杨家乡新荣村接壤，北与某部队和赵光农场有限公司30队接壤。幸福林场经营总面积18222.8公顷，总蓄积量458396立方米。林场有138户636人，职工总数259人，其中在职职工136人，离退休人员123人，办公室工作人员16人，管护人员28人。

（肖　尧）

【土地管理】 2022年，幸福林场建立土地台账，微机管理。按照林草局制定出台指导价格，竞价发包，及时足额完成土地发包6965.95公顷，上缴土地款3210万元。没有撂荒地。

（肖　尧）

【林产经济】 2022年，幸福林场支持职工大力发展产业经济，为职工提供优惠政策，发展种植业和养殖业。种植合作社和家庭农场4个，种植规模666.67公顷；规模养殖户1户，养殖鸡、鹅1000多只；种植大果榛子1户，种植面积50公顷；榆黄蘑种植户1户，年生产10万袋。解决15人就业问题。

（肖　尧）

【森林防火】 2022年，幸福林场召开各类防火工作会议35次，修改完善各项规章制度30多件，全部入册上墙，使防火工作有章可循。加大防火宣传和巡护的力度，在重要交通要道悬挂大型横幅8面，在主要路口、路边及重点防火区域修建刷新永久性宣传牌20处，在街道、入山道口和主要路段设置警示宣传牌20块、条幅15条、防火旗600面。签订防火责任状60份，森林防火期间每天出动20人分两组进行辖区巡护宣传，日平均发放宣传单300多张、采取广播等宣传形式宣传防火，每天接受教育人数达1000余人。组建30多人扑火队、20人巡护队，防火车辆检修完好并添置防火器械，有灭火机50台及新进背负式灭火机10台，二号工具50套，单兵装备20余套，油料、食用水和食物准备充足，为及时扑救发生的森林火灾提供保障。成立森林防火领导机构，组织防扑火演练5次、安全防火教育20次，完善应急防火预案，充分调动防扑火人员的整体机动能力。对危险地段挖掘防火沟1条4600米，修建快速防火通道12条，建立森林防火物资储备库4个，防火戒严期每天出动巡护人员30人次，摩托26辆，看守道口13处，入山人员车辆无火种隐患入山，确保森林资源和人民生命财产安全。

（肖　尧）

【改善民生】 2022年，北安市幸福林场先后修复水毁道路10条，修复排水沟22条，新建桥涵3处，直接惠民138户。保证林场职工群众出行安全顺畅。更新步道板2000平方米、草坪4000平方米，美化场区公路20千米。发展食用菌1处年挂袋12万袋，解决林场10多人再就业问题。改善职工生产、生活条件。

（肖　尧）

自治林场

【概　况】 自治林场位于北安市南方45千米处，东邻北安市缸窑林场，南与北安市石泉镇相邻，西邻克东县发展林场，北部与赵光农场有限公司第六管理区接壤。林场经营面积7291.44公顷，其中宜林荒山荒地47.54公顷，未成林造林地46.17公顷，林地1885.52公顷，其他宜林地892.5公顷，其他灌木林地1.04公顷，辅助生产林地4398.33公顷，苗圃地20.34公顷。重点生态公益林管护面积1203公顷，一般生态公益林管护面积353公顷。林场总人口390人，其中职工总数234人。

（肖　尧）

【林地管理】 2022年，自治林场完成2022年林地土地款收缴任务，收缴1900万元。全面完成临时承包土地对外发包任务，实现土地平均价格6250元。建立健全林地发包工作制度，成立林地发包工作小组，完成2022年林地发包工作。

（肖　尧）

【生态建设】 2022年，自治林场落实市政府关于造林绿化的总体工作部署和市林草局下达的造林任务，开展退耕还林工程，完成林冠下造林46.7公顷。在造林工作中，自治林场出动人工400工日，出动车辆30台次，种植红松苗木6万余株，投入造林资金10万余元，成活率在85%以上。

（肖　尧）

【森林防火】 2022年，自治林场严格落实森防责任，继续实行包保责任制度，明确场级领导包保责任区域及包保责任，签订各类责任状、包保书200份。防火期内在岗在位并遵守工作纪律，并与联防单位签订联防协议书12份。进山作业人员全部签订野外作业人员责任书及森林防火托管责任书，把防火责任落实到林场每个管护责任人。与十户签订联保责任书10份，森林防火公约150份。加大森防宣传力度，道路两侧每千米设置宣传旗8面，场区内设置过街横幅6幅，在管护区设置宣传板20块，场区设置2块固定板报宣传森林防火法律法规，每天播放4个小时以上的森林防火常识广播，进入防火期防火宣传面达到100%。开展清山、清林、清河套工作，重点地段派1人以上的人员看护，每天至少巡护4次，每3天进行1次拉网式排查和清理工作，检查站配备2名工作人员，并对入山人员详细登记、检查。清除闲散人员19人、车辆24台。截至年底，自治林场有2辆专用运兵车，15台风力灭火机、4部对讲机、40套二号工具的设备，对扑火、通信机具进行及时维修保养，使用率达到100%。

（肖　尧）

【资源保护】 2022年，自治林场贯彻执行《森林法》《森林法实施条例》等法律法规，打击各类破坏森林资源和野生动植物资源的违法行为。林分质量有明显提高，活立木总蓄积达到128314立方米，森林覆盖率25.3%。加强森林资源保护管理，重点打击拱地头、扩地边，清理在林区放牧点1个。全年没有发生一起乱滥伐、乱捕乱猎、非法开垦案件。 （肖 尧）

【林业产业】 2022年，自治林场实施“产业兴林”战略，根据林场实际情况，依托林区资源优势，开发适宜林场种植业、养殖业和林下资源的产业，使多种经济快速发展。大力发展苗木产业，形成30多户26.7公顷年产600万株的产业结构。苗木品种有云杉、樟子松、糖槭、柳树、花楸、山丁子、王族海棠、金叶榆等。新育糖槭小苗2公顷，糖槭大苗20公顷，用于道路绿化；新增平贝2.7公顷。 （肖 尧）

【林区建设】 2022年，自治林场按照《北安市林业局国有林场环境综合整治行动实施方案》要求，结合林场实际，对场部办公区域进行改造，新建防火及生产生活库房8座，办公楼内外墙重新维护。场区边沟重新清理，种植花草树木5000棵；居民区配置垃圾箱68个由专人专车清运垃圾，春秋两季集中治理垃圾乱丢、柴草乱放、禽畜乱养等现象。清理危旧房屋51户，清理垃圾300立方米，清理边沟2千米，维修入山道路4条、30千米。通过综合整治，场容场貌明显改善。 （肖 尧）

三〇三林场

【概 况】 北安市三〇三林场隶属于北安市林草局，位于北安市东南方80千米处，东部与通北林业局有限公司前进森林经营所和换装林场相连，南部隔东轱辘滚河与建设农场有限公司管理区和赵光农场有限公司管理区相望，西与赵光镇东丰九屯为邻，北与红星农场有限公司相接壤。林场经营面积18421.15公顷，其中有林地面积8977.32公顷，未成林造林地151.38公顷，宜林地3313.81公顷，辅助生产林地5978.64公顷。林场总人口518人，管理人员18人。职工总数172人，退休职工103人，在职职工69人。 （肖 尧）

【生态建设】 2022年，三〇三林场落实北安市人民政府关于造林绿化总体工作部署和市林草局下达的造林任务，派出技术人员1人、现场员2人指导第三方造沐人员完成春季冠下造林50公顷，栽植容器红松苗5万株，成活率在85%以上，且生长良好，严格按照造林规程完成植树造林任务。 （肖 尧）

【森林防火】 2022年，三〇三林场严格落实森防责任，实行包保责任制度，签订各类责任状、承诺书170多份，把防火责任落实到林场每个管护责任人。签订10户联保责任书140份，加大森林防火宣传力度，发放宣传单3000多份，悬挂过街横幅10幅，固定宣传牌27块；在林区主要道路两侧插防火宣传旗1200面；出动宣传巡护车300台次，出动人力6000人次；张贴森防命令24张，提高林区广大职工群众的森林防火意识。加强火源管理，开展清山、清林和清河套工作，出动巡逻队74组，严查入山人员，巡护队伍增加巡护密度，检查入山人员2700人次、车辆130台次。投入资金，疏通维修水毁公路40多千米，对各种车辆和通信设备进行维修，购进充足的配件和各种油料，对防火队员进行培训。严格实行防火领导包片负责制。对重点地段派专人看守，实现全年无森林火灾的工作目标。 （肖 尧）

【资源保护】 2022年，三〇三林场贯彻执行森林法、森林法实施条例等法律法规，严格执法检查，打击各类破坏森林资源和野生动植物资源的违法行为，实现森林面积蓄积的双增长，林分质量有了明显提高，活立木总蓄积达到1256967立方米，森林覆盖率48.73%。加强森林资源保护管理，重点打击拱地头、扩地边、拉烧材等现象，清理外部人员在林区放牧点1个，森林环境得到改善。 （肖 尧）

【林业产业】 2022年，三〇三林场实施“产业兴林”战略，根据林场实际情况，依托林区资源优势，优先提供优惠条件情况下，适宜林场种植业、养殖业和林下资源的开发利用，使多种经济快速发展。花楸育苗面积约2.67公顷，林场职工特色养殖初具规模，养殖育肥牛350头；职工森林猪现存栏近200头；各类林禽林畜养殖3000头只。严格实行林地资源市场化发包经营管理工作，坚决杜绝土地发包中各类不合理现象的发生，经过努力工作，收缴土地发包款1600万元，完成任务指标。 （肖 尧）

【新林区建设】 2022年，三〇三林场结合林场实际，针对加快基础设施建设、民生工作、改善职工工作生活环境等方面，整合资金，购进埋设涵管50多节，对场区南侧、东工段、西工段30千米山路进行刮平压实，翻修损毁道路10千米。同时对场部办公区域及周边环境进行绿化美化改造，翻修桥涵一座，用冷料补修北道损毁的白色路面，完善林场的基础设施。在环境卫生方面，多次组织干部职工到场区参加义务劳动，捡拾白色垃圾，设专职清洁工负责对垃圾进行及时清理，定期清除杂草，并设专人负责对日常卫生进行监督和管理。冬季，设专人专车进行及时清除场区道路和公共环境内的积雪，保证道路通畅和环境整洁。 （肖 尧）

四〇四林场

【概　况】　四〇四林场位于北安市东北部75千米处。东与通北林业局有限公司红星经营所相接，南部与红星农场有限公司隔柳毛河相望，西部与北安市胜利林场接壤，北部与长水河农场有限公司相连。围绕林业中心工作，聚焦生态建设，以加快林业产业发展、建设美丽林区为目标，全场总经营面积23276.2公顷，森林总蓄积874892立方米；有职工154人，其中离退休职工81人、干部10人、工人30人、合同制工人33人，总人口390人。全年上交款土地发包款1800多万元，完成上交款任务。　（肖　尧）

【生态建设】　2022年，四〇四林场对未成林造林地进行2次抚育，使其正常生长。开展保护区退耕还林还湿工作，积极退耕还湿还草；并加强3个保护站、1个检查站等基础设施建设；全年义务植树0.5万株。同时，安排46名管护人员和4名管理人员对国家级管护区4811.3公顷、省级管护区3899.3公顷、天然商品林停伐区1348.5公顷，进行分区管护，实现常年巡护管护，及时发现清除进入管护区的非法活动人员，确保重点生态林不受破坏。开展资源保护工作，加大对林地巡管力度，及时发现并处理问题，清除入山挖药人员18人次，防止制止盗伐、非法毁林毁草开垦、乱采乱挖和狩猎捕捞行为。

（肖　尧）

【森林防火】　2022年，四〇四林场实行网格化管理，将林场分成四个区域，每个区域由1名副场级领导负责、由30人组建的半专业防火队。落实森林防火机制，实施种地户负责本经营区域的火灾管理制度，与种地户签订包保协议68份，落实到每一个作业点。按照建立严格有效的火源管理机制、健全有力的防扑火保障机制等相关要求，全年签订各类责任状136份，把防火责任落实到林场各户及作业点，落实到每个管护责任人。与10户签订联保责任书148份、森林防火公约165份。启动实施“森林防火宣传月”活动，发放宣传单560份、插宣传旗162面、横幅13幅、固定宣传牌7块、张贴森防命令30张，提高林区广大职工群众的森林防火意识。全面加强火源管理，严格执行“封山戒严”制度，认真开展清山、清林和清河套工作。各检查站、巡管护人员严查入山人员，巡护队伍增加巡护密度（防火搭每隔30分钟瞭望一次，巡护队伍每日巡护2次），清除闲散人员40余人、车辆16辆。强化火案查处力度，继续推行公、检、法及纪检、监察联合办案制度，森林火案明显下降。组织人员出动挖掘机、推土机，购买涵管等材料整平道路35千米，在排水不良的地段下设涵管33处，有效保证职工秋收机械通行顺畅，解决职工春耕、秋收道路难行的实际问题，实现连续32年无重大森林火灾的工作目标。　（肖　尧）

【资源保护管理】　2022年，四〇四林场贯彻执行《森林法》《森林法实施条例》等法律法规，打击各类破坏森林资源和野生动植物资源的违法行为，查处林业行政案件1起。森林面积蓄积实现双增长，林分质量明显提高，单位蓄积达到每公顷88.09立方米，森林覆盖率达到42.5%。加强森林资源保护管理，重点打击拱地头、扩地边，非法蚕食林地和湿地现象，清理在湿地内放牧点3个。加强环境保护管理，组织开展保护自然环境工作；开展林业有害生物防治，对施业区内约1133.3公顷落叶松林地全面监测，排查落叶松毛虫的全覆盖，完成60公顷鼠害防治工作取得良好的效果。　（肖　尧）

【林区建设】　2022年，四〇四林场高度重视场区环境建设，定期开会研究部署工作和检查落实情况，加强场区环境治理，改善职工生活环境，治理场区脏乱差现象。全年，林场出动机械车辆4辆、清理场区垃圾4次、清理场区道路边沟16条，并设置垃圾箱15个。及时清理办公室道路及场区街道两边杂草，设专人管理环境卫生工作。维修巷道2.4千米，16条场内巷道全部硬化，维修小广场2000多平方米，粉刷防火塔漆面，安装场区进出道路监控3处，安装维修场区路灯9个。　（肖　尧）

【林产经济】　2022年，四〇四林场落实林产经济相关扶持政策，为职工联系办理农业种植保险1700公顷。夏秋两季组织挖掘机2台、刮道机2台和运输车6辆，为职工维修田间道及施业区主要道路55千米，修缮桥涵3处，解决职工生产经营路难走困难的问题。鼓励全场职工发展黄牛、蜜蜂、绵羊等养殖业，常年为养殖户提供防疫服务。至年底，林场有黄牛养殖户15户、总存栏达360头；蜜蜂养殖户4户、养殖蜜蜂420箱。同时，支持职工发展北药五味子、榛子栽培，发展苗木产业及寒葱种植，解决林场部分职工就业问题。　（肖　尧）

胜利林场

【概　况】　胜利林场位于北安市东部，距市区约30千米。东邻四〇四林场；南部与鸿安种畜公司、电厂农场相连；西部与东胜乡、融通公司胜利基地接壤；北部与长水河农场毗邻，地属小兴安岭西南坡余脉地带，境内以浅山丘陵地貌为主，地势西低东高，境内海拔在270~360米，平均海拔320米。胜利林场总经营面积15299.79公顷，森林总蓄积594335立方米。林场有职工132人、离退休职工115人、管理人员17人、户籍人口1683人、常住人口129人。　（肖　尧）

【生态建设】 2022年，胜利林场完成幼林抚育26.5公顷、抚育123.33公顷、封山育林200公顷，义务植树4500株。做好退耕还湿地约333.3公顷的监管工作。加强省级自然保护区基础设施的保护和管理工作，全年完成中央森林生态效益补偿2878.07公顷，省级森林生态效益补偿1061.19公顷，天然商品林停伐补偿788.2公顷。（肖 尧）

【森林防火】 2022年，胜利林场落实省、市防火指挥部的建设要求，组建30人的半专业扑火队，严格落实森防责任，认真抓好网格化管理，利用道路、河流、土地、生物防火隔离带等条件，划分为4个网格，有效预防森林火灾的发生。对作业点每天进行一次巡检，督促防火安全。签订各类责任状171份，把防火责任落实到林场各户及作业点，落实到每个管护责任人。签订10户联保责任书154份，森林防火公约169份。加大森林防火宣传力度，深入周边村屯、农场，发放宣传单3100多份，插宣传旗850面，横幅30多幅，固定宣传牌34块，张贴森防命令6张，提高林区广大职工群众的森林防火意识。实行依法管火、依法治火。全年更新进灭火机具20台套。维修防火公路65千米，新建防火道路桥涵7处，解决多年雨大水毁的现象，更新涵洞31处，方便防火和生产运输，实现连续32年无重大森林火灾的工作目标。（肖 尧）

【资源保护】 2022年，胜利林场出动车辆40多台次对所有沟塘进行黑龙江林蛙捕捞清理和打击，销毁捕捞工具4条、劝退捕捞者23人，放生黑龙江林蛙300多公斤。打击违法捕捞、清理捕捞人员34人，清理销毁捕具56件。坚决打击各类破坏森林资源和野生动植物资源的违法行为。加强森林资源保护管理，重点打击拱地头、扩地边，非法蚕食林地和湿地现象，森林面积增加29.4公顷、森林蓄积量增长2万多立方米，增长率0.03%。组织清理路边、沟塘边、水库边农药瓶子2600多公斤，与种地农户签订农药瓶处理协议81份，完成约733.33公顷人工林虫鼠害防治工作。全年，胜利林场完成国家退耕还湿项目督查16公顷工作任务。（肖 尧）

【林业产业】 2022年，胜利林场推进种植结构调整，做好红树莓基地建设工作。全年红树莓产量13吨，产值23万余元，黑加仑3公顷，采收鲜果1600公斤，更新蓝莓地约0.13公顷，成活率达95%。购防寒布4万米，防寒6公顷。各职工家庭累计育存各种苗木300多万株。鼓励职工养殖业发展黄牛86头、绵羊301只和生猪24头，三大牲畜存栏410多头（只）。职工王洪君发展养鹿年底存栏90多只。（肖 尧）

【林区建设】 2022年，胜利林场新时代文明实践站工作推进“两堂一场”“两纵三横”新时代文明实践站建设，全年清理路边沟5300延长米，栽植各类花卉3万株；新时代文明实践讲堂授课4次，由75人组成的林场志愿服务队伍参加各种活动2000小时。新购置清雪机一台，加强场区环境卫生治理，新增垃圾箱5个。林场路两侧，栽种花卉三万多株，场区环境卫生整治工作不断加强。（肖 尧）

·解释说明·

“两堂一场”“两纵三横”：依托氧吧，建设林下讲堂；依托荷花池，建设清风荷塘；依托休闲广场，建设新时代文明实践广场。场区两条南北街道，三条东西街道，以不同的宣传内容，赋予街道名称，爱国路、和谐路、志愿街、富民街、仁爱街。

缸窑林场

【概 况】 缸窑林场隶属于北安市林业和草原局，位于北安市东南部60千米处。北与赵光镇、赵光农场有限公司、林木种子园接壤，东南部与杨家乡连接，西邻滨北铁路与自治林场毗邻。缸窑林场有职工200人，场区总人口472人。北安市缸窑林场经营总面积10114公顷，有林地面积为5435公顷，林辅用地4450公顷，其他229公顷。活立木总蓄积量68万立方米，森林覆盖率53.7%。（肖 尧）

【生态建设】 2022年，北安市缸窑林场按照市林业和草原局下达的生态建设任务，完成50公顷林冠下红松造林任务，成活率达到85%以上；完成场区绿化1500延长米，栽植绿化树种小叶丁香2万株。（肖 尧）

【林区建设】 2022年，通过向北安市人民政府、市林业和草原局申请和多方筹措资金，对市缸窑林场场区到东山大庆地15千米道路进行部分维修和山皮石铺垫，解决防火道路阻塞和百姓耕种道路不通的问题；改造林场居民房屋电路老化30多户；组织党员干部对场容场貌进行环境治理开展义务劳动清洁工作10多次，受到群众一致好评。对办公室300平方米厢房进行修缮和改造，建成读书室、大讲堂、智能高清系统为一体的综合性文明实践站，为党建工作添砖加瓦。新建一处面积96平方米北检查站，铺设白色路面院落300平方米，检查站设立监控、电子屏、景观灯等基础设施。完善提升南检查站、西检查站基础建设，系好森林防火“安全带”。（肖 尧）

【林业产业】 2022年，北安市缸窑林场明确产业发展思路，推进产业经济发展，结合生态建设，全年培育成规模平欧大果榛子84公顷、黑果花楸7.6公顷。林场职工依托资源优势发展养殖业，养猪存栏600多头、牛存栏80头、羊存栏160只、鸡存栏300只。（肖 尧）

【森林防火】 2022年，北安市缸窑林场执行“两个机制，六个系统”建设要求，围绕“三个不发生”工作目标，层层落实工作任务。制作警示标牌10块和永久性防火宣传牌2块、悬挂横幅16幅、防火旗1000多面，聘请专家开展防火知识讲座，并以视频方式上传网络宣传防火知识，组织防火队员进行防火安全培训和防火演练，为打赢林场防灭火“攻坚战”提供坚强保障。

（肖　尧）

·解释说明·

“两个机制”：建立严格有效的火源管理机制、健全有力的防扑火保障机制；“六个系统”：森林防火预警系统、科学的网格化指挥系统、畅通的防火通信系统、全覆盖的观察瞭望系统、完善的林火阻隔系统、严密的防火稽查系统。

“三个不发生”：不发生重特大森林火灾、不发生群死群伤事件、不发生烧毁林场和村屯现象。

【资源保护管理】 2022年，北安市缸窑林场强化依法治林执法力度，严厉打击破坏森林资源和野生动植物资源的违法犯罪行为。加强野生动植物及其栖息地保护管理，立案查处林场辖区内套野生狍子3只；对重点生态公益林进行常年巡山护林，签订管护责任书30份；森林病虫害做到测、报、防相结合，对核心区域实行重点监测，林场全年无大面积病虫害发生。

（肖　尧）

林木种子园

【概　况】 北安市林木种子园总经营面积380公顷，森林总蓄积36 171万立方米，落叶松母树林35公顷、云杉母树林20公顷、樟子松母树林66公顷，年均采集种子600公斤。全园人口40人，林业总户数13户，职工总数29人。

（肖　尧）

【生态建设】 2022年，北安市林木种子园完成种子园场区至南大门道路两侧长达3千米绿化工程建设，栽植采摘园果树成活率达到95%以上。

（肖　尧）

【森林防火】 2022年，北安市林木种子园遵照市林草局下达森林防火工作要求，加大宣传力度，增设临时检查站1个，增加巡护密度一天2次、开展清山、清林和清河套工作，清除无证入山人员45人，放牧人员6人，在高防火期时全体工作人员全部充实到防火一线，对重点部位实行24小时看守，确保全年无森林火情、火警的发生。

（肖　尧）

【林业产业】 2022年，北安市林木种子园发展产业项目，在支部帮扶、党员示范带动下，引领职工发展家禽养殖等产业经济项目，养殖大鹅1000只、生态鸡1500只、生猪15头，职工增加收入25万元。

（肖　尧）

【林区建设】 2022年，北安市林木种子园维修场区至四连2000米道路垫砂石、生产区道路1000米下设涵管2处、场区东至北沟子下涵管1处、场区南下涵管1处、采摘园道路垫砂石，美化场区周边环境，同时改善了职工的生活条件。

（肖　尧）

新闻人物

曲春雨　1996年7月出生于黑龙江省北安市，女，硕士研究生，中国女子短道速滑运动员。上小学之后，曲春雨被学校的体育老师推荐给北安市体校教练。2004年，她进入黑河市体校。2008年，进入黑龙江省青年集训队。2009年，进入黑龙江省体工队。2016年，成为国家女子短道速滑队队员。2016年1月，在短道速滑保加利亚世青赛中，曲春雨打破青少年世界纪录获得500米、3000米接力两枚金牌，并且在1000米决赛中获得冠军，最终成为中国短道速滑队世青赛23年历史上的首位全能冠军，被世界短道速滑界誉为“天才少女”。2019年11月参加2019—2020赛季国际滑联短道速滑世界杯女子3000米接力决赛、男女混合2000米接力决赛，国际滑联短道速滑世界杯女子3000米接力赛中均获得冠军。2022年1月14日，2022北京冬奥会短道速滑选拔赛中，曲春雨获得女子500米决赛冠军。2022年1月15日，曲春雨入选中国短道速滑队北京冬奥会名单。2022年1月27日，曲春雨入选北京冬奥会中国体育代表团短道速滑队。2022年2月5日，在北京冬奥会短道速滑2000米混合团体接力赛中曲春雨和队友范可新、张雨婷、武大靖、任子威一道顽强拼搏，经过预赛、半决赛、决赛几轮激烈争夺，最终以2分37秒348的成绩险胜第二名意大利队0.016秒，获得冠军，为中国体育代表团收获北京冬奥会的首枚金牌。2022年4月，曲春雨被北京冬奥会、冬残奥会表彰为突出贡献个人。2022年7月，曲春雨荣被国务院授予“北京冬奥会、冬残奥会突出贡献个人”称号，同时获黑龙江省人民政府颁发的黑龙江省劳动模范称号。

牛升海　1970年1月出生，笔名山丁子。黑龙江省东宁人。黑龙江省作家协会会员，现任北安市文联主席。1991年7毕业于牡丹江农校。自幼热爱文学，从事文字写作26年。历任北安信息报（设有文学专栏《乌裕尔》）总编、文学期刊《乌裕尔》执行总编、北安市红色历史文化研究会会长和《北安红色历史文化》总编，被《散文选刊》聘为2018年签约作家。2008年开始发表作品，多为红色历史文化题材。著有长篇报告文学《向北方》《中流砥柱》、散文《蛇的故事》《老鼠的故事》《熊的故事》《认识方志敏》等一批作品，在《海外文摘》《散文选刊》《北方文学》《黑龙江日报》《宝塔山》《乌裕尔》等文学刊物上发表。曾担任《北安市志》的总编，参与了《文兴北安》《红色印迹》《延安精神在北安》等书籍和《中流砥柱》等连环画的编辑工作。积极参与北安红色历史文化研究工作，所撰写的《万里关山赴北安》《向北方到革命最需要的地方》《“窑洞大学”里的干部“成长密码”》《中共黑龙江省工委在北安建立》《老兵新传——反映北大荒的第一部影片》等文章，分别在《学习时报》《奋斗》《党的生活》上发表。散文《认识

方志敏》被收入方志敏干部学院编辑的《永远的景仰——文人诗话方志敏》，并获“2018年度优秀散文排行榜第30名”。2022年，散文《老鼠的故事》在“2022年度中国散文年会”评选中获二等奖。

李宝峰 1986年出生，自幼接触木雕技艺，2009年开始研究学习北安木雕。2017年，成立北安市峰雕文化创意设计有限公司，传承人李宝峰致力于非遗传承与文化创意设计工作，近年来作品共获得国内外木雕艺术设计奖项30多项。李宝峰让北安木雕技艺从濒临失传的境地重新走向熠熠生辉，并在他不断的努力研学创新下让北安木雕在全国有了很大的知名度，多次被新华社、人民网等多家主流媒体报道。

北安木雕最早出现在清晚期，是由游牧民族与中原移民融合共创的一门木雕技艺。在漫长的历史进程中，创新发展成了北安木雕技艺，并与北安市文化融合，形成具有北安地方特色的木雕工艺。经过岁月的传承和创新，各式题材的木雕作品经过一代又一代的苦心摸索，成为艺术境界和艺术技巧独树一帜的艺术品。2022年8月18日，北安木雕传承人李宝峰参展的木雕作品《莲下悟心》在第二届中国艺术美术博览会开幕式暨第八届中国工艺美术大师颁证大会上获“第二届百鹤杯工艺美术设计创新大赛百鹤新锐奖”。

吴明君 1976年4月出生，现任中国民间文艺家协会会员，中华文化促进会剪纸艺委会参会委员，中国青少年艺术家协会会员，黑龙江省工美协会会员，黑龙江省民协会员，黑龙江省剪纸协会会员，北安市政协委员，黑河市版

画协会理事，黑河市工艺美术大师，“北安程氏剪纸”非遗传承人，北安市剪纸协会副主席，是“中国一级工艺美术大师”傅作仁先生的亲传弟子，2016年曾参加文化部、教育部举办的非遗人群研修研习培训班。2017年吴明君成立了剪纸工作室，2018年工作室被授予“中国乡土艺术协会民族文化专业委员会黑龙江分会剪纸创作基地”“中国国家书画研究院黑龙江省北安市剪纸创作基地”的称号。2021年，吴明君剪纸工作室成功申请“巧姑”剪纸品牌。作为“北安程氏剪纸”的第三代传承人，吴明君的剪纸在继承东北热烈淳朴民风的前提下，题材更加广泛，风格天真烂漫，形式灵活多变，手工技艺精湛，构图大气优美，尤擅长套色剪纸、染色剪纸、填色剪纸、分色剪纸等。吴明君还将传统技艺与现代工艺相结合，开发出许多剪纸衍生品，如剪纸服饰、剪纸瓷器、剪纸书签、剪纸扇、剪纸伞、立体浮雕剪纸等等，让传统文化走进百姓生活，取得较好效果。

作为一名剪纸教师，吴明君一直以传承剪纸、培养剪纸接班人，壮大剪纸队伍为己任。通过多种形式培训剪纸学员千人以上，发展剪纸会员30多人，培养出市级工美大师9人，学生们的剪纸作品也在全国剪纸大赛中屡屡获奖。吴明君把所有的业余时间放在钻研剪纸上，创作出一大批讴歌时代、赞美家乡的精品力作。如《中国历代文化名人百图》45米剪纸长卷、《中国梦好日子》系列、《黑龙江大桥》、《北安的十个第一》、《迎庆二十大 奋进新征程》、《祝寿百年》等作品，均得到了社会高度认可。吴明君的剪纸作品在国内外获奖达100多次，其中国际银奖1次、优秀奖1次；国家级金奖7次、银奖5次、铜奖4次、优秀奖7次；省级金奖1次、银奖2次、铜奖3次、优秀奖2次；地市级奖项多次；剪纸作品被各级博物馆收藏5套；被编入书剪纸作品几十幅。2018年吴明君带领会员和学生与延安剪纸艺术家共同创作出111米的“庆丰收”剪纸长卷，史无前例。2022年10月，吴明君组织协会成员拍摄大型视频“迎庆二十大 锦绣中国红”剪纸走秀活动，把剪纸与旗袍完美结合，在剪纸界是一个新亮点。同年，吴明君在北安政协书画院成功举办了为期一个月的个人剪纸展，得到了市领导和社会各界的赞誉。同时，吴明君的作品《葵花朵朵向太阳，百姓心系共产党》在“中国 渭南‘歌唱新生活 喜迎二十大’全国剪纸邀请展”获得银奖。

王春艳 1978年4月8日出生北安市，省级非物质文化遗产乌鱼绣第四代传承人，北安市乌鱼绣工艺品有限公司总经理，北安市乌鱼绣职业技术培训学校校长，省级技能大师工作室创始人，省级非遗研学教育基地负责人。“乌鱼绣”起源于东北，是乌裕尔河流域融合满族、汉族、鄂伦春等民族刺绣技法形成的独具特色的刺绣流派，因绣工多集中在乌鱼镇而得名。乌鱼绣兼有满绣、索伦绣与苏绣、鲁绣特点，质朴细腻，凝重厚实，是吸收各民族刺绣技法而形成的独具东北特色的刺绣流派。王春艳作为北安乌鱼绣第四代传承人，经过三十多年悉心钻研，传承并创新乌鱼绣刺绣技艺，技艺精湛。同时，她举办培训班传承技术，使这门古老的民间

艺术为更多的人所熟知，并走向市场。2006年在通北创办的丰硕手工艺店（乌鱼绣绣庄）；2013年在北安创办的乌鱼绣工艺品有限公司；2017年在赵光创办的乌鱼绣孵化基地；2018年在北安创办的乌鱼绣传承展示基地和体验馆；2021年在北安创办的乌鱼绣研学实践教育培训基地。五处基地采取“传帮带”和集中展示、演讲、培训，广泛开展对农村劳动力技能培训，并辐射到周边市县。先后免费培训农村劳动力6800多人，帮助农民增加收入。

王春艳曾被黑龙江省妇女联合会授予“黑龙江省城乡妇女岗位建功先进个人”荣誉称号；她的作品参赛多次获得市级一等奖，省级优秀奖、铜奖和省博览会二等奖等。2022年12月16日，文化和旅游部非物质文化遗产司发布《关于“非遗工坊典型案例”推荐名单的公示》，北安乌鱼绣非遗工坊《乌鱼绣：飞针走线就业忙》入选，是黑龙江省唯一入选的“非遗工坊典型案例”。

模范人物

尚玉山　1946年4月出生在黑龙江省北安。1965年3月入伍，服役于沈阳装甲部队某师，1967年7月加入中国共产党，服役期间担任班长（代理排长）职务，1969年12月因病退伍，退伍后党组织关系转移到法华社区党总支，现任北安市铁南志愿服务总队队长。

尚玉山是抗日英雄尚大嫂的后代，但他从不以此自傲，而是弘扬革命精神。他经常告诫自己：“爱母亲就要循着母亲的足迹默默地前行，爱党就要为人民做好事”。尚玉山用实际行动诠释了他对“爱”的理解。

作为一名优秀的共产党员，无论是在部队还是在地方，尚玉山都把人民利益摆在第一位，他说“我们是种子，人民是土地，不论我们走到哪里都要发挥党员的先锋模范作用，在人民的中间生根开花”。几十年来，善良淳朴的尚玉山积极投入到为居民排忧解难的服务中，始终心系群众、默默奉献、义务服务，从不计较个人得失，用实际行动坚守承诺、弘扬社会正能量、彰显大爱与担当。2018年获黑龙江省“龙江好人榜”提名榜、“中国好人榜”提名榜、黑龙江省“感动龙江”人物提名奖、黑龙江省“最美家庭”称号、全国“最美家庭”称号；2019年获全国“中国好人”称号、黑龙江省“龙江好人”称号、全国“最美家庭”称号、黑龙江省“龙江最美家庭”称号、“黑龙江省最美退役军人”称号、“全国模范退役军人”称号；北安市妇联“最美家庭”称号；2020年获“全国优秀共产党员”称号、“全国抗击新冠疫情先进个人”称号、黑龙江省“最美家庭”称号；2021年获北安市第三届劳动模范称号。2022年5月，尚玉山家庭被全国妇联授予“全国五好家庭”称号。

他带领党员爱心服务队人员常年清理铁路跨线桥。无论天气多么寒冷，他都以雪为令，忍着双腿疼痛，天还没亮，他就带领着队员来到铁路跨线桥清雪，主动当起义务清雪工，保障了辖区居民出行安全，一干就是几十年。铁南爱心志愿服务队成立后，在他的感召下，志愿者逐渐增多。同时，几十年来尚玉山义务坚持为辖区孤寡老人、残疾人、困难人群义务理发，最多时每天要服务50多人，但他从没说过苦、喊过累，始终坚持着哪里有需要，他就到哪里，受到了群众的一致好评。尚玉山所做的虽然都是一些平凡小事，但他一直坚持，从没动摇过。他作为一名退役军人始终用自己坚持不懈的努力，推动着街道社区事业的发展，用自己的爱心关注着群众的生活，用自己的实际行动影响和带动着党员义务服务队，在尽职尽责地为群众服务中升华着自我，体现着自身价值。尚玉山所做的虽然都是一些平凡的小事，但于平凡中铸就了伟大。他以自己是英雄的后代为自豪，他继承了尚大嫂的伟大品格，以为人民服务作为自己人生的信念，用无私帮助他人来实现社会和谐，用自己的实际行动影响和带动邻里，不愧是英雄的后代！

李　丹　1981年11月出生，中共党员，硕士研究生，高级工程师，现任北安市交通运输综合行政执法大队大队长，市雷锋车队发起人、党支部书记，既是一名交通业务能手，又是一名优秀的党务工作者。工作中爱岗敬业用心服务，倡导智慧交通文明执法，生活中热心公益心系百姓，在行业重要期刊、报纸、杂志等发表行业见解、评论、报道等文章百余篇，组建“雷锋车队”，创建“雷锋精神纪念馆”，引领和带动了一大批人学雷锋做好事。2018年12月，李丹被中国交通运输部授予“优秀创作个人”称号；2019年3月，被黑龙江省委宣传部授予“全省岗位学雷锋标兵”称号，2020年被中国交通报授予“优秀特约记者”和“抗疫先进个人”称号；2021年1月，被黑龙江省总工会授予“全省最美女职工”称号；2021年10月，被中华全国妇女联合会授予“全国最美家庭”称号；2020年12月，被黑龙江省交通运输厅授予“优化营商微笑明星”称号。

李丹在的哥的姐中建立了党的文明窗口，成立雷锋车队党支部，在大街小巷传播党的声音和政策，全心全意服务老百姓，成为共产党移动的“红色堡垒”。他们用身边真实的事件拍摄完成“党旗下的承诺”“学雷锋在行动”“工人有力量中华少年强”等MV，并在《人民日报》客户端、省交通厅政务号发布。一路帮助的哥的姐成长为城市文明窗口的一张张“最美的名片”，获得“黑龙江省先进基层党组织”“全省优秀志愿服务组织”以及中国交通运输部“全国交通运输行业文明示范窗口”和中宣部“全国学雷锋活动示范点”称号。

李丹重视个人党性修养的提高，走进革命圣地延安学习红色文化。为解决企业降本增效问题，实地了解运输企业以及车主的实际困难，多次自费去北京与行业专家和学者沟通学习，并利用个人假期坚持参加“中国绿色货运行动研讨会”和“道路客运”站、运、游融合发展研讨会”等重要全国性行业会议，为家乡成长为北方交通强镇积极献计献策；为解决行业职工子女假期无人看管问题，带动家人和朋友自筹资金创办“职工子女托管中心”，该中心不仅义务提供孩子的课业辅导，还兼具爱国主义教育和德育教育，获得了中华全国总工会“职工爱心托管班”荣誉称号。

她组建“雷锋车队”创建“雷锋精神纪念馆”倡导人人岗位学雷锋。十年间，发起和组织的大型公益活动上千次，普法宣传、打非治违、源头治超，看望贫困户、孤寡老人、留守儿童，号召社会力量资助寒门学子圆梦大学，讲雷锋故事、唱雷锋歌曲、无偿献血等，处处都少不了她的身影。

2020年，作为基层女干部她勇于担当敢于逆行，带领雷锋车队主动请缨成立“党员先锋队”用车轮义务为百姓架起“生命绿色通道”，交通管控下完成一次又一次生命接力，获得百姓一致认可并称他们为“救命的车队”，各级媒体报纸也纷纷报道称赞，新华社“最冷的日子最暖的守护”和“在这特殊的日子里，有我‘护送’你”当日点击浏览量双双过百万人次，李丹再次带领雷锋车队获得了黑龙江省“抗疫英雄——抗疫雷锋在身边”抗疫战队和“战疫有我感动龙江”群体荣誉称号。

扎根基层服务百姓，无私奉献积极作为，李丹用共产党人的执着和情怀，诠释着新时代交通人的奉献精神。把“党性原则高于一切”作为自己的座右铭，把“为人民服务”作为自己生命价值的追求，用柔弱的臂膀承担着付出爱守护爱的力量。在平凡的岗位上尽己所能燃烧着一个共产党人的青春岁月。

邢国志 1968年5月出生。现任北安市公路事业发展中心车队长，自1986年12月参加工作以来，便把全部心血、汗水都倾洒在所热爱的公路事业上，工作几十年如一日，勤勤恳恳、不怕脏不怕累、埋头苦干、顽强拼搏，研制革新多种大中小型养护机械设备，提高了公路养护工作效率，减轻了养路员工的负担，创造了很大的经济效益和良好社会效益，用辛勤的汗水谱写了一名公路人爱岗敬业的奉献精神。说到邢国志，同事们对他的印象是有韧劲。十八岁时，邢国志选择了当一名普通的养路工人。有人说：“少年一贯快马扬帆，要为一片海肯翻越万山。”正值人生最灿烂年华的他，走进了养护道班，凭着一把铁锹、一把扫帚，开始了养路工作的生涯。多年来，邢国志干一行，钻一行，在工作中不仅要做好，更要做“新”。他在一线工作中发现养路工人同事在夏季清理公路两侧路肩杂草时，人工用镰刀打草，效率非常低，但要是用肩扛式打草机，效率虽然会提高，但是打完的草离地面距离不一样，高低不平，效果不理想。如何让“鱼和熊掌”兼得呢？邢国志的“韧劲”上来了，他凭着自己对机械运用的经验，上网查找资料，请教有制作机械设备经验的老师傅，制作图纸，亲自操刀，反复实验，经过近两个月的时间制作出一台打草机。他研制的打草机看上去虽不美观，但在实际打草中，成本降到每千米近千元，每年可以节约养护资金4万元左右，并且打草效果让路肩两侧的草看起来就像草坪一样，形成一道绿色彩带，镶嵌在公路两侧，为行驶在公路上的驾驶员提供了“畅、洁、舒、美”的通行环境，同时也减轻了养路工人同事的工作压力，大家纷纷给他点赞！到了冬天，冬季除雪也是公路养护部门一项重要任务，除雪不干净，公路上就容易造成交通事故。一台大型除雪设备价值百万元，单位没有资金购买。身为车队队长的邢国志“韧劲”又来了，他开始对有大型除雪设备的养护单位进行调研，反复观摩，掌握机械原理，组织人员开始了研制工作，制作滚筒式带刀刃的雪滚，通过大马力拖拽，虽然没有液压传动装置，但实地除雪效果比较理想。经过多次反复试验后，邢国志又在筒内进行加重处理，除雪效果理想而且除冰的效果更理想，大家让邢国志给机器起名字，邢国志思考片刻说：“叫他‘雪兔’吧”。就这样，两台除雪设备“雪兔”在邢国志的不懈努力下诞生了，这两台设备当年给单位节约除雪资金近12万元，提高了工作效率，减轻了员工的负担，产生很大的经济效益和良好的社会效益。三十六年如一日的坚守，他把青春和汗水挥洒在公路上，把平凡的工作做到极致。三十六年很长，长得可以改写人生；三十六年很短，弹指一挥间，短得只有那绵延十几里的北安路。2022年4月，邢国志被交通运输部授予第一届“最美公路人”称号。

个人荣誉

国家级个人荣誉

2022年4月8日，北安籍短道速滑运动员曲春雨被国务院授予“北京冬奥会、冬残奥会突出贡献个人”称号。

2022年4月，邢国志被交通运输部授予第一届“最美公路人”称号。

2022年5月15日，尚玉山家庭被全国妇联授予“全国五好家庭”称号。

2022年12月12日，黑龙江飞鹤乳业有限公司董事长冷友斌当选中华全国工商业联合会第十三届执行委员会副主席，冷友斌是黑龙江北安人，是本届全国工商联副主席中唯一一名黑龙江企业家。

黑龙江省第十三届劳动模范

司洪生　北安宜品努卡乳业有限公司安全员

王远超　北安市第一人民医院副院长

周春文　北安市东和现代农机专业合作社理事长

王成仁　北安象屿金谷生化科技有限公司维修班组长

王智华　被黑龙江省退役军人事务厅授予“2022年度百名优秀主任（站长）”称号

高　超　被黑龙江省退役军人事务厅授予“2022年度百名优秀主任（站长）”称号

黑河市第二届道德模范

于福龙　黑龙江省匠心厨艺管理有限公司总经理（北安）

王春艳　北安市乌鱼绣工艺品有限公司总经理

北安市第三届劳动模范

邢国志　北安市公路事业发展中心车队长

吴　晋　北安市第一中学教师

郝　欣　北安市和平小学教师

董晓静　北安市和平街道办事处东北亚社区书记

王金旭　黑龙江人民广播电台九一八台机务股股长

潘国海　北安市人社局副局长、劳动保障监察大队负责人

李　斐　北安市应急管理局副局长、监察大队负责人

马骊驹　北安市环境卫生维护中心站长

邢跃涛　北安市路灯站副站长

王远超　北安市第一人民医院副院长、重症科主任

张力国　黑龙江省第三医院院长、精神科主任医师

滕海涛　北安税务局赵光税务分局副局长

徐秀萍　北安象屿金谷生化科技有限公司总经理

司洪生　北安宜品努卡乳业有限公司安全管理员

郭长青　国能北安市热力有限公司总经理

汤云燕　省交投高速公路运营管理有限公司北安养护分公司工会副主席

孟祥伟　国网黑龙江北安市电业局有限公司通北供电所所长

郭海峰　邮政集团有限公司黑龙江省北安市分公司农村投递员

崔洪波　北安市鸿博电子商务有限公司总经理

贾艳蒙　北安市阳光志愿者协会会长

尚玉山　北安市铁南志愿服务总队队长

许艳君　北安市家政服务就业中心育婴员

姜海阳　北安顺丰速运公司收派员

王福贵　北安市宇新农机专业合作社理事长

周春文　北安市东和现代农机专业合作社理事长

李云波　北安市杨家乡模范村党支部书记

集体荣誉

国家级集体荣誉

2022年1月7日，根据中华人民共和国人力资源和社会保障部办公厅《关于公布第五批国家级充分就业社区名单的通知》，人社厅函〔2022〕1号，北安市和平街道东北亚社区获批“国家级充分就业社区”称号。

2022年1月，文化和旅游部下发《文化和旅游部关于公布第五次全国文化馆评估定级上等级文化馆名单的通知》，全国共2734家单位被命名为上等级文化馆。黑龙江省共79家单位入围，其中一级文化馆33个、二级文化馆15个、三级文化馆31个。北安市群众艺术馆入围一级文化馆。

2022年4月27日，根据农业农村部办公厅 财政部办公厅下发的《关于公布2022年农业产业融合发展项目创建名单的通知》（农办计财〔2022〕6号），北安市获评2022年国家级农业优势特色大豆、乳品产业集群项目建设市称号。

2022年4月27日，根据农业农村部办公厅 财政部办公厅下发的《关于公布2022年农业产业融合发展项目创建名单的通知》（农办计财〔2022〕6号），北安市城郊乡获国家级“2022年农业产业强镇”称号。

2022年8月14日，公安部下发《关于2020和2021年度公安监管场所等级评定情况的通报》（公监管〔2022〕407号），北安市看守所获批“全国公安机关一级看守所”称号。

2022年11月30日，根据国家发展和改革委员会下发的《关于表彰全国农产品成本调查工作先进集体和先进个人的通知》(发改价格〔2022〕1807号)，北安市发展和改革局获批“先进集体”表彰殊荣。

2022年12月12日，根据农业农村部办公厅下发的《关于开展全国农村集体产权制度改革工作先进集体和先进个人的通知》(农办政改〔2022〕6号)，北安市农村合作经济经营指导总站获批“全国农村集体产权制度改革工作先进集体”称号。

2022年12月27日，根据共青团中央、教育部、全国少工委下发《关于表彰2022年度全国优秀少先队员、全国优秀少先队辅导员、全国优秀少先队集体的决定》，北安市和平小学少先队大队获批“全国优秀少先队集体”称号。

2022年12月，北安市主星乡“侨胞之家”获评2021—2022年度全国侨联系统“侨胞之家”典型选树单位。

2022年12月，北安市体育事业发展中心被国家体育总局授予“2022年全国冰雪运动发展突出贡献奖”。

黑龙江省集体荣誉

2022年1月7日，通北镇基层党组织获评省委组织部授予黑龙江省标杆型基层党建示范点荣誉称号。

2022年3月，北安市统计局被黑龙江省人民政府第七次全国人口普查领导小组、黑龙江省脱贫攻坚普查领导小组授予黑龙江省第七次全国人口普查先进集体称号。

2022年4月20日，黑龙江省精神文明建设指导委员会印发《关于命名第二十届省级精神文明创建先进集体的决定》，北安市教育体育局获“黑龙江省第二十届文明单位”称号。

2022年4月20日，北安市通北镇被省精神文明建设指导委员会授予黑龙江省文明乡镇标兵称号。

2022年6月10日，通北镇党建工作被黑龙江省委组织部授予黑龙江省全省“强乡赋能”改革试点荣誉称号。

2022年8月30日，北安市妇女联合会被纳入2022年黑龙江省第一批儿童友好城市培育名单。

2022年10月30日，黑龙江省青年文明号、青年岗位能手活动组织委员会授予北安市第一人民医院检验科“第20届黑龙江省青年文明号”称号

2022年11月15日，北安宜品努卡乳业有限公司被黑龙江省发展非公有制经济(中小企业)工作领导小组列入龙江质量品牌优秀民营企业50名单，并被黑龙江省信息化厅予以表彰。

2022年，杨家乡获黑龙江省级“文明乡镇”“全省百家示范型退役军人服务站”。

2022年，九一八台获得中共黑龙江省精神文明建设指导委员会颁发的“省级文明单位标兵”称号。

北安市 2022 年国民经济和社会发展统计公报

北安市统计局

2023 年 4 月 28 日

2022 年，北安市委、市政府统筹疫情防控和经济社会发展，统筹发展和安全，坚持稳中求进工作总基调，完整、准确、全面贯彻新发展理念，加快构建新发展格局，着力推动高质量发展，全市经济持续稳定恢复，主要经济指标运行在合理区间，经济发展韧性持续增强。

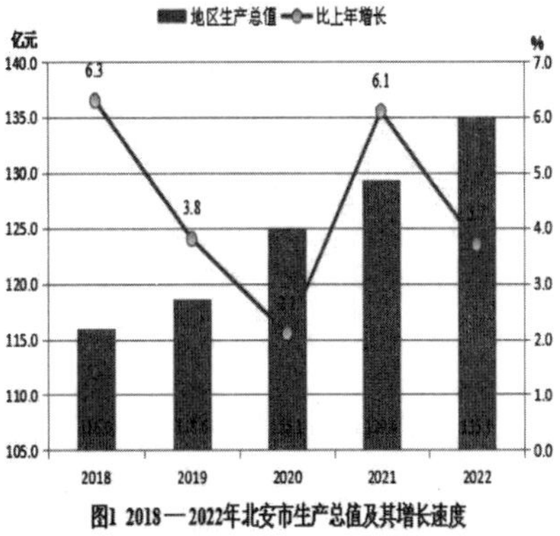

图1 2018—2022年北安市生产总值及其增长速度

一、综　合

国民经济。初步核算，2022 年，北安市地区生产总值（GDP）135.1 亿元[1]，按不变价格计算，同比增长 3.7%。其中，第一产业增加值 38.6 亿元，同比增长 0.6%，拉动 GDP 增长 0.1 个百分点；第二产业增加值 16.7 亿元，同比下降 0.3%；第三产业增加值 79.8 亿元，同比增长 6.1%，拉动增长 3.6 个百分点，对经济增长的贡献率达 95.8%。

“三次产业”结构为 28.6∶12.3∶59.1。

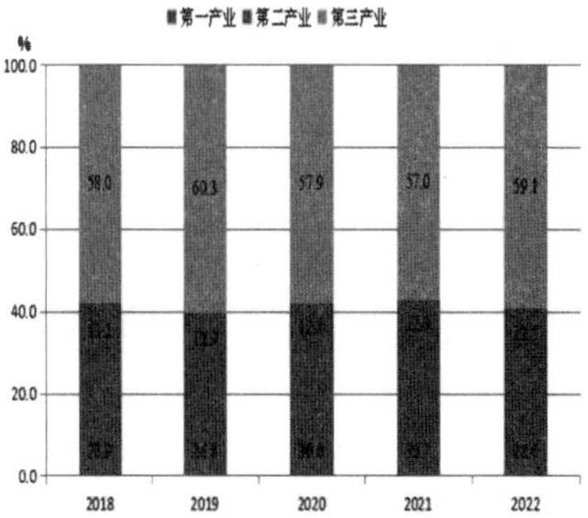

图2 2018—2022年三次产业增加值占地区生产总值比重

二、农　业

农林牧渔业。农、林、牧、渔业总产值 69.8 亿元，按可比价格计算，比上年增长 1.1%。其中，农业产值 49.6

[1] 按照我国国内（地区）生产总值 (GDP) 核算和数据发布制度规定，年度 GDP 核算包括初步核算和最终核实两个步骤。经最终核实，2021 年，北安市生产总值 (GDP) 现价总量为 129.4 亿元，按不变价格计算，比上年增长 6.1%。

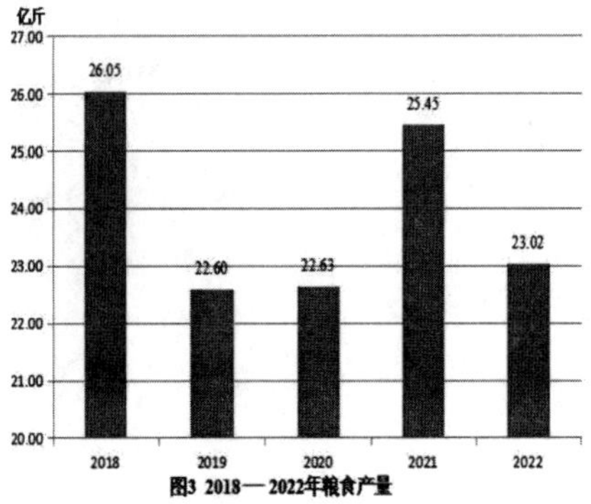

图3 2018—2022年粮食产量

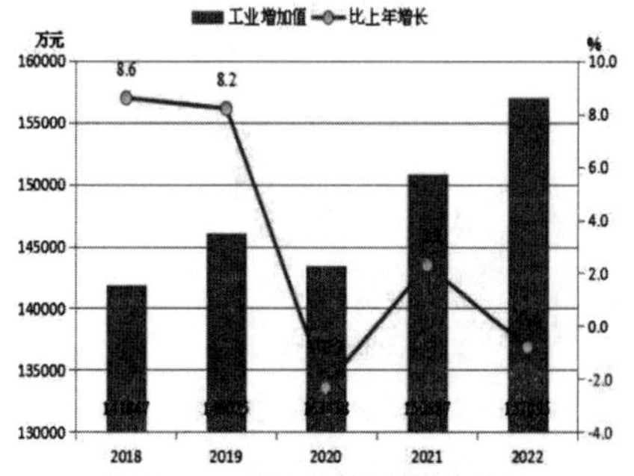

图4 2018—2022年全部工业增加值及其增长速度

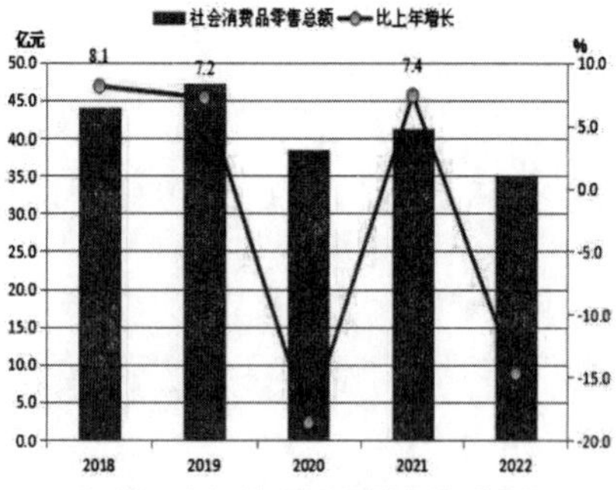

图6 2018—2022年社会消费品零售总额及其增长速度

亿元，下降0.4%，占农、林、牧、渔业总产值的比重为71.0%；林业产值4.4亿元，同比增长0.2%，占比为6.3%；畜牧业产值11.3亿元，同比增长6.9%，占比为16.2%；渔业产值1.4亿元，同比增长9.2%，占比为2.0%；农林牧渔专业及辅助性活动产值3.1亿元，同比增长3.0%，占比为4.5%。

粮食生产。粮食作物播种面积33.75万公顷。其中，大豆播种面积25.21万公顷、玉米播种面积7.40万公顷、水稻播种面积0.71万公顷。粮食作物总产量11.51亿公斤，其中大豆产量5.34亿公斤、玉米产量5.53亿公斤、水稻产量0.49亿公斤。

畜牧业生产。年末，猪存栏12.2万头，较上年末减少6.2万头，同比下降33.6%。其中，能繁母猪存栏1.2万头，减少0.2万头，下降14.5%；牛存栏3.4万头，增加0.1万头，增长3.7%；羊存栏3.6万只，增加0.1万只，增长2.8%。全年，猪出栏21.9万头，较上年减少0.2万头，同比下降1.0%；牛出栏2.1万头，增加0.1万头，增长4.3%；羊出栏4.2万只，增加0.2万只，增长4.3%。全年猪牛羊禽肉产量比上年增长14.2%。

三、工业和建筑业

工业生产。工业增加值，按不变价格计算，比上年下降0.8%，占GDP的比重为11.6%。规模以上工业增加值可比增长1.4%。

工业效益。规模以上工业企业[2]，营业收入比上年增长4.4%；税金总额增长76.8%；利润总额亏损；利税总额下降95.9%。

建筑业。建筑业增加值，按不变价格计算，比上年增长8.6%，占GDP的比重为0.7%，对经济增长的贡献率为1.3%。具有资质等级的总承包和专业承包建筑业企业，建筑业总产值比上年增长20.0%；房屋建筑施工面积5.59万平方米[3]，下降51.0%；房屋竣工面积0.06万平方米，下降83.1%。

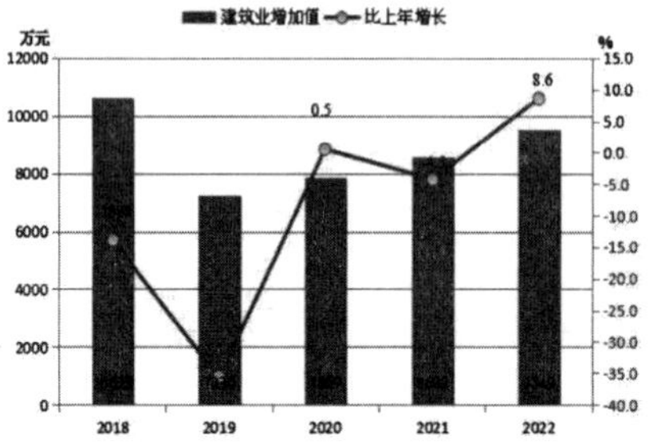

图5 2018—2022年建筑业增加值及其增长速度

四、贸　易

消费市场。社会消费品零售总额35.2亿元，比上年下降14.7%。批发业商品销售额54.7亿元，增长57.5%；零售业商品销售额31.9亿元，下降6.3%；住宿业营业额0.6亿元，增长5.2%；餐饮业营业额5.1亿元，增长5.8%。

五、固定资产投资

固定资产投资。固定资产投资（不含农户），比上年增长10.4%。其中，建设项目投资增长1.1%，占固定资产投资（不含农户）的比重为87.0%，拉动其增长1.0个百分点；房地产开发投资增长1.9倍，占比为13.0%，拉动增长9.4个百分点。第一产业投资增长18.7%，占比为13.0%，拉动增长2.3个百分点；第二产业投资下降29.8%，占比为21.0%，拉动下降9.8个百分点；第三产业投资增长32.7%，占比为66.0%，拉动增长17.9个百分点。国有控股投资增长30.6%，占比为71.7%，拉动增长18.5个百分点。

产业项目。产业项目投资10.9亿元，按可比口径计算，比上年下降12.7%；开（复）工产业项目15个，下降11.8%。

房地产项目。房地产开发投资6.2亿元，比上年增长185.5%。房屋施工面积117.5万平方米[4]，增长36.0%。商品房销售面积6.6万平方米，增长9.5%。

[2] 按照统一要求，本年规模以上工业企业数据剔除“国网黑龙江北安市电业局有限公司”相关数值。

[3] 房屋建筑施工面积和竣工面积统计范围为资质内联网直报建筑业企业。

[4] 房屋施工面积和商品房销售面积统计范围为有在建房地产开发项目的联网直报房地产开发企业。

六、交通运输和邮电

交通运输。铁路客运量22.82万人，比上年下降48.8%；货运量278.97万吨，增长18.5%。公路客运量127万人，增长5.6%；货运量129万吨，下降6.0%。

邮政电信。邮政业务总量0.46亿元，比上年增长7.3%。电信业务总量1.6亿元，增长4.7%。年末固定电话用户3.1万户；移动电话用户33.1万户；宽带用户10.2万户。

七、财政和金融

财政收支。一般公共预算收入6.4亿元，比上年自然增长5.6%，扣除留抵退税因素后可比口径增长8.1%。其中，税收收入3.0亿元，自然增长2.9%，可比口径增长8.1%；非税收入3.4亿元，增长8.0%。一般公共预算支出49.4亿元，增长8.0%，其中一般公共服务、公共安全、教育、社会保障和就业、城乡社区、住房保障支出分别增长39.9%、16.4%、4.4%、4.1%、87.6%、34.0%。

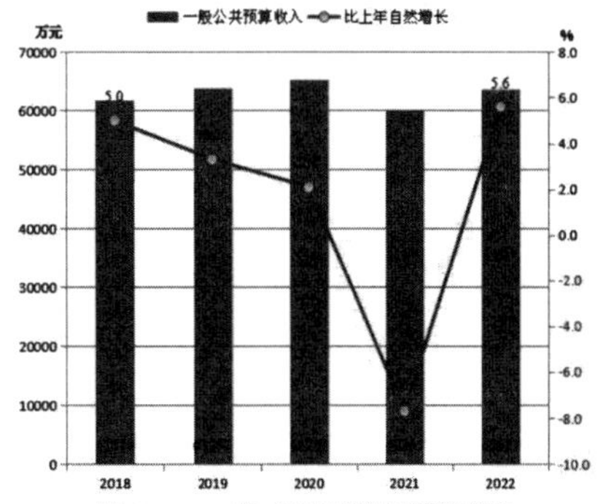

图7 2018—2022年一般公共预算收入及其增长速度

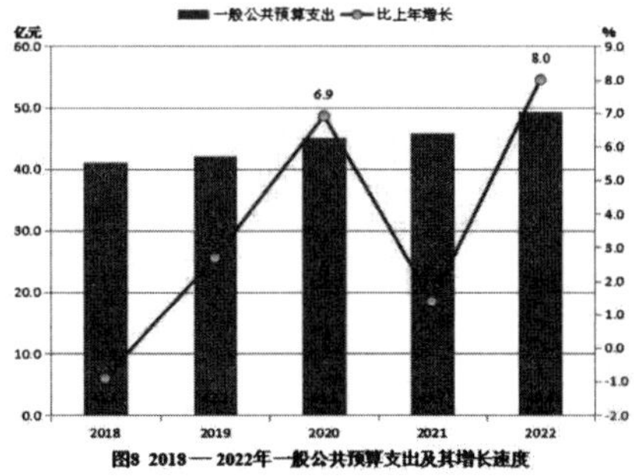

图8 2018—2022年一般公共预算支出及其增长速度

金融市场。年末，金融机构人民币存款余额296.4亿元，比上年末增长15.0%；贷款余额152.2亿元，增长0.5%。

八、教育、文化和卫生

教育事业。全市有小学学校20所(包含9所教学点)，初中学校11所(包含九年一贯制学校6所)，高中学校5所(包含完全中学3所)，特殊教育学校1所。小学教师1249人，中学教师912人，高中教师584人，特殊教育教师57人。小学在校生9887人，中学在校生6 387人，高中在校生5323人，特殊教育在校生144人。北安一中教学质量位居全省县(市、区)前列，有1名学生被北京大学录取。

文化产业。年末拥有公共图书馆1个，总藏书量12.6万册，博物馆16个，免费开放接待49.3万人次。群众艺术馆1个。电影院2个，接待观众人数7.4万人次。全年接待游客174.1万人次，旅游收入实现6.76亿元。

医疗卫生。全市共有医疗卫生机构108个，床位数2070张。卫生技术人员2851人，其中执业医师865人；注册护士1184人。医疗机构总诊疗人次85.9万人次。

九、人口、人民生活和社会保障

人口结构。年末，常住人口29.9万人。户籍人口40.2万人。其中，城镇人口24.7万人，占户籍总人口的比重为61.5%；乡村人口15.5万人，占比为38.5%。总户数18.6万户，比上年减少1062户。年平均人口40.4万人，平均每户2.16人。男性多于女性0.4万人，性别比为102。出生人口936人，比上年减少69人；死亡人口2340人，比上年增加118人；人口自然增长率–3.50‰。

居民收入。全年，城镇常住居民人均可支配收入32931元，比上年名义增长3.3%；农村常住居民人均可支配收入20291元，比上年名义增长3.6%。城乡居民人均可支配收入比值为1.62，比上年缩小0.01。

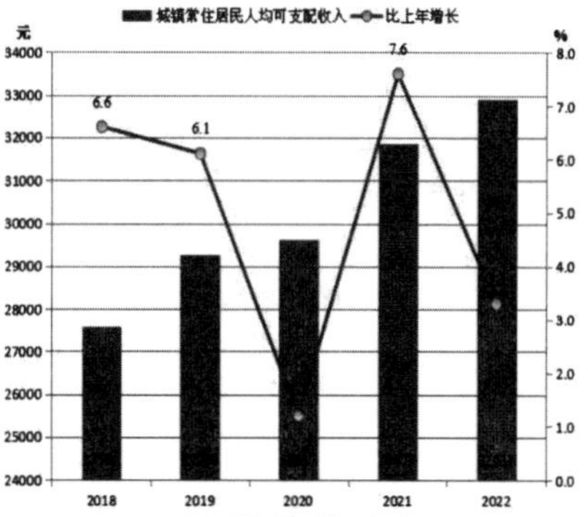

图9 2018—2022年城镇常住居民人均可支配收入及其增长速度

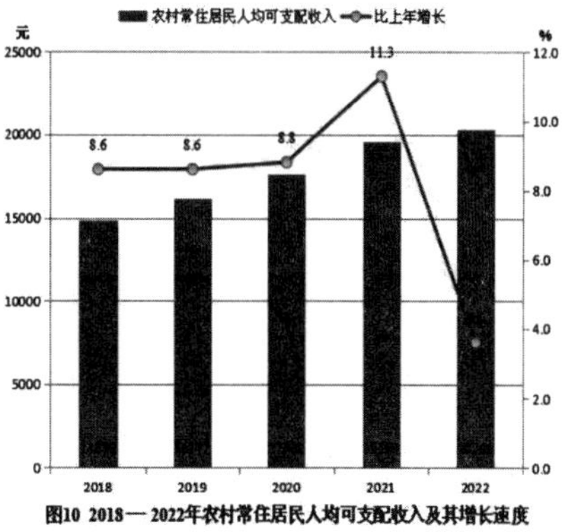

图10 2018—2022年农村常住居民人均可支配收入及其增长速度

民生事业。全年新增就业4311人。年末参加城乡居民基本养老保险人数12.8万人，参加城乡居民基本医疗保险人数17.7万人。0.73万人享受城市最低生活保障，1.13万人享受农村最低生活保障。全年居民登记结婚1409对、2818人，登记离婚494对、988人。

十、环境保护和安全生产

环境保护。年末全市自然保护区4个，其中，省级2个，县级2个；自然保护区面积16.86万公顷。国家湿地公园(试点)1个，面积1453.8公顷。全年主要污染物年平均浓度$SO_2$11微克/立方米、$NO_2$16微克/立方米、颗粒物49微克/立方米，均好于环境空气二级标准(年平均浓度二级标准$SO_2$60微克/立方米、$NO_2$40微克/立方米、颗粒物70微克/立方米)。空气优良天数比例提升1.2个百分点。新增造林面积239.87公顷，连续32年未发生重特大森林火灾。

安全生产。全年无生产安全事故。

注：

本公报中2022年数据均为初步统计数，部分指标数据在年报时可能还有调整。

地区生产总值、三次产业及相关行业增加值、农林牧渔业总产值绝对数按现价计算，增长速度按不变价格计算，其他数据均为现价计算。

涉及历史年份地区生产总值、各产业及行业增加值等有关数据，根据第四次全国经济普查资料及有关规定进行了修订。

粮食生产、畜牧业、交通运输、邮政、电信、财政、金融、教育、文化、卫生、户籍人口、居民收入、民生事业、环境保护和安全生产等数据来源于相关部门。

2022年组织机构主要领导名单

中共北安市委员会

市委书记　冯　云
副书记　李　华
宫　凯（至2022年8月）
张　文（2022年8月始）
常　委　杜　鑫（2022年7月始）
孙金伟
王　兵
王　媛（至2022年12月）
周芝敏（2022年12月始）
高　飞
张明宇
霍立东
马玉柱
王曾新（2022年8月始）

市委办公室

主　任　薛海峰（2022年2月始）（至2022年12月）
副主任　肖　文（至2022年2月）
关英明（至2022年4月）
宁治冶
朱春宇（2022年3月始）
孙国峰（2022年9月始）

保密和机要局

局　长　王　志
副局长　王百灵
巩　鑫（2022年5月始）

北安市人大常委会

主　任、党组书记　孙金梅
副主任、党组副书记　王兴东
副主任、党组成员　王春清
褚云峰
副主任　庞喜玲

人大各办

党组成员、办公室主任　王世国
党组成员　卢森森
办公室副主任　王　琦（至2022年3月）
孙　清（2022年4月始）
人事选举工作委员会主任　徐德忠
人事选举工作委员会副主任　谭王冠
城乡建设环境保护委员会专职主任委员　秦明宇
法制工作委员会主任　王云河
法制工作委员会副主任　张丽君
教科文卫工作委员会主任　刘果承
教科文卫工作委员会副主任　董晓冬
财政经济工作委员会主任　赵冬梅
财政经济工作委员会副主任　张喜东（2022年2月始）
法制委员会专职主任委员　赵晓平
财政经济委员会专职主任委员　王　伟（至2022年2月）
财政经济委员会专职主任委员人选　张新宇（2022年2月始）
社会建设委员会专职主任委员　于晶娟
信访办主任　王　海

北安市人民政府

市　长、党组书记　李　华
副市长、党组副书记　孙金伟
副市长、党组成员　张明宇
郭有志（至2022年11月）
王曾新（2022年8月始）
冯德海
兰孝英
韩海军
孙明华

政府办公室

市政府党组成员、政府办公室党组书记、主任　陈　义（2022年2月始）

副主任、党组成员　李国强
（至 2022 年 2 月）
王　磊
李建伟
（2022 年 5 月始）
党组成员　李　旭
（至 2022 年 3 月）
何秋颖
副主任　刘振鹏
（2022 年 10 月始）

政协北安市委员会

主　席、党组书记　李兆臣
副主席、党组副书记　庞海涛
党组副书记（兼）　马玉柱
副主席　张　丽

政协各办

秘书长、党组成员　蒋云龙
纪检组组长、党组成员　苏凤艳
办公室主任　张万志
办公室副主任　李万桐
（至 2022 年 4 月）
莫珊珊
（2022 年 9 月始）
经济委员会主任　孙立秋
经济委员会主任副主任　刘倚萱
（2022 年 7 月始）
教科卫体委主任　李野冰
教科卫体委副主任　陈　远
（2022 年 9 月始）
提案文化文史和学习委员会主任
师宏伟
提案文化文史和学习委员会副主任
刘　朕
（2022 年 12 月始）
社会法制委员会主任　周贺位
农业和农村委员会主任　赵　峰
（至 2022 年 9 月）
王书宁
（2022 年 12 月始）
农业和农村委员会副主任　许琳琳
（2022 年 12 月始）

机关党委专职副书记　李万桐
（2022 年 4 月始）

纪检委、监察委、巡察办

纪委书记、监委主任　杨海涛
（至 2022 年 1 月）
杜　鑫
（2022 年 7 月始）
副书记、监委副主任　赵志奎
张　言
常委、监委委员　刘兆瑞
付志勇
常　委　柳俊伟
侯冰洲
监委委员　李显涛
张　雷
机关党委副书记　陈云海
（至 2022 年 11 月）
牛艳秋
（2022 年 11 月始）
市委巡察办主任　侯冰洲
市委巡察办副主任　庞艳明
（2022 年 4 月始）
市委第一巡察组组长　于　静
市委第一巡察组副组长　周海燕
市委第一巡察组副科级巡察专员
曹　宇
市委第二巡察组组长　韩贵羽
市委第二巡察组副组长　杨国昌
市委第三巡察组组长　张宇鹏
市委第三巡察组副组长　郭洪军

组织部

部　长　霍立东
副部长　杨树光
副部长（兼）　刘传涛
常务副部长　张春生
（至 2022 年 3 月）
鹿德军
（2022 年 4 月始）
副部长　鹿德军
（至 2022 年 4 月）
刘本东
（2022 年 2 月始）
姜　维
（2022 年 8 月始）
副部长（兼）　邢士军

宣传部、网信办公室

部　长　王　媛
（至 2022 年 12 月）
周芝敏
（2022 年 12 月始）
副部长　张立兴
周长材
（至 2022 年 2 月）
太泽彬
（2022 年 4 月始）
常务副部长　周长材
（2022 年 2 月始）
主　任　李晓海
副主任　徐继英

统战部

部　长　马玉柱
副部长、民宗局局长　赵华锋
（至 2022 年 4 月）
关英明
（2022 年 4 月始）
副部长　申羽彤

政法委

书　记　高　飞
副书记（兼）　李占领
闫海龙
韩海军
（2022 年 3 月始）
常务副书记　李平岩
（2022 年 3 月始）
副书记　张利君
（至 2022 年 3 月）
卢　光
（至 2022 年 2 月）
王　琦
（2022 年 3 月始）

刘莉莉
（2022 年 2 月始）

编制委员会办公室

主　任　王彦辉
副主任　郜鑫霖
尚小娇

机关工委

书　记　闫崇民
副书记　张　涛
于燕莹

信访局

局　长　程广志
（至 2022 年 2 月）
李明辉
（2022 年 2 月始）
副局长　李明辉
（至 2022 年 2 月）
刘　朕
（至 2022 年 11 月）
许海龙
（2022 年 8 月始）

工商联

主席（兼）　张　丽
常务副主席、党组书记　赵华峰
（至 2022 年 4 月）
关英明
（2022 年 4 月始）
党组成员　宋佰超
（至 2022 年 2 月）
副主席、党组成员　岳　玥

民　盟

主委（兼）　郭有志
（至 2022 年 11 月）
庞喜玲
（2022 年 12 月始）
驻会、副主委　王　莹
（至 2022 年 8 月）
高　静
（2022 年 8 月始）
副主委（兼）　庞喜玲
（至 2022 年 12 月）
孟祥远

党校、行政学校

校长（兼）　冯　云
第一副校长（兼）　霍立东
常务副校长　杜　森
（至 2022 年 4 月）
赵华峰
（2022 年 4 月始）
副校长　周　泓
乔鹏云
专职副书记　吴　琼
行政学校校长（兼）　孙金伟
（2022 年 5 月始）

总工会

主　席、党组书记　周志坚
副主席、党组成员　韩　宇
王永恒
党组成员、经审委主任　刘继武
（至 2022 年 11 月）
经审委主任　韩兆雪
（2022 年 11 月始）

团市委

书　记　太泽彬
（至 2022 年 4 月）
安　源
（2022 年 4 月始）
副书记　曾令欣
孙　宇
（2022 年 4 月始）

妇　联

主　席、党组书记　李东霞
（2022 年 2 月始）
副主席、党组成员　赵敬丹
王　波

科　协

主　席　马金禄
副主席　苏晓明

文　联

主　席　牛升海
秘书长　王玉清
（2022 年 3 月始）

残　联

理事长　赵　敏
（至 2022 年 2 月）
韩　辉
（2022 年 2 月始）
副理事长　韩溶丽

档案馆

馆　长　李东霞
（至 2022 年 2 月）
王秀丽
（2022 年 4 月始）
副馆长　王秀丽
（至 2022 年 4 月）
陈明颜
专职副书记　徐国夫
（2022 年 4 月始）

发展和改革局

党组书记、局长　任程远
（至 2022 年 8 月）
乔世明
（2022 年 11 月始）
副局长、党组成员　于宪民
王可夫

教育体育局

党工委书记（兼） 宫 凯
（至 2022 年 8 月）
张 文
（2022 年 9 月始）
党工委常务副书记、党组书记、局长
李存军
（至 2022 年 4 月）
苑玉君
（2022 年 4 月始）
副局长、党工委委员、党组成员
刘凤杰
（2022 年 3 月始）
副局长、党组成员 郑晓波
（至 2022 年 2 月）
王国民
党工委专职副书记、党组成员
张 辉
党工委委员、党组成员 孙玉才
党组成员 甄 威
党工委委员 刘凤杰
（至 2022 年 3 月）
孙明辉
（至 2022 年 3 月）

工业信息科技局

党组书记、局长 肖立新
副局长、党组成员 战海波
娄 厦
党组成员 韩金龙

民政局

党组书记、局长 韩殿双
副局长、党组成员 柴宇罡
（至 2022 年 11 月）
许永鑫
高梦锐
（2022 年 11 月始）
党组成员 周立峰
柴宇罡
（2022 年 11 月始）

财政局

党组书记、局长 李卫桥
副局长、党组成员 张 旭
副局长、党组成员 韩春国
党组成员 郝 军
宋宏新
赵光宇
杜丽华

人力资源和社会保障局

党组书记、局长 邢士军
副局长、党组成员 王迎新
（至 2022 年 2 月）
肖 文
（2022 年 3 月始）
潘国海
（2022 年 5 月始）
副局长 孟祥远
（至 2022 年 4 月）
党组成员 张 权
孙希杰
梁 沫

自然资源局

党组书记、局长 王福元
副局长、党组成员 孙明辉
（2022 年 3 月始）
李明明
党组成员 张 军
李 畅
刘洪涛
刘洪彬
（2022 年 4 月始）

林业和草原局

党组书记、局长 于海波

副局长、党组成员 范胜涛
（至 2022 年 8 月）
任 鹰
（至 2022 年 8 月）
张 鹏
（2022 年 10 月始）
党组成员 宋宝冬
陈万君

住房和城乡建设局

党组书记、局长 肖景奎
（至 2022 年 2 月）
程广志
（2022 年 2 月始）
副局长、党组成员 林永生
杨霄文
（至 2022 年 6 月）
赵 峰
（2022 年 10 月始）
党组成员 刘维甫

交通运输局

党组书记、局长 肖景奎
（2022 年 2 月始）
副局长、党组成员 马彦君
（至 2022 年 3 月）
李国臣
党组成员 李 旭
（2022 年 3 月始）

水务局

党组书记、局长 郭海生
副局长、党组成员 朱明春
朱嘉威

农业农村局

党组书记、局长 姜 君
副局长、党组成员 田 鑫
刘 洋
于靖微
（至 2022 年 3 月）
梁云鸥
（2022 年 5 月始）
党组成员 张书田

商务粮食局

党组书记、局长　王志刚
副局长、党组成员　李　洋
孙秀梅
党组成员　王立冬
倪忠涛

文体广电和旅游局

党组书记、局长　李晓梅
副局长、党组成员　张秋爽
张　畅
（2022 年 3 月始）
党组成员　宋亚君

卫生健康局

党工委书记、党组书记、局长
付殿文
副局长、党组成员　远丽昉
（至 2022 年 9 月）
徐　昭
刘　畅
（2022 年 9 月始）
党组成员　远丽昉
徐立新

退役军人事务局

党组书记、局长　徐贵生
（至 2022 年 2 月）
孙伟峰
（2022 年 2 月始）
副局长、党组成员　张东明
副局长　高　静
（至 2022 年 8 月）
刁云竹
（2022 年 10 月始）
党组成员　滕淑云
副局长（兼）　卜文豹
（2022 年 3 月始）

应急管理局

党委书记、局长　耿天龙
副局长、党委委员　杨首峰
（至 2022 年 9 月）
李　斐
（2022 年 3 月始）
副局长　魏永刚
（2022 年 10 月始）
党委委员　张大丰
韩国生
迟艳峰
杨首峰
副局长（兼）　朱明春

审计局

党组书记、局长　苑玉君
（至 2022 年 4 月）
杜　森
（2022 年 4 月始）
副局长、党组成员　董金涛
潘　娟
党组成员　王　林
薛正强

市场监督管理局

党组书记、局长　张华峰
副局长、党组成员　徐平安
董　志
徐东风
党组成员　张晓华
李迎富
王　星

统计局

党组书记、局长　徐晓辉
副局长、党组成员　许佳宁
胡海坤
党组成员　宋晓英
罗艳清

医疗保障局

党组书记、局长　孙德臣
（至 2022 年 2 月）
徐贵生
（2022 年 2 月始）
副局长、党组成员　任晓东
肖艳婷
党组成员　赉长虹
管清友

营商环境建设监督局

党组书记、局长　王亚山
（至 2022 年 2 月）
宋佰超
（2022 年 2 月始）
副局长、党组成员　张　海
马彦君
（2022 年 3 月始）
党组成员　王传成

城市管理综合执法局

党组书记、局长　朱兴成
副局长、党组成员　孙铁坤
陶志伟
韩兆麟

黑河市北安生态环境局

局　长　冉立新
副局长　于文成
刘光源

公安局

党工委书记、党组书记、局长
韩海军
党工委委员、党组成员、政委
张文升
副局长、党组成员　吴国哲
（至 2022 年 4 月）
张奕鹏

梅 松
（2022 年 4 月始）
王国峰
（2022 年 4 月始）
副局长（兼）、党组成员 李小平
副局长 梅 松
（至 2022 年 4 月）
王国峰
（至 2022 年 4 月）
党组成员 方绍彬
（至 2022 年 4 月）
副政委、主任科员 贾洪波
政工监督室主任、党组成员
刘国辉
政工监督室副主任 李冬华

检察院

检察长、党组书记 李占领
副检察长、党组副书记 孙海军
（至 2022 年 8 月）
副检察长、党组成员 解 放
（至 2022 年 5 月）
秦立忠
（至 2022 年 5 月）
周 丹
（2022 年 8 月始）
副检察长人选、党组成员 马 翼
（2022 年 8 月始）
副检察长建议人选 柳长海
（2022 年 11 月始）
党组成员 王 恒
政治部主任、党组成员 王金龙
（2022 年 3 月始）

法 院

院长、党组书记 闫海龙
副院长、党组副书记 张弘默
（2022 年 4 月始）
副院长、党组成员 崔 巍
（至 2022 年 4 月）
韩召峰
刘伟国
（至 2022 年 4 月）
王春胜
（2022 年 4 月始）
执行局局长、党组成员 付长俊
（至 2022 年 5 月）
宋 军
（2022 年 8 月始）
党组成员 张弘默
（至 2022 年 4 月）
政治部主任、党组成员 朱 宏

司法局

党组书记、局长 李思龙
副局长、党组成员 丁彩莲
陈利利
（2022 年 3 月始）
党组成员 曹 阳
唐家华

北安省级自然保护区管理局

专职副书记 张 琦
（至 2022 年 3 月）
副局长、党组成员 谢 巍

黑龙江北安经济开发区管理委员会

党工委书记、管委会主任 李 华
（2022 年 8 月始）
常务副主任、党工委副书记、党组书记
任程远
（2022 年 8 月始）
副主任、党工委委员、党组成员
闵 楠
（2022 年 12 月始）
石 骥
（2022 年 12 月始）
副主任、党工委委员 魏殿义
石 骥
（至 2022 年 12 月）
副主任 闵 楠
（至 2022 年 12 月）
党组成员 范盛涛
（2022 年 12 月始）
韩洪忠
（2022 年 12 月始）

供销合作社联合社

理事会主任、党组书记 王志伟
理事会副主任、党组成员 李春梅
监事会主任、党组成员 王广宇
党总支专职副书记 高 菲
（2022 年 9 月始）

职业技术教育中心学校

校 长 王 莹
（2022 年 3 月始）
党组书记 陈建华
副校长、党组成员 王精美
（至 2022 年 8 月）
赵仁杰
邹文举
专职副书记 李 威

人民广播电台九一八台

台长、党组书记 秦传庆
（至 2022 年 3 月）
于靖微
（2022 年 4 月始）
副台长、党组成员 程丽艳
（至 2022 年 8 月）
陈 革
齐明哲
（2022 年 10 月始）
贾有江
（2022 年 10 月始）
专职副书记、党组成员 宋 玥

招商服务中心

党组书记、主任 王伟宇
副主任、党组成员 战明宇
专职副书记 王 磊

大数据中心

党组书记、主任 郭 峰
副主任、党组成员 刘秀林
徐方和
（至 2022 年 4 月）
专职副书记 李秋石
副主任 王晓宇
（2022 年 5 月始）

北岗街道办事处

书记、主任 吴天鑫
副书记 王春辉
（至 2022 年 4 月）
王凤玲
（2022 年 9 月始）
副主任 庞晓虹
于 君
李春玉
（至 2022 年 2 月）
常 婷
（2022 年 3 月始）
纪工委书记 王春辉
（至 2022 年 4 月）
胡晓磊
（2022 年 6 月始）

庆华街道办事处

书记、主任 刘怀国
（至 2022 年 2 月）
赵 敏
（2022 年 2 月始）
副书记 刘 倩
副主任 吴 丹
高 明
胡吉庆
（2022 年 3 月始）
纪工委书记 刘 倩
（至 2022 年 6 月）
李 想
（2022 年 6 月始）

和平街道办事处

书记、主任 施洪利
副书记 王宏峰
（2022 年 3 月始）
党工委书记 付 岩
（2022 年 6 月始）
副主任 郑勇超
（至 2022 年 11 月）
付 岩
（至 2022 年 6 月）
鹿 瑶
宋欣然
（2022 年 12 月始）
副主任、党工委委员 骆立峰
（2022 年 10 月始）

兆麟街道办事处

书记、主任 曲天印
副书记 吕春红
副主任 李 铁
副主任、党工委委员 王晓辉
（至 2022 年 4 月）
王凤玲
（至 2022 年 9 月）
李峥嵘
（2022 年 10 月始）
副主任 曹 博
（2022 年 10 月始）
纪工委书记 吕春红
（至 2022 年 6 月）
徐 晶
（2022 年 6 月始）
党工委委员 李春艳

铁西街道办事处

书记、主任 韩俊哲
副书记 刘冬梅
副主任 孔令云
（至 2022 年 6 月）
陈 娟
邓海鹏
兰占荣
（2022 年 12 月始）
纪工委书记 刘冬梅
（至 2022 年 6 月）
孔令云
（2022 年 6 月始）

铁南街道办事处

书记、主任 张新宇
（至 2022 年 2 月）
王迎新
（2022 年 2 月始）
副书记 曲 波
副主任 隋海明
董晓霞
苏 葳
纪工委书记 曲 波
（至 2022 年 6 月）
冯 辉
（2022 年 6 月始）

通北镇

书 记 薛海峰
（至 2022 年 3 月）
闫忠友
（2022 年 3 月始）
副书记、镇长 郭景泉
人大主席 苏佩彦
副书记 孙洪兴
政法委员 黄海玲
纪检书记、监察专员 解玲艳
副镇长、党委委员 商静文
副镇长 栾慧男
金少江
组织委员 张艺川
宣传委员 李 琦
人大副主席 宋盼盼

赵光镇

书 记 时映琨
副书记、镇长 常百春
人大主席 于志明

副书记　姚铁生
政法委员　肖殊梅
副镇长、党委委员　白国华
人大副主席　仲　蕾
副镇长　闫绩鹦
纪检书记、监察专员　刘彦清
副镇长　唐　敏
组织委员　赵子健
宣传委员　王丹丹

海星镇

书　记　陈　义
（至2022年2月）
卢　光
（2022年2月始）
副书记、镇长　吴金龙
（至2022年8月）
牛英杰
（2022年11月始）
人大主席　牛英杰
（至2022年11月）
关英华
（2022年11月始）
副书记　关英华
（至2022年11月）
白　雪
（2022年11月始）
纪检书记、监察专员　白　雪
（至2022年11月）
副镇长、党委委员　闫振东
宣传委员　李　慧
副镇长　韩秀敏
王洪涛
组织委员　孙德强
政法委员　李　桃

石泉镇

书　记　卢海新
副书记、镇长　安　源
（至2022年4月）
王春辉
（2022年4月始）
人大主席　赵连华
副书记　杨晓萌
纪检书记、监察专员　陈　勇
（至2022年11月）
副镇长、党委委员　齐晓秋
副镇长　张　双
陈洪刚
宣传委员　杨　懿
人大副主席　侯静波
组织委员　白　璐
政法委员　高丹丹

二井镇

书　记　徐澄宇
副书记、镇长　谢艳丽
人大主席　王新凤
副书记　尚　志
政法委员　侯玲玲
纪检书记、监察专员　滕嘉琪
副镇长、党委委员　任　航
副镇长　王兆华
组织委员　綦艳红
副镇长　王志扬
宣传委员　郭　蕊
人大副主席　李　琦

主星乡

书　记　杜文峰
副书记、乡长　白东哲
人大主席　卜春雨
副书记　任丙伟
纪检书记、监察专员　辛振宇
副乡长、党委委员　荣　树
副乡长　郑文斌
钱　云
组织委员　赵超越
宣传委员　李雪梅
政法委员　孙连喆

杨家乡

书　记　董茫茫
副书记、乡长　刘　雷
人大主席　曹　晔
副书记　王书宁
（至2022年9月）
张　磊
（2022年11月始）
纪检书记、监察专员　许海龙
（至2022年8月）
陈成山
（2022年11月始）
副乡长　郭　亮
（至2022年9月）
李雪源
副乡长、党委委员　陈成山
（至2022年11月）
宣传委员　吴雪佳
组织委员　于　琦
政法委员　刘　欢
人大副主席　李晓玉

东胜乡

书　记　左　聪
副书记、乡长　韩洪忠
（至2022年2月）
李国强
（2022年3月始）
人大主席　李　磊
副书记　刘景伟
纪检书记、监察专员　孟　佳
副乡长、党委委员　于大永
副乡长　王　雪
金晓魁
组织委员　郭　静
宣传委员　包　胜
政法委员　武　蕊

城郊乡

书　记　闫忠友
（至2022年3月）
张春生
（2022年3月始）
副书记、乡长　张全武
人大主席　辛玉超
副书记　昌诞东
政法委员　孙利娟

纪检书记、监察专员　王毅飞
副乡长、党委委员　吕　超
副乡长　付　尧
张　博
人大副主席　殷纪敏
组织委员　刘　拓
宣传委员　张　赫

庆华厂管理委员会

副主任　黄　信（至2022年11月）
副主任　李树俊（至2022年11月）

气象局

局　长　李广义
副局长　关智会
王海娜
廉政监督员　徐文龙

财产保险公司

经　理　曹　刚
副经理　王福新

人寿保险公司

经　理　李桂宝
副经理　王冬伟
温和磊

人民银行

行　长　杨中梁
副行长　马传军
纪检书记　吕建欣

建设银行

行　长　田凤军
副行长　贾丽红

农业银行

行　长　刘　军
副行长　张双全
马传东
周立中

农业发展银行

行　长　王晓东
副行长　马世彬
杨　帆
纪检委员　王彦伟

中国银行

行　长　勾厚礼
副行长　刘本杰
张　伟

工商银行

行　长　范　华
副行长、纪检委员　宁志亮
副行长　姚　远

农商银行

董事长　马俊国
行　长　孙洪亮
监事长　谷　峰
副行长　万李波
赵　嘉

烟草专卖局

局　长、经理　王建光
副经理　王海静

省三院

书　记　吴超全
院　长　张力国
副院长　朱帮鉴
李朝红
胡春梅

邮政局

书　记、局长　滕丽娜
副局长　黄羽翔
吴　彬

移动公司

总经理　裴延来
副总经理　孙　锴

联通公司

书　记、总经理　刘海泉
副总经理　王　亮
副总经理　王作岩
副总经理　王春海

电信公司

经　理　唐琳琳
副经理　张　恒

国家税务总局北安市税务局

党委书记、局　长　姜景亮
党委委员、副局长　刘　洋
张忠平
党委委员、纪检组组长　赵忠岩
党委委员、副局长　黄凤林
副局长　李书玲

北安热电有限公司

总经理、党委副书记　王国安
党委书记、董事长　刘忠宇
副总经理　郭长青
副总经理　王振海
副总经理　郭晓山
纪委书记　王海峰
总会计师　李秀敏

北能热力公司

总经理　郭长青

书　记、副总经理　陈长亮

副经理　王维义

高风君

董立志

惠　磊

总会计师　李娜嬛

丽水华庭小区　（市融媒体中心　供图）

索　引

说明：

1. 本索引按主题词第一个字的汉语拼音字母顺序排列，主题词后面的数字表示所在页码。

2. 本索引主题词主要选自本年鉴正文部分。

K

L

M

N

P

Q

R

S

T

W

X